教育部哲学社会科学研究重大课题攻关项目
《高校内部治理体系创新的理论与实践研究》(16JZD039)最终成果

高校内部治理体系创新的理论与实践研究

Theoretical and Practical Research on Innovation of University Internal Governance System

眭依凡 刘爱生 蔡连玉 朱 剑 王占军 鲍 嵘 俞婷婕 著

（根据作者承担子课题的顺序排名）

眭依凡 课题首席专家 《总论》撰稿及全书统稿

刘爱生 第一篇《高校内部有效治理模式建构的理论研究》撰稿

蔡连玉 第二篇《我国高校内部治理模式的历史变迁与现实研究》撰稿

朱 剑 第三篇《高等教育强国之高校内部治理模式的比较借鉴研究》撰稿

王占军 第四篇《我国高校内部治理体系的创新与建构研究》撰稿

鲍 嵘 第五篇《大学章程完善：高校内部治理的依法治校研究》撰稿

俞婷婕 第六篇《高校内部治理的文化研究》撰稿

上海交通大学出版社
SHANGHAI JIAO TONG UNIVERSITY PRESS

内容提要

本书基于提升高校办学治校效率及为高校内部治理体系及其治理能力现代化提供理论引领和实践指导的目的,从理论探讨、历史与现实梳理、国别经验比较、结构与机制建构、大学章程完善、大学文化建设等维度构建研究框架。研究结论认为,高校内部治理体系创新必须以有利于大学按规律办学治校育人为价值引领,以效率优先、整体设计、民主决策、依法治校为原则,重点解决好构建完善科学高效咨询、决策及其执行的组织与权力框架,确保学术权力与行政权力的有效分离,健全完善大学章程、规范高校决策程序及运行机制,赋予学院提高办学积极性和运行效率的自主权,并强调高校治理能力现代化必须通过高校领导力提升来实现。

图书在版编目(CIP)数据

高校内部治理体系创新的理论与实践研究/眭依凡等著.
—上海:上海交通大学出版社,2022.8
ISBN 978-7-313-25974-5

Ⅰ.①高… Ⅱ.①眭… Ⅲ.①高校管理-研究-中国
Ⅳ.①G647

中国版本图书馆 CIP 数据核字(2022)第 034395 号

高校内部治理体系创新的理论与实践研究
GAOXIAO NEIBU ZHILI TIXI CHUANGXIN DE LILUN YU SHIJIAN YANJIU

著　　者: 眭依凡　等
出版发行: 上海交通大学出版社　　　　　　　地　　址: 上海市番禺路 951 号
邮政编码: 200030　　　　　　　　　　　　电　　话: 021-64071208
印　　制: 苏州市越洋印刷有限公司　　　　　经　　销: 全国新华书店
开　　本: 710mm×1000mm　1/16　　　　　印　　张: 33.75
字　　数: 549 千字
版　　次: 2022 年 8 月第 1 版　　　　　　　印　　次: 2022 年 8 月第 1 次印刷
书　　号: ISBN 978-7-313-25974-5
定　　价: 88.00 元

努力探索具有中国特色的高校内部治理体系（代序）

眭依凡

在笔者心目中，学校是人类社会最伟大的发明。因为有了学校，人类可以从人类社会早期低效的直接学习亦即经验学习阶段进化到现代高效的间接学习亦即知识学习阶段。正是学校教育的产生及其不断发展，加速推动了人类社会文明的进程。尤其是以高级专业人才培养和知识创新并借此为社会服务的高等学校，自创生以来对人类社会的精神思想文化演进及物质生产力水平提升发挥了巨大的双重作用，从而为人类社会的现代文明做出了其他任何组织不能取代且无以伦比的重大贡献，并因此无可争议地成为人类文明社会发展史上最伟大而经久不衰的神奇组织。

在以知识经济为时代特征且日益智能化的现代社会，高校作为促进人类文明进步和国家发展强盛最不可或缺的智慧源泉和知识动力，将继续发挥越来越重要且对人类社会及世界各国的未来极具决定性的作用。然而，以高层次人才培养和知识创新为核心使命并基于人才集中和知识垄断之优势服务于社会的高等学校，其以人力资源和知识资源积累开发为目的的组织属性及强调个体自主性、积极性、创造性之智力劳动的组织特征，决定了高等学校是一个高度复杂的组织系统，以简单管控为目的的传统管理模式根本无法适应高等学校这个复杂系统协调及高效运行的需要，改革传统管理模式、探索高效率的高校管理体系的重要性及紧迫性，成为政府主管部门及高校不得不面对的挑战。

由于高等教育事业直接关系到国家经济社会发展进步的速度与质量，因此，随着国家治理体系现代化战略的提出，关于高校治理体系和治理能力现代化问题亦进入中央高层的决策视野。早在 2010 年 5—6 月分别由国务院和中共中央审议通过的《国家中长期教育改革与发展规划纲要（2010—2020）》，就特别提出必须"完善中国特色现代大学制度"及"完善治理结构",从而拉开了我国高校治理体系整体改革创新的序幕。

从逻辑关系来看,完善现代大学制度必须以完善高校内部治理结构为基础。就"现代大学制度"的框架层次而言,其不仅包括政府对高等教育体系及作为整体存在的以实施高等教育为己任的高校系统进行宏观治理的层面,也涵盖高校内部治理的微观层面。由此可以把"完善现代大学制度"解读为:现代大学制度的完善不仅是政府的责任,同时也是高校自己的责任。但是作为曾经担任过大学校领导多年的高等教育理论工作者,我始终坚持如下学术观点:高校作为负有人才培养和知识创新之崇高使命,既要满足社会发展需要又要守持高校本质属性并遵循自身规律办学治校的高度理性的组织,应该率先自觉构建科学的治理体系以提高治理能力。尤其是在推进国家治理体系和治理能力现代化的艰巨而伟大的进程中,由于高校之于高新知识生产及创新型人才培养具有很大垄断性的属性特征,因此高校必须率先实现治理体系及治理能力的现代化。

基于上述认识,笔者早在十年前的一次学术会议的发言中就提出:"高校内部管理制度和运行机制改革"亦即我们现在所说的"高校内部治理体系创新",恐怕是继20世纪90年代后高等教育改革必须面对的最紧迫且最严峻的挑战。因为高校的改革发展最后都躲不开来自高校内部组织及制度体系缺陷导致的结构性制约,缺失了高校内部组织结构及其制度之创新,高校之高效率的办学治校及高质量发展则不成其可能。高校内部治理体系改革创新的紧迫性和必要性即源于此。

著名高等教育学者、剑桥大学前副校长埃里克·阿什比(Eric Ashby)结合自己的治校实践及研究结论,曾提出高校主要受到三种力量的影响:一是来自市场和公众对人才需求的社会力量,二是来自国家层面对人才需求的政治力量,三是来自高校体系按内在逻辑发展的自身力量。他特别强调:来自政治和市场的力量并不一定比来自高校自身的力量影响大,它们对高校的发展方向及其稳定性、持续性所起的作用,取决于三者构成比率的大小及相互作用时各自力量的变化。

事实亦然,当我们注意到来自高校自身的对学校发展的影响力绝对不能低估时,则不难发现高校自身的这种内在力量,一方面来自超越了时空限制的、受高校组织本质属性内在规定的基本规律,另一方面则来自高校组织治理结构所发挥的作用。前者为高校自身内在的规律驱使具有不可抗拒的一致性,而后者则是极具个性化的受高校之文化传统、办学基础、满足社会需要、办学治校者价值取向及思维方式等诸多因素影响所表现出来的多样性。在办学条件一定的前提下,前者决定高校是不是在根据大学的本真意义理性办学,后者则决定高校如何治校及能否治好学校。

由于高校具有强烈的国家性,换言之即高校作为国家竞争实力的重要组成,是最不能仅仅代表自己利益的、具有强烈国家使命责任担当的学术组织,高校必须服从于并服务于国家战略发展的需要并在高层次人才培养及知识创新方面发挥其应有的作用、做出其应有的社会贡献。为此,我国高校必须在遵循自身规律科学办学的前提下,构建适切国家需要及国情特征的内部治理体系以治校,此即探索具有中国特色的高校内部治理体系的意义所在。

本书为眭依凡教授担任首席专家的教育部重大课题攻关项目"高校内部治理体系创新的理论与实践研究"的最终研究成果。就课题研究而言,本研究思路及特点如下:

(一)本研究以"基本立场""基本事实""基本判断"为逻辑起点,针对高校内部治理体系创新旨在提升高校办学治校效率及为高校内部治理体系及治理能力现代化提供理论引领和指导改革实践的研究目的,把高校治理体系分为静态的治理结构与动态的治理过程两大组块,并在提炼其研究要素及明确其关系的基础上,从"理论依据探讨""历史与现实梳理""国别经验比较""结构与机制建构""大学章程完善"及"大学文化建设"等研究维度构建高校内部治理体系理论创新及其实践研究的整体框架。

(二)本研究提出了高校内部治理体系创新必须以"有利于大学按自身规律办学治校育人"为价值引领,以"效率优先、整体设计、民主决策、依法治校"为原则,重点解决好"构建完善科学高效咨询、决策及其执行的组织与权力框架""确保学术权力与行政权力的有效分离""健全完善大学章程规范高校决策程序及运行机制""赋予学院提高办学积极性和运行效率的自主权"等四大问题,以及从提升高校内部治理效率的实践层面提出了高校治理能力现代化必须通过高校领导力提升的研究结论,既体现了高校治理理论创新的前沿性又具有指导高校治理体系改革创新的实践引领性。

(三)本研究由如下六个逻辑关系严谨且各具创新意义的子课题为研究框

架：①高校内部有效治理模式建构的理论研究；②我国高校内部治理模式的历史变迁与现实研究；③高等教育强国之高校内部治理模式的比较借鉴研究；④我国高校内部治理体系的创新与建构研究；⑤大学章程完善：高校内部治理的依法治校研究；⑥高校内部治理的文化研究。开题专家组成员一致认为：本研究设计框架全面深刻、切合实际，既有创新性又有可行性。

（四）本研究以理论与实际相结合为研究范式，研究内容丰富，研究成果涵盖了高校内部治理体系的理论创新及其实践的基本问题，具有较高的学术价值并产生了较大的社会影响。在学理上：讨论明确了高校内部治理体系构成的组织要素及其关系结构，对高校行政和学术机构权责边界及其关系予以了厘清和确定；基于组织理论、学术生态理论、复杂科学和系统论，探讨并阐明了高校内部治理体系创新之于高校办学治校效率的极端重要性；提出了高校内部治理体系创新必须以"有利于大学按自身规律办学治校育人"为价值引领，以"效率优先、整体设计、民主决策、依法治校"为原则的研究结论等，为高校内部治理体系创新及丰富高校内部治理理论作出了积极贡献。在实践上，梳理总结了我国高校内部治理结构改革的得与失并分析了其动因，研究介绍了世界一流大学内部治理模式的经验及不足，对高校治理体系的组织及权责结构和与治理过程及机制相关的诸如大学章程、大学文化等进行了立体综合的研究，不仅构建了有利于高校内部治理效率提升的善治结构及其运行机制，并且建构了以"思想力""组织力""决策力""制度力""资源力""文化力"及"校长力"等为要素的大学领导力模型，从而为引领高校内部治理体系创新和推进高校内部治理能力现代化找到了实践的途径。

本书由《总论》及六篇子课题研究成果构成。其中，《总论》由《高校内部治理体系创新研究的框架设计》《高校内部治理文献及其述评》《高校内部治理体系创新的理论与现实诉求及建议》《领导力提升：高校治理能力现代化的实践路径》四个逻辑关系密切的主题研究构成。《高校内部治理体系创新研究的框架设计》在分析高校内部治理体系诸要素的基础上，对高校内部治理体系创新需要研究解决的诸多问题进行了从目标到内容的深入思考和提炼，研究构建了科学严谨的关于高校内部治理体系创新研究的逻辑框架；《高校内部治理文献及其述评》通过梳理分析包括高校治理的内涵、高校治理要素、高校内部治理结构、高校内部治理的创新与法律保障等一系列文献，为充分掌握已有相关研究成果及发现其不足奠定了研究的资料基础;《高校内部治理体系创新的理论与现实诉求及建议》为本研究的核心部分,在明晰高校内部治理体系创新的理论逻辑及调查高校内部治理体系创新的现实诉求前提下,提出了高校内部治理体系创新必须以"有利于大学按自身规律办学治校育人"为价值引领,以"效率优先、整体设计、民主决策、依法治校"为原则,重点解决好"构建完善科学高效咨询、决策及其执行的组织与权力框架""确保学术权力与行政权力的有效分离""健全完善大学章程规范大学决策程序及运行机制""赋予学院提高办学积极性和运行效率的自主权"的结论;《领导力提升:高校治理能力现代化的实践路径》从提升高校内部治理效率的实践层面,提出了大学治理能力现代化必须通过高校领导力提升的途径,并讨论构建了以"思想力""组织力""决策力""制度力""资源力""文化力"及"校长力"为要素的高校领导力模型。

第一篇《高校内部有效治理模式建构的理论研究》由《高校内部治理体系的内涵与框架》《高校有效治理体系建构的基本原则》《高校内部有效治理的理论模型》三章构成。本篇从多学科视角出发,以系统理论、大学组织理论、公司治理理论、组织文化及学术自治、权力制衡、法人治理、利益相关者、共治善治等理论为基础,根据高校的组织属性讨论了高校内部有效治理模式的基本要素及其关系,依据相关理论分析了高校内部有效治理的类型、原则、要件及其关系,提出和建构了高校内部有效治理的理论模型。

第二篇《我国高校内部治理体系的历史变迁与现实研究》由《我国高校内部治理制度变迁的路径》《我国高校内部治理制度变迁的主题分析》《我国高校内部治理制度变迁的模式与动力》三章构成,为本篇"知其然"的事实支撑部分,通过对我国高教发展历史和高教制度变迁的线索梳理,研究和描述了我国高校内部治理模式变迁的过程和路径,讨论分析了我国不同阶段高校内部治理体系形成的原因和过程及其变革的逻辑及动力,总结我国高校内部治理体系实践的得与失。

第三篇《高等教育强国之高校内部治理体系的比较借鉴研究》由《美英德日一流高校的内部治理模式》《美英德日一流高校学术权力与行政权力的关系研究》《美英德日一流高校内部治理模式的经验、挑战与改革趋势》三章构成。由于我国经典意义上的大学历史较短,以及高等教育强国之高校治理模式相对成熟,本篇通过考察美德英日等高等教育强国之高校内部治理模式的成功经验,为我国高校内部治理体系的创新和建构提供国际借鉴的视野和方法。

第四篇《我国高校内部治理体系的创新与建构研究》由《高校内部治理的问题诊断》《有效治理：高校内部治理体系创新的目标》《高校有效治理体系构建的原则与基本框架》三章构成。本篇在对高校内部治理体系的理论、历史及比较研究的基础上，对高校内部治理的组织及权力结构、运行机制进行了深入研究，根据高校办学治校育人的规律研究了如何解决政治、学术及民主权责结构的平衡协调的关系问题，最后构建了既有创新意义又有操作价值的基于善治目的的高校内部治理体系。

第五篇《大学章程完善：高校内部治理的依法治校研究》由《大学章程与高校内部法治研究》《中国特色大学章程与高校内部法治的法哲学基础》《一流大学章程形式法治和实质法治水平分析》三章构成。本篇对大学章程与高校内部治理体系的关系进行了学理性分析，探讨了大学章程对高校内部治理体系主体、权力结构及实现机制的影响，并站在高校内部治理体系创新和发挥有效治理作用的高度，审视和考察了大学章程制定、大学章程实施等关于大学章程建设本身存在的问题，并通过调查及一流大学章程文本分析提出了大学章程完善的建议。

第六篇《高校内部治理的文化研究》由《高校文化对高校办学治校育人的影响机制》《大学善治视角下的文化理性培育研究》《高校治理文化建设的理论分析与实践策略研究》三章构成。本篇旨在研究高校文化对高校有效治理的意义及其营造，在深入挖掘和分析大学文化与高校内部有效治理的内在关系及建立大学文化治校概念理性基础上，对高校内部治理本身就是一种文化治校的逻辑进行了论证，探讨了高校内部治理文化理性如何培育及其高校内部治理文化如何营造并提出政策建议和具体措施。

本书的分工如下：浙江大学高教研究所眭依凡教授负责研究框架并撰写《总论》及全书统稿定稿；浙江师范大学教科院刘爱生教授负责第一篇《高校内部有效治理模式建构的理论研究》撰稿，浙江师范大学教科院蔡连玉教授负责第二篇《我国高校内部治理模式的历史变迁与现实研究》撰稿，浙江师范大学教科院朱剑副教授负责第三篇《高等教育强国之高校内部治理模式的比较借鉴研究》撰稿，浙江师范大学教科院王占军教授负责第四篇《我国高校内部治理体系的创新与建构研究》撰稿，浙江师范大学教科院鲍嵘教授负责第五篇《大学章程完善：高校内部治理的依法治校研究》撰稿，浙江师范大学教科院俞婷婕副教授负责第六篇《高校内部治理的文化研究》撰稿。浙江大学教育学院及浙江师范大学教科院的师生徐少君、张衡、何志伟、赵小焕、肖笑飞、梁纯雪、江欢、李芳莹、毛智辉、赵彩霞、冯博文、李海霏、孟园园、牛晓雨、金明飞等师生参与了资料搜集及子课题成果的撰写工作。其中,2018年6月,徐少君、朱剑、俞婷婕参与了由我率队在美国加州大学总校及伯克利分校、斯坦福大学为期10天的专题调研,并分别主撰发表了3篇访谈文章;2018年12月,肖笑飞、张衡、梁纯雪参与了由我率队在香港科技大学、香港大学、香港城市大学、香港岭南大学等高校为期10天的专题调研,并由肖笑飞主撰发表了综合调研文章;浙江大学博士生李芳莹等同学参与了对国内部分高校负责人的所有访谈工作并根据录音整理出了20余万字的访谈记录并在此基础上撰写发表了访谈文章;何志伟博士负责本书附录材料的搜集和整理工作。

　　本书作为教育部重大课题攻关项目的研究成果,课题组在研究期间得到中国高教学会及高校一些领导和专家学者的帮助,在这里一并致谢! 感谢中国高教学会原会长周远清先生、中国高教学会副会长管培俊先生、时任浙江省委组织部副部长邹晓东先生、时任第六届国务院学位委员会教育学科评议组召集人王英杰先生、南京师范大学原教育学院院长胡建华先生等6位专家在本项目开题时给予的高度肯定和高屋建瓴的指导;感谢北京大学原党委书记闵维方先生、武汉大学原校长刘道玉先生、西北工业大学党委书记张炜先生、大连理工大学原党委书记张德祥先生、东北师范大学校长刘益春先生、湖南师范大学原校长张楚廷先生、时任石河子大学党委书记夏文斌先生、四川师范大学校长汪明义先生、时任宁波大学校长沈满洪先生、时任西北政法大学党委书记宋觉先生,山东财经大学副校长张书学先生等高校领导人为本课题深度访谈做出的贡献;感谢著名学者丁刚先生、孙绵涛先生及宣勇先生、胡建华先生、张应强先生、顾建民先生、王小梅女士、叶赋桂先生等或以接受本课题组访谈或以参加本课题内部讨论会的形式,对我们的中期研究成果提出诸多很好的建议;感谢计算机图灵奖获得者、斯坦福大学前校长 John Hennessy 先生,加州大学总校院校研究中心主人常桐善先生,加州大学前学术委员会主席 Jim Chalfant 先生,加州大学总校校长办公室学术与项目执行副主任 Pamela Peterson 女士,加州大学总校学术规划部主任 Todd Greenspan 先生,以及前加州大学伯克利分校教务长、学术事务副校长 Judson King 先生,伯克利分校高等教育研究中心资深研究员 John Douglass 先生等热情邀请和安排了课题组成员赴美考察和专访,为我们深入了解美国著名研究型大学内部治理体制及机制提供的帮助;感谢中央政府驻港联络办科教部部长李鲁先生,京港学术交流中心行政中心主任钟慧娟女士,香港科技大学贺致信副校长先生,香港城市大学助理副校长程星先生,岭南大学副校长莫家豪先生,香港大学人文教授白杰瑞先生,香港科技大学全球及大中华事务主任施天艺博士等为课题组到访香港高校考察及专访所做的精心安排和认真准备。可以说,上述的专访和国内外调研为课题组全面深入的研究高校内部治理体系的理论创新及其实践奠定了理论联系实际的良好基础。

最后感谢我的博士生毛智辉为问卷统计,以及博士生王改改、富阳丽、李芳莹、毛智辉及浙江工业大学何志伟博士为书稿的校对工作付出辛劳。

完成前言,掩卷而思,不尽感怀:当今世界国与国的竞争已然是高等教育国力的竞争,这恐怕是国际社会百年未有之大变局,同时也是一个最不能回避故必须严肃应对的具有国家法治战略意义的大问题。高等教育强则国强,高等教育弱则国弱。人类社会已进入以日益智能化为特征的,高新知识已经主导国家生存和发展状态及竞争能力的时代,而遗憾的是,我们同时又处于全球化几近惨遭反全球化甚至逆全球化破坏并呈退潮之势的时期,国家惟有依靠建构强大且极富高新知识竞争力的高等教育体系去面迎世界已经发生的巨变。基于此,国家高等教育的未来,确切地说国家以实施高等教育为使命责任的高等学校集群的未来,将在很大程度上决定国家的未来。由于各国物质财富的日益丰富,决定高等学校竞争力的关键要素已不再仅是支撑高等学校的物质资源的多寡,高等学校治理的水平及成效作为一种软实力的存在,已经成为决定高等学校国际竞争力的核心力量之所在。这就是探索有中国社会主义特色高等学校内部治理体系理论创新及其指导实践的必要性、紧迫性及价值目的。

目 录

总 论

第一篇 高校内部有效治理模式建构的理论研究

第二篇 我国高校内部治理模式的历史变迁与现实研究

总　　论

高校内部治理体系创新研究的框架设计

高校是一个由诸多要素构成的学术生态复杂组织系统,由此决定了高校内部治理体系及其创新的高度复杂性。本研究在充分讨论高校内部治理体系创新的背景及其研究意义的基础上,研究构建了高校内部治理体系创新研究的逻辑框架,对"高校内部有效治理模式建构的理论研究""我国高校内部治理模式的历史变迁与现实研究""高等教育强国之高校内部治理模式的比较借鉴研究""我国高校内部治理体系的创新与建构研究""大学章程完善:高校内部治理的依法治校研究""高校内部治理的文化研究"等涉及高校内部治理体系创新等需要研究解决的诸多问题进行了从目标到内容的深入思考和提炼。

(一) 引言: 高校内部治理体系创新的背景及其研究意义

高等学校作为满足社会发展需要并受社会诸多因素影响的产物,其任何一项重大改革都有其社会动因,尤其是涉及在高校组织内部进行的具有伤筋动骨之结构整体性改革的治理体系创新。因此,高校内部治理体系创新是一项需要通过系统研究、整体设计后对其予以理性指导的复杂活动,而对高校内部治理体系创新的背景及其研究意义加以讨论,是对高校内部治理体系创新进行整体设计的基础。

1. 高校内部治理体系创新的背景

党的十八大后,国家治理体系现代化和治理能力提高不仅成为国家意志,而且成为各级政府及各类组织管理改革的目标。高校作为负有人才培养和知识创新之崇高使命、既要满足社会发展需要又要守持高校本质属性并遵循自身运行规律的复杂组织,更应率先自觉构建科学的治理体系以提高治理能力。高校内部治理体系创新的理论与实践研究的意义,不仅在于高校是一类需要在治理理性引领下进行综合改革以实现治理体系及治理能力现代化的组织,还在于我国高校在日益激烈的国际竞争中必须通过现代大学制度安排及高校治理体系科学建构这一来自高校内部制度供给侧的改革,为我国高等教育质量提升和高校办学治校效率提升以及世界一流大学和世界一流学科建设创造良好的办学治校环境。

　　高校内部治理的问题在高等教育学界虽较早就有议论,但并未引起高校的足够重视。譬如早在 2007 年 9 月中旬,在北京师范大学举办的第四次海峡两岸高等教育研究学术研讨会,就着重探讨了高校内部治理理论、高校内部治理与外部治理的关系、学术权力与行政权力的冲突、高校治理与师资建设和人才培养等议题。① 党的十八大把国家治理体系现代化及治理能力提高作为国策提出后,来自政府层面的高等教育治理即高等教育的外部治理问题得到重视。但高校内部治理的问题真正进入高校战略管理决策的议事日程并普遍受到重视,是在2015 年 10 月党的十八大五中全会提出"双一流"高校建设以及 2015 年 11 月国务院推出《统筹推进世界一流大学和一流学科建设总体方案》并明确把"完善内部治理结构"作为推进"双一流"高校建设的重大改革任务之后。随后,党的十九大对关于推进"双一流"高校建设和实现高等教育内涵式发展这两项高等教育发展战略任务的提出及其实施,进一步对加速高校治理体系的改革创新起了倒逼的作用。

　　众所周知,"双一流"高校建设的推出是在"985 计划"及"211 工程"推行近20 年但我国的一流大学及一流学科的建设效果并不如预期的情况下而做出的新一轮推进世界一流大学和世界一流学科建设的战略选择。如果说"双一流"高校建设和高等教育的内涵式发展之于国家竞争实力提升是一种必要的战略选择,那么这个目标的达成则必须依赖实施高等教育的组织即高校的积极作为,缺失了高校积极有效的参与,上述目标只会被束之高阁。为什么"985 计划"及"211 工程"的效果不尽人意,其原因何在是我们高校办学治校者必须认真思考的问题。

---

① 林杰. 从管控走向治理——2007"海峡两岸高校内部治理"学术研讨会综述[J]. 江苏高教,2008(1):36-39.

　　高校是有其自身规律并受这个规律影响的学术组织,正是这个原因使笔者把"按规律办学"视为世界一流大学建设的第一要素。① 高校运行的规律是高校内生的不以人的意志转移的必然,但是高校选择何种模式办学治校育人是人为的结果,高校能否遵循自身规律办学治校育人取决于对高校办学治校育人模式具有决定性的内部治理体系。相对过去而言,有利于高校发展建设的来自政府层面的制度供给和资源供给等外部环境均有了很大的改善,但有利于高校按内在规律办学治校育人的治理体系存在的问题尚未根本解决。所以包括"双一流"建设在内的高校,当前面对的是解决好"实现目标之必须"与"遵循规律之必然"的相互和谐问题。笔者始终认为:高校治理体系现代化的本质目的就是让高校按其应有的规律办学治校育人,所以在高校治理体系现代化的进程中,我们不能过度依赖资源要素并以此增长为动力,而必须通过高校内部组织治理结构的变革激发其活力并提升其治理效率。这就是习近平总书记在全国教育大会上所强调的:要深化办学体制和教育管理改革,充分激发教育事业发展生机活力②。

　　总论表 0.1—表 0.6 所呈现的是笔者担任首席专家的教育部重大课题攻关项目"高校内部治理体系创新的理论与实践"的调研结果。在参与这项调查并有效反馈问卷的 1 299 位受询者中,"双一流"建设高校 420 人占 32.33%、教育部属高校 110 人占 8.47%、地方本科高校 769 人占 59.20%;受询者身份分布情况:校领导 88 人占 6.77%、党政部门及院系负责人分别为 386 人和 228 人合计占 47.27%、教学科研人员 596 人占 45.88%。从受询者所在学校及其身份的分布情况来看,所选样本具有一定的代表性及合理性。就表 0.1—0.6 问题项调查的整体结果而言,不难发现人们对高校内部治理体系的总体现状是不甚满意的,受询者不仅认同高校现行的组织及权力构架不利于高校实现有效治理并是导致大学官本位及行政泛化的主要原因,而且对高校内部治理体系创新持积极支持的态度。由此不仅反映了高校内部对治理体系创新具有强烈的诉求,也很好地说明了高校内部治理体系改革及高校内部治理体系现代化的紧迫性。

① 眭依凡. 世界一流大学建设的六要素[J]. 探索与争鸣,2016(7):4-8.
② 习近平总书记在全国教育大会上的重要讲话引起强烈反响:全力推动新时代教育工作迈上新台阶[EB/OL]. http://cpc. people. com. cn/n1/2018/c419242-30287355. html.

表 0.1 对我国高校内部治理的整体现状满意程度(单选题)

选　项	小　计	比　例
A. 非常满意	16	1.23%
B. 满意	300	23.09%
C. 一般	741	57.04%
D. 不满意	215	16.55%
E. 非常不满意	27	2.08%
本题有效填写人次		1 299

表 0.2 现行高校内部治理体系是否有利于高校内部治理目标的实现(单选题)

选　项	小　计	比　例
A. 非常有利于	33	2.54%
B. 有利于	242	18.63%
C. 一般	726	55.89%
D. 不利于	264	20.32%
E. 非常不利于	34	2.62%
本题有效填写人次		1 299

表 0.3 我国高校现行领导体制是否有进一步完善的必要(单选题)

选　项	小　计	比　例
A. 非常必要	496	38.18%
B. 必要	675	51.96%
C. 一般	102	7.85%
D. 不必要	24	1.85%
E. 非常不必要	2	0.15%
本题有效填写人次		1 299

表0.4　我国高校内部的组织及其权力构架是否有利于实现有效治理（单选题）

选　项	小　计	比　例	
A. 非常有利于	51		3.93%
B. 有利于	337		25.94%
C. 一般	686		52.81%
D. 不利于	200		15.40%
E. 非常不利于	25		1.92%
本题有效填写人次		1 299	

表0.5　现行高校内部治理体系是导致大学官本位和行政泛化的主要原因（单选题）

选　项	小　计	比　例	
A. 非常认同	135		10.39%
B. 认同	569		43.80%
C. 一般	422		32.49%
D. 不认同	158		12.16%
E. 非常不认同	15		1.15%
本题有效填写人次		1 299	

表0.6　高校内部治理体系有必要创新吗（单选题）

选　项	小　计	比　例	
A. 非常有必要	389		29.95%
B. 有必要	832		64.05%
C. 一般	70		5.39%
D. 没有必要	7		0.54%
E. 根本没必要	1		0.08%
本题有效填写人次		1 299	

2. 高校内部治理体系创新研究的理论意义和实践价值

治理是与以统治为特征的传统管理模式的根本不同,极大顺应了社会公共管理及组织管理日益复杂、被管理者参与管理的利益诉求日益高涨的社会需要的,对以自上而下的统治为手段、以就事论事的碎片化行政为特征、以利用经验的简单管理之管理模式的扬弃,使不同利益主体缓解或放弃冲突并以共同目标为纽带、以互动合作的方式参与管理并旨在追求效率的管理模式。对高校组织而言,治理的价值理性在于追求办学治校的组织效率,而治理的工具理性立足于依法治校、民主管理。① 所以高校的内部治理体系本质上更应该是一个在国家有关法律法规框架下通过内部体制及制度和组织及权力架构的科学设计,能够合理调节高校内部各利益群体关系、充分调动和发挥高校内部要素尤其是组织成员积极性,使决策层、管理层及执行层各层级及其成员目标一致并保持良好互动关系的,有利于高效实现组织目标的现代管理系统。一个组织的治理体系严格讲必须包括治理结构与治理过程这两个相互联系不能割裂的治理要件,其中治理结构是高校组织及其权力架构和决策权的制度安排,科学设计的治理结构是高校有效治理的基础。然而治理结构的改善并不等于高校就可以有效治理,因为治理结构作用的发挥必须经由治理过程,而在治理过程中由于治理环境及其影响因素的错综复杂,会带来其过程中的诸多不确定性,由此导致即便相似的组织治理结构也可能产生不同的治理效果。因此,高校要实现有效治理,就必须既要完善内部治理结构又要优化其治理过程。此外,高校是一个需要在高度理性指导下通过人才培养和知识创新推进社会进步的社会使命和职能十分明确和重大的实践组织。基于上述认识,笔者认为:由于高校内部治理体系创新是针对高校内部治理存在的问题并旨在引领高校改善和提升治理效率的研究,因此本研究必须是一项理论与实践相结合的综合性研究,即关于高校内部治理体系创新的研究既要体现其理论引领的意义又要有其指导实践的价值,只有在明确高校内部治理体系创新研究的理论意义和实践价值的前提下,关于高校内部治理体系创新的研究才会避免就事论事的碎片化,从而确保本研究的整体性和针对性及有效指导高校内部治理体系改革创新目的的达成。

高校内部治理体系创新研究的理论意义可以提炼如下:①从理论的高度阐

---

① 眭依凡. 论大学的善治[J]. 江苏高教,2014(6): 15-21.

明高等教育创新对国家创新发展具有的不可替代的引领和推动作用,以及高等教育创新必须依赖高校内部治理体系创新的逻辑关系,从而认识到高校内部治理体系创新的极端重要性和紧迫性;②科学界定高校内部治理体系概念并提炼其要件、要素,分析明确它们之间的关系;③阐明高校内部治理的理论依据和现实基础,为高校内部权力配置及其运行机制的改革提供理论支撑;④建立既吻合我国国情又遵循高校办学治校规律的治理体系框架及运行机制,从理论上回答诸如怎样的高校治理结构才是科学完善的治理结构、西方大学的治理结构究竟在多大程度上可供借鉴等问题;⑤从理论上厘清高校内部政治、行政与学术权责的边界,科学构建各权力主体有效地行使职权及其约束的机制,根本解决党委领导、校长治校、教授治学、民主管理相互协调的问题,建立有效处理我国大学内部的政治权力、行政权力、学术权力与民主权力关系的理论基础。简而言之,本研究对我国高校内部治理体系及治理能力的现代化具有理论建构的价值。

而高校内部治理体系创新研究的实践价值可以归纳为:①对我国高校内部治理体系的发展历史及其得失进行梳理和总结,有利于教育主管部门和高校系统对我国过去高校内部治理模式的"得与失"有清醒的认识,有利于高校认识到建构科学的内部治理结构的紧迫性并有针对性地加快内部治理模式的改革;②对高等教育强国之高校治理模式的研究介绍,有利于开阔高校内部治理改革的国际视野,以及学习借鉴高等教育强国之高校内部治理的成功经验;③《国家中长期教育改革和发展规划纲要(2010—2020年)》及《统筹推进世界一流大学和一流学科建设总体方案》均提出了完善中国特色现代大学制度及完善高校内部治理结构的改革任务,关于高校内部治理体系创新的研究能够为顺利完成高校内部治理结构改革和高校内部治理体系完善及治理能力的提高提供指导蓝本和具体操作方案;④高校内部治理体系的完善有赖于高校章程的完善,关于高校内部治理体系创新的研究能够对高校章程存在的诸如空洞的形式主义及其操作性不强等问题提出改善建议,这对高校章程的完善及其落实,以及加快形成以高校章程为统领的完善、规范、统一的制度规范体系具有现实指导价值;⑤对完善和具体落实党委领导下的校长负责制,理顺党委权力、行政权力、学术权力、民主权力的关系,有效发挥各权力要素在办学治校中的应有作用,从治理结构和治理机制完善上根本解决了多决策、多权力体系导致的现实矛盾。

基于上述关于高校内部治理体系创新的背景分析及对高校内部治理体系创新研究的理论价值和实践意义的阐释,笔者认为"关于高校内部治理体系创新研究"必须围绕"高校内部治理体系""理论与实践""创新研究"三个核心概念,在对我国高校内部治理的历史进程及其得失,以及高等教育强国之高校治理模式进行梳理和总结的基础上,构建既符合我国国情又遵循高校办学治校育人规律的内部治理体系创新的研究框架。

(二) 高校内部治理体系创新研究的框架思考

自世界银行(The World Bank)在其 1989 年度报告首次提出"治理危机"并在 1992 年发表《治理与发展》年度报告后,"治理"概念先后被经合组织(OECD)、联合国开发署(UNDP)、联合国教科文组织(UNESCO)等国际组织高度认同,随后广泛应用于政治、经济、社会等管理领域,尤其是公共政策系统分析领域。近 20 多年来,"治理"受到社会科学研究领域及高等教育领域的高度重视,关于高校治理的研究亦应运而生。通过文献检索不难发现我国开展高校治理研究虽晚于西方,但由于在国家治理体系现代化的推动下,我国高校已经普遍认识到高校治理之于高等教育质量和学校竞争力提升的重要性及紧迫性,因此对高校内部治理研究予以了高度重视,尤其是近几年来形成了不少对引领高校治理改革具有导向价值的理论成果。统合分析国内外关于高校治理的文献可以作出如下的结论:其一,关于高校内部治理的研究视角或研究范式不一,国内外学者从组织管理学、系统理论、组织文化学、组织生态学等多学科及善治和利益相关者等理论视角对高校内部治理结构的要素及其各要素间的关系进行了分析讨论并形成了丰富的有关高校内部治理的理论基础;其二,研究的路径主要以新制度主义、结构主义等理论为立场和出发点,强调高校内部治理的组织建构、权力配置及制度安排,研究关注度相对集中于高校内部治理的组织结构和制度建设;其三,研究的重点相对集中于对高校共同治理的高度关注,这与高校是一个以人才培养和知识创新为核心使命和社会职能的,其劳动特征是智力劳动并以智力资源积累、开发和利用为目的的学术共同体,高校内部治理结构及其模式必须吻合于高校的本质属性及其内在规律有关;其四,研究的趋势从以往主要关注高校内部治理的要素存在的问题及其改善,逐渐过渡到对高校内部治理体系及其创新的整体研究。关于高校内部治理已有研究成果的不足主要反映在如下几方面:对高校内部治理静态的组织结构模式研究较多,对有关治理结构模式能否有效运行的治理程序等研究不足;对就事论事的关于局部的眼前的高校治理问题研究较多,对有关高校内部治理体系完善的整体设计、综合整改及长远问题研究不足;对宏观层面及基础理论层面的问题关注和议论较多,对具有操作意旨在有效解决高校内部治理现实问题的对策及行动研究不足。上述问题的存在,不仅提出了对高校内部治理体系创新的理论和实践问题进行整体研究设计的必要性,而且为高校内部治理研究的深入和完善留下了有待填补的空间。

关于"高校内部治理体系创新"的研究必须是在国家治理高校的法律法规及现代大学制度框架下的针对高校内部治理体系创新的理论联系实际的综合性研究,是一项需要对高校内部治理体系建构和完善进行的顶层设计和系统工程。据此,笔者认为本研究必须遵循高校内部治理有关"效率优先、整体设计、民主管理、依法治校"的原则①,以高校内部治理的组织和权力结构设计及其有效运行为研究路线,从"实然"与"应然"两个层面研究探讨我国高校内部治理体系创新的必要性及创新选择,以期提出并构建既符合我国国情又遵循高校办学治校育人规律的高校内部治理模型。所谓"实然"研究应该包括两个方面:其一,高校内部治理体系创新是一项针对解决高校内部治理现实问题的对策研究,因此其必须建立在对我国高校内部治理(管理)结构演变及其得失加以梳理分析总结的基础上,从而保证高校内部治理体系创新的研究是针对高校治理存在问题的有的放矢;其二,高校内部治理体系创新的研究旨在建构适合我国国情的具有可操作性的高校内部治理结构,因此其必须既顺应社会发展需要又有利高校办学治校育人效率的提升。所谓"应然"研究亦包括两个方面:其一,高校内部治理体系的创新必须遵循高校独有的本质属性要求及其办学治校育人的基本规律;其二,高校作为高度理性的学术组织,其内部治理体系的创新必须在多学科理论的支撑下进行,即必须在理性引领下具有坚实的理论依据。

基于上述思考,课题组提出高校内部治理体系创新研究的整体性设计思路如下:①沿着历史发展和制度变迁的线索梳理和分析我国高校治理(管理)体系的变迁过程及分析总结其实践的得与失,此为针对现实和问题的"知其然"之事实研究;②对高校治理及其内部治理体系的概念、要素、特征和相互关系等进行学理性讨论,此是为"知其所以然"提供理论支撑的学理研究;③由于我国经典意

---

① 眭依凡.论大学的善治[J].江苏高教,2014(6):15-21.

义上的大学历史较短,且西方高等教育强国的高校治理模式相对成熟,因此考察借鉴西方高校治理模式的成功经验之于我国高校内部治理体系创新具有启示意义;④在上述历史梳理及学理分析、比较研究的基础上,提出具有创新意义的既吻合国情又遵循高校办学治校育人规律的高校内部治理体系结构,以及确保高校内部治理体系正常运行的保障机制,两者的有机结合则构成旨在提升治理效率的高校内部治理体系;⑤对现代大学制度建设与大学内部治理的关系加以研究。规范高校办学治校育人的法制构架是高校有效治理及依法治校的基本依据和硬件基础,由于高校内部治理结构本质上就是现代大学制度尤其是大学章程支撑的产物,因此大学章程既是高校内部治理体系的重要组成又是高校内部治理体系得以正常运行并发挥其应有作用的法制及措施保证;⑥对高校治理文化加以研究。高校文化的问题往往被高校办学治校者所忽略,但高校文化无处不有、无刻不在,不仅对高校内部治理结构的设计和选择具有价值引领的作用,对高校内部治理的过程即能否有效运行亦有不能忽视的影响。在上述关于高校内部治理体系创新研究的整体性分析思路清晰的基础上,笔者建构的高校内部治理体系创新研究的总体框架设计如总论图 0.1 所示,其中六大专题研究分别为:高校内部有效治理模式建构的理论研究;我国高校内部治理模式的历史变迁与现实研究;高等教育强国之高校内部治理模式的比较借鉴研究;高校内部治理体系的创新与建构研究;大学章程完善:高校内部治理的依法治校研究;高校内部治理的文化研究。

(三) 高校内部治理体系创新相关研究的目标与内容

从组织理论和组织生态理论的视角透视高校组织,高校无疑是一个要素复杂及其关系和环境复杂的组织系统,由此决定了高校内部治理体系的高度复杂性,其构建尤其是创新都必须是在理性指导下针对现实需要做出的选择结构。因此,关于高校内部治理体系创新的研究必须在相关治理理论的引领、在对我国高校内部治理结构变迁历程及其得失的历史和现实考察,以及对西方高等教育强国关系内部治理模式比较借鉴研究的基础上,去讨论和建构既适合我国国情又遵循高校办学治校育人规律且具有可操作性的高校内部治理的创新体系。基于此,高校内部治理体系创新研究应达成如下目标:①从学理上讨论明确高校内部治理体系的构成组织要素及其关系结构,包括对高校行政和学术机构权责边界的确定,为高校内部治理体系的创新提供必要的理论依据;②从实践上总结

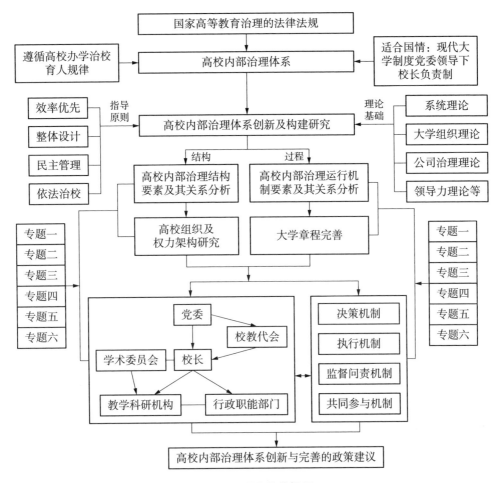

图 0.1　研究总体框架

我国高校内部治理结构改革的得失,分析其根源并提出解决问题的有效途径和措施;③建构和完善高效率的高校内部治理结构及其运行机制。根据上述研究目标设计,高校内部治理体系创新研究应该包括以下研究内容:①高校内部有效治理体系建构的理论研究;②我国高校内部治理体系的历史变迁与现实研究;③高等教育强国之高校内部治理体系的比较借鉴研究;④我国高校内部治理体系的创新与建构研究;⑤大学章程完善:高校内部治理的依法治校研究;⑥高校内部治理的文化研究。

1. 高校内部有效治理体系建构的理论研究

高校内部治理体系创新的目的旨在探索并建构高校内部有效治理的体系,

由于经典意义的高校是一个历经千年发展并已经成熟,需要理论指导其实践的理性组织,由此决定了高校内部的有效治理既是一个实践的问题更是一个需要理论指导的问题。如前所述,基于高校是一个要素诸多且关系复杂及影响其运行不确定性要素多的复杂组织,因此针对这样一种复杂组织有效治理体系的建构,必须从理论上对高校内部治理的性质、特征、目的、要素及其关系结构加以讨论,从而明确高校内部有效治理的方向、目的及其基本原则。换言之,高校内部治理体系创新的研究必须以相关学科的理论为指导,即以系统理论、大学组织理论、公司治理理论、组织文化及学术自治、权力制衡、法人治理、利益相关者、共治善治等理论为基础,提出和建构高校内部有效治理的理论模型。

关于高校内部有效治理模式建构的理论研究必须达到如下目的:其一,根据高校的组织属性讨论高校内部有效治理模式的基本要素及其关系。由于高校组织是一个多利益主体博弈的系统,根据高校的组织属性特征厘清高校内部治理体系的基本要素亦即利益主体,探讨明确它们之间的利害关系及其背后的逻辑,这是构建高校内部有效治理结构的理论基础的基础。其二,依据相关理论讨论高校内部有效治理的类型、原则、要件及其关系。此即根据高校内部治理的基本要素及其关系,从多学科理论视角出发,以系统理论、大学组织理论、公司治理理论、组织文化及学术自治、权力制衡、法人治理、利益相关者、共治善治等理论为基础,讨论确定高校内部治理类型、基本原则、治理要件及其联系。其三,提出和建构高校内部有效治理的理论体系。此即在提炼高校内部有效治理模式的结构特征、过程特征、主体特征、制度特征和文化特征的基础上,提出高校内部有效治理的组织结构、权力结构及其关系结构,以及高校内部治理结构有效运行的机制即高校内部治理结构与运行过程协调的理论模型。

2. 我国高校内部治理体系的历史变迁与现实研究

对我国高校内部治理体系的历史变迁与现实研究是本研究的事实支撑部分,是关于回答高校内部治理体系为什么需要创新的所谓"知其然"的事实研究,旨在沿着我国高等教育发展历史和高等教育制度变迁的历史线索,通过梳理和探究"我国高校内部治理体系变迁的路径及其动因"及"我国高校内部治理体系变迁的特征及其结果"等,了解我国高校管理体系的变迁过程及高校内部治理的现实情况,把握不同阶段我国高校内部治理体系形成的原因,分析总结我国高校内部治理实践的得与失,为高校内部治理体系创新提供事实依据(见图0.2)。

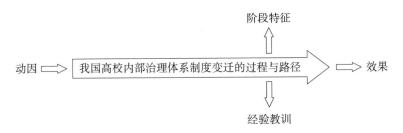

图0.2　高校内部治理体系的历史变迁研究

作为历史和现实研究的部分,本研究以大学内部治理制度为研究对象,以历史为轴对新中国成立后至"文化大革命"开始、"文化大革命"期间、1978年改革开放至今三个主要时期,以制度分析和历史研究的范式,通过对文献政策的文本研究和调查访谈等深入探究新中国成立以来我国高校内部治理制度变迁的过程与路径,高校内部治理体系形成与变革的逻辑及动因、动力,以及各个历史阶段制度的特征与效果,在此基础之上分析总结我国高校内部治理模式实践的得与失,为我国高校内部治理体系的创新及治理体系的现代化提供事实基础。

　　关于我国高校内部治理模式的历史变迁与现实研究必须达到如下目的：其一,以高校制度变迁为线索研究和描述我国高校内部治理模式变迁的过程和路径。高校属于依赖制度维持其稳定结构和运行秩序的组织,因此高校运行及发展均受到制度环境的高度影响。由于我国高校的制度发展均是政府主导下的制度变迁,所以我国高校治理的发展史可以说就是一部国家有关政策制度主导下的高校制度变迁史,政府的政策设计和制度安排始终是影响和决定高校内部治理体系发展变迁的主要力量。自1949年新中国成立,国家力量不断介入高校内部治理,对高校领导体制、治理体系、高校组织内部权力配置与运行机制等制度安排的方方面面产生影响。因此,研究我国高校治理体系的发展变化必须从国家政策制度设计及其变迁对高校制度带来的影响切入,这就是本研究基于政策制度分析的视角考察我国高校治理体系变迁的原因。为有利于据历史发展进程的线索考察新中国以来我国高校内部治理体系的历史变迁,把新中国以来的高校内部治理体系变迁划分为如下三个阶段,即"1949—1977年以高校内部领导体制变革为中心的高校治理探索期""1978—2009年以高校内部管理体制变革为重点的高校治理改革期""2010年至今以中国特色现代大学制度建设为主旨的高校治理完善期"①。由于在不同历史阶段关于高校内部治理的概念有不同的表述,因此对高校治理体系变迁的研究有必要在治理和管理概念的使用上注意不同历史阶段的区别,因为治理与管理毕竟是内涵不同的概念不能混淆。

其二,讨论分析我国高校内部治理体系形成与变革的特征与动因。高校治理变迁与中国政治经济社会的发展变迁具有较高的同构性,其变革是高等教育政策变革主导下由局部到整体的过程,即由以高校内部领导体制探索为中心向以高校内部管理体制改革为重点,最后以完善中国特色现代大学制度为目的的综合改革。关于这个部分的研究既要揭示我国高校治理体系变革的阶段性特征,亦要分析我国高校发生从以管控为特征的管理模式向以共同治理为特征的治理模式变迁的动因何在。其三,总结与分析我国高校内部治理体系实践的得与失。高校内部治理体系创新的研究,旨在强调通过对传统高校内部管理体系的改革以建构新型的有利高校管理效率提升的高校内部治理体系。为此,关于我国高校内部治理体系的历史变迁研究必须对过去存在的高校内部管理模式的得与失加以梳理、分析和总结,唯此,关于高校内部治理体系的改革创新和完善才能有的放矢并获得事实依据。

3. 高等教育强国之高校内部治理模式的比较借鉴研究

由于经典意义上的我国大学发展历史较短,以及相对而言世界高等教育强国之高校治理体系均比较成熟,故设计旨在通过考察西方高等教育强国之高校内部治理体系的成功经验,了解国外高校内部治理体系所面临的问题以及改革趋势,在动态比较中找到各国高校内部治理体系改革发展具有共性的规律,从而为我国高校内部治理体系的创新和完善提供国际借鉴的研究部分十分必要。

关于高等教育强国之高校内部治理体系的比较借鉴研究必须达到如下目的:其一,基于文献研究和海外考察调研了解美德英及日本等国高校内部治理体系基本情况。通过包括文献收集研究和对世界著名高校的考察调研,以期深入了解美国、英国和德国等高等教育强国不同类型高校内部治理模式的要素、结构、特征及其运行机制等基本情况。其二,研究掌握国外高校内部治理体系行政权力与学术权力的配置与博弈。国外高校内部治理体系中的权力结构相对而言

---

① 眭依凡. 从管理到治理的嬗变——基于新中国成立 70 周年高校内部管理模式变迁的线索[J]. 苏州大学学报(教育学科版),2019(3):29-32.

比较简单,主要由行政权力与学术组织权力两大体系构成,所以对高等教育强国之高校内部学术权力与行政权力之权力配置的形式、结构、博弈及相互制约关系及其对高校内部治理效率的影响进行深入研究,分析有哪些因素对高校学术权力与行政权力的配置及其运作效率构成根本性影响,从而对高等教育强国的高校内部治理体系中的权力结构形式及协调制约机制有所认识非常必要。其三,探讨国外高校内部治理体系的成功经验、问题以及改革趋势。在充分解读美德英等国学术权力与行政权力配置及其运行的成功经验基础上,客观分析评价高等教育强国之高校内部治理体系所取得的成功经验及所面临的问题,以及关系高校内部治理体系变革的对策与趋势,从而为开阔我国高校内部治理体系创新的国际视野提供可资借鉴的启示。

4. 高校内部治理体系的创新与建构研究

本书是关于高校内部治理体系创新研究的重点所在,在对高校内部治理体系的理论、历史及比较研究的基础上,旨在通过对国情条件下现行的高校内部治理体系权力主体结构及其运行机制存在的不足进行深入调查研究,提出既适合我国国情又遵循高校办学治校育人规律的、既有创新意义又有实践价值并基于善治目的的高校内部治理体系,重点解决高校内部治理主体的组织及其权力结构的协调与高校内部治理体系正常运行的机制问题,以构建有利于高校内部治理效率提高的高校内部治理体系。

关于高校内部治理体系的创新与建构研究必须达成的目标如下。

其一,对高校内部治理的组织及权力结构、运行机制进行深入的实证调查,准确把握问题及其原因。高校内部治理结构形式上表现为一种对高校内部组织及其成员进行管理和控制的系统,实质上是高校内部权力结构的分配、协调与行使的制度安排,所以高校内部治理的本质实际就是高校内部决策权力在高校内部的配置与行使,这种权力结构很大程度决定了高校内部治理能力的高低及治理效率的大小。为了提出高校内部治理体系的创新模式,有必要在对我国高校内部治理体系变迁的研究基础上,对高校内部治理的现实权力构架及其运行状态进行深入调查并对其存在的问题进行诊断。

其二,根据高校办学治校育人的规律研究解决行政管理与学术民主等权责结构的平衡协调的关系问题。如前所述,构成高校内部治理体系的两个基本要件即高校内部治理体系的权力结构及其保障权力结构正常运行的相关机制。如果说党委领导、校长负责、教授治学、民主管理是一项基于国情需要提出的高校内部治理基本原则,那么关于高校内部治理体系创新研究的任务就在于根据高校办学治校育人的规律,研究厘清高校内部不同治理主体及权力主体的权责边界,科学构建各权力主体有效行使职权并相互约束的结构框架和运行机制,从而根本解决党委领导、校长负责、教授治学、民主管理相互协调的高校治理权力主体之间博弈的关系问题,比如坚持和完善党委领导下的校长负责制,解决好高校党委与高校教职工代表大会权力关系以及与校长的分工合作问题,解决校长与大学学术委员会的学术决策权责的问题等。

其三,构建既有创新意义又有实践价值的基于善治目的的高校内部治理体系。提出和构建既适合我国国情又遵循高校办学治校育人规律的、既有创新意义又有操作价值的基于善治目的的高校内部治理体系是高校内部治理体系创新研究的目的所在。这一研究必须基于效率优先、整体设计、民主管理、依法治校的原则,以及依据高校内部治理系统构成的"责任""信任""共享权力"及"协调利益"四大要素,构建高校内部治理的组织及其权力结构,并在完善以大学章程为基础的现代大学制度和营造高校内部治理体系组织氛围的高校文化理性的前提下,形成有利于内部治理体系有序运行的决策机制、执行机制、监督问责机制、共同参与机制。

5. 大学章程完善: 高校内部治理的依法治校研究

大学章程作为高校内部治理的基本法,既是高校内部治理体系中不可或缺的依法治校的要素即法律依据,亦是高校内部治理得以有序运行的机制保障,大学章程在高校内部治理体系中具有规则制定和程序保证的双重角色作用,在高校的依法治校过程中具有重要地位。本研究设计旨在通过对大学章程与高校内部治理体系之关系及其作用机理的讨论,明确高校内部治理体系只有在完善的现代大学制度保障下才能有序运行并得以发挥其有效治理的作用。为此,关于大学章程完善即高校内部治理依法治校的研究是在对大学章程与高校内部治理体系的关系进行学理性分析的基础上,探讨大学章程对高校内部治理体系主体、权力结构及实现机制的影响,并站在高校内部治理体系创新和发挥有效治理作用的高度,审视和考察大学章程制定、大学章程实施等关于大学章程建设本身存在的问题,从而为大学章程的完善和高校内部治理的依法治校提供理性指导。

关于"大学章程完善: 高校内部治理的依法治校研究"必须达成如下目的:

其一,从理论的高度和现实的视角讨论明确大学章程与高校内部治理体系之间的关系。本研究首先对大学章程的性质进行探讨,在分析以大学章程为中心的内部法规构建原则基础上,从理论的高度和现实的视角讨论和认识大学章程与高校内部治理体系之间的关系,从而为大学章程完善及高校内部治理体系的创新构建提供认识基础和理论前提。

其二,探讨明确大学章程在高校法人治理及高校内部治理体系运行中的机制功能。大学章程是高校内部治理体系的实现机制,大学章程在高校内部治理体系中的机制作用亦主要是通过高校法人治理结构的形成,以及对高校治理过程中决策、执行、监督问责、共同参与的程序等做出具体规定而得以实现的。高校法人治理结构为高校内部治理体系创新提供了依法治校的权力及其行使的制度框架,所以大学章程是高校法人治理结构在高校内部治理的具体落实;而同时大学章程关于高校内部治理过程中决策、执行、监督问责、共同参与的程序规定又为高校内部治理体系的有效运行提供了操作性保证,故大学章程又是高校内部治理体系在运行机制上的具体落实。

其三,通过调查及对大学章程的文本分析,对大学章程建设存在的问题提出改善的建议。大学章程既是高校内部治理体系中依法治校的法律依据又是高校内部治理体系得以有效运行的机制保障,故大学章程的重要性不仅在于其是否在高校内部治理活动中得到落实和遵循,更重要的是大学章程本身的质量是否能够发挥上述作用。虽然我国高校的大学章程建设基本完成,但由于大学章程是由教育部自上而下推动的现代大学制度建设,不少高校还存在对大学章程建设的意义作用认识不到位及由此导致的在大学章程制定中不认真、不规范、质量不高等问题。因此,本研究不仅要站在大学章程之于高校内部治理体系创新及依法治理具有不可替代的作用的认识高度,还要针对我国不少高校的大学章程有待修改完善的现实,通过对大学章程的文本分析及其在高校落实情况的调查,审视和考察大学章程制定、大学章程实施等以发现大学章程建设存在的现实问题并提出大学章程完善的建议,从而通过大学章程的完善确保高校内部治理的依法治校得以正常进行。

6. 高校内部治理的文化研究

高校本质上是文化属性的组织,由于对高校的认识需要从文化这个研究视角来观察和分析高校的成功和不足,因此笔者一直强调有必要用大学文化这一既针对高校组织个性特征又不失高校之普遍性的观察视角和分析框架认识高校内部有效治理问题。大学文化不仅附着在高校组织机体的表面而且植根于高校内在精神的深层,其无所不包、无所不在且无所不能地对高校的办学治校产生着深刻影响。大学文化绝非仅是高校内部治理结构中的一般要素,其极大影响并统领着高校内部治理过程中的价值选择、思维模式、制度安排、组织和权力建构、组织及其成员的活动及心理方式等等。所以大学文化不仅对高校内部治理结构的设计等具有价值引领的直接作用,对高校内部治理的有效运行亦有不能忽视的间接影响,有什么样的大学文化就有什么样的高校内部治理体系。① 据海外越来越多的高校治理研究发现,高校的有效治理并不仅仅简单取决于治理的组织及其权力结构,而且还与治理组织设置及制度安排之外的其他因素尤其是大学文化有重要的关联。同样的高校内部治理结构在不同高校的治理运行中其效果亦有所不同,原因就在于大学文化因素直接或间接地对治理产生影响。本研究设计的价值就在于讨论高校文化对高校有效治理的意义作用并营造有利于提升高校内部治理效率的高校文化环境。

关于高校内部治理的文化研究必须达到如下目的。

其一,通过深入挖掘和分析大学文化与高校内部有效治理的内在关系,树立大学文化治校的概念理性。在对"大学文化是大学治校结构中不可或缺的基本要素""大学文化是先于大学治校行动且指导行动的价值先决""大学文化是驾驭大学权力行使的'无形之手'"②的深入讨论、大学文化治校的学理性清晰的基础上,本研究必须对诸如"价值确定""制度安排""环境营造"等大学文化治校的实践机制加以提炼和分析,以明确和凸显大学文化与高校内部有效治理的内在关系。

其二,对高校内部治理本身就是一种文化治校的逻辑进行论证,呈现具有说服力的理论联系实际的依据。从某种意义上说,可以把高校视为主要是由"学者"和"文化"要素构成的复杂组织,高校这样一种特有的文化组织属性导致其治理过程有强烈的非线性特征即高校内部治理过程具有高度的复杂性、不可控性和不稳定性。面对学者云集并以文化为纽带的高校治理问题,仅仅依靠铁面无

---

① 眭依凡. 大学文化学理性问题的再思考[J]. 清华大学教育研究,2015(6):1-8.
② 眭依凡. 大学文化思想研究[J]. 北京大学教育评论,2016(1):142-168.

私的刚性制度和冷冰冰的上下级关系来简单处理未必有效,因此大学文化作为一种柔性的治校手段就有了发挥其作用的空间。因此,包括中国高等教育学会原会长周远清在内的不少学者无不强调,我国高校内部治理必须重视治理文化的建设,笔者关于大学文化研究的结果亦表明,大学文化本身就是高校内部治理体系不可或缺的要素并具有治校的功能。因此,旨在对大学文化治校的逻辑及其规律进行分析以呈现其在高校内部治理体系的合理合法性的本研究设计,显然十分必要。

其三,探讨高校内部治理文化理性及高校内部治理文化的培育和营造。综观中外有关高校治理的研究不难发现,由于中外高校治理体系发展的阶段不同及成熟度不成,所以中外高校对高校内部治理体系予以关注的重点及其重视的程度亦有所不同,比如美国等西方高等教育强国更多关注的是治理过程的完善问题,而我国高校关注的重点是高校内部治理组织及其权力结构完善的问题。但中外高校治理研究的共同之处就在于认识到高校内部治理效率的提高,有赖于高校内部的办学治校育人者在共同的文化归宿、文化理性驱动下的共同行动。在高校内部治理研究中强调工具理性重于价值理性及重视治理结构的完善而无视治理文化的形成的研究取向,将无益于高校内部治理体系创新及高校内部治理效率的提升,更无益于高校内部治理体系的现代化,因此对高校治理文化理性的研究将会成为高校内部治理未来研究的重要领域。

只有在对上述六个有关高校内部治理的方面进行全面深入的研究,关于高校内部治理体系创新的研究才具有了顶层设计的意义,其研究结果才具有引领高校内部治理体系的框架性整体改革完善和提高其治理实践效率的价值。

高校内部治理文献及其述评

有关高校内部治理的文献可谓汗牛充栋,研究主题多样,内容丰富,但对本课题研究的文献仍有待系统和深入地收集、梳理和研究。本部分包括"文献回顾"和"文献述评"两方面内容。由于绝大多数文献使用的是"大学治理"而非"高校治理"概念,为保证文献研究的真实性,本文沿用原始文献"大学治理"的概念。

(一) 文献回顾

1. 治理与大学治理

1) 治理

1989 年,世界银行提出"治理危机"的概念。1992 年,题为《治理与发展》的报告问世后,"治理"一词得到了包括联合国教科文组织、经合组织在内的多个国际组织的高度认可,继而在包括政治、经济和社会等管理领域与其他诸多领域得到了广泛的运用。法国学者让-皮埃尔·戈丹(Jean-Pierre Gaudin)则做了更为久远的历史追踪,他在《何谓治理》一书中指出,治理概念经历了三个"生命阶段"。早在 13 世纪,治理一词就在法国流行过,14 世纪末叶英格兰国王亨利四世也使用过这个概念。在 17—18 世纪,治理代表着自上而下的统治与等级化的权力。随后治理概念与实用知识一样逐渐被边缘化。至 20 世纪 30 年代,在实用主义盛行的美国,治理被用于组织尤其是企业指导。进入 20 世纪 90 年代,治理被广泛运用于公共政策系统分析领域,至此治理才进入其第三个生命阶段。[①] 由此可见,治理作为一个管理概念的出现远早于 20 世纪。近 20 多年来治理成为整个

---

① [法]让-皮埃尔·戈丹. 何谓治理[M]. 钟震宇,译. 北京:社会科学文献出版社,2010:14.

人类社会的"新宠",也被广泛应用于高等教育领域,大学治理研究亦应运而生。

从词源学来看,"治理"可追溯至希腊与拉丁语中的"操舵"一词,有控制和引导之意。坎贝尔(David Campbell)等认为,"治理"原义指政府基于反馈的统治,与"控制"相对,有"掌舵"之义。① 《现代汉语词典》将治理定为管理、统治,如治理公司;或处理、整修,如河道治理。② 目前,许多学者或科研机构都在自身研究的领域对治理一词做出了不同的阐释,关于"治理"的概念界定高达 200 多种。③ 治理理论的开创者詹姆斯·罗西瑙(James N. Rosenau)指出,治理是一种管理机制,主要运用于有共同目标的领域,尽管没有得到官方授权,但也能起到有效作用。与统治不同,治理的主体不一定是政府,也不需要依靠国家力量强制实现。④

英国学者罗伯特·罗茨(Robert Rhodes)将治理内涵划分为六种:①作为最小国家的管理活动的治理;②作为公司管理的治理;③作为新公共管理的治理;④作为善治的治理;⑤作为社会—控制体系的治理;⑥作为自组织网络的治理。⑤ 1995 年,全球治理委员会(Commission on Global Governance)在《我们的全球伙伴关系》(*Our Global Neighborhood*)的报告中将治理定义为:公共的或私人的个人以及机构管理其公共事务的各种方式的总和。治理是一个持续的过程,能调节不同的甚至是冲突的利益,并使不同的利益相关者采取共同的行动。它既指规范人们行为的正式制度与规则,也指符合人们利益或者人们认可的各种非正式的制度安排。⑥ 俞可平教授提出,治理是官方或非官方的公共管理组织利用公共权威,维护特定范围内的秩序并满足公众的需要,是包括管理规则、治理机制、公共权威和治理方式在内的一系列管理活动和过程。其目的是在复

① Campbell D. , Carayannis E. Epistemic Governance in Higher Education:Quality Enhancement of Universities for Development [M]. New York:Springer, 2013:3 - 4.

② 中国社会科学院语言研究所词典编辑室. 现代汉语词典(第 5 版)[M]. 北京:商务印书馆,2005: 1758.

③ 孙柏瑛. 当代地方治理[M]. 北京:中国人民大学出版社,2004:19.

④ [美]詹姆斯·N·罗西瑙. 没有政府的治理:世界政治中的秩序与变革[M]. 张胜军,刘小林,等,译. 南昌:江西人民出版社,2001:55.

⑤ Rhodes R A W. The New Governance:Governing without Government [J]. Political Studies, 1996, 44(4):652 - 667.

⑥ Commission on Global Governance. Our Global Neighborhood [M]. London:Oxford University Press,1995:2 - 3.

杂的制度关系里使用权力来指导、规范和管理公民的各类活动,以最大程度地提高公共利益。① 可见,治理以一定的目标为导向,重视多元利益者的参与和合作,试图提高效率,增进公共福祉。

2) 大学治理

治理理论目前被广泛运用于诸多领域,当然也被引入进高等教育领域中,但因治理本身是一个复杂、模糊的概念,学者们对大学治理的界定也各异其趣。大学治理概念最早由美国学者约翰·科森(John Corson)提出,他在《学院与大学的治理:结构与过程的现代化》(*Governance of School and Universities: Modernizing structure and Processes*)一书中,首次运用现代治理理论来探讨大学内部的运行问题。随后 1973 年,美国卡耐基高等教育研究会(Carnegie Commission on Higher Education)发布名为《大学的治理》(*Governance on Higher Education*)的研究报告,将大学治理定义为:多个组织成员参与大学管理并一起进行决策的过程,这个过程中权力关系的协调与权责分配是重点。② 这份报告是第一个系统研究高等教育治理的作品,为后续相关研究奠定了坚实基础。2004 年,美国知名学者伯恩·鲍姆(Robert Birnbaum)较为深刻地理解了大学治理的内涵,他认为大学治理是一种结构和过程,用于平衡法定权力(董事会及行政机构)与专业权力(教师)这两种组织影响力。③ "大学治理"和"大学管理"存在较大区别,从时间维度上看,大学管理出现的时间比大学治理早得多;从目的来看,大学管理是为了达成组织的既定目标,大学治理是实现利益相关者责权利的平衡;从导向来看,大学管理是任务导向,大学治理是战略导向;从沟通方式来看,大学管理是自上而下的单向沟通,大学治理则是双向沟通。④

3) 大学内部治理

基于上述对"治理"及"大学治理"的界定,可以把"大学内部治理"界定为:

---

① 俞可平. 全球治理引论[J]. 马克思主义与现实,2002(1):20-32.

② Carnegie Commission on Higher Education. Governance of Higher Education: six priority problems [M]. New York: McGraw-Hill, 1973: 11.

③ Birnbaum B. The end of shared governance: Looking ahead or looking back [J]. New Directions for Higher Education, 2004(127): 5-22.

④ 李福华. 大学治理与大学管理:概念辨析与边界确定[J]. 北京师范大学学报(社会科学版),2008(4): 19-25.

各种利益相关者参与大学重大事务决策的结构及过程。[①] 其本质是对大学内部各利益相关群体之间的利益分配和权力关系的协调。大学内部治理既可以指大学决策制度的设计,如大学决策机构设置、人员属性、职责范围和权力分配的制度安排,也可以具体指学校层面的决策。[②] 它包括治理结构与治理过程两个相互联系的要件,涉及大学组织的激励与约束机制,由此会带来不同的组织效率与效益。[③]

2. 大学治理模式

大学治理模式一直以来都是一个令人感兴趣的研究领域,并且成果丰富。“模式”作为一种对复杂的现实过程的一种形式化、简约化的解释,尽管不可避免地会掩盖或埋没一些信息,但有助于认识(有时预测)它所代表的能动系统的某些方面,能够为我们考察组织运行的不同方面提供内涵极为丰富但又不失简约的方便,因而受到研究者的青睐。由于共同治理作为一种具体的治理模式或治理结构,有关它的研究特别多,所以这里单独列出。

1) 模式分类

大学治理模式多样,从不同的视角出发有不同的分类。有学者基于决策权力的视角,在分析大学治理模式时考虑组织架构中的权力来源,如美国加州大学前校长、著名高等教育家克拉克·克尔(Clark Kerr)和玛丽安·盖格(Marian Gade)根据校长在整个管理系统中所处的位置、权力和影响的不同,把大学治理分为四种模式:①科层模式,校长处于权力的中心地位;②同事协商模式,校长仍然处于中心位置,但主要起到沟通、协调、说服和仲裁的作用;③多中心模式,校长职务类似于一个权力集团,校长要谨慎考虑每一个行动;④无政府模式,这种模式认为大学是一个大多数人、在大多数时间、在各自规定的领域独立行动的场所,个体从事学术事业时可以自行决策,这是其核心特征。在此系统下,校长的权力与影响极其有限。[④]

另有学者依据大学、政府、市场三者之间的关系进行大学治理模式的分类。

① 李维安,王世权. 大学治理[M]. 北京:机械工业出版社,2013:9.
② 陈寿根. 高职院校内部治理有效性:内涵、特征与提升[J]. 黑龙江高教研究,2016(10):117-120.
③ 蔡连玉,李海霏. 我国高校内部治理的制度变迁(1949—2018):基于历史制度主义的分析[J]. 清华大学教育研究,2019(2):99-106.
④ [美]克拉克·科尔,玛丽安·盖德. 大学校长的多重生活:时间,地点与性格[M]. 赵炬明,译. 桂林:广西师范大学出版社,2008:93-109.

如德国高等教育学者迪特玛·布劳恩(Dietmar Braun)把 20 世纪 80 年代早期西方发达国家大学的治理模式归纳为三种:①共享模式,以当时的英国为典型。政府主张分权化,一般不直接卷入大学学术事务;②寡头—科层模式,以西德、意大利、瑞士等国为代表。大学的实质自治在很大程度上受限;③市场模式,以美国为代表。大学治理受到市场力量的左右。① 瑞典高等教育学者玛丽安娜·鲍尔(Marianne Bauer)和贝瑞特·阿斯克林(Berit Askling)从"权威—目的"分析框架出发,归纳出四种高等教育治理模式:①洪堡的政府模式,政府的角色仅仅在于保护大学免受内外权力之争;②纽曼的自由模式,政府一般不卷入大学学术事务;③贝纳的社会主义模式,又称福利政府模式,大学受到政府集权化的控制;④市场模式,政府扮演"掌舵者"角色。同时他们指出,所有国家不会只采用单一的治理模式,而是会随着时间发生改变。新公共管理运动的推行又使不同国家的大学治理模式具有趋同性。②

我国学者尹晓敏基于利益相关者理论,探讨了大学治理中的政府调控、教授治学、校长治校、学生参与以及社会介入,主张构建一种多中心治理模式,大学以社会责任为导向。③ 周光礼从政治学的视角分析了高等教育治理,认为理想的高等教育治理模式分为科层式治理和市场式治理两种。如今,这两种模式逐渐被网络治理模式取代,慢慢趋于融合。④

2) 共同治理

共同治理是美国大学教授协会(AAUP)、美国教育委员会(ACE)和美国大学和学院董事会协会(AGB)的共同构想。1966 年美国大学教授协会发布了《学院与大学治理的联合声明》(*State on Government of Colleges and University*,以下简称《声明》),将"大学治理"定义为"基于教师和行政部门双方特长的权力和决策的责任分工,以代表教师和行政人员共同工作的承诺"。⑤ 大学各类成

① Braun D. Changing Governance Models in Higher Education: The Case of the New Managerialism [J]. Swiss Political Science Review, 1999(3): 1 – 24.

② 甘永涛,等."权威—目的两分法"的起源与比较优势:一个新的理论分析框架[J].比较教育研究,2007 (1): 18 – 22.

③ 尹晓敏.大学社会责任研究——以利益相关者理论为视角[J].辽宁教育研究,2008(2): 6 – 10.

④ 周光礼.人类命运共同体与高等教育全球治理[J].探索与争鸣,2019(9): 22 – 25.

⑤ AAUP. Statement on Government of Colleges and Universities [EB/OL]. http://www. aaup. org/ statements/redbook/Goverance. htm,2021 – 04 – 13.

员,包括学生、教师、行政人员、大学董事会,共同参与大学治理。显然,《声明》对"大学治理"的界定体现了参与治理人员的广泛性原则,也体现了决策责任分工下,利益相关者要遵循"首要能力首要责任"原则,标志着共同治理正式浮出水面。几十年来共同治理已成为美国大学传统文化的重要组成部分,也成为世界高等教育治理模式的共同趋势,更成为大学治理研究的一个焦点。其中,关于大学共同治理内涵的争议、困境与路径的研究尤为火热。

彼特·埃克尔(Peter Eckel)指出,大学共同治理的内涵含糊不清、富有争议。由于职责和权限范畴并没有一个清晰的界限,因而不同群体可以轻而易举地把某一事务的决策划入自己的领地。① 威廉·蒂尔尼(William Tierney)发现,大学教师对共同治理的理解存在四种认识:①立法模式,强调正式治理结构和行政决策机制;②符号模式,强调规则被解释后在实践中的执行方式;③咨询模式,注重参与商讨的成员和被讨论的话题;④沟通模式,关注重大思想或决策达成共识的程度。他指出,对共同治理理解上的争议在于每个人对世界运行的规则具有根深蒂固的信念,这直接影响其对共同治理模式的理解与看法。② 同样,盖瑞·奥尔森(Gary Olson)指出,教师和行政人员对于何谓"共同治理"常常会发生争议和误解,一是将共同治理理解为对新的计划或规划进行投票;二是认为共同治理就是行政人员为教授提供网络支持,前者管理,后者治理。这种对共同治理的深层次误解预先设定了一种潜在的敌对关系。③

关于大学共同治理的困境及路径方面,余承海等认为,美国自 20 世纪末以来,面临着教师参与度下降、教师与管理者对共治的理解存在偏差、共治的功能蜕变等共同治理困境。为摆脱这些困境,美国试图采取工会化、建立不同治理风格校院之间的联系、加快决策进程、加强理解与合作等措施。④ 吴立保等指出,我国大学共同治理面临价值、权力、制度及文化等多重困境,并基于帕森斯

① Eckel P. Thinking Differently About Academic Departments:The Academic Department as a Team [J]. New Directions for Institutional Research,1998(100):27 - 38.

② Tierney W G. Improving Academic Governance:Utilizing a Cultural Framework to Improve Organizational Performance [A]. Tierney W G,Competing Conceptions of Academic Governance [C]. The Johns Hopkins University Press,2004:204 - 207.

③ Olson G A. Exactly What Is"Shared Governance"? [EB/OL]. http:∥chronicle. com/article/Exactly-What-Is-Shared/47065. 2021 - 04 - 13.

④ 余承海,程晋宽. 当代美国大学共同治理的困境、变革及其启示[J]. 高等教育研究,2014(5):92 - 96.

AGIL 理论模式提出了我国大学共同治理的路径选择,即坚守学术价值以保持与社会的张力,通过制度性安排达成大学公共目标,平衡权力配置实现利益整合,以及加强文化认同以维系学术共同体。①

3. 大学内部治理结构

大学内部治理结构素来也是学者们感兴趣的研究主题,尤其是 2010 年《国家中长期教育改革和发展规划纲要(2010—2020 年)》颁布以后,关于大学内部治理结构的研究激增,成为热点,学界从利益相关者理论、分权制衡理论和新制度经济学等多个理论视角进行研究。下文将在解读大学内部治理结构的基础上,从大学内部管理体制和现代大学制度两种不同视角来梳理相关研究进展。

1) 大学内部治理结构的解读

新制度经济学代表人物奥利弗·威廉姆森(Oliver Williamson)于 1975 年提出了"治理结构"这一概念,这一概念在经济制度分析与公司治理领域得到率先应用。大学治理结构对完善高校依法自主办学意义重大,是其重要的配套工程,从本质上来看,大学治理结构是一种决策权结构,用于应对冲突、满足多元利益需求。② 卡尔·维克(Karl Weick)用"松散联结"(loose coupling)这一概念来形容教育组织结构的模糊性,他认为教育组织的治理结构是松散的,治理过程随之也是迟缓和低效的,但好处是能够带来创新和灵活性,且不会发生牵一发而动全身之事。③

对大学内部治理结构的解读呈现了不同的观点,但几乎都是围绕权力分配、利益关系、制度安排等关键词展开。作为研究大学治理的先驱,科森指出,大学内部存在两种权力结构,一种是传统的科层结构,一种是学术权力范围内的决策结构。这两种决策系统不但在结构上分离,而且倚仗的权力基础不同,行政权力来自组织结构中的职位,而专业知识与自主性是专业权力的来源。④ 这两种权力之间存在着模糊和冲突,因而大学的治理并非易事。顾海良将大学治理结构分为内外两种,其中大学内部治理结构主要是指一系列制度设计与体制安排,涉

---

① 吴立保,等. 大学共同治理的行动结构与路径选择——基于帕森斯的社会行动理论[J]. 教育发展研究, 2017(5):39-45.
② 龚怡祖. 大学治理结构:现代大学制度的基石[J]. 教育研究,2009(6):22-26.
③ Weick K E. Educational Organizations as Loosely Coupled Systems [J]. Administrative Science Quarterly, 1976,21(1):1-19.
④ [美]罗柏特·伯恩鲍姆. 大学运行模式[M]. 别敦荣,译. 青岛:中国海洋大学出版社,2003:10-11.

及利益相关者之间的权力配置、制约以及利益的实现,主要体现大学管理的结构及其运行机制的特征与要求。① 王清和等将大学内部治理结构定义为一种制度安排,目的是实现高校的教育目标,科学进行权力配置以及发挥激励作用。②

2)大学内部管理体制与大学内部治理结构

大学内部管理体制是一种组织体系,包括管理制度的制定、管理机构的设立、管理权限的分配以及内部各因素的相互影响,本质是大学内部不同利益相关者、不同部门之间的利益分配,以及权力的配置和协调。③ 其与大学内部治理结构的内涵有相似之处,故有学者将大学内部治理结构等同于大学内部管理体制,但并没有文献论述若二者混同会形成哪些问题。在内部治理结构概念被引入高等教育领域之前,高校内部治理问题的研究是通过高校内部管理体制改革问题的研究得以反映的。如周光礼认为,大学内部管理体制主要体现为大学内部不同阶层和利益群体间的权力配置以及相互间的权力作用关系。实际上,这种权力结构就是大学的内部治理结构。④

如何构建科学、合理、高效的大学内部管理体制是学者们关注的焦点之一,而且学者们主张要从完善大学内部治理结构入手。张应强等关注改革开放以来高校内部管理体制改革的历史经验与问题,侧重对政策的梳理与反思,认为高校今后的权力结构将呈现"品"状,学术权力位于顶端,底部有行政权力与政治权力支撑,且高校组织结构将日益简约化。⑤ 严文清关注学校内部管理体制与运行机制的改革创新,提出合理构建政治、行政和学术权力,实现三大权力的有效制衡,他还提出要调整组织结构,理顺体制机制。⑥ 李兴华指出,大学内部管理体制的协同性改革应把完善大学内部治理结构作为目标,而不是继续注重规模和速度的粗放型发展模式,行政权力和学术权力的配置应处于一种动态的平衡与协同状态。⑦

---

① 顾海良.完善内部治理结构　建设现代大学制度[J].中国高等教育,2010(23):18-20.
② 王清和,邹晓红.高校内部治理结构研究[J].社会科学战线,2012(12):260.
③ 任初明.我国大学院长的角色冲突研究[D].武汉:华中科技大学,2009:173.
④ 周光礼.重构高校治理结构:协调行政权力与学术权力[J].中国高等教育,2005(19):8-9.
⑤ 张应强,程瑛.高校内部管理体制改革:30年的回顾与展望[J].高等工程教育研究,2008(6):32-38+72.
⑥ 严文清.我国大学内部治理结构改革路径探析[J].湖北教育(领导科学论坛),2010(6):4-6.
⑦ 李兴华.注重协同性　不断深化高校内部管理体制改革[J].中国高等教育,2013(12):19-20+30.

3) 现代大学制度与大学内部治理结构

大学内部治理结构作为现代大学制度的重要基石,其改革与完善是建设现代大学制度的核心要义,因而较多学者会从现代大学制度的视角来审视大学内部治理结构。

一是关系研究。关于现代大学制度与大学治理结构之间的关系,朱盛艳等认为,大学内部治理结构是现代大学制度的构成之一(其余两个是学校举办的制度和政府管理学校的体制),也是建设现代大学制度的核心。大学内部治理结构的完善对中国特色现代大学制度的建立意义重大,是实现我国大学办学自主权的方式。[①] 史静寰提出,现代大学制度包括大学法律章程、大学使命宣言和大学治理结构三大核心要素,这三者分别是大学发展的根、魂和骨架,标识着大学的特质。[②] 二是现代大学制度视域下的大学内部治理结构存在的问题研究。王明清认为我国公立高校内部存在多头指挥、学术权力与行政权力失衡问题,并衍生出"行政化"现象,此外,还缺乏有效的权力制约监督机制,教职工难以实质性地参与民主管理与监督。[③] 潘虹也指出,大学内部治理结构存在学术权力与行政权力交叉与失衡、基层和高层权力两极分立、监督与激励机制缺失等问题。[④] 面对存在的诸多问题,需要不断完善大学内部治理结构以积极回应现代大学制度建设的诉求,加快建设中国特色现代大学制度的步伐。张应强等指出,社会主义制度下的中国特色现代大学制度体现着现代大学制度的普适性、共同趋势和大学的本质特征。建立和完善中国特色现代大学制度,需要进一步解放思想,加大对大学与政府、社会之间关系的改革力度,完善大学内部治理结构。[⑤]

4. 大学内部治理创新

大学内部治理创新是深化高等教育改革、推进大学治理体系和治理能力现代化建设的必然要求。因此,如何变革与创新大学内部治理是学界思考和研究的重点,学者们提出了具体的实现路径。

---

① 朱盛艳,熊艳. 现代大学制度视野下的大学内部治理结构改进[J]. 中国成人教育,2013(6): 17 - 19.
② 史静寰. 现代大学制度建设需要"根""魂"及"骨架"[J]. 中国高教研究,2014(4): 1 - 6.
③ 王明清. 现代大学制度视域下我国公立高校内部治理结构改革[J]. 黑龙江高教研究,2013(7): 1 - 4.
④ 潘虹. 现代大学制度视野下的高校治理结构[J]. 教育评论,2015(2): 26 - 28.
⑤ 张应强,蒋华林. 关于中国特色现代大学制度的理论认识[J]. 教育研究,2013(11): 35 - 43.

一是完善大学内部治理结构。科森指出,20 世纪 50 年代以来,社会环境发生了剧烈的变化,这需要美国高校相应地重构其治理结构和分配治理权力。他提出 8 条意见:①进一步明确大学的功能;②重申高等教育机构的独立性;③建立一种机制以重建大学共同体;④建立主要和集体权威的概念;⑤教师的主要权威需重新确定,校长和董事会对教师的提议具有审核责任;⑥清晰界定学生的决策权力;⑦承认校长的领导力;⑧董事会应保留,并发挥更大、更积极的作用。① 董泽芳等认为,完善大学内部治理结构关系着大学职能的发挥,需要对大学内部包括政治、行政、学术和民主权力在内的四种公共权力进行合理配置;进一步理顺大学内部组织结构关系;建立健全强有力的领导机制,促进决策机制民主化与科学化以及权力调控的公开化和透明化;让利益相关者能够共同参与学校治理,形成平等对话。②

二是优化治理过程。李曼主张变革结构与优化过程相结合,她认为,完整的大学治理包括治理结构和治理过程两个层次,其中,大学治理结构作为治理的基本制度安排具有静态特征,而大学治理过程体现的是大学治理的运行机制,因而具有动态特征。完善大学内部治理结构是促进大学治理绩效提升的必要不充分条件,而对大学治理的策略空间和自由裁量权的把握才是更为重要的影响因素。③ 顾建民认为,大学内部治理创新的实质是形成完善的治理结构和过程,协调各利益相关者的关系,规范决策权力的行使,不断获得并有效利用资源以实现大学目标。大学内部治理结构仍需进一步完善,但同时也需要重视和优化治理过程。优化治理过程,应当谋求基于公共理性的充分合作,促进正式和非正式关系的协同发展,利益相关者之间应相互沟通,理解宽容,增进信任,使共同治理有效运转。④

三是注重组织文化建设。针对我国大学内部治理存在的行政权力泛化、学术权力式微等时弊,调整和优化大学内部治理结构势在必行,但仅此是远远不够的,治理结构有其自身的局限性,如不能较好地解释高等教育机构的不同绩效,大学和教师的核心价值不一定能够凸显,优化治理结构也未必会达到预期效果。

---

① Corson J J. Governance of Colleges and Universities [M]. New York: McGraw-Hill, 1960.
② 董泽芳,岳奎. 完善大学治理结构的思考与建议[J]. 高等教育研究,2012(1):44－50.
③ 李曼. 大学治理:背景解析、实践迷思与变革路向[J]. 教育研究与实验,2015(2):59－64.
④ 顾建民. 大学内部治理创新从何处发力[J]. 探索与争鸣,2018(6):37－39.

要实现大学内部治理创新,还需要超越治理结构,重视组织文化建设、提升领导力等非结构性因素,形成和谐向上的大学文化。① 正如有学者提出,大学之治,重在涵养其文化底蕴。② 大学文化会在无形中起到一种约束与改造人的作用,也可以整合学校各项资源,协调组织成员,形成共同的责任感和使命感,促进大学有效治理和高效发展。一所大学只有基于深厚的文化底蕴才能形成良好的治理氛围,因此,注重文化建设是大学发展的必然选择。③

5. 大学内部治理的法律保障

大学内部治理离不开必要的法律保障,大学的法人地位确保大学拥有自治权力,大学章程在保障大学依法治校、推进内部治理变革等方面发挥了重要功能。

1) 法人治理

大学治理的前提是必须拥有独立的法人地位。伊丽莎白一世于 1571 年颁布了第一部大学法,牛津大学、剑桥大学的法人地位得以正式确立,这是世界上首个获得法律认可的大学法人地位。西方国家已经建立起大学法人治理结构,不仅在法律制度层面出台了相关法律,也建立了大学章程,认可并维护大学的自治权。对中国大学,有学者自 20 世纪 90 年代初开始提出确立大学的法人地位问题。④ 法人治理是我国大学真正实现自主办学的关键,而非行政管理。因而可以说,法人治理是大学自主办学得以保障的根本性前提。⑤ 不管是公立大学还是私立大学,都需要任命或聘请专业人员领导和管理,这就形成了政府与大学之间的第一层委托代理关系。随着高等教育规模的扩大和大学组织管理层级的增加,校长需要将权力下放至各个管理层,这就形成了校长与院系、院系与教师之间的多层委托代理关系。⑥ 周光礼提出,我国大学法人治理改革要"纵身挺进",应扩大与落实办学自主权、合理定位大学治理中党委的角色、准确选择大学法人治理结构变革的路径、解决大学行政化与章程制定问题。⑦

① 顾建民,刘爱生. 超越大学治理结构——关于大学实现有效治理的思考[J]. 高等教育研究,2011(9):25-29.
② [英]萨姆瓦. 跨文化传通[M]. 陈南,龚光明,译. 北京:生活·读书·新知三联出版社,1988:30.
③ 陈锡坚. 大学内部治理的学术理性探索[J]. 现代教育管理,2020(3):7-12.
④ 顾建民,等. 大学治理模式及其形成机理[M]. 杭州:浙江大学出版社,2017:300-301.
⑤ 李福华. 大学治理与大学管理[M]. 北京:人民出版社,2012:39.
⑥ 陈月圆,张佳春,李寿喜. 论我国高校法人治理结构的建立[J]. 财会月刊,2009(26):15-16.
⑦ 周光礼. 中国公立研究型大学法人治理结构改革:基于华中科技大学的案例研究[J]. 中国人民大学教育学刊,2012(9):5-12.

2) 大学章程

刘承波在研究美国大学章程与内部治理的关系后提出,大学章程是大学制度建设的重要内容。美国的大学章程可以追溯至"特许状",它是大学依法自治的法律保障,奠定了大学存在的合法性基础。章程对大学的治理结构以及运行机制做出了规定,是现代大学制度建设的具体内容。① 湛中乐分析了大学章程建设对大学内部治理的意义,大学章程规定了学校的发展目标、办学特色、治理结构、管理体制、教职工和学生的权利与义务等一系列重要内容,对现代大学的治理问题做出了回答,使大学自主办学有法可依、有章可循。林群提出,从功能定位角度来看,大学章程可以称之为大学内部治理的"母法",为大学依法治校提供了依据与准则,助力大学内部治理结构的变革与创新。通过完善大学内部治理结构,实现大学自治、保障学术自由、形成办学特色,分别是大学章程的前提功能、核心功能与延伸功能。② 鲍嵘等认为,大学章程作为一种制度文化文本,在大学内部治理方面起到规范性和纲领性作用,对大学内部治理结构具有规范引导、配置划分、明细确认之功效。大学章程应遵循大学内部治理的逻辑,具备有用性、合规性、整合性和兼容性。③ 大学章程对大学内部治理的重要性不言而喻,正因如此,一般地,大学都应制定章程,并以章程为基础形成各种规范制度,以保障大学依法治校、规范管理。

(二) 文献评论与展望

综观上述文献可见,现有大学内部治理相关研究角度不一,成果较为丰富。国内外研究取得了一定的进展,也存在不足之处。

1. 研究取得的成果

通过对国内外有关大学内部治理文献的回顾梳理可以发现:①研究内容主题较为丰富,分别涉及大学治理内涵、大学治理模式、大学内部治理结构、创新与法律保障等,既有大学内部治理的上位概念与理念研究,也有对大学内部治理实施保障的思考。在这些细分研究主题上,学者们的观点有异,也形成了一定的共识,诸多问题经过论争后,其合理的学术轮廓逐渐清晰。②研究方法论重视结构

---

① 刘承波. 大学治理的法律基础与制度架构:美国大学章程透视[J]. 国家教育行政学院学报,2008(5):84 - 90.

② 林群. 大学章程应有效推动高校内部治理结构调整[J]. 教育研究,2013(9):50 - 52.

③ 鲍嵘,朱华伟. 大学章程与高校内部治理结构之关系研究[J]. 现代教育管理,2019(5):12 - 16.

主义,强调大学治理中结构化制度安排(如董事会、学术评议会等的规范),重视大学内部治理的结构和模式。出现这种情形,其实并不难理解,因为治理结构和模式是一种静态的存在,比较容易掌握和分析,而且它们都与大学所关心的办学效率和效能紧密相联。结构主义为大学内部治理的相关研究提供了较强的解释力,加深了人们对大学内部治理的认知。③研究新近的重点是大学共同治理。共同治理是社会现代化发展与教育民主的体现,很大程度上反映了大学运行的本质与规律,共治将是高等教育治理未来发展的方向。因此,新近研究对大学共治的推崇符合社会和高等教育发展潮流。④研究开始关注影响大学内部治理效果的文化因素,即研究者开始超越大学治理的结构和模式,认识并且重视"人与文化"的因素在大学内部治理中的价值,这一进展开拓了大学内部治理研究的视野。

2. 研究存在的不足

文献梳理可以发现已有研究存在如下不足:①研究议题多为宏观的概念性问题,具有现实可操作性的研究有待加强。对大学内部治理研究,我们不仅要能解释现象,还要能推动实践进步,这就需要更多的面向实践的研究。②研究的视角比较单一,对我国大学内部治理的整体性研究不够,研究成果多较为零散,因系统性缺失而操作性不足,即对我国高校内部治理体系的创新和构建的指导价值有待提升。③对大学内部治理整个运作过程的研究较少,更多的研究集中在一些治理单元的运行,如董事会和教师评议会等,鲜有文献探讨这些群体间的互动。④缺乏对大学内部治理体系的实证研究,譬如,缺少对当一种新的治理结构产生后,其到底对大学治理产生了哪些影响、不同的利益相关者怎样参与治理及其效果如何等的经验研究。⑤研究缺乏对深层次大学文化和大学理性的反思与观照。我们强调"文化自信"和"文化自觉",在大学固有的治理结构中我们受到什么样的文化影响,应该建立怎样的内部治理文化以培育大学治理理性,以及对西方大学治理模式及其文化,我们可以在多大程度上借鉴等,现有研究均有不足。

3. 未来研究的展望

国外对大学治理的研究注重在经验总结基础上进行模型构建,例如共同治理、科层模型、学院模型与政治模型等,相较之下,国内对大学内部治理体系的理论创新和实践总结都稍显不足。基于如上文献梳理与评价,我们认为对大学内部治理的研究可以从如下方面推进和加强。

（1）大学内部治理研究应从治理概念的理论辨析转向治理实践的操作性研究，从实然的角度探讨治理实践的具体实现形式与治理成效，重视研究"如何治理"，强调以实践为导向的"深层结构"分析。根据马克思主义，学术研究的旨趣既要认识世界，又要改造世界。从大学内部治理的已有国内文献来看，较多的是单一的概念梳理与理论思辨，这些应然的研究具有基础性和必要性，但是对未来研究而言，更为重要的是基于对我国大学内部治理具体情境的分析，找出所存在的主要问题和重要挑战，探究实现大学内部善治的有效路径。只有加强这些实然性研究，才更有可能带来大学内部治理深层的结构性变革，推动大学治理整体的现代化。

（2）重视对大学内部治理整体运作的研究，强化研究的整体性。大学内部治理具有系统性、复杂性和多维性，这就需要相关研究具有多学科和多维度的视角，并强化研究的整体性，重视对大学治理整个运作过程和各利益相关者之间互动的研究，以提升研究结论和政策建议的实践可操作性。从单一的视角或理论维度能够窥见大学治理中某一方面的问题，但是大学是一个以"人的复杂社会存在"为基础的组织，且具有多重功能目标，单向度的学术研究及其所提出的政策性建议，对大学内部治理实践提升往往作用有限，所以基于系统观点的整体研究，将是未来大学内部治理的一个重要维度。

（3）在研究方法上重视基于经验的实证研究。广义的实证研究包括了量化研究和质性研究，其共同的特征是基于经验数据来"说话"，强调"没有调查，就没有发言权"。来自与大学内部治理相关的经验数据，譬如新的内部治理模式的实施效果和各利益相关者的体验与行动等，可以用来做量化或者质性的深入研究。量化研究可以用数字揭示大学内部治理相关变量之间的关系；而基于方法论理论，质性研究适切于深度解读利益相关者在大学内部治理中的个体行动及其主观体验，以及这些具体行动与主观体验产生的内外部条件，并就利益相关者行动与大学治理结构之间的互动构建形式理论。未来重视如上两种实证研究，能够将大学内部治理从"宏大叙事"拉向关注微观体验、构建中层理论的更具实践价值的探究。

（4）进一步深化对大学内部治理效果产生重要影响的大学文化和大学理性的研究。现有大学治理研究的一个困顿是就治理论治理。大学治理变革的抓手是治理制度创新，制度具有相对的刚性，但是大学内部治理制度的合理性需要与大学场域师生所共享的大学文化相匹配,大学文化能够赋能于治理制度,也能阻碍治理制度功效的发挥。另外,大学内部治理制度应符合大学理性,需要建基于大学理性之上。因此,在大学内部治理研究领域应重视大学文化与大学理性的研究,以提升大学治理体系构建的文化适切性,或者有助于建设更为先进的大学文化,促进大学内部治理的效能,而对大学理性的反思有益于培育我国大学内部治理创新和变革中所需要的文化自觉。

(5) 由于共同治理这一概念的模糊不清以及大学内外部环境的不断改变,共同治理模式又遭受到多种挑战,如何化解共同治理在理想与现实之间的矛盾,将是一个长期而重要的研究课题。西方一些高校的内部治理在一定程度上实现了有效共治,而在我国,大学内部治理面临不同于西方的内外部情景,大学治理的利益旨趣结构也有异于西方,因此需要构建合乎国情的我国大学内部共治"理想型"。而且,作为一种所追求的治理模式,我国大学内部共治需要回应现实中大学事业各利益相关者的合理诉求,以逐步实现治理的现代化。基于大学内部共同治理当前已有研究的不足与治理实践的复杂性,这一主题也将是未来我国大学内部治理的一个重要面向。

高校内部治理体系创新的理论与现实诉求及建议

　　国家现代化必须以高等教育现代化为条件,由此决定了在国家治理体系现代化进程中高等教育治理体系现代化之举足轻重,大学作为实施高等教育的组织机构,其内部治理体系的现代化关系高等教育治理体系现代化的得失成败。在明晰大学内部治理体系创新的理论逻辑及调查大学内部治理体系创新的现实诉求前提下,本研究提出了大学内部治理体系创新必须以"有利于大学按自身规律办学治校育人"为价值引领,以"效率优先、整体设计、民主决策、依法治校"为原则,重点解决好"构建完善科学高效咨询、决策及其执行的组织与权力框架""确保学术权力与行政权力的有效分离""健全完善大学章程、规范大学决策程序及运行机制""赋予学院提高办学积极性和运行效率的自主权"等问题。

(一) 引言

　　在党的十九届四中全会,习近平总书记代表党中央作了题为《中共中央关于坚持和完善中国特色社会主义制度、推进国家治理体系和治理能力现代化若干重大问题的决定》的工作报告,全会提出了坚持和完善中国特色社会主义制度、推进国家治理体系和治理能力现代化的总体目标:"到二〇三五年,各方面制度更加完善,基本实现国家治理体系和治理能力现代化;到新中国成立一百年时,全面实现国家治理体系和治理能力现代化,使中国特色社会主义制度更加巩固、优越性充分展现。"[①]在推进国家治理体系和治理能力现代化的艰巨而伟大的进

---

① 中国共产党第十九届中央委员会第四次全体会议公报[EB/OL]. http://www. Chinanews. com/gn/2019/10 - 31/8994802. shtml.

程中,由于当今社会已经进入高新知识及其物化水平决定一个国家能否在国际竞争及国际合作中占有先机及主导地位的知识经济及智能化时代,而大学之于高新知识生产及创新型人才培养具有垄断性的属性特征,则决定了国家现代化进程中的最大挑战是高等教育的率先现代化,因此在国与国的竞争中高等教育现代化具有置顶优先布局和抢占先机的极端重要性。

现阶段高等教育现代化迫在眉睫的任务,即党的十九大报告提出的"加快一流大学和一流学科建设,实现高等教育的内涵式发展"。当来自高校外部的有利于一流大学建设及大学内涵式发展的宏观制度供给和物质资源供给问题得到较好解决之后,一流大学建设及大学内涵式发展的得与失、成与败取决于高校内部治理体系的现代化。具体言之:高校内部治理结构的科学性即高校治理体系的现代化是决定一流大学建设成败的底部厚重且不可逾越的基础(见图0.3),大学内涵式发展亦然(见图0.4、图0.5)。关于高等教育内涵式发展,笔者在《引领高等教育内涵式发展:高等教育研究适逢其时的责任》一文分析指出:所谓外延式发展主要是通过加强投入以提高发展速度和扩大发展规模的传统发展模式,而内涵式发展则主要是通过加强制度和机制创新以促进发展效率和发展质量提高的现代发展模式。大学的内涵式发展是一种以效率优先为价值目标的高质量

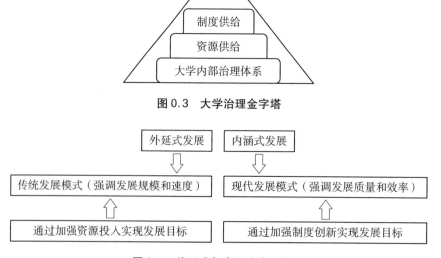

图0.3　大学治理金字塔

图0.4　外延式与内涵式发展模式

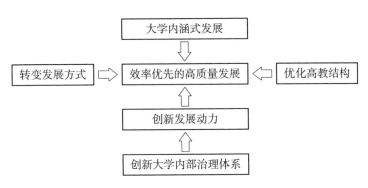

图 0.5　大学内涵式发展及其实现

发展模式,其主要是通过转变发展方式、优化发展结构尤其是创新发展动力才能实现的新型发展模式。①

　　党的十八届三中全会明确指出:推进国家治理体系和治理能力现代化的实现途径就是全面深化改革。即推进国家治理体系和治理能力现代化,必须坚决破除一切不合时宜的思想观念和体制机制弊端,突破利益固化的藩篱,吸收人类文明有益成果,构建系统完备、科学规范、运行有效的制度体系,以充分发挥我国社会主义制度优越性。高等教育系统作为国家治理体系及治理能力现代化的子系统,其实施机构高校同样需要通过改革高校治理结构以实现其治理体系现代化和提升治理能力,所以创新高校的发展动力唯有通过创新高校内部治理体系而不能达。尤其在推进世界一流大学建设和实现高等教育内涵发展的关键阶段。就世界一流大学建设而言,我国经历了启动于 1998 年的"985"及"211"大学建设工程及启动于 2015 年的"双一流大学"建设的两个阶段,在这样两个时隔近20 年的不同阶段我国大学遇到两个不同的发展瓶颈:第一个瓶颈即"211""985"大学建设期间的"经费短缺",因此该阶段我国主要通过加大投入解决大学发展的资金困窘问题以根本改善大学的办学条件;第二个瓶颈则是在进入"双一流"大学建设阶段、来自有利于"双一流"大学建设的制度供给和资源供给获得改善后,如何解决"大学内部治理效率不高"的问题。因为高校的办学治校者已经认识到:制度良好及资源充足只是"双一流"大学建设的必要条件,缺乏高效率的治理体系和由此导致的治理能力提升,政府提供的制度及资源供给优势都难以

① 眭依凡. 引领高等教育内涵式发展:高等教育研究适逢其时的责任[J]. 中国高教研究,2018(8): 6-10+22.

转化为高校办学治校的现实效率,而这个问题的根本解决只有通过高校内部治理体系创新以克服传统管理模式有碍高校治理效率提升的不足。同理,高等教育及其大学的内涵式发展亦然。

综上所述得出如下结论:无论对国家现代化而言还是就高等教育现代化而论,其治理体系及治理能力的现代化均具有奠基性作用。由高等教育体系与大学本质属性之关系可以进一步推论,高等教育现代化面对的最大挑战是担负实施高等教育使命的以人才培养和知识创新为核心职能的大学内部治理体系及其治理能力的现代化,而高校内部治理体系的现代化与主要依赖物质资源投入方能达成目标的办学条件改善不同,其属于治校制度及机制完善的范畴,故唯有通过高校内部治理体系的创新才能得以推进。

由于高校内部治理体系及高等教育现代化是本文的研究对象及核心概念,故有必要对其先予以科学界定。所谓高校内部治理体系,即高校内部组织及其权责的关系结构和运行程序,是决定高校兴衰成败的领导力,是决定高校办学治校育人效率的核心要素。高校内部治理体系是一流大学建设和大学内涵式发展底部厚重的不可逾越的操作性基础,对高等教育改革发展的得失成败具有决定性。而所谓高等教育现代化,即以国际高等教育最高水平、最先进状态为参照的目标体系和追求,是具有时空局限性的相对概念,是未来某时期或现实高等教育发展的最高水平及最强综合实力状态的反映。高等教育现代化既是高等教育未来发展的方向和目标,又是高等教育发展的进程和状态;高等教育现代化始于国际竞争日益激烈和国家现代化发展的需要,又引领国家现代化发展并构成国家现代化不可或缺的基础。[①] 正是由于现代化并非是一个一蹴而就的社会发展进程,现代化理论研究集大成者塞缪尔·亨廷顿(Samuel Huntingdun)强调:现代化是一个革命的过程、复杂的过程、系统的过程、全球化的过程、长期的过程、阶段性的过程、不可逆的过程、进步的过程。高等教育的现代化亦然。为了使高等教育现代化具有操作性,笔者在《关于高等教育现代化的理性思考》一文提炼了高等教育现代化如图0.6所示的"高等教育普及化""高等教育高质量""高等教育终身化""高等教育信息化""高等教育国际化"及"高等教育治理体系的高效率"等六大要素,其中"高等教育治理体系的高效率"具有支撑高等教育现代化的

---

① 眭依凡.高等教育现代化的理性思考[J].高等教育研究,2014(10):1-10.

基础性作用,故尤为重要。

图 0.6 高等教育现代化

(二) 高校内部治理体系创新的理论逻辑

高校是伴随并满足着人类社会文明不断进步的需要而创造的以人才培养及知识传承与创新为主要社会职能并有其自身发展规律的理性产物。故此,高校应该顺应时代变迁的需要,做到与时俱进,但其改革发展则必须遵循大学自身运行规律并以大学理性为指导,尤其对旨在在较短的时间内缩小我国高等教育与世界高等教育强国在创新型人才培养及知识创新方面的差距的"双一流"建设,及对旨在推进和实现全面提高我国高等教育质量的高等教育内涵式发展的高等教育现代化行动而言更是如此。此即有必要先从学理上辨析高校内部治理体系现代化之于高等教育现代化何以如此重要的理由。实用主义哲学的代表性人物杜威(John Dewey)指出:"思维并不是对'真理'的寻求,而是一种行为:它的目标是解决某些个人问题或社会问题;它是一种手段,人们力求通过它来和周遭环境建立起更为令人满意的关系。"① 杜威关于思维的目的是获得指导行动的理念及其体系化理论的观点,为我们从学理上先行讨论高校内部治理体系创新的重要性提供了理论上的支持,这种讨论不仅有助于我们从理论上认识到高校内部

---

① [美]布鲁克,等.思想的力量[M].李宏昀,倪佳,译.上海:上海社会科学院出版社,2009:233.

治理体系创新的逻辑意义,亦有利于我们在理论指导下找到高校内部治理体系创新的方向路径。本文从大学组织理论、组织生态理论、复杂科学理论及系统理论分析高校内部治理体系及其创新的必要性。

1. 关于大学组织理论之于高校内部治理体系重要性讨论

任何社会组织都是有目的的存在,是"为了完成特定目标而设计的工具"①,具体言之,组织是特定集体行动必需的工具,"组织通过正式的角色和程序来强化组织惯例,当制度以明确、合法的条文形式出现时就有很强的执行力"②,"在现代社会几乎所有组织的集体行为都发生在组织的背景下"③。以上观点无不阐明了组织之于组织行动的重要性。大学亦是有其目的和目标的社会组织,但高校与其他社会组织的不同之处就在于高校是高度理性的组织,其突出表现在高校的组织目的及目标不仅是理性选择的结果,而且大学必须以理性建构高校内部包括人员、权责等要素合理配置的组织架构以高效达成其目的及实现其目标。高校是以知识资本积累和开发为目的的,以知识创新及人才培养为核心使命和基本职能的社会组织,由此决定了高校是一个以个体及其组群智力劳动为特点的,组织本质属性的一致性与组织活动特点的多样性、组织目标及其组织结构的整体性与其内部组织单元及其成员的个体性高度耦合,活动规律亦完全不同于其他社会组织,其成员及其内部组织单元必须高度依赖充分的独立的自主的积极性以激发其创造活力的自组织、自适应的复杂社会组织。简单的组织架构及简单管理结构根本无法适应高校这个复杂社会组织的管理,更无法激发高校在践行其人才培养和知识创新过程中的创造活力以保证其在资源输入有限的条件下的活动效率和输出功能最大化。

2. 关于组织生态理论之于高校内部治理体系重要性讨论

相对于始于20世纪初的组织理论,组织生态理论的提出及其成熟要晚了70多年。据文献,组织生态学(Organizational Ecology)是迈克尔·哈南(M. T. Hannan)与约翰·弗里曼(J. H. Freeman)于1977年率先提出,是"运用生态学原理与方法研究组织生态主体与各种环境要素之间关系"的一门新学科,它"考察各种组织生态环境及其构成要素对组织生态系统和组织生态系统中作为

---

① [美]W. 理查德. 斯格特. 组织理论[M]. 黄洋,译. 北京:华夏出版社,2002:31.
② [美]迈克尔·哈南,约翰·弗里曼. 组织生态学[M]. 彭璧玉,等,译. 北京:科学出版社,2015:4.
③ [美]迈克尔·哈南,约翰·弗里曼. 组织生态学[M]. 彭璧玉,等,译. 北京:科学出版社,2015:3.

生态主体的人的影响"①。组织生态理论的假设前提是：任何社会组织设立是具有不同空间效应的生态化过程和制度化过程。关于组织设立的生态化过程主要通过分析组织生态位的重叠密度即"在特定资源集合体中某一组织的生态位与组织种群中其他组织的生态位相互交错的程度"，以及组织生态位的非重叠密度即"组织种群中未交替密度的集合"与组织设立率之间的相互关系，以考察并决定组织内部的建构。一般规律是"组织生态位重叠密度（与组织设立率负相关）和非重叠密度（与组织设立率正相关）直接影响着组织设立的可能性和成功率"，具体而言即"在拥挤的组织生态位内设立组织比在宽松的组织生态位内设立组织具有更小的成功率，因为高的组织生态位重叠密度意味着对资源的竞争更加激烈"，相反"高的非重叠强度会降低竞争的潜势，增强合作的可能性，因而有利于促进组织的设立"。② 关于组织设立的制度化过程则主要通过分析合法性、社会支持等因素对组织成功设立的影响来考察并决定组织内部的建构。由于制度关系有利于为组织提供社会支持及合法性和有关资源，所以必要的组织规制对组织设立及其运作效率具有直接影响。由于"组织生态系统是一个由人、组织及其活动、环境共同构成的复合系统"③，换言之即组织生态学研究的本体是社会组织，因此组织生态理论对我们认识大学内部治理体系何以重要是有意义的。

　　总体而言，组织生态理论与组织理论的基本立场无异，均强调社会组织是目的性很强的组织，且其自身状态决定其兴衰成败，所不同的是组织生态理论是从组织种群及其属性特征的视角考察在特定边界或特定环境内的组织内部诸如组织的要素、结构、目标和人员及其所处的环境和运行等。高校作为以学科及专业为组织建构依据的社会组织，具有极其强烈的学术生态组织的性征，由此导致高校根本不同于注重行政效率最大化的科层官僚组织及注重经济利益最大化的企业组织及其他社会种群生态组织。高校的学术生态组织属性使之不仅必须面对

---

① 组织生态学[EB/OL]. https：//wiki. mbalib. com/wiki/％E7％BB％84％E7％BB％87％E7％94％9F％E6％80％81％E5％AD％A6.

② 组织生态学[EB/OL]. https：//wiki. mbalib. com/wiki/％E7％BB％84％E7％BB％87％E7％94％9F％E6％80％81％E5％AD％A6.

③ 组织生态学[EB/OL]. https：//wiki. mbalib. com/wiki/％E7％BB％84％E7％BB％87％E7％94％9F％E6％80％81％E5％AD％A6.

如何妥善处理好其是依靠内在规律、知识创新、人才培养规律驱动还是依靠外部权力、利益要素驱动之复杂关系的挑战,而且必须面对如何处理好高校内部组织治理过程中学术权力与行政权力的关系,以及处理好决定高校组织运行效率的内部组织及其权力结构。如下结论是成立的,即学术生态属性使高校无法回避高校种群之间为组织发展而激烈竞争带来的既需要确保高校稳定的秩序又需要促进高校变革的与时俱进以适应社会竞争的严峻现实,高校办学活力及竞争力的衰微归根结底是高校组织治理结构落后造成其组织生态不适切学术组织本质属性及其规律的结果。根据组织生态学的观点,有必要重新审视高校治理结构的稳定性与非稳定性之间的关系,缺乏创新能力的超稳定结构之于高校无异于对知识和人才竞争的放弃,本质上也是高校学术组织属性的蜕变。

3. 关于复杂科学理论之于高校内部治理体系重要性讨论

所谓复杂科学是研究复杂系统之复杂性的理论,其基本思想如下:其一,复杂系统由大量相互作用的要素组成,简单运作的规则会导致对该系统复杂的集体行为及其复杂信息的简单处理,从而致使复杂系统产生更多的不确定性,现代社会组织的复杂性及其创造力具有共生性;其二,一个复杂的社会系统决定其运行的治理结构必须更加照顾到复杂要素之间的关系并充分发挥其作用,否则其内部要素间的内耗就会增加且系统运行的不确定亦会加剧,从而导致该复杂系统的输出功能衰微。笔者以为:一个社会组织系统之所以被认定为复杂系统,就在于其构成要素不仅多且要素间关系结构呈非线性,组织目标不仅难度高且组织活动又多样化,由此必然带来其活动过程及其结果的不确定性。一般而言,凡为达成某一目的或为完成某特定任务而建构的以人为主体的社会组织均为复杂系统,而大学之所以不同于其他社会组织就在于其是一个具有知识结构即占有基本知识、能力结构即能够应用知识解决问题和智能结构即能够通过顶层设计、系统思维解决问题并具有自调整、自适应能力的高智能化复杂系统。复杂科学基于复杂系统管理的需要提出过这样一个假设,即组织是一个能系统思维的"大脑"。

高校作为一个高智能化复杂系统具有如下特征:其一,高校是由主要从事智力劳动的有专业知识和独立思维能力的人构成的学术使命及目标明确的学术共同体,智力劳动的特点使高校成为一个目标复杂、活动复杂、人员复杂、组织复杂、关系复杂的智能性复杂系统;其二,高校组织的复杂性决定了高校内部的组织结构及其权力结构具有层次性及需要特别对其内部治理结构的合理性加以重视,确保相关利益及责任主体目标的一致性及关系协调,从而减少组织内耗及不确定性;其三,高校作为云集了诸多专业人才并以理性影响决策及实践的智能性组织,其一方面必须具有主动应对环境变化尤其是满足推进社会发展需要及提升办学治校育人效率的自组织性、自调整性、自适应性和与时俱进的动态性,又必须具有不受外界利益驱使、守持大学使命的稳定性。若以智能性复杂组织的视角审视大学,首先需要诊断的是高校的内部治理结构是否存在不利于其按高校自身规律运行及激发大学活力的问题,构建有利于高校自稳定、自组织、自调整、自适应的高校内部治理结构,关系到高校的创造力和竞争力的强弱。

4. 关于系统论之于高校内部治理体系重要性讨论

之所以在最后讨论系统论之于高校内部治理体系的重要性问题,就在于该理论对高校内部的组织治理较之其他更具基础性。从上述讨论分析我们不难发现,无论是大学组织理论也罢、组织生态理论及复杂科学理论也罢,无不是与系统论有关甚至把系统论作为自己的假设基础。系统论的基本思想,即任何系统都是一个有机的整体而非各个部分的机械组合或简单相加,系统中各要素不是孤立地存在而是相互关联构成的一个不可分割的整体;系统的整体功能是各要素在孤立状态下所没有的新质,即"整体大于部分之和",系统结构决定系统功能。系统论主张把研究对象当作一个完整的系统来分析其结构和功能,以及研究系统、要素、环境三者的相互关系和变动的规律性。整体性既是系统论的立论基础又是系统论的方法原则,所以系统论既是反映客观事物规律的科学理论亦有科学方法论的价值。根据系统论关于任何社会组织都是由若干或诸多要素即组成部分按一定的规则构建的有层次结构的并由此对外产生一定功能输出的系统,系统形成之后其产生的功能大于要素或其组成部分之和,组织运行效率的高低即该组织系统功能的大小很大程度取决于组织系统的结构这一基本原理和方法论基础,我们不难做出如下判断:由于高校不仅是以多学科、专业为组织基本单元,而且是由学术权力与行政权力、学生与教师等诸多要素按一定规则构成的彼此高度关联的学术组织,所以其对外的功能不仅取决于高校内部诸多组织要素的基本素质,更取决于这些组织要素间依靠什么关系联结,由此决定了高校内部治理结构的重要性即高校治理结构决定高校治理的效能。

综上讨论分析不仅为我们找到了必须对高校内部治理体系加以重视的合理

性依据,而且让我们认识到推进高校内部治理体系现代化的必要性及紧迫性。高校组织状态,包括其运行效率和对外功能输出,取决于其内部的要素的关系结构,而这种关系结构又取决于其组织决策者的制度设计。缺失了善治的高校内部治理体系,再好的外部制度环境及再丰厚的物质资源、再高水平的人才队伍,都会由于内部组织的目的不清晰、组织秩序的混乱、资源配置的不科学、人员积极性不能很好发挥而功败垂成,成为效率低下的组织。

(三) 高校内部治理体系创新的现实诉求

以上课题组从理论层面分析讨论了高校内部治理体系何以重要,从而解决了高校内部治理体系创新的理论诉求问题。为了证实高校内部治理体系创新亦是一个具有强烈现实诉求的问题,课题组通过问卷调查及深度访谈的形式就"我国高校内部治理的整体现状满意度"及诸多有关"我国高校内部治理体系"存在哪些问题及其解决等进行了广泛深入的调查,从而为高校内部治理体系必须创新及如何创新找到了事实依据及路径方向。

1. 关于调查研究的说明

在"高校内部治理体系创新的理论与实践研究"课题组两轮问卷试测的基础上,笔者针对课题研究需要对问卷进行了反复修改,形成了由 2 个基本信息题、13 个单项判断题、14 个多选项题及 1 个开放题,共计 30 道题构成的问卷。关于问卷及其发放说明如下:

(1) 为了达成"本问卷旨在了解高校领导人、中层干部及学者对我国高校内部治理体系现况的评价及改进意见"的目的,确保受询者必须熟悉高校内部治理的针对性以保证问卷调查的可信度和有效性,笔者放弃了网上发放问卷进行调查的方式而选择利用应邀参加全国性规模较小的有关学术会议和高校讲学及课题访谈的机会发放问卷。

(2) 由于问卷的基本信息关于"您所在的大学"仅设了"A. '双一流'建设高校、B. 教育部属高校、C. 地方本科院校"3 个确定选项,关于"受询者的身份"仅设了"A. 校领导、B. 党政职能部门中层干部(含双肩挑干部)、C. 院系负责人(含学部及研究机构)、D. 教学与科研人员"4 个确定选项,从而避免了不符合条件者的填写;笔者应邀开设学术讲座的高校及受访高校,每校视其规模发放的问卷基本控制在 20~30 份。

(3) 问卷发放覆盖全国东北、华北、华东、中南、西北、西南六大区近 100 多所本科以上高校,共发放问卷1 500余份、回收1 406份,其中有效问卷1 299份、无效问卷107份,问卷有效率为92.39%;参与问卷受询人数所属的三类高校分布及受询者的身份分布如表0.7及表0.8所示,其中"双一流"建设高校占32.33%、教育部属高校占8.47%、地方本科高校占59.20%;受询者身份情况如下:校领导占6.77%、党政部门及院系负责人合计占47.27%、教学科研人员占45.88%,从受询者所在学校及身份的分布情况来看具有一定的代表性及合理性。

表0.7　受询者所在高校分布

选　项	小　计	比　例
A. "双一流"建设高校	420	32.33%
B. 教育部属高校	110	8.47%
C. 地方本科院校	769	59.2%
本题有效填写人次		1 299

表0.8　受询者身份分布

选　项	小　计	比　例
A. 校领导	88	6.77%
B. 党政职能部门中层干部(含双肩挑干部)	386	29.72%
C. 院系负责人(含学部及研究机构)	228	17.55%
D. 教学与科研人员	596	45.88%
(空)	1	0.08%
本题有效填写人次		1 299

　　(4)问卷涉及内容及其分布如下:有关"我国高校内部治理体系"的基本判断的调查7项;有关"现行高校内部治理体系"的主要问题及其原因调查2项;有关"大学章程"问题的调查3项;有关"大学行政与学术权力关系"的调查2项;有关"大学董事会与大学内部治理关系"的调查2项;有关"大学文化与大学内部治理关系"的调查2项;有关"校院(系)治理问题"调查3项;有关"高校内部治理体

系与'双一流'建设"调查 2 项;有关"高校内部治理体系创新的建议"开放选题 1 项;有关"高校内部治理体系创新"调查 4 项。

(5)笔者亲自参加深度访谈的高校党政领导 16 人,其中一流建设高校 8 人、其他本科院校 8 人(含退居二线及中国高教学会重点课题访谈对象),深度访谈内容主要集中于大学内部治理体系的权力体系、学术委员会的作用及校院二级管理体制问题。关于深度访谈结果,本课题组在另一篇访谈论文中专门予以了介绍并讨论。

2. 调查结果及其讨论

为了行文的整体性和严谨性需要,以下根据问卷所涉内容的逻辑相关性进行归类,适当调整问卷题序呈现和调查结果并进行必要的分析讨论。

1)有关"我国高校内部治理体系现状"的评价和看法

这个问题大项由 7 个均为单选题的具体问题构成,目的是获得受询者对"我国高校内部治理体系现状"的总体评价和看法。表 0.9 至表 0.14 所示的调查数据如下:题 1 结果显示仅有 24.32%的受询者对"我国高校内部治理的整体现状"表示"满意",其中极少表示"非常满意",半数以上即 57.04%的受询者持"一般"的态度,18.63%的受询者明确表示"不满意"和"非常不满意";关于题 2"现行高校内部治理体系是否有利于高校内部治理目标的实现",持"有利于"及"非常有利于"的肯定回答者占 21.17%,略低于占 22.94%的持"不利于"及"非常不利于"者,持"一般"态度者占 55.89%;关于题 3"我国高校现行领导体制是否有进一步完善的必要",回答"有必要"者占受询者的 51.96%,回答"非常必要"者占 38.18%,两者合计为 90.14%,持否定意见者仅 2.00%;关于题 4"我国高校内部的组织及其权力构架是否有利于实现有效治理",持肯定态度的虽然占 29.87%,但持"一般"态度者却占了 52.81%,否定者占了 17.32%;关于题 5"现行高校内部治理体系是导致大学官本位和行政泛化的主要原因",持肯定意见者占 54.19%,持"一般"态度者占 32.49%,持否定意见的占 13.31%;基于上述判断,受询者在对题 6"高校内部治理体系有必要创新吗"的回答中出现高度的一致性,即 94.00%的人予以了肯定的回答,其中"29.95%"的人持"非常认同"的立场,仅 6.00%左右的人持"一般"及否定的立场。就本组问题项的调查结果完全可以做出如下的结论:就整体而言,人们对高校内部治理体系的现状是不满意的,人们不仅认同高校现行的组织及权力构架不利于高校实现有效治理并是导致大学官本位及行政泛化的主要原因，而且热切期待高校内部治理体系创新。由此反映了高校内部对治理体系创新的现实诉求亦是强烈的，这也很好地印证了中央高层及教育主管部门何以如此重视高校内部治理体系改革并积极推动高校内部治理体系现代化的动因。

表0.9　题1：对我国高校内部治理的整体现状满意程度（单选题）

选　项	小　计	比　例	
A. 非常满意	16		1.23%
B. 满意	300		23.09%
C. 一般	741		57.04%
D. 不满意	215		16.55%
E. 非常不满意	27		2.08%
本题有效填写人次		1 299	

表0.10　题2：现行高校内部治理体系是否有利于高校内部治理目标的实现（单选题）

选　项	小　计	比　例	
A. 非常有利于	33		2.54%
B. 有利于	242		18.63%
C. 一般	726		55.89%
D. 不利于	264		20.32%
E. 非常不利于	34		2.62%
本题有效填写人次		1 299	

表0.11　题3：我国高校现行领导体制是否有进一步完善的必要（单选题）

选　项	小　计	比　例	
A. 非常必要	496		38.18%
B. 必要	675		51.96%
C. 一般	102		7.85%

(续表)

选　项	小　计	比　例	
D. 不必要	24		1.85%
E. 非常不必要	2		0.15%
本题有效填写人次		1 299	

表0.12　题4：我国高校内部的组织及其权力构架是否有利于实现有效治理(单选题)

选　项	小　计	比　例	
A. 非常有利于	51		3.93%
B. 有利于	337		25.94%
C. 一般	686		52.81%
D. 不利于	200		15.40%
E. 非常不利于	25		1.92%
本题有效填写人次		1 299	

表0.13　题5：现行高校内部治理体系是导致大学官本位和行政泛化的主要原因(单选题)

选　项	小　计	比　例	
A. 非常认同	135		10.39%
B. 认同	569		43.80%
C. 一般	422		32.49%
D. 不认同	158		12.16%
E. 非常不认同	15		1.15%
本题有效填写人次		1 299	

表0.14　题6：高校内部治理体系有必要创新吗(单选题)

选　项	小　计	比　例	
A. 非常有必要	389		29.95%
B. 有必要	832		64.05%

（续表）

选　　项	小　　计	比　　例
C. 一般	70	▬▬▬▬▬▬▬◯ 5.39%
D. 没有必要	7	▬▬▬▬▬▬▬◯ 0.54%
E. 根本没必要	1	▬▬▬▬▬▬▬◯ 0.08%
本题有效填写人次		1 299

2) 有关"高校内部治理体系及其要素存在的主要问题及原因"的调查

本问题大项包括对高校内部治理体系问题的归因及高校章程、决策与权力结构、高校文化、校院两级关系等治理要素存在问题，以及高校内部治理体系与"双一流"大学建设之关系的调查，旨在确定和诊断"高校内部治理体系及其要素存在的主要问题及原因"。本问题大项由 17 个具体问题项构成，除特别注明的单选题外均为最多可填 3 个答案选项的多选题。

（1）关于"高校内部治理体系及其运行问题"的归因调查。

表 0.15 与表 0.16 分别反映了受询者"对当前我国高校内部治理整体现状不满意的主要原因"及"现行高校内部治理体系运行过程的主要问题"，两者有较大的相关性。本调查发现"对当前我国高校内部治理整体现状不满意的主要原因"依次如下："职能部门官本位和行政泛化现象较严重"占 54.97%，"高校资源配置不科学、资源管理效率低下"占 50.12%，"学院（学部、独立设置的学系）的管理自主权不足"占 43.96%，"来自高校外部的干预较多"占 36.18%，"决策体系的权责不明确"占 34.03%，"组织及其权力构架不完善"占 25.10%；关于"现行高校内部治理体系运行过程的主要问题"的回答如下："高校内部多种权力交叉导致权责不明、运行不畅"占 55.04%，"高校办学自主权不够"占 52.24%，"高校现行组织及权力结构助长职能部门官僚作风"占 44.26%，"学术委员会及各专门委员会等的作用发挥不够"占 43.19%，"学院（学部、独立设置的学系）的职权太小"占 36.26%，"资源配置及管理简单化问题和平均主义倾向严重"占 34.57%。此外还有高达 8.475% 及 110 名受询者在其他项做了如下的回答："权力架构基本完善，但学术权力和民主权力流于形式""教师、学生参与治理的主动性未发挥""对党政领导干部职称选拔和评价，轻工作能力""巡视、指导、问

责不健全,学术与行政权力混淆""人事管理制度僵化,不利于人才及管理人员流动""职员制不完善,职员激励上升空间小,积极性不足,无法更优质地服务教学、科研,减少双肩挑的比例""服务体系混乱,服务观念不足,各方面细节处理粗糙""二级学院行政化""学院行政能力、行政效率与校院二级管理改革无法匹配,体现在队伍数、队伍能力、队伍年龄结构上"等。

表 0.15   题 7: 对当前我国高校内部治理整体现状不满意的主要原因(多选题)

选 项	小 计	比 例
A. 组织及其权力构架不完善	326	25.10%
B. 决策体系的权责不明确	442	34.03%
C. 职能部门官本位和行政泛化现象较严重	714	54.97%
D. 学院(学部、独立设置的学系)的管理自主权不足	571	43.96%
E. 高校资源配置不科学,资源管理效率低下	651	50.12%
F. 来自高校外部的干预较多	470	36.18%
G. 其他	110	8.47%
(空)	3	0.23%
本题有效填写人次	1299	

表 0.16   题 8: 现行高校内部治理体系运行过程的主要问题(多选题)

选 项	小 计	比 例
A. 高校办学自主权不够	681	52.42%
B. 高校内部多种权力交叉导致权责不明、运行不畅	715	55.04%
C. 高校现行组织及权力结构助长职能部门官僚作风	575	44.26%
D. 学术委员会及各专门委员会等的作用发挥不够	561	43.19%

（续表）

选　　项	小　　计	比　　例	
E. 学院(学部、独立设置的学系)的职权太小	471		36.26％
F. 资源配置及管理简单化问题和平均主义倾向严重	449		34.57％
G. 其他	16		1.23％
本题有效填写人次		1 299	

本调查发现,超过 50％的受询者对高校内部治理整体现状不满意的最主要原因是来自高校内部的"职能部门官本位和行政泛化现象较严重"和"高校资源配置不科学、资源管理效率低下",并把"高校内部多种权力交叉导致权责不明、运行不畅"视为"现行高校内部治理体系运行过程的主要问题",这使我们不得不认识到高校内部治理体系创新的必要性和紧迫性。剑桥大学前副校长埃里克·阿什比(Eric Ashby)早年在《科技发达时代的大学教育》(*Adapting Universities to a Technological Society*)就提出过一个观点：有三种力量对大学共同产生影响,即来自市场和公众对大学需要的社会力量,来自国家需要的政治力量及来自大学发展自身逻辑的力量。[①] 本调查证明了如下的事实,现在不少高校的治校者过于把注意力聚焦于来自高校外部的社会和政府影响而忽视了高校内部治理的问题,其实后者是决定高校内部治理成效的充要条件。

(2) 关于"高校内部治理体系权力"及"泛行政化"、董事会问题的调查。

组织及其权力结构是大学内部治理体系最基本的要素,其存在的问题亦无法回避。受询者关于题 9"我国现行高校内部多权力系统并存的治理体系是否存在内部冲突"的回答如下：持"没有冲突"和"根本没有冲突"否定意见的人仅占 7.00％,而持"冲突严重"及"冲突非常严重"肯定意见者则占 28.79％,多数人持"一般"态度(见表 0.17);关于题 10"在高校内部充分发挥学术权力体系的作用是否重要"的回答如下：占受询者总数 85.53％的人持"重要"及"非常重要"的意见,仅有 1.16％的受询者持"不重要"及"非常不重要"的意见(见表 0.18);关

[①] 眭依凡.关于大学校长及其作用的讨论[J].江西师范大学学报(哲学社会科学版),2000(3):7-18.

于题 11"董事会或理事会的建立对完善高校内部治理体系是否有意义"及题 12
"高校董事会或理事会的主要作用"的调查结果是:占受询者持总数 57.51% 的
人认为"有意义"及"非常有意义",仅有 8.02% 的受询者持反对意见;50% 以上
的受询者对大学董事会能够发挥"拓展高校资源渠道""拓展高校的外部关系"
"参与高校重大事项的决定""对高校改革发展提供决策咨询建议"等方面的作用
寄予很高的期待(见表 0.19、表 0.20)。

表 0.17　题 9:我国现行高校内部多权力系统并存的治理体系是否存在内部冲突(单选题)

选　项	小　计	比　例	
A. 根本没有冲突	16		1.23%
B. 没有冲突	75		5.77%
C. 一般	834		64.2%
D. 冲突严重	350		26.94%
E. 冲突非常严重	24		1.85%
本题有效填写人次		1 299	

表 0.18　题 10:在高校内部充分发挥学术权力体系的作用是否重要(单选题)

选　项	小　计	比　例	
A. 非常重要	425		32.72%
B. 重要	686		52.81%
C. 一般	173		13.32%
D. 不重要	14		1.08%
E. 非常不重要	1		0.08%
本题有效填写人次		1 299	

表 0.19　题 11:董事会或理事会的建立对完善高校内部治理体系是否有意义(单选题)

选　项	小　计	比　例	
A. 非常有意义	134		10.32%
B. 有意义	613		47.19%

（续表）

选　项	小　计	比　例	
C. 一般	448		34.49%
D. 没有意义	90		6.93%
E. 根本没有意义	14		1.08%
本题有效填写人次		1 299	

表 0.20　题 12：高校董事会或理事会的主要作用应是（多选题）

选　项	小　计	比　例	
A. 拓展高校资源渠道	917		70.59%
B. 拓展高校的外部关系	761		58.58%
C. 参与高校重大事项的决定	654		50.35%
D. 对高校改革发展提供决策咨询建议	743		57.2%
E. 其他	18		1.39%
本题有效填写人次		1 299	

由上述调查结果可以得到如下基本判断：我国高校内部的多权力体系之间客观上存在矛盾和冲突，这种矛盾和冲突对于高校内部治理效率的提高是一个必须根本解决的障碍；由于高校是一个旨在通过人才培养和知识创新为社会服务且本质为学术属性的社会生态组织，为了让高校既能按自身发展的逻辑和规律办学治校育人又能适应、满足并引领社会的需要，发挥完善大学学术委员会和董事会（理事会）组织建构并充分发挥它们在高校内部治理中的作用尤为重要。

（3）关于"大学章程建设及其存在问题"的调查。

依法治理是社会组织治理过程中的最高准则，高校亦然必须依法治校。依法治校必须有法可依、有章可循，大学章程作为高校依法治校的法治依据，是高校内部治理体系中一个不可或缺的极其重要的制度文本，大学章程建设的重要性就在于此。本调查发现，尽管有 27.10% 的受询者对"我国高校章程建设的总体评价"持"较好"及"非常好"的肯定态度,但58.12%的多数还是表达了既不否定也不肯定的立场,且还有14.78%的人持明确的否定意见(见表0.21);关于"我国高校章程建设存在的主要问题"调查结果如下:认为大学章程"千篇一律缺乏个性特色"占受询者总数的59.89%,"基本处于悬置状态、没有落实在治校过程中"占56.81%,"缺乏程序规定、可操作性不强"占45.42%,"章程体系不完善、内容空洞"占31.56%,"尚未起到依法治校的作用"占29.25%(见表0.22)。

表0.21　题13:对我国高校章程建设的总体评价(单选题)

选　项	小　计	比　例
A. 非常好	14	1.08%
B. 较好	338	26.02%
C. 一般	755	58.12%
D. 差	159	12.24%
E. 非常差	33	2.54%
本题有效填写人次	1299	

表0.22　题14:我国高校章程建设存在的主要问题是(多选题)

选　项	小　计	比　例
A. 章程体系不完善、内容空洞	410	31.56%
B. 千篇一律缺乏个性特色	778	59.89%
C. 缺乏程序规定、可操作性不强	590	45.42%
D. 基本处于悬置状态、没有落实在治校过程中	738	56.81%
E. 尚未起到依法治校的作用	380	29.25%
G. 其他	19	1.46%
本题有效填写人次	1299	

由此可见,在教育部的推动下尽管全国高校都已经按期完成了大学章程的建设工作,但总体来看多数大学的章程还存在诸如"体系不完备""内容空泛""程

序缺失"及"悬置不落实"等问题,从而导致大学章程并未在依法治校中发挥其作为大学内部治理体系法治依据的应有作用。此外在其他答项还有受询者认为还存在"普及宣传也不够,在校师生不明白,不知晓""上位法不完善,实施细则不明"等问题。由此可见,我国高校的章程建设及完善和落实工作仍然十分艰巨,换言之我国高校的依法治校还有待加强。

（4）关于"大学文化与高校内部治理体系的关系"的调查。

正如本课题申报书中所述,高校的学术属性决定了"大学文化是高校治校结构中不可或缺的基本要素",因为"大学文化是先于高校治校行动且指导行动的价值先决",表面看来大学文化似乎并非如体制机制制度具有刚性治理工具的作用,然而大学文化却发挥着驾驭高校权力行使的"无形之手"的作用。这是课题组专门设计若干有关大学文化问项的意图。调查结果表明:91.45%的受询者在对题15"大学文化对高校内部治理效果是否有影响"的回答中选择了"有影响""有重大影响"的答项,其中27.17%的人明确"非常有影响",而持否定态度的人仅占0.69%（见表0.23）;如题16所示,受询者认为"高校的优良文化传统"（占56.89%）、"高校的理想主义与尊师爱生的精神文化"（占49.65%）、"关于高校组织属性及其使命的理性认识"（占47.96%）、"高校严谨的制度环境"（占47.96%）、"关于高校智力劳动特点导致组织复杂性认识"（占37.80%）、"高校成员自觉自律文化风习"（占37.34%）、"高校庄重优雅的物理环境"（占20.32%）等文化要素依次对高校内部治理发生影响（见表0.24）。

表0.23　题15:大学文化对高校内部治理效果是否有影响(单选题)

选　　项	小　　计	比　　例
A. 有重大影响	353	27.17%
B. 有影响	835	64.28%
C. 一般	101	7.78%
D. 没有影响	9	0.69%
E. 根本没影响	0	0%
（空）	1	0.08%
本题有效填写人次	1299	

表 0.24　题 16：哪些文化要素对高校内部治理影响较大（多选题）

选　　项	小　计	比　例
A. 关于高校组织属性及其使命的理性认识	623	47.96％
B. 关于高校智力劳动特点导致组织复杂性认识	491	37.80％
C. 高校的理想主义与尊师爱生的精神文化	645	49.65％
D. 高校的优良文化传统	739	56.89％
E. 高校严谨的制度环境	623	47.96％
F. 高校庄重优雅的物理环境	264	20.32％
G. 高校成员自觉自律文化风习	485	37.34％
H. 其他	9	0.69％
本题有效填写人次		1 299

　　上述调查结果证实本研究的一个预判：尽管大学文化并非如高校组织及其制度等管理工具一样对高校内部治理具有直接的作用，但其是构成高校治理体系不可或缺的观念体系，尤其在高校治理体系创新的起始阶段发挥着不可或缺的引领作用。

　　（5）关于"高校内部治理体系校院关系"的调查。

　　就组织构成而言，高校是由专司管理职能的行政系统和由专司人才培养和知识创新的学院（学系）即学术系统构成的社会组织，由于"高校对社会的贡献主要取决于学术系统的能量大小及其作用的发挥"[①]，因此在高校内部治理体系中学校及其行政管理系统与学院（学系）的关系结构是否有利于后者发挥作用，在很大程度决定了高校内部治理效率及其社会贡献的大小。本调查表明受询者"对当前高校内部治理中的院系治理满意程度"并不高，仅有 15.70％的人表示"满意"和"非常满意"（见表 0.25），23.41％的人表示"不满意"和"非常不满意"，多达 60.89％的人持"一般"的中立态度；关于"院系治理存在的主要问题"，57.89％的受询者认为是

---

① 眭依凡.关于一流大学建设与大学治理现代化的思考［J］.中国高教研究，2019（5）：1－5＋48.

"院系并未落实提高办学效率必要的人权、事权及财权",49.81％的人认为是"院系内部治理结构有待进一步完善",49.73％的人认为是"院校权责关系不够明晰",此外"院系的行政权力与学术权力关系有待改善""院系的党政关系有待进一步明确"分别占 39.57％和 28.25％(见表 0.26),关于其他有个别受询者提出学院(系)治理还存在"缺乏尊重科学、尊重人才、追求真理、鼓励创造的文化氛围"及"切实有效的考核进退机制",在院(系)管理上"一抓就死、一放就乱"等问题。

表 0.25　题 17：您对当前高校内部治理中的院系治理满意吗(单选题)

选　　项	小　计	比　　例	
A. 非常满意	19		1.46％
B. 满意	185		14.24％
C. 一般	791		60.89％
D. 不满意	270		20.79％
E. 非常不满意	34		2.62％
本题有效填写人次		1 299	

表 0.26　题 18：院系治理存在的主要问题是(多选题)

选　　项	小　计	比　　例	
A. 院校权责关系不够明晰	646		49.73％
B. 院系并未落实提高办学效率必要的人权、事权及财权	752		57.89％
C. 院系的党政关系有待进一步明确	367		28.25％
D. 院系内部治理结构有待进一步完善	647		49.81％
E. 院系的行政权力与学术权力关系有待改善	514		39.57％
F. 其他	17		1.31％
本题有效填写人次		1 299	

由此可见,我国高校内部治理结构中如何进一步调动学术系统的积极性及进一步发挥其作用是一个亟待解决的问题。

（6）关于"高校内部治理体系对'双一流'建设的影响"调查。

笔者早在几年前发表的《关于"世界一流大学建设"的理性思考》一文中曾有如下研究结论：一流大学建设既是国家的需要亦是大学自己的需要，前者体现了国家必须通过一流大学建设缩小与高等教育强国在创新人才培养及知识创新上的差距需要，后者则是高校必须通过提升自己的竞争实力以实现国家竞争力提升的使命责任使然。基于此，国家必须在制度供给和物质供给方面为大学创造有利于世界一流大学建成的必要条件，而高校亦要通过完善内部治理结构以提高一流大学建设的效率。[①] 就当前国家在制度供给和物质供给问题都很好解决之后，一流大学建设的成效很大程度上取决于高校内部治理体系。本调查证实了这个研究结论。如题19所示，88.53％的受询者对"高校内部治理体系对'双一流'建设是否有影响"予以了肯定的回答，其中30.79％选择了"影响重大"的答项，持否定态度的人仅有0.62％（见表0.27）；关于题20"现行高校内部治理体系对'双一流'建设的主要影响"的选项依次是："行政权力过于强势，学术权力的积极性及作用没有得到充分调动和发挥"占55.74％，"高校内部的组织及其权力构架过于复杂，组织管理过程中的内耗较大"占53.35％，"校院两级治理体系尚不完善，二级学院的治理作用偏弱"占44.26％，"不利于高校按规律办学治校育人"占28.25。此外有7.78％的非"双一流"大学的受询者选择了未回答，及少数人认为"学科参与'双一流'建设的活力未得到激发"等（见表0.28）。

表0.27　题19：高校内部治理体系对"双一流"建设是否有影响（单选题）

选　项	小　计	比　例
A. 影响重大	400	30.79％
B. 有影响	750	57.74％
C. 一般	104	8.01％
D. 影响不大	37	2.85％
E. 没有影响	8	0.62％
本题有效填写人次		1299

[①] 眭依凡.关于"双一流建设"的理性思考[J].高等教育研究，2017（9）：1-8.

表 0.28 题 20：现行高校内部治理体系对"双一流"建设的主要影响(多选题)

选 项	小 计	比 例
A. 不利于高校按规律办学治校育人	367	28.25%
B. 行政权力过于强势,学术权力的积极性及作用没有得到充分调动和发挥	724	55.74%
C. 高校内部的组织及其权力构架过于复杂,组织管理过程中的内耗较大	693	53.35%
D. 校院两级治理体系尚不完善,二级学院的治理作用偏弱	575	44.26%
E. 其他	23	1.77%
(空)	101	7.78%
本题有效填写人次		1 299

3) 有关"高校内部治理体系创新建议"的调查

有关"高校内部治理体系创新建议"的调查,笔者设计了 7 个多选题及 1 个"关于高校内部治理体系创新的建议"开放题。关于这个大项的调查对于我们找到大学内部治理体系创新的方向和重点具有现实指导意义。调查结果如下：

关于对题 21 的回答,受询者集中的意见是"我国高校内部治理体系设计"应该有利于"高校按自身规律办学治校育人"(占 66.82%),其他依次为"管理权力下放,授予学院(学部、独立设置的学系)应有的人财物管理职权"(占 48.11%)、"改善高校内部的组织与权力框架及运行机制"(占 46.73%)、"根本克服职能部门的官本位及泛行政化问题"(占 42.96%)、"行政权力体系与学术权力体系的平衡和共治"(占 42.03%)、"明确高校内部决策体系的权责"(占 38.41%)。关于"其他"有个别受询者强调"有利于激发高校内部活力,发挥高校核心功能""规范和严格制度运行""合理化配置高校内部资源提高资源使用效率""推进二级学院行政改革,精简二级学院行政职能"等(见表 0.29)。

表 0.29　题 21：我国高校内部治理体系设计应该有利于（多选题）

选　项	小　计	比　例
A.　高校按自身规律办学治校育人	868	66.82%
B.　改善高校内部的组织与权力框架及运行机制	607	46.73%
C.　明确高校内部决策体系的权责	499	38.41%
D.　根本克服职能部门的官本位及泛行政化问题	558	42.96%
E.　管理权力下放，授予学院（学部、独立设置的学系）应有的人财物管理职权	625	48.11%
F.　行政权力体系与学术权力体系的平衡和共治	546	42.03%
G.　其他	15	1.15%
本题有效填写人次		1 299

关于题 22"提升我国高校内部治理能力的关键"，比较集中的意见是"加强高校发展的顶层设计和治理结构的综合改革"（占 58.97%），其他意见依次为"明确高校职能部门权责范围，杜绝过度行政"（占 49.88%），"强化院校两级学术权力，加强民主治校"（占 47.58%），"加强和完善高校的建章立制，严格依法办学治校"（占 44.11%），"明确多决策体系的权责关系及决策程序"（占 39.26%），"对高校领导人的遴选任用提出德才兼备的高素质要求"（占 24.79%）。关于"其他"有个别受询者强调"强化职能部门服务教学科研的意识和能力""提升行政人员管理专业化水平""平衡好学术与管理的权力关系""提高二级学院管理能力和运行效率"等（见表 0.30）。

表 0.30　题 22：提升我国高校内部治理能力的关键（多选题）

选　项	小　计	比　例
A.　加强和完善高校的建章立制，严格依法办学治校	573	44.11%
B.　加强高校发展的顶层设计和治理结构的综合改革	766	58.97%

（续表）

选　项	小　计	比　例
C. 明确多决策体系的权责关系及决策程序	510	39.26%
D. 明确高校职能部门权责范围，杜绝过度行政	648	49.88%
E. 强化院校两级学术权力，加强民主治校	618	47.58%
F. 对高校领导人的遴选任用提出德才兼备的高素质要求	322	24.79%
G. 其他	12	0.92%
本题有效填写人次		1 299

关于题 23"高校内部治理体系创新的突破口（多选题）"，比较集中的建议是"赋予并落实学术权力机构必要的学术事务决策权限，根本克服高校治理过程中的行政泛化"（占 56.51%），其他建议依次如下："赋予二级学院更大的学院治理权力，增强二级学院的办学活力"（占 49.58%），"加强高校治理体系的现代化，建立有利善治的治理组织及其权力结构"（占 47.04%），"完善遴选任用德才兼备院校领导人的体制机制，进一步提升院校决策层的治理能力"（占 37.95%），"营造有利于高校按规律办学治校及培养人才和创新知识的治理制度文化环境"（占 37.03%），"进一步完善高校章程建设，根本落实依法治校"（占 35.64%）。关于"其他"有个别受询者强调"政府必须赋予学校更多自主权""教师能够积极主动的参加高校内部治理"等（见表 0.31）。

表 0.31　题 23：高校内部治理体系创新的突破口（多选题）

选　项	小　计	比　例
A. 加强高校治理体系的现代化，建立有利善治的治理组织及其权力结构	611	47.04%
B. 进一步完善高校章程建设，根本落实依法治校	463	35.64%

（续表）

选　项	小　计	比　例
C. 赋予并落实学术权力机构必要的学术事务决策权限,根本克服高校治理过程中的行政泛化	734	56.51%
D. 赋予二级学院更大的学院治理权力,增强二级学院的办学活力	644	49.58%
E. 完善遴选任用德才兼备院校领导人的体制机制,进一步提升院校决策层的治理能力	493	37.95%
F. 营造有利于高校按规律办学治校及培养人才和创新知识的治理制度文化环境	481	37.03%
G. 其他	7	0.54%
（空）	1	0.08%
本题有效填写人次		1 299

　　关于题24"应该如何进一步完善我国高校现行领导体制",比较一致的意见是"进一步明确教代会、学术委员会等议事、决策、咨询机构的权限"(占68.05%)及"进一步明确校院两级的权责关系"(占55.97%),其余依次为:"进一步明确党政关系"(占47.11%),"进一步加强和完善党委领导"(占29.72%),"建立和完善有利于校内外共治的董事会制度(理事会)"(占29.72%)。关于其他有个别受询者强调必须"依法治校""教授治校,去行政化"等(见表0.32)。

表0.32　题24: 应该如何进一步完善我国高校现行领导体制(多选题)

选　项	小　计	比　例
A. 进一步加强和完善党委领导	386	29.72%
B. 进一步明确党政关系	612	47.11%
C. 进一步明确教代会、学术委员会等议事、决策、咨询机构的权限	884	68.05%
D. 建立和完善有利于校内外共治的董事会制度(理事会)	386	29.72%

（续表）

选　　项	小　计	比　　例	
E. 进一步明确校院两级的权责关系	727		55.97%
D. 其他	19		1.46%
本题有效填写人次		1299	

关于题25"如何根本克服大学官本位和泛行政化问题"，受询者比较一致的意见是"学术权力和行政权力有效分离，加强学术权力对学术事务的决策"（占73.75%），"进一步明确校院两级管理的权责关系"（占55.97%），"实现高校行政职能部门的专业化管理"（占59.05%），其他依次为"率先改善外部治理环境"（占41.03%），"去除高校行政级别"（占33.64%）。关于"其他"有个别受询者提出必须确立"行政服务于学术""强化服务职能的定位"并"严格控制从地方官员选派到高校任主要校领导"等（见表0.33）。

表0.33　题25：如何根本克服高校官本位和泛行政化问题（多选题）

选　　项	小　计	比　　例	
A. 率先改善外部治理环境	533		41.03%
B. 去除高校行政级别	437		33.64%
C. 学术权力和行政权力有效分离，加强学术权力对学术事务的决策	958		73.75%
D. 实现高校行政职能部门的专业化管理	767		59.05%
E. 其他	22		1.69%
本题有效填写人次		1299	

关于题26"如何才能进一步提升高校章程在高校内部治理中的作用"结果如下：比较集中的建议是"规范高校章程立法程序，充分保证高校章程建设及执行中的民主性、公开性、交涉性、自律性"（占71.05%），"加强高校教代会及高校师生对高校章程执行的监督问责"（占55.74%），其余依次为"加强政府对高校章程执行的监督问责"（占36.95%），"把高校章程纳入政府教育主管部门法规

体系"(占 35.8%)(见表 0.34)。

表 0.34　题 26: 如何才能进一步提升高校章程在高校内部治理中的作用(多选题)

选　项	小　计	比　例	
A. 把高校章程纳入政府教育主管部门法规体系	465		35.8%
B. 加强政府对高校章程执行的监督问责	480		36.95%
C. 规范高校章程立法程序,充分保证高校章程建设及执行中的民主性、公开性、程序性、自律性	923		71.05%
D. 加强高校教代会及高校师生对高校章程执行的监督问责	724		55.74%
E. 其他	24		1.85%
本题有效填写人次		1 299	

关于题 27"完善院系治理院长(系主任)应发挥什么作用",比较集中的意见分别是"推进院系良治的组织领导者"(占 71.82%),"院系发展的愿景规划者"(占 70.75%),"引领院系学术发展及地位提升学术权威"(占 70.28%),"尊师爱生的道德楷模"(占 35.64%)。关于"其他"有个别受询者提出院长(系主任)还应发挥"教师思想建设的领导者"及确保院(系)运行机制"运行体制透明、公开、公正"等作用(见表 0.35)。

表 0.35　题 27: 完善院系治理院长(系主任)应发挥什么作用(多选题)

选　项	小　计	比　例	
A. 院系发展的愿景规划者	919		70.75%
B. 引领院系学术发展及地位提升学术权威	913		70.28%
C. 尊师爱生的道德楷模	463		35.64%
D. 推进院系良治的组织领导者	933		71.82%
E. 其他	11		0.85%
本题有效填写人次		1 299	

关于"高校内部治理体系创新的建议"开放题的回答基本涵盖了本问卷调查涉及的所有问题,本文将其结合在"高校内部治理体系创新的选择方向及重点"中一并讨论,这里不再赘述。

(四) 高校内部治理体系创新选择的方向及重点

上述从理论和现实两个层面论述并证实了高校内部治理体系创新的必要性。为了探究高校内部治理体系与世界一流大学建设的关系,笔者还分别于2018 年 6 月、12 月率课题成员先后赴美国斯坦福大学、加州大学总校及其伯克利分校及赴香港调研了香港科技大学、香港大学、香港城市大学、香港岭南大学等高校调研,并发表了《斯坦福大学的内部治理:经验与挑战——斯坦福大学前校长约翰・亨尼西访谈录》(《高等教育研究》2018 年 11 期)、《加州大学共同治理:权力结构、运行机制、问题与挑战——访加州大学学术评议会前主席 James A. Chalfant 教授》(《复旦教育论坛》2019 年 1 期)、《人文价值:一流大学治理的新取向——香港科技大学集体访谈录》(《复旦教育论坛》2019 年 3 期)、《加州大学内部治理结构与运行机制探微——对加州大学总校前教务长贾德森・金教授的访谈》(《复旦教育论坛》2019 年 5 期)、《香港科技大学内部治理体系探析》(《高等教育研究》2019 年 10 期)等调研成果。上述调研得出如下结论:无论是美国还是中国香港的高校,其在办学治校及人才培养上较之他国及其他地区高校的高效率无不是高度重视内部治理体系的结果,由此足以说明仅靠资源并不足以支撑一流大学的发展建设,高校的治理结构之于一流大学的建设发展至关重要。譬如香港科技大学,其仅用了 20 年时间就跻身于世界一流大学行列,然而这所世界一流大学新科一直以来仅由理学院、工学院、工商管理学院、人文社科院四个学院构成,教员不到 700 人,各类学生 15 000 多人,投入亦非富足,如2017/2018 年度综合收入为 50.61 亿港币(约合 44.76 亿人民币,其中港府的资助与拨款仅 25.5 亿港币,约合人民币 22.55 亿)。由于境内外高校的本质属性及其规律具有一定的一致性,境外和中国香港高校的调研结论,一方面证明了高校内部治理体系之于高校办学治校成效的重要性,另一方面亦启示我们高校内部治理体系创新的必要性。结合上述题 21—27 有关"高校内部治理体系创新建议"的调查结果,本研究提出高校内部治理体系创新的路径方向和重点(见图 0.7)并论述之。

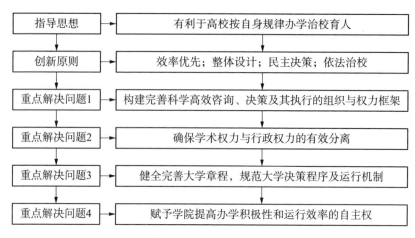

图 0.7　高校内部治理体系创新的方向及重点

1. 高校内部治理体系创新的指导思想

任何社会组织变革之首要必须率先明确变革的目的何在,换言之任何社会组织变革必须有理性的指导思想,尤其是在日益复杂的社会背景下的重大变革更是如此,否则组织变革就会失之明确方向或偏失方向而导致欲达不成或欲速不达。高校作为一个极其复杂的社会组织,其内部治理体系创新是一项伤筋动骨之整体框架性调整重构的综合改革,这样一项旨在高校内部治理效率根本提升的系统创新活动绝非心血来潮的应景之为,其目的亦非急就眼下之功利,故必须在深思熟虑后的明确指导思想引领下进行。指导思想之于高校内部治理体系创新之所以重要:其一,就高校的组织属性而言其本身就是一个高度理性的社会组织,其关于高校内部治理体系改革创新的目的何在亦即其价值追求必须先于其内部治理体系创新改革的行动;其二,高校作为一个极其复杂的社会组织,其面对的绝非仅止于某个既定问题而是诸多彼此高度关联甚至错综复杂的问题,更何况高校内部治理体系创新是一项牵一发而动全身的治理架构调整甚至重构的系统改革,因此先于高校内部组织改革行动的观念理性即指导思想是否明确及是否成熟,很大程度上关乎着这项系统性改革的成与败。

基于理性是"人们在社会活动中形成的对事物本质、价值、运动规律的正确认识及对其的尊重、守持和遵循"[①]这一基本认识,不难推断高校内部治理体系

---

① 眭依凡. 公平与效率:教育政策研究的价值统领[J]. 中国高等教育,2014(18): 11 - 15.

创新必须具有的理性亦即指导思想应该有利于高校守持其本质组织属性并按高校自身的规律办学治校育人。由于高校本质上是以人才培养和知识创新为核心使命及社会职能的学术组织,高校特有的组织属性使其根本区别于那些不同于大学使命责任的任何其他社会组织,并使大学的活动内生既不能被外界干扰又不能按人的意志转移,此独有的运行规律即大学人才培养和知识创新的规律。由于高校的内部治理体系直接决定了高校办学治校的效率,只有在"有利于高校守持组织属性并按自身规律办学治校育人"这样一种高屋建瓴的理性引领下,高校内部治理体系改革创新才能明确其核心价值之所在,从而避免高校内部治理体系改革创新受头痛医头脚痛治脚、就事论事之片面而非全面、顾眼前而非长远之传统思维的影响。这即解释了在本课题调查中,何以 66.82％的受询者认为"我国高校内部治理体系设计"应该有利于"高校按自身规律办学治校育人"。

坦诚而言,长期以来我国高校内部管理体制改革之所以不甚成功并存在诸多应景式改革的摇摆性及不彻底性,就在于我们过去缺乏对高校改革之核心问题的明晰及核心性价值的明确,从而导致高校内部管理体系的改革缺失了有利于顶层设计、综合改革及有利于高校之具有根本性、整体性、长远性的问题得以解决的价值引领。由于高校治理体系和治理能力现代化不仅是指向高校未来发展的长远目标及高校改革发展和制度完善的现实手段,更是应对高等教育国际社会挑战日益激烈及提升我国高等教育竞争力的不二选择,因此高校内部治理体系创新非常之紧迫重要,而明确统领高校内部治理体系创新指导思想亦即核心价值的正确选择则很大程度上决定了其改革创新的成效甚而是成败。

2. 高校内部治理体系创新的基本原则

原则即"人们之社会行为依据的准则或行动的规范,原则具有人为的定义性,是对行动者做什么及怎么做的具体规定"①。如果说高校组织运行规律具有不变的稳定的内生性,而影响和控制高校组织运行的原则便是人为的结果。然而有必要说明的是,即便原则是人为的,但是原则是人们自我设定的行动准则,因此原则具有褒义性且绝不能随意而为,之于社会及其组织治理的原则犹是,其必须基于社会及其组织治理的规律并服从于规律,高校内部治理体系的创新原

---

① 眭依凡. 培养目标达成:关于大学教学原则重构的思考[J]. 西北工业大学学报(社会科学版),2019
　(1):15-26.

则亦然。如前所述,高校治理体系创新之价值目标在于有利于高校按其自身规律办学治校育人,然而如何才能确保高校治理体系的改革创新达成这一价值目标,高校的办学治校者则必须构建若干规范自己办学治校行动以确保高校治理体系创新目标有效达成的基本原则。针对组织目标实现的组织行动原则既源于组织运行规律的内在诉求亦是有效保障组织运行遵循其自身规律的外部表达。高校治理体系创新是一项复杂的系统工程,由于指导思想对高校治理体系的创新仅是提出了价值引领的要求,其操作性较弱,为此构建若干高校内部治理体系必须遵循的基本原则则十分必要。高校内部治理体系创新的原则即大学办学治校者根据大学内部治理体系改革的目的、反映高校运行规律而确定的指导和规范高校内部治理体系改革创新的基本要求,它既要贯彻在高校内部治理体系改革创新的过程又要贯穿于高校运行全过程。

关于高校内部治理体系创新的原则,笔者在《论大学的善治》一文,基于高校传统管理模式遭遇严峻挑战唯有选择善治之治理模式以根本改善和提高高校之办学治校效率的学术立场,提出了高校治理必须遵循"效率优先、民主决策、整体设计、依法治校"①四个原则,关于高校内部治理体系创新的原则亦然,必须循此原则。

所谓"效率优先"原则,旨在强调高校作为实施高等教育的机构及决定高等教育国家竞争力的重器,尤其在知识经济和智能社会及国与国竞争日益激烈的今天,人才培养和知识创新的社会职能更加凸显了高校之间强烈的竞争性。故此,高校内部治理及其体系创新必须把提升高校办学治校的效率亦即把人才培养质量和知识创新能力的提升作为高校治理的目标设计。"高等教育是需要强调效率优先的社会活动,而以实施高等教育为己任的高校也应该是强调效率优先的组织"②,所以"效率优先"亦是高校内部治理体系现代化和治理能力提升的必须选择。之所以强调"民主决策"原则:其一,治理不同于管理,其本身就是强调利益相关者"共享治理"或"共同治理"的概念;其二,高校是一种专业性极强的复杂组织,其诸多重大决策无不需要专业知识及其拥有者的参与,由此决定了高校内部治理的民主性具有天然的合理性。忽视尤其是无视高校内部治理的民主

① 眭依凡. 论大学的善治[J]. 江苏高教,2014(6): 15-21+26.
② 眭依凡. 论大学的善治[J]. 江苏高教,2014(6): 15-21+26.

决策原则,不仅与高校之学术组织属性相悖且更难以做出有利于高校按自身规律办学治校育人的科学决策。

加强"整体设计"换言之即加强顶层设计,这一原则的提出基于高校以智力劳动为活动特征之学术共同体的组织属性,以及高校内部组织与组织、组织与个体及个体与个体之间既是高度相互依存的要素又不乏独立性、自主性,"其结构方式可能直接影响甚至决定了其存在的意义和价值"导致的组织复杂性,由此决定了高校在治理过程中必须通过以强调高校组织改革发展整体及长远利益为目的的顶层设计,以确保高校组织治理目标及其实现过程中的一致性。此外必须指出的是,高校组织的复杂性往往会导致高校运行过程中的诸多不确定性,为了降低高校组织内部的复杂性以减少由此带来的不确定性,唯有加强高校内部治理及其体系创新的整体设计,从而根本避免就事论事、急功近利的传统管理模式带来的问题。

"依法治校"原则之意义非常明确,一方面强调高校内部治理结构必须具有合法性,缺乏合法性保障的高校内部治理体系不仅失之治理依据,也难有治理过程的权威性及稳定性。高校之学术组织属性使其自创生始就赋予了组织内部及其成员一定的所谓学术自由及组织自治的需要,然而,正是因为高校是一个被赋予了一定学术自由及自主治校的组织,高校也被要求必须是一个高度自律的组织,此如笔者在《论大学的自主与自律》一文所指出:"大学的自主与自律是由大学组织属性决定的相伴而生的一对范畴,随着大学与社会关系的愈加密切两者之间更是相依而存且缺一不可,否则大学很难办也办不好。"[1]依法治校原则的提出,要求高校内部治理体系创新必须高度重视大学章程及其完善之于高校内部治理的重要性。

3. 高校内部治理体系创新的重点所在

若上述讨论的"指导思想"和"基本原则"体现和强调的是高校内部治理体系创新的方向所在,那么基于高校内部治理体系创新的相关理论讨论及调查结果分析,本研究提出高校内部治理体系创新的重点所在即必须率先解决的四大问题如下(见图 0.7):构建科学高效的咨询、决策及其执行的权力框架,健全完善大学章程规范大学决策程序及运行机制,确保学术权力与行政权力的有效分离,

---

① 眭依凡. 论大学的自主与自律[J]. 浙江师范大学学报(社会科学版),2015(1):1-11+13.

赋予提高学院办学积极性和运行效率必要的自主权。

1) 构建科学高效的咨询、决策及其执行的组织与权力框架

根据组织理论、系统论及治理理论,任何社会组织治理体系本质上是关于组织内部结构及其权力配置的系统。换言之,一个组织的治理绩效是由组织内部的结构及其权力配置预先决定的。高校亦然,所以高校内部治理体系的现代化及治理体系创新都必须率先解决对其治理绩效具有决定作用的组织内部结构及其权力配置问题。组织生态学理论亦明确指出,组织设置对该组织形成的生态环境及生态过程具有决定性,即有什么样的组织设置就会形成什么样的组织生态并决定其组织生态过程。若以组织生态学概念表述即由组织设置形成的组织种群密度及组织生态位对组织设立率及组织运行效率具有影响。

所谓组织生态位即"一个种群或物种在一个群落的角色",它是"描述一种动物在它的群落里的地位""一个种群能够繁衍自身的环境条件的建立"。[①] 组织生态位与组织设立之间存在如下关系:其一,组织生态位重叠密度与组织设立率负相关,非重叠密度与组织设立率正相关。所谓"重叠密度是指在特定的资源集合体中,一个组织的生态位与组织种群中其他组织的生态位相互交错的程度",而"非重叠密度是组织种群中未交替密度的集合"。一言概之,即"组织生态位重叠密度和非重叠密度直接影响着组织设立的可能性和成功率";其二,"组织种群中非重叠强度与组织设立率正相关""非重叠强度指组织种群潜在竞争者成员中组织生态位不重叠的数量与组织生态位重叠数量的比率"。[②] 具体到高校组织,若高校系统内部之生态位即角色功能相似的组织比较拥挤,那么其在系统内部设立新组织的成功率一定比其内部组织生态位宽松时低。换言之,如若高校系统内部组织生态位重叠密度高即组织生态位非重叠强度低则必然会导致高校内部组织之间对人财物及权力等资源更加激烈的竞争,从而强化高校系统内部的组织间的内耗而降低高校内部治理绩效;相反,如若高校内部组织生态位之非重叠强度高即高校内部组织之间的生态位存在较大的差异则会减少组织之间对各种资源的竞争,从而增强高校系统内部组织之间更和谐有效的合作以提高组织治理效率。

---

① [美]迈克尔·哈南,约翰·弗里曼. 组织生态学[M]. 彭璧玉,李熙,译. 北京:科学出版社,2015:52.
② 组织生态学[EB/OL]. https://wiki. mbalib. com/wiki/%E7%BB%84%E7%BB%87%E7%94%9F%
　E6%80%81%E5%AD%A6.

除了组织生态理论可以解释组织结构及其权力配置之于组织绩效的重要性外,系统论亦可通过组织结构与组织行为的二元关系分析,以及复杂系统理论强调越是复杂的系统其内部结构及其权力关系必须越清晰明确、不能彼此交叉重叠,否则组织内部的内耗必然导致治理效率衰微的结论等,均很好解释了组织结构及其权力配置之于组织绩效的决定性作用。如果高校内部组织结构及其权力配置具有较大的同构性,高校系统内部则必然会由于组织之间的权责关系不明导致彼此对包括权力在内的资源竞争而带来的组织治理的低效率。

基于上述讨论不难发现,构建科学高效的咨询、决策及其执行的组织与权力框架,这是大学内部治理体系创新首先遇到并必须解决的问题。香港科技大学之所以在很短的时间内建成一流大学,其科学高效的治理体系功不可没。根据《香港科技大学条例》,学校内部治理体系主要由校顾问委员会(Court)、校董会(Council)、校教务会(Senate)及校行政管理机构及各学院院务委员会(Board of each School)等五大组织及其关系明确的权力和职责构成(见图0.8)。[①] 其中,校顾问委员会是大学最高咨询机构,其主要职责是为大学整体政策提供咨询意见并为大学开拓资源及发展机会;校董会是最高决策机构及最高管治机构,其负责全面管控大学内部的权力结构设计,权责包括"对大学行政、大学成员、大学教务、顾问委员会及教务委员会章程、学院及学院院务委员会、评议会的章程及其权力和职能、议事程序等做出规定,以及对学院院长的职位及其权力职能、大学学生及教职雇员的福利及纪律、颁授学位及其他学术名衔(包括荣誉学位及荣誉名衔)、从教务委员会成员中提名出任校董会成员、决定财务程序等"[②];校教务委员会是大学最高学术决策机构的教务委员会,为了保证教务委员会对管理学术事务的整体性以确保大学治理的高效率,《香港科技大学条例》不仅把涉及有关教学及与教学有关的学术事务与学生事务以及与学生培养相关的部门及其职责纳入一个完整的治理框架,并将其全部划归于首席副校长的职责职权范围,即首席副校长不仅直接负责四个学院的管理,还分管涉及教学、学生(包括研究生)及其服务等工作的所有部门。校顾问委员会、校董会及校教务委员会构成了大学内部治理的主体,加上行使行政管理体系及以人才培养和科学研究为具体职

① 眭依凡,张衡.香港科技大学内部治理体系探析[J].高等教育研究,2019(10):36-45.
② 眭依凡,张衡.香港科技大学内部治理体系探析[J].高等教育研究,2019(10):36-45.

责的学院,香港科技大学以这样一个关系明晰的组织及其权力配置的治理架构,从而确保了大学内部治理的整体性和高效率。

顾问委员会(Court)
大学最高咨询机构,就大学整体政策提供意见。委员会定期审视校长所提交的年报及校董会的报告,并为科大募集资源及开拓发展机遇。
董事会(Council)
大学最高管治机构,行使大学条例所赋予的权力和职责;主要负责大学的投资、合约、资产、高层任命、财务预算等财政事宜及制定规程等。
教务委员会(Senate)
大学最高教务机构,负责制订及检讨教务政策;成员包括校长、首席副校长、副校长、学院院长、学系主任、教学支持单位主管及由教学人员互选产生的代表和学生代表。
行政管理(Executive Management)
大学的行政管理机构,由正校长、首席副校长、副校长及多个协理副校长和有关职能部门负责人及院长若干构成。
学院院务委员会(Board of Each School)
各学院院务委员会就学院工作有关的事宜向校教务委员会提出建议及意见,担负教务委员会委予的各项职责,以及落实这些工作并有所作为。

图0.8　香港科技大学治理体系

创新高校内部治理体系的根本目的在于提升高校内部治理效率,由于高校的组织构架及其权力配置是高校内部治理模式的决定性因素,亦即决定高校内部治理效率的第一要素,因此构建科学高效的咨询、决策及其执行的组织与权力框架是高校内部治理体系创新的首要重点所在。所以在本课题的问卷调查中,58.97%的受询者认为"加强高校发展的顶层设计和治理结构的综合改革"是"提升我国高校内部治理能力的关键",另有46.73%的受询者则强调"我国高校内部治理体系设计"应该有利于"改善高校内部的组织与权力框架及运行机制"。基于国情,我国现行"党委领导、校长负责、教授治学、民主管理"的高校内部治理体系,从提升该治理体系绩效的目的出发,有必要在这一治理原则的整体框架下,通过顶层设计构建一个权责边界清晰、运行机制通畅、组织职能无重叠、富有活力和效率、更具操作性的大学内部治理体系(见总论图0.9)。

2) 确保学术权力与行政权力的有效分离

就权力构成而言,如前所述可以把高校视为由专司管理职能的行政子系统

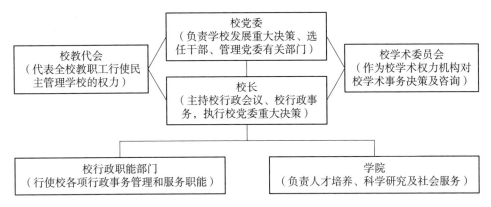

图 0.9　高校内部治理体系

和专司人才培养和知识创新的学术子系统组合的复杂系统。为了维护高校应有的运行秩序,行政权力系统必须通过建立一套治理规则对学术系统施加影响以维护大学组织必要的运行秩序;学术系统专司人才培养和知识创新的社会职能,高校对社会的贡献主要取决于学术系统的能量大小及其作用的发挥。由于学术子系统受制于行政系统的影响,所以有什么样的高校治理体系就有什么样的高校。如果高校的行政体系像官僚机构一样对高校施行简单的管控,那高校很可能就是一个难以按高校规律办学治校的官僚机构,其学术系统的作用就会受到限制继而其社会贡献亦会因此受限。然而正如笔者在《关于一流大学建设与大学治理现代化的理性思考》一文所强调:"关于大学治理效率的最终判据绝非取决于大学行政权力的效率本身,而根本取决于由大学学术系统决定的人才培养的高质量和知识创新的社会贡献度。"因此,就高校权力结构及其行使而言,其内部治理体系创新必须解决好"其行政系统不再是对学术系统的简单管控而是通过共同治理方式让两个系统形成的能量场高度耦合,行政系统的价值所在是让学术系统的能量得以充分的释放而不是相反"[①]的问题。坦言之,即正视高校是以人才培养和知识创新为使命责任的教育和学术组织,尊重其重大决策多为需要专业知识及专业人士参与的学术决策的客观事实,确保决策的科学性以避免或减少决策执行过程中的不确定性,保证行政权力与学术权力在一定程度的有效分离以充分发挥学术权力在高校办学治校育人中的作用,是高校内部治理体

① 眭依凡.关于一流大学建设与大学治理现代化的理性思考[J].中国高教研究,2019(5):1－5＋48.

系创新需要重点解决的问题之一。

　　在本调查关于题 23"高校内部治理体系创新的突破口何在"的回答中，56.51％的受询者建议"赋予并落实学术权力机构必要的学术事务决策权限，根本克服高校治理过程中的行政泛化"。而关于题 25"如何根本克服高校官本位和泛行政化问题"的回答，73.75％的受询者比较一致的意见亦是"学术权力和行政权力有效分离，加强学术权力对学术事务的决策"。由此可见有效发挥学术权力的作用之于高校内部治理体系创新的举足轻重。为了彻底释放学术权力在高校治理的能量，高校在治理体系创新中必须克服两个误判："其一，把加强高校内部的管制与高校的秩序混为一谈，以为加强对高校内部的管制就能强化了高校的秩序；其二，高校的行政权力是指向效率的而学术权力是有悖于效率的，所以学术权力必须服从行政权力。"①对一个以智力劳动为特征的人才培养和知识创新系统而言，学术权力在高校治理结构中的作用若不能有效发挥，高校不同于其他社会组织的规律就难以受到尊重，其结果是高校独有的学术生态和学术活力就会受到损害，其社会贡献也不能最大化。所以确保学术权力与行政权力的有效分离使高校的行政系统和学术系统各司其责，这是高校内部治理体系创新不可或缺的选择。

　　为了保证学术权力在办学治校育人中发挥积极作用，香港科技大学在内部治理结构中设计了教务委员会作为最高学术决策机构，为确保教务委员会对涉及人才培养、科学研究等学术事务决策的整体性及其执行的高效率，《香港科技大学条例》不仅把有关教学及与教学有关的学术事务、学生事务以及与学生培养相关的部门及其职责纳入一个完整的治理框架，而且把所有学院院长、学系及学部主任、教务长、图书馆馆长、学生事务主任及教职员和本科生、研究生代表等均列为教务委员会的成员，并将其全部划归于首席副校长的职责职权范围。由此保证学术权力在学术事务治理上的相对独立性及整体性和高效率。在高校内部治理体系创新中，香港科技大学在治理体系设计上"确保学术权力与行政权力的有效分离"的成功经验不乏借鉴意义。

　　3) 健全完善大学章程，规范高校决策程序及运行机制

　　依法治校是检验高校内部治理体系是否完整的不可或缺的要素，因为依法

---

① 眭依凡.关于一流大学建设与大学治理现代化的理性思考[J].中国高教研究,2019(5)：1-5+48.

治校不仅关系到高校内部治理的合法性依据,同时也关系到高校内部治理运行的程序性机制。此即本研究把依法治校明确为高校内部治理体系创新必须遵循的原则之原因。就严格意义言,治理本身属于法规制度的范畴,换言之"治理是具有合法性及权威性的结构性规范,即治理的组织需要法规制度提供的制度环境和机制保障"①。尽管高校是一个高度理性自觉的组织,但高校治理并非只是依靠理念决定其行为的过程,作为一个高度复杂且具有多利益主体诉求的组织,制定必要的法规制度对高校组织的决策及其成员的行动加以引导和规范是维护高校良好秩序实现有效治理的基本前提。大学章程作为高校依据国家有关法律法规及大学组织属性及规律、使命及责任而制定的以指导和规范高校办学治校育人活动的具有顶层设计意义的法规制度,是规范高校组织及其成员必须严格执行和遵守的亦即保证高校组织依法决策其成员依法行动的法律依据和组织程序。尤其是高校具有一定学术自由之组织属性决定了高校必须更是依法治校的组织,否则高校就可能缺失制度的规范而混乱无序,由此可见健全完善大学章程、规范大学决策程序及运行机制之必要。

基于大学章程之于大学治理的价值作用,2011 年 11 月 28 号教育部颁发了实施《高等学校章程制定暂行办法》(下文简称《暂行办法》)的"中华人民共和国教育部第 31 号令,并要求于 2012 年 1 月 1 日起正式施行。《暂行办法》明确指出:"章程是高等学校依法自主办学、实施管理和履行公共职能的基本准则。高等学校应当以章程为依据,制定内部管理制度及规范性文件、实施办学和管理活动、开展社会合作。"②随后教育部进一步强调,"要把推进章程建设作为体现学校办学水平和治理能力,衡量领导班子管理水平和改革精神的重要标志,纳入高校评估、领导班子考核的重要内容"③,明确要求在 2014 年 12 月 31 日前完成全部"985 工程"高校和"211 工程"高校章程的核准工作,2015 年 12 月 31 日前完成所有高校章程的核准工作。在推行这一自上而下的现代大学制度建设中,尽管我国多数高校经历了从被动观望到逐渐认识到大学章程之于高校办学治校育人重要性的过程并按期完成了章程的制定,但由于受时间紧迫等影响,其中不乏

---

① 眭依凡. 论大学的善治[J]. 江苏高教,2014(6):15 - 21+26.

② 高等学校章程制定暂行办法[EB/OL]. http://www. gov. cn/flfg/2012-01/09/content_2040230. html.

③ 教育部办公厅关于加快推进高等学校章程制定、核准与实施工作的通知[EB/OL]. http://old. moe. gov. cn/publicfiles/business/htmlfiles/moe/moe_621/201406/170122. html.

简单粗糙甚至出于应付目的的急就章,教育部在《暂行办法》中提出的诸多要求在不少高校的章程文本中都未被很好落实。

譬如,不少大学章程对"规范学校党委集体领导的议事规则、决策程序,明确支持校长独立负责地行使职权的制度规范""规范校长办公会议或者校务会议的组成、职责、议事规则""科学设计学校的内部治理结构和组织框架,明确学校与内设机构,以及各管理层级、系统之间的职责权限,管理的程序与规则""按照有利于推进教授治学、民主管理,有利于调动基层组织积极性的原则,设置并规范学院(学部、系)、其他内设机构以及教学、科研基层组织的领导体制、管理制度""明确规定学校学术委员会、学位评定委员会以及其他学术组织的组成原则、负责人产生机制、运行规则与监督机制,保障学术组织在学校的学科建设、专业设置、学术评价、学术发展、教学科研计划方案制定、教师队伍建设等方面充分发挥咨询、审议、决策作用,维护学术活动的独立性""明确尊重和保障教师、学生在教学、研究和学习方面依法享有的学术自由、探索自由,营造宽松的学术环境""明确规定教职工代表大会、学生代表大会的地位作用、职责权限、组成与负责人产生规则,以及议事程序等,维护师生员工通过教职工代表大会、学生代表大会参与学校相关事项的民主决策、实施监督的权利""明确校务委员会、教授委员会、校友会地位、宗旨以及基本的组织与议事规则"等,都没有予以认真的研究并在章程中有所体现。尤其是大多章程千篇一律,根本没有体现出教育部在《暂行办法》中特别强调的必须"根据学校发展需要和办学特色"起草章程的要求。上述大学章程存在的普遍性的问题,导致作为高校治理之法律建构价值的大学章程,由于未能在大学内部治理体系中有效发挥其规则制定和程序保证之双重作用而难免被悬置高搁地成为一种制度摆设,以至于不少高校都怀疑其存在的必要性。

在学理上,大学章程是高校办学治校的基本法,是大学内部治理结构不可或缺的确保大学依法自主办学和自律办学的法律依据,"是大学办学治校者关于大学价值在大学制度层面的反映,是对大学组织属性、使命责任及大学定位的立法确认",是"对大学组织及权力结构、组织及管理者的职责与权力、组织设置及人员聘用任命、权力行使及组织运行的程序规则等做出的具体而明确的规定"以保证高校治理具有操作性并得以依法进行的管理工具,"既是对大学内部组织及其成员之自主及主人地位的确立,又是对大学内部组织及其成员之行为提出的制度规范"①;而现实中,大学章程又存在上述分析及本课题调研发现的诸如"千篇一律缺乏个性特色""基本处于悬置状态、没有落实在治校过程中""缺乏程序规定、可操作性不强""章程体系不完善、内容空洞""尚未起到依法治校的作用"等问题。由此足见,我国高校的章程建设及完善和落实工作仍然十分艰巨,健全完善大学章程以规范高校决策程序及运行机制成为高校内部治理体系创新必要的选择。

除此之外,必须通过"规范高校章程立法程序,充分保证高校章程建设及执行中的民主性、公开性、自律性""加强高校教代会及高校师生对高校章程执行的监督问责""加强政府对高校章程执行的监督问责""把高校章程纳入政府教育主管部门法规体系"等举措以进一步提升大学章程在高校内部治理中的作用。作为大学法存在的大学章程之于高校如同宪法之于国家,或许这就是中国香港把公立大学章程全部纳入香港法律的原因所在。在推进高校内部治理现代化的进程中,我们必须基于大学章程对大学内部治理体系主体、权力结构及实现机制具有规定性之价值作用,在高校内部治理体系创新中,高度重视大学章程制定及其实施等关于大学章程建设本身存在的问题,为高校内部治理的依法治校创造良好的制度环境。

4) 赋予学院提高办学积极性和运行效率的自主权

高校存在和发展的唯一理由是社会需要,而高校也是以人才培养和知识创新满足社会需要并获得自身发展的资源和环境的社会组织。就组织构成而言,如前所述高校是由专司管理职能的行政系统和由专司人才培养和知识创新的学术系统即学院及研究机构建构的社会组织,由于"大学对社会的贡献主要取决于学术系统的能量大小及其作用的发挥"②,因此高校内部治理体系之行政系统与学术系统的关系结构是否有利于后者发挥作用,则很大程度决定了高校之社会贡献大小,而社会贡献是衡量高校内部治理效率高低的最重要判据。本课题调查表明:高校内部对"当前高校内部治理中的院系治理满意程度"并不高,仅有15.70%的受询者表示"满意"和"非常满意",23.41%的人表示"不满意"和"非常不满意",多达60.89%的人持"一般"的态度。由此足见,调动高校内部学术系

① 李雨潜.地方师范大学章程的师范性话语分析——基于对 21 所地方师范大学章程的文本分析[J].教育发展研究,2016(11):37-45.
② 眭依凡.关于一流大学建设与大学治理现代化的思考[J].中国高教研究,2019(5):1-5+48.

统的积极性、充分发挥学院及研究机构在人才培养和知识创新的作用以根本提升学院的人才培养质量和知识创新能力是我国高校内部治理结构创新亟待解决的重大问题。

改善校院权责关系及赋予学院提高办学积极性和运行效率的自主权,必须针对"院系治理存在的主要问题"而有的放矢。在关于学院治理效率何以不高的调查中,57.89%的受询者认为"学院并未落实提高办学效率必要的人权、事权及财权"及49.73%的人认为"校院权责关系不够明晰"是导致学院治理效率不高的主要原因,另有43.96%的受询者认为"学院管理自主权不足"是人们对"当前我国高校内部治理整体现状不满意的主要原因"。因此,55.97%的受询者不仅认为"进一步明确校院两级管理的权责关系"是"根本克服大学官本位和泛行政化问题"的有效抉择,而且从"赋予二级学院更大的学院治理权力,增强二级学院的办学活力"(占受询人数49.58%)及"学院内部治理结构有待进一步完善"(占受询人数49.81%)校院两级治理结构层面提出了改革建议。

举目世界,凡卓越大学无不注重给具体承担学术使命和社会职能的学院赋以充分自主权。2018年6月笔者率课题组赴美考察美国一流大学内部治理结构时,斯坦福大学前校长、图灵奖得主约翰·亨尼西(John Hennessy)如是说:斯坦福大学的决策及其治理实行分权制,董事会在斯坦福大学的权力构架设计方面具有最终权力,校长和教务长在诸如财政等事务上也有一定权力,但诸如教师招聘、学位授予和课程设置等学术事务则由教师他们自己的学术权力系统决定。[①] 正是出于高校人才培养和知识创新的主体在学院的考虑,美国的研究型大学一方面赋予学院及其院长很多权力以便其创造性地开展工作,另一方面特别注重招聘那些能够引领学院开拓进取的富有领导力的院长。哈佛大学前校长萨默斯(Lawrence Summers)甚至把招聘具有很强领导力的院长与招聘世界最高水平的教授及为大学募集资金作为大学治理头等重要的三项工作。"校院分权共治"是本课题组在2018年12月考察香港科技大学内部治理何以成功时获得的重要结论之一。该校副校长贺致信在我们的访谈中特别强调:在学校制度框架下,香港科技大学主要通过分权模式赋予学院足够的治理自主权,即制定发展规划、相关经费的计划、普通教职工的聘用等均由学院自主决定,从而保证校

① 眭依凡.关于一流大学建设与大学治理现代化的理性思考[J].中国高教研究,2019(5):1-5+48.

院两级管理组织间的关系呈现"分权共治"的特点。正是对校院权责关系的这样一种治理结构设计，较好调动及提升了所有学院在办学治院及人才培养和科学研究的主动性、积极性，从而保证了学院应有的创造力，为促进社会发展做出更大的贡献。基于以上讨论及境外卓越大学内部治理的成功经验，可以得到如下结论：赋予学院提高办学积极性和运行效率的自主权亦是大学内部治理体系创新的重点所在。

领导力提升：高校治理能力现代化的实践路径

在党的十八届三中全会把国家治理体系现代化和治理能力提高作为促进国家现代化建设之重大国策的七年后，国家治理体系和治理能力现代化又成为党的十九届四中全会的主题，习近平总书记专门作了题为《中共中央关于坚持和完善中国特色社会主义制度、推进国家治理体系和治理能力现代化若干重大问题的决定》的工作报告，并提出了坚持和完善中国特色社会主义制度、推进国家治理体系和治理能力现代化的总体目标：到二〇三五年，各方面制度更加完善，基本实现国家治理体系和治理能力现代化；到新中国成立一百年时，全面实现国家治理体系和治理能力现代化，使中国特色社会主义制度更加巩固、优越性充分展现。[①] 从党中央坚定不移地把推进国家治理体系和治理能力的现代化作为我国现代化强国建设的战略选择可见，推进国家治理体系和治理能力的现代化之于国家未来的兴衰成败具有极端重要性。鉴于国家治理体系和治理能力现代化与高等教育治理体系和治理能力现代化尤其是与高等教育的具体承担者、实施者——高校治理体系及治理能力现代化有着极其密切的关系，因此本课题必须对高校治理能力如何现代化，这一关系高校内部治理体系创新之治理效率提升的目的能否达成的如下问题予以回答并提出对策，这些问题是"高校治理能力的现代化何以如此重要""大学领导力与高校治理能力的关系如何""推进高校治理能力现代化如何提升大学领导力"等，本研究以期通过对上述问题的讨论，帮助

---

① 习近平.坚持和完善中国特色社会主义制度推进国家治理体系和治理能力现代化[J].求是，2020(1)：1-9.

高校办学治校者认识到高校治理能力现代化之于现代化强国的重要性并明确大学领导力提升是推进高校治理能力现代化实践的必要路径。

（一）高校治理能力现代化何以如此重要？

关于"高校治理能力现代化何以如此重要"，首先有必要厘清如下两对关系：其一，治理体系与治理能力的关系；其二，国家治理体系现代化与高校治理体系现代化的关系。

1. 治理体系和治理能力关系讨论

就治理概念的学术严谨性而言，笔者以为治理体系是关于组织结构及其权力结构（主要涉及体制层面，属于基本制度范畴）和制度结构（主要涉及机制层面，属于组织运行之程序规范的工作制度范畴）的概念，即关于治理体系内部要素权责及其关系结构的概念具有相对的稳定性；而治理能力则是关于治理体系内部诸要素在治理过程中之效能表现，尤其是反映治理者能否充分发挥治理体系内部诸要素效能的概念具有动态性。无论是基本制度还是工作制度都是一个需要与时俱进的动态过程，因为任何制度既不可能一蹴而就也不可能一劳永逸，都必须随着社会发展进步与时俱进。但是，相对治理体系受治理者个体素质影响的治理能力而言，治理能力的非稳定的动态性更为突出。所以习近平同志特别强调"治理能力现代化也是一个动态过程"[1]。为此，他还在中央党校的讲话中专门分析指出：之所以要进行"治理体系"和"治理能力"的区分，是因为在同一个治理体系下的不同时期，治理能力可以很不一样。[2]

根据组织理论及治理理论：一个组织的治理体系包括治理结构与治理过程两个相互联系不能割裂的治理要件，治理结构是关系组织能否有效治理的包括基本制度安排及运行程序设计在内的组织框架性基础，但治理结构并非决定治理效能的唯一因素，治理结构的作用在很大程度上受制于决定治理过程效率的且因治理主体而异的治理能力。由此可以获得如下结论：由于治理能力是治理过程与治理主体高度关联且对治理效率具有决定性的治理要素，所以组织的治理能力对组织治理成效的影响与组织的治理结构同样重要且不可或缺。在党的

---

[1] 习近平. 坚持和完善中国特色社会主义制度推进国家治理体系和治理能力现代化[J]. 先锋，2020（1）：4 - 9.

[2] 崔之元. "治理体系"和"治理能力"的概念区分与新"三位一体"[EB/OL]. https://user. guancha. cn/main/content? id=206850.

十九届四中全会上,党中央之所以把"治理能力现代化"与"治理体系现代化"并列加以强调,其理论及其实践的依据亦在于此。

2. 国家治理体系现代化与高校治理体系现代化关系讨论

当今世界已经进入科学家认定的"以'人类社会空间(H)+物理空间(P)'为特征的二元空间世界结构向'人类社会空间(H)+物理空间(P)+信息空间(C)'的三元新世界过渡"①的新世界,由于"这样一种空间变化带来了人类认知的新计算(建立在新老空间的互动 CH、CP 之上的 AI)、新通道(给自然科学、工程技术、社会科学提供了新途径、新方法)、新门类(认识复杂巨系统、城市运行系统、环境生态系统、健康医疗系统等,即科学+工程+社会影响)",与之相伴而生的是以人工智能、新材料技术、分子工程、石墨烯、虚拟现实、量子信息技术、可控核聚变、清洁能源以及生物及基因技术为突破口的第四次工业革命的到来。在这样一个高新知识和高新技术将以不可阻挡之势全面改变和支配人类社会生活方式及生产方式的知识经济及人工智能时代,高新知识及其物化为高新技术生产力的水平无疑将决定一个国家之国际竞争实力强与弱,换言之即高新知识发现和高新技术发明及其运用能力之于国家竞争力提升具有不可替代的重要性,甚至决定国家未来的兴与衰。为了适应这个新世界的变化并且站在这个新时代的制高点,我们"不仅需要新技术更需要发展一些起基础性作用的新理论、新学科、新知识领域"②。

由于高校之于高新知识生产及其生产力转化、知识创新型人才及其高新技术研发人才的培养具有引领性、主导性、基础性及由此带来的垄断性,决定了高校已经成为国家经济起飞、社会进步及其稳定持续发展不可或缺的具有动力价值的生产力要素,由此导致在国家现代化进程中我们所面临的最大挑战是对高新知识和高新技术及其创新具有决定性的高等教育承担者大学的率先现代化,在国际竞争日益激烈的背景下,国家之高等教育现代化具有置顶优先布局和抢占先机的极端重要性。在《关于一流大学建设与大学治理现代化的理性思考》一文,笔者阐述过如下的观点:当有利于一流大学建设的制度供给和资源供给等

---

① 眭依凡,李芳莹.学科还是领域:"双一流"建设背景下"一流学科"概念的理性解读[J].高等教育研究,2018(4):23-33+41.

② 眭依凡,李芳莹.学科还是领域:"双一流"建设背景下"一流学科"概念的理性解读[J].高等教育研究,2018(4):23-33+41.

外部环境得到根本改善之后,"一流大学能否建成则完全取决于大学的内部治理模式,所以治理模式是一流大学建设底部厚重的不可逾越的操作性基础,对一流大学建设的得失成败具有决定性的作用。"①同理,在中央高层已经认识到国家间的竞争归根到底就是以知识创新和人才培养为核心使命的大学竞争,在国家不断为有利于高校按规律办学治校育人创造良好的制度环境和提供优越的资源条件大背景下,高校能否提升其知识创新及人才培养的国际竞争力很大程度上取决于高校内部治理的效能。由此我们再获得一个结论:在国家现代化及国家治理体系现代化的逻辑链中(见图 0.10),国家治理体系现代化必须以高等教育治理体系现代化为动力,而高等教育治理体系的现代化则必须以高校治理体系现代化为依托,依据治理体系和治理能力关系讨论获得的结论,不难得到高校治理能力之于国家现代化即现代化强国建设具有基础性作用。

图 0.10　国家现代化逻辑链

(二) 高校领导力与高校治理能力的关系

在高校治理能力及其现代化与高校治理体系及其现代化的关系及高校治理能力之重要性明确之后,基于本文主题研究的需要,大学领导力概念及其与高校治理能力的关系的明晰是探讨高校治理能力现代化实践途径的基础。

1. 领导概念及其领导理论的发展

领导力与领导不是同一概念,但两者高度相关。所以关于领导力的讨论,有必要在厘清领导概念的前提下循着时代发展的线索对领导理论演进加以梳理,这有利我们加深对领导力及其研究的理解和认识。领导如同文化一样是一个内涵很难提炼的模糊概念,包括国际著名的领导学大师沃伦·本尼斯(Warren Bennis)亦承认"领导的概念既复杂又难以掌握,所以人们用很多词汇试图加以解说,结果是越描越黑;领导就像'美丽'这个词汇很难界定……"②但是如另两

① 眭依凡. 关于一流大学建设与大学治理现代化的理性思考[J]. 中国高教研究,2019(5):1-5+48.
② 眭依凡. 大学领导力:我们是否还有提升的空间[J]. 探索与争鸣,2015(7):42-45.

位著名领导学专家罗布·戈菲(Rob Goffee)和加雷斯·琼斯(Gaveth Jones)所言,一个领导者如果连领导究竟是什么都不清楚,那凭什么领导别人? 于是西方领导学研究者就有了对领导概念的种种界定。由于在北京大学开设"大学领导力"课程的需要,笔者在梳理种种领导概念的基础上把关于领导的定义归纳为如下六类。

其一,传统管理学理论从领导者的行为如控制、导向、指挥等组织行为界定领导,如领导是率领下属实现组织目标的过程,是决定组织使命或目标,促动组织资源之运作,以达成这些使命或目标,并能引导组织持续维持、创造组织发展活力与影响组织文化的一种动态历程。其二,把领导界定为对组织及其成员施加积极影响以促使组织实现共同愿景和目标的过程,如坦南鲍姆(Tannenbaum)等人的"领导是施予某一情境的人际影响力,透过沟通过程达成特定的目标"(1961),拉奇(Rauch)、贝林(Behling)的"领导是影响有组织的团体的行动以达到团体目标的一种过程"(1984),马丁 M. 切莫斯(Martin M. Chemers)的"领导是一个社会影响过程,在这个过程中个人能够获得他人的支持和帮助去完成某项共同的任务"(1997),诺特沃斯(Northouse)的"领导是一种过程,通过影响组织成员,促使其实现共同目标(2004)"等。其三,定义领导就是一种能力,如肯 SKC 奥布尼亚(Ken SKC Ogbonnia)的"领导是一种有效整合和充分利用内部外部资源以实现组织和社会目标的能力",沙因(Schein)的"领导是能超越文化限制,进行具有更强适应性的革命性变革的能力(1992)",艾伦·基思(Alan Keith)的"领导是为人们非凡地完成某项工作做出贡献而创造条件"等。其四,把领导界定为一种领导者与被领导者的相互关系,如斯托吉尔(Stogdill)的"领导是创造和维持期望与互动的结构(1974)",库泽斯(Kouzes)、波斯纳(Posner)的"在组织中有些人向往领导他人,而另一些人则选择被领导,领导就是个相互影响的过程(2002);斯科特(Scott)的"领导主要指影响每个下属行为的机制(2003)",以及我国学者许士军的"在特定情况下为影响一个人或一群人之行为,使其趋向于达到某种特定目标的人际互动程序(1993)",林琨堂的"领导者运用影响力,透过成员交互反应的行为,以引导成员同心协力,达成组织特定目标的历程(1996)"等。其五,把领导界定为领导者即处于组织变化和活动核心地位并努力影响他人共同实现组织目标和愿景的人,如 F. 菲德勒(F. Fiedler)的"领导是机构内从事指使、协调(他人)完成机构目标者(1967)",R.

J. 豪斯(R. J. House)等人的"领导是机构内从事影响他人行为以达乎机构目标者(1979)"，本尼斯(Bennis)的"领导者是做正确事情的人(1984)"，霍斯金(Hosking)的"领导者是那些持续不断为社会秩序做贡献，并且被人们期望和认识到应该做这些事情的人(1988)"，J. W. 加德纳(J. W. Gardner)的"领导是机构内树立榜样以诱导他人或团体追求共同目标者(1990)"，森奇(Senge)的"领导者是那些能够主动促使自己和组织不断变革的人(1996)"等。其六，把领导定义为领导者通过创造共同的文化和价值观，运用文化价值观鼓舞员工树立起追求卓越表现的愿望并激励员工以促进组织目标的实现，如理查兹(Riehards)等人的"领导是规划愿景、树立价值观、创造环境来让事情实现(1986)"，布洛克(Block)的"领导的概念包含了主动和责任，毫无疑问与控制、导向、了解什么是对于别人最好的行为有关(1993)"等。

坦诚而言，上述关于领导概念的界定无不反映了定义者试图根据自己研究的需要来诠释领导，多少存在对概念定义严谨性的问题，这或许就是领导概念目前确实没有被人们公认的权威定义的原因。但从已有领导概念的定义中，不难挖掘出三个使用频率最高的关键词、"组织目标""影响"和"过程"，这说明领导是领导者对组织施加影响以实现组织目标的过程。基于此，以及我们讨论的是有关正式社会组织的领导概念，笔者给予领导以逻辑学意义的定义如下，即领导是"在合法权力的赋予下，领导者在观念理性支配下，运用领导资源、发挥个性特质，通过远景规划、组织设计、制度安排、文化营造及人格魅力等多种手段，对组织及其成员施以有目的的系统影响以有效实现组织预期目标的过程"，领导包含如图 0.11 所示的诸多要素。在领导概念清晰的基础上，不难归纳出有关领导的如下本质特征：①领导与职位、权力、权威有关又不等同于职位、权力、权威；②领导依附于组织并在组织中发生；③领导是个过程，一个包括理性和情感因素参与的组织成员相互影响的过程；④领导行为与组织目标追求密切相关，目标的设计及其质量决定组织运行的绩效甚至组织的成败；⑤领导发生在相对独立组织的最

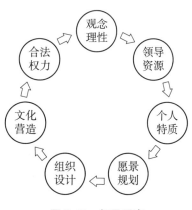

图 0.11　领导要素

高层而非中、底层。上述关于领导概念及其特征的描述,使我们必须防止陷入关于领导的误区,即把组织视为机器而不是富有生命且彼此联系的目标共同体,把领导视为发号施令、控制和强加而非引导、激励、关爱、合作和自我管理。一个死气沉沉的组织其很大的原因就是其领导者把组织看成是一个没有生命的机器,而领导学认为这是最具破坏性的错误观念。

关于领导的专门研究亦即领导理论的发端,有文献称始于社会学家马克斯·韦伯于 20 世纪早期的研究。由于领导科学研究的演进过程是一项需要另文专门介绍的极其庞杂的文献研究工作,限于篇幅在此不再赘述。循领导科学研究的历史一般可以把领导科学研究归纳为如图 0.12 所示的四个发展阶段。

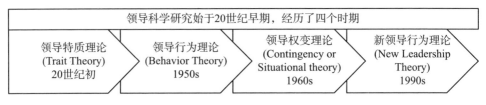

图 0.12　领导理论发展历程

第一阶段为领导特质理论的研究阶段,始于 20 世纪初至 40 年代末,这一时期特质理论的研究者主要关注领导者区别于他人的特殊个性品质。领导特质理论经历了由传统特质理论向现代特质理论演进的过程。早期的特质理论认为领导者生而具有领导的特质,主要研究领导者应该具有什么个人特征并把它作为描述和预测领导者取得绩效的主要因素。如美国心理学家吉伯(C. A. Gibb)在一项研究中就得到领导者应该具有如下七项特质的结论:善言辞,外表英俊潇洒,智力过人,具有自信心,心理健康,有支配他人的倾向,外向而敏感。现代特质理论形成于 20 世纪中叶以后,该理论认为领导者的特质是在实践中形成的,可以通过训练和培养加以造就。由此导致旨在提高领导者能力和技巧的领导科学受到重视和发展。代表性人物有斯托吉尔(Stogdill)和贝斯(Bass)等人。

第二阶段是始于 20 世纪 60 年代的领导行为理论的出现。特质领导理论研究者如斯托吉尔(Stogdill)等在研究中发现:具有某些特质的领袖在某一情景下会成功,但在不同的情景下又不成功,而且不同特质的两个领袖可能在同一情景下都可能成功。上述发现对领导特质理论提出了挑战。随后试图探寻能够适用任何情景的领导特质研究,开始把注意力转到关注领导者对其追随者的行为及领导者的行为模式的研究上。随着研究深入人们发现,领导活动的效能与领导者在领导过程中所采取的领导行为存在着密切的关系,领导者实际是在与被领导者的相互关系中实现其领导的。领导行为理论的主要观点为:领导是一种领导者利用在领导和追随者之间的相互作用中形成的影响力,引导追随者的思想和行为,最终实现组织目标的过程。这一时期的代表性人物有俄亥俄州立大学的亨普希尔(Hemphill)及卢尼(Lewni)、李克特(Likert)等人。

　　第三阶段是发端于 20 世纪 60 年代的领导权变理论,又称领导情境理论。领导行为理论研究者发现试图通过这种方式找到一个适合于任何类型的组织、任何性质的工作、任何特点的下属的领导行为方式并不现实。因为影响领导有效性的不仅包括领导者和被领导者两个行为主体的因素,环境因素对领导绩效的影响也是不能忽视的。由于领导行为理论对影响领导成败的环境因素考虑得不多,致使在确定领导行为类型与领导工作绩效之间高度相关性上仅获得了有限的成功,换言之领导行为理论与领导特质理论一样存在一个共同的不足,即忽视了情景因素的影响。这个问题在 20 世纪 60 年代引起研究者的注意并使研究者开始用情景变量来解释领导的有效性,领导权变理论因此应运而生。基于领导者的品质、行为对领导有效性的影响依赖于领导者所处环境的假设,权变理论认为领导过程是领导者、被领导者及其环境因素的函数:领导绩效＝F(领导者、被领导者、环境),领导绩效受组织和个人情境的不同而有所改变。领导权变理论的主要研究成果包括菲德勒(Fiedler)的权变模型(1967)、埃文(Evan)和豪斯(House)路径目标理论(1970s)、黑斯莱(Hesrye)和布兰奇达德(Blanchdad)情境领导理论(1969)以及格兰(Graen)领导者参与模型等(1970s)等。

　　第四阶段是始于 20 世纪 90 年代的新领导行为理论阶段。由于领导权变理论把领导者特质、领导行为和领导情景同时作为影响领导过程及其有效性且三者彼此高度相关的基本变量,从而克服了领导特质论和领导行为论忽略情景变量带来的缺陷,至此领导理论无论在领导要素的完整性方面还是在研究方法的科学性方面都日臻成熟。尽管随后的领导行为研究产生了一些新概念、新理论,但总体上还是在领导者、被领导者及其行为与领导环境相结合基础上进行的研究,本质上仍属于领导权变理论的范畴。然而,随着社会的日益多样化和快速变化及组织类型和组织结构的日益复杂化,领导者与被领导者之间的关系及其任务结构等权变变量亦日益复杂,领导权变理论的局限性逐渐凸显。于是在权变理论的基础上,一些更加适合新型组织发展的领导理论应时而生。比如伯恩斯(Burns)和贝斯(Bass)等学者分别创立了变革型领导(1978)和交易型领导理论等。伯恩斯(Burns)之变革型领导理论的一个基本观点是:变革型领导是领导者凭借人格与魅力等个人权力来影响员工,通过提升下属的需要层次和内在动机水平,使员工意识到自己工作的价值和使命,激励下属不断地挑战与自我超越为追求更高的目标而努力的过程。变革型领导的特点是不仅激发和满足被领导者的低层次物欲需求,更在于重视对被领导者高层次的动机与需求的激发与满足,并由此给组织带来不断的变革活力。而贝斯(Bass)的交易型领导理论则建立在领导与员工一系列的相互交换和隐含的契约关系及满足个人的目标需要而非实现组织共同目标的需求这一假设基础上。交易型领导通常以奖励的方式来激励员工努力工作,这种奖励既包括物质奖赏也包括精神奖励。

2. 大学领导力及其与高校治理能力的关系讨论

上述关于领导概念及长达一个世纪的领导理论发展历程的梳理,为我们理解领导力及其研究何以在现代组织管理中受到人们的青睐奠定了认识的基础。现代管理学之父约翰·加德纳(John Gardiner)有个观点:"在人类未被开发的潜能中,领导力首当其冲。在当今每个卓有成效的领导者身边,就有 5~10 个同样具有领导力却没有当过领导,或者根本就没有考虑当领导的人。"①由于领导者之领导力高低强弱不是个人的问题,其关系所在组织生存发展的命运。因此,一个领导者必须知道如何才能领导好他人以取得必要的领导绩效;一个被领导者也应该了解什么是好的领导,这样他才能帮助不胜任的领导改善其领导模式以促进组织的发展。任何社会都是由许多且大小不一的组织建构的复杂系统,社会系统的稳定和发展源于该系统内所有组织的稳定和发展,凡社会组织都是由领导者和被领导者即组织成员在一定关系结构下组成的目标任务共同体,组织成员对领导力的理解尤其是领导者的领导力水平对组织的发展具有决定性。

何谓领导力? 笔者梳理有如下种种的界定:领导力是协助团体内部成员达成目标的工具;领导力是特殊的人际影响力,是由领导者魅力产生的影响力;领导力是让下属自愿服从的能力;领导力是"影响他人开发人或组织潜能,

---

① [美]威廉.A.科恩. 德鲁克论领导力[M]. 黄京霞,吴振阳,译. 北京:机械工业出版社,2012:ⅩⅦ.

从而实现更高目标的过程"；领导力是决定领导者领导行为的内在力量，是实现群体或组织目标、确保领导过程顺畅运行的动力；领导力是领导者个人（或领导团体）为实现领导者及其追随者的共同目标，而通过说服和榜样作用激励组织成员的过程。[①] 李开复说如果非要给领导力下一个定义的话，我更愿意用比较简明的语句把领导力描述成：一种有关前瞻与规划、沟通与协调、真诚与均衡的艺术。[②] 玛格丽特·惠特利（Marguerite Wheatley）在她的成名作《领导力与新科学》（*Leadership and the New Science*）中甚至提出了"新科学"也是一种领导力的新观点，她认为把量子物理、自组织系统和混沌理论等现代科学引入到组织管理领域为组织管理提供新的思维方式，由此导致的对世界、对组织、对管理的新的看法都可能带来组织管理的革命而成为领导力，如此等等。综合已有关于领导力的定义，无非有工具论、能力论、过程论、影响力论、动力论、艺术论、适应论、方法论等等。上述界定并未抓住领导力的本质以反映领导力概念的内涵。

　　为了说明领导力是什么，可以用排除法确定领导力不是什么。当我们承认领导力≠权力、领导力≠领导职务（地位）、领导力≠上下级关系，即彼得·德鲁克（Peter F. Drucker）所说的"领导力不是头衔、特权、职位和金钱而是责任"[③]时，领导者是发挥领导力的人而不是担任领导职务的人，判断一个领导是不是有领导力主要看他是不是有追随者，领导力是个在领导过程中领导能力的表现等一类观念便可明晰。在"领导力是领导能力的总和"观念的支配下，我对领导力有如下的理解：领导力不是单一的领导能力概念，而是覆盖领导全过程对管理全要素施加有目的、系统性影响所产生的结构性合力。这个定义又可以演绎出如下结论：领导力不只是领导者个人影响力的反映，很多时候是一个组织影响力的反映。即领导力可以分为两个层面：一是领导群体以组织整体名义对组织及其成员产生的组织领导力，这个层面的领导力涉及组织的价值理念、战略与目标设计、文化营造、制度安排及资源配置等；二是个体领导力即领导者个人产生的领导力。关于领导力还可以进一步提炼出如下结论：领导力不只是领导者之领导特质、领导行为、领导情景单独以及相互作用产生的影响力，更是领

---

① ［美］约翰.加德纳.论领导力［M］.李养龙，译.北京：中信出版社，2007：3.
② 李开复：最好的领导是"多元化"管理者［EB/OL］.https://www.sohu.com/a/211085491_358836.
③ 刘澜.领导力沉思录［M］.北京：中信出版社，2009：5.

导者或领导团队在领导过程中对诸多管理要素科学整合、配置、驾驭等所形成的领导合力或领导力场;领导力不仅仅是领导者的特质和领导过程的方法、技能和艺术反映,因此不能把领导力简单等同于领导者的个人特质产生的影响力,更不能等同于领导者的职位权力;领导力的核心是影响力,对组织资源能否高效利用及组织目标能否顺利达成具有不可替代的作用。领导力的特殊重要性预示着领导理论研究将由领导行为研究范式转向领导力研究范式。

领导力概念明确后,作为下位概念的大学领导力可界定如下:高校领导者根据高校组织属性、运用个人特质及其合法职权和高校资源为实现高校目标对高校组织及其成员实施的影响力。据此定义可以做出推断:大学领导力是高校组织不可或缺的竞争力要素。美国非常重视大学领导力研究与开发,其"美国大学校长领导力促进委员会(Commission on Strengthening Presidential Leadership)"的设立,就足以说明美国对大学领导力尤其是校长领导力的重视程度。由于"美国的大学校长有很大的从学科优先发展到人事任免到资源配置的权力,其作用绝非是参与一个与解决问题毫无关系只是按程序走走决策程式的过场"①,普林斯顿大学早期的校长亚伯拉罕·弗莱克斯纳(Abraham Flexner)在谈到大学校长的作用时,甚至认为如果没有校长美国大学就失去它们的精华。众所周知,美国的大学校长把师生视为大学的恩主,但这些恩主大多有抵制校方权威的独立性格,加上高校知识传承的属性使之具有保守的文化传统,因此对高校的任何重大变革都会受到来自师生的抵制。因此高校的领导者更需要卓有成效的领导力去建立与师生的良好关系并妥处不良关系。担任美国密歇根大学校长八年之久的詹姆斯·杜德斯达特(James Duderstant)强调:高校是要去领导而不是去管理。关于高等教育领导力的作用,美国著名高等教育学者马丁·特罗(Martin Trow)做了如下的结论:"在内部管理上,强有力的领导能够服务于所有参与者,通过将组织过程与大学教与学的整体目标相结合的方式,诠释、引导和决策大学的发展,增强所有参与者的积极性和学术精神;对外则体现在其以娴熟的领导技巧有效地表达大学的本质和目标,这有助于打造学校的良好外在形象,提高大学获得外部支持、优秀师资和生源的能力"②,"高等教育领导力在很大程度上承

---

① 马年华.美国高等教育的未来与领导力[M].北京:教育科学出版社,2011:285.
② 马年华.美国高等教育的未来与领导力——马丁·特罗论美国高等教育和研究型大学[M].北京:教育科学出版社,2011:79-80.

担着打造学校特色、明确学校向好的方向发展的责任。"①

至此，我们至少可以找到如下理由说明大学领导力的重要性：在制约高校发展的外部问题尚未根本解决的宏观环境下，高校更需要通过组织内部领导力的提升以增强高校办学治校育人的竞争力。换言之，高校之学术组织的高度复杂性致使高校是最需要运用领导力来解决棘手问题的组织，尤其是在关系高校发展的制度和资源供给两个外部变量日益得以改善后，大学领导力就成为决定高校兴衰成败的关键变量。由于高校治理能力是关于高校治理结构诸要素在高校治理过程中的效能表现尤其是高校领导者能否充分发挥高校治理结构中诸要素效能的领导力体现，即大学领导力是在高校治理过程中与高校治理主体即领导者高度关联且对治理效率具有决定性的治理要素，由此可以进一步推断：高校领导者是高校组织治理中起决定性作用的治理主体，在高校组织的治理能力结构中，高校领导者的领导力是最不可忽视的治理能力要素。因为高校领导者在高校的内部治理结构中要扮演不同的角色，包括确定追求学术卓越的办学特色、明确高校的目标定位、寻求充足的办学资源、有效的组织管理等。高校治理的有效性与高校治理要素及其结构关系具有高度的相关性，但并非唯一的相关。因为当高校的治理结构确定后谁担任治理主体的领导力对高校的治理成效影响甚大。组织理论及社会行为学、领导力理论亦表明：治理主体的治理能力亦即领导力之于治理成效与治理结构同样重要，高校亦然，中外高校均循此规律。

推进高校治理能力现代化决不能停留在"仰望星空"的概念层面，必须落实到"脚踏实地"的实践进程中。上述关于大学领导力与高校治理能力关系的讨论，无疑为高校推进治理能力现代化找到了实践路径即提升大学领导力。

（三）提升领导力以推进高校治理能力现代化

为了讨论如何具体提升大学领导力，有必要对前述领导力研究获得的既成结论加以演绎，从而深化有利于大学领导力要素提炼的认识。其一，由于领导力是领导者根据组织属性及其组织特有环境正确并高效开发利用组织资源为实现组织目标对组织及其成员实施的影响力，因此对大学领导力要素的提炼可以通过对影响高校治理效率且相关程度高的组织要素加以遴选；其二，高校领导者之

---

① ［美］美国高等教育的未来与领导力——马丁·特罗论美国高等教育和研究型大学［M］. 北京：教育科学出版社，2011：279.

领导力强弱绝非是个人问题,其关系到高校组织的兴衰发展的命运;其三,大学领导力不只是高校领导者之领导特质、领导行为、领导情景单独以及相互作用产生的影响力,亦非领导者单纯之领导方法、领导技能及领导艺术运用产生的影响力,而是高校领导者或领导团队在领导过程中对高校组织诸多要素科学整合、配置、驾驭等所形成的领导力场,即大学领导力是覆盖领导全过程对高校组织管理全要素施加有目的、系统性影响所产生的结构性领导合力;其四,不能把大学领导力简单等同于高校领导者的个人影响力,更不能等同于高校领导者的职位权力,即大学领导力不只是高校领导者个人影响力的反映,很多时候是一个组织影响力的反映;其五,大学领导力包含两个层面:①高校领导层作为一个整体存在对高校内部诸组织及其成员产生的领导力,这个层面的领导力涉及高校领导层

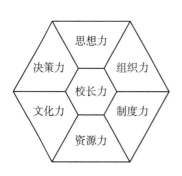

图 0.13　大学领导力要素结构

对组织诸要素开发利用产生的影响力等;②领导者个人领导力即由高校领导者个人产生的领导力。基此认识,笔者提出大学领导力是由如图0.13所示的"思想力""组织力""决策力""制度力""资源力""文化力"及"校长力"(泛指包括党委书记等大学领导者在内的个人素质产生的影响力)等多个领导力要素构成的结构性领导合力,高校治理能力的现代化必须通过对上述领导力要素质量的改善和提升以达成。

1. 关于"思想力"

所谓"思想力"即"思想影响力"。为什么把思想视为首要的大学领导力要素? 笔者在《论大学的观念理性》做了如下的阐述:"成熟的社会组织及其成员的行动皆受制于观念,即观念通过决定组织行动的目的、目标以及如何行动,继而决定组织行动的效率和效果。这就是说组织的行动结果很大程度是被组织及其成员所持的观念预先决定的。"①当人类社会进入到一定文明的阶段,人们的观念是先于行动并影响行动的,即人们的行为是受观念支配和决定的。观念是人们对客观事物进行观察和认识的结果,认识主体的差异必然导致人们在认识过程中形成的观念难免附着了观念持有者个人的情感和价值判断。领导者观念的

---

① 眭依凡. 论大学的观念理性[J]. 高等教育研究,2013(1):1-10.

不同必然导致领导行为的不同继而影响领导绩效。由于思想非同一般的观念而是理性的观念即理念的集成,是认识主体对事物本质及其规律的一种全面的、完整的、深刻的认识后对事物的属性及价值做出的正确判断及其守持。由此可以得出结论:思想对领导做出符合组织规律的正确判断并行动具有决定性,即思想是决定组织方向性的领导力要素。

高校知识生产及其传播和运用的学术属性及由此衍生的高度复杂性决定了高校是最需要按其自身规律办学治学育人的理性组织,由于大学理念是人们对隐藏在复杂的高校组织现象中关于高校本质及其规律细致观察研究后获得的正确认识、价值判断及其守持,所以理念治校是由高校组织属性的内在规定做出的必须选择,演绎之即大学理念是决定高校组织行动的首要影响力。大学理念作为领导力要素,其为高校及其领导者确定了一个"好大学"的概念框架,并引导高校向这样一个"好大学"的发展方向努力,它引领和影响高校的治校实践,使高校的治校成为一项高度自觉的、有强烈意识的、有明确目的的社会活动。概而言之,大学理念一旦在高校及其领导者头脑中形成,对其办学治校起定向作用,此即大学领导力的发生。

2. 关于"组织力"

所谓"组织力"即"组织影响力"。就学术概念的严谨性而言,组织的有机结构是组织之所以成为组织并发挥组织应有作用即影响力的框架性基础。组织结构之于组织治理的重要性如约翰·加德纳所强调:当今大多数领导者是通过庞大的组织体系来实现目标的……如果领导者不深入到整个体系的各个方面、各个层次当中,这样的体系就不能有效地运作。高校组织结构之所以是一种领导力要素,可以从大学组织理论、大学组织生态理论、大学复杂组织理论及大学系统理论等多个视角加以解读。

其一,高校是以人才培养和知识创新为使命、目标的社会组织,高校以智力劳动为特征的组织属性使其不同于社会其他组织而成为高度理性的组织,高校的目的及目标是理性选择的结果,为了达成其目的实现其目标,高校内部的组织架构也必须是理性设计的结果。简单的组织架构及简单管理结构根本无法适应高校复杂社会组织的管理,更无法激发高校之学术活力,从而难以实现其高效治理目标。

其二,高校作为以学科及专业为组织建构逻辑的学术共同体,具有根本不同于以行政效率最大化的科层官僚组织及以经济利益最大化的企业组织的强烈的学术生态组织性征,由此决定了高校必须处理好其内在规律驱动和外部需要及影响之间的复杂关系、学术权力与行政权力平衡的关系,即必须处理好决定高校组织运行效率的组织及其权力结构。由此可以推论,高校办学活力及竞争力很大程度是高校组织治理结构适切其学术生态组织属性及规律的结果。

其三,高校本质上是以知识和人才垄断并应用知识和人才推进社会进步及解决社会问题的智能化组织结构,也即复杂系统,其具有如下特征:①人才培养和知识创新的劳动特点使高校成为一个目标复杂、活动复杂、人员复杂、组织复杂、关系复杂的智能性复杂系统;②高校组织的复杂性决定了其内部的组织结构及其权力结构既有利益诉求的统一性又有多样性,从而导致其治理运行过程存在较大的不确定性;③高校必须具有主动应对社会环境变化尤其是引领和推进社会发展需要、与时俱进的自组织、自调整、自适应的动态性,又必须具有不受外界利益驱使、守持大学使命的稳定性。构建有利于大学自稳定、自组织、自调整、自适应的高校内部治理结构,关系到高校的创造力和竞争力的强弱;④任何社会组织都是由若干或诸多要素即组成部分按一定的规则构建的有层次结构的并由此对外产生一定功能输出的系统,系统形成之后其产生的功能大于要素或其组成部分之和。

根据系统理论的上述基本观点,组织运行效率的高低很大程度取决于组织系统的结构,高校亦然。由于高校不仅是以多学科、专业为基本单元的组织,而且是由学术权力与行政权力、学生与教师等诸多要素按一定规则构成的彼此高度关联的学术组织,所以其对外的功能不仅取决于高校内部诸多组织要素的基本素质,更取决于这些组织要素间依靠什么关系联结,由此决定了高校内部治理结构的重要性即高校治理结构决定大学治理的效能。正是高校组织结构之于高校组织治理绩效的影响之大,所以将高校这样一个高度复杂的组织变为结构简单、内部协调、运行高效、适应变化的组织是提升大学治理能力的必由之路。

3. 关于"决策力"

所谓"决策力"即"决策影响力"。褒义的决策概念指组织及其领导者为实现组织目标而采用科学方法和手段,从多个为实现组织目标所预制的方案中进行分析、判断后,对最满意者做出决定的过程,即决策是通过分析、比较后在若干可供选择的方案中选定最优方案的过程。任何组织的领导过程都时常伴随着决策发生,决策尤其是重大决策的正误不仅直接导致组织目标设计是否得当或组织目标能否实现,甚至决定组织的兴衰成败。因此,从一般意义上说领导就是决策,决策的质量是领导者领导力水平的最直接最直观的反映。决策的重要性决定了决策必然成为领导力要素之不可失的构成。科学决策必须坚持两个基本原则:决策的科学性,决策的民主性。前者旨在强调决策的严谨性、准确性,后者旨在强调决策程序的合理性、合法性。

高校组织的决策尤其是重大决策事务多为与学术关联密切的、其要素及其关系极为复杂的需要专业知识和专业人才参与的高度复杂的决策,由此决定了高校组织的决策过程既要强调决策程序的民主性又要强调决策依据的科学性。由于高校系统是一个容易滋生和激化内部矛盾的多决策权力体系混为一体的组织,由于组织与组织及其个体的权责关系存在一定程度的边界模糊,尤其是存在以强调管理效率的行政权力与强调民主管理的学术权力的博弈,如何既防止高校内部行政权力的滥用又确保高校决策的高效率,以最大程度地减少决策执行过程中影响决策目标达成的不确定性,是对高校领导者提升决策领导力水平提出的严峻挑战。

当前我们高校的决策存在两大主要问题:其一,决策权力体系的内耗式矛盾导致"议而不决"或"决而不议";其二,相对行政权力而言学术权力式微。正如阿特巴赫所说:"行政控制削弱了传统上的教授的权力……教授们承认自己影响力的下降……这已成为高等学校中的一个普遍现象。"①学术权力日渐式微和行政权力尤其是一把手个人权力的天马行空无疑会破坏高校决策的科学性和程序性,继而降低高校的决策质量导致决策过程执行中的诸多不利于决策目标实现的不确定性。

4. 关于"制度力"

所谓"制度力"即"制度影响力"。政治学作为关于国家和社会治理的学科有条原理:执政能力与制度设计密切相关。高校的领导力即大学的执政能力与制度设计的关系亦然。关于制度虽然有种种不同的界定,但制度是人为设计的要求所有组织及其成员共同遵守的行动准则及博弈的规则,已成为毫无争议的社会共识。由于制度的存在,组织及其成员有了活动的依据及其活动的制约,组织

---

① 〔美〕菲利浦 G·阿特巴赫. 大众高等教育的逻辑[J]. 蒋凯,陈学飞,译,高等教育研究,1999(2):4-12.

也因此有了存在的意义价值及必要的秩序稳定。从制度的界定可以推演出制度是人理性的产物,而组织的理性是通过组织制度得以体现的结论。

高校学术组织的基本属性决定了高校必须是一个高度理性的社会组织,其理性一方面来自大学文化的传统积淀,另就是来自与时俱进的大学制度。高校必须重视自身制度建设和制度完善的理由可概括如下:其一,高校是需要有效管理的组织;其二,高校的有效管理依赖有效的大学制度。这就要求高校必须建立一个既能围绕着统一的目标运行,又能调动各级学术机构及其成员积极性、主动性、创造性,确保高校目标实现的大学制度。[①] 高校组织的治理始于好的目标,但是对高校施以有效治理则必须依据好的制度。高校经久不衰的发展有赖于高校领导者的办学治校理念,但再好的办学治校理念都必须转化为具有治校持久效力的制度法规才能对高校的进步产生根本作用,凡高校之进步无不是大学制度之进步使然。没有制度的保障,任何改革都是脆弱的、易变的、人迁治变的且充满风险不具有稳定性的。同理,缺失良好的合乎高校发展和办学规律的制度保证,以及由此形成的有利高校发展运行的制度环境,高校即便一时拥有雄厚的人财物资源,也不能成为高质量的好大学。

附着在高校组织知识属性之上的诸如学术自治、学术自由带来大学内部治理的高度复杂性,这就要求高校更应该是一个依法治校的组织,大学制度尤其是大学章程的重要性就在于为高校提供了办学治校的法律依据。这就是蔡元培先生从欧洲访学回国担任北京大学校长后立即主持制定了《北京大学章程》的原因,其目的就是利用制度领导力指导和规范北京大学的办学治校。接着清华大学在 1926 年也制定了《清华学校组织大纲》。两所大学之所以成为中国历史和现实中最好的大学,一个不能忽视的原因就是其都严格按章程办学治校。高校完全可以做的比现在更好并发挥更大作用,但它需要对把制度建设和制度完善视为高校治理能力提升的一个重要组成即领导力要素。

5. 关于"资源力"

所谓"资源力"即"资源影响力"。资源一般指社会经济活动中人力、物力、财力及信息等各种生产力要素的总称,是社会经济发展或组织正常运行的基本物质条件。而资源配置是根据一定原则合理分配各种资源到相关单位的过程,其

---

① 眭依凡. 从宏观和微观结合上关注大学制度的创新[J]. 中国高等教育,2003(23):14 - 16.

目的是把有限的资源通过科学配置以实现用最少的资源投入获取最佳的资源利用效益。资源如果能够得到相对合理的配置，其组织管理就会充满活力，其组织管理效率就会显著提高。资源配置及其管理之所以是一种领导力要素可以从如下几方面加以解读：①任何组织都是开放系统且需要靠资源输入才能维持运行的组织；②组织获得的资源都是有限的，资源具有的稀缺性导致组织需要通过竞争的手段获取资源，所以任何组织都必须通过科学合理的资源配置以保证资源利用的高效率；③不少组织的资源使用存在开发利用配置不合理且管理不善导致的组织治理绩效不高的问题；④社会组织作为一个规范体系，其资源配置模式不仅反映了这个组织的管理质量和领导水平，而且关系组织能否在有限资源条件下实现目标最大化。

一般而言，概念完整的资源配置必须包括人力资源和财力、物力资源的配置。由于人力资源的配置的复杂性及财力资源配置的极端重要性，本研究仅就高校的财力资源（以下笼统称之为资源）配置问题加以讨论。高校属于必须依赖雄厚资源维持正常运行及参与激烈竞争的"贵族型"组织，因此高校在资源配置及其管理上遵守如下原则：其一，在有限资源的约束条件下，高校的资源配置必须有利于实现高校之人才培养和知识创新的核心目标；其二，高校的基本属性决定了高校本质上是效率优先的组织，其资源配置必须通过竞争促进高校治理的高效率；其三，高校作为以人才开发和人力资本积累为目的的非营利性组织，其预算根本不同于以经济利益最大化的企业具有风险性，以保持高校可持续发展的收入与支出的基本平衡是其预算应该遵循的法则。长期以来我国大学的内部资源配置没有体现效率优先的原则，基本呈"大锅饭"模式，由此导致了高校资源配置的简单化，缺乏竞争性（平均主义），资源配置过程缺乏成本理性，以及资源配置的非学术组织本性的功利性等问题。

除此之外，不少高校尚未建立健全包括预算管理、成本核算、审计决算、问责追究等一整套财务规范体系，因此，高校在资产和资源的开发与利用、分配与管理等方面的无成本意识等随意和混乱问题比较严重。相较而言，欧美大学在资源的分配上有一套完整的先评估再分配的科学制度，挥霍浪费资源或资源使用效率不高在欧美大学都是不能容忍的，在制度设计上也无此可能。

6. 关于"文化力"

所谓文化力及"文化影响力"。关于文化能否产生领导力的作用，具有组织文化理论先驱者之称的美国学者埃德加·沙因(Edgar H. Schein)给予了如下一系列的肯定:"虽然文化是一个抽象的概念,但源自文化的影响力,在社会和组织情境中产生的作用是巨大的。"①他认为:"文化始于领导者,他们将自己的价值观和假设施加给一个团体","领导力是这样一种能力,它能使领导者带领团体走出造就了这个领导者的旧文化,同时开始适应性更强的发展性变革进程。这种洞察旧有文化的局限性和发展使其更具适应性的能力,这就是领导力的本质和最大的挑战"②,"领导所做的唯一真正重要的事情就是创建和管理文化。领导独特的才能就是他们理解和运用文化的能力。"③

尽管文化是个边界模糊且至今没有达成共识的概念,但作为大学文化的研究者,笔者一直在倡导人们接受"大学本质上是文化积淀的产物,是负有选择、批判、传承和创造人类文化职能且具有强烈文化属性的组织,是优秀文化传承的重要载体和思想文化创新的重要源泉"④观念,并在 2015 年发表的《大学文化发展与建设历程研究》一文强调:"考察我国大学改革开放 30 多年来的发展历程,呈现在我们面前的其实也是一段大学文化发展建设不断成熟和完善的历程,其充分反映了我国大学文化发展建设伴随着高等教育和大学的改革发展日益成熟继而又引领推动着高等教育和大学发展进步的历史。"⑤大学文化不仅附着在大学组织的表面且植根于大学精神的深层,其之于高校的影响无时不有、无所不能。若高校及其领导者有意识以文化营造影响大学及其成员,那么大学文化就起了主观有意的治校作用。

大学文化治校主要循对应"精神文化营造"的"价值确定"、对应"制度文化营造"的"制度安排"和对应"环境文化营造"的"环境建设"这三条路径发生作用。关于大学文化的研究,笔者曾得到如下的结论:文化绝非仅是高校组织构成及其活动的一般要素,其极大影响并统领着大学办学治校育人过程中的价值选择、思维模式、制度安排、行为建构、活动方式以及环境营造。⑥ 大学文化作为领导力要素,其参与大学治校的影响还具有"目的深层性""要求隐蔽性""过程渗透

---

① [美]埃德加·沙因.组织文化与领导力[M].马红宇,等,译.北京:中国人民大学出版社,2011:3.
② [美]埃德加·沙因.组织文化与领导力[M].马红宇,等,译.北京:中国人民大学出版社,2011:2.
③ [美]埃德加·沙因.组织文化与领导力[M].马红宇,等,译.北京:中国人民大学出版社,2011:9.
④ 眭依凡.大学文化学理性问题的再思考[J].清华大学教育研究,2015(6):1-8.
⑤ 眭依凡.大学文化发展与建设历程研究[J].中国高教研究,2015(10):7-15.
⑥ 眭依凡.大学文化学理性问题的再思考[J].清华大学教育研究,2015(6):1-8.

性""影响持久性"等特点。

7. 关于"校长力"

所谓"校长力"即包括大学党政领导班子所有成员在办学治校中表现出来的领导力（为行文方便以下依旧用校长概念代表高校党政班子及其领导成员）。习近平总书记关于国家治理能力现代化的问题上多次强调：国以人兴、政以才治；治国之要，首在用人。国家如此，领导者之于组织治理的重要性亦然。高校组织属性及规律的特殊性及其内生的高度复杂性，决定了高校必须用更高标准的德才素质能力体系遴选高校领导者及管理者并不断加强高素质大学领导队伍的建设以提升大学领导者及管理者的领导力水平，尤其是一流大学建设更需要依靠一流德才品质和有治理能力的大学领导者去引领和建设一流大学。

作为拥有最多世界一流大学的国度，美国建设一流大学的成功经验应当引起我们的重视，其中美国大学校长对一流大学建设功不可没。他们不同凡响的教育信仰、远见卓识、办学理念、治校能力及其超人的改革魄力，或力挽狂澜或革故鼎新，不仅为自己执掌的大学带来了生机活力，甚至向陈腐的教育理念勇敢挑战，为整个美国高校的改革带来了新鲜空气。此如哈佛大学一位前校长指出：大学要在现代社会的多种挑战面前取得成功和进步，最关键的一环就在于校长能发挥有效的领导作用。美国一项关于"大学领导研究"的结果亦表明：大学教师把学校的发展进步归功于校长的领导。所以美国大学一位新校长的上任往往意味着该大学一个新时代的开始。

为了说明大学校长应该具有的领导特征，笔者运用归纳法和演绎法研究提出了如图 0.14 和表 0.36 所示的"高校胜任特征分析框架"和"高校组织及其校长胜任素质的关系分析框架"，由于篇幅原因，详细的讨论待另文专述。根据高校的核心使命是人才培养这一独有性质以及中外高校成功办学的经验，大学校长作为领导者的素质可以集中在教育家、学者和道德楷模三个方面，其中首推教育家。关于教育家的特质，笔者在《一流大学校长必须是教育家》一文做了如下概括：富有教育思想（独到的教育理念和系统教育理论），强烈的教育使命和责任意识（对教育有一种执着的爱和忠诚等），高超的治校能力即领导

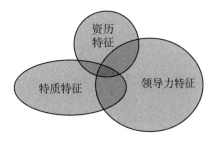

图 0.14　高校领导胜任特征分析框架

力(按高校发展的规律办学,按人才培养的规律治教,按科学管理的规律治校)。①

表 0.36　高校组织及其校长胜任素质的关系分析框架

高校属性	使命与责任	高校特征	校领导素质要求
人才培养机构	教书育人	高校是由富有思想自由、人格独立、批判精神的师生构成的学术共同体	校长必须受过高学历教育,是一个教育家,热爱学生,尊重教师,了解教育规律,为人师表
科学研究机构	知识创新	学科专业特征强烈,专业人才集中,智力劳动	校长是有学术成就的学者,具有强烈的科学精神、注重学术道德及理解学者的情怀,理解和掌握学科发展及学术研究的规律
文化传承系统	文化传承	文化影响无所不在	校长是文化领袖、思想引领者,儒雅,有感召力,人格高尚
高度复杂组织	强调效率优先的竞争性	机构复杂、人员复杂、目标多样、矛盾交织	校长是领导权威,熟悉大学并有大学管理的经历,有高超的领导力,有成就感和组织驾驭能力,是好的协调者并有强烈的效率意识

　　大学领导力提升是推进高校治理能力现代化的必由之路,在高校治理能力现代化进程中,高校及其领导者必须遵循高校作为学术生态组织和复杂系统的基本属性和独特规律开发和提升大学领导力,中国高校富有国际竞争力的未来寄希望于高校治理体系和治理能力的现代化及大学领导力的提升。

---

① 眭依凡.一流大学校长必须是教育家[J].求是,2001(20):60-61.

第一篇

高校内部有效治理模式
建构的理论研究

摘要: 高校内部治理体系创新的目的是探索并建构高校内部有效治理的模式,而高校内部的有效治理既是一个实践的问题更是一个理论的问题。基于高校是一个要素诸多且关系复杂及不确定性大的系统,针对这样一种复杂组织有效治理模式的建构问题,必须从理论上对高校内部治理的性质、特征、目的、要素及其关系结构加以讨论,从而明确高校内部有效治理的原则。本子课题研究从多学科视角出发,以系统理论、大学组织理论、公司治理理论、组织文化及学术自治、权力制衡、法人治理、利益相关者、共治善治等理论为基础,提出和建构高校内部有效治理的理论模型。本篇由如下三章构成:《高校内部治理体系的内涵与基本要素》《高校有效治理体系建构的基本原则》《高校内部有效治理的理论模型》,研究目标如下:①根据高校的组织属性讨论高校内部有效治理模式的基本要素及其关系;②依据相关理论讨论高校内部有效治理的类型、原则及要件及其关系;③提出和建构高校内部有效治理的理论模型。

第一章
高校内部治理体系的内涵与要素

　　自"国家治理体系和治理能力现代化"提出之后,国家治理体系在国内一度是以系统论方法被理解使用的。比如认为国家治理体系涵盖政府治理、市场治理和社会治理三个次级体系[①],是以目标体系为追求,以制度体系为支撑,以价值体系为基础的结构性功能系统[②]。或认为其抽象本质是利益、权力和权利关系以及结构体系,现实内容是一个涵盖制度体系、行动体系和价值体系的功能系统[③]。从宏观上位层级的国家治理体系下移至教育领域中的微观治理单元,对于高校治理体系的内涵又该如何理解? 其涵盖哪些要素,有何功能影响? 这是本课题研究需要率先解决的认识问题。

一、高校内部治理体系的概念内涵

　　关于高校治理体系内涵认识的一种思路,是探讨其与相关概念的异同或关系。例如,认为内部管理体制与高校治理体系,主要表现为"善政"与"善治"的分野。在价值追求上,前者偏重管理效率,而后者则关注学术组织的整体效能;在功能作用上,前者强调大学正式制度约束体系的建立和运行,后者同时关注非正式制度,特别是沟通、协调与合作机制[④]。

　　关于高校治理体系与现代大学制度的关系,史静寰教授形象地指出:以大

① 俞可平. 推进国家治理体系和治理能力现代化[J]. 前线,2014(1)：5-8+13.
② 何增科. 理解国家治理及其现代化[J]. 马克思主义与现实,2014(1)：11-15.
③ 王浦劬. 全面准确深入把握全面深化改革的总目标[J]. 中国高校社会科学,2014(1)：4-18+157.
④ 丰硕. 中国公立高校内部治理体系研究[D]. 长春：吉林大学,2016：36.

学章程为代表的国家完整法律体系是"根",以大学使命宣言所体现的大学精神与核心价值是"魂",以大学治理体系所支撑的大学组织制度与运行机制则是"骨架"①。大学内部治理体系涵盖责任划分明确的组织结构、能够衡量管理绩效的制度体系及科学、合理、高效的运行机制。现代大学制度(因变量)须在大学内部治理的运行规则下,通过改革大学组织结构、管理制度、运行机制等关键自变量来实现②。

关于高校治理体系与高校治理能力,一般认为两者体现为结构与功能关系,前者是载体,是后者发挥的前提和基础③;骨骼与血肉关系,后者是前者的外显,是前者功能的实现④。由此决定了"大学治理能力的现代化有赖于大学治理环境的改观与大学治理体系的完善"⑤。

关于高校治理体系的概念界定,有如下的定义角度:其一,要素论,即全面涵盖高校治理的主体、机制、结构、内容等;其二,结构论,即高校治理体系就是高校治理结构,主要是对高校内不同性质权力予以架构;其三,制度论,认为它就是一整套治理大学的制度体系,就是各种体制机制、规章制度,是相关制度形成的治理框架,包括对治理主体、治理领域、治理方式、治理功能、治理过程的全面界定和规范⑥;是利益相关方有效参与高校重大事务决策的制度体系,包括高校治理结构——"谁参与"(治理主体)、"参与什么"(权责划分)和"参与多少"(权力比重),高校治理过程——"如何治理"(方式方法、手段与程序)和高校治理文化——"在什么样的文化背景下开展治理行动"等多层面的各种体制、机制和制度安排⑦。

总体而言,上述关于高校治理体系界定的视角虽然对本研究不无启发价值,但是在不同程度上多少还存在诸如对研究对象缺乏观照,未能顾及"高校治理"独特性等问题。如将高校换成别的机构,此类定义似乎同样适用。鉴于此,尝试将高校治理体系定义为:以高校"善治"为目标,以大学精神彰显、活力激发、绩

① 史静寰. 现代大学制度建设需要"根""魂"及"骨架"[J]. 中国高教研究,2014(4):1-6.
② 曹叔亮. 大学内部治理的关键自变量及其改革路径[J]. 教育发展研究,2014(23):59-66.
③ 甘晖. 基于大学治理能力现代化的大学治理体系构建[J]. 高等教育研究,2015(7):36-41.
④ 章竞. 大学治理体系与治理能力现代化建设的内涵与切入点[J]. 中国高等教育,2014(20):12-14.
⑤ 陈金圣. 重塑大学治理体系:大学治理能力现代化的实现路径[J]. 教育发展研究,2014(9):20-26.
⑥ 章竞. 大学治理体系与治理能力现代化建设的内涵与切入点[J]. 中国高等教育,2014(20):12-14.
⑦ 陈金圣. 重塑大学治理体系:大学治理能力现代化的实现路径[J]. 教育发展研究,2014(9):20-26.

效提升为导向，以民主参与、协商共治为理念，以制度体系为保障的大学秩序体系。该定义舍弃了要素铺陈式的定义方式，紧扣秩序体系，同时强调了其目标、理念，更指出了其功能价值——彰显高校规律、提供运行秩序、提升办学效益等，兼顾了高校治理的独特性。

二、大学内部治理体系的框架要素

对于高校治理体系，常见划分是区分外部治理体系与内部治理体系、宏观层面治理与微观层面治理。如认为外部治理体系涉及政府、高校、社会三大主体的协调互动，内部治理体系则关注高校内部权力运行的规范。或宏观层面是"政府宏观管理、市场适度调节、社会广泛参与、学校依法自主办学"，微观层面是"党委领导、校长负责、教授治学、民主管理"[1]。

体系化角度的剖析，包括将高校治理体系视为由价值体系（导向）、结构体系（基础）、制度体系（根本）、运行体系（保障）等构成的有机系统[2]。与此类似的是，有研究者指出高校治理体系包括纵向、横向两大维度。纵向包含价值体系、制度体系和实践体系，横向包括治理主体、治理机制、治理内容等。认为高校治理体系就是以制度为核心，涵盖价值理念、行为方式、主体构成及治理内容等要素在内的治理系统[3]。系统化建构，还包括民主决策系统（以党委为核心）、执行系统（权责明确、协调有力）、学术系统（主体自律、包容规范）、社会参与系统（分工协作、各尽所能）、法律规制系统（边界清晰、监督问责）的设计，以求实现系统治理、协同治理[4]。

对于高校内部治理体系，相关研究者或认为包括"什么是治理、由谁治理、如何治理和治理得怎样"四大基本要素，是由治理主体、机制、内容和效果等要素构成的制度及运行系统，体系内容包括治校理念的现代化、治理主体的多元化、治理机制的科学化、治理过程的法治化[5]；或强调高校治理结构、过程、文化，认为构成要素至少涵盖治理主体（个体与组织）、治理边界、治理权重、治理方式、治理

① 王英杰.治理结构：现代大学制度建设的基石——评《董事、校长与教授：美国大学治理结构研究》[J].比较教育研究,2012(2)：85-87.
② 李立国.大学治理的内涵与体系建设[J].大学教育科学,2015(1)：20-24.
③ 何健.高校治理体系现代化构建：原则、目标与路径[J].国家教育行政学院学报,2017(3)：1-7.
④ 徐蕾.系统治理：现代大学治理现代化的现实路径[J].复旦教育论坛,2016(2)：23-29.
⑤ 张继延,陆先亮.大学内部治理体系现代化：理念、路径及内容[J].江苏高教,2017(11)：41-43.

手段、行动程序与相关文化生态等核心要素①。

值得一提的是,李立国教授区分了"权力"与"权利"、治理主体的集体与个人层面。认为权力主要体现在组织层面,权利主要体现在个体层面。集体层面包括学术权力主体、行政权力主体,个体层面包括个体权利主体②。这实际上是对强调组织层面权力架构而忽略个体(教职工、学生)法定权利的一种纠偏。关于高校内部体系的建构,甘晖的研究弥补了这一缺陷。他将高校内部治理体系分为横向体系与纵向体系,认为横向体系构建主要解决权力分散及权力制衡问题;纵向体系包括"学校—院系"体系构建和"组织—个体"体系构建两类,前者侧重构建以院系为主体的治理结构,后者即解决"组织凌驾于个体之上"的问题,构建尊重个性特点并利于维护个人自由的治理结构③。

综上可发现,关于高校内部治理体系的框架要素讨论,相关研究虽然存在交集,但并未取得较为一致性认识。鉴于围绕权力、权利、利益形成的"结构体系"是治理体系的抽象本质,而"价值—制度—行动"体系则是治理体系的实质内容。由此,可以形成一个治理体系框架要素图。

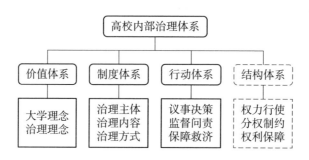

图 1.1　高校治理体系框架要素图

在该框架结构中,价值体系融合了大学理念与治理理念,既突出了对学术组织运行规律的尊重,同时保障了治理效力的文化氛围;制度体系既是组织体系又是规则体系,包括"谁参与"(主体)、"参与什么"(内容)、"如何参与"(方式)等,侧重对内外共治的规范设计,涵盖党政权力(党委会、校长办公会)、学术权力(学术

---

① 陈金圣. 重塑大学治理体系:大学治理能力现代化的实现路径[J]. 教育发展研究,2014(9):20-26.
② 李立国. 解决大学治理困局须认真审视什么[N]. 光明日报,2014-12-16(13).
③ 甘晖. 基于大学治理能力现代化的大学治理体系构建[J]. 高等教育研究,2015(7):36-41.

委员会等)、师生(教职工、学生)、社会力量(董事会、理事会)等治理参与;行动体系重点在于对治理方式、治理手段、行动程序的规定,通过权界和权重配置、机制建设(议事、决策、监督、问责、保障救济等)来体现不同权力主体、组织权力与个体权利的互动关系;结构体系作为治理体系的抽象本质以虚线表示,意在强调组织层面权力的分散制约、协同联动,特别是相关权力的彰显,同时包含个体权利的保障。

高校治理体系的重要性主要在于其关系到高校能否有序运转。那么它是如何发挥作用的,影响途径又有哪些? 对于此问题,客观地说总体还是比较模糊的。如果从其框架要素入手,则利于把握高校内部治理体系的功能影响。

首先,价值体系。不同的价值定位影响着高校内部治理体系的构建方向和实践路径,例如治理文化就从深层方面夯实着高校治理的根基;其关于协商参与、多元共治、分权制约、权责对等、民主监督等理念精神,体现了现代大学治理与传统行政化一元管理的显著区别;其关于办学自主、学术自由、教授治学、营造支撑学术发展的服务型文化而非管制型文化,则体现了对大学治校规律的尊重。

其次,制度体系。其围绕高校治理提供的诸多规范,既明确了发展目标方向,便于凝聚共识,以确保局部利益服从于学校全局利益;同时也为多元行动者治理参与提供了稳定、可预期的行为模式。制度体系的完善无疑有利于高校降低交易成本、消减执行阻滞、提升治理效力。

最后,行动体系。古人言:"徒善不足以为政,徒法不足以自行。"即便是好的办学理念、治理制度也需要通过相应的运行机制予以保障其行动的有效性,尤其是高效性。如决策权配置方面,学术委员会是"决定""审议"或"审定"?"分权"与"治理能力""自律""制约"如何协调以避免出现"圈子利益""内部分肥"? 如何规避组织权力(行政权力、学术权力等)对个体权利的侵害,使教职工或学生权利有申诉救济渠道? 对出现违反治理制度规定的行为,如何问责、救济等等,都有必要通过行动体系的确定以规范高校行动各方的行为。概括而言,行动体系从运行层面,关系着相关价值、目标会不会置换变异,不同主体能否形成良性互动关系。

第二章
高校有效治理体系建构的基本原则①

20 世纪 90 年代,国际学术界提出了"有效治理"(effective governance)、"健全治理"(sound governance)、"善治"(good governance)等术语。这些概念时常被交叉使用,在本义上并没有重大区别,差异在于语境、视角和侧重点有所不同。本研究主要讨论"有效治理",但也包含其他术语的内涵。有效治理是高校治理的永恒主题和内在要求,任何时候、任何模式的大学治理都在谋求有效治理,永无止境,只不过是与时俱进而已。② 随着政府和社会问责的压力不断加大,如何有效治理更是高校必须面对的一个问题。本章探讨高校实现有效治理需要遵循的原则。

一、效率性原则

有效治理作为一种新公共管理模式有两个特点:其一,有效治理是一种由共同目标支持的活动;其二,把绩效作为切入点及以绩效改善作为管理的目标。对高校而言,其有效治理的目的并不同于政府在削减公共开支的前提下确保公共管理的效率,而在于提高办学治校育人的效率。效率不仅是高校有效治理关乎管理的专业术语,更是有效治理必需依赖的起始目标。在大学有效治理的体系框架中,效率不只是经济学的数量概念,而是包括办学治校育人的水平、质量、效益,以及通过竞争追求卓越等概念的综合。大学的准公共产品属性及其导致

---

① 本章主要依据课题负责人眭依凡的相关研究成果《论大学的善治》(《江苏高教》2014 年第 6 期)。
② 顾建民. 大学有效治理及其实现机制[J]. 教育发展研究,2016(19):48-53.

的竞争性(这种竞争性在国与国之间的大学竞争中表现得更为激烈),决定了大学必须以"效率优先",为大学有效治理赋予价值及目标。眭依凡教授在《公平与效率:教育政策研究的价值统领》一文指出:"高等教育是通过培养高层次专门人才和知识创新及据此直接参与并影响社会文明进程的活动,因此高等教育对国家的社会发展具有直接性和决定性。尤其是在知识经济社会和国与国竞争极其激烈的今天,高等教育既是国家竞争力的基础又是国家实力的重要组成,这使高等教育这一具有一定竞争性和排他性之准公共产品的特征越加凸显。因此,高等教育是需要强调效率优先的社会活动,而以实施高等教育为己任的大学也应该是强调效率优先的组织。"①

马丁·特罗在关于《加州大学的治理》一文中谈到,加州大学董事会、总校校长、分校校长和学术人员共同认可的关于加州大学如何处理外部关系和进行内部管理的办学和行事的两个原则是:"大学自主权的最大化——大学自主决定事务的能力;追求卓越——在各方面成为或继续成为全国最好的大学,即'我们想当第一,我们希望能够自己管理自己'。"②马丁·特罗特别强调这不是两个空洞的原则和理想,而是指导和评估大学大多数行为的准则。

如果说自主权是针对外部关系尤其是处理与政府关系的准则,那么追求卓越则毫无疑问是指向大学的内部管理。由于大学是个古老的组织,其职能和活动规律的定型以及理性的约束,使之成为最不易变革也是最敏感于变革的组织。正由于此,美国学者罗纳德·G·埃伦伯格(Ronald G. Ehrenberg)说:"鉴于学术界中的变革迟缓,高等教育机构很难关注经济效率以及成本控制就不足为奇了。"③甚至导致一些从事大学治理的西方学者,如卡博尼尔·卡普兰(Cabonille Kaplan)做出了"大学治理结构与绩效无关的结论"④;而阿德里安纳·克撒(Adriana Urza)认为,"对于大学治理的有效性而言,领导能力、人们之间的相互关系和信任比治理结构和正式过程更重要。"⑤然而上述结论不仅与系统论之结

---

① 眭依凡.公平与效率:教育政策研究的价值统领[J].中国高等教育,2014(18):11-15.

② 马万华主编.多样性与领导力——马丁·特罗论美国高等教育和研究型大学[M].北京:教育科学出版社,2011:210.

③ [美]罗纳德.G.埃伦伯格.美国的大学治理[M].沈文钦,张婷姝,杨晓芳,译.北京:北京大学出版社,2010:4.

④ 李福华.大学治理的理论基础与组织框架[M].北京:教育科学出版社,2008:4.

⑤ 李福华.大学治理的理论基础与组织框架[M].北京:教育科学出版社,2008:4.

构决定功能的理论相冲突,且与大学的理想和现实也都不吻合。

康奈尔大学前副校长罗纳德·G·埃伦伯格在其主编的《美国的大学治理》(*Governing Academia*)序言中指出:近几十年来,无论是美国的公立高等院校还是私立高等院校,本科生的学费增长率都远远高于通货膨胀率的增长,以至于美国国会于 1997 年成立了国家高等教育成本委员会,其目的就在于对本科教育的成本和定价进行调查并以此为基础提出遏制学费增长的建议。无论是政府还是社会都想知道,"高等教育机构为什么不能像商业机构那样运转——削减成本、提高效率,从而控制住学费增长率。"[①]埃伦伯格认为这实际上就是美国政府与社会对高等教育机构治理的问题。2013 年 11 月美国奥巴马政府鼓励推出一种新的评比标准,包括学费是否能让学生承受、毕业率、毕业生的债务和收入水平,以及低收入家庭学生在学校中所占比例等的大学排名指标,表面看来这项新的大学排名针对的是社会责任,然而实际目的却是针对大学投入的效率。

正如眭依凡教授所强调:高校本质上不属于以利益最大化为目的的组织,但它却彻头彻尾是一个需要足够资源才能维持和运行的组织,在精神上高校需要高贵,然而在现实生活中它有资源依赖的需要。经济是社会赖以生存的基础,大学作为一个具体的社会组织,经济亦是其赖以生存和发展的基础。高校资源的有限性要求它不得不考虑资源的科学配置、管理及其必要的效率问题,高校不能因为自己人才培养和知识创新使命的崇高而无视经济学提出的物质稀缺性及资源利用效率的问题,而是必须珍惜资源并使之在办学治校育人中发挥最大的价值。人们通常把效率与公平或社会责任对立,但大学的效率其实就是对社会责任的担当。高校是最需要消耗大量社会资源才能维持生存和发展的组织,所以高校理所当然必须以为社会发展做出应有的贡献来表明对这些公共资源应负有的责任。如果效率是高校有效治理的目的追求,其自然也就是高校有效治理建构的原则所在。[②]

二、民主性原则

民主性原则本质上是一种"共享治理"或"共同治理",有效治理从治理理念

---

① [美]罗纳德. G. 埃伦伯格.美国的大学治理[M]. 沈文钦,张婷姝,杨晓芳,译.北京:北京大学出版社,2010:3.

② 眭依凡.公平与效率:教育政策研究的价值统领[J].中国高等教育,2014(18):11 - 15.

上是强调利益相关者共享共治的,在治理结构和程序上也是强化利益相关者的权力制衡及互动的。高校治理的民主性及其存在的合理性可以说是由高校的遗传基因决定的。高校的组织结构以学科专业为依据,而其智力劳动的特征、知识创新的使命使其成员由一群对自己的专业知识和思想有一种庄严的敬意、不肯屈服于知识之外的压力并严肃追求科学、具有独立人格并以科学真理为是非准绳的知识分子构成。"管理由这些思想独立的教师所组成的机构就好似'牧猫'"①,由此导致高校治理的民主性要求比任何社会组织更为强烈,其对高校的有效治理提出以下要求:

其一,完善高校内部治理结构,平衡行政权力与学术权力。行政权力是一种有利于管理的时效性及权威性、自上而下的单向行使的权力形式。由于高校的学术组织属性决定了高校决策事务必须有象征学术权力的学科专业知识的参与,这不仅吻合高校的组织特殊性需要,更有利于高校的治理达成上下之间广泛的默契以保证必要的组织效率。高校有效治理需要学术权力积极有效的参与,但这并不意味放任由教师做出重大决定。因此,即便我们还不清楚高校是否有必要让行政权力与学术权力呈平权关系,但可以肯定高校必须克服以行政管理取代治理的倾向。有效治理的目的就在于对过于强势的行政进行适度的控制使之成为更愿意或自觉于倾听学术组织及其学者意见的柔性行政,这就是共享治理的本质。我国高校领导人产生的现行模式目前还不能保证所有高校领导者远离行政官僚,这种绝对权威的官僚模式即便短期看来具有行政管理的效率,但长远而言它对高校的治理有极大的危害性。"如果说治理是一种权力,那它表现为一种柔性且有节制的权力"②,这话本身就意味着权力的边界和民主管理的需要。较早研究高校治理的西方学者罗伯特·伯恩鲍姆认为:"大学中包括两个体系,即基于法律权威的董事会和行政体系与基于专业权威的教师体系,大学的治理就是为实现两个体系的微妙平衡而设计的结构和过程。"③没有行政权力统领的高校不可能实现治理的目的甚至会走向低效率及混乱,但是仅有行政权力而没有学术权力的参与即缺乏共享治理,也不能达成有效治理的目的。

① [美]罗纳德.G.埃伦伯格.美国的大学治理[M].沈文钦,张婷姝,杨晓芳,译.北京:北京大学出版社,2010:3.

② [法]让-皮埃尔·戈丹.何谓治理[M].钟震宇,译.北京:社会科学文献出版社,2010:70.

③ 李福华.大学治理的理论基础与组织框架[M].北京:教育科学出版社,2008:4.

其二,让高校内部的不同利益主体或其代表有机会参与决策。就高校组织的人员构成而言,其是一个利益高度相关的组织。在传统的决策和管理模式中,高校利益相关的重要人群即学生和教师或没有或甚少有机会和权利参与决定高校及他们自己命运的决策。如果高校的领导人及相关管理者不站在他们的立场上代言,那么象征高校主体的师生的利益诉求则被边缘化。英国学者格里·斯托克(Gerry Stoker)在《作为理论的治理:五个论点》一文中引用詹·库伊曼(Jan Kooiman)等人的观点道:"治理的概念是,它所要创造的结构或秩序不能由外部强加;它之所以能发挥作用,是要依靠多种进行统治的以及互相发生影响的行为者的互动。"①让-皮埃尔·戈丹(Jean-Pierre Gaudin)认为:"治理并非是由一个人提出的理念,也不是某个专门学科的理念,而是一种集体产物,或多或少带有协商和混杂的特征。"②有效治理是一个由共同目标支撑的活动,共同目标本身就是一个协商的结果而非仅是管理高层左右的决策。如全球治理委员会所强调"治理过程的基础不是控制而是协调",协调的概念就是管理民主的具体体现。

其三,通过强化管理者与被管理者双方互动降低组织内部的复杂性。研究复杂性的学者提出过这样一个命题:"所有社会系统的基本问题在于降低复杂性",而"选择和安排互动是处理复杂性的本质所在"③。不能产生互动行为的管理模式,是一种缺乏创造激情的消极模式,这对高校的组织成员的积极性调动是极其不利的。詹·库伊曼甚至认为:"如果复杂性不受到约束,那么这个系统就将朝着无序的方向发展。"④除了管理的结构化,具有操作性的互动关系的建立是简化复杂性的有效工具。高校有效治理之民主性原则要求,不同的利益主体应该更多地思考彼此权利的需要并相互尊重,在保持治理的统一性前提下,通过稳定的互动关系的建立,降低高校内部组织及其成员之间关系尤其是权力关系的复杂性,从而弱化单向的统治性而更多地兼顾高校内在的多样性并以此建立治理结构。

① 俞可平.治理与善治[M].北京:社会科学出版社,2009:32.
② [法]笛卡尔.方法论.情志论[M].郑文彬,译.南京:译林出版社,2012:19.
③ 俞可平.治理与善治[M].北京:社会科学出版社,2009:91.
④ 俞可平.治理与善治[M].北京:社会科学出版社,2009:232.

三、整体性原则

在哲学思想和方法论原则方面影响了欧洲几代人的法国著名哲学家、思想家笛卡尔（René Descartes）在《方法论》一书曾谈到一个发现："由许多部分组成，经由众多师傅之手的工程，常常不像仅由一位师傅经手的工程那样完美。由此，我们就会看到，由一位建筑师设计并完成的楼房，一般来讲，要比由好几位建筑师东拼西凑、用以前用于其他目的的旧墙建起来的楼房漂亮整齐许多。"[①]接着他解释道："因为是改造别人的工程，所以就极难做出极完美的东西。"笛卡尔的这个发现也说明了整体综合改革的顶层设计的重要性。就事论事的改革或解决问题的办法固然可能达到暂时和局部明显快捷的效果，但并不是根本解决问题的办法。让-皮埃尔·戈丹强调，"我们所关注的治理方向就是以打破决策过程中观察领域和研究领域之间的隔阂为宗旨的。"[②]这其实也是对组织治理整体性的一种强调。

系统论的一个基本原理是"结构决定功能"，如果我们把高校的治理结构视为自变量，高校的治理效果是随治理结构而变化的因变量，由此我们不难发现大学的很多行为是大学的治理结构导致的结果。权变理论有个基本观点：一个组织的结构和程序都是为了处理组织所面临的政治或经济上的严重不确定性而设计的。因此，"一所大学可以设计出一个内部结构，这种内部结构的主要目的在于处理有关重要支持者的不确定性。"[③]高校与政府与社会的关系如此，其内部关系也如是。高校自身就有许多由内部因素导致的不确定性，有效治理的结构就在于在高校制度及决策制定和执行过程中尽可能减少上下之间的利益冲突，达至减少其内部的不确定性。高校有效治理的整体性原则的提出，就是针对高校是一个系统内部要素众多且结构极为复杂难以看清其多重互动关系的系统，强调无论是大学的改革还是治理都必须将其视为一个系统的整体进行全面的顶层设计。坦率地说，高校改革和管理中的很多不尽如人意和不确定性，其实都是我们对高校高屋建瓴的、整体性的、综合的改革和管理缺乏顶层设计的必然结

---

① ［法］笛卡尔. 方法论. 情志论［M］. 郑文彬，译. 南京：译林出版社，2012：10.
② ［法］让-皮埃尔·戈丹. 何谓治理［M］. 钟震宇，译. 北京：社会科学文献出版社，2010：19.
③ ［美］罗纳德. G. 埃伦伯格. 美国的大学治理［M］. 沈文钦，张婷姝，杨晓芳，译. 北京：北京大学出版社，2010：78.

果。党的十八大报告虽然对教育着墨不多,但却十分明确地提出教育领域必须进行综合改革的要求,或许这就有强烈的针对性。

高校有效治理的整体性原则强调:高校组织之间是相互依存的要素,其结构方式可能直接影响甚至决定了其存在的意义和价值;大学组织之间的要素是互动的关系,不存在谁重要谁不重要的问题,否则它们的结构关系就会被忽视,最终导致左支右绌、疲于应付;除了治理结构决定其作用大小外,治理过程的程序也是不能被忽视的,而问题是其往往被忽略了。

四、法治性原则

法治是个多义的概念,对社会组织而言其既是根据组织的宗旨、意志建立起来的法规制度,也是组织成员依法办事的程序和过程,即法制不仅是对组织规范做出明确规定的文本,更是需要严格执行和遵守的文本。有效治理并不只是依靠理念支配和组织及其个体自觉自律的行为过程,还是法规制度建构完善并对组织的运行及其成员的行为具有规制作用的结果,即有效治理是具有合法性及权威性的结构性规范,有效治理的组织需要法规制度提供的制度环境和机制保障。所以瑞士学者皮埃尔·詹德詹·塞纳克伦斯(Pierre de Senarclens)明确指出:"治理确实属于制度的范畴。"[①]毫无疑问,规章制度的建立具有明显的实用主义目的,但我们不能因此把"制度的形成简单归结为强权政治"的结果。任何组织如果没有法规制度予以它存在的合法性依据及其行为的规范制约,即便其成员素质良好也难保其不乱。法治是有效治理的基础,没有法治就没有秩序,没有秩序就无所谓有效治理。良好的法规制度及其有效执行是衡量一个组织是否成熟的重要标志。

高校有效治理的法治性原则,一方面强调高校的治理结构必须具有合法性,没有合法性保障的治理架构不仅失之依据基础,也难有治理过程的权威性;另一方面强调高校构建的法规制度必须具有包容性、稳定性、整体性,而非朝令夕改、就事论事的制度碎片。笛卡尔曾经阐述过一个观点:"既然过多的法律经常会为邪恶提供借口,那么当它们为数极少,且被严格遵守时,一个国家就会被管理得

① 俞可平.治理与善治[M].北京:社会科学出版社,2009:243.

很好。"①这句话对我们提高高校治理的认识水平很有意义。对高校而言,如果我们或人治易变或就事论事的制度过多,其结果或导致制度自扫门前雪的各行其是,或制度之间自相矛盾,或是时过境迁的制度老化及无效,等等。如此之类的制度品种越繁多,高校的管理就越难操作,其效果亦越低下甚至适得其反,这就会为法规制度的不执行找到借口。高校是个系统庞大、结构复杂的组织,其法治建构、制度安排必须在一个穷尽其所有要素及其关系的完整归一的系统整体框架下完成,这才是高校有效治理的目的和作为现代大学制度之大学章程建设的意义所在。

大学章程是什么? 是大学依据国家有关法律和教育主管部门法规,高校规范自己办学治校育人的完整的法规和制度结构,是高校办学治校育人的基本依据。其必须在对高校使命和宗旨做出陈述的前提下,对高校组织及权力结构、组织及管理者的职责与权力、组织设置及人员聘用任命、权力行使及组织运行的程序规则等做出明确的操作性规定和解释。操作性即意味着其关于组织、职责及权力等的边界界定明晰、不存在模糊的问题等。大学章程必须穷尽学校所有管理涉及的事物,一册在手尽览高校管理操作的原则及程序。大学章程是充分体现了高校有效治理的法规性原则而绝非是朝令夕改的产物,其一旦制定并依法通过就有法规性、权威性、严肃性。

---

① [法]笛卡尔.方法论.情志论[M].郑文彬,译.南京:译林出版社,2012:14.

第三章
高校内部有效治理的理论模型

本章在提炼高校内部有效治理模式的结构特征、主体特征、制度特征、文化特征以及过程特征的基础上，讨论并尝试构建高校内部有效治理的理论模型。

一、高校有效治理模式的结构特征

2010 年颁布的《国家中长期教育改革和发展规划纲要（2010—2020 年）》（以下简称"纲要"）明确提出"完善大学治理结构"[①]。无疑，针对我国行政权力泛化、学术权力弱化等时弊，完善大学治理结构势在必行。正如龚怡祖教授所指出的那样，"大学内部治理结构的现实功能，是要建立起一种以学术权力为基础、以实现公共利益为目标、能够有效回应'冲突和多元利益'要求的内部决策权结构，避免决策权处于高度集中与过度紧张的状态……，最大限度地释放大学的教育生产力、学术创造力与思想磁场力。"[②]那么，何种治理结构能促进高校的有效治理？综观全球高等教育的发展不难发现：在横向上，许多国家的高等教育治理结构都日趋朝着一个相同的方向前进，即共同治理；在纵向上，许多国家的高等教育治理结构走向"院为实体"的校院两级治理体系。

---

① 大学治理一般分为调适大学与政府、社会等利益关系的"外部治理"和调适大学内部各种权力关系的"内部治理"，本章重点探讨大学的内部治理。

② 龚怡祖.大学治理结构：建立大学变化中的力量平衡——从理论思考到政策行动[J].高等教育研究，2010(12)：49-55.

（一）横向：高校共同治理模式

1. 共同治理的产生与内涵

高校共同治理模式最早诞生于美国，其标志是 1966 年美国大学教授协会（AAUP）、美国教育委员会（ACE）和美国大学和学院董事会协会（AGB）联合发布的《学院与大学治理声明》。当然，在 1966 年之前，共同治理模式已经在美国一些高校开始萌芽并产生了良好的成效。例如，哈佛大学在 19 世纪后期还是一所自负的、地方性的、宗教性的小型学院，但在查尔斯·埃利奥特（Charles Eliot）的掌校下，其迅速转变成一所大型的、所有主要学科在当时都处于领先地位、培养社会一流人才的高校，这很大一部分归功于学校治理结构的改革。第一，埃利奥特新设置了院长职位，并赋予它很大的权力；第二，规范教授会议的议程，形成一种由多数人意见达成决议的民主治理程序，并最终奠定了决策的分权机制。[①] 再如，加州伯克利大学在 19 世纪 90 年代也是一所各方面力量薄弱的地方性院校，虽拥有大量土地，但建筑破旧，捐赠严重不足。在本杰明·韦勒（Benjamin Wheeler）掌校下，伯克利开始蒸蒸日上，并在不久之后发展成世界一流大学。其背后的一个重要原因，就是决策者赋予了校学术评议会大量权力，把大量的教师融入大学的管理事务中来，并最终形成共同治理的机制。[②] 加州大学的一位前任校长理查德·阿金森（Richard Atkinson）就指出："加州大学迈向辉煌的第一步始于在 75 年前引入共同治理制度。"[③]

那么共同治理的内涵是什么？最简洁的解释是：①在重大决策的过程中，赋予不同群体，通常是通过选举出来的代表参与表决的机会；②在特定领域的决策上，允许特定群体负主要责任。

关于第一种概念的解释，以校长遴选为例，共同治理意味着教职工，有时候包括学生，都应该有机会参与校长遴选的过程。"共同"意味着每一个人都有职责，但并不意味着每一个人在每一个阶段都参与其中，也不意味着任何一个人都有完全的控制权力。在缺乏关键人物建议的情况下，任何人不得随意做出重大

---

① ［美］乔治·凯勒. 大学战略与规划：美国高等教育管理革命［M］. 别敦荣，译. 青岛：中国海洋大学出版社，2005：172.

② John A. Douglas. Shared Governance at the University of California：An Historical Review ［EB/OL］. March 1988. www. escholarship. org/uc/item/07q345d0.

③ Richard C. Atkinson. Tradition at the University of California ［EB/OL］. http//www. UCOP. EDU/pres/comments/tradition. html.

决策。就校长的遴选而言,虽然每个人可以通过不同途径参与进来,但不是简单的大众投票,因为某些人必须为最终决策负责。

关于第二种概念的解释则相对容易理解一些。例如,学生评议会(student senate)在制定学生治理相关的政策时,可以负相当的但又不是全部的责任。还有一个最为明显的例子就是教师必须在课程上负主要责任。因为教授是他们所在领域的学科专家,他们最有权决定学位要求。然而,即便在第二层意义上的共同治理,教师虽然在决定课程上有充分的自由,但学术委员会或教授会的表决并不是最终的定论。比如在美国其大部分高校的课程变动必须由院长或教务长,有时甚至是校长来批准。

2. 共同治理模式的优点

高校的共同治理自 1966 年正式诞生起,先是在美国高校之间广泛扩散,然后作为一个"极具价值的产品"出口至欧洲、非洲、亚洲的地区的高校。当然,共同治理的实践在不同地区不尽相同,多是依据本国的国情作相应地调整。例如,在欧洲尤其像德国这样传统的欧洲大陆国家,是在不断削弱教授权力的同时逐步强化校长和政府在高校治理中的权力;而在许多非洲国家,则是在削弱政府在高校治理中势力的同时,强化中介组织在协调高等教育发展中的作用。总之,不论做什么样的调整,世界各国的高等教育机构都在瞄准世界一流大学的水准,尽可能地做到"高校有效治理"。

那么共同治理模式何以成为世界不同国家的高等教育机构的共同选择呢?首先,共同治理保障了民主治校。共同治理意味着任何一方,包括政府、中介组织、董事会、校长与教授等都不能肆意妄为。在共同治理模式下,无论是外部治理结构还是内部治理结构,都形成了分权制衡的机制。其次,共同治理维护了学术自由。学术自由被认为是高校的灵魂,但它很容易失去。在共同治理模式下,不同利益相关者的权限有一个较为清晰的界定。对于教师而言,他们虽然不能实现"学术权力控制行政权力",但基本的学术权利能得到保护,这等于是维护了最基本的学术自由。再者,共同治理提升了高校教师的地位。共同治理意味着决策不再是行政人员一方的独角戏,而需要充分考虑教师的意见。这显然有利于提升高校教师的地位,使高校教师从边缘走向中心,真正实现教授治校。最后,共同治理能在大学组织内部营造一种稳定感和秩序感。共同治理意味着不同利益相关者需要在同一张桌子上,就某个重大决策进行集思广益的共同协商。

这一过程可能会耗费较长的时间,但对于大多数参与者而言,尤其是广大师生,却能提升他们的责任心和主人翁精神,从而有助于大学营造一种稳定和秩序。或许正是上述原因,许多美国学者在谈到美国大学成功崛起的原因时,除了提到自由竞争外,都不约而同地谈及共同治理。共同治理模式发展到今天,甚至成为美国高校的"图腾"。

当然,共同治理模式近些年也遭到一些学者的批判。他们认为共同治理增加了决策难度,提高了决策成本。因为在共同治理结构下,不同利益主体由于价值观的差异、利益之间潜在的冲突,会导致决策进程的缓慢,甚至有可能对外部环境不能迅速做出反应。比如伯恩鲍姆就认为:①在共同治理的框架下,高校依然积极地应对了环境压力,尤其是以市场为驱动和导向的外部环境;②高校的效能不是基于决策的效率和速度,而是可靠性和信任。任何一个可能加速达成好的决策的治理过程,也有可能加速达成坏的决策。在共同治理的过程中,教师参与可能降低决策的速度,但能确保深思熟虑。高等教育最大的危险不是决策速度太慢,而是在忽视高校核心价值的情况下迅速达成决策;③那种认为改变共同治理结构将会提升高校绩效的观点,是建立在理性选择理论的基础之上的。然而,在高校的发展历程中,并没有足够的证据支持这一观点。相反,改变治理结构没有给高校带来可喜的变化,多数情况是把高校引向更糟。任何单方面地改变共同治理中教师角色的行为,都将不为人接受,因为这些行为侵犯了教师的学术自由,违反了程序公正的原则,降低了教师的地位,以及减少了大学的社会资本。① 但是上述关于共同治理模式的质疑,并未能阻挡国际社会包括高等教育治理模式向共同治理转型的大势。

(二) 纵向:"院为实体"的校院两级治理体系

高校是由不同学院(包括系、所和跨学科组织)构成的。没有二级学院,也就没有高校。因为高校的人才培养、科学研究和社会服务等职能,很多都是由二级学院去履行的。从治理的角度而言,二级学院的治理水平、治理能力,直接关系到整个高校的发展水平、办学活力和办学绩效。

高校是一种独特的组织,伯顿·克拉克(Burton Clark)早就提出了高校组织

---

① Robert Birnbaum. The End of Shared Governance: Looking Ahead or Looking Back [J]. New Directions for Higher Education, 2004: 127.

的"矩阵结构"和"底部沉重"的特征。实际上,这种特征主要体现在二级学院组织中。二级学院具有科层和松散性的特点,是学术权力和行政权力的交汇点。在高校内部治理中,理想的高校与二级学院的关系表现为:第一,高校管理重心下移,学院成为学校管理的重心。学校和学院的行政权力有着较为明晰的边界,学院拥有充分自主的财政、人事、学术决策等实权。学校的职责体现为对学院进行宏观管理和政策调控。第二,学校与学院呈一种扁平化的结构,不是一种垂直的领导和管理关系。二级学院不是被动地执行学校的行政命令,而是作为一个准主体,积极主动地参与到资源争取等活动中去。[①] 这种新型的治理关系用一句话来形容就是石中英教授所言的:"学院办大学,而非大学办学院。"[②]

1."院为实体"的产生与内涵

"院为实体"是在"校院两级管理"并未从根本上解决高校管理重心过高弊端的基础上衍生出的新概念,二者之间既有联系又有区别。一方面,"校院两级管理"与"院为实体"具有目标一致性,后者是对前者的继承和发展,都是通过向二级学院放权、管理重心下移的方式调动二级学院的积极性,两者具有一脉相承的关系。另一方面,二者在具体改革措施上又有本质的区别,主要表现在"院为实体"在校院改革中权力下放的范围更大、程度更彻底,力求实现"财权""人事权""事权"等核心权力下放,明晰二级学院主体性地位,真正发挥学院"实体性"作用。

目前,"院为实体"这一概念虽然在国内尚不成熟,理论研究也不足,但已有一些学者关于高校内部治理研究的重心开始转向"院为实体",并提出了一些新见解。比如有学者指出,高校自治是由宏观层面自治和微观层面自治的双重结构来实现的。"院为实体"与"双重自治"是一脉相承的关系,只有充分认识到院系是构成高校的"细胞"和学校事业发展的决定力量,从而支持院系自治,将基层办教育、院系办大学的理念付诸行动,才能在真正意义上实现管理重心的"下沉"。[③] 也有研究表明,通过"院为实体"的试点改革,学院将由原来的"过渡性中间层次机构"转变为真正拥有二级法人资格的实体性学院,届时它将拥有相当大的人、财、物管理的自主权。[④]

---

① 张德祥,李洋帆.二级学院治理:大学治理的重要课题[J].中国高教研究,2017(3):6-11.
② 石中英.大学办学院还是"学院办大学"[N].光明日报,2016-05-10.
③ 查永军.高校内部管理权力重心"下沉"阻力研究[J].高等教育研究,2018(8):32-37.
④ 高磊,赵文华.深化"院为实体"改革　推进现代大学制度建设[J].现代大学教育,2003(5):65-68.

在实践上,已有部分高校在校院两级管理改革中进行了有益探索,其中上海交通大学(以下简称"上海交大")的改革最全面、最彻底。上海交大在校院两级管理中率先推出的"综合预算"和"协议授权"改革,成为高校院校改革中的"焦点事件",引发了强烈的"围观"效应。[①] 时任上海交大党委书记姜斯宪对什么是"院为实体"做了形象地描述:"在过去的办学模式中,指挥棒在学校手里,学院围着学校转,学校是火车头,学校带着学院跑。'院为实体'改革的本质是发展动力动能的转型,要逐步实现学校发展的'动车组驱动模式',在同一轨道上,每个学院都应当也可以主动发力。"[②]"院为实体"是将院系改造成学校之下具有独立法人资格的二级学术单位,故"院为实体"不是改革的最终目的,而是作为扩大院系办学自主权的一种途径与方式。[③]

概括而言,"院为实体"是对过去"校院两级管理"模式的继承和发展,主要表现为三个转变:由横向分权(政治权力、行政权力与学术权力之间)向纵向分权[学校权力向学部、学院(系)等]转变,由学院被动式发展向主动式发展转变,以学校为主体向以学院为主体转变。在学校宏观指导、总量控制的基础上,依据不同学院的实际情况,更大程度、更大范围地差异化放权。通过重心下移,充分激发学院的主动性、积极性和创造性,使学院由被动发展转变为掌握主导权带动整个学校的发展。

2. "院为实体"的必要性

提高高校治理有效性,是实现高校治理现代化的关键。"院为实体"能够激发学院的内生动力,是完善校院两级管理机制、提高高校治理效力的有效路径。在"院为实体"改革实践中,高校内部管理体制与机制的创新和变革,是建立现代大学制度不可或缺的重要组成部分。[④] 周光礼指出大学组织具有的双重自治结构、底部沉重、学术权力的知识属性、行政权力的服务属性等特性,决定了权力的纵向配置是大学内部治理变革的重点,"推进中国大学治理结构和治理能力现代化,需要实现大学内部治理由横向分权向纵向分权转变"。[⑤] 同时,二级学院具

① 杨颉."协同治理　协议授权"——探索校院二级管理改革新路径[J].中国高教研究,2017(3):12-16.
② 董少校.上海交大:学院推着学校跑[N].中国教育报,2016-4-7(01).
③ 吕旭峰,余倩.高校"院为实体"改革的战略模式与实施路径[A]."大学自治:理论与实践"学术研讨会论文集[C].北京大学教育法研究中心编,2018-4-21.
④ 高磊,赵文华.深化"院为实体"改革推进现代大学制度建设[J].现代大学教育,2003(5):65-68.
⑤ 周光礼.实现三大转变,推进中国大学治理现代化[J].教育研究,2015(11):40-42.

有实体性、主体性和自主性的特点,这些特点决定了二级学院在学校发展中具有重要地位,二级学院是否具备发展活力,也在某种程度上决定着学校的发展状况与发展活力。①

石中英认为,没有一流的学院就没有一流的高校。完善现代大学治理必须调整校院关系,进一步强化学院在大学改革创新中的主体地位,充分发挥学院在大学发展、学科建设过程中的主体作用,真正实现学院办大学的理想。同时,牢固树立大学层面和职能部处层面全心全意为学院改革和发展服务的思想,为切实实现"学院办大学"的理念创造积极条件。②

由此可见,实现"院为实体"是高校内部治理变革的重要举措,以建立"现代学院制度"为改革的起点和突破口,为建立"现代大学制度"的改革打下基础,并提供自下而上的动力。③ 凸显学院是办学的主体,是推动大学改革发展的根本力量,归还学院本有的办学自主权是推动大学改革发展的必要前提。④

二、高校有效治理模式的制度特征

"一个完善、有机、协调、弹性、层次清晰、结构功能定位明确的制度体系是大学治理的有效保障"⑤。那么,一个有效的高校治理模式,在治理制度上通常具有哪些特征?下文将从两方面予以分析。

(一) 分权制衡

一个有效的治理制度必然实现"把权力关进制度的笼子里"。如何才能实现这一点,就要求恰当地进行权力制衡。国家治理的最基本保障措施就是进行权力制衡。权力制衡的思想反映到高校内部治理体系中的一个表现就是,不同治理要素构成了一种相互监督、相互制约的关系。分权制衡的思想在美国高校治理结构表现得尤为明显,其影响范围也已波及全世界。

这里以美国高校内部治理系统为例,其权力体系主要由三部分构成:董事

① 傅永春. 高校二级学院活力激发的几个问题[J]. 高校理论战线,2013(3):71-76.

② 石中英. 大学办学院还是"学院办大学"[N]. 光明日报,2016-05-10(13).

③ 周川. 学院组织及其治理结构[J]. 中国高等教育评论,2012(1):118-126.

④ 皮修平,梁文明."学院办大学"命题下学院的性质和角色与大学转型[J]. 衡阳师范学报,2017(4):148-150.

⑤ 李立国. 大学治理的基本框架分析——兼论大学制度和大学治理的关系[J]. 大学教育科学,2018(3):64-70+124.

会、行权权力(以校长为首的行政人员)和学术权力(以教授代表的学术人员,一般通过评议会来行使)(见图3.1)。美国高校内部治理结构的第一重制衡,体现在董事会与校长之间的权力制约。根据大学章程,董事会的许多权力被委托给大学校长。基于这一委托,校长成为高校的权力中心和校内行政执行者,董事会成员不能过分地参与高校的日常事务。詹姆斯·弗里德曼(James Freedman)指出,尽管董事会有天然的合法权威去确定双方的权限,但如果董事会侵犯了校长的管理特权,将可能会遇到大麻烦。[①] 但同时,校长要对董事会负责,接受董事会的监督、任命与罢免,这样就可以限制大学校长权力的扩张,有效遏制校长因擅自运用权力而做出不利于高校发展的决策。美国有评论者就指出:"董事会应该将校长的脚置于火焰之上,使之时时警觉却又不会受伤害!"[②]

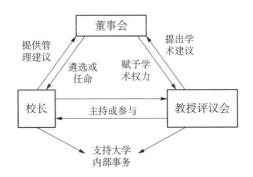

图3.1　美国高校内部治理体系的分权制衡

第二重制衡表现为以高校教授为代表的学术权力与以校长为首的行政权力的相互制约。一方面,学术评议会通常被看作是教师在高校治理中承担重要角色的组织。它可以执行高校教师的立法权,有权根据章程拟定任何关于学术问题的立法。在这一体系下,教师能够最大程度上避免行政权力的干扰,充分发挥其在高校决策中的作用。如果以校长为首的行政人员过分地干预学术事务,教师可以通过多种机制(例如不信任投票),提出警告或抗议,甚至赶他下台。但另一方面,校长很多时候是学术评议会的当然成员,在学术事务上起着协调者和监

---

① ［美］罗纳德·埃伦伯格.美国的大学治理[M].沈文钦,张婷姝,杨晓芳,等,译.北京:北京大学出版社,2010:9.

② ［美］罗纳德·埃伦伯格.美国的大学治理[M].沈文钦,张婷姝,杨晓芳,等,译.北京:北京大学出版社,2010:13.

督者的作用,以免发生学术权力滥用的情况。而且,教师在重大学术事务上的决策往往也要经过董事会的最终审核。在这种权力制衡机制下,美国高校既难以产生"学霸",也很难出现专断的校长。斯坦福大学前校长卡斯帕尔(Gerhard Casper)就曾指出:如果绝对的权力导致绝对的腐败,那么不用担心美国大学校长。他永远不会处于这样的危险境况中,因为他没有绝对的权力。

(二) 权责清晰

一个有效的治理制度,必然是权责清晰的,否则就会因为彼此之间的混乱而带来损耗。从全球范围来看,这种权责清晰一方面表现在有一套良好的制度规制政府与高校之间的关系。一般来讲,确保高校的自治、避免政府过多的干预是世界通例。具体言之,政府能干什么、需要干什么,高校如何定位自己、如何与政府打交道,诸如此类的问题都得有一个较为权威、令人信服的答案。如果政府与高校之间的权责缺乏明晰的界定,或者政府只是把高校视为其隶属机构,高校有效治理将无从谈起。

另一方面,权责清晰体现在高校内部的不同利益群体之间。这也是本课题研究关注的重点之一。大学章程作为高校的"宪法",在总体上界定了高校的权责。典型如美国,对于董事会、大学校长、教务长、院长、教师等,都有着较为明确的界定(这种明确是相对的,不是绝对的)。当然,这种权责清晰不是一开始就形成的;相反,相当长时间内,高校内部的权力在行政人员和教授手中不断摇摆。但近几十年来,随着共同治理理念的深入人心,高校内部治理系统逐渐形成了一种权力共享的局面。哈佛大学文理学院前院长亨利·罗索夫斯基(Henry Rosovsky)曾提出了大学"拥有者"这一概念,并特别指出这里的"拥有者"不同于企业的所有者,而是一种具有更为广泛和更高层次意义的"拥有"——人们"拥有"大学就像人民"拥有"国家一样。在此基础上,他划分出四个层次的大学"拥有者":第一个层次,即教师、行政主管人员和学生,他们是大学最重要的群体;第二次层次,即董事、校友和捐赠者,他们是影响大学决策的重要群体;第三个层次,即政府(联邦政府、州政府、地方政府),他们是大学的"部分拥有者";第四个层次,即普通民众,尤其是自命为全体民众喉舌的新闻界。①

---

① [美]亨利·罗索夫斯基.美国校园文化——学生、教授、管理[M].谢宗仙,周灵芝,马宝兰,等,译.济南:山东人民出版社,1996:5-6.

但是,罗索夫斯基的划分并不是基于高校治理的视角,而是基于不同群体与高校之间的重要性程度来划分,因而他不能从根本上揭示出高校治理系统权力共享这一特征。随着利益相关者理论和多中心治理理论在大学组织中的应用,大学治理系统权力共享的特征豁然开朗。因为根据利益相关者理论,大学是由多个利益相关者所构成的"契约联合体",所有受大学影响的利益相关者都有权力参加大学决策。[1] 根据多中心治理理论,在大学治理结构当中,并非只有一个主体,而是存在政府、非政府组织、各种私人机构及公民个人在内的许多决策中心。它们依据一定的规则,以多种形式共同行使主体性权力。[2]

实际上,在高校的决策过程中,包括以董事会、校友(会)、高等教育协会、慈善机构以及政府、内校长为首的行政人员、教师以及包括学生在内的各种利益相关者,他们相互依赖、相互协商、互相合作,共同影响高校的决策(见图3.2)。具体到高校内部治理,高校行政人员和高校教师构成了高校内部治理的两大核心。前者代表科层权力,后者代表专业权力,二者共同形成了高校治理中存在着的平

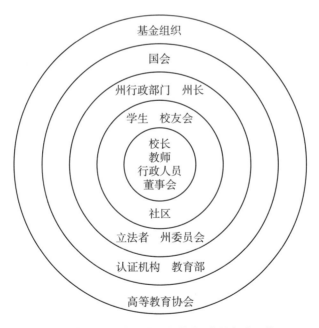

图3.2　高校治理体系的权力共享(含外部治理体系)

---

① 李福华. 大学治理的理论基础与组织架构[M]. 北京：教育科学出版社,2008：82.
② 甘永涛. 从新公共管理到多中心治理：兼容与超越[J]. 中国高教研究,2007(5)：34-36.

行权威结构（parallel authority structure），即从学校层面到院系层面都存在两两相对的科层系统与专业系统：①在权力基础上，前者依赖行政职位，后者依赖专业知识；②在权力结构上，前者采用垂直管理，后者采用专家治理；③在权力形式上，前者表现为组织控制，后者表现为学者自治；④在身份认同上，前者体现为组织认同，后者体现为学科认同。需要指出的是，虽然各个利益相关者在高校治理中都有一定的发言权（有些是通过间接方式），此并不意味着权力的平均分配，而是依据各自的权限行使权力。权力共享并没有破坏董事会或校长的权威，而是降低了他们集大权于一身的危险性。

三、高校有效治理模式的主体特征

高校治理是由人来完成的，再完善的高校治理结构或现代大学制度，如果决策参与者和执行者是"不合格"的，治理的效果必然大打折扣。综合来看，高校的有效治理，离不开高校参与主体的以下品质。

（一）所有高校利益相关者：公共理性

罗尔斯（John Rawls）指出："公共理性是一个民主国家的基本特征。它是公民的理性，是那些共享平等公民身份的人的理性。他们的理性目标是'公共善'，此乃政治正义观念对社会之基本制度结构要求所在，也是这些制度所服务的目标和目的所在。"[①]他之所以强调公共理性是民主国家的一个基本特征，是因为在贵族政体和独裁政体中，"公共善"的问题由统治者来考虑决定的，因此很难通过公共理性的方式进行。而在民主社会里，公民作为一个集体性的实体，在制定法律和修正法律时相互行使着最终的强制性的权力。后来他在《公共理性观念再探》一文中对公共理性这一概念作了进一步的解释："所谓公共理性就是指各种政治主体（包括公民、各类社团和政府组织等）以公正的理念、自由而平等的身份，在政治社会这样一个持久存在的合作体系之中，以公共事务进行充分合作，以产生公共的、可以预期的共治效果的能力。"[②]

那么，高校利益相关者的公共理性何以能促进高校有效治理？第一，公共理性能够确定一种共同的价值认同。诚如上文所指，高校治理的改进源于组织参

---

① ［美］约翰·罗尔斯.政治自由主义批评与辩护[M].万俊人，译.南京：译林出版社，2000：196.
② ［美］约翰·罗尔斯.公共理性观念再探[A].公共理性与现代学术[C].北京：三联书店，2000：1-72.

与者对高校核心价值的认同。一旦参与者理解和认同高校的核心价值,就能够给高校治理的过程注入一种目标感,从而促进高校的有效治理。① 而公共理性的内容所体现的政治原则和道德恰恰能够为决策参与者提供一种价值认同。面对带有异质性特征的高校群体,决策过程中产生分歧和冲突必不可免,有时甚至会出现个人或小集团以其私人的偏好阻碍决策的达成。而高校群体一旦形成某种公共理性,就能从"公共善"的角度来对话和决策。这既是一个民主协商的过程,又是一个深思熟虑的过程,最终能够促进大学核心价值认同的建立。当分歧和冲突出现时,高校利益相关者就可以从高校的核心价值认同出发来思考问题,增强包容,摒弃敌对或冷漠,进而在相互尊重、相互认同和相互妥协的基础上达成共识。

第二,公共理性能够为高校利益相关者建构一种平等互信的人际关系。人际关系是有效治理的关键,只有在一种相互尊敬和信任的关系下,人们才愿意分享。但显然,平等互信的人际关系的建立绝非易事。蒂尔尼(Tierney)就指出:"信任是通过培育慢慢形成的,它不会自动生成。一个人走进办公室,头上不会带着信任的光环。"② 而公共理性的相互性原则强调民主社会中人与人之间的自由和平等,而不是一方处于被支配、被操纵、被压迫的地位。"公民的身份认同和平等地位的确立构成了公共理性的重要组成部分,其精神实质与政策对话的平等自由基础有着相同的根基。"③ 可以想象,在高校治理过程中,无论是校长、教务长,还是普通教授、学生,如果大家坐在同一张圆桌上,用一种平等的身份、一种自由的心态参与决策,有利于形成一种真诚友好、彼此信任的关系,最终促进大学的有效治理。

第三,公共理性能够为高校利益相关者创造一种共享的规则。威廉・卡普林(William A. Kaplin)和芭芭拉・李(Barbara A. Lee)指出,高校为其治理所制定的法律法规在大学运行中处于核心地位,构成了高校治理体系

① Tierney W G. A Cultural Analysis of Shared Governance: The Challenges Ahead [A]. Tierney W G. The Impact of Culture on Organizational Decision making: Theory and Practice in Higher Education [C]. Virginia: Stylus Publishing, 2008: 164-171.

② Tierney W G. Improving Academic Governance: Utilizing a Cultural Framework to Improve Organizational Performance [A]. Tierney W G. Competing Conceptions of Academic Governance [C]. The Johns Hopkins University Press, 2004: 204-214.

③ 张宇. 公共理性: 公民政策参与的条件[J]. 社会科学研究, 2011(2): 67-71.

的基石。^① 换言之,高校有效治理离不开法治这一基础。而公共理性之所以能够创造一种共享的规则,是因为其包含着民主与法治等重大公共理念和意识的诉求。这其中,美国宪法就是公共理性的产物。宪法为民主社会确立了一个抽象的框架,它可以容纳所有的政治生活的可能情况,甚至截然冲突的信仰和观念。当公共理性运用高校治理时,不同利益群体会生成公共生活的规则以谋求公共利益和追寻社会正义。以学术自由的发展为例,1915 年,美国大学教授协会第一次公开提出对学术自由的呼吁,但并未受到全社会的认同;到 1952 年,美国司法界首次提出"学术自由"的概念;再到 1957 年,学术自由权利首次被司法界认为是受宪法第一修正案保护的一项特殊自由权利。学术自由之所以从一开始的不认同走向受到宪法保护的特殊权利,它背后正是公共理性的胜利。罗尔斯就指出:"只要我们是理性的,我们就会创造出公共社会的框架。"^②这种规则既体现了公平正义之原则,又约束了个体的行为不端。当然,这种规则由于是公共理性的产物,大家也会努力去遵循它,正如人们遵从宪法一样。

(二) 高校教师: 公共精神

哈佛大学教授罗伯特·帕特南(Robert D. Putnam)在其专著《使民主运转起来》——一部被当代人评为可媲美托克维尔的《论美国的民主》的杰作——指出同样的一种制度改革,在不同地区的实施效果不尽一致,甚至会加剧不同地区间的差距,其根源在于不同地区的公民生活中蕴含的公共精神存在差异。一个地区民众的公共精神越发达,该地区的社会资本往往越丰厚,人们更关心公共事物、维护公共利益、遵纪守法、相互信任等;相反,一个缺乏公共精神的地区,人们极少参与公共生活、互不信任、等级森严,腐败和违法乱纪层出不穷。在帕特南看来,公共精神包括两个层面的含义:第一,作为理念的公共精神,指的是孕育于现代市场经济和公民社会之中,位于最深的基本道德和政治价值层面,以全体公民和社会整体的生存和发展为依归,包含着对民主、平等、自由、秩序、公共利益和责任等最基本的价值目标的认可和追求;第二,作为能力的公共精神,指的是公民在公共交往中所形成的公民意识和掌握的公民技能,借此公民能养成公

---

① William A. Kaplin, Barbara A. Lee. The law of higher education: A comprehensive guide to legal implications of administrative decision making (fourth edition, volume 1) [M]. San Francisco: Jossey-Bass, 2006: 67.

② [美]约翰·罗尔斯. 政治自由主义批评与辩护[M]. 万俊人,译. 南京: 译林出版社,2000: 147.

共生活习惯,更好地参与现代社会公共活动,维护社会正常秩序。①

　　具体而言,公共精神包含个体的公共理性精神(知)、公共关怀精神(情)、公共责任精神(意)和公共参与精神(行)。公共理性精神指个体对公共领域、公共秩序、公共规则以及公共利益的认知;公共关怀精神涵盖个体的尊重意识、民主意识、包容意识和服务意识;公共责任精神指个体的担当意识、共生意识和协作意识;公共参与精神包括个体的政治参与、经济参与、文化参与、社会参与和网络参与。在此基础上,我们可以延伸出具备良好公共精神的个体所呈现出的四个主要特征:①公共性——公共精神的本质特征。作为平等的主体,每一个公民都需承担社会责任,维护社会公德,不得破坏公共利益;同时,在承认自我利益的同时,作为公民的个体需走出一己樊篱,积极主动关怀社会和他人;②主体性——公共精神的人格特征。公共精神与公民意识一脉相承,它建立在个体的主体意识和批判能力之上,"臣民""顺民"是不配谈公共精神的;③利他性——公共精神的品质特征。与"公共性"稍有不同,这里强调个体要从局外人、旁观者与单体人,转变成当事人、局内人与责任人,形成担当意识、协作意识和共生意识等;④参与性——公共精神的实践特征。公共精神不仅体现在对社会公德、社会规范和公共利益的主观认可上,更体现于客观行动上的遵守、执行,即作为个体,他/她要积极主动参与公共事务。②

　　那么,高校教师的公共精神何以能促进高校有效治理? 首先,公共精神能促使高校教师形成公共利益观。高校教师在参与大学治理过程中,需牢固确立两个意识:其一,所做的决策,尤其是高校教师的聘任、学术优先项目的选择,是为了学校的整体利益,而不仅仅是为了单个院系或个人利益;其二,所做的决策最终有助于公共利益的实现,这是因为高校作为社会的"良心机构"或"灯塔",需要承担社会责任。对此,美国罗格斯大学(Rutgers University)校长南希·康托(Nancy Cantor)就指出,在高校共同决策中,高校教师不能仅把眼光集中于个人所在学科和个人的晋升与终身教职。相反,高校教师首先应该把自己看成一个"公民",努力维护好高校的公共使命。③ 这意味着大学教师在决策中需要超越

---

①　[美]罗伯特·帕特南. 使民主运转起来[M]. 王列,赖海榕,译. 南昌:江西人民出版社,2001:3-5.

②　苏兰,何齐宗. 公共精神结构模型的理性审思与多维建构[J]. 广西社会科学,2017(11):151-155.

③　Nancy Cantor. Reconnecting with a shared public mission in sharing governance [EB/OL]. http://newark. rutgers. edu/sites/default/files/ncantor-upenn-faculty_senate-panel-april-2016. pdf.

狭隘的自私性和自利性，做到"个人利益与公共利益并在、自我利益与共享利益并存"。①

其次，公共精神能促使高校教师形成责任和参与意识。正如共同治理的内涵所界定，它既需要行政人员和高校教师基于各自的特长承担责任，又需要双方共同参与，贡献自己的力量。其中，责任被视为共同治理的核心原则。对于高校教师而言，他们有了强烈的责任心，才愿意在繁重的教学与科研任务之外，花时间用于学校的决策。在责任心的基础之上，才有各方的合作与参与，也才能确保共同治理带来积极结果。例如，南佛罗里达大学（University of South Florida）教师评议会之咨询委员会（Advisory Council of Faculty Senates）起草的"共同治理声明"（Statement of Shared Governance）就指出，在高等教育机构中，共同治理即各方承担共同责任（shared responsibility），其目的是为了提升教育质量和生产力，方式是大学教师与学术行政人员、校长和董事会在相互尊重和相互合作的基础上建立伙伴关系。这些共同责任包含一个共同的目标：由完全享有选举权的知识共同体创建一个统一的愿景。② 需要说明的是，这种责任和参与，并不仅仅是出于自利的需要，更重要的是为了追求更大的公共利益。罗伯特·伯恩鲍姆（Robert Birnbaum）指出，高校教师参与决策，虽然可能会降低决策效率，但有助于教师形成一种主人翁意识，且能最大程度确保决策的深思熟虑，以维护高校和社会的最佳利益。③ 当然，在共同治理中，虽然每一个人都有职责，但并不意味着每一个人在每一个阶段都参与其中，也不意味着任何一个人都有完全的控制权力。

最后，公共精神能促成高校教师形成信任和宽容精神。在美国高教界，有一个不言自明的基本认识：有效治理的前提是行政人员和大学教师相互尊重、相互信任和彼此宽容。美国著名高等教育学者阿德里亚娜·基泽（Adrianna Kezar）就指出，大学内部的人际关系状况直接影响到大学能否实现有效治理。这是因为有效治理建立在人们分享智慧和思想的意愿基础上。大学除非建立

① 戚万学. 论公共精神的培育[J]. 教育研究，2017(11)：28 - 32.

② University of South Florida. Advisory Council of Faculty Senates：Statement of shared governance [EB/OL]. http://www. usf. edu/system/documents/system-faculty-council/acfs-shared-governance. pdf.

③ Robert Birnbaum. The end of shared governance：Looking ahead or looking back [J]. New Directions for Higher Education，2004(127)：5 - 22.

了一种相互尊重和相互信任的人际关系,否则人们是不太情愿分享智慧和思想的。① 正是此故,在美国大学共同治理运行状况的各种评估中,无论是来自诸如美国大学教授协会(AAUP)的评估,还是院校自身的评估,许多内容都涉及"信任""宽容""尊重与理解""彬彬有礼"(civility)等元素。之所以强调高校内部的信任和宽容,是因为行政文化和学术文化有着不同的价值取向和追求目标,进而造成行政人员和高校教师之间内在的矛盾和冲突。要克服这种与生俱来的内在张力,需要彼此持一种信任和宽容之心,相互尊重彼此的利益和观点。这种相互信任及其建立在此基础上的互动,有助于高校内部社会资本的形成。如果高校内部缺乏信任和宽容,逃避责任的行为和机会主义将会横行。在这种情形下,高校教师极易采取孤立的行动、算计个人的得失,共同治理将无法有效展开。

显然,高校有效治理所需要高校教师具备的意识与涵养,与公共精神的内容和特征是紧密相联的。就其内容而言,公共精神所包含的公共理性精神(对公共利益的认知等),与高校治理强调的"公共利益观"是一致的。公共精神所包含的公共关怀精神(尊重意识、民主意识、包容意识等)与大学有效治理所强调的"信任和宽容"是一脉相承的,在民主的前提下,彼此尊重、相互包含,无疑有利于高校组织内部信任和宽容的形成。公共精神所包含的公共责任精神和公共参与精神,与大学有效治理所强调的"责任与参与"可以说是无缝连接。就其特征而言,公共精神的本质特征——公共性(要求个体秉持公共理性、公共价值、公共利益等),与高校有效治理强调的"公共利益观"是一致的。公共精神的品质特征——利他性(个体自觉成为当事人、局内人和责任人,具备担当意识、协作意识、共生意识等),与高校有效治理的前提"信任与宽容"在精神上也是一脉相承的,这是因为各种实证研究表明,利他行为能带来组织人际信任的提升。公共精神的实践特征——参与性(个体主动地参与公共事务),与高校有效治理强调的"责任和参与"在精神上是一致的。总之,教师的公共精神是高校有效治理的核心元素,如果教师缺乏公共精神,真正的共同治理模式是难以建立的。

(三) 高校行政人员:领导力

管理学认为,任何一个组织只要面对未来的不确定性,只要有竞争,只要有

---

① Adrianna Kezar. What is more important to effective governance: Relationships, trust, and leadership, or structures and formal processes? [J]. New Directions for Higher Education, 2004 (127): 35 - 46.

变革，领导力就是其成功不可或缺的因素。领导力不同于管理，它是由目的所驱动的行动，引发基于价值观、理想、愿景、标志以及情感的改变或者转型变革。著名的领导力学者和政治家约翰·加德纳指出："领导者在塑造社会思想方面起着举足轻重的作用。他们可以成为社会道德统一体的象征，可以表现出维系社会整体性的价值观。更重要的是，他们可以设想和倡导一些目标，使人们脱离那些微不足道的琐事，帮助他们脱离导致社会分裂的冲突，团结一致去追求那些值得为之付出一切的目标。"①

就高校治理而言，高校行政人员的领导力具有十分重要的作用，它是组织功能发挥和改进的关键因素。这一论断已被各种实证研究所支持。例如，芭芭拉（Barbara）通过对 8 所高校的实证研究发现，学术评议会的有效运行受到治理结构、文化以及领导力的影响，但治理结构对于大学治理的影响最小；那些强调领导力持续性（leadership continuity）以及为新来的领导者提供信息、培训以及建议的高校，其治理更为成功。② 再如，卡麦隆（Cameron）的一项关于学术组织的经验性研究表明，学术机构的有效性与高级行政管理人员的决策具有密切的关系。即便那些认为领导力象征意义大于实际意义的人甚至也承认，领导在特定条件下能左右事态的发展。③

在高校，领导力主要包括两个层面的领导力。其一，高层领导力，尤其是大学校长，具有十分重要的影响。密歇根大学前校长杜德施塔特（Duderstadt）就指出，当今大学处于一个大变革的时代，一个日益全球化的社会中，一个充满了挑战和矛盾的时代。为了迎接这些挑战，并有效应对迅速变化之社会需求，使大学最终走向成功，强有力、富有远见且勇敢无畏的领导能力必不可少。④ 这是因为一所大学在缺乏有效领导力的情况下，光有完善的治理结构并不能保证有效决策和政策制定；相反，即便治理结构并不完美，但如果拥有强有力的领导力，后者通过提供方向、鼓励士气、确定优先项等，也能达成有效治理。尤其是随着关键人物的投入和贡献增加，大学治理中其他参与者的主人翁精神和意义感也会

---

① ［美］大卫·戴，约翰·安东纳斯基. 领导力的本质［M］. 林嵩，徐中，译. 北京：北京大学出版社，2015：14.

② Barbara A. Lee. Campus Leaders and Campus Senates［J］. New Directions for Higher Education，1991，(75)：41-61.

③ ［美］罗伯特·波恩鲍姆. 学术领导力［M］. 周作宇，等，译. 北京：北京师范大学出版社，2008：7.

④ ［美］詹姆斯·J. 杜德施塔特. 舵手的视界——在变革时代领导美国大学［M］. 郑旭东，译. 北京：教育科学出版社，2010：121.

随之增加。在此情形下,治理不再被人们视为一项痛苦的任务或费事的例行公事。相反,治理被参与者视为一项有意义的活动,不仅能影响他们环境,而且能创造积极的学习氛围、促进学校的繁荣发展。①

其二,中层领导力,包括院长、系主任等,他们在高校有效治理中扮演了基础性的作用。高校是一个"底部沉重"的组织,学院是学校管理的重心,拥有充分的人事、财政、学术决策等实质权力。作为高校内部一个"准自治"的组织,院长个人的领导力及其领导风格直接关系到学院的治理效率。例如,舒斯特尔(Schuster)等人通过对 10 所高校的研究发现,领导力与领导风格是大学有效治理的关键。在对这 10 所学校的实证分析中,他们发现治理过程的效能和可行性与领导力紧密相关,尤其是像教师评议会主席、系主任、院长等中层领导的领导力,对于高校的有效治理最为重要。②

需要补充的是,当前学界倾向于将领导行为区分为交易型领导和变革型领导。前者指一种以履行约定义务为基础的相互交易过程,强调领导者与下属之间的互惠关系是一种基于经济的、政治的,以及心理上的价值互换;后者指通过让员工意识到所承担任务的重要性,激发下属的高层次需要,建立互相信任的氛围,促使下属为了组织的利益牺牲自己的利益,并达到超过原来期望的结果。这两种领导行为有着重要的差别,交易型领导强调通过外在的交易手段来激励员工,例如付工资;变革型领导强调通过令人鼓舞的理想和道德价值观来引导下属。国内外大部分研究表明,变革型领导与员工的组织公民行为有着显著相关性,而交易型领导行为与组织公民行为之间则不具有相关性。③

换言之,有效的领导力更强调变革型领导。对于高校中高层领导而言,在治理过程中,他们需要通过一系列行为使下属意识到所从事工作的价值与意义,建立相互信任的组织氛围,激发下属的高层次需求、主观能动性和创造力,引导下属视组织利益高于个人利益,最终使下属展现出组织公民行为。④ 其中,领导者

---

① Adrianna Kezar. What Is More Important to Effective Governance: Relationships, Trust, and Leadership, or Structures and Formal Processes? [J]. New Directions for Higher Education, 2004, (127): 35 - 46.

② Schuster J., Smith D., Corak K., Yamada M. Strategic Academic Governance: How to Make Big Decisions Better [M]. Phoenix, Ariz.: Oryx Press, 1994: 37 - 59.

③ 周兆透. 大学学术组织中的领导行为与教师公民行为关系研究[D]. 杭州:浙江大学,2007:28.

④ 汤学俊. 变革型领导、心理授权与组织公民行为[J]. 南京社会科学,2014(7): 13 - 19.

个人的道德领导力尤为重要。如果大学领导者的道德水准处于平庸状态,大学有效治理只能沦为空谈。密歇根大学前校长詹姆士·杜德斯塔特就指出,大多数校长都有机会充分利用自己的天字第一号讲坛,以勇气和决心就我们这个社会面临的道德问题大声疾呼……如果校长在行动中表现出珍视信誉、真理与同情,那么这些特征就有可能被学校里的人们接受和重视。相反,如果校长总是傲慢或冷漠,那么傲慢与冷漠也会迅速传播到学校的每个角落。①

四、高校有效治理模式的文化特征

高校不只是一个简单的结构单元的总和,而是一个符号和抽象的文化内涵创新的场所。美国人类学家格尔茨(Clifford Geerts)在《文化的阐释》中指出:"人是一种悬浮在他自己编织的意义之网的动物。而这只'意义之网'就是文化。"②高校治理就其本质而言,"是一种经过长时间发展已经普遍建立起来的学术文化规范和特定院校自身的文化规范的混合物"③,它与对高校文化内涵的理解和管理有关。从文化的视角来看,大学治理的结构和过程存在于组织的文化中;大学治理的改进和大学绩效的提升,不在于设计出一种最好的治理制度,而在于大学的参与者能够创造一种有效的大学文化。④

(一) 高校内部拥有足够的信任

组织学强调结构和过程并不是组织的心脏,人及其关系才是。蒂尔尼(Tierney)等更是明确地指出,大学不是简单的结构单元(structural units)总和,它还是一个创造符号的、抽象的文化内涵的场所。在大学治理的不同层次,人与人之间的沟通与对话,才是大学有效治理的核心构成。⑤ 无疑,信任是高校有效

① [美]詹姆士·杜德斯塔特. 舵手的视界——在变革时代领导美国大学[M]. 郑旭东,译. 北京:教育科学出版社,2010:102.
② Kevin Rose, Michael T. Miller & Kit Kacierk. Organizational citizenship behavior in higher education: Examining the relationships between behaviors and institutional performance [J]. Journal of Higher Education Management,2016,31(1):14−27.
③ Tierney W G. A Cultural Analysis of Shared Governance: The Challenges Ahead [A]. Tierney W G, The Impact of Culture on Organizational Decision making: Theory and Practice in Higher Education [C]. Virginia: Stylus Publishing, 2008:164−171.
④ 刘庆斌,刘爱生. 大学治理的文化模式解析与启示[J]. 江苏高教,2013(2):8−11.
⑤ William G. Tierney and James T. Minor. A Cultural Perspective on Communication and Governance [J]. New Directions for Higher Education, 2004,(127):85−94.

治理的基础。信任是一种非常重要的社会资本,被许多学者称为"社会生活的鸡汤"。信任他人的人更具开阔的眼界、宽容和参与的精神。同时,信任简化了人与人之间的合作关系,使得不同利益相关者之间的妥协更容易形成,决策更容易达成。斯坦福大学政治科学系教授玛格丽特·李维(Margaret Levi)指出:"在相互信任的前提下,人们在集体决策时,不必每次都要就谈判的条件进行谈判。没有信任虽然也能达成协议,但在一个有信任感的环境中,集体行动似乎更容易开展。信任他人更容易与他人合作,因为对于那些思想观念与行为方式与自己极不相同的人们,信任者能采取宽容的态度。这种态度使得合作和妥协变得更为容易。"①

反映到高校治理中,信任成为高校教师与行政人员双方开展合作的前提,是有效共同治理模式得以发挥实效的基石。对此,美国学者德尔·法瓦罗(Del Favero)指出,在共同治理模式下,行政人员和教师具有不同的职责、奖励制度以及忠诚,这极大地阻碍了大学的有效治理;二者之间互信合作的人际关系才是大学实现有效治理的根本。② 阿德里亚娜·科扎(Adrianna Kezar)的实证研究发现,在不完善的治理结构中,治理体系依然可以运行,但如果人际关系遭到破坏,治理体系将有可能因为缺乏方向、动力、意义、正直、共识、包容、沟通以及聆听而走向失败;人际关系之所以是有效治理的关键,是因为有效治理依赖于人们共享智慧和思想的意愿。只有在一种相互尊敬和信任的关系下,人们才愿意分享。③ 类似的,米隆·波普(Myron L. Pope)也指出,信任是建立和谐关系的元素,是共同治理的基础,双方必须有这样一种信念:彼此会以合作互惠的态度行事,因为只有在信任的前提下,才能实现共享和共治。④

(二) 高校内部享有共同的语言

其一,共同的语言能够带来共识,进而提升组织凝聚力。共同语言的建立植

① Margaret L. When good defenses make good neighbors: A transaction cost approach to trust and distrust [M]. New York: Russell Sage Foundation Paper, 1999: 37.

② Del Favero M. Faculty-Administrator Relationships as Integral to High Performing Governance Systems: New Frameworks for Study [J]. American Behavioral Scientist, 2003,46(6): 901-922.

③ Adrianna Kezar. What Is More Important to Effective Governance: Relationships, Trust, and Leadership, or Structures and Formal Processes? [J]. New Directions for Higher Education, 2004 (127): 35-46.

④ Myron L. Pope. A Conceptual Framework of Faculty Trust and Participation in Governance [J]. New Direction for Adult and Continuing Education, 2004(127): 75-84.

根于大家对高校历史和未来的关注之中。对于高校未来的方向达成共识,能够促使高校走向共同治理,因为大学的未来属于每一个人。高校的愿景越是清晰,共同语言越是有可能建立。显然,高校一旦形成共同语言和共同愿景,有利于提升大学组织的凝聚力。组织凝聚力又称"组织内聚力",指组织对每个成员的吸引力和向心力,以及组织成员之间相互依存、相互协调、相互团结的程度和力量。它可以通过组织成员对组织的向心力、忠诚、责任感、组织的荣誉感等以及组织成员众志成城、齐心协力抵御外来攻击或同外来组织的竞争力来表示;也可以用组织成员之间的关系融洽、团结合作和友谊等态度来说明。这种凝聚力无疑有利于增进大学内部行政人员和教师的组织认同感,更多地表现出组织公民行为——后二者都是有利于大学实现有效治理的。需要指出的是,建立共同语言并不意味着学术共同体要以一种达成一致的方式存在,相反,21世纪的大学应该是一个创造性冲突(creative conflict)的中心。在一个信任和共同语言已经形成的机构,出现一些质疑声是健康的。① 总之,共同语言的创建,能使高校形成一种友好的氛围,有助于提升高校的治理绩效。

其二,共同的语言能够融合价值观的差异,进而维持核心价值认同。如前所述,高校是一个由价值多元、利益多元的群体构成,他们对一件事物的看法或认识往往存在差异,并不一定会存在某种一致性。但是,如果高校内部享有一种共同的语言,往往能够消除彼此之间的隔阂,进而理解大学的核心价值观。显然,高校参与者需要理解组织的核心价值,因为它能给治理的过程和结构注入一种目标感。而核心价值认同的创建和维持,不只发生在教师会议上或学位授予典礼上,也不只是校长个人的大谈特谈,而是一种长年累月的集体行动和共同追求。高校在治理过程中,应给不同的群体提供多种渠道,以让他们深思熟虑地讨论大学的认同与价值。无疑,高校内部享有一种共同语言,有助于高校核心价值认同的形成,进而有利于提升治理的质量和提高大家参与治理的积极性。②

---

① Tierney W G. Improving academic governance: Utilizing a cultural framework to improve organizational performance [A]. Tierney W G, Competing conceptions of academic governance [C]. The Johns Hopkins University Press, 2004: 210 - 214.

② Tierney W G. Improving Academic Governance: Utilizing a Cultural Framework to Improve Organizational Performance [A]. Tierney W G, Competing Conceptions of Academic Governance [C]. The Johns Hopkins University Press, 2004: 204 - 214.

(三) 高校内部拥有足够的透明度

高校内部拥有足够的公开和透明，无疑是有利于高校实现有效治理的。第一，高校内部决策的公开透明，契合了校园的民主价值理念，能够增加公众对高校的信任与支持。一个民主的校园，必须是一个负责的、公开的校园，公众有权获得学校内部的决策信息。加州大学系统的一位领导就指出："美国公立高等教育公开透明的基石是代议制民主(representative-democratic)。公开决议和投票具有象征的意义……这也是你期望一个合法的政府所要做的。不合法的政府偷偷摸摸做事，从而远离参与、问责和更好的决策。在一个民主国家，高校必须相对公开，除非在极端情景下。"①

第二，高校内部治理的公开透明，能够防止"暗箱操作"，有效预防高校潜在的腐败。美国最高法院大法官路易斯·布兰代斯(Louis Brandeis，1856—1941)用一种直白的口吻说道："公开(publicity)被赞美成解决社会与工业弊病的良药。阳光据说是最好的消毒剂，灯光是最有效的警察。"②显然，当高校的重要会议、人事政策、经费预算等一系列事务都需要向外公开、接受公众监督的时候，必将大大减少暗箱操作的空间，降低腐败的发生概率，并尽可能地维护公共利益。美国著名法学教授文森特·约翰逊(V. R. Johnson)在谈到美国高校为何很少发生重大腐败时，就指出："在美国，许多高等教育机构的办学坚守着很高的伦理道德准则，并且远离重大的腐败"。③

第三，高校内部的公开透明，可以强化对高校行政管理人员的问责，促使他们做出合理的决策。试想，当高校内部的重要会议都要接受公众、新闻媒体的监督时，高校决策者就很难为了少数人的私利而牺牲公众利益。更为重要的是，在议会过程中，如果能够向参加会议的人员咨询意见，往往能最终达成更好的决策，并提升管理的效率与效能。通过咨询，一方面，决策者能够了解利益相关者对某一行动的反应；另一方面，这些利益相关者也能够更好地理解某项决策背后

---

① Hearn，James C，Michael K. McLendon，Leigh Z. Gilchrist. Governing in the Sunshine：Studying the Impact of State Open-Meetings and Records Laws on Decisionmaking in Higher Education [R]. Association of Governing Boards of Universities and Colleges，2003：6.

② McLendon，Michael K，James C. Hearn. State Law，Policy，and Access to Information：The Case of Mandated Openness in Higher Education [J]. Teachers College Record，2010(10)：2649-2663.

③ Johnson V R. Higher Education，Corruption，and Reform [J]. Contemporary Readings in Law and Social Justice，2012(1)：478-495.

的原理。虽然咨询使得决策过程变慢,但能减少将来潜在的诉讼。

在以上的讨论的基础上,我们可以尝试构建高校内部有效治理的理论模型。其中,在高校有效治理中,治理结构起到基础性作用,治理主体起到关键作用,而治理文化起到保障作用,三者共同作用于大学治理过程。在遵循有效治理的基本原则下,治理过程的最终结果是实现有效治理。

五、高校有效治理模式的过程特征

在高校治理的过程中,"人"和"文化"等因素,往往容易导致高校治理过程的复杂性。但是,这并不等于高校有效治理模式的过程特征难以把握。综合国内外相关文献,可以发现有效治理模式的过程包含以下两大特征:

(一) 政治性

1. 何为政治

在西方语言中,政治(politics)一词源于希腊语 Πολιτικά。这个词最早出现在《荷马史诗》中,最初的含义是城堡或卫城。雅典人将修建在山顶的卫城称为"阿克罗波里",简称为"波里"。城邦制形成后,"波里"就成了具有政治意义的城邦的代名词,后同土地、人民及其政治生活结合在一起而被赋予"邦"或"国"的意义。因此,"政治"一词一开始是指城邦中的公民参与治理各种公共生活行为的总和,它背后体现了自由、法治、民主、理性、利益一致等理念,以及人追求至善的天性。

亚里士多德的《政治学》(*Politics*)是西方历史上第一部门专门论述古希腊城邦制度并奠定了政治学理论基础的著作。他在开篇就提出"人天生是政治的动物"。所谓"政治的",即"与城邦公民有关的""与他人(在共同体中)共同生活的"。在社会共同体中,尽管任何一个公民都可以参与到城邦治理过程中来,而且主要通过说服来达到政治的目的,但关键问题是由谁来"掌权"和"统治"。也就是说,政治与权力相关联。

此后,大部分政治思想家都认同这一观点。例如,意大利政治思想家马基雅维利把政治定义为"谋求权力、维护权力以及使用权力"。后来的霍布斯、洛克、孟德斯鸠、马克思等人也都认为,在给政治下定义时,需要给权力留有一席之地。到 20 世纪初,韦伯给政治下的定义影响最大。在他看来,政治就是国家之间或国内各利益集团之间的权力分享,或对权力分配施加影响。到 20 世纪后期,随着公民社会的兴起,政治尽管仍以权力为中心,但其内涵有了极大的扩充,它不仅被运用于描述"共同体""国家"或"利益集体"中存在着的与权力有关的各种关系,而且也被运用在诸如企业、大学、宗教机构等机构上。它包含"与权威或权力相关的社会关系",以及制定、实施政策的方法与策略。①

　　既然大部分组织存在着政治性因素,那么其治理的政治过程具有哪些特征?美国著名政治学家罗杰·希尔斯曼(Roger Hilsman)总结了四个要点:①分歧与冲突。一个组织内部存在着各种对立的目标、价值观和利益分配,在决策过程中出现分歧与冲突在所难免。"出现分歧时,就出现政治";②力求取得一致的倾向。组织存在分歧与冲突的同时,还有一种"趋于一致"的倾向。这意味着在政策制定过程中,人们会不断地协商、让步和妥协,以取得某种一致;③相互对抗的集团。在组织内部存在互相对抗的集团或派系,它们有各自的目标和政策。这些集团有时很明显,有时则相对隐蔽;④权力。政治过程的最终结果如何,很大程度上取决于那些掌权的人,其作用不逊于他们为之呼吁的目标,也不亚于他们所持的明智而有说服力的论点。② 显然,政治过程的四大特征对于我们理解高校治理过程的政治性具有很大的帮助。

　　需要指出的是,西语中的"政治"含义与汉语中的"政治"一词具有较大的差异。我国先秦时期已有"政治"一词。《尚书·毕命》有"道洽政治,泽润生民"。但更多的情况下是将"政"与"治"分开使用。"政"主要指国家的权力、制度、秩序和法令;"治"则主要指管理人民和教化人民,也指实现安定的状态等。而现代汉语中的"政治"一词,源自孙中山对 Politics 的理解。他认为可以用"政治"来对译:"政就是众人之事,治就是管理,管理众人之事,就是政治。"③他的这一说法在当时非常具有影响力。

2. 高校治理过程政治性的特征表现

(1) 多数人不参与决策。不是所有的高校组织成员都卷入到决策过程中,绝大多数重大决策由"小部分精英群体"做出。

(2) 决策参与的民主性。尽管重大决策由精英控制,但高校内成员均有一种参与民主管理的诉求。因此,有相当比例的教师和学生日益要求在高校各决策委员会中具有发言权。由此导致高校内部出现一些争论带来"不稳定"或"无

---

① Wikipedia. Politics [EB/OL]. http://en. wikipedia. org/wiki/Politics.
② [美]希尔斯曼. 美国是如何治国的[M]. 曹大鹏,译. 北京:商务印书馆,1986:16.
③ 刘爱生. 论美国大学治理过程的政治性[J]. 现代教育管理,2019(3):17 - 23.

序"状态可以理解为高校治理需要一定的民主的体现。

(3) 参与者是流动的。高校利益相关者在决策过程中,并非自始而终参与其中,而是不断地"进进出出"。由于决策的每一个入口又是其他地方的出口,因而"入口"的分布,既取决于遗留下来的决策方案的属性,又取决于新的决策方案的属性。可以根据参与者出现的时间、能否进入决策机会以及他们解决问题的能力来给参与者分类。

(4) 利益群体是分割的。高校是一个多元化组织;权力分散于大学整个系统,组织成员依据他们的目标、价值观和利益结成联盟。在争夺资源、影响决策内容上,这些群体之间充满冲突。

(5) 决策过程充满分歧与冲突。冲突是高校治理过程政治性的核心特征。这是因为高校内部存在着各种对立的目标、价值观和利益分配。在决策过程中出现分歧与冲突在所难免。"出现分歧时,就出现政治"。

(6) 力求取得一致的倾向。高校在治理过程中虽然存在大量的分歧与冲突,但并不意味着它会被无休止的冲突撕得四分五裂,因为它背后还有一种"趋于一致"的倾向。在政策制定过程中,人们基于团队精神和民主原则,会不断地劝说、协商、让步和妥协,以取得某种一致。

(7) 正式的权力是有限的。就高校治理过程而言,由于不同的利益群体都可以对决策者施压并产生实质性的影响,因此,正式的权力较为有限、模糊,且高度离散化。决策不是科层权力影响的结果,而取决于各种利益群体/个人在谈判、协商中影响力的大小。但是,最终决策权始终掌握在董事会手中,它需要对高校负责。

(8) 外部环境及群体会对高校决策过程产生重要影响。大学是在一种开放系统中运行的,与大学相关的外部群体会试图影响大学内部决策过程,甚至有可能改变决策进程。以加州大学取消"肯定性行动"政策为例,"媒体对公众和政策制定者的影响力是无法估计的"①。

3. 高校治理过程政治性的价值

第一,有利于高校决策参与者认清高校治理现实,掌握必要的政治智慧。当

---

① 王占军. 取消肯定性行动政策制定过程研究——以美国加州大学为案例[J]. 清华大学教育研究,2012(4):113-118.

下,随着高校走出象牙塔,高校利益相关者也变得更加复杂多元,高校自身也越来越受到市场、政治以及其他外部力量的干扰或约束。在这种背景下,高校当前的共同治理结构虽然能够应付例行公事般的决策,但碰到"重大议题"(big issues),需要决策者作出"重大决策"(big decisions)或"艰难抉择"(hard decisions)时,共同治理结构就面临着失效的可能。因为在此特殊时候,高校治理过程的政治化特征变得更为明显:每一个利益群体都会捍卫自身的利益,冲突和分歧会变得公开化,决策会被不断地审核和修改,公共利益会退居次要位置,甚至被人们所忽视。帕塞(Pusser B.)和欧多锐卡(Ordorika I.)就指出:"大学及其董事会是政治机构,其决策制定是一种政治活动。"①

强调高校治理过程的政治性,可以弥补以往高校决策制定与执行过程中对政治这一角色考虑的不足。对于高校领导者的启示意义是:除了具备常规的管理才能外,还需要具备一定的政治智慧,能在治校中配以灵活的政治策略。对此,莫蒂默与萨特指出,权力、权威和影响力的差异是高校治理艺术中的基本事实和合法的一部分。大学领导者在决策过程中不仅要对市场保持敏感(marketsmart)——理解市场及其他发挥作用的外部力量,以使命为中心(missioncentered)——维持大学的基本目标和独特任务,而且还要保持政治上的精明(politically savvy)——带领大学安全地穿过充满争议的丛林。②

第二,有利于高校决策参与者集思广益,提高高校决策的质量。高校治理的过程不是在一个封闭、静态的系统,其领导者基于其正式、合法的权威与权力,自上而下开展决策的过程;或在一个民主、和谐的氛围下,学术共同体依据其专业与能力,集思广益最终达成一致的过程。一个更为准确的决策过程既包括科层的过程(bureaucratic processes)和达成一致的因素(consensus factors),又包含利益冲突、矛盾、争论、妥协等政治行为。这是因为在治理过程中,受限于资源的有限性和外部环境的不确定性,高校内外部的利益相关者会通过多种不同的方式表达自身的利益,并使用他们所拥有的任何权力,从不同的角度给决策过程施

---

① Pusser B, Ordorika I. Bringing political theory to university governance: A comparative case study of the University of California and the Universidad Nacional Autónoma de México [A]. N. P. Stromquist (Ed.). Higher education: Handbook of theory and research (Vol. 16) [C]. New York: Agathon, 2001: 149.

② Kenneth P. Mortimer, Colleen O'Brien Sathre. The art and politics of academic governance: Relations among boards, presidents, and faculty [M]. Westport: Praeger Publishers, 2007: 2-5.

压。权力与影响力一旦得到表达,就会贯穿于整个复杂的决策过程,直到彼此间充满冲突的利益群体最终达成决策。其清楚地表明:高校是一种"政治化"机构,高校治理过程具有政治性。

在决策过程中,由于各利益相关者代表开诚布公、民主平等、公开透明,都可以发出自己的声音,因而这种政治性能最大程度上维护各利益相关者的权利诉求,尤其是大学内部那些相对弱势群体。此外,各利益相关者代表参与到大学治理中,进行各种形式的谈判、协商、说服和妥协,能确保深思熟虑,并在大学内部营造一种秩序和稳定之感。①

(二) 模糊性

1. 何为模糊

要理解高校治理的模糊性,有必要先对模糊性产生的根源作一番探讨。"模糊性是事物性态的不确定性"②,是相对清晰性或精确性而存在的。严格地讲,一切事物都有某种模糊性,清晰性只不过是一种摒弃了某种模糊性的理想形态。模糊性作为一种普遍存在的现象,其产生的根源大致包含以下三点。

1) 外部现实的复杂性

复杂性总是与模糊性相伴而生的。这是因为复杂性意味着因素的多样性、易变性和事物联系的多样性。当一个系统的影响因素越多,彼此间的联系越错综复杂,其间的动态变化越难以把握和精确化。因而,模糊性是一个复杂系统的基本特征之一。对此,詹姆斯·马奇(James March)就指出,按照传统的观点,社会是有序的、历史是真实的、因果总是明确的。但是,真正的社会是复杂的、不确定的和模糊的,并不存在于人们所熟悉的解释性框架中。我们对这个世界的认识所表现出的精确性具有一定的欺骗性。即使最理性地、最完美地预测未来结果、定义当前情境,其结果也充满了假设和近似。③

2) 人的理性有限性

理性主义的观点认为,人的决策是建立在理性基础之上的。在决策过程中,

---

① Robert Birnbaum. The End of Shared Governance: Looking Ahead or Looking Back [J]. New Directions for Higher Education, 2004,(127): 5-22.

② 苗东升. 论模糊性[J]. 自然辩证法通讯,1983(5): 8-15+79.

③ [美]詹姆斯·马奇. 决策是如何产生的[M]. 王元哥,章爱民,译. 北京: 机械工业出版社,2006: 128-132.

决策者可以收集到与问题相关的所有信息,能够根据这些信息作出最佳的决策,并且还能够使用合理的方法评估决策实施的效果。但问题是,人的理性是有限的,有时甚至还会被各种非理性的因素所困扰。事实上,绝对的理性是根本不存在的,实现理性的条件是极其苛刻的,比如充分的信息供给、行动者良好的执行能力以及环境的稳定性等,否则理性就会大打折扣。上海交通大学韩志明教授就指出:"理性也是稀缺资源,并不是唾手可得的。现代社会日趋碎片化、多元化和复杂化,挑战着理性主义政策的客观基础,也导致大量精心设计的政策方案遭遇严重失败。"①在此背景下,决策活动不可避免地会被打上模糊性的烙印。

3) 自我偏好与身份的不一致性

传统的决策理论认为,决策者会根据结果来比较可能的选择,自我能够通过一组偏好体现出来;或会根据适当性来比较可能的行动,自我能通过一组身份体现出来。然而事实是,偏好和身份不可能轻易具有清晰或一致的特点。就偏好而言,它不一定是稳定的,而是会随着时间的变化而变化,这使人们很难预测未来的偏好;尽管决策以偏好为基础,但偏好也经常在选择过程中发生变化。就身份而言,它的模糊性并不仅限于多重身份之间的冲突。身份是由一系列社会和个体期望所定义的,且通过社会经验的增加而获得了某种意义,而期望和经验可能不确切、不一致、不稳定,从而使得身份具有模糊性。身份与偏好的不一致,使得决策过程很难明确化和精准化,反而变得充满模糊性。

2. 高校治理过程模糊性的特征表现

由于外部现实的复杂性、人的理性有限性以及自我偏好与身份的不一致性,高校治理的过程很难遵循"渐进主义"和"理性主义"的理想模型,即认为组织存在一个结构明晰、秩序井然的决策环境,人们可以利用自己的理性来认识手段与目标的连锁关系,而后透过问题的分析来预计未来的结果。相反,高校治理过程的每一个环节,都存在着某种程度的模糊性。这一模糊性的治理过程通常被视为一个巨大的"黑箱"。美国著名学者迈克尔·科恩(Michael Cohen)和詹姆斯·马奇(James March)等人建构的组织选择的垃圾桶模型,就是试图打开高校治理过程的"黑箱",揭示高校的决策究竟是如何制定和执行的。② 具体而言,

① 韩志明. 政策执行的模糊性及其治理效应[J]. 湘潭大学学报(哲学社会科学版),2018(4): 31-35.

② Michael D. Cohen, James G. March & Johan P. Olsen. A garbage can model of organizational choice [J]. Administrative Science Quarterly, 1972,17(1): 1-25.

高校治理过程的模糊性体现在如下三个方面：

第一，高校决策制定的模糊性。高校的决策制定不是在一个静态封闭的系统和民主和谐的氛围中，高校行政人员和高校教师基于正式、合法的权力，自上而下、有条不紊展开的。受限于资源的有限性和外部环境的不确定性，以及高校决策参与者的多元价值取向和不同利益诉求，决策制定的过程中充满了各种矛盾、争论和妥协。尤其是在重大议题的决策过程中，无论决策过程多么早地开始，无论花了多少时间用于前期的商讨和厘清，但往往临到末期时，"一两条信息，一两个关键决策者的出席或缺席，一部分人支持或反对的言论，都可以决定最终的结果"。① 也正是在此意义上，保罗·萨巴蒂尔（Paul Sabatier）指出："模糊性是政策制定中的事实，而不是一种非常的状态。它使政策制定变得凌乱、复杂、难于理解。"②类似的，罗杰斯·希尔斯曼（Rogers Hilsman）也指出，在很多时候，决策制定不是一种严肃的过程，而是一条曲折的道路；不是井然有序，而是杂乱无章。③

第二，高校决策执行的模糊性。执行是决策过程的关键环节，一项决策或政策只有得到忠实的执行，才能把理想化为现实。但是，由于以下两方面因素的存在，决策执行的过程中不可避免地存在模糊性的问题。一方面，高校决策执行依据的政策文本的模糊性和执行者的自由裁量权，会带来执行上的偏差和歧义。在我国，许多政策文本（如民办高等教育政策、教师晋升政策）存在着模糊性。相关部门在实施过程中，可以采取各种策略行为以实现自己的意图和目的。"由政策文本的模糊性所带来的策略性解读可能成为政策执行部门和政策对象可以利用的策略空间，这种可能性所带来的行为事实上改变了原有的政策，并有可能实现政策创新"。④ 另一方面，决策执行涉及高校不同利益相关者的复杂网络，他们之间的权力、责任和互动大量存在职权交叉等问题，很难做到条理化和清晰化。例如，在我国高校，一个典型存在的现象为教师的"双肩挑"：一方面，他们是行政权力的管理者、引导者和裁判者，另一方面又是接受管理和裁判的研究

---

① Kenneth P. Mortimer, Colleen O'Brien Sathre. The art and politics of academic governance: Relations among boards, presidents, and faculty [M]. Westport: Praeger Publishers, 2007: 4.

② ［美］保罗·萨巴蒂尔. 政策过程理论 [M]. 彭宗超，译. 北京：三联书店，2004：121.

③ ［美］希尔斯曼. 美国是如何治国的 [M]. 曹大鹏，译. 北京：商务印书馆，1986：16.

④ 林小英. 教育政策文本的模糊性和策略性解读——以民办高校学历文凭考试相关政策为例 [J]. 教育发展研究，2010(2).

者、教育者。这一现象导致在校内资源分配、人事录用、学术任职、学术评议和考核分配中，存在着大量的冲突和模糊。①

第三，高校决策实施效果的模糊性。如同决策制定不是线性的，决策的实施效果及其影响也往往是模糊的、不清晰的。一项决策的实施可能产生预期效果，也可能产生非预期效果。例如，高校提升排名的决策与行动，不一定会带来排名的提升，反而可能产生一系列非预期的负面影响，包括过分重视科研，轻视本科教学。此外，大学的一项决策效果不是一成不变的，而会随着环境的变化而出现不同效果。例如，在实施薪酬绩效制的背景下，高校可能一开始激励教师生产更多更高质量的论文，但一旦绩效成为薪酬的决定性因素，高校教师更有可能生产"短平快"的论文，而不会冒险打造高质量的代表作。最后，大学决策实施效果可能存在的悖论：一个看似好的决策，可能会产生坏的结果；而一个看似不成熟的决策，有可能产生意想不到的好结果。罗伯特·伯恩鲍姆（Robert Birnbaum）在长期的治校实践和研究过程中，就发现了类似的现象：高校作为一个松散联结的系统，因果关系是非线性的，决策效果往往不可预料且常常与起初所预料的大相径庭。一个学校看似经营得十分糟糕，但却非常有效。②

3. 高校治理过程模糊性的价值

受理性主义思想的指导，我们一直在追求高校治理的清晰性，而尽可能地避免模糊性。背后的主要原因是人们往往只看见高校治理清晰性的价值，而忽视了高校治理模糊性的价值。事实上，受制于外部现实的复杂性和人的理性有限性，高校治理的模糊性可以说是内在的、根本的；相对而言，高校治理的清晰性是有条件的、有限的。同清晰性一样，高校治理的模糊性在许多方面有其正面效应，尤其是在新管理主义兴盛的大环境下。

1）有利于提升高校的包容性

高校是一个多元分化的利益群体构成的组织，背后存在各种难以调解的矛盾与冲突。其中，一个典型的表现是高校教师与行政人员之间存在的价值取向差异。高校教师主要专注于个人的专业领域和学术自由，更忠诚于自己所在学科，喜欢一种有组织的无政府状态；行政人员则需要关注学校的整体利益，按照

---

① 郑卫东，许杰. 对高校"双肩挑"现象的重新审视——利益冲突的视角[J]. 高等农业教育，2015(2).
② [美]罗伯特·伯恩鲍姆. 大学运行模式——大学组织与领导的控制系统[M]. 别敦荣，译. 青岛：中国海洋大学出版社，2003：48.

官僚体系的规则与价值办事。基于这些价值差异,在高校治理过程中刻意追求某种清晰的统一或一致,不仅是难以实现的,而且有可能引发更多的矛盾与冲突。相反,容忍高校治理中存在模糊性,却能最大程度上软化、钝化甚至化解这些潜在的矛盾与冲突,从而真正意义上实现高校的"思想自由、兼容并包"。此外,高校治理中的模糊性还能够兼容不同高校利益相关者的情感和利益诉求,让不同的利益相关者都可以从中找到情感与利益的契合点,进而缓和不同利益相关者潜在的利益与价值冲突,提高对高校治理的认可度和支持度。

这里以特罗姆斯大学(University of Troms)所实施的一项名为"价值与形象"工程(Values and Identity project,以下简称 VI 工程)为例,具体阐释大学治理模糊性所体现出的包容性价值。特罗姆斯大学是一所位于挪威北部的大学,离北极圈仅有 300 千米。2002 年秋该校启动了 VI 工程,目的在于通过树立一个与众不同、统一明确的大学形象,使大学内外部公众对大学产生一致的价值认同,进而提升学校的竞争力、吸引更多的办学资源。在办学定位上,VI 工程一开始把学校定位为"北部的大学"(The University in the North)。但是,这一定位遭到数学、外语、经管、法律、医学等院系教师的反对,他们认为学校包含了众多的研究领域,这一狭隘的定位与大学事实不符,大学的定位应更加国际化。在价值认同上,VI 工程确定了"强大、重要、开放"三个关键词作为学校的核心价值。同样,这些核心价值没有得到大学内外部选民的共鸣,而被认为是一些没有特殊内涵的空话。最后,在巨大的阻力下,VI 工程不得不宣布中止,但它给人留下了深刻的教训。该校教务长认识到,刻意追求一种表述精准的核心价值认同,实质上是置大学于风险之下,有可能把大学引向歧途;大学就是大学,从中你就能得到一些价值、目标和理想。该校校长也认识到,大学的宽度才是大学的生命力所在,应容许大学内部存在一定的分歧和模糊。"当大学积极发展海洋事业时,你可以向关注者说它是一所海洋大学;当大学的和平研究成为焦点时,你可以说它是一所和平大学。大学通过塑造一系列不同的形象,反而可以获得更多的资源。"①

2) 有利于增强高校的适应性

尽管高校治理的清晰性有其价值,但同时必须看到:当前的高校治理在某

① 沈国丰,刘爱生:特罗姆瑟大学"价值与形象"工程:困惑及启示[J]. 杭州师范大学学报(社会科学版),2011(3):117-121.

种程度上陷入形式理性的泥淖之中,一个重要表现为:过分地追求和迷思高校治理的清晰性或精确性。在我国高校普遍有如下一种认知倾向:只要完善治理结构,高校就能实现有效治理;只要建立现代大学制度,高校就能健康快速发展。这种认知倾向其实是蕴含着风险的,它有可能把高校的发展引向一种僵化的境地,进而削弱高校的适应能力。因为过度追求高校治理的清晰性,不仅有可能束缚高校决策者的领导力和行动力,而且会限制高校发展的预留空间和灵活、机动的余地。马克斯·韦伯就曾用"理性铁笼(iron cage)"这一术语来形容科层官僚制和现代法治过度理性化的后果。在他看来,我们在理性主义引导下构建了"越来越精确""可计算性"的科层官僚系统,并设计了明确的法律体系。尽管在表面上它给人生存和生活的环境带来了"一套完美的政治、经济与社会秩序",但同时造成了"常规化(routinization)的僵硬","极大地威胁了人类本来就不多的自由","使得为了追求自身解放与自由的人反而在这种追求自身解放与自由的过程中成为理性的奴隶"。① 这种"理性铁笼"在美国高校就得到一定的体现。依法治校是美国高校普遍施行的一条法则,尽管它有诸多方面的好处,但当下的问题是法律的影响日益超过了它应有的限度而显得适得其反。许多批评人士指出,法律诉讼和遵守法规的成本无论是在金钱上,还是在精力与智力上,都显得太大了。它不仅使得大学脱离其基本使命,而且损害了校园决策的完整性。一个典型的案例是阳光法案给美国大学治理所带来的诸多束缚与困扰,尤其是给美国大学的董事会会议和大学校长的遴选所带来的负面影响。②

　　相反,面临外部环境的高度复杂性和不确定性,容忍高校治理中的模糊性,可以给高校带来更多的灵活空间,包括为新事物的发展预留空间,赋予决策行动者更多且必要的自由裁量权。如此一来,高校决策者可以拥有更多自主选择的范围,从而更好地实现办学目标,并最终提升高校适应剧烈变动的外部环境的能力。美国学者詹姆斯·贝斯(James Bess)就指出,大学应该是一个富有感情、注重人际关系的有机体,而非一个基于算计的、理性的机械装置。容忍大学治理中的模糊性,不仅可以使大学从过度理性的极端中解放出来,以免大学的本质受到

① 马剑银. 现代法治、科层官僚制与"理性铁笼"——从韦伯的社会理论之法出发[J]. 清华法学,2008(2):33-53.
② 刘爱生. 阳光法案对美国公立大学治理的影响[J]. 浙江师范大学学报(社会科学版),2018(3):86-94.

损害,而且可以赋予大学更灵敏的反应能力,以更好地发挥其创新的能力。相反,如果通过增加官僚规则来消除大学治理中的模糊性,尝试追求简单化和统一化,极有可能损害大学分散系统(disparate systems)所带来的益处。总之,在大学治理中,极度理性(其结果是过度追求清晰性)是一场灾难,它将促使大学像机器一样运行——高效、精确、自动,但没有灵魂。①

3) 有利于维系大学教师的自主性

20世纪80年代以来,新管理主义的思想开始逐渐渗入全球的高等教育改革中。新管理主义相对规模庞大、低效、笨拙的传统官僚管理模式而言的,它强调经济、效率和效能,主张将私营机构的经营理念和管理技术运用到高等教育的管理之中,并形成绩效评估、成本控制、财务管理、质量保障等一套完整的保障机制。它对高校治理所带来的影响包括:在外部,政府与高校之间的关系由信任走向问责。政府虽然摆出了放权姿态,但强化了自身监督大学的权责,仍通过工具性评估及资源分配实现实质性控制。在内部,为了强化办学效率和教师个人绩效,市场竞争机制和标准化的管理与评估方式被引入高校;同时,高校行政人员的权力获得极大地强化,并不断插手教学和科研等学术核心事务。在内外部治理环境的变迁下,高校教师日益成为高校应对外部问责及实现高速发展目标的工具,但其代价是牺牲教师自由宽松的学术环境和个人自主的生活空间。②

可见,新管理主义所追求的经济、效率和效能会带来大学治理的清晰化(因为背后有各种规范、标准和控制),方便行政权力的介入,但也带来了大量的负面结果,包括大学行政权力的强化、管理制度的刚性化(非正式制度受到挤压)以及大学教师学术自主性的降低。然而,历史经验告诉我们,高校的有效治理除了完善的治理结构外,更需要充分的学术自由和学术自主,以及大量非正式制度的存在——后二者某种程度上是建立在大学拥抱模糊性的基础之上的。因为模糊性可以凭借其含糊不清或捉摸不定,在事实上减少高校内外部对高校教师所带来的直接干预,进而更多地保留学术自由空间和维系个人的学术自主。对此,密歇根大学前校长詹姆斯·杜德施塔特(James J. Duderstadt)就指出,大学作为一种学术组织,其突出特征表现为一种创造性的无序状态。大学教师反感金字塔

---

① James L Bess. Toward strategic ambiguity:Antidote to managerialism in governance [J]. Higher Education:Handbook of Theory and Research, 2006(23):491-554.

② 张银霞. 新管理主义背景下西方学术职业群体的困境[J]. 高等教育研究,2012(4):105-109.

式的商业与政府组织。任何认为大学可以与诸如公司和政府之类的其他形式之社会机构相提并论的提议都会触怒教师。相反,教师对大学这种创造性无政府状态的运作方式感到非常骄傲。这种模糊的状态可以更多地保留教师的"自留地",维系和增加教师的自主性。①

六、高校内部有效治理模式的建构

根据上文分析,下面我们构建高校内部有效治理的理论模型。在这个模型中,治理主体、治理制度、治理文化和治理过程构成一个动态的、相互影响的治理体系。

在高校有效治理体系之中,治理主体处于一种核心地位,因为治理实践是由具体的人来执行的。人的专业素养与精神面貌能从根本上决定治理是否有效。在高校内部治理中,高校利益相关者包括高校教师、高校行政人员、大学生;在很多时候,外部人员(如政客、校友、捐赠者等)都有可能参与到高校内部治理之中。一个有效的高校内部治理,需要回应不同利益相关者的利益诉求与价值冲突。这就必然要求高校利益相关者具备公共理性,因为公共理性能够确立一种共同的价值认同,建构一种平等互信的人际关系,以及建立一种共享的规则。需要指出的是,在高校内部治理中,核心利益相关者包括高校教师和行政人员。这二者之间由于价值、利益、兴趣、文化的不同,在许多方面存在冲突。为了高校有效治理,除了一般意义上的公共理性之外,二者还需要其他素养与精神。对于高校教师而言,公共精神必不可少。只有高校教师具备公共精神,他们才愿意参与到治校中来,也才能通过换位思考理解行政人员的处境。对于高校行政人员,领导力是高校有效治理不可或缺的要素。因为当今高校处于大变革的时代,高校治理要走向有效需要强有力的领导力。

在高校有效治理体系之中,治理结构处于一种基础地位,因为所有的治理活动都是在一个框架之中进行的。基于历史的视野,纵观世界高等教育,可以发现能促进高校有效治理的结构:在横向上表现为共同治理结构,即高校教师和行政人员根据各自的专业特长,共同参与学校重大决策。共同治理模式之所以是

---

① [美]詹姆士·杜德斯塔特.舵手的视界——在变革时代领导美国大学[M].桑新民,译.北京:教育科学出版社,2010:103.

一种有效的治理结构安排,是因为它首先保障了民主治校,其次它维护了学术自由,最后它能在高校内部营造一种稳定感和秩序感。在纵向上表现为"院为实体"的校院两级治理体系。因为高校组织具有"矩阵结构"和"底部沉重"的特征,在高校有效治理结构中,学院是学校管理的重心,学校和学院有着较为明晰的权力边界。此外,学校与学院呈一种扁平化的结构,不是一种垂直的领导和管理关系。二级学院是作为一个准主体参与到资源争取等活动中去。

在高校有效治理体系中,治理制度处于一种保障地位。高校内部治理的核心是完善决策、执行、监督的机构设置和运营程序,把决策、执行和监督三者分开,并且相互制约。综合来看,有效的治理制度首先要能够"把权力关进制度的笼子里"。要实现这一点,最基本的保障措施就是进行权力制衡。其次,有效的治理制度也是权责清晰的。这种权责清晰既体现在政府、市场和高校之间的边界划分,又体现在高校内部的不同利益群体之间(本研究的重点)。在高校内部,大学章程作为高校内部的"宪法",为高校内部不同利益群体的权责划分基本定调。当然,高校治理制度能否有效运行,取决于治理主体的素养与能力。

在高校有效治理体系中,治理文化处于一种中心地位。因为高校的有效治理,不只在于设计出一种最好的治理制度,而在于高校的参与者能够创造一种有效的大学文化。首先,高校内部要有一种信任的文化。信任是高校教师与行政人员双方开展合作的前提,是有效共同治理模式得以发挥实效的基石。其次,大学内部要享有共同的语言。因为共同的语言能够带来共识,进而提升组织凝聚力;共同的语言能够融合价值观的差异,进而维持核心价值认同。最后,高校内部拥有足够的透明度。因为高校内部决策的公开透明,能够增加公众对高校的信任和支持,能够有效预防高校潜在的腐败,能够促使官员做出合理的决策。

在高校有效治理体系中,治理过程由于"人"和"文化"等因素的影响,往往难以刻画。但综合国内外高校治理,有效治理模式的过程包含以下两大特征:政治性和模糊性。高校治理过程的政治性指高校的治理不是在一个封闭、静态的系统中,领导者基于其正式、合法的权威与权力,自上而下开展决策的过程;或在一个民主、和谐的氛围中,学术共同体依据其专业与能力,集思广益最终达成一致的过程。一个更为准确的决策过程既包括科层的过程和达成一致的因素,又包含利益冲突、矛盾、争论、妥协等政治行为。高校治理过程的政治性能促使高校决策参与者认清高校治理现实,掌握必要的政治智慧;有利于高校决策参与者集思广益,提高大学决策的质量。高校治理过程的模糊性指由于外部现实的复杂性、人的理性有限性以及自我偏好与身份的不一致性,高校治理的过程很难遵循"渐进主义"和"理性主义"的理想模型,而表现出某种程度的模糊性。这一模糊性的治理过程通常被视为一个巨大的"黑箱"。具体而言,高校治理过程的模糊性体现在以下三方面:高校决策制定的模糊性;高校决策执行的模糊性;高校决策实施效果的模糊性。而高校治理过程模糊性的价值在于:有利于提升高校的包容性,有利于增强高校的适应性,有利于维系高校教师的自主性。

　　无论是高校治理主体、治理制度、治理文化还是治理过程,都需要遵循大学善治的四大基本原则,即效率性、整体性、民主性和法治性。显然,如果高校治理不遵循这些原则,很难不保证高校治理方向的走偏。基于以上思想,本研究构建了高校内部有效治理模式图(见图3.3)。

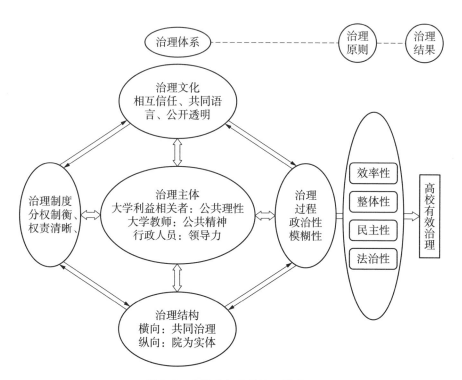

图3.3　高校内部有效治理模式图

第二篇

我国高校内部治理模式的历史变迁与现实研究

　　摘要：本子课题是本研究的事实支撑部分，通过对我国高等教育发展历史和高等教育制度变迁的线索梳理，描述我国高校管理体系的变迁过程及高校内部治理的现实情况，把握不同阶段我国高校内部治理体系形成的原因和过程，分析总结我国高校内部治理模式实践的得与失。本研究为本课题"知其然"的事实研究，主要通过梳理和探究"我国高校内部治理模式变迁的路径及其动因"及"我国高校内部治理模式变迁的特征及其结果"等，总结分析高校内部治理模式的"得与失"，为高校内部治理体系创新提供事实依据。本篇由如下三章构成：《我国高校内部治理制度变迁的路径》《我国高校内部治理模式变迁的主题分析》《我国高校内部治理制度变迁的模式与动力》，研究目标是：以高校制度变迁为线索梳理我国高校内部治理模式变迁的过程和路径；分析我国高校内部治理体系形成与变革的逻辑与动力；总结我国高校内部治理体系实践的得与失。

第四章
我国高校内部治理制度变迁的路径

　　本章及后续两章对我国高校内部治理模式的制度演化即从新中国成立至
2017 年我国高校内部治理制度变迁的历史路径，以及高校内部治理制度变迁的
关键维度如制度变迁的模式特征、动力机制和制度绩效等发生了哪些变化等进
行梳理，并基于历史制度主义分析框架对上述问题予以分析。本课题研究认为
对上述问题的梳理和回答，是我国高校内部治理制度创新的历史逻辑起点，对本
课题研究具有重要的理论与实践意义。新中国成立以来七十年间，我国高校内
部治理制度经历了复杂的变迁历程，梳理这一制度变迁的具体脉络是后续历史
制度主义研究和批判话语分析的基础。由于国家颁布的高校内部治理相关政策
文件是高校内部治理实施的依据，且我国高校内部治理的制度变迁主要由政府
主导，因此本研究主要通过国家历年出台的有关高校内部治理的政策文本分析，
来呈现和把握我国高校内部治理制度变迁的历史路径和主题脉络。

一、政策语料库与研究方法

　　新中国成立以后，国家出台的相关政策直接作用于高校管理，引发高校内部
治理变革，决定了各权力在高校内部治理中的运行。[①] 可以认为，我国高校内部
治理的整个制度变迁过程表征在政策历史中，因此把新中国成立以来高校内部
治理政策文本按相关性进行取舍建成语料库，并在此基础上进行话语分析，是研

---

① 张德祥.1949 年以来中国大学治理的历史变迁：基于政策变革的思考[J].中国高教研究,2016(2)：
　　29－36.

究我国高校内部治理制度变迁的重要路径。

(一) 语料库的建立

基于已有的国内外研究,我们把"高校内部治理"界定为:我国公立高校法人治理结构中,高校内部行政权力(包括政治权力)、学术权力和多元治理权力配置及其运行的制度安排,它涉及大学组织的激励和约束机制,由此会带来不同的组织效率和效益。对高校内部治理的如上操作性界定是本研究判定政策文本语料能否进入语料库的重要依据。

根据上文对研究问题的厘定,构建研究语料库所需要搜索的范围是从新中国成立即 1949 年 10 月 1 日至 2017 年 12 月 31 日国家层面颁布的所有高校内部治理政策文本。研究使用线上与线下相结合的方式进行语料搜集:2000—2017 年的政策文本主要来源于中华人民共和国教育部政府门户网(http://www. moe. gov. cn/),通过对在线的历年《教育部公报》、教育文献、政策法规、教育年鉴等的逐一排查,根据政策文本与研究主题的相关性筛选出这一时期的政策语料。对于 1949—1999 年的政策文本,能够通过教育部网站获取的就直接下载,由于历史久远无法获取的文本则通过图书馆查阅历年教育部办公厅编订的《教育文献法令汇编》①②③④⑤⑥《中华人民共和国教育法律法规全书》⑦《中华人民共和国重要教育文献(1949—1975)》⑧和《中华人民共和国重要教育文献(1976—1990)》⑨获取影印资料,同时也通过知网(http://www. cnki. net/)收录的《人民教育》所刊载的历年重要教育文献获取更多珍稀政策文本。除此之外,为防止遗漏重要政策文件,研究查阅了高校内部治理领域的重要研究成果,对文章中罗列的政策文献逐条核对,发现遗漏便及时补充,以完善研究所需的语料库。

---

① 中华人民共和国教育部办公厅编. 教育文献法令汇编(1951)[M]. 北京:人民教育出版社,1952.
② 中华人民共和国教育部办公厅编. 教育文献法令汇编(1949—1952)[M]. 北京:人民教育出版社,1958.
③ 中华人民共和国教育部办公厅编. 教育文献法令汇编(1953)[M]. 北京:人民教育出版社,1954.
④ 中华人民共和国教育部办公厅编. 教育文献法令汇编(1956)[M]. 北京:人民教育出版社,1957.
⑤ 中华人民共和国教育部办公厅编. 教育文献法令汇编(1961)[M]. 北京:人民教育出版社,1962.
⑥ 中华人民共和国教育部办公厅编. 教育文献法令汇编(1963)[M]. 北京:人民教育出版社,1965.
⑦ 孙琬钟. 中华人民共和国教育法律法规全书(上、下卷)[M]. 北京:中国法律年鉴社,1998.
⑧ 何东昌. 中华人民共和国重要教育文献(1949—1975)[M]. 海南:海南出版社,1998.
⑨ 何东昌. 中华人民共和国重要教育文献(1976—1990)[M]. 海南:海南出版社,1998.

　　经过对有关政策文本的搜集和筛选,得到与本研究主题相关的高校内部治理政策文本共 85 份,计 538 366 个汉字的语料库。但由于许多政策文本是综合性文件,包含了与高校内部治理无关的内容,因此有必要再根据如上对"高校内部治理"的界定,选取高度契合的内容,最终得到 183 634 个汉字的语料库。总体上看,语料库涵盖了 1949—2017 年国家层面所发布实施的与高校内部治理密切相关的所有公开的政策文件,具有研究所要求的语料完备性。另外下文表 4.1中不同历史分期高校内部治理政策文本之间的 Pearson 相关系数,以及图 4.1中高校内部治理政策文本语料库的词汇相似性聚类分析结果,都表明语料库内部具有一致性和稳定性,即具有较好的研究信度。

(二) 批判性话语分析

　　建立起我国高校内部治理政策文本语料库后,为探索具体的制度变迁,本研究对语料库进行了批判性话语分析。批判话语分析是将语言视为一种社会实践的跨学科话语研究方法,致力于分析社会或政治控制如何在文本或谈话中再现,且这种分析范式认为任何话语事件都包含三个维度:语篇、话语实践及社会文化实践。[1] 英国语言学家诺曼·费尔克拉夫(Norman Fairclough)据此提出了批判话语分析的三维框架:描写、阐释和解释(见图 4.1):

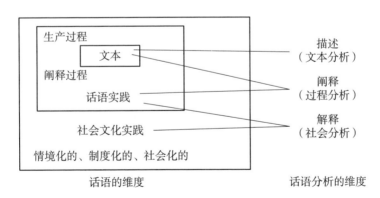

图 4.1　费尔克拉夫批判话语分析三维框架[2]

① Nasir H S Bukhari, Wang Xiaoyang. Critical Discourse Analysis and Educational Research [J]. Research & Method in Education, 2013(1): 9-17.

② Fairclough N. Critical discourse analysis: The critical study of language [M]. New York: Longman, 1995: 98.

描写着重于描述政策文本的语言使用和篇章结构特征,语言使用特征包含文本的情态系统、及物系统和名物化等,篇章结构特征包括和其他文本之间的互文性、文本内部的篇际互文性。[①] 阐释着重理解文本间性,通过对比分析文本的文体风格可以发现文本背后的社会关系,而解释的目的是理解话语变迁如何受社会变迁的影响,任何话语都受到社会因素的影响,同时反作用于社会实践,从而构建起不同群体之间的社会身份关系。[②] 通过以上描述、阐释和解释三个步骤,政策文本与社会实践通过话语分析的方式连接起来,以微观文本见宏观背景,发现话语背后所具有的深层内涵,这是批判话语分析方法的精髓所在。从理论上可以看出,遵循如上研究方法能够实现本文研究目标,研究方法与研究目的两者达成契合。但是需要明确的是,本文的研究重心不在语言学的文本分析与过程分析上,而在于政策文本的社会分析。

(三) 历史制度主义分析框架

本研究问题聚焦于我国高校内部治理的制度变迁,由此可以看出研究的两个重要核心元素分别是"制度"与"变迁"。其中"制度"将用 1949—2017 年间高校内部治理政策文本来表征,而"变迁"则要求研究要重点通过时间维度来考察。由研究问题来找寻适恰的分析框架是研究应遵循的基本逻辑。历史制度主义作为政治学和人文社会科学研究的新兴研究范式,聚焦的正是"制度"和"历史(时间)",因此研究采用历史制度主义范式来确定分析框架。

历史制度主义兴起于政治学领域。政治学研究从历史发展来看经历了由旧制度主义到行为主义,再到当前的新制度主义范式的演变历程。[③] 而一般地可以把新制度主义范式细分成社会学制度主义、历史制度主义以及理性选择制度主义三大派别。[④] 其中社会学制度主义关注点在于宏观文化与个体行动之间的关系,理性选择制度主义着眼于个人理性的微观基础,而历史制度主义的研究重

① 张奂奂,高益民. 批判话语分析在大学章程文本中的应用研究:以新加坡国立大学章程为例[J]. 中国高教,2015(11):49-54.

② 程军,高文豪. 美国公立大学使命宣言的话语变迁:基于语料库的批判话语分析[J]. 比较教育研究,2017(3):14-25.

③ 魏少亮,郭丹. 历史制度主义:理论与应用[J]. 中共济南市委党校学报,2005(4):32-34.

④ Peter A. Hall, Rosemary Taylor. Political Science and the Three New Institutionalisms [J]. Political Studies,1996(44):936-957.

点是制度的历史演变及制度作用。① 由此可以看出,社会学制度主义和理性选择制度主义分别具有宏观与微观旨趣,而历史制度主义则居中属于中层理论研究范式。在历史制度主义范式中,制度的内涵具有多重性,包括规则与程序、结构与组织、规范与秩序、权力关系与资源配置和行动者因素等。② 由于其中层理论旨趣,历史制度主义也是从中观层面来考察由如上因素所组成的制度。它的主要和新近的理论特征体现在如下方面:强调权力在制度实践中所呈现的非均衡状态;强调路径依赖和不可预测结果;强调对理念等因素作用的分析;从更宽泛视角审视制度和个体行为之间的关系;关注价值理性等"替代性"理性;强调历史的突发性及对偶然事件的背景审视。③ 它的一个核心理论观点是:制度既是因变量,也是自变量。④ 据此,其惯常的分析范式就是一方面把制度作为因变量来研究制度变迁的路径、特征和动因,另一方面又把制度作为自变量来研究制度(变迁)所带来的结果影响。这种结果影响也就是所谓的"制度效能"⑤。可以把前者称为制度变迁理论,而后者则是制度(变迁)效能(绩效)理论,两者构成了历史制度主义的两大主要理论,它们是对制度的双重认识即把制度既看作因变量又视为自变量的分析成果。⑥ 由上演绎出了历史制度主义的基本分析框架。基于上述研究过程,形成了本研究我国高校内部治理制度变迁的历史制度主义分析框架(见图 4.2)。

本研究一方面把新中国成立以来至 2017 年的高校内部治理制度作为因变量对变迁脉络进行分析。历史制度主义认为"历史"和"脉络"是核心概念,如果研究者不能充分了解脉络,则不可能解释社会制度,因为脉络构成了历史。⑦ 基于此,本文将重点梳理我国高校内部治理制度变迁的脉络,具体地将对相关制度变迁作整体上的时间分期,以明确制度变迁的历史路径;并且将进一步对高校内

① 刘圣中. 历史制度主义:制度变迁的比较历史研究[M]. 上海:上海人民出版社,2010:33.
② 段宇波. 制度变迁的历史与逻辑:历史制度主义的视角[D]. 太原:山西大学,2016:89.
③ 赵晖,祝灵君. 从新制度主义看历史制度主义及其基本特点[J]. 社会科学研究,2003(4):24-29.
④ [韩]河连燮. 制度分析:理论与争议(第二版)[M]. 李秀峰,柴宝勇,译. 北京:中国人民大学出版社,2014:25-26.
⑤ 刘圣中. 历史制度主义:制度变迁的比较历史研究[M]. 上海:上海人民出版社,2010:147.
⑥ 刘圣中. 历史制度主义:制度变迁的比较历史研究[M]. 上海:上海人民出版社,2010:146-147.
⑦ [韩]河连燮. 制度分析:理论与争议(第二版)[M]. 李秀峰,柴宝勇,译. 北京:中国人民大学出版社,2014:38.

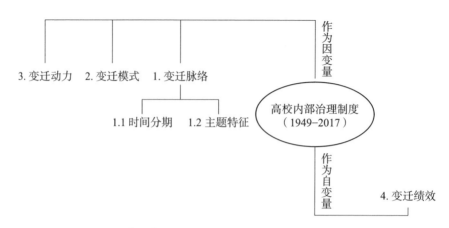

图 4.2　高校内部治理制度变迁的历史制度主义分析框架

部治理的核心主题的制度变迁做细致的特征分析。如上研究是整个研究的基础,在此之上,研究将进一步分析我国高校内部治理制度变迁的特征和动力机制。另一方面,本研究将 1949—2017 年的高校内部治理制度作为自变量,反思制度变迁所带来的影响,对制度变迁的绩效进行审视。

二、高校内部治理制度变迁的路径

　　本研究将 1949 年新中国成立至 2017 年 12 月 31 日这一历史时期我国高校内部治理变迁分为五个阶段,依次为:1949—1965 年、1966—1976 年、1977—1988 年、1989—2009 年和 2010—2017 年。这五个阶段的分期逐次以"文化大革命"开始、"文化大革命"结束、1989 年政治风波以及 2010 年《纲要》的颁布为时间节点。"文化大革命"的开始意味着新中国成立以来高校内部治理相关方面的探索及其成果遭到全面破坏;"文化大革命"结束和"改革开放"标志着高校内部治理迎来了重建和探索的新阶段;1989 年政治风波后高校领导体制正式确立并得以稳定,高校内部治理进入确立稳定期;2010 年国家颁布《纲要》,第一次提出"完善治理结构",成为高校内部治理体系进一步完善的起点。

　　以上是根据历史制度主义中的"关键节点(Critical Junctures)理论"[1]对我国高校内部治理制度变迁进行的历史分期。为了进一步验证如上历史分期的合

① 申坤. 制度的历史与历史中的制度:论历史制度主义的历史观与制度观[J]. 社科纵横,2011(12): 117 - 119.

理性,本研究通过 Nvivo11 软件对各个历史分期的制度变迁政策文本实施聚类分析。表 4.1 所示的各不同阶段政策文本之间的 Pearson 相关系数是按照词汇间相似性进行分析得出的,以此反映不同阶段政策文本之间的相关程度。1949—1965 年、1977—1988 年、1989—2009 年以及 2010—2017 年四个时期的政策文件之间的 Pearson 相关系数均大于 0.60,彼此之间呈强的正相关;而1966—1976 年的政策文本与其他四个时期的相关系数均小于 0.35,彼此之间呈较弱的正相关,这与"文化大革命"时期高等教育治理被全面破坏不无关系。

表 4.1　不同历史分期高校内部治理政策文本之间的 Pearson 相关系数

材料来源 A	材料来源 B	Pearson 相关系数
高校内部治理政策文件(2010—2017)	高校内部治理政策文件(1989—2009)	0.815 112
高校内部治理政策文件(1977—1988)	高校内部治理政策文件(1949—1965)	0.805 081
高校内部治理政策文件(1989—2009)	高校内部治理政策文件(1977—1988)	0.722 392
高校内部治理政策文件(2010—2017)	高校内部治理政策文件(1977—1988)	0.672 382
高校内部治理政策文件(1989—2009)	高校内部治理政策文件(1949—1965)	0.626 497
高校内部治理政策文件(2010—2017)	高校内部治理政策文件(1949—1965)	0.620 000
高校内部治理政策文件(1966—1976)	高校内部治理政策文件(1949—1965)	0.342 529
高校内部治理政策文件(1989—2009)	高校内部治理政策文件(1966—1976)	0.336 737
高校内部治理政策文件(2010—2017)	高校内部治理政策文件(1966—1976)	0.324 434
高校内部治理政策文件(1977—1988)	高校内部治理政策文件(1966—1976)	0.312 896

从表 4.1 还可以发现,1989—2009 年与 2010—2017 年、1949—1965 年与1977—1988 年这两组时期内部的 Pearson 相关系数均高于 0.80,按照单词的相似性聚类制图,软件将不同材料中的词汇或者短语使用进行对比后自动将这两组时期各归为一组。从图 4.3 可以看出,如上两组时期政策语料间的相关性也要高与它们与 1966—1976"文化大革命"期的相关性。

图 4.1 所示的五个历史分期语料间的聚类关系在下文对各历史分期的详述中能够得到充分体现,这进一步验证了如上历史分期是适恰的。

(一) 高校内部治理的初创探索期(1949—1965)

这一阶段新中国初成立,社会百废待兴。其间经历了"三大改造""大跃进"

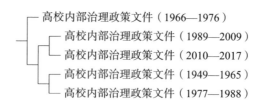

图4.3　高校内部治理政策文本语料库的词汇相似性聚类分析

"人民公社化"等运动,各项社会秩序逐渐建立,教育制度也在初创探索中。高校领导体制在这一时期变动频繁,十七年内变更了四次,依次是:1949年新中国初成立之际,高校暂时实行校务委员会制度;①1950年教育部颁布相关政策,规定高校一律实行校长负责制;②1958年政策文件指出:应坚持党委的统一领导,在此基础上采取校务委员会负责制才是妥当的;③1961年教育部又提出,高校校务委员会应以校长为首,凸显校长的作用。④ 这种领导体制的频繁变更与两个因素有关:一是当时社会不间断地处在改造和运动中,二是当时高校治理自身的不成熟,尚在模仿探索中。⑤ 教师作为大学的构成主体,其地位和权力在这一时期得到了确认。1956年教育部发布文件,首次明确教师是国家工作人员,从而确立了教师的法律地位。⑥ 1958年《中共中央关于教育工作的指示》第一次将师生纳入学校内部管理体系,提议让师生员工参加校内管理工作。

(二) 高校内部治理的停滞破坏期(1966—1976)

"文化大革命"十年期间,高等教育被全面破坏,高校停止招生,正常的教学与学术活动被迫中断,高校内部治理体制的发展陷入了停滞破坏状态。1967年相关文件提出将学校的权力交给由革命领导干部、革命学生等组成的临时权力机构。⑦ 1971年全国教育会议上指出要加强党的建设,实行党的全面领导,积极

---

① 姚钦英. 新中国成立六十年来高校领导体制的演变与探索[J]. 思想政治教育研究,2010(2):6-8.

② 高等学校暂行规程[S]. 1950.

③ 中共中央国务院关于教育工作的指示[S]. 1958.

④ 中华人民共和国教育部直属高等学校暂行工作条例(草案)[S]. 1961.

⑤ 张德祥. 1949年以来中国大学治理的历史变迁:基于政策变革的思考[J]. 中国高教研究,2016(2):29-36.

⑥ 郭丽君. 学术职业视野中的大学教师聘任制研究[D]. 武汉:华中科技大学,2006. 67.

⑦ 张德祥,方水凤. 1949年以来中国大学院(系)治理的历史变迁:基于政策变革的思考[J]. 中国高教研究,2017(1):1-7.

发挥革委会的政治作用。① 在此期间，校务委员会等高校内部治理机构的职权被革命委员会所取代。在"左倾"思想的影响下，高校沦为政治斗争的工具，"文化大革命"前颁布的《高教六十条》等教育政策被视为"修正主义"，失去了其应有作用。

（三）高校内部治理的重建探索期（1977—1988）

"文化大革命"结束后，国家开始恢复高等教育体制，相关政策法规不断出台，为高等教育发展做好了顶层设计，高校内部治理进入了重建探索期。首先是积极探索，实施领导体制改革。十二年间历经两次变革：1978 年《全国重点高等学校暂行工作条例（试行草案）》（简称《条例》）提出，高校应该在坚持党委统一领导的前提下，采取校长分工负责制；1985 年《中共中央关于教育体制改革的决定》（简称《决定》）要求，党组织要从包揽一切的状态中脱离出来，大力支持校长履行职权，采取校长负责制；1988 年政府再次出台政策文件强调党政分离的必要性。② 其次是大力推行人事制度改革。国家在这一时期陆续出台了多项政策文件对高校人事制度进行改革和完善。1978 年教育部颁文明确规定高校教师职务提升的条件、手续和批准权限等事项；③1979 年教育部又颁发文件对教师考核依据、奖惩办法等进行详细规范；④为了充分发挥高校教师的工作积极性，1981 年教育部又发布通知提出运用量化的方式计算教师的薪酬。⑤ 另外，在这一时期确立了教师参与内部治理的制度。教师参与治理主要通过两种制度安排实现：一是教代会制度，二是学术委员会制度。1985 年教育部、教工会出台相关条例，以正式文件形式确立教代会制度的形成。⑥ 同年，《决定》再次强调要确立和健全教代会制度。1978 年《条例》指出各高等学校有必要建立学术委员会，负责学术相关重大事项的研究、讨论和审议。1983 年教育部再次对此进行提议。⑦

（四）高校内部治理的确立稳定期（1989—2009）

随着相关教育法律法规的陆续颁布，"依法治校""完善大学章程"等理念被

---

① 全国教育工作会议纪要[S]. 1971.
② 关于高等学校逐步实行校长负责制的意见[S]. 1988.
③ 关于高等学校恢复和提升职务问题的请示报告[S]. 1978.
④ 关于高等学校教师职责及考核的暂行规定[S]. 1979.
⑤ 教育部关于试行高等学校教师工作量制度的通知[S]. 1981.
⑥ 高等学校教职工代表大会暂行条例[S]. 1985.
⑦ 杨放. 教育法规全书[M]. 海口：南海出版社，1990：695.

提出,高等学校法治建设被逐渐提上日程。这一阶段高校内部治理体系在通过立法确立整体框架情景下进入确立稳定期。首先是确立了"党委领导下的校长负责制"。1989 年政治风波使得国家重新意识到强化党委作为高校领导核心的重要性。1989 年教育部颁发文件,强调高校仍要坚持党委的领导。① 同年,中共中央发布通知,再次重申党委在高等学校居于政治核心地位。② 1998 年国家通过立法形式将领导体制正式确定为"党委领导下的校长负责制"。③ 其次是全面推行教师"聘用制"。1993 年《中国教育改革与发展纲要》指出要打破平均主义,引入竞争机制,在高校实行聘用制度,提高办学效益。1998 年国家以法律条文的形式将此制度正式确立下来。④ 1999 年政府提出要在未来三年内,在高校全面推行该制度。⑤ 再次是确立了多元治理相关制度。1998 年《高等教育法》第四十二条和第四十三条法规分别对学术委员会和教职工代表大会的设立及职责进行了清晰明确的规定,使其权力和地位以法律形式得到确认。最后,这一阶段还提出了"依法治校"理念。1998 年章程被写入教育法律条文中,成为高校申请设立的必须条件之一。⑥ 1999 年教育部提出要积极实行依法治校,制订和完善高校章程。⑦ 2003 年国家将"加强依法治校"直接作为文件名发布,再次强调法治观念和依法管理意识在高校治理中的重要性。⑧

(五) 高校内部治理的完善发展期(2010—2017)

2010 年《纲要》的颁布,揭开了我国大学内部治理发展的新篇章。《纲要》提出"坚持党委领导下的校长负责制""探索教授治学""推进民主治理""加强章程建设"等理念,为这一时期高校内部治理改革指明了方向。这一时期,高校内部治理制度的建设与发展首先是再次明确大学领导体制。《纲要》指出,必须加强和完善"党委领导下的校长负责制","十二五"规划、"十三五"规划等一系列文件均再次强调这一观点。其次是加强"学术委员会制度"建设。《纲要》指出,学术

---

① 关于当前高等学校工作中几个问题的意见[S]. 1989.
② 中共中央关于加强党的建设的通知[S]. 1989.
③ 中华人民共和国高等教育法[S]. 1998.
④ 中华人民共和国高等教育法[S]. 1998.
⑤ 关于当前深化高等学校人事分配制度改革的若干意见[S]. 1999.
⑥ 中华人民共和国高等教育法[S]. 1998.
⑦ 教育部关于加强教育法制建设的意见[S]. 1999.
⑧ 关于加强依法治校工作的若干意见[S]. 2003.

委员会在高校学术相关事项中具有重要作用,教授在科研、教学等方面也发挥不可替代的作用。以此为导向,2012 年教育部提出要优化校院两级学术组织构架,建立校领导联系学术骨干和教授制度。[①] 2014 年教育部颁布相关施行规程,进一步推动了学术委员会制度的建立与发展。[②] 第三是推进高校"多元共治"格局的形成。《纲要》提出应在建立与健全教代会制度的基础上,强化学生代表大会制度建设。2011 年相关文件指出,与师生紧密相关的重大事项,要借助教代会等形式听取师生的意见和建议。[③] 2017 年教育部提出要进一步健全高校师生共同参与学校治理的制度。[④] 2017 年《高校学生代表大会工作规则》的制定,再次强调了学生群体在高校内部治理中的重要作用。最后是全面推进章程建设。《纲要》指出,高等学校应制定章程并以此为依据来管理学校。2011 年教育部颁布文件对章程的制定、核准等一一做出详细规定。[⑤] 2012 年"十二五"规划中指出,到 2015 年高等学校要实现"一校一章程"的格局。2014 年教育部颁发《部属高校章程建设行动计划》,积极响应"十二五"规划的号召,细化、明确章程建设的实施方案和时间节点。2016 年《依法治教实施纲要(2016—2020 年)》提出要在全面完成高等学校章程制定与核准工作基础上,到 2020 年达成高校依据章程自主办学的目标。

---

① 教育部关于全面提高高等教育质量的若干意见[S]. 2012.
② 高等学校学术委员会规程[S]. 2014.
③ 关于进一步推进直属高校贯彻落实"三重一大"决策制度的意见[S]. 2011.
④ 教育部等五部门关于深化高等教育领域简政放权放管结合优化服务改革的若干意见[S]. 2017.
⑤ 高等学校章程制定暂行办法[S]. 2011.

第五章
我国高校内部治理制度变迁的主题分析

为了更清晰地了解我国高校内部治理制度变迁的历史脉络,在梳理相关制度变迁历史路径的基础上,本研究有必要进一步挖掘语料数据,通过编码的方式确立高校内部制度变迁的核心主题并逐一分析。

高校中主要存在政治权力、行政权力、学术权力和民主权力。[①] 根据"多元共治"理念,本研究把高校内所有权力统称为多元权力,其中包括相对强势的政治权力、行政权力和学术权力,还包括传统所谓的民主权力等。高校内部治理应是由各利益相关者共同参与的"共治",各利益相关方学理上应有的权力都被包括在多元权力范畴内。需要指出的是,由于政治权力和行政权力在高校内部治理中的实际运作逻辑是高度同构的,研究把二者归为一类,用广义的"行政权力"来统称。据此,研究构建了高校内部治理多元权力模型(见图 5.1)。

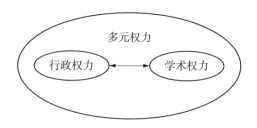

图 5.1　高校内部治理多元权力模型

---

① 刘献君.论大学内部权力的制约机制[J].高等教育研究,2012(3):1-10.

政策文本语料库的编码与访谈语料库的编码有重大差异。后者的核心方法论是扎根理论，也就是由下向上逐层编码，从而构建本土理论。政策文本语料的相对特征是结构化和封闭性，具体到高校内部治理政策文本的语料是相对结构化的，所有语料都能够被各自归入到图 5.1 模型中的行政权力或学术权力或多元权力维度之中。政策文本语料的结构化和相对的非开放性、非故事性导致整个编码不是完全扎根理论范式的，而是由上至下、自下至上结合开展的。基于此，研究在运用 Nvivo11 软件对政策文本进行编码时首先是采用这三个维度作为 1 级编码，将所有政策文本裂解成三类。然后对三类政策文本次级语料库根据扎根理论研究范式由下向上分别实施 2 级开放编码和 3 级编码。研究形成的我国高校内部治理制度变迁政策文本的编码结构如表 5.1 所示。

表 5.1 高校内部治理制度变迁政策文本的编码结构

主题话语	1 级编码	3 级编码		2 级编码
高校内部治理制度变迁	1.1 行政权力	3.1	大学领导体制	对语料库中的政策文本逐一进行开放性编码
		3.2	行政管理制度	
	1.2 学术权力	3.3	学术管理制度	
	1.3 多元权力	3.4	各权力运行监督制约制度	
		3.5	利益相关者治理参与制度	
		3.6	依法治校制度	

本研究由如上三级编码结果确定了高校内部治理制度变迁需要进一步分析的如下五个主题，而五个主题下的细分次级主题则是由 3 级编码结果所确定的。以 Nvivo11 软件为辅助的政策文本语料编码保障了分析主题包括次主题选择的合理性。

一、确立党委领导下的校长负责制

领导体制是高校内部治理制度的基石。新中国成立后历经近七十年制度变迁，我国最终确立并稳定和完善了党委领导下的校长负责制这一高校领导体制。这一体制包含两个核心要素：党委领导和校长负责。首先是党委作为领导核心全面领导高校工作。自新中国成立以来高校党委的职责经历了一个演变的过程。1961 年《高教六十条》提出,高校党委会的任务包括:做好思想政治工作;进行党的建设工作;讨论学校中的人事问题;领导学校的共青团、工会、学生会等。1978 年《条例》基本延承《高教六十条》的内容,新提出高校党委会要力戒包揽行政事务,善于发挥行政机构和校长的作用。但 1989 年政治风波后,政府强调要加强党的作风、思想、组织建设,由党委研究决定学校建设和改革的重大事项,加强了党对学校各项事务的管控。2014 年教育部颁布文件规定,高校党委会新增了人才队伍建设和反腐倡廉等职责。① 总体观之,从领导班子建设、干部队伍建设到人才队伍建设,学校的重大事项均纳入党委领导的范畴,党委已逐步实现对高校的全面领导。其次是校长负责主持学校行政工作。新中国成立以来高校校长的职责不断发生改变。1950 年教育部提出学校各项重大决议由校长批准,校长领导学校一切事务,并具有任免权。② 1961 年文件规定校务委员会针对学校重要事项商讨并做出的决定,由校长组织施行。③ 1978 年《条例》规定高校管理决策权归校党委会,由副校长协助校长分工管理学校各项事宜。1990 年文件指出由校长领导执行党委的集体决议,做好教学、科研和行政管理事务。④ 历经五十年变革历程,1998 年国家以法律形式确定校长职责为执行党委的各项决定,以及全面负责教学、科研和行政管理等事宜。

二、改革与完善人力资源管理制度

1956 年,教育部颁布文件首次明确高校教师是国家工作人员,从而确立了教师的法律地位。⑤ 之后国家颁布一系列政策文件对分配制度、用人制度和晋升制度等进行详细规定。首先是在用人制度上,由固定管理趋向流动管理。1985 年是高校人事制度变革的分水岭。1985 年以前高校的用人制度最大的特点就是事业单位的用人制度,表现出集权、计划、固定和统一等特点。⑥ 这一时期,高校人员基本不流动。1985 年后,随着聘任制度的实行,高校教师逐渐从固定管理转向流动。1992 年有关文件提出学校要逐步推行固定与流动编制结合

① 关于坚持和完善普通高等学校党委领导下的校长负责制的实施意见[S].2014.
② 高等学校暂行规程[S].1950.
③ 中华人民共和国教育部直属高等学校暂行工作条例(草案)[S].1961.
④ 中共中央关于加强高等学校党的建设的通知[S].1990.
⑤ 郭丽君.学术职业视野中的大学教师聘任制研究[D].武汉:华中科技大学,2006:67.
⑥ 肖兴安.中国高校人事制度变迁研究[D].武汉:华中科技大学,2012:74.

的人事管理制度,增加高校用人的灵活性。[①] 1998 年法律明确规定高校实行聘任制。1999 年教育部提出要在全国各高校全面实行该制度。[②] 随后,《纲要》等政策文件也都强调"聘任制"和"合理流动"。其次是在薪酬机制上,由平均主义趋向效率优先。20 世纪 80 年代以前中国是计划经济体制,资料共有均分,教师的工资差别不大。[③] 80 年代后我国逐步进入市场经济时代,市场机制开始影响教育分配制度。这体现在 1985 年《决定》首次提出教师群体也要实现按劳分配,要根据教学成果和贡献,给予相应的薪酬和奖励。1999 年文件中提出要革新现行分配制度,强调"效率"原则。[④] 2012 年教育部再次提出要改革薪酬分配办法,鼓励高校探索以教学工作量和教学效果为依据的分配办法。[⑤] 再次是在晋升制度上,由外部单一趋向自主多元。1960 年相关文件将高校教师职称定为四级,并明确职称提升的主要依据。[⑥] 1993 年文件指出评定职称要理论和实践并重,既重视科研水平,又重视教学工作和成果应用。[⑦] 2017 年教育部提出要采取多元化标准,针对不同类型、层次的教师,建立不同的评价标准,提升职称评审的公平性和合理性。[⑧] 2017 年《国家教育事业发展"十三五"规划》提出要下放教师职称评审权,落实高校教师职称评审自主权。

三、重新赋权于高校学术委员会

1949 年新中国成立后,在全面学习苏联的大政方针下,我国实行高度集权的计划体制,这种集权化管理使得教师群体失去手中大部分的权力。[⑨] 在 1949—2009 年的六十年间,提及学术委员会的政策文本寥寥无几。1963 年有文件初步提出了建立学术委员会的设想,并有北京师范大学、同济大学等高校尝试实施,但其依旧在校长管理之下,并未发挥实质性作用。[⑩] 1978 年《条例》详细阐

① 关于国家教委直属高等学校内部管理体制改革的若干意见[S]. 1992.
② 关于当前深化高等学校人事分配制度改革的若干意见[S]. 1999.
③ 李志峰,李菁华. 我国高校教师薪酬激励制度价值取向的变迁[J]. 黑龙江高教研究,2007(12):10 - 12.
④ 关于当前深化高等学校人事分配制度改革的若干意见[S]. 1999.
⑤ 教育部关于全面提高高等教育质量的若干意见[S]. 2012.
⑥ 国务院关于高等学校教师职务名称及其确定与提升办法的暂行规定[S]. 1960.
⑦ 中国教育改革与发展纲要[S]. 1993.
⑧ 教育部等五部门关于深化高等教育领域简政放权放管结合优化服务改革的若干意见[S]. 2017.
⑨ 郭卉. 我国大学学术权力制度演进的历史考察[J]. 现代教育科学,2007(7):16 - 19.
⑩ 教育部直属高等学校自然科学研究工作暂行简则(草案)[S]. 1963.

述学术委员会的职责,但其仍由校长领导,只是行政权力的附属。1998 年以法律形式确认学术委员会设立的必要性及其职责,之后却并无其他相关文件配合该法律条文的施行。直至 2010 年,《纲要》提出要充分发挥学术委员会的功能和作用,探索"教授治学"的有效路径。2014 年教育部随即颁布相关规程,明确规定学术委员会的职责权限、组成规则和运行制度等,赋予其相应的权力。① 2015 年,全国人大常委会做出关于修改《高等教育法》第四十二条的决定,学术委员会新增三条职责,分别是"调查、处理学术纠纷;调查、认定学术不端行为;按照章程审议、决定有关学术事项",以法律形式赋予学术委员会更多权力。从 2010 年《纲要》颁布至今的八年间,学术委员会的重要性被逐渐得到正视,其权力从教育部颁布的规程到《高等教育法》的修改,以各种形式得到确认。

四、由"民主监督"趋向"多元共治"

1949—1984 年期间,政府颁布的政策文件中未曾提及民主管理、民主监督等概念。1958 年《中共中央关于教育工作的指示》仅提及将师生纳入学校内部管理体系,提议让师生员工参加校内管理工作。1961 年《高教六十条》、1978 年《条例》指出要同群众一起商讨,提出解决问题的方法和主张。究其根源,是在当时历史情境中知识分子没有得到足够信任,教师被看作需要团结、教育的对象,难以获得民主管理的权力。② 直至改革开放后,我国事实上开始逐步引入市场经济体制,高校也受到相应影响,借鉴企业制度,形成独特的教代会制度。1985 年《教代会暂行条例》的颁布,将教代会制度正式确立下来。同年,《决定》首次提出民主管理与民主监督的理念。1995 年、1998 年相关教育法律的颁布,以立法的形式正式将教代会制度确定下来。在之后的政策文件中,教代会与民主管理和监督一直密不可分,但民主管理和监督的重点一直放在教师身上。直到 2010 年《纲要》指出在加强教代会建设的基础上,也要加强"学生代表大会制度"建设,这将高校的内部治理主体推向更加多元的方向。之后陆续出台各项政策文件,均强调师生的治理作用。2012 年《高等教育专题规划》提出一方面要充分发挥教代会的功能和作用,另一方面也要坚持和完善学生代表大会制度。2017 年

---

① 高等学校学术委员会规程[S]. 2014.
② 郭卉. 我国高校教职工代表大会制度变迁的历史考察[J]. 高教探索,2007(2): 39-42.

《高校学生代表大会工作规则》进一步强调学生代表大会在高校内部治理中的重要性。

五、"一校一章程"格局的最终形成

自 1949—1994 年的 45 年间,大学章程几乎销声匿迹。这是因为在新中国成立后,高校由教育部统一领导,实施高度集权化管理,高校失去办学自主权,章程也因此失去存在和发展的空间。[①] 直至 1995 年、1998 年相关教育法律法规的颁布,大学章程才再次出现在高校制度建设中。此后,有零星几项政策文件提及章程建设,如 1999 年教育部提出要加强教育法制建设,各高校要尽快制定、完善学校章程;[②]2003 年"依法治校"理念被提出。[③] 但此时的政策文件并未提出具体的施行措施和意见,仅限于书面提议,也并未受到各高校的重视。2010 年《纲要》的颁布改变了这一现状,《纲要》提出要加强章程建设,将章程建设作为高校内部治理改革的重点之一。次年,教育部颁发文件对章程的制定、核准等一一进行详细规定。[④]"十二五"规划中也提出相应的任务和目标,到 2015 年高等学校要实现"一校一章程"。2014 年教育部颁发《部属高校章程建设行动计划》,积极响应"十二五"规划的号召,细化、明确章程建设的实施方案和时间节点。截至 2015 年,教育部核准了 114 所高校的章程,并在全国范围内基本实现了"一校一章程"格局。2016 年,政府颁布《依法治教实施纲要(2016—2020 年)》确立新的目标,即到 2020 年全面实现高校依据章程自主办学。至此,我国"一校一章程"格局基本形成,未来的改革重点在于实现高校真正依据章程办学,使章程能够发挥应有的效力。

---

① 李强. 我国大学章程的历程与现状[J]. 国家教育行政学院学报,2012(2): 34 - 38.
② 教育部关于加强教育法制建设的意见[S]. 1999.
③ 关于加强依法治校工作的若干意见[S]. 2003.
④ 高等学校章程制定暂行办法[S]. 2011.

第六章
我国高校内部治理制度变迁的模式与动力

上述对我国高校内部治理制度变迁历史路径的梳理和对其深入的主题分析，为我们展现了新中国成立以来至 2017 年相关制度变迁的清晰历史图景。基于此，根据历史制度主义的分析框架，本研究将进一步深入分析如上制度变迁的模式特征和动力机制。

一、高校内部治理制度变迁的混合模式

我国高校内部治理制度自新中国成立以来的近七十年间历经异常复杂的变迁。历史制度主义分析框架的逻辑衍生出了四种不同的变迁模式：断裂均衡、渐进转型、关键节点和路径依赖，这些模式之间不是绝然区隔的，它们有重叠和交集，涉及制度的生成、持续与演化等核心主题。[①] 但是由此关照我国高校内部治理制度变迁的历史，可以发现其具有混合的特性，如上四种制度变迁的模式没有一个能够单独概括这段制度变迁史，我国高校内部治理制度变迁近七十年的历史是断裂均衡、关键节点、路径依赖和渐进转型四种模式的混合体。基于此，我们可以称其为制度变迁的混合模式。

（一）断裂均衡与关键节点

斯蒂芬·克拉斯纳(Stephen Krasner)认为制度从长期来看具有稳定性，但是期间总会有危机导致制度周期性间断和波动，然后制度又会再次复归稳定。[②] 从

① 段宇波.制度变迁的历史与逻辑：历史制度主义的视角[D].太原：山西大学，2016：115.
② Stephen D. Krasner. Approaches to the State: Alternative Conceptions and Historical Dynamics [J]. Comparative Politics，1984，16(2)：223－246.

这一观点可以看出,制度具有长期的稳定性,也就是达到一种均衡状态,然而总会有危机导致制度的间断波动,即制度断裂,这也就是所谓的制度变迁的断裂均衡(punctuated equilibrium)模式。需要指出的是这一模式所强调的制度变迁的周期性需要从较长历史时间段才能表征出来。新中国以来,由于我国高校内部治理近七十年的变迁时段较短,研究不难发现在改革开放后特别是1989年后至今,高校治理制度的变迁具有相对的均衡稳定性,但是在这近七十年内社会变革及社会动荡多少也给高校治理制度带来一定程度的断裂和波动。

　　制度变迁包括了制度的生成和转变。[①] 新中国高校内部治理制度变迁亦即制度生成的基点即1949年新中国成立,这一制度生成本身就是因为国内战争结束带来的制度断裂的结果。其后制度变迁中几次明显的断裂有"文化大革命"的开始及其结束,以及1989年政治风波所带来高校领导体制"校长负责制"的终止。"文化大革命"的开始与结束作为一种制度断裂所带来的对我国高校内部治理制度变迁的冲击是巨大的。这些制度的断裂带来的可能是制度的正向生长,如解放战争的胜利所带来的具有中国特色的高校内部治理制度起点的生成;制度断裂也会带来制度的负向衰退,如"文化大革命"的发生导致我国高校内部治理制度在"文化大革命"期间对高等教育规律的违背。

　　与制度断裂密切相关的是关键节点(critical juncture),它是制度发展道路上存在的具有重要意义的转折点。[②] 进一步可以把关键节点理解为制度变迁中的转折时期、重大决策和制度设计的关键时期,或者是重要的冲突爆发点、能动选择点和结构分歧点,关键节点因其转折性和关键性对制度发展轨迹影响重大。[③] 由此审视我国高校内部治理制度近七十年来的变迁,最早的关键节点是新中国的建立,接着依次是"文化大革命"的开始、改革开放、1989年政治风波和2010年《纲要》的颁布。从上述研究对我国高校内部治理制度变迁历史路径的描述可以看出,正是如上关键节点带来了制度的断裂和生长或者是波动。这些关键节点的存在及其导致的制度变迁效应,正是本研究对我国近七十年来高校内部治理制度变迁的历史路径进行分期的逻辑依据。

---

① 刘圣中.历史制度主义:制度变迁的比较历史研究[M].上海:上海人民出版社,2010:123.
② 申坤.制度的历史与历史中的制度:论历史制度主义的历史观与制度观[J].社科纵横,2011(12):117-119.
③ 段宇波.制度变迁的历史与逻辑:历史制度主义的视角[D].太原:山西大学,2016:136.

(二) 路径依赖与渐进转型

在历史制度主义领域中,"路径依赖"是一种重要的分析范式,也被认为是制度变迁的主要模式。学者们并没对路径依赖的界定达成一致意见,但是一般认为有广义和狭义两种解读方式。前者认为路径依赖就是指先发生事件对后发生事件产生的影响,也就是在解释社会现象时重视历史的重要意义;后者则除了肯定历史本身的意义之外,还特别强调制度发展一旦选择了某一路径,因为更换路径的成本往往会随着时间的推移而积累增加,所以制度会对前一路径产生依赖。[①] 经济学中的报酬递减法则(law of diminishing returns)指的是边际产量递减规律,历史制度主义则强调只要制度路径的报酬递增(increasing returns),即使存在更有效的制度选择可能,初始制度路径也会被"锁定",而路径依赖就是一个自我强化(self-reinforcing)和正反馈(positive feedback)的过程。[②]

在批判教育学的理论视野中,高等教育具有社会再生产功能,它生产和复制意识形态。在我国国家治理模式下,政治与高等教育客观上存在紧密关系,"政""校"紧密关联的高校治理模式是中国特色的体现,从而最终形成了"党委领导下的校长负责制"的高校领导体制。从 1949 年至 2017 年,可以认为过程中虽然有如"文化大革命"前的多种高校领导体制变换和 20 世纪 80 年代短暂的"校长负责制"试点,但是一直存在着这一维度的制度变迁路径依赖,即从新中国建立肇始至 2017 年高校内部治理制度变迁就是一个政治认同上报酬递增的过程,这一过程带来了政治上的稳定和意识形态的统一等政治意义上的"收益"递增,最终制度自我强化成为当前稳定的具有中国特色的高校领导体制。

和路径依赖相关,历史制度主义提出了渐进转型的制度变迁模式。有研究者总结认为,渐进转型制度变迁模式统领了杂乱的变迁范畴,同时强调了变迁过程中的渐进性和变迁结果的转型性。[③] 我国高校内部治理近七十年的制度变迁渐进转型的一个典型就是管理体制。基于我国特定的国家治理模式,高校在前期基本上是一种稳定的"单位制",高校的教职员工拥有的是所谓的"铁饭碗",高

① Paul Pierson. Politics in Time: History, Institutions and Social Analysis [M]. New Jersey: Princeton University Press, 2004: 20 - 24.

② [韩]河连燮. 制度分析:理论与争议(第二版)[M]. 李秀峰,柴宝勇,译. 北京:中国人民大学出版社,2014: 87 - 88.

③ 段宇波. 制度变迁的历史与逻辑:历史制度主义的视角[D]. 太原:山西大学,2016: 150.

校的特征是"单位办社会",高校的管理体制整体上激励不足、经济负担沉重。这一现象在改革开放前客观存在着,但是其形成也是新中国成立后与之前的相关制度安排断裂后变迁的结果。这一高校管理体制的不足在改革开放前并没有被察觉,在当时的国家治理模式下被认为是一种理所当然。

改革开放后,随着经济体制的多元化,高校管理体制的不足渐渐被认识,并且该体制在高校后勤改革等细分维度的制度变迁中慢慢被撬动。伴随我国市场经济体制的确立,高校管理体制特别是人力资源管理逐步向公司企业学习,强化了对教职员工的激励和约束,并且"自我减负"逐步改革了原有的"单位办社会"范式。虽然这一改革转型到目前还只是基本完成,但改革开放至今的高校内部管理体制的变革充分体现了高校内部治理制度变迁的渐进性和转型性。

二、高校内部治理制度变迁的动力机制

如上,对高校内部治理制度变迁的历史路径、主要维度和混合模式进行分析,是把制度变迁作为因变量的本体论研究,也就是对制度变迁本身的认识探究。根据图 6.1 中历史制度主义分析框架,把制度变迁作为结果变量还应分析制度变迁的动力机制。

本研究把我国高校内部治理政策文本语料库作为分析对象,根据费尔克拉夫批判话语分析三维框架的第三层次分析范式展开,即通过解释的方式分析具体的社会文化实践如高校内部治理制度变迁,重点关注近七十年来我国高校内部治理制度变迁的情景化、社会化和制度化维度。通过批判性话语分析,研究发现我国高校内部治理制度变迁的历史既有国外相关制度变迁发展的共性,譬如都会受到政治、经济和文化等因素的影响,又有自己的特性即基于我国国情的特征或者说中国特色,如政治因素通过国家治理方式这一变量高度左右了高校内部治理制度的变迁,最终形成了稳定的党委领导下的校长负责制这样的核心制度安排。就宏观层面而言,我国的高校内部治理制度变迁动力机制如图 6.1 所示。

一般可以认为,导致一个制度系统变迁的可能因素往往会有两类,一是内生的即系统内部的因素;二是外生的即系统外部的因素。通过对语料库的话语分析特别是制度变迁的历史社会情景因素的分析,发现导致我国高校内部治理制度变迁的内部因素是式微的。影响高校内部治理制度变迁的内生因素可能是高校系统内部结构或质量性的危机,也或者是高校内部从业者的思想认识等文化

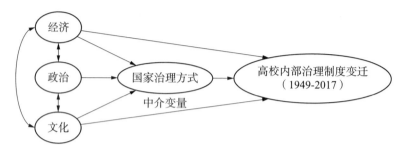

图 6.1　我国高校内部治理制度变迁的动力机制模型

因素。但是细究新中国成立以来近七十年的高校内部制度变迁及其社会历史情景因素可以发现,这些可能的内部因素的影响效应很不显著。基于此,在如上动力机制模型中,研究把可能的内部影响因素影响都合理地忽略掉。这一情形的存在与我国高校治理模式受国家治理模式左右,或者说与具体的国家治理高等教育模式密切相关。在高校内部治理制度变迁的外部影响和动力因素上,如图6.1所示存在经济、政治与文化三个宏观变量,而且这三者都还会通过国家治理方式这一中介变量间接影响高校内部治理制度变迁。

　　首先,来看作为中介变量的国家治理方式。在国家治理方式与高校内部治理制度变迁的关系上,基于自新中国成立肇始就树立的传统,政治与高校紧密关联的模式就一直是高校治理的中国特色,所以国家治理方式对近七十年的高校内部治理制度变迁产生强大影响,最终形成稳定的领导体制。但是作为中介变量的国家治理方式在近七十年的历史中所强调的重点不仅会受到政治的影响,也会受到经济与文化思想的影响。在改革开放前近三十年的历史中,国家治理方式是高度政治化的,经济与文化的因素退隐于一隅。所以在这样一段时期,高校内部治理制度变迁存在过度的波动,它整体上跟随政治变动,而在"文化大革命"十年更是因为"政治挂帅"导致停滞破坏。改革开放后,受到经济上的实用主义的主导,也受到二十世纪八十年代所谓的思想启蒙的文化影响,国家在经济上放开,特别是"政企分开"被提上了国家政治议程,所以国家治理方式开始重视考量经济因素,由此导致了高校内部治理中渐进的人事制度与后勤社会化改革;与此同时,国家治理方式的文化因素考量也带来了高校内部治理中学术本位元素的增长。政治、经济与文化作为自变量通过中介变量国家治理方式对高校内部治理制度变迁,一直起着重要作用。

　　其次,再来审视政治、经济与文化三个起始变量对高校内部治理制度变迁的影响。政治对高校治理的直接作用就是采用特定的国家治理方式来治理高校,所以在某种意义上甚至可以认为政治与国家治理方式是一体的。在我国特色的国家高等教育治理模式中,政治是最大的影响因素,这一点在高校内部治理制度变迁的各个历史阶段都有突出的表征。其中高校内部治理制度生成的起点出现就是因为新中国成立而形成的政治制度根本转变。① 这是一种中国特色,同样也带来了因为"政校关联"更具国家动员力而形成高等教育发展的国家效应。经济既会通过国家治理方式间接影响高校内部治理制度变迁,也会直接影响高校内部治理制度变迁。在改革开放前,因为国家整个治理方式具有高度政治化的特征,经济对大学内部治理的影响和作用极其微弱。但是改革开放后,原本的政治为社会唯一向度的状况得以扭转,经济建设成为社会发展的主旋律,"四化"建设对知识的需求、经济建设对科技的依靠使大学组织的学术性逐渐得到重视,这样就为大学制度变迁的良性发展提供了条件。② 在二十世纪九十年代,随着社会主义市场经济体制的确立,公司企业的人力资源管理特别是重视绩效考核的做法逐渐被引进到高校内部治理体系中来,从而改革和完善了高校的人力资源管理制度;高校内部管理开始摆脱传统的"单位制"和"高校办社会"做法,后勤社会化取得重要进展。

　　最后在文化维度上,高校内部治理制度变迁既受到了中国传统大一统和中央集权高行政控制文化的影响,又受到西方学术本位的高校教育管理理念以及利益相关者理论、多元共治理论、委托-代理理论等的影响。改革开放后特别是近三十年来学术本位思想开始得到社会各界的认同并得以兴起,建立现代大学制度成为改革的目标,并且高等教育各利益相关者的利益诉求得到凸显,高校多元共治的理念在较大范围内取得共识。③ 所以文化思想对我国高校内部治理制度变迁也带来了重要影响。但需要补充说明一点,我国高校内部治理制度的变迁整体观之还是一种由政治等外部因素所决定的"强制性制度变迁"④。

① 胡建华. 现代中国大学制度的原点:50 年代初期的大学改革[M]. 南京:南京师范大学出版社,2001:279.

② 张侃. 建国以来我国大学制度变迁因素分析[D]. 兰州:西北师范大学,2009:25.

③ 张熙. 社会转型时期我国大学制度的变迁机制研究:基于历史制度主义的分析与反思[J]. 重庆高教研究,2017(2):48-56.

④ 卢现祥. 新制度经济学[M]. 武汉:武汉大学出版社,2004:294.

三、高校内部治理制度变迁的绩效反思

完成把高校内部治理制度变迁作为因变量的本体论分析和动力机制研究后,根据历史制度主义的分析框架,本研究有必要把制度变迁当作自变量来探讨制度绩效的问题。这种学术努力其实也是在反思新中国成立至 2017 年近七十年来高校内部治理制度变迁的经验和教训。

在做制度分析的经济学者眼中,制度的绩效往往关涉的是生产多少、生产的稳定性和成本收益比等。[①] 显然,这种范式将制度作为经济发展的内生变量进行考量。超越经济层面,高等教育作为现代社会发展的重器,其内部治理的制度及其变迁也应是高校发挥自身功用的内生变量,具有生产性。高校的生产性与高校的社会职能相关。一般可以简单地把高校的社会职能分为三个重要维度即人才培养、科学研究和社会服务。所以我国高校内部治理制度变迁的绩效体现路径至少会包括这三个维度。而且需要补充的是这三个高校主要社会职能之间又是相互影响的。正如前文所述,我国高等教育治理模式的典型特征和中国特色就是"政校关联",于是高校内部治理制度变迁的绩效的基础应是政治认同。这里的政治认同是广义之谓,不只是强调高等教育社会再生产功能以及政治意识形态的认同和再生产,还包括高等教育对实现中华民族伟大复兴责任的担当等。政治认同在这里具有意识形态、国家民族等方面的丰富内涵,它与高校的三大功能一起成为高校内部治理制度变迁绩效的结果变量。

另外,我们在讨论制度绩效时往往会使用效率和效益两个概念。而这两个管理学、经济学概念经常会被误用或者是不加区分地被使用,从而带来实践中的偏差。效率(efficiency)指投入产出比,谋求高效率即要用尽量少的投入获得尽量多的产出;效益(effectiveness)关涉的是所从事活动的组织目标达成程度,追求效益就是要求目标的高达成。[②] 从如上经典的解读中可以知道,并不是所有的效率都是符合组织目标的,只有符合了组织目标,具体在本文研究语境中就是,能够体现出高校在政治认同基础上的实现如上三大社会职能的效率才是真正的效益。对此可以通过我国高校内部制度变迁的绩效模型(见图 6.2)加以解

① [美]道格拉斯·C·诺斯. 经济史上的结构和变革[M]. 厉以平,译. 北京:商务印书馆,1992:5.

② [美]斯蒂芬·罗宾斯,玛丽·库尔特. 管理学(第 7 版)[M]. 孙健敏,等,译. 北京:中国人民大学出版社,2004:7.

读，不仅于此，这一模型为本文研究的绩效反思也提供了框架。

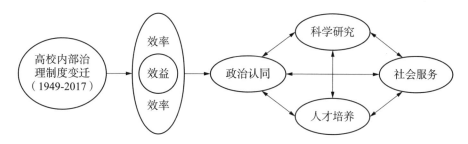

图6.2　高校内部治理制度变迁的绩效模型

若以制度绩效为关注点，并以新中国成立以来我国高校内部治理制度变迁的路径、主题、模式和动力的分析为基础，反思制度变迁的经验与教训，本研究得出如下主要观点。

（一）保持政治认同和学术本位二者间的合理张力

对近七十年来的高校内部治理制度变迁整体观之，可以概括为一个强制性制度变迁的历史，因为制度变迁历史过程中的主导力量主要是来自高校系统外部政治、经济和文化因素。改革开放前的近三十年的高校内部制度变迁过程受"政治挂帅"的国家治理方式所决定，其间缺乏应有的大学治理理念支撑，[1]学术本位的元素没有得到应有尊重，按苏联方式组织"计划经济"模型的高等教育在实现高校三大功能上绩效贫乏，这种贫乏性在"文化大革命"时期彻底显现。

改革开放后，在保证政治认同的前提下，高校内部治理的学术本位在逐步获得共识，实践中高校在经历"失权"后又再次被赋予一定程度的权力，[2]并且重新重视了学术委员会建设。大学的学术性本质要求高校内部治理必须尊重学术、学术活动、学术自由和学术从业者。[3]　正是由于改革开放以来对学术本位的应有尊重，四十年来我国高校在保障政治认同绩效的基础之上，在人才培养、科学研究和社会服务三个制度变迁结果上为经济社会发展做出了重要的支柱性贡献。

高校治理制度创新和建设具有中国特色现代大学制度需要，在国家政策主

---

① 李建奇.我国大学治理结构变迁的路径选择[J].高等教育研究，2009(5)：39-44.

② 郭卉.我国大学学术权力制度演进的历史考察[J].现代教育科学，2007(7)：16-19.

③ 郭卉.我国大学学术权力制度演进的历史考察[J].现代教育科学，2007(7)：16-19.

导的同时激发大学的内生动力。① 同样要在制度变迁中达到这一点,其前提就是在实行党委领导下的校长负责制的基础上,保持政治认同与学术本位二者间的合理张力,把政治认同作为制度绩效追求的基础,在此之上尊重学术规律以实现高校人才培养、科学研究和社会服务绩效的最大化。

(二) 走出"单位制"并实施科学的绩效考核

改革开放前,我国整体呈现出"单位社会"的状态,社会由众多功能齐全的单位所组成,单位的运转笨重而效率低下,工作人员是难以流动的"编制人"和"单位人"。同样地这一"单位人"体制也不可避免地存在于高校中。于是"大学办社会"就成为理所当然的制度安排。这样就导致大学负担沉重,而且因为受高校的专长所限,其"办社会"效率低下。改革开放后,大学开始逐步去除机体上的多余功能承载,从"单位社会"中解放出来,摆脱经济实体运营、养老保障等额外负担,重新回归大学的人才培养、科学研究和社会服务基本职能。②

改革开放四十年间,高校内部管理体制制度变迁正是沿着这一路径探索的,虽然当前高校内部运行中尚有计划体制元素存在,但是在这一维度的高校内部治理制度变迁已收获基于政治认同的丰硕绩效。与此相关的是高校绩效考核的制度变迁。有学者把高校内部治理分为行政治理和学术治理两个维度,③基于此,高校内部绩效考核可分为行政绩效考核和学术绩效考核两类。行政绩效考核相对简单,可以参照政府公共部门来施行。在学术绩效方面,由于高校"单位身份人"体制的历史性存在,使得教师人才市场开放性欠缺、激励机制坍塌异化、绩效考核"选择性行政",因此要实现高校人力资源管理的现代性转型,其基础和重心就是要构建教师"社会契约人"体制。④ 这一改革路径从高校内部治理确立稳定期即二十世纪九十年代起已有长足进步,高校人力资源管理制度得到了较好完善。

但是由于公司治理理念的引入以及高校的学术特性,当前高校教师绩效考

---

① 张德祥.1949 年以来中国大学治理的历史变迁:基于政策变革的思考[J].中国高教研究,2016(2): 29 - 36.

② 蒋达勇,王金红.现代国家建构中的大学治理:中国大学治理历史演进与实践逻辑的整体性考察 [J].高等教育研究,2014(1): 23 - 31.

③ 钱颖一.现代大学内部治理体系建设[J].河北师范大学学报(教育科学版),2017(1): 5 - 7.

④ 蔡连玉.教师"身份变革"与公立大学人力资源管理现代转型[J].现代大学教育,2014(1): 32 - 38.

核走进了另一种误区,即过度的短期量化考核。当前盛行的教师绩效考核其依据主要是教师所获课题和发表的数量及其等级,而且考核经常是要求教师在规定时间有规定数量的产出。这种考核方式能获得的是高校科研产出的表面效率,但是在如此治理考核机制下,高校基于政治认同的人才培养、科学研究和社会服务的真正制度绩效和社会贡献不足,并且会被遮蔽。如果说大学内部治理变迁前期高校教师绩效考核松弛是一种管理学上所谓"乡村俱乐部"式管理,那么近十多年来的考核制度变迁带来的就是一种简单粗暴的"计件工资制"。基于高校的学术特性,实质性符合高校组织目标的效率考核即效益式绩效考核是相关制度变革的重要目标。

(三) 追求基于法治的利益相关者多元善治

在我国"政校关联"治理模式下,政府各部门对高校内部治理的参与彰显。近七十年高校内部治理制度变迁史在一定程度上就是政府主导的强制性制度变迁史。这一模式可能会带来决策效率提升和超强的国家动员力,但是也会遮蔽高等教育的学术特性,甚至过度干预高校内部运行。在我国相关制度变迁过程中,非理性因素对高等教育基于政治认同的三大职能绩效带来过破坏,这以"文化大革命"带来的冲击为甚。

另外,高校内部各权力主体的权力边界也需要有法制来规范,否则就会带来高校内部治理正在经历的学术权力式微与泛行政化引起的真正学术绩效有待提升的后果。如此,法治是克服制度变迁史上频繁使用的"运动式治理"[①]并使高校治理有序高效的基础。大学章程是高校内部权力有序高效运行的基础和依据。[②] 回顾新中国成立以来的高效内部治理制度变迁史可以发现,高校内部治理的法制化与国家的法制建设是同步的,这种法制化在制度变迁的确立稳定期即二十世纪九十年代有了较大发展,而到完善发展期,大学章程建设成为大学制度建设的重点,"一校一章程"目标已达成。但是到当前为止,大学章程的实践效力还有待提升,大学章程对改进大学内部治理的作用并没有彰显,这会极大有碍于高校治理绩效的提升。

另外,反思我国高校内部治理制度变迁的绩效会发现,在近七十年间,制度

---

① 蒋达勇,王金红. 现代国家建构中的大学治理: 中国大学历史演进与实践逻辑的整体性考察[J]. 高等教育研究,2014(1): 23-31.

② 方芳. 大学治理结构变迁中的权力配置、运行与监督[J]. 高校教育管理,2011(6): 16-20.

变迁(建设)并没有一个一贯的、科学的追求目标。在改革开放前高校内部治理随着政治波动而不居,改革开放后也曾因经济因素而在一定程度上迷失。这种局面阻碍了高校内部治理制度绩效的显现。直到二十一世纪特别是《纲要》颁布以来,高校内部治理制度建设以构建具有中国特色的现代大学制度为根本目标,以实现各利益相关者多元"善治"①为旨趣。这里描述了我国高校内部治理制度变迁所追求的理想形态,这一理想形态以党委领导下的校长负责制为基础和根本,追求旨在于政治认同基础上的人才培养、科学研究和社会服务制度绩效。也正是由于对如上制度建设目标在 2010 年始的完善发展期取得了更为广泛的共识,高校内部治理制度建设得到了有效推进,我国已经迈出建设高等教育强国的有力步伐。

---

① 眭依凡.论大学的善治[J].江苏高教,2014(6):15-21+26.

第三篇

高等教育强国之高校内部治理模式的比较借鉴研究

摘要：由于我国经典意义上的大学历史较短，以及高等教育强国之高校治理模式相对成熟，本子课题旨在通过考察西方高等教育强国之高校内部治理模式的成功经验，为我国高校内部治理体系的创新和建构提供国际借鉴的视野和方法，了解国外大学内部治理体系所面临的问题以及改革趋势，在动态比较中找到大学内部治理体系共同的变革趋势。本篇由如下三章构成：《美、英、德、日等一流高校的内部治理模式》《美、英、德、日等一流高校学术权力与行政权力的关系研究》《美、英、德、日等一流高校内部治理模式的经验、挑战与改革趋势》，研究目标如下：①基于文献研究和海外考察调研了解美德英及日本等国高校内部治理模式基本情况；②国外高校内部治理模式中的行政权力与学术权力的配置与博弈；③探讨国外高校内部治理模式的成功经验、问题以及改革趋势。

第七章
美、英、德、日一流高校的内部治理模式

由于世界一流大学经过长期发展已经形成了富有成效的成熟的高校治理经验,因此在高等教育国际化且我国高校治理改革日益紧迫的背景下,学习借鉴高等教育强国之一流高校内部治理的成功经验,对于我国高校治理改革尤其必要。本章主要介绍和分析美国、英国、德国和日本等国一流大学的内部治理模式。

一、美国一流高校的内部治理模式

(一) 美国一流高校内部治理的一般模式

与历史悠久的欧洲高等教育相比,美国高等教育的历史如果从 1636 年的哈佛学院算起至今不到四百年。就其治理模式而言,美国大学治理经历了从法人治理向公共治理的转变。[①] 殖民地时期,美国的哈佛学院等机构形成了外行控制的董事会制度。学院的控制权在董事会及其代理人大学校长手上,教师基本不参与大学治理工作。[②] 随着德国大学治理模式的广泛影响,南北战争后,美国大学开始逐渐演变为以校长为主导的大学治理结构。在这种模式的影响下,董事会虽然依然作为大学的最高权力机构,但其权力与之前相比却有所削弱;校长和学术人员在大学治理方面的权力则有所上升。[③]

---

① 欧阳光华. 从法人治理到共同治理—美国大学治理的历史演进与结构转换[J]. 教育研究与实验,2015 (2):53-58.
② 欧阳光华. 从法人治理到共同治理—美国大学治理的历史演进与结构转换[J]. 教育研究与实验,2015 (2):53-58.
③ 欧阳光华. 从法人治理到共同治理—美国大学治理的历史演进与结构转换[J]. 教育研究与实验,2015 (2):53-58.

　　奠定美国现代高校治理结构基础的是 1966 年美国大学教授协会、美国教育理事会和美国大学与学院董事会协会联合发表的《学院与大学治理声明》（*Statement on College and University Governance*）①，以下简称《声明》。该《声明》就院校治理至少传递了两条重要信息：①共同努力（joint effort）。大学使命的多样性和大学系统本身的复杂性要求董事会、行政部门、教师、学生和其他利益相关者加强交流与合作；②适当的角色分工。董事会是美国高校的最高权力部门，校长是大学的首席执行官，教师在课程、学科、教学方法、研究、教师地位和教育过程中以及与学生生活相关的方方面面肩负主要职责。②随后，美国大学与学院董事会协会先后于 1999 年和 2010 年分别发布《院校治理声明》（*AGB Statement on Institutional Governance*）和《院校治理董事会职责》（*Association of Governing Boards of Universities and Colleges Statement on Board Responsibilities for Institutional Governance*），进一步明确了董事会的地位、职责范围、董事会与校长的关系和善治标准等，这对美国大学治理产生了较为积极的影响。

　　至此，美国高校现行的治理模式基本成型（见图 7.1）。无论是公立大学还是私立大学，董事会都是大学的最高权力部门③，但它并不直接管理大学；相反，它将权力委托给两大主体——校长和学术评议会（或教师评议会）。④ 校长作为行政权力的最高代表，负责管理大学的运行。校长由董事会负责任命，一般都参与董事会的工作；但美国有些州大学校长不是董事会成员。⑤ 学术评议会（或教师评议会）是大学学术权力的象征，广大教师通过参与学术评议会（或教师评议会）工作来行使学术权力。学术评议会可就学术事务给校长提供咨询建议。⑥ 大学

① Bulette E. Improving shared governance's effectiveness：a shared governance whitepaper for trustees, presidents, administrators and faculty．［EB/OL］http://www. buletteconsulting. com/wp-content/uploads/2015/09/2015-09-21-WHITEPAPER-on-Shared-Governance. pdf，2018 - 11 - 28.

② American Association of University Professors. Statement on government of colleges and universities，10ᵗʰ ed［M］. Washtionton，DC：AAUP，2006.

③ 胡娟. 西方大学制度的几种主要模式及其启示——从权力结构的角度分析［J］. 中国人民大学教育学刊 2011(3)：23 - 40.

④ 郭卉. 美国大学评议会制度研究——以斯坦福大学为例［J］. 比较教育研究，2005(3)：76 - 80.

⑤ 丁笑梅,关涛. 校长与董事会：美国大学治理结构中的核心关系研究［J］. 教育科学，2012(6)：76 - 81.

⑥ 李巧针. 美国大学董事会、校长、评议会权力关系解析及启示［J］. 国家教育行政学院学报，2007(7)：91 - 95.

校长与学术评议会之间的关系较为微妙。大学校长一般作为学术评议会的当然成员，有时甚至是评议会主席。①

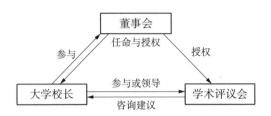

图 7.1　美国高校治理的一般模式

资料来源：《学院与大学治理声明》②

（二）美国一流高校内部治理模式探析

本研究选择两所美国顶尖大学——斯坦福大学（Stanford University）和加州大学伯克利分校（University of California，Berkeley）作为案例，以期对美国一流高校的内部治理模式进行较为深入的解读。斯坦福大学是一流私立大学的代表，加州大学伯克利分校则是一流公立大学的代表。

1. 斯坦福大学

斯坦福大学位于美国加州，成立于 1891 年。作为全球顶尖大学之一，斯坦福大学享有很高声誉，在各大世界大学排行榜中也名列前茅。在发展过程中，斯坦福大学不断调整治理结构，最终形成了当前的治理体系（见图 7.2）。

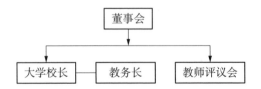

图 7.2　斯坦福大学的高层治理结构

资料来源：Stanford University③

---

① 李巧针. 美国大学董事会、校长、评议会权力关系解析及启示[J]. 国家教育行政学院学报，2007(7)：91 - 95.

② American Association of University Professors. Statement on government of colleges and universities，10th ed [M]. Washtionton，DC：AAUP，2006.

③ Stanford University，2018a. Organization Chart：President. ［EB/OL］. https://adminguide. stanford. edu/sites/default/files/9. 1. 1_10. 17. 17_0. pdf，2018 - 11 - 27.

董事会(Board of Trustees)是斯坦福大学最高权力机构,它负责管理投资基金、设定年度预算、决定运作政策和掌控整个学校。它授权校长负责大学的整体运行,授权教师评议会负责学术事务。董事会最多可设 35 人,任期 5 年,最长任期 10 年。董事会设有主席一人,每两年选举一次;配有一名或多名副主席。就 2018 年而言,董事会由来自校内外的 31 人组成,校长是董事会的当然成员。董事会依托其下设的常设委员会来具体运作,它们分别是:学术政策委员会、规划与管理委员会、校友与校外事务委员会、审计与服从委员会、发展委员会、财政委员会、土地与建筑委员会以及医学中心。此外董事会还设有少量特殊委员会,如补偿委员会等。董事会一般一年会面五次。①

教师评议会(Faculty Senate)是斯坦福大学的核心学术治理机构,也是教师参与制定学术政策和进行学术事务决策的主要途径。教师评议会成立于 1968 年,行使斯坦福大学学术理事会(Academic Council)的审议和立法功能。教师评议会通过四个常设委员会来具体运作:指导委员会、计票委员会、规划与政策委员会和指派委员会。教师评议会是一个较为庞大的机构,目前由 12 名当然成员和 56 名选举出来的成员组成。与此同时,学生代表、注册官、学术事务副教务长、教师发展与多样化事务副教务长以及评议会名誉退休代表等也作为常邀嘉宾出席。教师评议会主席、副主席和指导委员成员在评议会内部选举产生。②

大学校长(The President)由董事会负责任命。依据《斯坦福大学董事会章程》(*The by-laws and resolutions of the Board of Trustees. Stanford University*),大学校长具有以下职责:①负责大学及各部门的管理;②定期向董事会汇报大学运作的进展与问题,须就存在的问题提出行动建议;③负责准备大学年度运行财政预算和其他年度预算,并将这些预算提交董事会评估和采取其他措施;④在准备下一年度财政预算的基础上,定期向董事会递交报告,汇报大学计划和项目的实施状况。在董事会批准的前提下,大学校长可任命教务长、商业事务副校长、医疗事务副校长、发展事务副校长、首席财政官和总咨询官等一批人协助其工作。当然,在董事会批准的前提下,如有必要大学校长还可以任命

---

① Stanford University, 2018b. Board of Trustees. [EB/OL]. https://boardoftrustees. stanford. edu/, 2018 - 07 - 13.

② Stanford University, 2018c. Faculty senate. [EB/OL]. https://facultysenate. stanford. edu/faculty-governance,2018 - 05 - 25.

其他人来协助其开展工作。①

2. 加州大学伯克利分校

加州大学伯克利分校位于美国加州，成立于1868年。加州大学伯克利分校是美国公立大学的翘楚，在全球享有很高声誉，在众多世界大学排行榜中也位列前茅。加州大学伯克利分校是加州大学系统的一个有机组成部分，因此其治理结构不可避免地受到加州大学的影响。加州大学伯克利分校的治理结构如图7.3所示。

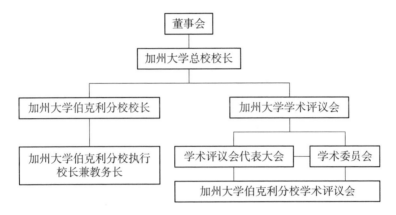

图 7.3　加州大学伯克利分校的高层治理结构

资料来源：根据 Douglass（1998）②和 University of California, Berkeley（2018a）③

董事会（the Board of Regents）是加州大学的治理主体，负责掌控大学的发展方向和完成大学的教育、研究和社会服务使命。董事会由下列26名成员构成：①州长任命的18名董事，任期12年；②董事会任命的1名学生董事，任期1年；③7名当然成员，包括州长、副州长、议会主席、公共教学总监、加州大学校友会主席、加州大学校友会副主席和加州大学总校校长。此外，加州大学评议会

① Stanford University，2018d. University organization. ［EB/OL］. https://adminguide. stanford. edu/chapter-1/subchapter-2/policy-1-2-1♯anchor-22631，2018 - 11 - 27.

② Douglass J. Shared governance at the University of California：an historical review. ［EB/OL］. https://cshe. berkeley. edu/sites/default/files/publications/pp. jd. sharedgov. 1. 98. pdf，2018 - 11 - 30.

③ University of California，Berkeley，2018a. Chancellor's &. EVCP's Direct Reports University of California, Berkeley. ［EB/OL］. https://chancellor. berkeley. edu/sites/default/files/direct_reports3_. pdf，2018 - 11 - 24.

主席和副主席可以列席董事会,但无投票权。董事会每两个月会面一次,一次为期两天。董事会设有五个常设委员会:学术与学生事务委员会、服从与审议委员会、财政与资本战略委员会、治理与补偿委员会以及健康服务、公共参与和发展委员会。此外,加州大学董事会还设有两个附属委员会:投资委员会和国家实验室委员会。①

学术评议会(the Berkeley division of the Academic Senate)作为加州大学共同治理的一部分,受董事会授权,主要责任范围为:决定学术政策、设置招生和学位授予标准、就大学财政预算给分校校长提供建议、批准与监督课程设置和就教师聘用、晋升和预算提供建议。② 学术评议会设有主席和副主席各一人,皆由大学评议会下设的提名委员会负责任命。根据《加州大学伯克利分校大学评议会章程》(*By-laws of the Berkeley Division of the Academic Senate*),加州大学伯克利分校学术评议会由以下几类成员组成:①加州大学总校校长;②加州大学伯克利分校校长、分校副校长、教务长、院长、学术项目主任、招生与注册副校长、招生与注册副校长助理、注册官、伯克利图书馆馆长;③教授、常驻教授(professors in residence)、实践型教授(professors of clinical)和执行教授(acting professor);④副教授、常驻副教授、实践型副教授和执行副教授;⑤助理教授、助理常驻教授和助理实践性教授;⑥辅导教师和常驻辅导教师;⑦有固定聘用合同的高级讲师和讲师、有可能获得固定合同的高级讲师和讲师(他们的主要工作在伯克利);⑧在伯克利学术评议会注册的总校副校长、院长和主任。其中,辅导教师和常驻辅导教师一旦工作年限未满两年,他们将没有投票权。③

根据加州大学章程,在加州大学总校校长(the President)推荐和提供咨询意见的基础上,加州大学伯克利分校校长(Chancellor)由加州大学董事会负责任命。伯克利分校校长是该校的执行首脑,主要职责范围为:①负责实施加州大学董事会和校长制定的政策和发展目标;②就影响伯克利分校和总校的重大问题向董事会和总校校长汇报;③在与总校保持一致的前提下,制定伯克利分校的

---

① University of California, 2018a. About the regents. [EB/OL]. https://regents. universityofcalifornia. edu/about/index. html, 2018 - 11 - 26.

② University of California, 2018b. Bylaws of the Regents of the University of California. [EB/OL]. https:// regents. universityofcalifornia. edu/governance/bylaws/bl31. html, 2018 - 11 - 27.

③ University of California, Berkeley, 2018c. Bylaws of the Berkeley division. [EB/OL]. https:// academic-senate. berkeley. edu/bylaws-berkeley-division, 2018 - 11 - 30.

政策、目标和战略发展方向；④在董事会和加州大学总校校长批准的财政预算和政策的前提下，负责伯克利分校的组织、内部管理、运作、财政管理和纪律；⑤监管伯克利教职工，任命教学人员；在与董事会批准的预算和加州大学总校薪水档次保持一致的前提下，可完善其薪酬体系；⑥在学术评议会推荐的基础上，可授予学术型学位；⑦作为伯克利分校的发言人，出席伯克利分校的各种正式场合（也可授权给教务长、副校长或院长）。①

（三）美国一流高校内部治理模式的特征

1. 不同利益相关者协商共治

毫无疑问，共同治理已成为美国高校治理的一个典型特征。尽管共同治理的低效和对外界环境反应迟缓等问题被人诟病，但共同治理却有诸多闪光点。共同治理有利于实现有效决策，毕竟在决策过程中充分考虑了不同利益相关者的看法，有利于将决策制度化。② 同时，正是由于在决策时充分考虑了不同利益群体的意见，因此在决策时一般较为深思熟虑，有利于作出正确的判断。③ 基于此，在美国大学治理过程中，董事会、大学行政管理团队、教师、学生甚至校友和退休人员等都广泛积极参与，他们之间相互沟通与合作，共同决策，以期实现对大学的有效治理。

2. 主要权力主体之间相互制衡

美国大学董事会、校长和学术评议会（或教师评议会）等三大主要治理主体虽然分工较为明确，但其权力之间同样存在制衡关系。制衡也是美国大学治理结构的主要特征之一。④ 董事会虽为高校的最高权力机构，但并非一家独大。董事会的权力和责任来自各州法律或法院判决、修正案或创办者的授权⑤，同时校长也常常作为董事会成员之一出席董事会活动。校长由董事会授权，负责高

---

① University of California，2018b. Bylaws of the Regents of the University of California. ［EB/OL］. https://regents. universityofcalifornia. edu/governance/bylaws/bl31. html，2018－11－27.

② Birnbaum B. 2004. The end of shared governance：looking ahead or looking back. New Directions for Higher Education，Fall，5－22.

③ Bulette E. Improving shared governance's effectiveness：a shared governance whitepaper for trustees，presidents，administrators and faculty. ［EB/OL］http://www. buletteconsulting. com/wp-content/uploads/2015/09/2015-09-21-WHITEPAPER-on-Shared-Governance. pdf，2018－11－28.

④ 刘爱生. 美国大学治理结构的主要特征及其文化基础[J].外国教育研究，2014(8)：62－70.

⑤ 李巧针. 美国大学董事会、校长、评议会权力关系解析及启示[J]. 国家教育行政学院学报，2007(7)：91－95.

校内部管理事务;校长由董事会任命。在学术事务上,校长接受评议会的咨询建议。因此,校长权力实质上是一种受限制的权力。学术评议会(或教师评议会)也由董事会授权,负责高校的学术事务;在部分高校,学术评议会(或教师评议会)还受校长的直接领导。教师在重大事务决策上也要经董事会最终审核。[①]

3. 学术权力得到充分保障

学术性是高校的本质属性。高校是一个学术权力比较集中之地。如何充分保障学术权力,事实上早在 1966 年发布的《学院与大学治理声明》(下文简称《声明》)中就明确说明。该《声明》对教师的权力范围进行了较为明确的规定。共同治理虽然要求高校内部各部门之间共同努力,但同时也需明确分工,并在各自专长指导下各司其职。就美国而言,学术权力无疑最适合掌握在教师手中。大学评议会(或教师评议会)则是美国大学教师集中行使学术权力的代表机构。无论是公立大学抑或是私立大学,大学评议会(或教师评议会)是其标配。大学评议会(或教师评议会)的存在也使得教师在参与大学治理过程中有底气与大学行政人员掰手腕。其他非学术群体无权干涉大学学术事务,这已经被众多美国大学章程或其他官方文本明文规定并予以保障。

二、英国一流高校的内部治理模式

(一) 英国一流高校内部治理的三种典型模式

英国高等教育有着较为悠久的历史,也聚集着数量众多的一流公立高校。尽管英国高校绝对数量不多,但它们却形成了较为多元的治理模式。[②] 虽然这一结论源于的研究分析对象是所有英国高校,这与本课题仅针对英国一流高校(主要指英国罗素集团的 24 所大学)进行研究有所出入,但他们的研究结论对本课题仍有启发。结合本课题的研究对象,我们认为英国一流高校的内部治理模式很难用一种统一模式去概括,至少应包括牛津剑桥模式(the Oxbridge governance model)、苏格兰大学模式(the Scottish governance model)和城市大学模式(the civic university governance model)。

毋庸置疑,牛津剑桥治理模式的代表分别为牛津大学(University of

---

① University of California, 2018b. Bylaws of the Regents of the University of California. [EB/OL]. https://regents.universityofcalifornia.edu/governance/bylaws/bl31.html, 2018 - 11 - 27.

② 甘永涛. 英国大学治理结构的演变[J]. 高等教育研究,2007(9): 88 - 92.

Oxford)和剑桥大学(University of Cambridge)。该模式的典型特征为学者自治,这与两所大学以巴黎大学(University of Paris)为原型来构建有密切关系。①我们熟知,不同于作为"学生大学"的博洛尼亚大学(University of Bologra),巴黎大学被称为"教师大学"。因此,教师在最初的巴黎大学以及如今的牛津大学和剑桥大学的治理体系中有充分的话语权。在当前的牛津大学和剑桥大学的治理体系中,以教师为主体的牛津大学教师议会(congregation)和剑桥大学的摄政院(The Regent House)是这两所大学的最高治理主体。②其中,牛津大学的教师议会超过5 000人,剑桥大学的摄政院有5 500余人;学术人员与行政人员广泛参与其中。大学理事会在这两所学校更多作为执行部门和政策制定部门。虽然大学理事会在部分事务上可以行使决策权,但更多事务的决策权还是掌握在教师议会或摄政院手上。

传统意义上的苏格兰大学治理模式只适用于苏格兰的四所古老大学:圣安德鲁斯大学(University of St Andrews)、阿伯丁大学(University of Aberdeen)、格拉斯哥大学(University of Glasgow)和爱丁堡大学(University of Edinburgh)。现如今,格拉斯哥大学和爱丁堡大学仍然位列英国研究型大学联盟——罗素集团。因此,我们认为苏格兰大学治理模式仍适用于本课题研究。苏格兰大学治理模式的典型特征是"三足鼎立",即大学理事会(court)是最高治理主体,也是大学法人;大学评议会是最高学术机关,负责大学学术事务;总务委员会作为大学的最高咨询机构。③ 当前的苏格兰大学治理模式深受1858年《苏格兰大学法案》(Universities Scotland Act)的影响。这体现在两方面:其一,该法案要求苏格兰的四所古老大学开始设立理事会(court),并要求校外人员参与大学治理工作。其二,大学理事会与评议会之间的分工更为明确。评议会负责大学学术事务,理事会负责财政、资源分配等其他事务。④

当前的英国一流高校更多可以被称作"城市大学",他们包括红砖大学——如伯明翰大学(University of Birmingham)、曼彻斯特大学(The University of

---

① Duryea E D. The Academic Corporation. A History of College and University Governing Boards [M]. London: Falmer Press, 2000.

② Shattock M. Managing good governance in higher education [M]. UK: Open University Press, 2006.

③ 吴云香,熊庆年. 英国大学治理模式的多样性及其存在基础[J]. 重庆高教研究,2013(6): 77 - 83.

④ 吴云香,熊庆年. 英国大学治理模式的多样性及其存在基础[J]. 重庆高教研究,2013(6): 77 - 83.

Manchester)等和部分"1960后大学"——如华威大学(The University of Warwick)等。城市大学治理模式的雏形可追溯至1880年的欧文斯学院(Owens College)(现曼彻斯特大学的前身)。当时的欧文斯学院章程规定了大学治理的两院制体系(bicameral system),即理事会(council)作为执行治理主体(与苏格兰的理事会的功能接近),校外人员在其中占据多数;大学评议会负责学术事务,其成员为校内学术人员。① 随后的马森学院(Mason College)(伯明翰大学的前身)作为第一个被授予宪章的英格兰大学将"两院制"的治理体系进一步向前推进了一步。该校大学理事会中仅有四分之一的学术人员,这在当时大学评议会的强势统治下可谓一大壮举。伯明翰大学的治理模式在20世纪大部分时间里成为英国大学的主流治理模式。大学理事会和评议会之间的主导与被主导关系也在不断发生变化。1900年至20世纪80年代早期,大学评议会基本处于主导地位。② 随着新公共管理思潮影响的不断扩大,大学理事会的地位则不断上升,并最终确立了其法定治理主体的地位,大学评议会的地位则相对下降。③因此,城市大学治理模式的特征也较为明显:典型的"两院制",大学理事会和评议会分别设立,肩负不同使命;学者在该治理模式中扮演重要角色。④

(二)英国一流高校内部治理模式的案例分析

1. 牛津大学

牛津大学是英语世界的第一所大学,成立八百多年以来,该校也成为全球顶尖高校之一。在历史长河中,牛津大学也在不断对其治理体系进行变革。牛津大学的内部治理结构如图7.4所示。

教师议会(congregation)是牛津大学的最高权力机构,相当于牛津大学的"议会",主要负责批准大学章程和规章的修订、审核大学理事会和教师议会成员提出的重大政策议题、选拔大学理事会成员以及批准大学校长的任命等。截至当前,牛津大学教师议会的成员超过5000人,包括学术人员、各学院院长以及其他治理主体成员、高层研究人员、高层计算机辅助人员、高层图书馆官员以及高

① Shattock M. Managing good governance in higher education. UK:Open University Press,2006.
② Rowlands J. Academic governance in the contemporary university:perspectives from the Anglophone nations. Singapore:Springer,2017.
③ Shattock M. Managing good governance in higher education. UK:Open University Press,2006.
④ 吴云香,熊庆年.英国大学治理模式的多样性及其存在基础[J].重庆高教研究,2013(6):77-83.

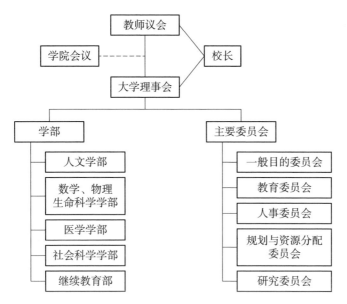

图7.4　英国牛津大学现行的治理结构

资料来源：University of Oxford①②。

层行政管理人员等。③

　　理事会(council)是该校的主要执行和政策制定机构，现有28名成员(包括四名校外成员)，其中9名为当然成员，包括大学校长、学院会议主席、4名学部部长、2名学监和1名财产评估员。大学理事会主要负责学校学术政策和战略方向的掌控及其管理，对教师议会负责；同时承担学校财政与资产管理工作。理事会主要借助五个下属委员会来具体运作，它们分别是教育委员会、一般目的委员会、人事委员会、规划与资源分配委员会和研究委员会。④

---

① University of Oxford，2018a. Simplified Views of University Relationship. ［EB/OL］. https://www. admin. ox. ac. uk/media/global/wwwadminoxacuk/localsites/personnel/documents/deptadminproject/manual/Simplified_View_of_University_Relationships. pdf，2018 - 11 - 19.

② University of Oxford，2018b. A brief history and overview of the University's governance arrangements. ［EB/OL］. http://www. admin. ox. ac. uk/councilsec/governance/governancestructures/theuniversitysgovernancestructure/gov_expl/，2018 - 11 - 19.

③ University of Oxford，2018c. Governance. ［EB/OL］. https://www. ox. ac. uk/about/organisation/governance? wssl＝1，2018 - 11 - 20.

④ University of Oxford，2018a. Simplified Views of University Relationship. ［EB/OL］. https://www. admin. ox. ac. uk/media/global/wwwadminoxacuk/localsites/personnel/documents/deptadminproject/manual/Simplified_View_of_University_Relationships. pdf，2018 - 11 - 19.

学院会议(the Conference of Colleges)主要为牛津大学内部各学院、协会和永久私立会堂(Permanent Private Halls)等机构创设一个基于共同兴趣与目标的论坛。学院会议的主要功能在于：收集学院信息、达成一致意见、评估学院治理主体以及以学院名义与大学交涉等。学院会议设有调控委员会来负责学术与财政事务。学院会议主席为理事会的当然成员，也是理事会下设的计划与资源分配委员会的成员；副主席通常为教师议会选举出来的成员。主席或副主席同时作为理事会下设的教育委员会的主要成员。[①]

校长(Vice-Chancellor)为牛津大学的主要学术与行政官员，主要职责是为牛津大学提供战略导向与领导力；在全球、全国或区域范围内代表牛津大学；对英格兰高等教育基金负责。校长是牛津大学两大机构——教师议会和理事会的领导者。[②]

2. 爱丁堡大学——苏格兰大学治理模式的代表

爱丁堡大学是英语世界的第六所大学，位于苏格兰首府爱丁堡。建校 400多年来，爱丁堡大学已享誉全球，在各世界大学排行榜中也稳居世界前 50 位。在其历史发展过程中，爱丁堡大学不断调整其治理体系，以更好地适应其发展的内外部环境。爱丁堡大学已形成大学理事会(The University Court)、学术评议会(Senatus Academicus)和总务委员会(The General Council)"三足鼎立"的内部治理结构(见图 7.5)。爱丁堡大学三大治理机构的角色定位是：大学理事会

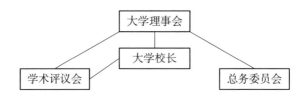

图 7.5　爱丁堡大学现行的治理结构

资料来源：The University of Edinburgh[③]

---

① University of Oxford, 2018d. Conference of Colleges. ［EB/OL］. https://weblearn. ox. ac. uk/portal/site/: colleges: confcoll, 2018 - 11 - 20.

② University of Oxford, 2018e. Statutes. ［EB/OL］. http://www. admin. ox. ac. uk/statutes/785-121. shtml, 2018 - 11 - 20.

③ The University of Edinburgh, 2018a. Senatus Academicus Governance Handbook 2018 - 2019. ［EB/OL］. https://www. ed. ac. uk/files/atoms/files/academicsenatushandbook. pdf, 2018 - 11 - 20.

是最高的行政治理机构,学术评议会是学术事务的最高治理机构,总务委员会是以咨询和信息服务工作为主的校级辅助治理机构。

大学理事会是爱丁堡大学内部的最高行政治理机构,是大学的法人,负责大学行政治理、战略规划等根本问题的最终决策。大学理事会根据《爱丁堡大学第187号条例:大学理事会人员的构成》进行配置。具体而言,2018年爱丁堡大学理事会包括22位成员,分别为理事会主席、校长、名誉校长提名的成员、8名来自商界和政界等领域的选任成员、4名学术评议会选举出的评审员、3名总务委员会选举出的评审员、1名爱丁堡市政府选举出的评审员、1名非教学评审员和2名学生代表(爱丁堡大学学联主席和负责学生福利事务的副主席)等多种类型的人员。[①] 大学理事会的职责包括五个方面:第一,制定战略。核准大学的使命和战略愿景,确保其充分考虑学生、教职工、校友等群体的权益;确保这些使命和战略愿景有一套强有力的战略规划做支撑;确保具备与战略规划相辅相成的财政、不动产、管理等方面的战略规划;确保战略实施能增强学生体验;建立评估战略绩效的有效机制。第二,行政治理。任命校长为首席执行官,授予其学术和行政治理权力;任命大学秘书;审议学术评议会的决策,确保学术评议会建立教学质量监控机制。第三,执行控制。建立财务、审计、风险评估等方面的问责机制及其监控机制;批准大学年度预算和财务报表;促进学生、职工和其他人员在学校设施使用上的平等。第四,法人治理。作为大学法定权力机构,履行应尽义务;有聘用、发展、奖励员工的权力;定期审查职工业绩、薪酬和服务条件;保护学术人员的自由;妥善保管大学的财产和捐赠。第五,保障有效性和透明度。建立处理内部纠纷和潜在利益冲突的机制;建立监督和评估大学理事会自身及附属委员会绩效的机制。[②]

学术评议会是爱丁堡大学内部学术事务的最高治理机构,主要负责监督和规范大学的教学、纪律等工作。学术评议会的成员构成遵照《爱丁堡大学第204号条例:学术评议会的构成》进行设定。具体而言,学术评议会成员包括:①校长,同时担任主席;②大学的所有教授;③选举出的非教授职称学术人员(副教授、高级讲师和讲师);④选举出的大学研究人员和示范者(demonstrator);⑤选

---

① The University of Edinburgh, 2018b. Membership. [EB/OL]. https://www.ed.ac.uk/governance-strategic-planning/governance/university-court/membership-of-court, 2018 - 11 - 20.

② 朱爽,朱剑. 英国爱丁堡大学内部治理体系探析[J]. 世界教育信息, 2018(4): 50 - 60.

举出的学生代表;⑥当然成员,这些人不属于上面任何一种类型,包括副校长、学部部长、来自三大学部的 18 名高层次人员、图书馆馆长、大学计算服务中心主任、各学院院长、9 名行政人员(不同于前面所有类型)。①

学术评议会的主要职责范围包括:探讨促进学习、教学、研究发展的战略性事务;制定学术监管框架,指导、规范爱丁堡大学的教学并推动开展研究,维持大学奖项的标准与质量;批准学位包括荣誉学位的授予;批准授予退休教授荣誉称号;评论决议草案;规范学生行为;就学术评议会下设委员会的建议与推荐意见制定高层次的政策与战略。同时,学术评议会需向大学理事会征询建议或向大学理事会汇报,向大学理事会请求某项决议。学术评议会还选举 4 名成员加入大学理事会,意味着学术评议会在大学理事会中也享有一定的话语权。②

总务委员会具有"就影响大学繁荣和福祉的所有问题发表评论"的法定权利。总务委员会的设置使得爱丁堡大学的众多毕业生能够继续参与大学治理工作。总务委员会主要包含 5 种成员:一是获得爱丁堡大学学位(非荣誉学位)并被记录在毕业生登记簿里的人员;二是获得爱丁堡大学授予的荣誉学位或荣誉院士称号的人员;三是现任名誉校长、大学理事会成员、教授和任期 1 年以上的副教授、高级讲师、讲师;四是缴纳注册费的大学理事会前成员和前教授;五是曾任爱丁堡大学副教授、高级讲师、讲师 3 年以上且自愿加入的人员。其职责主要包括:选举爱丁堡大学的名誉校长;选举 3 名成员成为大学理事会的评审员,代表总务委员会参与学校治理;负责毕业生登记工作。③

3. 伯明翰大学——城市大学治理模式的代表

伯明翰大学成立于 1900 年,是英格兰第一所城市大学(civic university)。现已成为英国著名大学之一,在全球范围内具有广泛影响力。就其治理体系而言,伯明翰大学现设有三大治理主体:理事会(council)、评议会(senate)和大学执行委员(the university executive board)。理事会是最高治理主体;评议会是大学的最高学术机构,向理事会负责;执行委员会负责大学的发展方向和执行大

① The University of Edinburgh, 2018c. Membership. [EB/OL]. https://www. ed. ac. uk/ academic-services/committees/senate/membership,2018 - 11 - 19.
② The University of Edinburgh, 2018d. Role. [EB/OL]. https://www. ed. ac. uk/academic-services/committees/senate/role,2018 - 11 - 19.
③ The University of Edinburgh, 2018e. The general council. [EB/OL]. https://www. general-council. ed. ac. uk/, 2018 - 11 - 19.

学的战略与政策。① 伯明翰大学现行的治理结构见图 7.6。

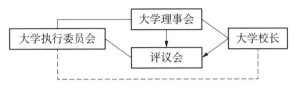

图 7.6　伯明翰大学的高层治理结构

资料来源：University of Birmingham②

　　理事会是伯明翰大学的最高治理主体。理事会由 24 人组成,其中三分之二为校外人员,其他为校内学术人员和学生。理事会主席在校外理事中选举产生。具体而言,2018—2019 年伯明翰大学理事会的成员包括 16 名来自商界和政界等不同部门的校外人士和 8 名校内成员。其中,校内成员包括大学校长、教务长、4 名由大学评议会选举出的教授、学生会主席和学生会负责国际事务的成员。理事会下设四个分委员会:审计委员会、成员委员会、薪酬委员会以及战略规划与资源委员会。理事会的主要职责范围为:批准大学的使命和战略愿景;对照发展规划和关键绩效指标监控大学绩效;掌控资产;负责财政事务与长期商业计划;负责年度预算;监管人力资源政策与负责就业事务;任命大学校长;确保大学控制与问责体系的正常运转(包括风险评估和冲突解决程序)等。③

　　大学评议会是伯明翰大学的最高学术主体,负责规范与指导大学的教学、考试与研究;监管大学的质量保障和教育标准。2018—2019 年伯明翰大学评议会由以下几类成员组成:①10 名当然成员,包括大学校长(兼评议会主席)、教务长(兼评议会副主席)、教育事务副校长、研究与知识转移事务副校长、国际事务副校长、艺术与法学学部部长、工程与物理学部部长、生物与环境科学学部部长、医学与牙医学部部长和社会科学学部部长;②校内五大学部部长提名的 15 名学部委员会(college board)成员(每个学部负责提名三名成员,其中两名必须为学部

① University of Birmingham, 2018a. Governance. ［EB/OL］. https://www. birmingham. ac. uk/university/governance/index. aspx,2018－11－23.

② University of Birmingham, 2018b. Senate committee structure. ［EB/OL］. https://www. birmingham. ac. uk/Documents/university/senatecommitteestructure. pdf, 2018－11－23.

③ University of Birmingham,2018c. Council. ［EB/OL］. https://www. birmingham. ac. uk/university/governance/Council/index. aspx, 2018－11－23.

教育事务主任和研究与知识转移事务主任);③学生会提名的 5 名在校生;
④1 名学生会教育事务负责人;⑤五大学部选举出的 20 名学术或研究人员(每
个学部负责选举 4 名成员,其中 1 人必须为教授);⑥最多 6 名由校长推荐、大学
评议会补选出的成员。大学评议会设有三个分委员会负责具体工作:教育委员
会、研究委员会和荣誉学位委员会。①

　　大学执行委员会事实上是伯明翰大学根据其章程设立的理事会下设委员
会,负责大学战略与政策的实施。大学执行委员会由 12 名成员组成,包括大学
校长、教务长、教育事务副校长、研究与知识转移事务副校长、国际事务副校长、
艺术与法学学部部长、工程与物理学部部长、生物与环境科学学部部长、医学与
牙医学部部长和社会科学学部部长、大学注册官兼大学秘书以及大学财政官。
他们每周会面一次。大学执行委员会的主要职责包括:在理事会授权的范围内
就大学战略、运行和管理事务的任何方面作出决策;为理事会、评议会和大学校
长提供建议;监控学部的战略与政策实施,在必要情况下为学部委员会提供
指导。②

(三) 英国一流高校内部治理模式的特点

1. 治理模式多样化

　　由前面的分析我们可以看出,英国一流高校虽然整体数量不及美国,但在内
部治理模式上却较为多样。以牛津和剑桥为代表的牛津剑桥模式一直恪守学者
自治的传统,以爱丁堡大学和格拉斯哥大学等为代表的苏格兰大学模式则坚持
大学治理的制衡"金三角"、以伯明翰大学和曼彻斯特大学为代表的城市大学模
式则为典型的"两院制"。这些模式之间无明显的优劣之分,它们在不同高校的
出现和维继可谓多种综合因素相互作用的结果。多种高校内部治理模式的共存
也使得英国一流高校在发展过程中能够不断汲取其他模式的优势和完善自身不
足,最终实现有效治理的终极目标。

2. 部门分工明确、权力相互制衡

　　由前面的分析我们可以看出,英国一流高校三种典型的治理模式都存在明

---

① University of Birmingham,2018d. Senate. [EB/OL]. https://www.birmingham. ac. uk/university/
governance/senate/index. aspx,2018 - 11 - 23.

② University of Birmingham, 2018e. University Executive Board. [EB/OL]. https://www.
birmingham. ac. uk/university/governance/ueb/index. aspx,2018 - 11 - 23.

确的角色分工,大学理事会或教师议会(或摄政院)为高校的最高治理主体,大学评议会则负责学术事务。同时,各主要治理机构之间的权力相互制约。牛津剑桥治理模式下的教师议会或摄政院作为最高治理主体,其权力同样受到制约。以牛津大学为例,其教师议会虽然负责选拔任命校长,但同时也接受当选后的大学校长的领导。苏格兰大学模式的权力制衡关系体现得更加明显,大学理事会作为最高治理主体,但同时也受到学术评议会和总务委员会的制衡,毕竟这两大机构都有权选举 3 名或 4 名成员进入大学理事会。城市大学治理模式中大学理事会与评议会之间同样也存在制约关系。大学理事会虽为大学最高治理主体,但其校内成员中的 4 名教授必须由评议会选举产生。同时,大学校长作为评议会主席,也是大学理事会的当然成员之一。不同部门之间的权力制衡能在很大程度上避免最高治理机构的一家独大与权力滥用。

3. 凸显学术权力的重要性

一直以来,英国高校有着学者治校的传统。英国一流高校的三种内部治理模式实际上也将学术权力的重要性体现得淋漓尽致。牛津剑桥模式可谓学者自治的代名词,其校内的最高治理主体——教师议会或摄政院是一个以学者为主体的机构,充分体现学者自治的特色。苏格兰大学治理模式和城市大学治理模式中的学术评议会专门负责学术事务,其构成主体是高校的教学或学术人员。这其中,苏格兰大学治理模式在这点上体现得更为明显,所有教授都是学术评议会的成员。这彰显了高校对学术事务的重视,也充分说明高校的学术权力在学者的掌控之中。

4. 不同利益相关者积极参与大学治理

随着高校发展内外环境的不断复杂化和治理难度的不断提升,不同利益相关者参与高校治理也成为必然。在这三种不同的高校内部治理模式中,理事会也成为校外人员积极参与大学治理的主要途径,这尤其体现在城市大学治理模式和苏格兰大学治理模式中。前者要求三分之二的成员为校外人员,后者的代表——爱丁堡大学理事会中校外成员的数量超过总数的三分之一。与此同时,除大学高层管理者和教授等之外,学生、一般教师甚至校友也获得越来越多的机会参与大学治理,这在三大治理模式中都有不同程度地体现。不同利益相关者积极参与大学治理也比较符合治理的原本意蕴,毕竟治理突出的是自下而上的参与,而非传统意义上的自上而下的管理与服从。

三、德国一流高校的内部治理模式

(一) 德国一流高校内部治理的一般模式[①]

纵览德国高等教育的发展历史,可以发现其内部治理在全球范围内相对比较特殊。二十世纪九十年代之前,德国高校采用一种较为传统的治理方式。伯顿·克拉克(Burton Clark)曾将这种治理方式概括为州政府的政治管理(political regulation)和学术寡头(academic oligarchy)的专业自控(professional self-control)的混合[②]。因此,从这种意义上讲,传统意义上的德国高校事实上是教授大学,教授在德国高校内部享受非常高的自治权。作为领导者的校长和院长等人的正式权力实际上被架空。[③] 这种治理制度的弊端也比较明显:决策过程冗长;现状难以改变,除非所有人都获益或至少无人受损;诸多决策的最终结果是各种无效妥协,并不能真正解决问题。[④] 因此,在这种治理制度下,德国高校的自我决策能力和执行能力都受到诸多限制。

为改变这种局面,德国高校于20世纪90年代中期日趋受到"新公共管理"思想的影响,并开始对内部治理进行改革。此次改革的一大突破就在于成立作为咨询或决策机构的大学理事会,以加强社会对高校的外部调控。[⑤] 新公共管理改革后德国高校内部主要有三大管理机构:校长委员会(The Presidents Committee)、评议会(Senate)和理事会(University Council)。校长委员会是最高核心领导机构,高校所有事务与决策由校长委员会负责;其中,校长为该委员会主席。校长委员会的责任范围为:制定、评估和执行高校发展规划;完成目标

---

① 由于德国大学基本都为公立,因此本课题研究的德国一流大学自然也就意味着是德国公立大学。这在国际比较时尤其需要澄清。

② Burton C. The higher education system: academic organization in cross-national perspective. CA, USA: The University of California Press, 1983.

③ 孙进. 政府放权与高效自治——德国高等教育管理的新公共管理改革[J]. 现代大学教育,2014(2): 36 - 43,112.

④ Schimank U, Lange S. Germany: A latecomer to new public management. In Reale, E. et al (eds.) University governance: western European comparative perspectives, (pp. 51 - 75). London: Springer, 2009.

⑤ 孙进. 政府放权与高效自治——德国高等教育管理的新公共管理改革[J]. 现代大学教育,2014(2): 36 - 43,112.

协定；筹备评议会会议；执行评议会和理事会的决定等。[①] 评议会是重要学术决策机构，由学校不同群体人员组成。理事会则是德国大学与政府、社会加强联系的一个咨询或决策机构。德国不同州对大学理事会性质的界定不尽相同。例如，在萨兰州和巴符州，大学理事会往往具有决策和否决权；而在黑森和巴伐利亚州，大学理事会更多扮演咨询与监督角色。[②]

（二）德国一流高校内部治理模式分析

1. 海德堡大学

海德堡大学（Heideberg University）成立于 1386 年，是德国历史最为悠久的大学，在全球范围内也具有较高的知名度。在德国大学"卓越计划"建设项目中，海德堡大学成为首轮第二批（2007 年）入选的四所高校之一，并再次入选2012 年第二批建设高校名单。海德堡大学当前的三大治理主体分别为校长办公室（President's Office）、大学评议会（Senate）和大学理事会（University Council）（见图 7.7）。

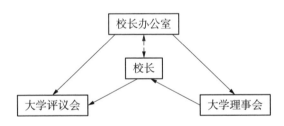

图 7.7　海德堡大学的高层治理结构

资料来源：Heidelberg University[③]

校长办公室是海德堡大学的最高治理机构，对外代表大学，对内协调各部门。校长办公室由 8 人组成，包括校长 1 人、财政与人事事务副校长 1 人、4 名副校长（分别负责研究、国际事务、质量提升以及学生事务与教学）、外加 2 名专职人员。校长办公室依托五个下设委员会来具体运作：学生事务质量管理工作

① 孙进.政府放权与高效自治——德国高等教育管理的新公共管理改革[J].现代大学教育，2014(2)：36-43,112.

② 孙进.政府放权与高效自治——德国高等教育管理的新公共管理改革[J].现代大学教育，2014(2)：36-43,112.

③ Heidelberg University, 2018a. Management and bodies. [EB/OL]. https://www.uni-heidelberg.de/institutions/,2018-05-24.

委员会、研究与战略委员会、合作事务校长委员会、质量保障基金中央委员会和通识教育系列讲座校长委员会。①

依据巴登符腾堡州大学法律,海德堡大学设立了评议会。它主要负责大学的学术事务,具体负责大学在研究、课程学习和教学上的战略导向。大学评议会目前有 19 名当然成员,包括校长、副校长(4 名)、财政与人事事务副校长、来自学校 12 个学院的院长以及 1 名大学平等机会委员会委员。同时,大学评议会还有 20 名选举出来的成员,其中,教授、行政人员、其他学术人员和技术人员每四年选一次,学生代表每年选一次。大学评议会设有 17 个下属委员会来辅助其工作,分别为:编外教授授予咨询委员会、德国奖学金委员会、第一伦理委员会、第二伦理委员会、跨文化研究联合委员会、基本规则委员会、优秀学术实践保障委员会、优秀学术实践巡视委员会、数学与科学学院委员会、平等机会委员会、教学委员会、质量发展学生事务与教学委员会、青年学者质量发展委员会、奥利匹亚·莫拉塔(Olympia Morata)项目委员会、联合学术基础管理委员会、特殊专业注册委员会和马西利乌斯(Marsilius)研究委员会。②

理事会在海德堡大学的治理体系中更多扮演监督者的角色。根据巴登符腾堡州的大学法律,理事会主要负责大学的战略发展、为提升大学形象以及改善其绩效与竞争力提供建议。理事会由巴登符腾堡州科技部长任命的 11 名成员组成,成员任期三年。在这 11 名成员中,6 人来自校外,其他 5 人来自校内。理事会的主要职责如下:①选举校长和财政与人事事务副校长;②决定大学结构与发展规划;③批准与审核大学的年度账目。理事会一年会面四次,其他事务以书面形式协商。③

2. 慕尼黑工业大学

慕尼黑工业大学(The Technical University of Munich)成立于 1868 年,已成为德国最顶尖的大学之一,在全球范围内也享有较高声誉。在德国的大学"卓越计划"建设过程中,慕尼黑工业大学成为 2006 年首轮第一批入选的两所大学

① Heidelberg University, 2018b. President's Office. [EB/OL]. https://www. uni-heidelberg. de/institutions/rectorate/,2018－05－24.

② Heidelberg University, 2018c. Senate. [EB/OL]. https://www. uni-heidelberg. de/institutions/senate/index. html,2018－05－24.

③ Heidelberg University, 2018d. University Council. [EB/OL]. https://www. uni-heidelberg. de/universitycouncil/index. html,2018－05－24.

之一,也再次入选 2012 年第二批建设高校名单。

目前而言,慕尼黑工业大学有五大治理机构:董事会(Board of Trustees)、评议会(Senate)、大学理事会(University Council)、管理委员会(Board of Management)和管理拓展委员会(Extended Board of Management),具体见图 7.8。

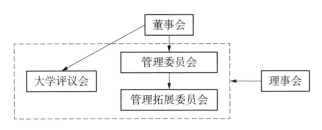

图 7.8　慕尼黑工业大学的高层治理结构

资料来源:The Technical University of Munich (2018a)[①]

董事会成立于 1999 年 10 月,是德国高校的第一个董事会。经过多次检验,董事会取得较大成功。董事会由选举出来的 20 名成员组成,其中校内外各半。董事会主席由校外人员担任,常务副主席则兼任大学评议会主席。具体而言,校外人员由在科学、文化、商业和政治领域的领导者构成,他们由大学管理委员会与巴伐利亚州科技部长联合提名,但最终名单需得到评议会的批准方能生效。在具体运作过程中,管理委员会、大学性别平等官员和博士候选人代表例会出席,并提供咨询建议。

目前,慕尼黑大学董事会扮演着决策、选举和咨询等三方面的角色。具体而言,在决策方面,董事会可决定大学的基本结构、决定负责人力资源管理和财政事务副校长的任命、大学发展计划、大学的院系分布以及专业的开设、调整与取消。就选举而言,董事会能选举校长、推荐校长和其他副校长。最后,董事会为巴伐利亚州预算方案和战略发展计划提供咨询意见,也为大学科学与人文组织机构以及其他机构的建立、调整与取消提供咨询意见。[②]

大学评议会是慕尼黑工业大学最高学术权威。它由选举出来的 11 人组成,

①　The Technical University of Munich, 2018a. Organization of the university: TUM governance. [EB/OL]. https://www.tum.de/en/about-tum/our-university/organization/,2018-05-24.

②　The Technical University of Munich, 2018b. The board of trustees. [EB/OL]. https://www.tum.de/en/about-tum/our-university/board-of-trustees/,2018-05-24.

包括 6 名教师、2 名科学或人文领域的助理、2 名学生代表和 1 名大学性别平等官员。其主要职责如下：①决定学校颁发的各项规定；②决定青年科学与人文学科人选的发展；③合作研究中心、研究生专业及类似组织或项目的批准；④决定学位项目的设立、调整与取消；⑤决定荣誉教授的批准；⑥决定评议会荣誉成员的授予；⑦决定大学董事会外部成员的任命；⑧确定关键研究领域；⑨为教师任命提供咨询意见；⑩同意授予慕尼黑工业大学荣誉兼职教授；⑪选举大学性别平等官员；⑫选择巡视员以处理学术不端行为。①

　　理事会更多扮演咨询者角色，对外努力提升大学的公众形象，相当于大学的使者。它目前由 25 人组成，主席由巴伐利亚州前财政部长担任，副主席由国家教育标准与研究办公室主任担任，其他人员来源较为广泛，分布于政界、商界和大学等不同领域。②

　　大学管理委员会主要负责监督大学的具体运作，以确保大学发展目标的实现。它由校长、人力资源管理和财政高级常务副校长、科研与创新事务高级副校长、学术与学生事务高级副校长、国际合作与校友事务高级副校长、人才管理与多样化高级副校长、信息事务高级副校长、国际教职工招聘与职业发展副校长和大学发展与规划副校长等 9 人组成。③

　　大学管理拓展委员会起源于工业界的拓展执行委员会，其主要用意在于汇集实践层面的领导者，从而协调大学的不同学院与学系。目前它由如下成员组成：管理委员会成员 9 人、学院院长 14 人、教学事务院长 1 人、研究生院长 1 人、施特劳宾校区校长 1 人、大学平等事务院长 1 人和拓展委员会永久嘉宾 1 人。④

（三）德国一流高校内部治理模式的特点

1. 分工明确，权力相互制衡

　　由前面的分析我们可以看出，德国一流高校现行的内部治理分工明确，不同

①　The Technical University of Munich，2018c. The TUM Senate. ［EB/OL］. https://www. tum. de/ en/ about-tum/our-university/senate/,2018－05－24..

②　The Technical University of Munich，2018d. The TUM University Council. ［EB/OL］. https:// www. tum. de/en/about-tum/our-university/university-council/,2018－05－24.

③　The Technical University of Munich，2018e. TUM Board of Management. ［EB/OL］. https:// www. tum. de/en/about-tum/our-university/tum-board-of-management/,2018－05－24.

④　The Technical University of Munich，2018f. TUM Extended Board of Management ［EB/OL］. https://www. tum. de/en/about-tum/our-university/extended-board-of-management/, 2018－05－24.

机构肩负着不同使命,协同为德国高校治理添砖加瓦。一般而言,德国一流高校在校内都设有一个最高决策机构,例如海德堡大学的校长办公室和慕尼黑工业大学的董事会,它们往往是学校的第一责任人,对内统筹管理整个大学,对外代表大学。德国高校的学术事务很自然地落到评议会身上,该机构负责德国高校的教学与科研等学术事务。同时,为保证高校与社会以及与政府的互动,提升高校对外界的反应灵敏度,德国高校一般都设有理事会,其成员广泛来源于政府组织、工业界等校外部门。与此同时,这些机构的权力也相互制约。虽然德国高校有类似校长办公室或董事会等最高领导机构,但它们的权力并非不受束缚。例如,海德堡大学校长委员会的首脑——校长由大学理事会负责选拔,而慕尼黑工业大学的董事会虽为学校最高领导机构,但其董事会中校外成员需要由校内的大学管理委员会与州政府联合提名,并最终需要评议会批准。这无不体现了各权力机构之间的相互制衡关系。这种权力之间的相互制衡能有效防止权力滥用,并能确保权力的正当行使。

2. 高校治理的多方参与

从传统意义而言,德国高校治理更多是校内人的“家务事”,但自受到新公共管理思潮的影响以来,德国高校治理开始变成“天下事”。高校理事会的普遍设立使得社会各界获得机会开始参与德国高校治理,也使得德国高校与社会的互动得到加强。评议会也给普通教师和学生代表参与大学治理提供了良机。至此,德国大学也形成了校外人员、校内校长与副校长等高层领导团队、教授、普通教师和学生等不同利益群体多方参与高校治理的局面。多方参与高校治理有利于将不同利益群体的诉求付诸高校治理实践,从而尽可能实现有效治理。

3. 充分彰显学术权力之于学术组织的重要性

传统意义上的德国高校被称为“讲座教授大学”[1],这也从另外一个角度体现了德国教授之于高校治理的重要性,也彰显了德国大学教授对学术权力的掌控。新公共管理改革以来,虽然德国大学教授的权力在一定程度上有所下降,但大学评议会的普遍设立则体现了德国对于学术权力的重视。大学本质上是一个学术组织,这点已无需赘述。德国大学在保障大学学术权力方面可谓楷模。[2] 从前

---

① 张源泉. 德国高等教育治理之改革动向[J]. 教育研究集刊,2012(4):91-137.

② 沈波,许为民. 学术评议会:大学学术权力的制度保障与借鉴——以德国大学为例[J]. 中国高教研究,2012(7):60-64.

面的分析我们可以看出,德国大学对学术权力的保障十分到位,这主要体现在两个方面:第一,学术权力的主要行使主体——大学评议会负责大学范围内的各种学术事务,其他机构无权干涉,体现了学术权力的无上地位。第二,大学评议会的构成主体为教授或其他教师,凸显了教学人员对学术事务的掌控。

四、日本一流高校的内部治理模式

(一)日本一流国立高校的内部治理模式

1. 法人化改革后的日本国立高校治理结构

随着 2004 年国立高校法人化改革的正式推行,日本政府采用了新的方式去管理国立大学,日本国立高校内部的治理结构也发生了较大变化,并逐渐形成了一个以校长为核心的自上而下的管理体系(见图 7.9)。

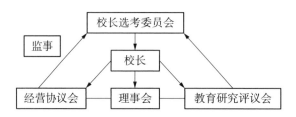

图 7.9　法人化改革之后的日本国立高校治理结构①

经历这次较为彻底的改革,日本国立高校形成了决策、审议和监督三大权力并存的局面。其中,决策权在理事会、审议权在经营协议会(Administrative Council)和教育研究评议会(Education and research council)、监督权则掌控在日本文部科学省任命的两名监事(Auditors)手中。

理事会(Board of Directors)是日本国立大学的权力核心,其成员由校长(President)负责任命;理事会由校长主持工作,主要由来自校内的教授组成②,但其中至少有一名成员来自校外。《国立大学法人法》(*National University Corporation*

① Oba J. Reforming national universities in Japan: implications for governance. In Shattock M.（ed.）International Trends in University Governance: Autonomy, Self-Government and the Distribution of Authority. London: Routledge, 2014: 107 - 124.

② Kaneko M. Incorporation of National Universities in Japan: Design, Implementation and Consequences [J]. Paper for the International Conference on Education Research, 23 - 25 October 2007, 2007(12): 23 - 25.

Act)规定了日本国立大学理事会人数上限。理事会主要负责讨论和决定学校的重要事项,包括中期目标和年度计划制定、预算编制及执行、决算、大学内部重要机构的设置与撤销。除此之外,大学日常运作的很多事务都需经过理事会。[①]

审议权主要集中于两大分工较为明确的机构——经营协议会和教育研究评议会。《国立大学法人法》第 20 条规定国立大学设立经营协议会,第 21 条规定国立大学设立教育研究评议会。其中,前者负责与大学管理有关的重要事务,其成员至少有一半来自校外。教育研究评议会则主要负责教育教学与研究相关的事务,其成员全部来自校内。[②] 这两大机构皆由校长负责主持工作。

监督权主要集中在日本文部科学省任命的两名监事身上,其主要监督日本国立大学的日常运作。[③] 从另外一个角度来讲,监事的存在也使得日本政府与国立大学的联系不至于因法人化改革而过于疏远。

此外,由于大学校长在新的治理体系中的重要性,日本国立大学在选拔校长时也较为慎重,成立了校长选考委员会(President selection committee)。其成员来校内的两个审议机构——经营协议会和教育研究评议会,两大机构推选出对等人数组成校长选考委员会。校长选考委员会通过一定方式与程序来选拔校长,最后报日本文部科学省审定与正式任命。

至此,日本国立高校逐渐形成了一种全新的治理结构。这种新的治理结构在治理实践中不断磨合,以更好地服务于日本国立高校的使命与愿景。

2. 日本一流国立高校现行治理结构的案例分析——以东京大学为例

作为日本第一所帝国大学,东京大学在日本和全球高等教育格局中扮演着重要角色。为更好地解读法人化改革后日本一流国立大学的内部治理结构,本研究选择以东京大学为例进行较为详细地分析。

东京大学的现行治理结构

根据《国立大学法人法》的相关规定,东京大学在结合自身自己实际的基础

---

① 贾德永,王晓燕. 日本国立大学法人化改革后的大学治理结构[J]. 高等教育研究,2011(5):97-103.

② Oba J. Reforming national universities in Japan: implications for governance. In Shattock M. (ed.) International Trends in University Governance: Autonomy, Self-Government and the Distribution of Authority. (pp. 107-124). London: Routledge.

③ Kaneko M. 2007. Incorporation of National Universities in Japan: Design, Implementation and Consequences. Paper for the International Conference on Education Research, 23-25 October 2007, ERI, Seoul National University.

上形成了现行的治理结构(见图7.10)。可以看出,东京大学现行的治理结构与法人化改革后的日本国立大学普遍采用的治理结构基本一致,形成了以大学校长为核心的"三会制"。其中,理事会是最高决策机构,经营协议会和教育研究评议会是最高审议机构。

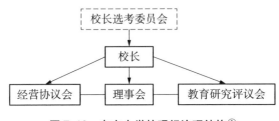

图7.10　东京大学的现行治理结构①

根据《国立大学法人法》,东京大学也分别制定了《东京大学基本组织规则》《东京大学经营协议会规则》和《东京大学教育研究评议会规则》,详细规定了校内理事会、经营协议会和教育研究评议会的人员构成与职务范围。

理事会成员由校长和理事构成。理事由校长指定,辅佐校长处理大学法人相关业务。当校长因事无法出席时,由校长事先指定一名理事代行校长之职。此外,理事可以由东京大学副校长或者教授担任,但是副校长或教授在同时担任理事的情况下,要以不影响理事的工作为前提方可同时兼任。理事会的主要责任范围包括如下:中期目标和年度计划;需要日本文部科学省同意或支持的事务;预算编制执行与财务;关闭或开设研究生院、学部、学校或其他重要机构;由理事会决定的其他事务。

经营协议会由校长、校长提名的大学法人理事、校长提名的大学法人职员以及经教育研究评议会审议和校长任命且与大学关系密切有高知见解的8～16名大学议员或职员之外的校外人员构成。其中,校外人员的人数必须过半。校长以外的其他委员任期2年并可以连任。补缺委员的任期只能是前任委员离任时的剩余期限。东京大学经营协议会的主要职能如下:①中期目标、中期计划和财政年度计划中与经营管理有关的事项;②制定、修改或废除与经营管理有关的重要规则;③制定人员报酬和退休津贴支付标准;④确定员工工资和退休津贴标

---

① 孟园园,朱剑.日本东京大学内部治理体系研究[J].世界教育信息,2018(22):41-49.

准;⑤确定学费标准;⑥预算编制、执行以及决算;⑦大学组织与管理实践的检查与评价;⑧其他与大学经营相关的重要事项。

教育研究评议会由校长、校长提名的理事(除特殊情况外,由担任副校长的理事出任)、研究生院院长、研究所主任和各学部提名的教授(各学部各占一个名额)等组成,其中校长主持工作。东京大学教育研究评议会的主要职能如下:①中期目标、中期计划和财政年度计划中的与教育或研究相关的事项;②本科生规则、研究生院规章和其他有关教育或研究的重要规定的制定、修改或废除;③教员人事政策与纪律处分;④荣誉教授头衔授予标准制定和拟授予荣誉教授人员名单的审核;⑤课程编制相关政策;⑥学生学习建议、指导和其他形式的支持;⑦学生注册、毕业或完成课程以及其他有关学生身份和处罚的重要事项;⑧学位规则的颁布、修改、废除以及授予办法;⑨名誉博士授予标准的制定以及拟授予名誉博士人员名单审核;⑩教育与研究情况的检查与评价;⑪其他与东京大学教育或研究相关的重要事项。[①]

如前所述,东京大学校长的权力较为集中,作为校内"三大会"的一把手,校长在很大程度上决定着东京大学的发展态势。因此,为帮助选择最合适的校长人员,东京大学于 2004 年制定了《东京大学选考会议规则》,详细规定了校长选考委员会的人员构成与权限。就人员构成而言,东京大学校长选考委员会由经营协议会和教育研究评议会选出相同人数的委员构成,总数 16 人。其中,担任大学法人的议员或者职员不能担任校长选考委员会委员。委员任期两年可再任。当出现缺额时,补缺委员的任期为前任委员离任时的剩余期限。校长选考委员会的一把手——议长在委员间选举产生,议长负责召集选考会议,管理会务。当议长因故不能出席时,他或她可指派选考委员会中的一位委员代行议长之职。校长选考委员会的权限包括校长的选拔与解任。

(二) 日本一流私立高校的内部治理

私立高校在日本高等教育中的地位举足轻重,庆应义塾大学(Keio University)和早稻田大学(Waseda University)更是作为私立高校的翘楚而享誉全球。本部分先简要分析日本一流私立高校内部治理的一般模式,然后以庆应义塾大学为例对日本一流私立高校的内部治理模式进行较详细的解读。

---

① 孟园园,朱剑. 日本东京大学内部治理体系研究[J]. 世界教育信息,2018(22): 41-49.

1. 日本一流私立高校的内部治理模式

日本对私立高校对管理更多通过立法形式展开。① 自二战后至今,日本先后颁布《大学令》和《私立学校法》(*Private Schools Act*)等规范日本私立大学管理。在国立大学法人化改革的浪潮下,日本私立大学也于同期对其内部治理进行改革。2004 年,日本修订了《私立学校法》,这也使得日本私立高校的治理更企业化。根据《私立学校法》,日本学校法人的行政管理机构主要由决策管理机构、监督机构和咨询机构组成。其中,理事会是日本私立大学的行政决策管理机构,监事则负责日本私立大学的监督工作,评议员会是学校法人的合议制咨询机关,教授会是教务决策机构。② 关于日本私立院校的治理机构,日本学者金子元久曾对此作了总结,见图 7.11。由该图不难发现日本私立高等教育机构在某种程度上是“双重管理主体”。虽然法律上规定理事会是治理主体,但由教师、管理人员和毕业生组成的评议员会在学校决策过程中也具有实质性权限。

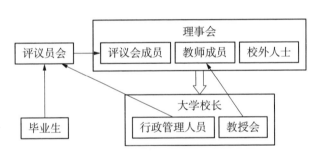

图 7.11　日本私立高等院校的治理结构③

2. 日本一流私立高校内部治理的案例分析——以庆应义塾大学为例

庆应义塾大学是日本历史最悠久的私立综合性高等教育机构,在全球范围内也具有较高声誉。自 1858 年成立以来,该校通过不断努力,现已成为日本的顶尖大学之一。为更好地了解日本一流私立大学的内部治理模式,本部分以庆应义塾大学为例,旨在对日本一流私立大学的内部治理结构进行较为深入的

---

① 陆一.理事会与教授会的“协治”——透视日本私立大学的治理模式[J].复旦教育论坛,2013(5):21-26.
② 王彦风.日本私立大学管理机构及决策方式[J].北京城市学院学报,2005(3):9-13.
③ 金子元久.转型中的日本私立大学:特征、危机和未来发展方向[J].北京大学教育评论,2007(2):81-91,190.

分析。

根据庆应义塾大学官方网站提供的信息，我们绘制了庆应义塾大学的内部治理结构图（见图7.12）。可以看出，该校的主要治理结构包括评议员会（Board of Councillors）、监事（Auditors）、理事会（Board of Trustees）、塾长（President）、常任理事（Vice-president）和常任理事会（Executive Board）。

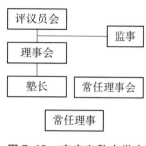

图7.12　庆应义塾大学内部治理结构①

资料来源: Keio University

评议员会是一个规模相对较为庞大的机构，包括95～101名成员，成员来源较为广泛，包括现有教师、管理人员和校友等。教师评议员任期两年，其他任期四年。评议员会的主要职能如下：根据《规约》需由评议员会决议的事项；发展计划、预算、借款以及有关重要资产处理的事项；大学学部、大学院、图书馆、研究所以及其他重要设施的设置、合并以及废止；人事与财务制度的修改或废止；有关收益事务的重要事项；其他理事会同意的与大学运行有关的重要事项。②

理事会在法律意义上对大学事务具有决定权；但在某些重要事务上，理事会要遵从评议员会的决议。理事会由塾长、常任理事、基于评议员会互相选举出的成员（13名以内）、大学校长及各学部长、大学以外学校的校长中互相选举出的成员（1名）、大学医院院长、塾监局局长（常任理事兼任塾监局局长时，由第二顺次席位的职员担任，1名）等组成。除塾长兼任大学校长以外，其他各位理事的职务不能互相兼任。③

庆应义塾大学的监事从评议员会中产生，一般2～3名，由塾长任命。监事不能兼任理事、评议员或法人职员（包括这个法人设置的学校的教职员）。监事的主要职责如下：监督财政状况；监督塾长、常任理事以及理事会事务的执行情况；如在前两项监察中发现不当行为，向理事会以及评议员会报告；对于上述报

---

① Keio University，2018b. Keio University Organizational Chart．［EB/OL］. https://www.keio.ac.jp/en/about/assets/organizational-chart.pdf，2018-11-15.

② Keio University，2018a. 庆应义塾规约（昭和26年2月15日认可）．［EB/OL］. https://www.keio.ac.jp/ja/about/assets/data/kiyaku.pdf，2018-11-15.

③ Keio University，2018b. Keio University Organizational Chart［EB/OL］. https://www.keio.ac.jp/en/about/assets/organizational-chart.pdf，2018-11-15.

告,在必要的情况下,可向塾长请求召开评议员会;针对庆应义塾的财政状况以及塾长、常任理事和理事会的事务执行状况,出席理事会以及评议员会并陈述意见。除此之外,庆应义塾大学的监事会还负责制定年度会计与监察报告。①

塾长作为庆应义塾的理事长,兼任庆应义塾大学校长。若辞任大学校长,则需从其他大学中选举出校长。塾长以《规约》以及理事会、评议员会的决议为基准,处理义塾一切事物,且对于义塾一切事项全权代表。塾长由评议员会根据委员会选举出的候选人进行最终选任。委员会成员由评议员会选举出的成员、大学校长以及各学部长、其他与庆应义塾相关的人员组成。塾长任期为四年,可以再任,但最多连任两届。若任期中退任则须由理事会及评议员会决议。

常任理事辅佐塾长处理义塾事务,同塾长共同组成常任理事会。常任理事会的相关事项由理事会决定。塾长可将义塾事务分配给各常任理事进行处理。塾长因故不能处理事务时,根据预先定好的顺序依次由一位常任理事临时代塾长之职。庆应义塾设置的常任理事不超过十名;常任理事须经评议员会认可,塾长推荐且由评议员会决议后才能选任。

(三) 日本一流高校内部治理的特征

通过前面的分析,可以发现日本一流高校内部治理模式具有如下基本特征。

1. 各部门分工明确,权力互相制衡

无论是日本国立大学还是私立大学,皆设置了较为多元的治理机构。就国立大学而言,经营协议会、理事会和教育研究评议会分工明确、精诚合作。尽管国立大学逐渐形成了以校长为领导核心的自上而下的治理模式,且大学校长兼任三大会的一把手,但校长的权力并非没有限制。毕竟日本国立大学校长选拔需要经过校长选考委员会,且该委员会成员来自经营协议会和教育研究评议会。这事实上形成了校长与经营协议会和教育研究评议会的相互钳制关系。谈到私立大学,理事会虽然是法律意义上的大学最高决策主体,但评议员会在某些重要事项上同样具有决议权。这就能在一定程度上避免决策权过于集中的弊端。同时,日本国立大学和私立大学都设置了监事以监督大学的运作,这使得大学内部的权力进一步分化与优化。

---

① Keio University,2018a.庆应义塾规约(昭和 26 年 2 月 15 日认可).[EB/OL]. https://www.keio. ac.jp/ja/about/assets/data/kiyaku.pdf,2018 - 11 - 15.

2. 各利益相关者广泛参与大学治理

高校治理本质上是一个多元主体共同参与管理大学的过程。在高等教育发展环境愈发复杂的背景下，不同利益相关者对高校的诉求不尽相同。因此，为尽可能满足不同利益主体的需求，高校应尽可能让他们积极参与。日本国立大学和私立大学在内部治理上都积极让多方主体参与。就国立大学而言，其经营协议会中的校外人员至少占到一半，私立大学的评议员会则积极邀请校友等群体参与大学治理事务。就校内人员而言，教授、行政人员和高层领导等都积极参与高校治理。

3. 凸显学者对学术权力的掌控

大学本质上是一个学术机构，教师理所当然应该对学术事务具有较大话语权。日本大学学者在学术权力掌控方面具有较高的话语权。国立大学法人化改革虽然在一定程度上削弱了日本教授的权力，但教授在教育研究评议会中的地位举足轻重。[①] 日本私立大学治理的权力纠葛往往在理事会（经营）和教授会（教学研究）之间[②]，这也体现了教授在教学与研究方面具有重大权力。教授等学者对学术权力的掌控也符合大学发展的趋势。随着大学治理专业化程度的不断加深，教授等学者在学术方面的专长也使得他们在大学的教学与研究中具有不可替代的作用。

五、美、德、英、日一流高校内部治理模式的比较分析

在前面分别对美、英、德、日等国一流高校内部治理模式进行分析的基础上，本部分重点从共性与个性的角度来比较这四国一流高校的内部治理模式，具体如下：

（一）美、德、英、日一流高校内部治理模式的共性分析

1. 强调社会力量参与高校治理

从高等教育发展的历史脉络来看，社会力量参与高等教育是必然趋势。就治理的应有之义而言，社会力量参与大学治理也顺理成章。现代大学早已不是

---

① 胡娟. 西方大学制度的几种主要模式及其启示——从权力结构的角度分析[J]. 中国人民大学教育学刊，2011(3)：23-40.

② 陆一. 理事会与教授会的"协治"——透视日本私立大学的治理模式[J]. 复旦教育论坛，2013(5)：21-26.

"两耳不闻窗外事"的"象牙塔",相反,现代大学被誉为人类社会发展的引擎。为更好地扮演这一角色,现代大学需要洞察社会环境的风云变幻,否则可能会成为一块顽固的自留地,与社会发展相脱节。从高校内部治理模式的嬗变过程来看,传统意义上的学院式治理模式更多强调学术委员会之于高校治理的重大意义,学术委员会成员基本为校内成员,其优势在于他们熟谙高等教育的发展规律和了解高校的基本运作。这在高等教育发展环境相对比较单纯、高等教育与社会互动较少的背景下还行得通。然而,随着高等教育与社会互动的增强以及高等教育系统的日趋复杂与多元,高等教育机构需要知晓、熟悉甚至是积极回应外界社会的需求。随着新公共管理思潮对现代大学的影响越发深入,社会力量参与高校治理也成为必然。

从本课题研究的美、英、德、日四国九所一流高校来看,这些一流高校在内部治理结构上都非常重视社会力量的参与。由于各国高等教育发展的历史不尽相同,这四国九所一流大学在社会力量参与大学治理的方式上也有所差异。就美国而言,社会力量参与大学治理更多依托董事会来展开。无论是作为私立大学代表的斯坦福大学还是能彰显公立大学治理特征的加州大学伯克利分校,它们都无一例外地设置了董事会。董事会成员来源广泛——商界、政界、媒体界等,且他们一般皆为各自领域较有影响力的专业人士。与美国不同,社会力量参与英国高校治理更多通过大学理事会来实施。无论是牛津大学、爱丁堡大学还是伯明翰大学,其理事会广泛吸纳校外成员,并定期召开工作会议,以切实履行职责,为大学治理服务。就德国而言,社会力量参与慕尼黑大学治理的方式则是通过大学理事会进行。慕尼黑工业大学则开创性地于 1999 年设立了德国大学的第一个董事会;与此同时,该校也设立了大学理事会。因此,社会力量参与慕尼黑工业大学治理则通过大学董事会与理事会来共同实现。其中,大学董事会更多扮演监督者角色,而理事会则负责咨询事务。无论是大学董事会还是大学理事会,其成员来源皆较为广泛,由来自科学、文化、商业和政治领域的有影响力的人士构成。最后,就日本大学而言,作为国立大学代表的东京大学根据《国立大学法人法》第 20 条规定设立经营协议会,作为社会力量参与东京大学内部治理主要途径。就私立大学代表的庆应义塾大学而言,社会力量参与其治理的方式则主要通过大学理事会来开展。

从以上介绍可以发现,无论是大学董事会,抑或是理事会或经营协议会,它们的成员皆来自社会各界,并能将自身专长用于大学治理,弥补大学自身对外界反应相对缓慢的不足,从而提升大学对外界环境的敏感度和更有利于大学积极回应社会需求。

2. 制衡中的学术权力与行政权力

学术权力与行政权力就像大学的一对孪生兄弟,伴随着大学走过千余年的风雨之路。学术权力与行政权力的配置问题也构成了大学治理改革的核心话题之一。根据分权制衡理论,只有保障行政权力和学术权力之间的相互独立性,使之在高校内部相互配合,协调平衡,才能充分发挥两种权力的独特功能和价值。

就如何更好地配置高校行政权力与学术权力这一话题,美、英、德、日四国做法不尽相同。美国高校在结合高等教育发展的宏观背景和自身实际情况的基础上选择了共治模式。据美国大学治理董事会联盟、美国教育理事会和美国大学教授学会联合发布的《学院与大学治理声明》,共治指的是大学教师和行政人员基于自身特长和角色分工来共同治理高校。教师作为学术权力的代表,行政人员作为行政权力的代表,二者共同构成大学治理的完整谱系。因此,无论是斯坦福大学还是加州大学伯克利分校,它们的内部治理是以教师为代表的学术权力和以校长、教务长为代表的行政权力组成,董事会授权给学术委员会彰显学术权力,授权给校长、教务长、副校长等发挥行政权力。除在各自领域发挥作用之外,学术权力与行政权力在教师任命与职称晋升、学术预算决策以及招生注册等领域也通力合作,从另外一个层面凸显共治。

就英国而言,牛津大学采取的是传统的学院式治理结构,教师议会(congregation)是该校的最高权力机构,其构成主体为校内教师、其他学术人员与高级行政人员等。换而言之,在教师议会的统帅下,学术权力与行政权力得到较好的协调。爱丁堡大学和伯明翰大学将学术权力和行政权力相对分离治理。大学理事会是其最高行政治理机构,学术委员会是最高学术治理机构,二者分而治之。同时,大学理事会有审议学术委员会决议的权力,但大学理事会并不干涉学术委员会的日常治理。

就德国而言,海德堡大学的行政权力主要集中于校长办公室,学术权力则集中于学术委员会,两者与大学理事会共同构成海德堡大学内部治理的"金三角"。慕尼黑工业大学的学术权力汇集于学术委员会,行政权力则通过大学管理委员会(Board of Management)和管理拓展委员会(Extended Board of Management)来体现,两者共同构成大学的行政中心。

就日本而言,国立大学法人化改革之后,东京大学内部学术权力与行政权力的配置进行了重新分配。作为学术权力集中体现的学部教授会的权力被大大削弱,以大学校长和学院院长为代表的行政权力得到显著增强。庆应义塾大学学术权力主要集中于学部教授会,行政权力则主要体现于评议员会,两者的分工与协作保障了该校的正常运作。

由此可见,无论是公立大学还是私立大学,无论是高等教育市场化较发达的美国和英国,抑或是高等教育领域相对保守的德国或是介于两者之间的日本,其一流高校在内部学术权力与行政权力分配时都形成了一种制衡关系。毫无疑问,学术权力与行政权力形成了一种微妙的依存关系。尽管二者在大学的历史发展过程中略有沉浮,但总体而言,它们却伴随大学发展的始终。高校不能过度强调学术权力,更不能过分凸显行政权力,二者的协调平衡方为高校内部治理的良策。

3. 学术之于高校治理的重大意义

自大学创立起,学术就被篆刻在高校发展的 DNA 中。尽管西方高校的内部治理模式历经转换,但学术之于高校的重要性不但没有被削弱,相反还有愈发受到重视的趋势。高校治理的目的不是运用了何种治理理论或采取了何种治理模式,其最终目的在于促进高校学术的发展。当然,这里的学术需从广义上去理解,而不是狭义上的研究、论文、科研项目等。笔者于 2018 年 6 月 16—25日参加过对美国斯坦福大学前校长约翰·亨尼西(John Hennessy)教授、加州大学前高级副校长贾德孙·金(Judson King)教授、加州大学前学术委员主席金·查勒法特(Jim Chalefant)教授等的访谈,并且就高校治理的目的与这三位学者兼校高层管理者交换过意见,他们皆无一例外认为高校治理的目的在于确保大学研究、教学与社会服务的卓越,这是广义上的学术卓越。因此,高校内部治理的各种改革都要围绕这一核心目标来展开。毋庸置疑,大学的研究、教学和社会服务是高校的立足之本和发展之源,也是高校区别于其他机构的显著标志。

为确保高校学术的卓越,高校内部需要有专门的机构来负责学术事务。这与高校治理领域中的结构主义理论所主张的观点基本一致。结构主义理论强调营造一个功能性治理体系的最重要因素是聚焦于组织结构,如权力体系、角色、程序、决策主体等。就本课题研究的大学而言,它们基本都设置了专门负责学术事务的机构——学术委员会(或教授会)。具体而言,斯坦福大学的学术委员会(Faculty Senate)是该校的最高学术治理机构,主要负责该校的学术与研究政策以及学位授予工作等。加州大学伯克利分校除本校设有学术委员会(The Berkeley Division of the Academic Senate)之外,还接受加州大学总校学术委员会(Academic Senate)的指导与规范。牛津大学的学术事务则依托其教师议会(Congregation)来具体负责。爱丁堡大学的学术委员会(The Senatus Academicus)是该校内部学术事务的最高治理机构,其职责范畴涉及学术战略、政策制定、学位授予等方面。伯明翰大学设置了大学评议会,负责学术事务。海德堡大学根据巴登符腾堡州大学法律设立了学术委员会,主要具体负责大学在研究、课程学习和教学上的战略导向。慕尼黑工业大学最高学术权威为该校的学术委员会。东京大学依据《国立大学法人法》第21条规定,设立了教育研究评议会(相当于学术委员会),负责审议与大学教学和科研相关的事务。庆应义塾大学则相对较特殊,其学术事务则主要依托学部或学院的教授会来处理。

高校学术事务机构的设立价值在于其与学术卓越之间存在正向相关的关系。卓越的学术需要依托高校专门的学术机构,专门机构能为学术事务的发展与提升提供极大便利,从而实现学术的卓越。尤其是校级层面的学术事务专门机构更能从高校整体发展的角度去统筹与协调高校学术事务的发展、确定高校学术的战略发展方向与重点,从而有选择地追求学术卓越。

(二)四国一流高校内部治理模式的差异性分析

"任何类型的大学都是遗传与环境的产物。"[①]同样,不同国家的高校内部治理模式也不可避免地受到来自本土多种因素的影响,最终导致一定程度的差异存在。从前面对四国一流高校内部治理模式的共性分析中,可以发现这样一个事实:虽然这四国一流高校在内部治理上都存在上述三点共性,但在这些共性中却存在一定程度上的差异。这种差异与国情或校情不无关系。例如,就"强调社会力量参与大学治理"而言,美国、英国、德国和日本等四国虽都符合这点,但

① [英]埃里克·阿什比.科技发达时代的大学教育[M].滕大春,滕大生,译.北京:人民教育出版社,1983.

在社会力量参与高校治理的程度上却存在较为明显的差异。其中美国无疑是社会力量参与高校治理的集中代表。在英国的三种高校治理模式中,社会力量参与高校治理的表现则不尽相同,如社会力量参与牛津大学和剑桥大学的治理就相对较少,但社会力量参与城市大学的治理就比较多,而参与苏格兰大学的治理则介于两者之间。德国高校直到受新公共管理思潮改革之后才逐渐允许社会力量介入高校治理工作。同样日本国立大学是在法人化改革之后,社会力量才逐渐获得参与高校治理的机会。日本私立大学由于其特殊性质,社会力量参与则比较自然。

除共性之下的个性差异之外,美国、英国、德国和日本等四国一流高校在权力分配方面也存在较明显的差异。表7.1基本反映了这四国一流高校治理主体及其权责配置情况。

表 7.1　美、英、德和日四国一流高校主要内部治理主体一览

	最高权力机构	学术事务主体	行政事务主体	校长角色	监督/咨询机构
美国	董事会	大学评议会	大学校长	部分校长担任评议会首脑	
英国	大学理事会	大学评议会	大学理事会	大学评议会首脑	总务委员会
德国	校长办公室	大学评议会	校长办公室	校长办公室首脑	大学理事会
日本国立高校	大学校长	教育研究评议会	大学理事会和经营协议会	三会首脑	监事

注:①英国模式更多指苏格兰大学治理模式和城市大学治理模式,其中监督机构更多是苏格兰大学治理模式;②日本私立高校由于资料掌握不全,暂不列入;③上表只能反映各国一流高校治理模式的一般情况,不排除特殊情况存在。

为更清晰地反映美、英、德、日四国一流高校内部治理在权力分配上的差异,本研究将这些国家一流高校主要治理主体的权力进行赋值,赋值原则为:最高权力机构赋值5,学术事务主体赋值3,行政事务主体赋值3,监督或咨询机构赋值2,校长如果担任主要治理主体首脑另赋值1(日本除外),部分担任首脑赋值0.5。最后我们绘制了美、英、德和日四国一流高校主要治理主体的权力分配的雷达图,如图7.13—图7.16所示。结合各国一流高校的权力分配雷达图,美、英、德、日四国一流高校的内部治理模式可归纳如下:

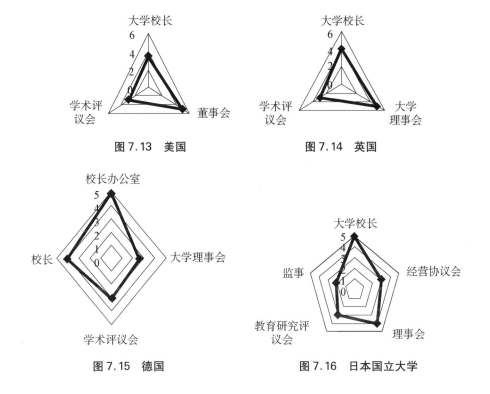

图 7.13　美国　　　　　　　　　图 7.14　英国

图 7.15　德国　　　　　　　　　图 7.16　日本国立大学

1. 美国——"外行掌控下的共治模式"

由于其高校发展的特定历史环境,美国高校从一开始就奉行了外行控制的董事会制度。在后续发展过程中,董事会的权力几经沉浮,最终自 1966 年之后美国大学逐渐形成了现行共同治理的基本框架。董事会依然存在并作为高校的最高权力主体,但其本身并不直接管理高校;而是将管理高校的权力委托给两大内行——校长和评议会。校长作为行政权力的最高代表,评议会作为学术权力的象征,二者分而治之,并在一定范围内有交集。这三者构成了美国高校内部治理的完整谱系。

2. 英国——"校外力量主导下的两会制"

除牛津和剑桥外,无论是苏格兰大学治理模式还是城市大学治理模式,英国大学理事会是其最高权力机构,并有相当多的校外成员参与高校治理。尤其是在城市大学治理模式中,校外人员占到总人数的三分之二,且理事会主席在校外人员中产生。这无不体现校外力量的主导。同时,就苏格兰大学治理模式和城市大学治理模式而言,真正对大学治理发挥关键作用的依然是两大治理主体:

理事会和评议会。理事会负责行政事务,评议会负责学术事务,二者明确分工,但评议会须对理事会负责。

3. 德国——"校内势力主导、校外力量参与的治理模式"

在新公共管理思潮的冲击下,德国高校内部治理模式也在不断进行改革,并成立了三个主要治理主体:校长委员会、评议会和理事会。全部由校内成员组成的校长委员会为最高权力机构,同时也是最高行政执行主体;评议会负责学术事务,有一定数量的校外人员参与的理事会在治理过程中扮演咨询或决策角色(德国不同州对其性质的界定不尽相同)。因此,校外力量在德国高校对治理过程相对比较弱势(少数学校除外)。

4. 日本——"校长寡头领导下的三会制"

日本国立高校在法人化改革之后,逐渐形成了以大学校长为统帅的三会制。大学校长作为三会首脑,对日本国立大学的治理非常关键。因此,为保证选择最合适的校长,日本国立高校成立了校长选考委员会。校内三大治理主体——理事会、经营协议会和教育研究评议会分而治之,理事会为最高决策机构、经营协议会负责高校的运营管理、教育研究评议会负责高校的学术事务。

第八章

美、英、德、日一流高校学术权力与行政权力的关系研究

  《国家中长期教育改革和发展规划纲要(2010—2020 年)》强调：我国高校要充分发挥学术委员会在学科建设、学术评价、学术发展中的重要作用。[①] 2014 年发布并实施的《高等学校学术委员会规程》强调：要把学术委员会作为校内最高学术机构，统筹行使学术事务的决策、审议、评定和咨询等职权。[②] 2017 年颁布的《教育部等五部门关于深化高等教育领域简政放权放管结合优化服务改革的若干意见》提出：要完善学术治理……推动学术事务去行政化。提高高校学术委员会建设水平，充分发挥高校学术委员会在学科建设、专业设置、学术发展、学术评价等事项中的重要作用。[③] 2018 年教育部发布的《关于高等学校加快"双一流"建设的指导意见》也提出：完善学术治理体系，保障学术委员会在学术事务中有效发挥作用。[④] 上述文件无不强调了学术委员会在大学学术治理中的关键作用。然而遗憾的是由于诸多原因，我国大学内部学术权力与行政权力之间的关系失衡情况依然存在。行政权力干预或取代学术权力的现象仍较为

---

① 《国家中长期教育改革和发展规划纲要(2010—2020 年)》[EB/OL] http://www. gov. cn/jrzg/2010-07/29/content_1667143. htm,2022 - 01 - 24.

② 《高等学校学术委员会规程》[EB/OL]. http://www. moe. gov. cn/srcsite/A02/s5911/moe_621/201401/t20140129_163994. html,2022 - 01 - 24.

③ 《教育部等五部门关于深化高等教育领域简政放权放管结合优化服务改革的若干意见》[EB/OL]. http://www. moe. gov. cn/srcsite/A02/s7049/201704/t20170405_301912. html,2022 - 01 - 24.

④ 《关于高等学校加快"双一流"建设的指导意见》[EB/OL]. http://www. gov. cn/xinwen/2018-08/27/content_5316809. htm,2022 - 01 - 24.

普遍,学术权力主体——教授和学术组织的作用不突出,学术权力与行政权力相互越位等。① 因此,如何处理好我国高校学术权力与行政权力之间的关系亦是高校治理改革必须重视的一个重要议题。学习借鉴美国、英国、德国和日本等发达国家在高校治理改革与探索方面成功的经验,尤其是学习借鉴上述国家一流高校在学术权力与行政权力经历长期博弈后形成的成功经验,对我国大学更好地处理学术权力与行政权力之间的关系具有启发意义。

一、研究分析框架及样本选择

(一) 分析框架

所谓分析框架,如美国学者马修·迈尔斯(Matthew B. Miles)和迈克·胡博曼(Michael A. Huberman)所言:分析框架是指一种视觉或书面的产品,通过图形或文字的形式来解释将要研究的主要事物——关键因素、概念或变量以及这些主要事物之间可能存在的关系。② 就学术权力与行政权力的关系而言,国内外不少学者曾探讨并尝试提出了一些分析框架。在我国大学办学行政化的影响下,学术权力与行政权力之间的关系也往往被贴上"对立"标签,但也有些学者认为学术权力与行政权力之间并非对立③,它们之间相互依赖甚至耦合。④

就国外高校而言,共同治理模式下的美国高校学术权力与行政权力之间的微妙关系构成美国高等教育发展的主旋律之一,而美国高校学术权力与行政权力之间的复杂关系给高等教育研究也提供了丰富素材,并产生了诸多富有启发性的研究成果。如早在二十世纪九十年代,美国学者罗伯特·伯恩鲍姆(Robert Birnbaum)发表了颇具影响力的论文《学术评议会的潜在组织功能:为何评议会不发挥作用但仍不会消失呢?》。伯恩鲍姆在这篇文章中将学术评议会的功能分为显性功能(manifest functions)和隐形功能(latent functions),不同功能的学术

---

① 钟秉林. 现代大学学术权力与行政权力的关系及其协调[J]. 中国高等教育,2005(19): 3-5.

② Miles B M., Huberman A M. 1994. Qualitative data analysis: an expanded source book. (2nd edition)[M]. Thousand Oaks, CA: Sage Publications, 1994: 18.

③ 李立国. 大学行政权力与学术权力是对立的吗? [N]. 光明日报,2015-05-12(13).

④ 殷忠勇. 高校学术权力与行政权力的冲突与耦合——基于信任文化的视角[J]. 教育发展研究,2014(19): 67-72.

评议会与行政部门的关系不尽相同。[①] 受伯恩鲍姆启发,美国学者詹姆斯·米勒(James T. Minor)在对美国不同类型学术评议会进行调研的基础上,将美国高校评议会分为四种:功能型(functional)、影响型(influential)、仪式型(ceremonial)和颠覆型(subverted)。[②] 不同类型的学术评议会与行政人员之间的关系差别较大:功能型学术评议会愿意与行政人员合作;影响型学术评议会希望作为大学的治理主体之一与行政团队共同掌权;仪式型学术评议会由于其在大学治理过程中的存在感较弱,因此它们更多被动与行政团队合作;颠覆型学术评议会与行政团队之间的关系则走向对抗甚至公开冲突。[③]

在前人研究的基础上,美国学者马里嗒·法菲罗(Marietta Del Favero)和娜桑尼尔·贝雷(Nathaniel Bray)依据态度和性情维度对学术人员与行政人员之间的复杂关系进行了建构(见图8.1)。其中横坐标轴为关系态度维度,纵坐标轴为教师凝聚力维度,依据横坐标和纵坐标代表的四个极端组合将学术人员与行政人员之间的关系分为四种类型:共生功能型(第1象限)、积极不协调型(第2象限)、分裂纠纷型(第3象限)和谨慎合作型(第4象限)。可以看出,第1象限描述的共生功能型关系是教师与行政人员之间的一种理想状态,第3象限描述的分裂纠纷型则是一种相对糟糕的状态,第2和第4象限描述的学术人员与行政人员之间的关系则处于中间状态。学术人员与行政人员之间的共生功能型关系是一种理想的共同治理模式,在这种关系之下学术人员与行政人员互惠互利、友好相处,两者之间既有分工又有合作,共同服务于所在高校整体目标的实现。遗憾的是现实中学术人员并非一个同质体,相反,他们针对某些问题往往存在不同意见甚至是相左意见。因此,他们之间并非总是相互信任并开诚布公,此即第4象限描述的谨慎合作型关系。在高校治理过程中,还存在两种学术人员与行政人员不合作的情况。其一,即学术人员各自为政,表现为第3象限描述的分裂纠纷型关系。处在这种关系中的学术人员与行政人员"各为其主"、缺乏信任、交流不畅等,甚至学术人员内部在高校治理问题上意见也不一致;其二,虽然

① Birnbaum B. 1991. The latent organizational functions of the academic senate: why senates do not work but will not go away? New Directions for Higher Education, 75: 7-25.

② Minor T J. 2004. Understanding faculty senates: moving from mystery to models. The Review of Higher Education, 27(3): 343-363.

③ 殷忠勇. 高校学术权力与行政权力的冲突与耦合——基于信任文化的视角[J]. 教育发展研究, 2014 (19): 67-72.

学术人员的意见总体上比较一致,但他们却联合起来与行政团队对抗,此即第 2 象限代表的积极不协调性。从法菲罗和贝蕾提出的分析框架可以判断:高校治理过程中学术人员与行政人员之间的关系其实非常复杂,他们之间的关系并非简单的非此即彼、二元对立,而是有对立也有分工与合作,更有权力的牵制。

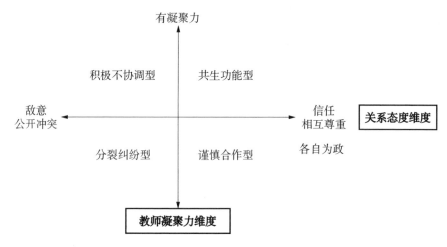

图 8.1　教师与行政人员的关系图

资料来源:Favero and Bray[①]

　　综上可以发现:现代高校治理过程中的学术权力与行政权力间的关系事实上既复杂又丰富多彩,在高校愿景与使命的统领下,学术权力与行政权力的明确分工并精诚合作,有利于高校整体目标的实现。为防止权力的滥用,学术权力与行政权力之间的相互牵制,亦有利于避免出现一家独大的情况。一般而言,大多数情况下学术人员与行政人员均能在顾全大局的前提下积极合作,但由于文化和职能结构等原因的存在,二者也不可避免地存在冲突。因此,高校内部行政人员与学术人员的分工、合作、牵制和冲突,在一定程度上能勾勒出学术权力与行政权力之间关系的全貌。

(二) 样本选择

　　基于多元性(公立与私立、古老与现代等)、治理模式多样性和英文资料可获

---

① Favero D M., Bray N. 2006. The faculty-administrator relationship: partner in prospective governance? Scholar-practitioner Quarterly, 3(1): 53 - 72.

取性(主要就德国和日本大学而言)的原则和需要,本研究从美、英、德、日四国遴选了八所高校作为样本高校进行分析讨论。这八所高校在全球"四大"高校排行榜中总体表现不错(详见表8.1)。

表8.1　八所高校在全球四大世界高校排行榜中的表现一览

高校名称	2018年世界大学学术排名	2018年泰晤士高等教育世界大学排名	2018年QS世界大学排名	2018年美国新闻与世界报道世界大学排名
斯坦福大学	2	3	2	3
加州大学伯克利分校	5	18	27	4
爱丁堡大学	32	27	23	30
伯明翰大学	101~150	141	84	96
海德堡大学	47	45	68	59
慕尼黑工业大学	48	41	64	80
东京大学	22	46	28	57
庆应义塾大学	301~400	601~800	192	466

资料来源:各大学排行榜官网

二、美、英、德、日八所一流高校学术权力与行政权力的配置

结合前面对学术权力与行政权力之间关系的提炼和上述世界一流高校学术权力与行政权力配置的现状,我们将美、英、德、日一流高校学术权力与行政权力的配置状态概括为:分工明确、各司其职;精诚合作、一致向前;权力牵制、相互制衡;各为其主、冲突难免。

(一) 分工明确、各司其职

从高等教育发展的历史来看,高校已由最初的"学术共同体"逐渐演变为"学术与行政共同体"。[①] 学术人员与行政人员在这个共同体中依据各自特长明确分工、各司其职。布鲁贝克也曾指出"高等教育越卷入社会的事务中,就越必要用政治观点来看待它。就像战争意义太重大,不能完全交给将军们决定一样,高

---

① 吴丁玲,胡仁东.大学组织内部治理中行政权力的制度设计——兼论学术权力与行政权力的关系[J].江苏高教,2018(9):60-65.

等教育也相当重要,不能完全留给教授们决定。"①这也再次凸显高校行政人员存在的必要性和重要性。通过对美、英、德、日八所一流高校学术权力与行政权力的分析发现,上述一流高校内部学术权力与行政权力的职责明确,在实际治理过程中也各司其职。我们选择其中若干所高校进一步分析。

就斯坦福大学而言,以校长为首的行政团队主要负责:①负责大学及各部门的管理;②定期向董事会汇报大学运作的进展与问题,须就存在的问题提出行动建议;③负责准备大学年度运行财政预算和其他年度预算,并将这些预算提交董事会评估和采取其他措施;④在准备下一年度财政预算的基础上,定期向董事会递交报告,汇报大学计划和项目的实施状况。② 作为学校的最高学术治理主体,斯坦福大学教师评议会的主要责任范围如下:①学术与研究政策;②授予学位;③评估课程事务(新专业的开设、现有专业的评估;本科平台课程改革);④评估跨学科课程;⑤荣誉学位和双学位;⑥专业或学科更名。③

英国爱丁堡大学行政权力的代表——理事会的职责包括五个方面:制定战略、行政治理、执行控制、法人治理、保障有效性和透明度。其学术权力的集中代表——学术评议会的主要职责范围则包括:探讨促进学习、教学、研究发展的战略性事务;制定学术监管框架,指导、规范教学并推动开展研究,维持大学奖项的标准与质量;批准学位(包括荣誉学位)授予;批准授予退休教授荣誉称号;评论决议草案;规范学生行为;就学术评议会下设委员会的建议与推荐意见制定高层次的政策与战略。德国的海德堡大学校长办公室是该校最高治理机构,对外代表大学,对内协调各部门。该校学术评议会主要负责学术事务,具体负责大学在研究、课程学习和教学上的战略导向。④

日本东京大学理事会主要负责讨论和决定学校的重要事项,包括中期目标和年度计划制定,预算编制及执行、决算,大学内部重要机构的设置与撤销。除此之外,大学日常运作的很多事务都需经过理事会批准才行。东京大学经营协

---

① [美]约翰·S·布鲁贝克. 高等教育哲学[M]. 王承绪,等,译. 杭州:浙江教育出版社,2002.

② Stanford University, 2018a. Organization Chart:President. [EB/OL]. https://adminguide. stanford. edu/sites/default/files/9. 1. 1_10. 17. 17_0. pdf, 2018 - 11 - 27.

③ Stanford University, 2018b. Board of Trustees. [EB/OL]. https://boardoftrustees. stanford. edu/, 2018 - 07 - 13.

④ 朱爽,朱剑. 英国爱丁堡大学内部治理体系探析[J]. 世界教育信息,2018(4):50 - 60.

议会的主要职能如下：①中期目标，中期计划和财政年度计划中与经营管理有关的事项；②制定、修改或废除与经营管理有关的重要规则；③人员报酬和退休津贴支付标准；④员工工资和退休津贴标准；⑤学费；⑥预算编制、执行以及决算；⑦大学组织与管理实践的检查与评价；⑧其他与大学经营相关的重要事项。① 东京大学教育研究评议会的主要职能如下：①中期目标、中期计划和财政年度计划中与教育或研究相关的事项；②本科生规则、研究生院规章和其他有关教育或研究的重要规定的制定、修改或废除；③教员人事政策与纪律处分；④荣誉教授头衔授予标准制定和拟授予荣誉教授人员名单的审核；⑤课程编制相关政策；⑥学生学习建议、指导和其他形式的支持；⑦学生注册、毕业或完成课程以及其他有关学生身份和处罚的重要事项；⑧学位规则的颁布、修改、废除以及授予办法；⑨名誉博士授予标准的制定以及拟授予名誉博士人员名单审核；⑩教育与研究情况的检查与评价；其他与东京大学教育或研究相关的重要事项。②

学术权力与行政权力的明确分工和各司其职，有利于学术人员和行政人员在高校治理过程中自己责任范围，从而避免人浮于事及互相推诿造成高校治理过程中的"责任盲区"问题。此外，学术人员与行政人员明确的职责分工也有利于避免权力错位甚至越位，从而保证高校治理过程中不同人员在权责明晰的前提下各司其职、各司其责。

（二）精诚合作、一致向前

高校是一个由学术群体和行政群体组成的学术共同体，这两大团队有着共同的整体利益和价值追求。③ 伯顿·克拉克曾表示"教师和管理人员的利益是共同的而不是对立的，两者都是大学的工作人员，应该像同事一样分享权力"④。因此，高校治理过程中学术人员与行政人员之间的合作有着较为坚实的基础。事实上，学术人员与行政人员之间的合作也充分体现在西方一流高校的治理实践当中。

美国高校的共同治理要求董事会、行政团队和教师团队在大学发展目标、长

---

① 孟园园，朱剑. 日本东京大学内部治理体系研究[J]. 世界教育信息，2018(22)：41-49.

② 孟园园，朱剑. 日本东京大学内部治理体系研究[J]. 世界教育信息，2018(22)：41-49.

③ 殷忠勇. 高校学术权力与行政权力的冲突与耦合——基于信任文化的视角[J]. 教育发展研究，2014(19)：67-72.

④ ［美］约翰·S·布鲁贝克. 高等教育哲学[M]. 王承绪，等，译. 杭州：浙江教育出版社，2002.

期规划、物质资源、长短期预算、校长选拔和主要学术人事政策等方面积极合作，且这种合作被认为非常必要。[①] 斯坦福大学行政团队与教师团队之间的合作广泛体现在大学治理的过程之中。据课题组 2019 年 6 月赴美访谈斯坦福大学前校长约翰·亨尼西教授时获悉，该校行政团队与教师的合作主要体现在以下几个方面：第一，在决定大学预算时，教务长会征求包含了来自不同学院教师构成的教务长咨询团队的意见，以了解不同学科教师关于预算的诉求。第二，斯坦福大学在确定大学发展规划的战略重点时必须邀请学术人员参加，从而帮助遴选未来的重大发展方向。第三，校内资金使用由斯坦福大学通过自下而上的流程决定。具体而言，教师首先提出资金使用方案，比如将资金投向那些学术发展前沿和重点、新事物或新开专业上，然后学校的行政系统（校长、教务长和学院院长）会审核这些资金使用方案，在不同的资金使用方案上做出选择并确定优先发展方向，最后投入相应资金。[②]

加州大学伯克利分校学术权力与行政权力之间的合作关系由来已久。[③] 加州大学也曾发表教师与行政人员合作声明"加州大学的伟大源于其教师、行政人员和学生的卓越。一群优秀的个体不会提升加州大学；相反，加州大学使命的实现取决于合作和共同掌权的环境。共治氛围只能源自建立在相互信任和尊重基础上的合作。因此，为支持大学使命的实现，加州大学教师与行政人员必须肩负其职责并致力于营造一个合作的、专业的工作环境"。[④] 据我们同期赴美对加州大学伯克利分校高等教育研究中心约翰·道格拉斯（John Douglass）教授的访谈获悉，该校行政团队与学术团队在教师招聘与晋升、学术预算决策和招生注册等事务上始终紧密合作。通过研读加州大学伯克利分校的组织结构图，我们发现学术评议会下设的预算与跨部门关系委员会（Budget and Interdepartmental Relations Committee）、科研委员会（Research Committee）、学术规划与资源分

① American Association of University Professors. 2006. Statement on government of colleges and universities，10th ed. Washtionton，DC：AAUP.

② 朱剑等. 斯坦福大学的内部治理：经验与挑战——斯坦福大学前校长约翰·亨尼西访谈[J]. 高等教育研究，2018(11)：104－109.

③ Louderback D G. 1938. Faculty-administration cooperation at the University of California. Buttetin of the American Association of University Professors (1915－1955)，24(4)：349－358.

④ University of California. 1999. Report of the Task Force on Faculty/Staff Partnership. ［EB/OL］. https://senate. universityofcalifornia. edu/_files/reports/partnership. pdf，2019－01－02.

配委员会(Academic Planning and Resource Allocation)和招生、注册和预科教育委员会(Admission, Enrolment and Predatory Education)等机构与学校行政部门都有密切的合作关系。如此才能帮助校长根据学校发展需要做出年度最优决策。[①]

同样,英、德、日等一流高校学术人员与行政人员在高校治理过程中也是积极合作的。伯明翰大学为加强大学理事会与学术评议会之间的合作,特意成立了理事会与学术评议会联合委员会(joint committee of the Council and the Senate)。该机构主要由3名理事会成员、3名学术评议会成员和一名主持该委员会工作的校外成员组成,其职能包括与理事会一起推荐大学校长候选人名单。慕尼黑工业大学董事会校外成员的选拔则是大学管理委员、学术评议会和巴伐利亚科技部长等共同完成的。东京大学的校长选考委员会来自经营协议会和教育研究评议会。这无不彰显上述世界一流高校对学术权力与行政权力合作的高度重视。

高校是一个异常复杂的学术共同体,单纯仅依靠学术人员或仅依靠行政人员来管理大学的时代早已一去不复返。在高校发展环境日趋复杂的背景下,唯有学术人员与行政人员两大利益相关者共同合作努力,方可推进高校与时俱进的发展。

(三) 权力牵制、相互制衡

查尔斯·路易·孟德斯鸠(Charles-Louis de Secondat, Baron de Montesquieu)在《论法的精神》中曾这样阐述:"一切行使权力的人都会滥用权力,……要防止权力滥用,就要用权力制约权力。"[②]同样,为防止学术权力或行政权力的滥用,西方高校在制度设计上也高度注意了学术权力或行政权力之间的彼此约束。

就学术权力对行政权力的牵制而言,本研究之案例高校的做法不尽相同。斯坦福大学和加州大学伯克利分校的大学预算工作本来由大学校长为首的行政团队负责,但在具体操作过程中却也充分注意发挥学术权力的作用,如其学术评议会主要职责之一,即就大学财政预算给校长提供建议。而斯坦福大学更多是

① University of California, Berkeley, 2018a. Chancellor's & EVCP's Direct Reports University of California, Berkeley. [EB/OL]. https://chancellor. berkeley. edu/sites/default/files/direct _ reports3 _. pdf, 2018 - 11 - 24.
② 李奇. 美国大学治理的边界[J]. 高等教育研究,2011(7): 96 - 101.

通过教师咨询委员会或相关教师咨询等方式来实现学术权力在高校治理过程中的影响力。英国的爱丁堡大学和伯明翰大学的大学理事会是学校最高行政权力的代表,但就理事会的成员构成而言,这两所大学皆有 4 名成员由学术评议会选举产生,以便有利于学术权力对行政权力的"干预"。德国慕尼黑工业大学学术评议会的职责之一,即为选举大学的性别平等官员。日本东京大学校长选考委员会的成员一半来自教育研究评议会,庆应义塾大学评议员会部分成员为大学教师。上述高校的上述制度设计,无不体现了学术权力对行政权力的限制。

必须说明的是,本研究案例高校的行政权力对学术权力的牵制同样较为明显。斯坦福大学和加州大学伯克利分校以校长为首的校级高层行政团队均广泛参与学术评议会就是明证,加州大学伯克利分校校长等行政官员是学术评议会成员甚至具有投票权。为了确保行政权力在治理中的地位与作用,作为行政权力体现的爱丁堡大学理事会不仅负责审议学术评议会的决策,而且把学术评议会必须向大学理事会汇报工作确定为教育质量监控的机制。同样伯明翰大学以校长为首的高层行政管理团队是学术评议会的当然成员,其大学执行委员会也有权给学术评议会的运行提出建议等。海德堡大学学术评议会将代表行政权力的校长办公室主要成员明确为当然成员,即便在选举的评议会成员中也有一定的行政人员。而慕尼黑工业大学学术评议会虽仅有 11 名成员,但依然有一名大学性别平等官员作为常任成员。而东京大学校长在教育研究评议会中是当然的主席。上述情况无不说明了即便是世界一流高校,在其制度设计上,学术权力也是受到行政权力牵制的。

其实,学术权力与行政权力之间的相互牵制对高校而言是有利于治理的,其在很大程度上防止了任何一方滥用权力的发生。事实上,学术权力在运作过程中渗透行政权力的影响,行政权力在实践中同样也有学术权力的参与,这符合高校治理的本质属性,有利于促进学术权力与行政权力之间的合作。

(四) 各为其主、冲突难免

从一定意义上讲,学术权力与行政权力之间的冲突不可避免,这其中既有结构性原因又有文化性因素的影响。[①] 就结构性原因而言,学术人员与行政人员

---

① Favero D M., Bray N. 2006. The faculty-administrator relationship: partner in prospective governance? Scholar-practitioner Quarterly, 3(1): 53-72.

的权力来源不尽相同。学术人员的权力更多源于其所掌握的专业知识和特长，行政人员的权力则主要源于不同层次的职位。换而言之，学术人员的权力更多是内源性的，行政人员所拥有的权力则属于外源性。就文化性因素来说，教师更看中创造性、批判性话语和对纯粹知识的追求。行政人员则不一样，为达成目标，当意见不一致时他们可以选择妥协。① 此外，行政人员更易受集体目标的驱动，而教师则更多受个人目标的驱动。

据对斯坦福大学前校长亨尼西的访谈，我们了解到斯坦福大学的治理结构总体上尽管非常有效，但行政人员与教师之间也不可避免会发生一些冲突。为了说明这种冲突的存在，亨尼西教授还例举了生动的案例。他说："有一个关于扩大本科生规模的具体案例，斯坦福大学本科生的录取率大概为5%。在招生时，你会发现申请斯坦福大学的学生都非常优秀，但我们不可能全部录取。我认为扩大本科生规模是一个不错的主意，但我知道并非每个人都同意该想法。因此，我们任命了一个教师委员会来负责此事，但他们来到我办公室说扩大本科生规模不是一个好主意，理由有A、B、C和D。"② 这个案例足以说明，即便在斯坦福大学，其行政人员与教师在关于高校治理的具体问题上也并非完全达成一致。

日本国立大学法人化改革推进的"教师人事制度改革"，意在打破国立大学教师的"铁饭碗"。此举使教师不再是公务员，失去身份保障，于是遭到东京大学教师在内的11.4万名教师联名抗议，最终的改革结果也是各方妥协的产物：不搞"一刀切"，而是根据学科特征、机构建设目标等因素有选择地实施人事改革。③

由上述案例不难发现，即便世界著名高校，其学术人员与行政人员之间的冲突也是在所难免的。但我们认为：这是高校学术权力与行政权力平衡配置导致的正常状态，如果高校的学术人员与行政人员对任何问题总是保持意见一致的话，反而不正常了。但高校学术人员与行政人员的冲突并非越多越好，由此会带来高校治理效率的下降，这与高校内部治理旨在提升治理效率的目的格格不入。

① Birnbaum B. 2004. The end of shared governance: looking ahead or looking back. New Directions for Higher Education, Fall,5 - 22.

② 朱剑,等.斯坦福大学的内部治理：经验与挑战——斯坦福大学前校长约翰·亨尼西访谈[J].高等教育研究,2018(11)：104 - 109.

③ 李成刚,等.大学治理结构中学术力量和行政力量的配置与定位研究——基于四所国外高校的分析[J].中国高教研究,2014(8)：11 - 16.

三、美、英、德、日一流高校学术权力与行政权力配置的影响因素

(一) 政府治理政策的规定

本研究发现,美、英、德、日四国一流高校学术权力与行政权力的配置与其所在国家颁布的一些重要治理政策文本息息相关。这些重要治理政策在美、英、德、日等国高校治理制度的设计中往往发挥着"标准制定者"的作用。一旦政府的治理标准确定,各国高校内部治理制度的安排及其治理过程都必须严格按国家或地方制定的治理标准进行。

众所周知,当前美国高校执行的是董事会、校长和学术评议会三大主体的共同治理模式。尽管在具体执行过程中,共同治理中的各权力主体的权力与职责不尽相同,但其共性是一致的:校长受董事会授权负责行政事务,学术评议会受董事会授权掌控学术事务。这种权责的界定源自"1966 年美国大学教授协会、美国教育理事会和美国大学与学院董事会协会联合发表的《学院与大学治理声明》(*Statement on College and University Governance*,下文简称《声明》)的直接影响"[①]。该《声明》提出高校内部治理主体既要明确分工又要精诚合作。就分工而言,董事会是美国高校的最高权力部门,校长是高校的首席执行官,教师在课程、学科、教学方法、研究、教师地位和教育过程以及与学生生活相关的方方面面等肩负主要职责。[②] 随后,美国高校与学院董事会协会先后于 1999 年和 2010 年分别发布《院校治理声明》(*AGB Statement on Institutional Governance*)和《院校治理董事会职责》(*Association of Governing Boards of Universities and Colleges Statement on Board Responsibilities for Institutional Governance*),进一步明确了董事会的地位、职责范围、董事会与校长的关系和善治标准等。毋庸置疑,这三份重要治理文件奠定了现行美国高校共同治理的基础。

英国一流高校现行的学术权力与行政权力配置状态与一系列官方治理政策不无关系。1985 年《贾勒特报告》(*The Jarratt Report*)的出台为大学理事会成

---

① Bulette E. 2015. Improving shared governance's effectiveness: a shared governance whitepaper for trustees, presidents, administrators and faculty [EB/OL] http://www. buletteconsulting. com/wp-content/uploads/2015/09/2015-09-21-WHITEPAPER-on-Shared-Governance. pdf, 2018 - 11 - 28.

② American Association of University Professors. 2006. Statement on government of colleges and universities, 10th ed. Washtionton, DC: AAUP.

为英国高校的最高行政治理主体起了推波助澜的作用。1997 年的《迪尔英报告》(*Dearing Report*)又提出了院校治理的八大准则，从而为英国高校治理结构的理顺和大学理事会的有序运行奠定了基础。2004 年英国大学主席委员会出台英国高教界第一份治理文本——《英国高等教育治理主体成员指南：治理准则和一般原则》(*Guide for Members for Higher Education Governing Bodies in the UK：governance code of practice and general principles*)，首次以官方名义正式提出了英国高校的治理准则和一般性治理原则。该治理原则日后逐渐成为英国高校治理的"黄金标准"。就苏格兰大学而言，《苏格兰大学法案》(1858、1889 和 1966 年)[*Universities（Scotland）Act，1858,1898 and 1966*]规定了大学校长、学术评议会、大学理事会和总务委员会的人员构成和权力范围。2016年出台《苏格兰高等教育治理法案》[*Higher Education Governance（Scotland）Act*]规定了苏格兰高校治理主体的成员资格及构成，学术委员会的构成、选举和会议纪要的效度以及对学术自由的支持。

　　作为一个高等教育分权的国家，德国各州高等教育受州政府政策的影响较大。就入选本研究案例的两所大学而言，它们现行的学术权力与行政权力配置就分别受到《巴登符腾堡州大学法》(*Gesetz über die Hochschulen in Baden-Württemberg*)和《巴伐利亚州高等教育法案》(*Bayerisches Hochschulgesetz*)的影响。《巴登符腾堡州大学法》第 15 条规定，巴符州的高校设立三大组织：校长办公室、学术评议会和理事会。其中，校长办公室是高校的最高治理主体，负责高校的整体运作；学术评议会主要负责研究、艺术实践、艺术发展、培训、学习、双元培训与继续教育、教师等方面的事务；理事会则扮演着监督者的角色。该法案在对巴符州的高校三大治理主体进行定位的同时也提出了权力制约机制。尽管校长办公室是最高治理主体，但其成员由学术评议会和理事会负责选举；校长年度报告也交由学术评议会和理事会讨论。①

　　《巴伐利亚州高等教育法》第 19 条规定：巴伐利亚州管辖范围内的高校主要设立三大治理机构：管理委员会、学术评议会和理事会。管理委员会由校长

---

① Gesetz über die Hochschulen in Baden-Württemberg. 2018. ［EB/OL］. http://www. landesrecht-bw. de/jportal/portal/t/2p2/page/bsbawueprod. psml/action/portlets. jw. MainAction? p1 = t&eventSubmit_ doNavigate = searchInSubtreeTOC&showdoccase = 1&doc. hl = 0&doc. id = jlr-HSchulGBWV26P15&doc. part＝S&toc. poskey＝#focuspoint，2018 - 12 - 20.

和副校长组成,负责高校的运作;学术评议会负责高校的学术事务(如确定研究重点、专业设置、确定荣誉教授名单等 10 项),由教授代表、自然科学或人文社科代表、其他雇员代表、学生代表和性别平等官员等组成;理事会扮演决策与咨询角色,由学术评议会全体成员和 11 名商业、科技部门、文化部门等人士组成,其中主席由校外通过选举产生。该法案第 24 条和 35 条还分别提出高校可设立拓展管理委员会和董事会。拓展委员会相当于高校管理委员会的一个支持部门,主要目的是帮助其对高校进行更有效的管理。它由管理委员会全体成员、学院院长和性别平等官员组成。董事会由高校自愿设立,以支持高校发展和辅助高校完成各项任务。[①]

日本一流高校学术权力与行政权力的配置同样与两个重要治理政策密切相关。《国立大学法人法》对日本国立高校组织管理进行了较为详细的规定,《私立学校法》则规范了日本私立高校的办学。具体而言,《国立大学法人法》第 10 条规定日本国立高校必须设置一名校长和两名监事。第 11 条规定高校校长是国立高校的法人,理事会辅助校长工作,监事负责监督高校的整体运作。第 21 条规定国立高校设立经营协议会,负责国立高校的管理事务,并详细规定了经营协议会的成员构成和具体职责。第 22 条则对负责教学与研究事务的教育研究评议会的性质、成员构成和职责范围进行了较为详细的说明。该法案为日本国立高校的法人化改革提供了法律保障。在此基础上,东京大学等大批一流国立高校纷纷进行治理结构改革,逐渐形成了以校长为领导核心的"三会制"(理事会、经营协议会和教育研究评议会)。[②]

与国立高校相比,日本私立高校的办学则相对无序,但这种状况自日本颁布《私立学校法》之后就不复存在。因此,《私立学校法》的出台与生效也使日本私立高校的发展走上了法制轨道。具体而言,《私立学校法》第 36 条规定:日本私立学校应设置理事会,负责学校的整体运作和监督理事长行使其职责。第 37 条规定:理事长是学校法人代表,并主持学校工作;理事辅佐理事长管理学校;监

① Bayerisches Hochschulgesetz. 2018 [EB/OL]. http://www.gesetze-bayern.de/Content/Document/BayHSchG-G2_2,2018-12-12.

② National University Incorporation Act. 2018 [EB/OL]. http://elaws.e-gov.go.jp/search/elawsSearch/elaws_search/lsg0500/detail? lawId = 415AC0000000112_20170401_428AC0000000038&openerCodhttp://iso.zjnu.edu.cn/ywb/main.htme=1,2018-12-20.

事负责监督学校的运作和财产状况、准备年度财产审计报告、向理事会和评议员会汇报学校办学中的一些不当行为等。第 41 条规定：私立学校应设立评议员会。第 42 条规定理事长必须在如下事务上听取评议员会的意见：预算与借款、商业计划、捐赠条款修改、合并、营利性事务等。第 43 条规定评议员会有权给私立学校的主要官员提供意见、为他们提供咨询、要求他们提供学校运作报告和职责履行报告等。①

(二) 大学章程及相关法规的约束

"大学章程是大学治理的'宪法'，是高校得以存在和运作的最为重要的规则"②，可见大学章程之于高校治理的重要意义。美国大学章程是规范高校运作的基本纲领和法则。③ 英国大学章程的内容一般包括社会参与的决策机制、校长负责的行政执行机制和教授治学的学术自由机制等。④ 德国大学作为由国家设立的间接执行国家任务的公法人，有权依据国家法律的授权行为管理自己的事务并制定规章。日本国立高校在法人化之后也开始将大学章程作为一种新的制度管理形式，东京大学则首开先河，其他高校纷纷仿效。⑤ 据官方网站显示，日本私立高校"双雄"即庆应义塾大学和早稻田大学早在二十世纪五十年代就制定了相当于章程的大学法规，庆应义塾大学称之为"规约"，早稻田大学则称之为"校规"。由上述介绍可见，美、英、德、日等高等教育发达国家都非常重视大学章程，并将其作为规范高校运行的纲领性文件。虽然美、英、德、日诸多高校都重视大学章程建设并以此作为高校治理的重要依据，但并非所有高校都会出台正式的大学章程。在这种情况下，它们也会颁布其他具有同等地位的法规来规范办学。

大凡谈到高校运作都离不开学术权力与行政权力的关系，毕竟这是高校治理的核心要素。为此，本研究将八所案例高校的大学章程及其相关法规中与学术权力和行政权力相关的内容整理成表 8.2。由此可见，德国和日本一流高校

---

① Private Schools Act. 2018. ［EB/OL］. http://www. japaneselawtranslation. go. jp/law/detail/? id＝2301&vm＝04&re＝02,2018 - 12 - 14.

② 湛中乐. 现代大学治理与大学章程[J]. 中国高等教育,2011(9)：18 - 20.

③ 湛中乐,高俊杰. 大学章程：现代大学法人治理的制度保障[J]. 国家教育行政学院学报,2011(11)：15 - 20.

④ 范文曜,张家勇. 大学章程的治理意义——英国大学章程案例研究[J]. 理工高教研究,2008(6)：1 - 8.

⑤ 马陆亭. 大学章程地位与要素的国际比较[J]. 教育研究,2009(6)：69 - 76.

都制定了大学章程,美国和英国这几所高校虽不以大学章程为称,但亦制定了相应治理法规。如斯坦福大学、加州大学伯克利分校和爱丁堡大学虽没有以大学章程为名的治理文本,但它们通过其他具有同等法律地位的法规来规范大学的运作。

表8.2　美、英、德、日八所案例高校大学章程及相关法规学术权力与行政权力配置内容一览

学校名称	大学章程	学术权力与行政权力配置内容概述
斯坦福大学	《斯坦福大学创立基金宪章》和《教师评议会宪章》	前者规定了董事会的成员构成与职责、校长任命与职责;后者规范了教师评议会的人员构成和运行机制。
加州大学伯克利分校	《加州大学董事会章程》	董事会人员构成与职责;校长选拔方式及职责、学术评议会的人员构成与职责。
爱丁堡大学	《爱丁堡大学法令》	大学理事会和学术评议会的人员构成、总务委员会的人员构成与职责。
伯明翰大学	伯明翰大学《宪章》《章程》和《法令》	大学理事会的性质与职责、校长选拔方式、学术评议会的人员构成与职责、执行委员会的人员构成与职责。
海德堡大学	《海德堡大学章程》	校长委员会的人员构成及性质、理事会的人员构成与性质、学术评议会的人员构成与职责。
慕尼黑工业大学	《慕尼黑工业大学章程》	董事会、理事会和学术评议员的人员构成及职责。
东京大学	《东京大学宪章》	理事会、经营协议会和教育研究评议会的人员构成与职责、校长选考规则。
庆应义塾大学	《庆应义塾规约》	塾长的地位与权限、理事会与评议员会的人员构成与权限、常任理事与监事的选拔等。

资料来源:各大学官网[注:爱丁堡大学大学理事会、学术评议会和总务委员会的权力范围由《苏格兰大学法案》(1858年、1889年和1966年等)进行了明确规定]

对此有必要进一步说明。如加州大学伯克利分校由于是加州大学系统的一个有机组成部分,因此,它在很大程度上受到加州大学相关法规的影响。就学术权力与行政权力的配置而言,加州大学伯克利分校受到《加州大学董事会章程》(*Bylaws of Board of Regents, University of California*)(以下简称《董事会章程》)的约束。例如,《董事会章程》第20条规定了董事会的成员构成,21条规定了董事会的职责范围,第24—26条规定了董事会的组织机构设置情况,第27条规定

了董事会的会议制度。第 30 和 31 条分别规定了加州大学总校校长和分校校长的职责与选拔方式。第 40 条则规定了学术评议会的职责范围与组织架构等。①

又如伯明翰大学的校内法规包含《伯明翰大学宪章》(*University of Birmingham Charters*)(以下简称《宪章》)、《伯明翰大学章程》(*University of Birmingham Statutes*)(以下简称《章程》)和《伯明翰大学法令》(*University of Birmingham Ordinance*)(以下简称《法令》)三大体系。其中,《宪章》确定了伯明翰大学治理核心原则,《章程》则规定了大学权力运作的法律框架,《法令》则较为具体地指导着大学权力的运行。《宪章》虽然短短六页,但对伯明翰大学的校长任命、理事会和学术评议会的性质进行了原则性规定。第 6 条规定了伯明翰大学校长由理事会根据《章程》规定的程序负责任命。第 7 条规定了伯明翰大学的最高治理主体为理事会。在《宪章》和《章程》的规定范围内,理事会享有绝对权力,能控制大学财政,维护良好秩序,实践行政事务、商业和其他事务。第 8 条则规定,在《宪章》规定范围内和与《法令》保持一致的情况下,伯明翰大学设立学术评议会,责任范围包括：①规范与指导大学的教学、考试和研究工作;②授予学位、证书与文凭等;③规范学生纪律。学术评议会向理事会汇报工作。《章程》对该校校长任命和理事会工作也进行了相对较为明确的规定,如该《章程》第 5 条作出规定：大学校长(The Vice-Chancellor and Principal)由理事会根据理事会与学术评议会联合委员会(joint committee of the Council and the Senate)的推荐意见进行任命。其中,理事会与学术评议会联合委员会的成员构成情况如下：3 名理事会成员、3 名学术评议会成员和 1 名校外成员,该校外成员主持工作。校长主持学术评议会工作。此外,第 8 条还规定了理事由以下成员构成：①校长、教务长兼副校长;②3 名学术委员会选举出的学术人员;③学生会主席和一名由学生会选举出来的学生会干部;④校外人员,其数量是前三类人员的两倍。第 9 条规定了理事会的性质和权力范围。《法令》则具体说明了学术评议会和执行委员会的人员构成和权力范围等。第 2 章第 10 条规定了学术评议会在理事会授权的范围内运作;第 2 章第 14 条规定了执行委员会可在理事会授权的范围内就该校的战略、运行和管理的方方面面作出决策;可为校长、理事会、学术

① University of California, 2018b. Bylaws of the Regents of the University of California. ［EB/OL］. https://regents.universityofcalifornia.edu/governance/bylaws/bl31.html, 2018 - 11 - 27.

评议会和校内其他组织提供建议。①

《海德堡大学章程》(*Constitution of Heidelberg University*)同样对该校的权力配置状态进行了较为明确的规定。其第二部分规定：校长委员会是该校的最高领导机构，由校长(兼委员会主席)、注册官和副校长组成。第三部分以学术评议会为题专门规定了该机构的职责范围、人员构成和内部机构设置。其中，该部分还专门规定学术评议会选举第一和第二发言人作为学术评议会代表出席大学理事会委员会(University Council Committee)，以帮助选举大学理事会成员。第四部分则以大学理事会为题专门阐述其运行机制。海德堡大学理事会根据《巴登符腾堡州大学法》第 20 条规定而设立了校级监督机构。大学理事会由 11人组成，其中包括理事会主席在内的 6 名成员来自校外，剩下 5 人(包括理事会副主席)则来自校内。②

庆应义塾大学早在 1954 年就颁布了《庆应义塾大学规约》(以下简称《规约》)，后经过多次修订并最终形成了当前正在发挥作用的《规约》。该《规约》第二章以法人管理为题，专门规范了该校的内部治理体系。第一节规范了塾长的地位和权限。塾长作为庆应义塾的理事长，兼任庆应义塾大学校长，若辞任大学校长，则从其他大学中选举出校长。塾长以《规约》以及理事会、评议员会的决议为基准，处理义塾一切事物，且对于义塾一切事项全权代表。塾长由评议员会根据委员会选举出的候选人进行最终选任。第二节则规范了常任理事的配置，第三节重点关注理事会的构成及其权限。理事会在法律意义上对大学事务具有决定权；但在某些重要事务上，理事会要遵从评议员会的决议。理事会由塾长、常任理事、基于评议员会选举出的成员(13 名以内)、大学校长及各学部长、大学以外学校的校长中互相选举出的成员(1 名)、大学医院院长、塾监局局长(常任理事兼任塾监局局长时，由第二顺次席位的职员担任，1 名)等组成。除塾长兼任大学校长以外，其他各位理事的职务不能互相兼任。第四节以监事为题。第五节则较详细地阐述了评议员会的构成和权限。评议员会是一个规模相对较为庞

---

① University of Birmingham, 2018a. Governance [EB/OL]. https://www. birmingham. ac. uk/university/governance/index. aspx,2018 - 11 - 23.

② Heidelberg University. 2018. Constitution of Heidelberg University [EB/OL]. https://www. uni-heidelberg. de/md/zentral/universitaet/beschaeftigte/service/recht/constitution _ 2009 _ version. pdf, 2018 - 12 - 19.

大的机构,包括95～101名成员,成员来源较为广泛,包括现有教师、管理人员和校友等。评议员会的主要职能如下:负责发展计划、预算、借款以及有关重要资产处理的事项;大学学部、大学院、图书馆、研究所以及其他重要设施的设置、合并以及废止;人事与财务制度的修改或废止;有关收益的重要事项;其他理事会同意的与大学运行有关的重要事项。①

（三）治理文化的支撑

如果说来自政府的治理制度和大学章程及相关法规是影响美、英、德、日一流高校学术权力与行政权力配置的"刚性"因素的话,那么高校治理文化则属于"柔性"影响因素。"刚性"因素固然重要,但离开"柔性"因素其效果将会大打折扣。制度建设并不能充分保证高校内部学术权力与行政权力的良性互动,还需一种基于契约的新型信任文化的支撑。② 学术群体与行政群体之间的相互信任能让他们在各自职责范围内忠于职守,并共同服务于高校发展的使命与愿景。

在信任文化方面,加州大学伯克利分校和斯坦福大学可圈可点。加州大学伯克利分校形成了以校长为首的行政系统和以学术评议会为主的学术系统相结合的共同治理结构,在具体运作过程中两大系统相互信任、相互尊重、共同协商、共同对话,构建了一种平等对话的学术共同体文化,这为该校的良性发展奠定了坚实基础。③ 如前所述,2019 年 6 月课题组赴斯坦福大学进行实地调研,在对斯坦福大学前校长约翰·亨尼西教授的访谈中,可以证实信任文化充分渗透了斯坦福大学的内部治理过程。其至少体现在如下三个方面:第一,学术人员与行政人员明确分工,互不干涉,体现了学术人员与行政人员之间的充分信任。第二,斯坦福大学的教师招聘权基本控制在教师手中,但大学校长有权否决教师招聘结果。据亨尼西教授所言这种情况并不常见,在其担任校长的 16 年里只推翻过两个案例,原因是这两个案例都存在一些根本性的机制问题。由此可以说明,一方面斯坦福大学教师在教师招聘上具有绝对控制权,另一方面即以校长为首的行政团队对学术人员所做决策是予以信任的。第三,当我们问"大学治理的最重要因

① Keio University,2018b. 庆应义塾规约（昭和 26 年 2 月 15 日认可）［EB/OL］. https://www. keio. ac. jp/ja/about/assets/data/kiyaku. pdf,2018 - 11 - 15.

② 向东春,张应强. 大学共治的内源动力与价值取向——基于大学内部权力互动关系的分析［J］. 高等教育研究,2017(10)：16 - 22.

③ 王英杰. 论共同治理——加州大学(伯克利)创建一流大学之路［J］. 比较教育研究,2011(1)：1 - 7,13.

素是什么?"时,亨尼西教授毫不犹豫地回答"可能最重要的因素是信任,信任教师。如果教师不信任你,认为你不重视他们利益诉求的话,大学将一事无成。因此,信任教师非常重要! 此外,信任董事会、信任大学高层学术领导(如学院院长等)"①。

坦诚的交流被誉为高校善治的一个普遍性特征。为保证治理过程的咨询、建议与决策的有效性,信息的自由流通尤为必要。② 信息的自由流通也是有效交流的前提条件之一。但一旦信息传递不到位和交流渠道受阻,高校治理效果也会因此受到影响。英国大学主席委员会与英国高等教育领导力基金会分别于2009、2010 和 2017 年分别发布三份报告《英国高等教育中一个有效与高性能的治理主体是什么样?》(*What is an effective and high performing governance body in UK higher education?*)《高等教育治理主体有效性鉴别框架》(*Framework for identifying governing body effectiveness in higher education*)和《高等教育治理主体有效性评估支持框架》(*A framework for supporting governing body effectiveness reviews in higher education*),以更好地指导英国大学的有效治理。在衡量何为有效的大学治理主体时,这三份报告无一例外都提及一个指标——"有效的信息与交流"。治理主体的信息接受方式和与其他主体的交流方式也往往对最终的决策过程产生重要影响。③ 遗憾的是,英国高校在这方面的表现不尽如人意。笔者通过对英国 20 所高校(包括若干所英国一流高校)理事会有效性评估报告进行解读后发现不少高校的理事会与学术评议会之间存在信息不畅、沟通缺乏等问题,这也导致这些高校治理的有效性大打折扣。

在此,以爱丁堡大学为例作进一步分析。在借鉴英国大学主席委员会与英国高等教育领导力基金会提出的高等教育治理主体有效性评估框架的基础上,爱丁堡大学理事会每年都会对理事会成员进行调研,以实时把握理事会的运行状况。就"有效治理的促进因素"的指标之一——"有效的信息与交流"而言,笔者汇总了近四年的调研结果(见图 8.2)。由该图可以看出,爱丁堡大学理事会

① 朱剑,等.斯坦福大学的内部治理:经验与挑战——斯坦福大学前校长约翰·亨尼西访谈[J].高等教育研究,2018(11):104 - 109.

② Vanderbilt University. 2018. Shared Governance in Vanderbilt University [EB/OL]. https://www.vanderbilt.edu/provost/committees/Shared-Governance-Final-Report.pdf,2019 - 01 - 02.

③ LFHE. 2017. Framework for supporting governing body effectiveness reviews in higher education. [EB/OL] https://www.lfhe.ac.uk/en/governance-new/governing-body-effectiveness/index.cfm. 2018 - 08 - 03.

成员对"有效的信息与交流"指标并不满意,在交流与沟通方面更是如此,多数年份只有不到一半的理事会成员认为理事会与校内外利益相关者能有效交流。同样,就"有效治理的促进因素"维度中的"理事会与学术评议会的关系较为有效"指标而言,爱丁堡大学理事会成员也不太满意(见图8.3)。2015年只有三分之一左右的理事会成员认为理事会与学术评议会之间的关系较为有效,后两年的情况虽然有所好转,但理事会与学术评议会间的关系也亟待改善,毕竟只有不到三分之二的理事会成员认为两者间的关系较为有效。

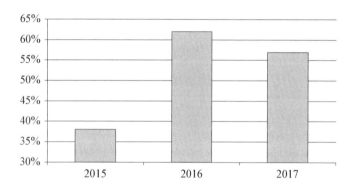

图8.2　2015—2018年爱丁堡大学理事会成员对"有效的信息与交流"的看法

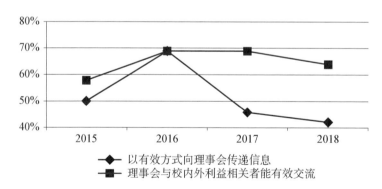

图8.3　2015—2017年爱丁堡大学理事会成员对"理事会与学术评议会的关系较为有效"的看法

资料来源：The University of Edinburgh①

① The University of Edinburgh. 2018. Minutes of the University Court：2015 - 2018. ［EB/OL］. https：//www. ed. ac. uk/governance-strategic-planning/governance/university-court/agendas-papers-minutes，2018 - 12 - 17.

事实上,不同治理主体之间缺乏有效沟通也是日本国立高校(包括东京大学)法人化之后面临的一个挑战。法人化改革虽然给日本国立高校带来了一系列积极效果,但也催生了不少问题。就某种程度而言,法人化改革后日本国立高校的治理结构依托的组织文化基础并不厚实,这也导致校管理层与学术单位、教职员工之间的信息不畅。法人化改革后,日本国立关系要求设置经营协议会,但实际效果欠佳。日本学者的研究显示超过30%的经营协议会外部成员认为他们的意见对学校的管理与运行影响很小,40%的外部成员认为经营协议会在一定程度上已成为摆设。① 这与经营协议会与理事会等治理主体之间缺乏有效交流不无关系。

上述正反案例进一步了说明治理文化之于高校治理效果的重要影响。依托文化支撑,高校治理方能取得较明显成效。斯坦福大学的信任文化对该校治理的支撑即如此。反之,离开高校治理文化的支撑,来自政府治理制度和大学章程等相关法规作用的发挥都会在一定程度上受到影响,爱丁堡大学和法人化改革后的日本国立高校即是明证。唯有将高校的硬性治理(如政府治理制度、大学章程与相关法规等)与软性的治理文化相结合,高校治理的效果方能达到最优。

四、结语

从一定意义上讲,高校学术权力与行政权力之间的博弈将会成为高校改革发展过程中的一个永恒的话题。因为高校本质上是一个学术组织,但高校的健康运行及其改革进步均离不开行政权力的驾驭和推动。因此,学术权力与行政权力如何配置将根本影响着大学的生存和发展状态。本研究以美、英、德、日四国八所一流大学为例,分析了其学术权力与行政权力的配置状态,发现这八所案例高校的学术权力与行政权力之间的关系宛若一曲交响乐,时而高昂,时而平缓,时而低沉,这些不同节拍共同谱写了一个精彩乐章。学术权力与行政权力之间的分工、合作、牵制和冲突构成了学术权力与行政权力配置状态的完整谱系,它们共存于这些高校的治理实践中,并推动着学校的不断发展。通过分析我们

---

① Oba J. 2014. Reforming national universities in Japan: implications for governance. In Shattock M. (ed.) International Trends in University Governance: Autonomy, Self-Government and the Distribution of Authority. (pp. 107-124). London: Routledge.

还发现,美、英、德、日一流高校的学术权力与行政权力的配置状态不仅受到来自政府等外部治理制度及大学章程及其相关内部法规等硬性因素的影响,而且受到来自高校治理文化的软性因素的影响。学术权力与行政权力配置的最优化有赖于硬性因素与软性因素的有机结合,唯此,大学行政权力和学术权力才能够和谐共存并共同发挥其有效的治理作用。

第九章

美、英、德、日一流高校内部治理模式的经验、挑战与改革趋势

在对美、英、德、日一流高校内部治理模式的介绍及分析基础上，本章首先主要针对上述四国一流高校内部治理模式的成功经验加以总结，对其存在的问题进行批判性反思；其次，在对其改革措施加以梳理的基础上，试图对上述世界一流高校的内部治理模式的发展趋势予以预测；最后讨论世界一流高校内部治理模式对我国高校内部治理改革的启示与借鉴。

一、美国一流高校内部治理模式的经验、挑战与改革趋势

（一）美国一流高校内部治理模式的经验

1. 不同利益相关者协商共治

共同治理已成为美国高校治理的一个典型特征。尽管共同治理的相对低效和对外界环境反应迟缓被人诟病，但它却有诸多闪光点。共同治理有利于实现有效而民主的决策，且有利于将决策制度化。[1] 正是由于决策过程中充分考虑到了不同利益群体的意见，因此在决策时一般较为深思熟虑，有利于作出正确的判断。[2] 基于此，在美国高校治理过程中，董事会、大学行政管理团队、教师、学

---

[1] Birnbaum B. 2004. The end of shared governance: looking ahead or looking back. New Directions for Higher Education, Fall, 5 - 22.

[2] Bulette E. 2015. Improving shared governance's effectiveness: a shared governance whitepaper for trustees, presidents, administrators and faculty [EB/OL] http://www. buletteconsulting. com/wp-content/uploads/2015/09/2015-09-21-WHITEPAPER-on-Shared-Governance. pdf, 2018 - 11 - 28.

生、甚至校友和退休人员等都广泛积极参与，他们之间相互沟通与合作，共同决策，以期实现大学的有效治理。

2. 主要权力主体之间相互制衡

美国大学董事会、校长和学术评议会等三大主要治理主体虽然分工较为明确，但其权力之间同样存在制衡关系，权力的相互制衡也是美国大学治理结构的主要特征之一。[①] 董事会虽为大学的最高权力机构，但并非一家独大。董事会的权力和责任来自各州法律或法院判决、修正案或创办者的授权[②]，同时校长也常常作为董事会成员之一出席董事会活动。校长受董事会授权，负责大学内部管理事务；校长受董事会任命。在学术事务上，校长接受评议会的咨询建议。因此，校长权力实质上是一种受限制的权力。学术评议会也受董事会授权，负责大学的学术事务；在部分大学，学术评议会还接受大学校长的直接领导。教师在重大事务决策上也要经董事会最终审核。[③]

3. 学术权力得到较为充分的保障

学术性是高校的本质属性之一。关于如何充分保障学术权力，美国高等教育机构早在 1966 年发布的《学院与大学治理声明》就已明确说明。该《声明》对教师的权力范围进行了明确的规定。共同治理虽然要求高校内部各部门之间共同努力，但同时也需明确分工，并在各自专长指导下各司其职。学术权力无疑最适合掌握在教师手中，学术评议会则是美国高校教师集中行使学术权力的代表机构。无论公立高校抑或私立高校，学术评议会是其标配。学术评议会的存在也使得教师在参与高校治理过程中有底气与行政人员掰手腕。其他非学术群体无权干涉高校学术事务，这已经被众多美国大学章程或其他官方文本明文规定并予以保障。

（二）美国一流高校内部治理模式面临的挑战

1. "共同治理"理念与实际操作之间存在偏差

关于共同治理的确切内涵众说纷纭。美国院校治理协会（Association of Governing Boards of Universities and Colleges，简称 AGB）曾对美国公私立高

---

① 刘爱生. 美国大学治理结构的主要特征及其文化基础[J]. 外国教育研究，2014(8)：62-70.

② 李巧针. 美国大学董事会、校长、评议会权力关系解析及启示[J]. 国家教育行政学院学报，2007(7)：91-95.

③ 刘爱生. 美国大学治理结构的主要特征及其文化基础[J]. 外国教育研究，2014(8)：62-70.

等教育机构的 2500 余名董事会成员和校长等就"共同治理应该怎样运作"和"共同治理实际如何运作"进行过调研,结果发现,理论意义上的共同治理与具体运作过程中的共同治理存在一定偏差,尤其体现在"作为优先发展点调整系统的共同治理"上(见表 9.1)。

表 9.1 美国公私立高等教育机构董事会和校长关于"共同治理应该怎样运作"和"共同治理实际如何运作"的支持率(%)

	作为平等权力的共同治理	作为咨询的共同治理	作为参与规则的共同治理	作为优先发展点调整系统的共同治理
私立机构董事会的看法	5/4	16/30	21/30	59/36
公立机构董事会的看法	8/6	22/37	23/29	47/29
私立机构校长的看法	1/5	25/34	17/35	58/26
公立机构校长的看法	3/3	28/39	15/36	55/22

资料来源:AGB[1] 注:表中前面的数字表示对"共同治理应该怎样运作"的看法,后面的数字表示对"共同治理实际如何运作"的看法。

斯蒂芬·巴哈斯(Steven Bahls)将"作为优先发展点调整系统的共同治理"解读为"共同治理是一种公开的交流系统,旨在调整优先发展重点、基于机构发展目标营造一种问责文化和打造一个制衡体系,从而确保该机构以使命为中心"。[2] 可以看出,"作为优先发展点调整系统的共同治理"事实上强调公开交流、问责文化和权力制衡。由表 9.1 可以看出,无论是董事会或者是校长,他们在观念层面上已经意识到了公开交流、问责文化和权力制衡的重要性。其中,美国私立高等教育机构更加支持该观点(接近 60% 的董事会和校长认同)。但在现实层面,共同治理在运作过程中要实现公开交流、营造问责文化和达到权力制衡却存在诸多障碍。因此,最终平均起来只有不到三成的董事会和校长认为其

---

[1] AGB. 2016. Shared governance:Is OK good enough? AGB.

[2] Bahls S. 2014. Shared governance in times of change:a practical guide for universities and colleges. Washington, D. C.:AGB Press.

所在高校在实际治理过程中进行了公开交流、营造了问责文化和实现了权力制衡。

2. 董事会与教师之间的交流与合作有待加强

可以说《学院与大学治理声明》的发表，也使得广大教师群体在高等教育学术治理中的角色得以合法化。[①]　自此以后，美国高等教育中的教师群体、董事会和校长构成了美国高等教育机构的主要治理主体。因此，他们三者之间的关系也切实影响到美国高等教育机构的治理效果。这其中美国高校董事会与教师之间的关系则比较微妙。两者之间的有效交流与合作则有利于实现高效治理，否则只会给大学治理带来诸多不良影响。由表 9.2 可以发现，美国高校董事会与教师之间的合作更多体现在教师作为学校相关委员会成员的合作，而且遗憾的是这种合作还并非为一种常态，因此董事会成员与教师之间要构建并维持良好的合作关系也有一定难度。由此说明美国高校董事会与教师之间的合作有待加强。由表 9.2 我们还可以发现，董事会和教师本来可以依托学系或学部等基层组织打造良好合作平台，但现实情况是这种合作未成为常态，以致影响了董事会与教师之间的交流与了解。

表 9.2　董事会与教师之间的合作方式

合 作 方 式	私立机构	公立机构
教师作为学校委员会成员	91%	91%
教师作为校长遴选委员会成员	88%	88%
教师出席董事会和委员会	83%	81%
教师作为董事会下属委员会成员	59%	27%
教师参与评价校长工作	39%	48%
董事会以咨询方式参与学系或学部	20%	12%

资料来源：AGB[②]

据美国院校治理协会的调研数据，我们发现无论是公立学校还是私立学校，

---

① Birnbaum B. 2004. The end of shared governance: looking ahead or looking back. New Directions for Higher Education, Fall, 5 - 22.

② AGB. 2016. Shared governance: Is OK good enough? AGB.

在校长眼中董事会和教师之间普遍缺乏相互了解,教师对董事会的了解更是少之又少(见表9.3)。对此做进一步分析可以获得的结论是:董事会和教师之间缺乏相互了解与美国高校所开展的新职员培训活动的质量不高极其相关。据美国院校治理协会的调研数据,美国仅有8成左右的私立高等教育机构要求对新董事会成员进行培训,开展这项活动的公立高校比例则下降至4成左右。就培训内容而言,仅有不到一半的被调查者认为,有关教师终身制与晋升、学术自由等涵盖在董事会成员的培训内容之中。[1] 而且仅有不到一半的被调查者认为,关于董事会角色及其职责涵盖在他们所在机构的新教师培训之中。因此,这也就不难理解表9.3显示的有关董事会成员和教师之间相互了解程度的比例为何如此之低了。

表9.3 董事会和教师之间的了解程度

	公立机构	私立机构
一个典型的董事会成员了解或非常了解教师的工作和职责	34%	32%
一个典型的教师了解或非常了解董事会的职责和权威	18%	23%

资料来源:AGB[2]

3. 教师的参与性与支持性不够

从美国高校共同治理的实践来看,教师参与共同治理的积极性在持续下降已是不争的事实,其背后的原因源于多方面。就专职教师而言,由于其本身工作量较大且面临着激烈的竞争,因此他们参与学校治理的积极性不高。同时,参与学校的治理工作也并不能增加他们的薪酬待遇和为他们的职业晋升与终身教职的获得增添砝码。因此,他们就无暇顾及学校治理工作。[3] 就兼职教师而言,自20世纪70年代开始,受美国学术劳动力市场的影响,越来越多的兼职或客座教师加入美国大学的教学中来。据统计,截至2016年12月,美国高校中大约有超过70%的课程由兼职或客座教师负责讲授。这事实上在相当程度上动摇了美

---

① AGB. 2016. Shared governance: Is OK good enough? AGB.
② AGB. 2016. Shared governance: Is OK good enough? AGB.
③ AGB. 2017. Shared governance: Changing with the times. AGB.

国大学共同治理的根基。毕竟,诸多兼职或客座教师在高校治理重大决策事务上无发言权,在教师评议会或其他委员会中也仅有一小部分人具有投票权。对此美国大学教授协会院校治理委员会主席拉里·格伯(Larry Gerber)曾明确指出:"当前美国大学共同治理面临的最大挑战是临时的、非终身教职人员的不断增长,这给美国大学的共同治理和学术自由带来了诸多挑战。"[1]例如,南加州大学教师评议会章程就明确规定:就学院或学校层面的学术事务而言,只有那些未退休的全职教师才具有投票权。[2]

从另外一个角度来讲,美国高校教师对高校治理的支持程度也有待提高。据美国院校治理协会的调查数据,无论是公立高校或是私立高校,董事会成员和校长都普遍认可董事会更支持教师的治理权威;相较而言,教师对董事会治理权威的支持度则不高,而公立高校更是如此(见表9.4)。

表9.4 美国高校董事会和校长关于"董事会与教师在多大程度上支持高校治理工作"的看法

	私立高校董事会	公立高校董事会	私立高校校长	公立高校校长
同意或非常同意"董事会认可和支持教师在学术项目监管上的权威"	86%	80%	87%	84%
同意或非常同意"教师认可和支持董事会在高校监管上的权威"	71%	62%	72%	60%

资料来源: AGB[3]

4. 治理有效性评估有待加强

定期开展内部治理有效性评估无疑能帮助高校了解自身的优势及其不足。在高等教育发展环境愈发复杂的情况下,高校更需要知晓自身治理过程中的不足并采取针对性措施予以改进,从而进一步提升内部治理效果。就此而言,美国高校在治理有效性评估方面亟待加强。美国院校治理协会对美国300余名高校校长进行调查后发现,仅有三成高校定期开展了内部治理有效性评估(见

---

① Crellin M. 2010. The future of shared governance. New directions for higher education,151,71 - 81.

② University of South California. 2019. Academic Senate Constitution [EB/OL]. https://academicsenate. usc. edu/documents/constitution/♯ARTICLE_I,2019 - 03 - 22.

③ AGB. 2016. Shared governance:Is OK good enough? AGB.

表9.5)。换言之,治理有效性评估在多数高校并未实现常态化,故关于治理有效性评估标准的完善及治理有效性评估的组织及评估后的改进等亦是亟待重视并解决的问题。

表9.5   大学校长对"我所在机构定期评估共同治理过程的有效性"的看法

	私立机构	公立机构	所有机构
非常同意	5％	8％	6％
同意	27％	21％	25％
一般	31％	27％	25％
不同意	30％	42％	33％
非常不同意	8％	3％	6％

资料来源:AGB①

(三) 美国一流高校内部治理模式的改革趋势

1. 加强高校内部不同治理主体之间的交流与合作

有效交流是大学善治的一个基本特质。② 如美国私立名校范德比尔特大学(Vanderbilt University)就充分认识到有效沟通与交流之于共同治理的重要性。因此,为鼓励与规范校内不同治理主体间的交流,该校采取了共同治理决策三步法(a three-step process of shared governance decision making):第一步为早期讨论,即教师与大学或学院领导者就需要决策的问题进行自由表达,对观点进行充分讨论;第二步为决策过程,即领导者与教师交流与决策相关的人员是谁及明确阐述具体的决策过程。例如,哪些群体做决策? 哪些群体为决策提供咨询? 决策制定之后的反馈流程是怎么样的? 第三步为跟踪报告,即决策制定后领导者向教师解释制定决策的依据和理由。除此之外,为进一步提升共同治理的交流水平,该校共同治理委员会建议进一步提升信息流通的一致性,即要求大学的核心管理部门和学院院长办公室向教师发布信息时保持一致,以免产生误解和

---

① AGB. 2016. Shared governance: Is OK good enough? AGB.
② Vanderbilt University. 2018. Shared Governance in Vanderbilt University [EB/OL]. https://www.vanderbilt.edu/provost/committees/Shared-Governance-Final-Report.pdf,2019 - 01 - 02.

矛盾。①

　　为促进高校不同治理主体之间的交流与合作，对董事会和教师进行充分的培训尤为必要，尤其是董事会成员，毕竟他们大多数来自高校之外的部门。如前所述，无论是董事会抑或是教师，其对彼此的相互了解皆有待提高。为加强董事会与教师之间的了解，增进他们之间的沟通与合作，曾担任美国埃德菲大学（Adelphi University）校长 15 年之久的罗伯特·斯科特（Robert Scott）强烈建议需要对美国高校董事会成员进行针对性培训。就培训形式而言，他认为单一培训活动远远不够；相反，培训需要常规化、系统化和持续化。培训不仅需要针对董事会新成员，现有董事会成员也要不断接受培训，以应对不断变化的高校发展环境。就培训内容而言，他主张给培训成员提供一些学校基本信息的材料（如学校使命与愿景、学生数据、财政状况数据、学校历史、组织机构设置、董事会成员的职责、学校的教学与科研情况等）。同时，新老董事会需要就高校的发展机遇与挑战、教学、学术研究重点、董事会运作等话题展开讨论。② 可以看出，这种针对性与系统性更强的培训更有利于董事会成员对高校的了解，也更有利于他们将来与广大教师群体进行交流与合作。

2. 注重共同治理在不同类型与层次高校的差异性

　　1966 年《学院与大学治理声明》的发表即意味着共同治理模式成为美国高校治理的普遍模式。董事会、校长和教师群体作为美国高校的主要治理主体，在具体治理过程中扮演着不同的角色。众所周知，多样性是美国高校的一个显著特征。同样，共同治理在美国不同类型和层次的高校中也有不同体现。例如，就高层管理者是否参与学术评议会和是否具有表决权而言，目前，美国高校大致有四种模式：管理者参与学术评议会但无表决权，如斯坦福大学；管理者参与且具有表决权，如哥伦比亚大学（Columbia University）；管理负责人参与且构成评议会的全部成员，如麻省理工学院（Massachusett Institute of Technology）；管理者不参与学术评议会，如密西根大学（University of Michigan）。③ 同样，就董事会的人员构成而言，美国公立大学与私立大学也存在一定程度的差异。同时，在

---

① AGB. 2016. Shared governance：Is OK good enough？ AGB.

② Scott R. 2018. How University Boards Work？ John Hopkins University Press. Governing challenges facing U. S. Higher education：2014 higher education leadership conference.

③ 李立国. 大学行政权力与学术权力是对立的吗？［N］.光明日报，2015 - 5 - 12(13).

共同治理的具体形式上,美国精英大学与一般大学也有所差异。例如,一般而言,美国精英大学不太常设教师工会组织,但一般的公立大学则普遍设置教师工会组织,以更好地维护教师的权益。^① 因此,不同高校应采用适合校情的共同治理操作模式,在强调结构与规章制度的"硬治理"与强调社会联系与互动的"软治理"之间寻求一个最佳平衡点。^②

3. 加强董事会的评估工作

美国院校治理协会曾于 2014 年 11 月发表了一份题为《至关重要的董事会:在最关键之处增值》(*Consequential Board: Adding value where it matters most*)的国家报告。该报告给美国高校董事会评估提出了两条重要建议:①美国高校董事会必须与教师一起去评估共同治理的政策与实践,以确保这些政策符合当前的学术劳动力市场状况和增强教师在学术政策上的委托性权威;同时也要确保咨询过程清晰和所有责任主体都遵守相应的规范。②董事会必须去评估其委员会结构。如果可能,有必要撤销或合并一些传统意义上的监管机构(如负责学术事务、财政和设备等事务的机构)。传统意义上的委员会必须给那些具有交叉功能和未来发展导向的部门(如负责学生招生和成就、院校价值与价值增值、财政可持续性和学术有效性等事务的机构)让路。^③

该报告在美国引起了较大反响。就在该报告发布后不久,美国高校教师退休平等基金会下属的教师保险与养老金协会(The Teachers Insurance and Annuity Association of America-College Retirement Equities Fund)承办的2014 年美国高等教育领导力会议专门开辟一个专题来讨论该报告。专题小组成员包括美国田纳西州前州长、弗吉尼亚大学(The University of Virginia)前校长、塔夫茨大学(Tufts University)前董事会主席、美国院校治理协会主席和美国院校治理协会理事会前主席等重要人物。与会人员一致认为目前美国高校治理面临的一个关键问题是"当前的董事会治理模式是否能应对高等教育面临的

① Bucklew N. *et al*. 2013. Faculty union and faculty senate co-existence: a review of the impact of academic collective bargaining on traditional academic governance. Labor studies journal,37(4):373 - 390.

② 余承海,程晋宽. 当代美国大学共同治理的困境、变革及其启示[J]. 高等教育研究,2014(5):92 - 96.

③ Association of Governing Boards of Universities and Colleges (AGB). 2014. Consequential Board: Adding value where it matters most. [EB/OL] https://agb. org/wp-content/uploads/2019/01/2014_ AGB_National_Commission. pdf. 2019 - 03 - 26.

挑战?"因此,为更好地回答此问题,美国高校需要对当前董事会的治理工作进行评估,以回应该报告倡导的董事会要成为"一个更有效的领导团队,董事会要重构高等教育治理和关注更高层次、更具战略意义的话题"①。此后,美国高校也陆续做出回应。例如,芝加哥大学(The University of Chicago)在 2017 年 5 月 25 日修订的《大学章程》(*By laws of the University of Chicago*)中规定了该校董事会下设的 9 个常设委员会中就设置了"董事资格与治理委员会"(Trusteeship and Governance Committee),负责评估董事会的角色、职责、人员构成和有效性等。同时,该校也要求董事会下设的 9 个常设委员会要定期评估其目标、职责、人员构成等,并形成自评报告。随后,董事会主席、董事资格与治理委员会主席、大学校长和大学秘书等进一步评估各常设委员会提交的自评报告。② 可以看出,芝加哥大学董事会形成了一整套评估体系,比较有利于从整体上评估董事会的运作,为董事会治理的有效性评估也奠定了坚实基础。

二、英国一流高校内部治理模式的经验、挑战与改革趋势

(一) 英国一流高校内部治理模式的经验

1. 以高等教育治理政策规范与引导高校治理实践

进入 21 世纪以来,英国大学主席委员会(Committee of University Chairmen)、英国大学主席委员会与英国高等教育领导力基金会(Leadership Foundation for Higher Education)以及苏格兰议会(Scottish Parliament)等机构陆续发布了一系列高等教育治理政策,以规范与指导英国高校的内部治理(见表 9.6)。对于作为舶来品的治理,英国高校一开始并不十分清楚其内涵,在治理实践中更是小心翼翼。高等教育治理政策之于英国高校治理而言无疑是雪中送炭。高等教育治理政策的出台不仅为英国高校内部治理实践提供了政策保障,更为英国高校内部治理提供了诸多有针对性的指导意见。更为甚者,英国大学主席委员会与英国高等教育领导力基金会联合发布的三份有效治理政策为英

---

① The TIAA Institute. 2014. Governing challenges facing U. S. Higher education: 2014 higher education leadership conference. [EB/OL] https://www. tiaainstitute. org/sites/default/files/presentations/2017-01/helc_2014_governance_challenges_facing_us_higher_ed. pdf. 2019 - 04 - 13.

② University of Chicago. 2019. University of Chicago governing documents. [EB/OL] https://cpb-us-w2. wpmucdn. com/voices. uchicago. edu/dist/d/1262/files/2018/07/UniversityOfChicagoGoverning Documents-t7nb6l. pdf, 2019 - 03 - 26.

国大学理事会的有效性评估提供了更为直接的指导意见。例如,纽卡斯尔大学
(Newcastle University)就曾依托《高等教育治理主体有效性鉴别框架》
(*Framework for identifying governing body effectiveness in higher education*)
政策文本设计调查问卷来检验该大学理事会的治理有效性。[①]

表 9.6　英国高等教育治理政策文本一览[②]

序号	文 本 名 称	发布机构	发布时间
1	《英国高等教育治理主体成员指南:治理准则和一般原则》	英国大学主席委员会	2004
2	《英国高等教育治理主体成员指南》	英国大学主席委员会	2009
3	《英国高等教育中一个有效与高性能的治理主体是什么样?》	英国大学主席委员会与英国高等教育领导力基金会	2009
4	《高等教育治理主体有效性鉴别框架》	英国大学主席委员会与英国高等教育领导力基金会	2010
5	《苏格兰高等教育善治准则》	苏格兰大学主席委员会	2013/2017
6	《高等教育治理准则》	英国大学主席委员会	2014
7	《苏格兰高等教育治理法案》	苏格兰议会	2016
8	《高等教育治理主体有效性评估支持框架》	英国大学主席委员会与英国高等教育领导力基金会	2017

2. 部门分工明确、权力相互制衡

由前面的分析可见,英国一流高校三种典型的治理模式都存在明确的角色
分工,理事会或教师议会(或摄政院)为高校的最高治理主体,学术评议会则负责
学术事务。同时,各主要治理机构之间的权力相互制约。牛津、剑桥治理模式下
的教师议会或摄政院作为最高治理主体,其权力同样受到制约。以牛津大学为
例,其教师议会虽然负责选拔任命校长,但同时也接受当选后的大学校长的领

---

① Newcastle University. 2015. Council Effectiveness Questionnaire 2014 - 15 [EB/OL] https://www. ncl. ac. uk/executive/assets/documents/Effectivenessreport15. pdf. 2018 - 08 - 03.

② 英国大学主席委员会于 1995、1998 和 2000 年先后发布了《英格兰、威尔士和北爱尔兰大学与学院治理主体成员指南》(Guide for Members of Governing Bodies of Universities and Colleges in England, Wales and Northern Ireland)。由于这些报告对当前英国大学治理的影响较小,因此,本文未对其做进一步解读。

导。苏格兰高校模式的权力制衡关系体现得更加明显,理事会作为最高治理主体,但也受到学术评议会和总务委员会的制衡,毕竟这两大机构都有权选举 3 名或 4 名成员进入理事会。城市大学治理模式中理事会与学术评议会之间同样也存在制约关系。理事会虽为大学最高治理主体,但其校内成员中的 4 名教授必须由学术评议会选举产生。同时,大学校长作为学术评议会主席,也是理事会的当然成员之一。不同部门之间的权力制衡能在很大程度上避免最高治理机构的一家独大与权力滥用。

3. 在一定程度上保障了学术权力

一直以来,英国高校有着学者治校的传统。英国一流高校的三种内部治理模式实际上也将学术权力的重要性体现得较为淋漓尽致。牛津剑桥模式可谓学者自治的代名词,其校内的最高治理主体——教师议会或摄政院是一个由学者为主体的机构,充分体现了其学者自治的特色。苏格兰大学治理模式和城市大学治理模式中的学术评议会专门负责学术事务,其构成主体是大学的学术人员。其中,苏格兰大学治理模式在这点上体现得更为明显,所有教授都是学术评议会的成员。这彰显了大学对学术事务的重视,也充分说明大学的学术权力掌握在学者手中。

(二) 英国一流大学内部治理模式面临的挑战

1. 理事会存在机构规模偏大、臃肿或定位不清等结构性问题

受英国颁布的高等教育治理政策尤其是 2009 年发布的《英国高等教育治理主体成员指南》(*Guide for Members of Governing Bodies of Universities and Colleges in England*, *Wales and Northern Ireland*)(要求定期评估治理主体,最长五年评估一次)的影响,英国大学理事会一般会定期开展评估,以诊断其治理效果。通过评估,英国大学理事会也发现其自身存在机构规模偏大、设置臃肿或定位不清等问题。首先,治理有效性要求成员高质量的参与、各司其职和有效问责,规模过大则成为一道障碍。① 在这方面,英国卡迪夫(Cardiff University)和纽卡斯尔(Newcastle University)等一流大学的理事会都不同程度地存在规模偏大问题。卡迪夫大学在对其理事会成员进行调研时发现:部分成员认为理

---

① Department for Children, Education, Lifelong Learning and Skills (Wales). 2011. Achievement and accountability: report of the independent review of higher education governance in Wales. [EB/OL] http://dera.ioe.ac.uk/2956/1/110317hegovreviewen.pdf. 2018 - 08 - 10.

事会规模过大,从而影响了治理效果。因此,卡迪夫大学提出要进一步研究以探讨理事会规模是否确实成为成员之间交流的一个障碍。[①] 其次,机构臃肿或定位不清往往会导致机构的运行效率偏低,进而影响了机构的有效治理。[②] 同样,英国大学理事会评估报告显示,不少大学皆存在此问题。例如,伦敦大学学院在其大学理事会的下属机构调整方面动作较大。它需要将原来的"薪酬与战略委员会"调整为"薪酬与人力资源战略委员会",将"人力资源政策委员会"调整为一个执行委员会,将"伦理委员会"调整为一个"任务完成小组",也计划废除原来的"伦理调查委员会"。

2. 理事会存在新成员入职培训针对性不强、交流渠道不畅等非结构性问题

由于高校是一个高度专业化的组织,因此,只有具备相当专业素质的人员才能胜任专业化强的高校治理工作。由于大学理事会成员来源多元,不少成员对高等教育乃至大学治理并不熟悉。在这种情况下,期望他们能有效地治理大学显然不太现实。因此,在这些理事会新成员开展工作伊始,高校就有必要对他们进行相关培训,帮助他们尽快进入角色,从而实现人尽其才、才尽其用。伦敦大学学院(University College London)、爱丁堡、卡迪夫、纽卡斯尔等大学都不同程度地存在该问题。其次,理事会的交流渠道有待进一步畅通,这体现在两个方面:一是理事会成员之间的交流有待加强。例如,伦敦大学学院理事会有效性评估报告中提到其校内外成员的交流远远未达到预计效果。[③] 调查发现,纽卡斯尔大学 2015 年只有 47.1% 的被调查者同意"理事会成员之间的交流非常有效"的论断。[④] 二是理事会与学术评议会之间的交流也出现一些障碍。例如,杜伦大学(Durham University)特别强调需要增强大学理事会与学术评议会之间的交流,确保大学理事会成员了解并服务于大学的学术事务。

3. 学术权力有被逐渐边缘化的趋势

在过去近一个世纪里,伴随着英国高校治理的不断变革,学术评议会的地位

---

① Cardiff University. Effectiveness review of council 2013 [EB/OL] http://www.cardiff.ac.uk/__data/assets/pdf_file/0011/78653/Effectiveness-Review-of-Council-2013.pdf. 2018 - 08 - 07.

② Lee B. 1991. Campus leaders and campus senates. New directions for higher education,75: 41 - 61.

③ UCL. 2016. Council Effectiveness Review 2016. [EB/OL] https://www.ucl.ac.uk/srs/governance-and-committees/governance/council/effectiveness-review-2015-16.pdf. 2018 - 08 - 08.

④ Newcastle University. 2015. Council Effectiveness Questionnaire 2014 - 15 [EB/OL] https://www.ncl.ac.uk/executive/assets/documents/Effectivenessreport15.pdf. 2018 - 08 - 03.

也随之不断变化。不过作为学术权力集中代表的学术评议会总体上有被边缘化的趋势。[①]纵览英国大学治理变革的历程,可以发现 1900 年成立的伯明翰大学基本确定了除牛津、剑桥大学之外的英国一流高校的"双院制"模式。[②]在这种模式下,大学理事会(苏格兰大学的同等机构为 Court,其实际功能与英格兰等地的理事会无太多差异)与学术评议会分庭抗争,共同构成英国一流高校的主要治理主体。截至二战期间,英国大学理事会一直控制着大学的财政、负责任命大学校长和制定大学发展战略等。因此,在这期间,大学理事会居于高校治理结构的首要地位,学术评议会则退居其次。二战后,英国政府逐渐开始收回高校在财政方面的权力,英国高校也陆续修改大学章程来规定学术评议会在财政事务等方面的咨询权。在这种情况下,学术评议会与大学理事会之间的权力博弈也开始不断向学术评议会倾斜。1960 年至 1973 年也被称为英国高等教育的黄金时代。随着《罗宾逊报告》的出台,学术评议会逐渐取代大学理事会而成为高校治理的首要主体。[③]学术评议会在英国大学的主导地位好景不长,随着 1985 年《贾内特报告》和 1997 年《迪尔英报告》的出台,理事会再次成为英国高校的首要治理主体,学术评议会的地位因此而逐渐下降。进入 21 世纪,英国高教领域受新公共管理理论的影响越发深入。绩效、竞争、准市场化等词也不断冲击英国大学治理结构,大学校长需要像公司首席执行官一样掌控大学,校长也需要高层管理团队来辅助其进行大学治理工作。在这种背景下,学术评议会在大学治理中的话语权越发下降。

(三) 英国一流大学内部治理模式的改革趋势

1. 不断完善高校有效治理的评价标准

高校如何实现有效治理,可谓众说纷纭。要衡量高校是否实现了有效治理,一个可行的途径即依托一系列评价标准。在这方面,以英国高等教育领导力基金会为代表的智库展开了一系列积极探索。2009 年 1 月该机构发布了《英国高

① Shattock M. 2013. University governance, leadership and management in a decade of diversification and uncertainty. Higher education quarterly, 67(3): 217-233.

② Shattock M. 2017. University governance in flux. The impact of external and internal pressures on the distribution of authority within British universities: a synoptic view. Higher education quarterly, 71: 384-395.

③ Moodie G., Eustace R. 1974. Power and authority in British universities. London: Alen and Unwin.

等教育中一个有效与高性能的治理主体是什么样?》(*What is an effective and high performing governance body in UK higher education?*)报告,首次提出高校有效治理的两个维度:有效治理的促进因素和有效治理的结果。[1] 2010 年英国大学主席委员会与英国高等教育领导力基金会联合发布了《高等教育治理主体有效性鉴别框架》(*Framework for identifying governing body effectiveness in higher education*)报告。在 2009 年报告的基础上,该报告将治理主体的有效性维度拓展至三个:有效治理主体的促进因素、工作关系与治理行为和有效治理主体的结果。[2] 可以看出,该报告是对 2009 年报告的一大突破,也能更全面地评判高校治理主体的有效性。经过数年的高校治理主体有效性评估实践探索,2017 年 6 月,英国大学主席委员会与英国高等教育领导力基金会再次联合出台《高等教育治理主体有效性评估支持框架》(*A framework for supporting governing body effectiveness reviews in higher education*)报告,进一步精炼了英国高校治理主体有效治理的三个构成要素:有效治理主体的促进因素、工作关系与治理行为以及有效治理主体的结果,同时对这三个维度的下属指标进行了调整。[3] 高校有效治理的三个评价维度(含 21 个具体指标)在英国高教界引起了较大反响。爱丁堡大学和纽卡斯尔大学等一流大学也纷纷以此为依据来评估本校的治理工作,以帮助评判这些大学的治理工作的成败得失,以期实现有效治理。

2. 探索具有英国特色的高校共同治理模式

随着新公共管理思潮在英国高等教育中的持续影响,英国高校治理结构中的权力越发向大学理事会集中。随着全球高校竞争的不断加剧和英国高校对学生体验愈发重视,学术人员积极参与高校治理也成为一种必然要求。但学术人员的参与不能源自大学理事会的压力;相反,需要源自学术团队与大学理事会之

---

[1] Leadership Foundation for Higher Education (LFHE). 2009. What is an effective and high performing governance body in UK higher education? [EB/OL] https://www.lfhe.ac.uk/en/components/publication.cfm/OT-01. 2018 - 08 - 03.

[2] LFHE. 2010. Framework for identifying governing body effectiveness in higher education, 2010 [EB/OL] https://www.lfhe.ac.uk/en/research-resources/publications-hub/index.cfm/OT-02. 2018 - 08 - 03.

[3] LFHE. 2017. Framework for supporting governing body effectiveness reviews in higher education. [EB/OL] https://www.lfhe.ac.uk/en/governance-new/governing-body-effectiveness/index.cfm. 2018 - 08 - 03.

间的相互信任。[①] 与此同时,受美国高校共同治理传统的影响和英国国内大学治理现状的需求,英国不少学者提出要更好适应 21 世纪高校发展的需求,英国高校需要构建一种具有英国特色的高校共同治理模式。[②] 其中,英国华威大学马克·泰勒(Mark Taylor)教授在汲取众多学者观点的基础上提出了如图 9.1 所示的英国高校的共同治理模式。

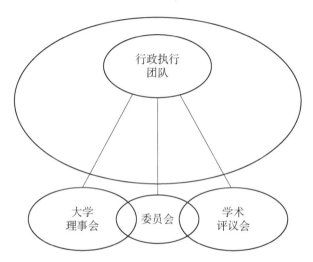

图 9.1　英国高校的共同治理模式

资料来源:Talor[③]

英国高校素有学者治校的传统。因此,英国高校共同治理模式需要建立在学术群体积极参与高校治理工作的基础之上,否则在实际治理过程中会遇到不少阻力。因此,泰勒指出英国高校的共同治理需要在学术共同体的大环境中产生和运行。考虑到现有英国高校治理模式中理事会的强势和学术评议会的弱势以及两者之间的交流与沟通不畅等问题,泰勒主张大学理事会与学术评议会平行设置,并倡导设置委员会负责连接这两大机构。同时,这两大机构也受大学行政执行团队的协调。就具体分工而言,大学理事会主要负责大学的管理、财政、

① Taylor M. 2013. Share governance in the modern university. Higher education quarterly,67(1):80 - 94.

② Taylor M. 2013. Share governance in the modern university. Higher education quarterly,67(1):80 - 94.

③ Taylor M. 2013. Share governance in the modern university. Higher education quarterly,67(1):80 - 94.

生存与发展等;学术评议会则负责学术事务。两者之间更多依托相互合作和信任而互动。大学行政团队尤其是大学校长需要在学术评议会与大学理事会之间扮演仲裁者角色。①

　　事实上在英国高校治理实践中,不少高校现行的治理架构或多或少体现了泰勒提出的共同治理模式的思想。例如,伯明翰大学、纽卡斯尔大学和卡迪夫大学等英国一流高校都将理事会、学术评议会和大学运行委员会等作为大学治理的主体。只不过这些高校依然将理事会作为最高治理主体,而这与泰勒提出的共同治理模式多少有些出入。

3. 致力于提升英国高校治理主体成员的平等与多样化水平

　　英国高等教育一直将"平等与多样化"作为关键词之一,并将其内化至各个不同阶段的高校治理政策之中。2014 年英国大学主席委员会发布的《高等教育治理准则》(*The Higher Education Code of Governance*)提出了七条主要原则,其中第六条即"治理主体必须促进高等教育机构内部的平等与多样化,在自身运作过程中同样如此"。同样,2017 年出版的《苏格兰高等教育善治准则》(*Scottish Code of Good Higher Education Governance*)也涵盖七大要点,其中第四条为"平等与多样化,要求治理主体必须确保平等与多样化原则在高等教育机构的贯彻落实。治理主体必须监控其成员构成情况,并设计目标以保障平等与多样化目标的实现"。由此可见英国高校在内部治理过程中对平等与多样化理念的重视。但遗憾的是,现实生活中英国大学理事会等高校主要治理机构依然是"老男孩社会网络"(old boys' network)。② 据 2018 年的数据显示:女性在英国高校治理中的状况依然不容乐观。尽管女性在英国高校治理主体中占到40%,但在英国高校治理主体中,仅有 27% 的女性担任主席;英国高等教育机构中,女大学校长的比例为 29%,女性在大学高层行政团队中的比例才刚超过三分之一(37%)。③

　　基于此,英国进行了多管齐下的旨在提升英国高校治理主体中女性代表性的

---

① Taylor M. 2013. Share governance in the modern university. Higher education quarterly,67(1):80 - 94.

② De Boer H,Huisman J,Meister-Scheytt C. 2010. Supervision in 'modern university governance:boards under scrutiny. Studies in higher education,35(3):317 - 333.

③ Jarboe N. 2018. Women count:leaders in higher education 2018 [EB/OL] https://women-count.org/portfolio/womencount-leaders-in-higher-education-2018/. 2019 - 04 - 01.

改革措施。首先,继续推行 2013 年开始实施的女性领导力培训项目——曙光项目
(Aurora)。截至 2017—2018 年,大约有 3 500 余名英国高校女性接受过培训,她们
的职业地位及其能力也得到了较大提升。其次,实施理事会多样化工程(Board
Diversification Project)。该工程由英格兰高等教育基金会(Higher Education
Funding Council for England)、威尔士高等教育基金会(Higher Education Funding
Council for Wales)和北爱尔兰经济部(The Department for the Economy Northern
Ireland)联合负责,旨在提升英国大学理事会的多样化水平和为那些旨在大学理事
会中工作的人士提供帮助。最后,通过数据监控英国高校治理领域中女性的进展
情况。① 女性计数(Womencount)组织的创始者诺曼·贾伯伊(Norma Jarboe)曾领
衔连续发布三份监控英国高校女性领导者的报告《女性计数:高等教育中的领导
者 2013》(*Women Count:leaders in higher education* 2013)《女性计数:高等教
育中的领导者 2016》(*Women Count:leaders in higher education* 2016)和《女性
计数:高等教育中的领导者 2018》(*Women Count:leaders in higher education*
2018)。这些报告可以准确地判断女性在英国高等教育治理领域的进展情况。

三、德国一流高校内部治理模式的经验、挑战与改革趋势

(一) 德国一流高校内部治理模式的经验

1. 分工明确,权力相互制衡

由前面的分析可以发现,现行的德国一流高校的内部治理分工明确,不同机
构肩负着不同使命,协同为德国高校治理发挥着各自的作用。一般而言,德国一
流高校在校内都设有一个最高决策机构,例如海德堡大学的校长办公室和慕尼
黑工业大学的董事会,它们往往是学校的第一责任人,对内统筹管理整个大学,
对外代表大学。德国高校的学术事务很自然地落到学术评议会身上,该机构负
责德国高校的教学与科研等学术事务。同时为保证高校与社会及政府的互动,
提升高校对外界的反应灵敏度,德国高校一般都设有理事会,其成员广泛来源于
政府组织、工业界等校外部门。必须指出的是上述这些机构的权力是相互制约
的,具体而言德国高校有类似校长办公室或董事会等最高领导机构,但它们的权

---

① Jarboe N. 2018. Women count:leaders in higher education 2018 [EB/OL] https://women-count.
org/portfolio/womencount-leaders-in-higher-education-2018/. 2019 - 04 - 01.

力也并非不受束缚。例如,海德堡大学校长委员会的首脑——校长——由大学理事会负责选拔,而慕尼黑工业大学的董事会虽为学校最高领导机构,但其董事会中的校外成员需要由校内的大学管理委员会与州政府联合提名,并最终需要得到学术评议会的批准。这无不体现了各权力机构之间的相互制衡关系。这种权力之间的相互制衡能有效防止权力滥用,并能确保权力的正当行使。

2. 高校内部治理的多方参与

就传统概念而言,德国高校内部治理更多是校内人的"家务事",但自受到新公共管理思潮的影响以来,德国高校治理开始变成"天下事"。大学理事会的普遍设立使得社会各界获得机会开始参与德国高校的内部治理,也使得德国高校与社会的互动得到加强。大学评议会也给普通教师和学生代表参与高校治理提供了良机。换言之,德国高校已经形成了校外人员、大学校长及副校长等高层领导团队、教授、普通教师和学生等不同利益群体多方参与高校内部治理的局面。多方参与高校内部治理有利于将不同利益群体的诉求付诸高校治理实践,从而有利于实现高校的共同治理。

3. 充分彰显学术权力之于学术组织的重要性

传统意义上的德国大学被称为"讲座教授大学"[①],这也从另外一个角度体现了德国教授之于高校治理的重要性,彰显了德国高校教授对学术权力的掌控。新公共管理改革以来,虽然德国高校教授的权力在一定程度上有所下降,但学术评议会的普遍设立则体现了德国高校对于学术权力的重视。高校本质上是一个学术组织,这点已无需赘述。正是基于此,德国高校在保障高校的学术权力方面可谓楷模。[②] 如前所述,德国高校对学术权力的保障十分到位,主要体现在两个方面:第一,学术权力的主要行使主体——学术评议会负责学校范围内的各种学术事务,其他机构无权干涉,从而体现了学术权力的无上地位。第二,学术评议会的构成主体为教授或其他教师,由此凸显了教学人员对学术事务的掌控。

(二) 德国一流高校内部治理模式面临的挑战

1. 在州政府控制与大学教授抵制的夹缝中生存

德国高校传统的治理强调强有力的州政府管控和大学教授的学术寡头自治

---

① 张源泉. 德国高等教育治理之改革动向[J]. 教育研究集刊,2012(4): 91-137.
② 沈波,许为民. 学术评议会:大学学术权力的制度保障与借鉴——以德国大学为例[J]. 中国高教研究,2012(7): 60-64.

相结合。① 自德国高等教育推行新公共管理改革以来，德国高校的治理结构就不得不进行调整。为更好应对高校竞争和积极回应社会经济发展需求，德国高校均需要调整现有的治理方式。其中，最明显的变化体现在州政府放权的背景下，大学校长和院长等主体开始逐渐采用一种公司化的管理主义风格来治理高校。现实情况是，大多数情况下德国对高校内部的治理过程依然盛行"同意文化"（culture of consent）。② 换而言之，德国高校的内部治理依然需要征求大多数教授的同意后方能做出最终决策，大学校长在实际治理过程中也需要依托教授的专业知识来进行决策。因此，我们可以发现，德国高校内部治理模式的运作事实上受到州政府和大学教授的双重压力。一方面，在新公共管理思潮的影响下，各州政府纷纷改革各自管辖范围内的高校治理，要求各高校设立理事会和提升校长等的职位权威。另一方面，德国高校固有的学术寡头治校风格依然盛行。新公共管理背景下的德国大学理事会与学术评议会共同决策方式对传统德国大学教授主导的高校治理风格的冲击非常小。③这样一来，德国高校新的内部治理模式就只能在州政府和大学教授的夹缝中运作。④

2. 缺乏中下层的大力支持

受新公共管理主义的影响，德国各州纷纷颁布法律来进行高校治理改革。其中，不少州都颁布法律来规定德国高校的顶层管理机构。如《巴伐利亚州高等教育法案》第 19 条规定该州管辖范围内的高校主要设置三大治理机构：管理委员会、学术评议会和理事会。《巴登符腾堡州大学法》第 15 条规定该州高校一般设有三大组织：校长办公室、学术评议会和理事会。但遗憾的是，德国各州颁布的高校治理改革法案并未改变高校的中下层管理机制。⑤ 因此，在德国高校治理过程中，那种民主性的、多方同意的治理传统依然非常活跃。学院院长依然由

① De Boer H., Enders J., Schimank U. 2008. Comparing higher education governance systems in four European countries. In Dogel N C. and Jaccard P. (eds.), Governance and performance for education system. (pp. 35 - 54). Springer.

② Bleiklie I, Lange S. 2010. Competition and leadership as drivers in German and Norwegian university reform. Higher education policy, 23: 173 - 193.

③ Hüther O. 2009. Hochschulräte als Steuerungsinstrumente [University councils as steering instruments]. Beiträge zur Hochschulforschung 2/2009.

④ 俞可. 在夹缝中演绎的德国高校治理[J]. 复旦教育论坛, 2013(11): 14 - 20.

⑤ Capano G., Regini M. 2014. Governance reforms and organizational dilemmas in European universities. Comparative education review, 58(1): 73 - 103.

选举产生,讲席讲授在德国大学治理过程中依然扮演重要角色。因此,德国大学治理依然受制于传统意义上的学术群体,即具有教授职称的学院院长和讲席教授等。① 可以想象:德国大学治理的新模式如果仅有高层的决策而离开中下层的大力支持,其治理工作的推进将举步维艰。虽然按照新公共管理理念对德国高校的高层治理架构进行了改革,但高校的高层决策需要依托中下层强有力的执行与反馈,离开了中下层的大力支持,德国高校高层管理团队的运转效果也会大打折扣。

(三) 德国一流高校内部治理模式的改革趋势

1. 重视高校治理的评估工作

随着新公共管理改革的持续推进,德国高校普遍设立了理事会或类似机构,使得之前德国学术评议会的部分决策权转移至理事会或类似机构。② 因此,德国高校这种新的内部治理机制的历史相对较短,目前德国高校也并未对其新的内部治理模式的效率和效果进行过评估。③ 因此,目前尚无从知晓德国高校这种新内部治理架构的优势与不足。在这种背景下,结合当前世界高校内部治理改革的总体趋势和德国高校治理现状,德国高校的确需要重视加强对高校内部治理绩效的评估。比如大学理事会的运行效果、校外人士在理事会实际治理中的参与情况、大学理事会与学术评议会之间的合作与冲突等等,都有待德国高校采取有效的评估手段予以客观评价,从而改进和推动德国高校内部治理绩效的提高。

2. 努力平衡高校内部不同治理主体的权力分布

在传统治理架构中,德国高校内部不同治理主体之间的权力呈现出"弱校长、强学术评议会和强教授"的局面。④ 在新公共管理思想的指导下,德国高校

---

① Dobbins M, Knill C. 2017. Higher education governance in France, Germany and Italy: change and variation in the impact of transnational soft governance. Policy and society, 36(1): 67 - 88.

② Kehm B. 2014. New forms of university governance in Germany: autonomy, self-governance and the distribution of authority. In Shattock M. (ed.) international trends in university governance: autonomy, self-government and the distribution of authority. Routledge.

③ Kehm B. 2014. New forms of university governance in Germany: autonomy, self-governance and the distribution of authority. In Shattock M. (ed.) international trends in university governance: autonomy, self-government and the distribution of authority. Routledge.

④ Kehm B. 2014. New forms of university governance in Germany: autonomy, self-governance and the distribution of authority. In Shattock M. (ed.) international trends in university governance: autonomy, self-government and the distribution of authority. Routledge.

从州政府那里获得了更多自治权。为适应这种院校自治模式,德国各州开始颁布法律要求在高校内部治理高层中引入大学理事会。不同州的大学理事会的角色不尽相同,有些州的大学理事会仅具有咨询功能,但有些又具有决策功能。随着新公共改革的不断推进,德国高校内部的权力也不断向大学校长和大学理事会转移。这样一来,传统意义上占主导地位的学术评议会的地位则不断下降,这就造成了理事会与学术评议会之间的权力冲突,这种冲突尤其体现在遴选校长事务上。[①] 学术评议会往往倾向于从校内教授中遴选出大学校长人选,而理事会有时候则更青睐其他人选。与此同时,尽管德国高校普遍对顶层高校治理架构进行了调整,但高校的中下层治理机制依然还是传统的教授和具有教授职称的院长起主导作用。换而言之,从顶层来看德国高校采取的是管理主义的治理方式,但高校基层和中层依然是传统的学术自治模式。[②] 这种混合式治理给德国高校带来诸多问题。一方面,高校顶层架构中的理事会、大学校长和学术评议会之间的权力如何更好地分布与平衡较为棘手;另一方面,大学校长与学院院长以及讲席教授之间的权力又当如何处理,也是摆在德国高校内部治理改革面前的一道难题。因此,下阶段德国高校治理改革的主要任务之一,即平衡德国高校不同治理主体之间的权力分布。处理好此问题,德国高校治理的效果和效率就有望上一个新台阶。

四、日本一流高校内部治理模式的经验、挑战与改革趋势

(一)日本一流高校内部治理模式的经验

1. 各部门分工明确,权力互相制衡

无论是日本国立高校还是私立高校,皆设置了较为多元的治理机构。就国立高校而言,经营协议会、理事会和教育研究评议会分工明确并精诚合作。尽管国立高校逐渐形成了以校长为领导核心的自上而下的治理模式,且大学校长兼任三大组织的一把手,但校长的权力并非毫无限制。因为日本国立高校的校长选拔需要经过校长选考委员会,而该委员会成员则来自经营协议会和教育研究

① Dobbins M, Knill C. 2017. Higher education governance in France, Germany and Italy: change and variation in the impact of transnational soft governance. Policy and society, 36(1): 67 - 88.

② Bleiklie I, Lange S. 2010. Competition and leadership as drivers in German and Norwegian university reform. Higher education policy, 23: 173 - 193.

评议会。这事实上形成了校长与经营协议会和教育研究评议会的相互钳制关系。关于私立高校,理事会虽然是法律意义上的学校最高决策主体,但评议员会在某些重要事项上同样具有决议权,这样就避免了决策权过于集中的弊端。同时,日本国立高校和私立高校都设置了监事来监督学校的运作,从而保证了高校内部的权力在一定程度上的分化。

2. 各利益相关者广泛参与高校治理

高校内部治理本质上是一个多元主体共同参与管理高校的过程。在高等教育发展环境多元化的背景下,不同利益相关者对高校的诉求不尽相同。因此,为尽可能满足不同利益主体的需求,大学在治理上应尽可能让他们积极参与。日本国立高校和私立高校在内部治理上都积极让多方主体参与。就国立高校而言,其经营协议会中校外人员至少占到一半,私立高校的评议员会则积极邀请校友等人士参与学校内部的治理事务。这无不体现了校外人士对日本高校治理的积极参与。就校内人员而言,教授、行政人员和高层领导等都积极参与学校的治理。

3. 凸显学者对学术权力的掌控

高校本质上是一个学术机构,教师理所应当对学术事务具有较大话语权。日本高校学者在学术权力掌控方面具有较大的话语权。国立高校法人化改革虽然在一定程度上削弱了日本教授的权力,但教授在教育研究评议会中的地位举足轻重。[①] 日本私立高校治理的权力纠葛往往在理事会(经营)和教授会(教学研究)之间[②],这也体现了教授在教学与研究方面具有重大权力。其实,教授等学者对学术权力的掌控本身既符合大学的办学治校规律也顺应了高校发展的趋势。随着高校治理专业化程度不断深化,教授等学者在学术方面的专长使他们在有关教学与研究的高校治理过程中的作用更加不可替代。

(二)日本一流大学内部治理模式面临的挑战

1. 校长权力过于集中

在前面的分析中,我们将日本国立高校的内部治理模式总结为"校长寡头领

---

① 胡娟. 西方大学制度的几种主要模式及其启示——从权力结构的角度分析[J]. 中国人民大学教育学刊,2011(3):23-40.

② 陆一. 理事会与教授会的"协治"——透视日本私立大学的治理模式[J]. 复旦教育论坛,2013(5):21-26.

导下的三会制"。这种模式的一大特点就是校长集中了校内的很多决策权,例如,财政决策权等。① 同时,法人化改革也减少了日本国立高校内设委员会的数量和开会次数,这在一定程度上强化了校长的权力。校长权力过于集中的一个潜在后果是一旦选拔出的校长不能胜任,学校的发展将因此受到影响。因此,为确保能选拔到合适的校长,日本国立高校都设有校长选考委员会。不少日本国立高校在制度设计上都要求在选拔校长时参考行政人员的投票结果,但在实际操作过程中却未能充分参考行政人员的意见。② 同时,国立高校法人化后,日本国立高校事实上没有一个机构或一种制度来监督校长的权力运作。因此,校长的权力行使情况和治校成果等也难以评判;一旦出现问题,也难以进行相应处理。③ 此外,校长罢免也是一大难题。校长的罢免需要日本文部科学省在参考国立大学校长选考委员会的意见的基础之上做出最后决策。但现实情况是校长选考委员会的大部分成员由校长本人负责任命。因此在罢免校长时,这些人难免有所忌惮。④ 最后也难以罢免那些不称职的大学校长。

2. 校外力量参与高校治理有待加强

法人化改革之后,日本国立高校普遍设置了经营协议会和理事会。其中,经营协会中有不少于一半成员来自校外,理事会中也要求有一名校外成员。可以说,这种制度设计的初衷很好。在高等教育发展环境愈发复杂的背景下,积极鼓励校外力量参与高校治理也是一种必然趋势。但在日本国立高校的实际治理过程中,校外人员参与高校治理的效果不甚理想。⑤ 据日本学者的调查,约四分之一的校外人员认为他们的意见对日本国立高校治理的影响很小,约10%的校外

① Oba J. 2014. Reforming national universities in Japan: implications for governance. In Shattock M. (ed.) International Trends in University Governance: Autonomy, Self-Government and the Distribution of Authority. (pp. 107-124). London: Routledge.
② Oba J. 2014. Reforming national universities in Japan: implications for governance. In Shattock M. (ed.) International Trends in University Governance: Autonomy, Self-Government and the Distribution of Authority. (pp. 107-124). London: Routledge.
③ 万娟,陈立.大学法人视角下日本国立大学的治理结构.[J].宁波大学学报(教育科学版),2017(6):43-49.
④ 万娟,陈立.大学法人视角下日本国立大学的治理结构.[J].宁波大学学报(教育科学版),2017(6):43-49.
⑤ 万娟,陈立.大学法人视角下日本国立大学的治理结构.[J].宁波大学学报(教育科学版),2017(6):43-49.

人员认为他们在高校治理过程中的讨论往往只涵盖一小部分话题。① 更有甚者,诸多日本国立高校经营协议会成员认为他们参与高校治理工作往往有装点门面之嫌,很多决策事实上理事会早已做出,让经营协议会成员参与仅仅是走过场而已。② 同时,日本学者的研究也显示:校外成员与校内管理人员之间的关系也较紧张。很多校外人员经常抱怨他们充其量只是一个摆设,但高校校内管理者却期待他们对高校有更多了解和提供更多咨询意见。③

3. 组织文化的支撑度不够

如前所述,法人化改革后的日本国立高校形成了一种自上而下的"校长寡头领导下的三会制",这要求国立高校有一套强有力的执行体系与监督体系,否则这套治理模式的执行效果将大打折扣。从 2004 年至今,这套体系运行不过十余年。法人化改革之前,日本国立高校则实行自下而上的管理体系,学部教授会和学术评议会等机构的权力较大。④ 因此在很大程度上,法人化改革之后的国立高校治理模式与改革之前的治理模式存在较大冲突。⑤ 如何协调好新体制与旧体制之间的关系成为日本国立高校法人化改革的一大难题。部分学者认为新旧体制之间的冲突与碰撞有赖于组织文化的缓和和熏陶。⑥ 其中,组织中的有效沟通与交流文化被认为是高校进行有效治理的一个前提条件。⑦ 法人化改革之后,日本国立高校校内上下级不同部门之间以及学术人员与校内管理人员之间缺乏有效交流与沟通也常常被诟病。⑧

---

① 万娟,陈立. 大学法人视角下日本国立大学的治理结构.[J]. 宁波大学学报(教育科学版),2017(6):43 - 49.
② 万娟,陈立. 大学法人视角下日本国立大学的治理结构.[J]. 宁波大学学报(教育科学版),2017(6):43 - 49.
③ 万娟,陈立. 大学法人视角下日本国立大学的治理结构.[J]. 宁波大学学报(教育科学版),2017(6):43 - 49.
④ 天野郁夫. 日本国立大学的法人化:现状与课题[J]. 北京大学教育评论,2006(2):93 - 109,191 - 192.
⑤ 贾德永,晓燕. 日本国立大学法人化改革后的大学治理结构[J]. 高等教育研究,2011(5):97 - 103.
⑥ 万娟,陈立. 大学法人视角下日本国立大学的治理结构.[J]. 宁波大学学报(教育科学版),2017(6):43 - 49.
⑦ Vanderbilt University. 2018. Shared Governance in Vanderbilt University[EB/OL] https://www. vanderbilt. edu/provost/committees/Shared-Governance-Final-Report. pdf. 2019 - 01 - 02.
⑧ Oba J. 2006. Incorporation of National Universities in Japan and its Impact upon Institutional Governance[C]. Paper prepared for the COE international seminar, organised by RIHE, Hiroshima University on 16 January 2006, under the title of University reforms in Eastern Asia:Incorporation, privatisation, and other structural innovations.

（三）日本一流大学内部治理模式的改革趋势

日本于 2015 年 4 月实施了新修订的《国立大学法人法》和《学校教育法》（School Education Law），以应对法人化后日本国立高校发展面临的新局面。为更好地了解日本国立高校在治理上的运行现状和洞察未来发展方向，日本国立高校协会（the Japan Association of National Universities）成立了日本国立大学法人化治理研究工作组，以调研日本国立大学法人化改革后的治理状况。调研结束后，日本国立大学协会于 2017 年 5 月发布了《日本国立大学加强治理改革提议》［*For Reinforced Governance Reform at the National Universities of Japan（Proposals）*］（以下简称该《提议》）。从该《提议》中，我们可以洞悉日本国立大学治理改革的趋势。①

1. 对校长候选人的领导力提出了更高要求

鉴于大学校长在日本国立大学治理工作中的重要性，遴选出一个合格的校长尤为关键。这其中，领导力之于大学校长愈发重要！因此，该《提议》提出今后日本国立大学的校长在领导力素质方面应达到如下要求：①熟悉大学未来的发展愿景，在校园内外积极传播大学的相关信息，与各利益相关者有效沟通与交流以获得来自大学校内外的支持和理解；②负责大学的运行与管理，高层执行团队和副校长们必须给大学校长的工作提供支持，并与校长进行恰当的角色分工。

2. 重视校长的选拔与评估

为选择最合适的人成为日本国立高校的校长，该《提议》倡导要重视校长遴选工作。为此，日本国立高校应做到：①校长选考委员会必须从校内外候选人中努力确定最合适的校长人选；②为确保校长选考委员会在了解充分信息的基础之上确定最合适的校长人选，日本国立高校应改进遴选程序，并与相关团体进行有效沟通与交流。在选拔到合适校长后，该《提议》也建议对校长工作进行评估。为此日本国立高校必须：①通过恰当方式来评估校长绩效，并与优秀校长所具备的特质进行对比；②在充分结合校长聘期的前提下，大学校长选考委员会需要在一个周期内对校长进行有效考核。国立高校校长中期考核应有利于校长的工作，从而实现大学愿景。

---

① The Japan Association of National Universities. 2017. For Reinforced Governance Reform at the National Universities of Japan（Proposals）［EB/OL］https://www. janu. jp/eng/globalization/files/20170801-wnew-governance. pdf. 2019 - 04 - 05.

3. 积极推进经营协议会、教育研究评议会和监事制度改革

事实上,日本国立高校法人化治理研究工作组在对法人化改革后的日本国立高校治理现状进行调研后,发现日本国立高校的经营协议会、教育研究评议会和监事等制度都或多或少存在问题。为此,该工作组也提出了改进建议。就经营协议会而言,该《提议》主张:①应澄清其讨论主题并以一种有序方式总结其主要讨论成果;每年定期召开会议,以确保有足够的机会进行意见交流;②高校也应该努力与经营协议会的外部成员保持恰当关系。外部成员应该清晰了解高校的优势与不足,以认识高校发展现状。就教育研究评议会而言,该《提议》倡导所有成员都应充分了解和接受他们身上承担的使命,他们需要就高校教学与研究事务进行充分的意见交换,从而提升高校的教学与研究水平。教育研究评议会与高校内部其他机构的联系与区别应非常清晰。高校应尽可能优化其成员结构。就监事而言,该《提议》建议:①在充分考虑监事的角色和大学的财政状况的前提下,大学应考虑将监事设为全职岗位,并为他们的工作提供支持;②高校应该与监事充分合作,讨论如何监督学校的教学、科研和社会服务工作等;③在改进日本文部科学省和监事理事会(Auditing Council)提供的监事培训方面,日本国立高校应尽可能提供支持。

五、美、英、德、日一流高校内部治理模式对我国高校治理的启示

(一) 出台相应政策,为大学治理保驾护航

高校治理是一项系统工程,需要不同利益相关者的共同努力。这其中,高校治理政策的作用不言而喻,对处于高校治理摸索阶段的我国更是如此。就我国当前情况而言,虽然教育部等部门陆续发布了一系列重要政策强调必须加强高校内部治理,我国的《普通高等学校理事会规程(试行)》也于 2014 年 9 月 1 日开始施行,但我国并未出台针对性更强的高校内部治理相关政策,更未发布高校内部治理有效性评估的任何报告。这无疑不太有利于对我国高校内部治理改革的指导和引领。由前面的分析我们得知,为规范与指导高校内部治理工作,美国、英国、德国和日本等四国官方和非官方机构皆发布了多项有关高校治理的政策,以期给内部治理实践提供政策引导和支持。因此,我们认为要更好地推进高校内部治理,我国不妨借鉴美、英、德和日四国的高校治理经验,研究出台高校治理政策文件,以便为我国的高校内部治理改革提供指导。

（二）引入第三方定期对高校治理有效性评估

高校治理的最终目标是有效治理。那么如何判断高校是否实现了有效治理呢？这无疑需要借助有效性评估来判断。我们的研究发现，美国、德国和日本等国一流高校内部治理改革的趋势之一，就是不断强调进行高校治理评估工作。在这方面，英国更是为我们树立了一个好榜样。首先，英国坚持定期开展大学理事会治理有效性评估，一般五年一次。这不仅能保证各利益相关者实时掌控高校治理效果，也可避免高校疲于应付各种评估工作。其次，英国大学理事会在有效性评估时坚持聘请校外专家或专业咨询公司，以期获得较公正客观的评估信息。这对我国开展高校治理有效性评估工作具有较高的借鉴价值。为了提升我国高校治理绩效，本研究认为不妨建立定期（如五年一次）开展高校治理有效性评估的相关制度，同时尽可能引入第三方评估。这样一来，高校各利益相关者就能获得关于高校治理效果的客观公正的评判意见，从而了解和洞悉高校在有效治理方面的优势与不足以及未来发展方向。

（三）学术权力与行政权力相互制衡

学术权力与行政权力就像高校的一对孪生兄弟，伴随着高校走过千余年的历史进程。因此，学术权力与行政权力的合理配置问题自然成了高校内部治理改革的主题之一。根据分权制衡理论，只有保障行政权力和学术权力之间的相互独立性，使之在高校内部相互配合，协调平衡，才能充分发挥两种权力的独特功能和价值。就如何更好地配置高校行政权力与学术权力这一话题而言，美、英、德、日四国做法不尽相同，但背后的共同之处在于其学术权力与行政权力的相互监督与制衡，从而避免出现行政权力或学术权力一家独大的局面。无论是公立高校还是私立高校，无论是高等教育市场化较发达的美国和英国，抑或是高等教育领域相对保守的德国，或是介于两者之间的日本，其一流高校在内部学术权力与行政权力分配时都形成了一种制衡关系。毫无疑问，学术权力与行政权力形成了一种微妙的依存关系。尽管二者在高校的历史发展过程中略有沉浮，但总体而言，它们却伴随高校发展的始终。高校不能过度强调学术权力，更不能过分凸显行政权力，二者的协调平衡方为高校内部治理的良策。由于诸多原因，我国高校内部学术权力与行政权力之间的关系较为失衡：行政权力干预或取代学术权力的现象仍较为普遍，学术权力主体——教授和学术组织的作用不突出，学术权力与行政权力相互越位等。因此，如何处理好我国高校学术权力与行政权力的关系,会在一定程度上决定我国高校内部治理改革的成效。

(四) 重视治理过程中的非结构性因素

高校治理理论经历了一个由重视结构性因素转向非结构性因素的过程。传统治理理论往往突出结构性因素对有效治理的影响,新型治理理论则认为非结构性因素对有效治理的影响更直接和明显。美国、英国、德国和日本等国的高校治理的经验或教训早已证实这样一条高校治理原则:重视高校治理过程中的非结构因素会提升高校的治理效果;相反,如忽视非结构性因素,则会给高校治理带来诸多问题。因此,作为高校治理理论与实践的"后来者",我国当前有必要强调高校内部治理过程中的结构性因素,这从我国近期出台的几个重要政策亦可见一斑。笔者认为我们应发挥高校治理理论与实践的后发优势,在优化高校治理结构的同时更应重视高校治理中的非结构性因素,如信任、参与、互动和领导力等。如果我们只是一味重视结构性因素,我国高校内部治理不仅不能发挥后发优势,相反可能与主流治理理论与实践渐行渐远。这无疑不符合我国大学内部治理结构改革的初衷,亦不利于我国高校内部治理效率提升的目的达成。

第四篇

我国高校内部治理体系的创新与建构研究

摘要：本子课题为本课题研究的重点所在,在对高校内部治理体系的理论、历史及比较研究的基础上,旨在通过对国情条件下现行的高校内部治理体系权力主体结构及其运行机制存在的不足进一步深入调查研究的基础上,提出既适合我国国情又遵循高校办学治校育人规律的,既有创新意义又有操作价值并基于善治目的的高校内部治理体系,重点解决高校内部治理主体的组织及其权力结构的协调与高校内部治理体系正常运行的机制问题。本篇由如下三章构成:《高校内部治理体系问题诊断》《大学有效治理:治理体系创新的目标》《有效治理体系的构建原则与基本框架》。本篇的研究目标如下:①对高校内部治理的组织及权力结构、运行机制进行深入的实证调查以准确把握问题及其原因;②根据高校办学治校育人的规律研究解决政治、学术及民主权责结构的平衡协调的关系问题;③构建既有创新意义又有操作价值的基于善治目的的高校内部治理体系。

第十章
高校内部治理体系的问题诊断

　　世界银行报告《迎接世界级大学建设的挑战》,将"良好治理""人才汇集"和"充足资源"视为建设世界一流大学的三个基本前提条件。其实良好治理与本课题提出的善治,表面看似乎是不同的两个概念,但它们确实是异曲同工的相似概念。世界银行把良好治理定义为:治理者利用手中的政治权力、机构资源处理社会问题和事物活动。借助该定义可以把高校的良好治理界定为:高校治理者利用所掌握的权力和资源,遵循某种原则处理高校教学、科研等事务活动。为了界定高校治理,美国学者伯恩鲍姆根据高校的本质属性分析提出了如下观点:高校为实现组织控制和影响创设出两个等效而不同的系统,其中一个是基于合法权威性建立的行政系统,另一个是基于专业权威建立的学术系统。据此,他对高校治理定义如下:为达到两个系统平衡的目的,在组织内部和外部重大事务上进行权威性决策的过程。自美国高校倡导并提出共同治理原则之后,好的高校治理似乎等同于共同治理(shared governance)。本研究认为,良好的高校治理体系应该是治理效率与治理效力的平衡体系,因此治理的有效性应该是治理活动的根本追求。

一、高校内部治理体系的效率问题

(一) 高校治理体系的运行效率

　　由于组织的有效治理是针对效率和效力的目标的活动,因此组织的有效治理活动应达成两个主要目标,即效率和效力。效率包括广义与狭义两方面含义:广义的效率指的是高校治理应实现高校的公共性,例如眭依凡教授认为,大学作为一定竞争性和排他性之准公共产品,其效率其实就是对社会责任的担当;[①]狭义的效率指的是管理效率或者决策效率,包括机构设置、管理程序的科学性及降低管理成本等内容。例如舒斯特(Schuster)等认为,有效治理指的是建立在治理能力基础上实现高质量、高效率的决策。[②]

1. 高校内部治理效率的概念解析及其重要性讨论

高校内部治理结构是高校内部权力关系运行的基础,是权利分配和利益诉求的重要考量,直接关系到高校的发展活力和发展方向,对高校的办学治校及育人质量等均有重大影响。高校治理必须强调效率有两层次的涵义:第一层次是广义上的效率目标。如眭依凡教授在《论大学善治》所指出:"对大学而言,善治的目的并不同于政府旨在削减公共开支而更在于提高办学治校育人的效率。效率不仅是大学善治的关乎管理的专业术语,更是善治必须依赖的起始目标。在大学善治的体系框架中,效率不只是经济学的数量概念,而是包括办学治校育人的水平、质量、效益,以及通过竞争追求卓越等概念的综合。大学的准公共产品属性及其导致的竞争性(这种竞争性在国与国之间的大学竞争中表现得更为激烈),决定了大学必须以'效率优先'为大学善治的价值赋予及目标。"[③]他在《公平与效率:教育政策研究的价值统领》一文也深入阐述过这一学术观点:"高等教育是通过培养高层次专门人才和知识创新及据此直接参与并影响社会文明进程的活动,因此高等教育对国家的社会发展具有直接性和决定性。尤其是在知识经济社会和国与国竞争极其激烈的今天,高等教育既是国家竞争力的基础又是国家实力的重要组成,这使高等教育具有一定竞争性和排他性之准公共产品的特征越加凸显。因此,高等教育是需要强调效率优先的社会活动,而以实施高等教育为己任的大学也应该是强调效率优先的组织。"[④]因此,从广义的效率内涵看,如果效率是高校治理的目的追求,其自然也应该是高校治理体系改革的原则所在。

第二层次是狭义上的效率内涵。狭义上的效率概念指高校治理中的科层化

---

① 眭依凡. 论大学的善治[J]. 江苏高教,2014(6): 17.

② Schuster J, Smith D, Corak K, and Yamada M. Strategic Academic Governance: How to Make Big Decisions Better [M]. Phoenix, Ariz: Oryx Press, 1994.

③ 眭依凡. 论大学的善治[J]. 江苏高教,2014(6): 17.

④ 眭依凡. 公平与效率:教育政策研究的价值统领[J]. 中国高等教育,2014(18): 14.

治理和专门化的学术治理。从高校组织的学术性来看,效率和自治、自由等精神似乎是矛盾的,这就需要通过协调的治理方式加强行政系统和学术系统的沟通以促进两者的契合性。我国高校内部治理结构历经变化,最终稳定为党委领导下的校长负责制这一高校治理结构。从 1950 年的《高等学校管理规程》明确提出高校实行"校长负责制"到 1996 年《中国共产党普通高等学校基层组织工作条例》所规定的"全国所有大学都实行党委领导下的校长负责制",再到 1998 年的《中华人民共和国高等教育法》第一次以法律的形式明确了高校实行中国共产党高等学校基层委员会领导下的校长负责制的管理体制,再到《中国教育改革与发展规划纲要(2010—2020)》提出完善现代大学治理,坚持党委领导下的校长负责制。可以发现,随着校长所代表的科层化治理权限的不断清晰,以及大学章程的建立,高校依法治校的规范框架日益完善。校长依法治校是"章程"时代的高校行政治理的重要体现。就目前来看,高校的党委全委会、常委会议事规则、党委工作例会议事规则、校长办公会议事规则等对校长权力执行的科学化、民主化、规范化起到了规范作用,是行政效率提高的有效保障,同时也为校长权力的规范运行,以及规范学术与行政权力关系提供了制度框架。高校治理离不开行政权力的有效运行,而科层治理的首要目标就是效率。

2. 旨在治理效率提升的高校内部治理专业化趋势

除了科层治理外,时下的高校还存在着各种形式的学术治理,并且越来越走向专业化,其特征是通过各种专门委员会来实施不同领域的学术治理。参与高校治理的主体履行职责的基础是具有治理的专业能力。长期以来,高校内部管理主要作为一种经验管理存在,很少考虑管理的专业化问题。近些年,随着高校之复杂性增长,高校治理逐渐成为专业化活动,如果决策机构成员没有高校管理经验、专业知识背景,就难以对高校的专业性管理活动做出有效的评价。因此,需要建立专业的治理知识供给机制,并保证治理活动参与者掌握充分的信息以监督高校行政部门执行决策。学校内部需要建立专业化的院校研究部门,以汇聚和分析关于高校绩效和行政经营管理行为的信息,以避免出现决策机构在重大事务决策和实施监督中的信息不对称问题。例如美国大学通常采用专门委员会的方式解决治理专业化问题。董事会根据不同决策内容,分别设立有专业人士组成的委员会,通过深入的政策研究提出决策备选方案供董事会参考;在学术评议会也设立诸如执行委员会、人事委员会、专业课程委员会等,并根据院校研究办公室的专门分析报告,研究决定相关问题或提出专门建议。专门委员会将专业技术精英主导和教职工民主参与结合起来,一方面可以提高决策效率,一方面可以解决民主参与问题。这样的制度设计有效解决了治理知识供给问题,保证了治理的效率。除了专门委员会治理的机制外,高校校长的专业化制度设计也是治理专业化的必要保障。

为了提高高校内部治理效率,国际高教界包括欧美高校亦出现了适当扩大行政权力、削弱学术权力的趋势,本课题在关于高等教育强国一流高校内部治理研究中就发现欧美高校内部治理的这一变化。如英国高校建立了一支高效的包括副校长、代理副校长、注册主任、院系主任在内的执行委员会或高级管理群体,不少高校的特许状删除了关于教授在评议会中当然成员资格的有关规定并缩减了评议会的规模;在系一级学术组织进行集体决策的做法已经消失,取而代之的是一种等级制的权力结构。美国高校亦然,校级层面的行政管理越来越注重专业化,并出现了权力向校长集中的趋势,甚至董事会也开始插手高校内部的具体决策。1998 年美国大学董事会协会(AGB)的治理声明指出:一些董事会、教师和行政主管认为内部治理规则已妨碍了及时决策,小派系争论阻碍了决策进程,建议由董事会重申他们的最终职责和权力,明确阐明谁在各类具体决策中拥有权力,设立决策的最终期限,明确权力模糊不清和重叠的区域。英美高校通过加强学校管理层行政人员的权力,从而保证了高校决策效率和资源配置效率的进一步提高。

(二) 高校内部治理体系效率缺失的问题讨论

从某种意义上说,高校内部治理结构可以理解为其内部利益相关者的决策权配置结构,即高校内部决策权、执行权和监督权的关系结构。美国学者从 20 世纪 60 年代起开始研究高校治理,欧洲学术界在 80 年代也开始研究高校治理,并基本形成了结构主义和文化主义两大影响较大的理论学派。① 欧美学者运用定性和定量相结合的方法研究高校治理结构与治理绩效之间的关系,以探索什么样的治理结构会带来更好的治理绩效。研究结果表明,良好的治理结构可以改进和提升高校的内部治理绩效,而不良的治理结构是导致高校内部治理效率

---

① Kezar A. What is more important to effective governance: Relationship, trust, and leadership, or structures and formal process [J]. New Direction for Higher Education, 2004(127).

不高的根本原因,具体有以下几方面的表现:

1. 高校内部治理中的权责冲突与失衡导致的效率问题

高校是一个不仅组织规模大、要素多而且极其复杂的学术共同体,由此导致其内部冲突原因的多元化,但冲突主要来自行政管理层与承担学术职能的教师团体的冲突。出于确保必要的乃至通过提升治理效率以适应和满足社会对高校提出的要求,高校不得不加强组织内部的科层化管理从而导致权力相对向行政管理层集中,教师团体因此对高校决策及管理的影响力亦即参与学校决策与管理的权力逐渐衰微,高校行政管理层与代表学术权力的教师团体的冲突就不可避免。一般而言,导致组织内部治理效率不尽人意的主要原因源自组织权力体系的冲突,而组织内部权力体系的冲突又根因于权力体系之权责关系的不明晰,高校亦然。结合本课题调研情况,我们把高校内部治理的权力体系冲突问题归纳如下。

1) 党委领导下的校长负责制有必要进一步明确党委与行政的权责

"党委领导下的校长负责制"自 20 世纪 80 年代中后期被确定为在我国全面实行的高校内部领导体制至今已有近 40 年的历史,1998 年以国家法律的形式在《高等教育法》获得确立也有 20 多年之久。其间由于高校党委与校长行政之权责关系不甚明确,有些高校的党委书记和校长间的矛盾突出,继而一定程度上影响了高校的改革和发展。虽然由此引起过学界的争论,但党对高校这一领导体制从未有过动摇。[①] 2018 年 12 月 29 日全国人大常委会对《高等教育法》进行了第二次修订,其第三十九条、第四十条分别对高校党委和校长的权责规定如下:"中国共产党高等学校基层委员会按照中国共产党章程和有关规定,统一领导学校工作,支持校长独立负责地行使职权,其领导职责主要是:执行中国共产党的路线、方针、政策,坚持社会主义办学方向,领导学校的思想政治工作和德育工作,讨论决定学校内部组织机构的设置和内部组织机构负责人的人选,讨论决定学校的改革、发展和基本管理制度等重大事项,保证以培养人才为中心的各项任务的完成","高等学校的校长全面负责本学校的教学、科学研究和其他行政管理工作,行使下列职权:拟订发展规划,制定具体规章制度和年度工作计划并组织实施;组织教学活动、科学研究和思想品德教育;拟订内部组织机构的设置方

---

① 眭依凡. 大学领导力:我们是否还有提升的空间[J]. 探索与争鸣,2015(7):44.

案,推荐副校长人选,任免内部组织机构的负责人;聘任与解聘教师以及内部其他工作人员,对学生进行学籍管理并实施奖励或者处分;拟订和执行年度经费预算方案,保护和管理校产,维护学校的合法权益"[①]。

2021 年 4 月 16 日中共中央印发了《中国共产党普通高等学校基层组织工作条例》,对"高校党委承担管党治党、办学治校主体责任,把方向、管大局、作决策、抓班子、带队伍、保落实"的权责做出了明确规定,高校党委的九项主要职责与大学行政高度交叉的包括:"依法治校,依靠全校师生员工推动学校科学发展,培养德智体美劳全面发展的社会主义建设者和接班人""审议确定学校基本管理制度,讨论决定学校改革发展稳定以及教学、科研、行政管理中的重大事项""讨论决定学校内部组织机构的设置及其负责人的人选"[②]。为了明确高校党委与高校行政的权责关系,早在 2014 年 10 月中共中央办公厅印发了《关于坚持和完善普通高等学校党委领导下的校长负责制的实施意见》,对"党委领导什么、怎么领导"和"校长负责什么、如何负责"予以了明确。

由此可见,无论是《高等教育法》还是党中央的有关文件,对高校党委和校长的权责及其关系已经予以了明确规定,本不应该再发生由于权责不清导致的矛盾冲突和管理内耗。然而,事实并非完全如此。在我们的问卷调查中,分别有 34.03% 和 25.10% 的受询者认为"决策体系的权责不明确"及"组织及其权力构架不完善"是导致高校人员"对当前我国高校内部治理整体现状不满意的主要原因",55.04% 的受询者认为"现行高校内部治理体系运行过程的主要问题"是"高校内部多种权力交叉导致的权责不明、运行不畅"。[③] 在我们对部分高校党委书记和校长的深度访谈中,对此类问题的回答也获得相同的结果。眭依凡在《大学领导力:我们是否还有提升的空间》指出,组织制度的功效极大受制于两个因素:其一,组织内部的权责边界是否明晰及其关系是否明确,是否有利于各方积

---

① 中华人民共和国高等教育法[EB/OL]. http://www. moe. gov. cn/s78/A02/zfs__left/s5911/moe_619/201512/t20151228_226196. html.

② 中国共产党普通高等学校基层组织工作条例[EB/OL]. https://baike. baidu. com/item/%E4%B8%AD%E5%9B%BD%E5%85%B1%E4%BA%A7%E5%85%9A%E6%99%AE%E9%80%9A%E9%AB%98%E7%AD%89%E5%AD%A6%E6%A0%A1%E5%9F%BA%E5%B1%82%E7%BB%84%E7%BB%87%E5%B7%A5%E4%BD%9C%E6%9D%A1%E4%BE%8B/56149944?fr=Aladdin.

③ 眭依凡. 转向大学内部治理体系创新:高等教育治理体系现代化的紧要议程[J]. 教育研究,2020(12):72.

极性的调动和作用发挥；其二，权责拥有者是否胜任。① 如果说"权责拥有者是否胜任"属于领导者的领导力素质问题，那么相对而言，"组织内部的权责边界是否明晰及其关系是否明确"则关系到组织内部权责结构的合理性及合法性，其对组织内部治理效率的高低具有基础性及决定性。为了充分发挥高校党委领导下的校长负责制的优势，使高校在这一领导体制下充分释放办学治校育人的活力和创造力，进一步明确党委包括党委书记和校长的权责关系，尤其是旗帜鲜明地确定高校党委全面领导与校长执行落实的权责关系，从而既发挥校长办学治校的积极主动性，又根本避免党政两个权力体系在高校行政管理过程中由于权力与职能的重叠导致的党政不和谐及工作冲突。

2) 高校行政权力与学术权力在决策体系中的权责失衡有待进一步解决

高校学术组织的特殊性决定了其诸多重大决策需要掌握专业知识的学术人员参与，由此决定了高校的诸多决策既是行政决策更是学术决策，即从高校内部治理层面而言，凡关系学校改革发展的所有重大决策无不是行政决策，但就决策事项而言，又多是与学术问题高度关联的决策。因此在高校决策的权责体系中既包括行政权责体系又包括学术权责体系，平衡好两个权责体系的关系是确保高校决策科学性以及确保高校内部治理效率的前提，这也是世界高校的通例没有例外。然而，作为发挥专业力量参与学校重大决策的权责体系——高校学术委员会是由不同学科代表和包括部分相关行政人员组成的行使学术权力的复合体，它虽然是高校民主治校的体现，并且在很大程度上有利于保证决策的科学性，但由于学术委员会本身就是多利益主体参与高校治理的机构，因此其缺乏高校行政的决策效率也就不足为奇。本研究调查发现，学术权力体系与行政权力体系的权责关系失衡主要表现如下。

其一，行政干预学术的现象仍时有发生。《国家中长期教育改革和发展规划纲要（2010—2020）》明确提出，推进政校分开、管办分离，探索建立符合学校特点的管理制度和配套政策，逐步取消实际存在的行政级别和行政化管理模式。然而遗憾的是此项改革目标的推进效果不佳。一方面，学术权力缺乏相对的独立性，比如不少高校把学术委员会办公室置于行政权力机构之下，挂靠在相应的行政部门并由行政部门负责日常工作，导致学术委员会很难作为一个相对独立的

---

① 眭依凡.大学领导力：我们是否还有提升的空间[J].探索与争鸣，2015(7)：44.

学术权责机构存在,其学术权力也很难发挥实质性的作用。另一方面,多数学术委员会委员既有行政身份又有学术身份,即所谓"双肩挑"。尽管据教育部颁发的《高等学校学术委员会规程》,其组成规则明确规定:"学术委员会一般应当由学校不同学科、专业的教授及具有正高级以上专业技术职务的人员组成,并应当有一定比例的青年教师",其中"担任学校及职能部门党政领导职务的委员,不超过委员总人数的1/4,不担任党政领导职务及院系主要负责人的专任教授,不少于委员总人数的1/2"。① 但实际情况是,大多数高校的学术委员会成员中未担任任何领导职务的纯学者少之又少,更鲜见青年教师了。《高等学校学术委员会规程》虽未明确规定校长不能担任学术委员会主任委员,但绝大多数高校的学术委员会主任委员是由校长或副校长担任的,而且学术委员中担任行政职能部门负责人和学术单位行政负责人的比例极大。由此导致即便是学术委员会会议的学术决策也难免受到来自学校行政的引导甚至是干预。事实上已有调查表明,行政权力对学术事务的干预程度仍然比较突出。② 为了确保大学的学术决策更加符合高校的实际及必要的决策效率,让院校两级的领导者及职能部门主要负责人参与学术委员会的决策有其必要性,但他们与没有任何领导职务委员的比例必须适当,否则学术委员会就难以在高校治理过程中扮演和发挥好学术委员会之学术权力的角色和作用。

其二,学术权力"虚化",学术权力更多停留在咨询建议权,学术治理机构的决策是非约束性的。学术权力行使的机构一般是学术委员会或教授委员会,但是在实际工作中,由于学术组织只是个咨询机构,学术权力的话语权不够,学术委员的权力也得不到有效的保障。高校的学术权力弱化主要表现为:学术委员会与各专业委员会发挥的作用不明显,行政权力在一定程度上抑制了教授的学术权力;教授治学还没有完全落到实处。

其三,监督权力行使不畅,监督表面化和形式化现象存在。权力运行过程中包括决策权、执行权、监督权三种权力。在这三种权力中,监督权是决策权、执行

---

① 高等学校学术委员会规程[EB/OL]. https://baike. baidu. com/item/%E9%AB%98%E7%AD%89%E5%AD%A6%E6%A0%A1%E5%AD%A6%E6%9C%AF%E5%A7%94%E5%91%98%E4%BC%9A%E8%A7%84%E7%A8%8B/13029106? fr=Aladdin.
② 王宝玺,陶扣红. 公立高校内部治理结构现状分析——基于10所高校管理者的调查研究[J]. 高校教育管理,2016(3):42-44.

权有效运行的保障。监督权既包括外部监督权也包括内部监督权。在我国高校内部，以教师为主的教职工代表大会是教师参与学校民主管理与监督的基本形式。但是，在监督权力运行过程中，由于学校领导认识弱化、群众的参与意识淡薄、工会自身工作薄弱等，教职工的作用得不到切实有效的发挥，监管权力行使不力，如对学校提交到大会的重大问题不是进行讨论，而是只进行举手表决。

本课题的调研结果亦说明了上述问题的存在。尽管高达 85.53% 的受询者认为"充分发挥学术权力体系的作用"重要及非常重要，然而遗憾的是调查发现：54.97% 的受询者认为"职能部门官本位和行政泛化现象较严重"是导致人们"对当前我国高校内部治理整体现状不满意的主要原因"，而关于"现行高校内部治理体系运行过程的主要问题"，分别有 44.26% 和 43.19% 的受询者将之归咎于"高校现行组织及权力结构助长职能部门官僚作风"及"学术委员会及各专门委员会等的作用发挥不够"。① 这使我们不得不认识到高校内部治理体系创新的必要性和紧迫性。

2. 治理结构缺乏内部体系与外部力量的联结机制导致的效率问题

阿尔特巴赫（Philip G. Altbatch）说："大学不是一个整齐划一的机构，而是一个拥有一定自治权的各种团体组成的社会。"② 也就是说，高校是一种典型的利益相关者组织。尽管我国不少高校已经建立了高校理事会制度，但当前的高校理事会还不能作为中介机构有效发挥加强高校与社会联系的纽带作用。教育部公布的《普通高等学校理事会规程（试行）》就高校理事会的建立提出了规范要求，体现出对大学理事会的重视，也有很强的针对性。虽然规程也希望理事会"发挥扩大决策民主"的作用，但仅仅是"保障与学校改革发展相关的重大事项，在决策前，能够充分听取相关方面意见"，这就从根本上决定大学理事会不是学校办学决策机构，而主要是获得办学资源、保持与社会联系的机构，同时最多具有一定的咨询功能，但这种咨询实际上没有多少效力。按照该规程要求，理事会中的教师、学生代表、社会机构代表、校友代表都是学校自己聘任的，而非由民主选举产生。由此自然也就导致当选为高校理事会的成员，多只会对任命自己的

---

① 眭依凡.转向大学内部治理体系创新：高等教育治理体系现代化的紧要议程[J].教育研究，2020(12)：73.

② 菲利普·阿特巴赫.比较高等教育：知识、大学与发展[M].人民教育出版社教育室，译.北京：人民教育出版社，2001：35.

校方负责,很难在关系学校改革与发展的重大决策中持客观自主的立场。尽管本课题的调研有占受询者总数 57.51% 的人认为"理事会的建立对完善高校内部治理体系"有意义及非常有意义,另有 50% 以上的受询者对高校理事会能够在"拓展高校资源渠道""拓展高校的外部关系""参与高校重大事项的决定""对高校改革发展提供决策咨询建议"等方面发挥较大作用予以了很高的期待。然而就已有调研情况看,很多高校的理事会在学校治理体系中基本没有发挥理想中的作用。[①]

基于上述调研结果,课题组获得如下基本判断:我国高校内部的多权力体系之间客观上存在矛盾和冲突,这种矛盾和冲突对于高校内部治理效率的提高是一个必须根本解决的障碍;高校是一个以通过人才培养和知识创新为社会服务为本质学术属性的社会生态组织,为了让高校既能按自身发展的逻辑和规律办学治校育人又能适应、满足并引领社会的需要,发挥完善高校学术委员会和理事会组织建构并充分发挥它们在大学内部治理中的作用尤为重要。[②]

3. 教师参与治理的广泛性与专业化制度设计不足所引发的效率问题

我们在调研中发现,教师对学校治理参与的主观意愿和实际行为之间并不匹配主要表现为教师对公共治理的实际参与热情并不高,教师参与治理的广泛性不足。一方面,从教师主观意愿的角度而言,真正愿意把时间投入到参与学校管理的人不多。另一方面,不少教师对参与学校治理的机会和权力不足有强烈的不满。有调查结果表明,不少高校教师希望拥有课程设置和课程内容、教学方法的决策权,近半的教师希望拥有学位授予标准、教育教学质量评估方案、学术规范、教师聘任和晋升、学术组织设立及成员决策、学术评价、教学设备添置这几个方面的决策权。[③] 为了调动高校教师参与高校治理的积极性,王英杰教授指出:"高校应该有制度化的措施保证教师(主要是没有行政职务的教师)参与学校一切重大决策(如预算、人事和规划等)的制定。只有这样才能形成高校治理的学术之翼,与行政权力共同托起大学远行。"[④]

---

① 眭依凡. 转向大学内部治理体系创新:高等教育治理体系现代化的紧要议程[J]. 教育研究,2020(12):74.

② 眭依凡. 转向大学内部治理体系创新:高等教育治理体系现代化的紧要议程[J]. 教育研究,2020(12):82.

③ 阎光才. 高校教师参与治理的困惑及现实内涵[J]. 中国高教研究,2017(7):6-11.

④ 王英杰. 学术神圣:大学制度构建的基石[J]. 探索与争鸣,2010(3):14.

教师参与高校治理的专业化不足亦会导致治理效率的问题。蒂尔尼(William G. Tierney)认为,高校的参与治理大概存在四种模式:第一,法定模式即教师通过如学术评议会这样的正式组织的参与;第二,象征模式即不强调正式的规则与结构,而是通过文化意义的互动达成对实践中规则的理解;第三,协商模式即广泛吸纳教师参与决策过程的讨论;第四,沟通模式即不以如投票这种正式模式,而是以非正式沟通和互动方式达成理念上的共识。① 显然在他的四种模式中,除法定模式外,其他参与模式亦是具有广义意义的教师参与治理模式。其实无论是法定参与模式还是广义参与模式,凡是涉及教师核心价值或切身利益的事项,原则上都应该通过正式组织如各类委员会、教代会、临时工作小组等的设立,为教师提供参与或介入决策过程的机会。由于缺乏对有利于教师参与学校治理的上述组织及制度的专业化制度设计,高校诸如学术委员会、教职工代表大会、工会等教师参与治理的组织权责不清,而且进入各种委员会的教师缺乏参与治理的必要知识和能力,从而无法确保和提升教师参与学校治理的效率。

二、大学内部治理体系的效力问题

(一) 治理体系的效力

1. 效力层面的有效治理

所谓治理效力指的是强调治理活动有效性的治理效果。治理效力不仅来自理性的治理结构设计,还受到治理者及其权责合法性的影响。由制度及组织阶层建立起来的治理秩序和权威,还必须获得该组织成员来自内心的认同和接受。一般而言,治理者及其权责来源的合法性越大,其受到该组织成员的认同度就越高。因此,治理效力不仅仅包括客观结果,也包括参与者的主观感受。如同伯恩鲍姆提出的,治理的有效性在于对治理的预期与实际运行和结果之间的匹配度。如果高校组织成员认为学校重大决策是建立在沟通和合作基础上的,该决策的执行过程及结果就可能达成有效治理的目的。

2. 高校治理何以要追求效力

高校并不完全是一个其内部存在"有组织的无序状态"和"结构松散的系统"

---

① William G Tierney. Competing Conceptions of Academic Governance [M]. The John Hopkins University Press, 2004: 15-31.

的学术组织,还是一个具有强烈文化属性的政治组织,因此其无法单纯通过改变治理结构达成有效治理,而且其治理结构也不会自动实现学校的有效治理。哈贝马斯(Jürgen Habermas)曾指出:任何一种政治系统,如果它不抓合法性,那么,它就不可能永久地保持群众(对它所持有的)忠诚心。这也就是说,就无法永久地使它的成员们紧紧地跟随它前进。

高校治理必须同时获得其合法性及其成员的认同才能产生必要的治理效力。研究表明在组织治理过程中,应创造有利于组织成员参与治理的机会以改善治理过程中的人际关系,组织治理的有效性才能得以保证。一个包容性强的组织治理结构会增加各种有益价值观的可能性,从而改进政策制定的效能。而组织内部的信任文化则有利于加强其成员对治理权力的认同,并使他们愿意投入时间和精力积极参与组织的治理活动。在当下时空背景下,具有文化政治属性的高校其治理秩序的演化并不是单向度的"一路鲜花",学校内持不同文化观念的利益主体间的利益竞争、权力冲突,会导致各种文化及政治的活动、权力、联盟等以满足自己需要的"政治逻辑"代替高校之学术组织必须遵循的知识逻辑。因此,在高校治理过程中,各利益相关者能否在文化政治系统中建立起信任关系以消解政治逻辑的过度侵蚀,已成为影响治理效果的关键因素。

(二) 因治理文化问题导致的效力缺失

倘若高校治理模式变革以"经济人假设"作为逻辑起点,追求利益最大化成为衡量高校改革成败的唯一价值标准和成败尺度,那么市场原则就可能被高校治理者视为"第一原则",简单将治理结构的变革作为治理体系创新的唯一所在。然而,高校本质上属于一种具有文化属性的社会组织,没有文化的高校不是真正意义上的高校,失去文化性高校组织也就失去其存在的价值和合法性。从这个意义上说,强化高校"身份"和"文化自觉",以文化逻辑作为衡量高校治理好与坏、成与败的重要价值向度和前提,是有利于我国高校治理体系现代化即提升高校治理有效性的必由之路和重中之重。所谓文化逻辑即高校内部治理与组织文化之间的相互依存性和依赖性关系。若以文化性的视角审视高校的组织治理,当前存在的问题如下。

1. 工具理性主义和经济利益驱动下的高校治理改革

当前我国高校的治理所面临的最严重的问题是对工具理性主义的推崇,对诸如成本、效益与规模等发展目标的价值偏好。一些高校通过非常规、非理性的手段,盲目追求学校的"跨越式"发展,甚至用极度的工具理性主义的价值取向和判断制定学校发展战略、评价教学科研和管理学术人员。这样做最终导致高校治理改革失去方向,组织进而失去灵魂。高校治理奉行经济主义至上,高校的经济功能就会被强化,就会以经济价值去设计学校的组织目标。比如在 2003 年兰伯特受英国财政部的委托对高校和企业的关系进行调查后,就建议牛津大学和剑桥大学进行治理结构改革,以更好地适应经济发展的需要。[①] 我们也有不少高校在地方政府和自身经济利益的驱使下,通过强化所谓服务地方经济和增强创业能力等名义,大力发展高校服务经济的能力,以及在学术治理制度设计中强化对教师的创收和开发能力的考核评价,以引导甚至是强制教师参与产学研活动。高校存在的唯一理由是社会需要,所以高校不能脱离社会发展需要做象牙塔似的学问,必须主动适应社会经济发展进步的要求并为之做出应有贡献。但高校并非急功近利的经济组织,其以人力资源开发和知识创新为使命责任决定其必须担负起社会文明引领的责任,因此高校的内部治理改革更需要在学术理性和文化理性的统领下进行。

2. 官僚文化模式对学术共同体文化的侵蚀

与许多西方高校一样,我国高校同时并存着两种不同的组织文化,因此也就形成两种不同的权力系统即"学院文化模式"与"科层文化模式"。然而,在两者的较量中,"学院文化模式"似乎始终处于下风,行政权力的"泛化"和学术权力的"虚化"现象在高校已经成为一种司空见惯的常态。在"科层文化"的影响下,高校组织治理的"官本位"和"行政化"思维十分严重,以院校管理模式代替学术管理模式,将院校发展目标等同于学科成长和知识生产模式,利用资源手段不断彰显行政权力的强势"。[②]

3. 高校内各群体对治理缺乏共识

当前我国高校治理现代化遇到的一个重大问题是没有建立起与之相适应的治理共识,而且随着治理改革进入"深水区"和"攻坚期",治理的价值冲突在教学、科研、人事、财务等领域突出表现出来。

首先组织治理参与的代表性不足,尤其在学术治理中精英化明显,大多数师

---

① 周作宇.论高等教育中的经济主义倾向[J].北京师范大学学报(社会科学版),2008(2):11.

② 施晓光.一流大学治理:"双一流"建设所必需[J].探索与争鸣,2017(8):41.

生对治理缺乏价值认同。当前我国高校的学术治理多为权力精英治理模式,包括学科带头人、知名教授在各种学术治理机构中发挥主要作用,而涉及师生核心利益的治理机构中往往缺乏师生代表,一般身份的师生在重大重要事务决策中处于边缘或缺席状态。政治权力、行政权力遵循政治逻辑和行政逻辑,强调对上级党委政府以及大学本身的忠诚,追求效率;而学术群体遵循学科逻辑,注重对本学科的忠诚,看重的是自身学科的发展,由此造成学术资源配置中各学科带头人之间竞争,致使有限的学科资源难以有效配置。各种学术权力精英共同参与的精英治理在事实与价值之间存在难以调和的冲突。

其次是高校内部利益群体之间普遍存在信任危机。高校内部各群体的利益诉求存在差异,高校组织内部中的老年教职工与青年教职工、编制内教职工与编制外教职工(人事代理、临时聘任等)、教师与行政人员、低职称教师与高职称教师、普通科员与处级干部、处级干部与厅局级干部、学生与教职工等群体有不同的利益诉求,他们在涉及住房分配、职称评审、岗位聘任、岗位津贴等事关自己切身利益的事项上很难达成共识。在涉及重大利益分配时由于缺乏信息公开和透明,这些利益主体往往会相互猜忌。

最后是教学与科研的分离,导致学术治理越发艰难。高校中的学科发展是在科学发展的内在逻辑、科学组织、社会需求和政府干预等各种力量作用于学科之上而形成的一种张力下的运动,在学科发展演变过程中,学科有一种为追求自身发展而专注学术研究和社会服务、逐渐淡化人才培养功能的倾向,马西和泽姆斯基将这一现象概括为"学术棘轮"(academic ratchet)效应,认为教师通过减轻学校的职责(教学)来增加自我可支配时间用于提高个体专业发展水平和目标。[①] 尽管教师普遍认为教学与科研呈正相关关系,但在学校内部政策影响下,教师不得不认可教学与科研的分离,以致出现长期备受诟病的"重科研轻教学"问题。为解决这一难题,教学科研关系甚至上升为国家强制性的规则层面,教育部发文强调教授必须为本科生上课,并通过召开全国本科教学工作会议,强化教学作为大学的核心职能地位。教学与科研的分离,教师对教学与科研关系认识上的偏差,致使高校的学术治理处于困境之中。

---

① Massy W F, Zemsky R. Faculty discretionary time: Departments and the "Academic Ratchet" [J]. The Journal of Higher Education, 1994, 65(1): 2.

第十一章
有效治理：高校治理体系创新的目标

高校治理结构对高校的有效治理具有决定性作用。20 世纪 90 年代的不少研究发现，通过改变高校的治理结构和决策过程可以实现高校的有效治理。[①] 然而进入 21 世纪以来，除了主张对高校治理结构进行重构外，非正式结构对于改善高校治理效果的影响也受到关注。如伯恩鲍姆（Birnbaum）认为：改进领导、建立关系对改进治理效果的作用更为明显。因此，基于"有效治理"这一高校治理体系创新的目标，有必要将高校治理的结构与非结构两要素联系起来，对高校的有效治理问题进行整体考察。

一、高校治理结构对有效治理的影响

（一）何谓有效治理

何谓有效治理？许多学者根据自己研究的需要对此概念予以了界定。如舒斯特（Schuster）等认为，有效治理指的是基于治理能力实现高质量的决策。同时他们对达成"高质量"提出了如下原则：依据结果来定义治理；治理涉及过程的整合性；基于证据的决策。[②] 伯恩鲍姆对有效治理提出了一个不同的概念界定，他认为治理受到组织文化的直接影响，每所高校的"有效治理"是不同的，有效性在于对治理的预期与实际运行和结果直接的匹配度。如果高校组织成员认为政治决策建立在沟通和妥协基础上，而治理的过程和结果反映了这样的路径

---

① Tierney W. The Responsive University [M]. Baltimore: Johns Hopkins University Press, 1998.
② Schuster J, Smith D, Corak K, Yamada M. Strategic Academic Governance: How to Make Big Decisions Better [M]. Phoenix, Ariz: Oryx Press, 1994.

的话,那么治理就是有效的。他通过案例研究发现,科层型高校的治理结构是影响治理效能的重要因素,而在小型的学院型组织中人际关系对治理的影响更重要。因此,他认为治理的效能取决于组织是科层型的(强调效率)还是政治型的(强调利益群体的满足)。① 舒斯特和伯恩鲍姆等对治理的概念界定说明不管是结构还是非正式的政治过程都可能对治理效能产生重要影响。有效治理要求既要注重内部的权责分配与决策过程,要求治理机构明确治理政策和目标,并赋予相关人员权责,形成达成目标和推行政策的运作机制,建立完善的治理结构;同时又要求不同治理主体和成员在合理适宜的治理途径下,形成组织信任和参与能力,从而使高校的决策体系不仅能更好地服务高校内部成员,而且也能更好地服务高校的外部利益相关者。

(二) 治理结构对有效治理的影响

1. 高校治理结构的总体特征

治理结构指的是规范和约束与不同主体间权力和责任分配有关的程序方面的结构系统,关注的是负责决策的权威、角色、程序和主体所构成的组织结构。早在政治科学作为一门独特的社会科学学科出现之前,哲学家、历史学家和政治家就研究了正式的治理规则与政治权力分配之间的相互作用。早在柏拉图的《理想国》与亚里士多德的《政治学》中,政治哲学家们就认为政府的结构不仅影响了行动者的行为,还可能影响政治体制内的势力平衡。高校内部治理结构具有明显的共享共治特征,教师通过评议会或者教代会等机制参与内部治理。行政部门拥有预算、聘用决定、入学和薪酬等实质权力。教师通常是通过非强制性的咨询和协商的建议形式,教授及其治理委员会通常只会行使一种比较受约束的正式职权。教师对治理的观点往往是相互矛盾和分散的。大学章程赋予教师一种识别问题和表达集体判断的手段。以这种方式,来自教员代表的"建议"可以在高校治理系统和具体的行政管理方面都有相当大的分量。因此,高校治理从结构上呈现出"共享治理"的特征。

2. 治理结构可否自动达成有效治理

在当今的政治科学和公共政策研究中,学者笃信治理规则和制度结构深刻

---

① Birnbaum R. How Colleges Work: The Cybernetics of Academic Organization and Leadership [M]. San Francisco: Jossey-Bass, 1991a.

影响组织行为。当然,学者对治理结构对治理效果的影响存在认识上的分歧。伯根(Burgan)在对明尼苏达大学(University of Minnesota)进行的案例研究中,描述了在大学再造过程中,尝试建立自上而下的、缺少协商的治理体制是如何在学术团体中带来混乱,并最终导致部分管理机构成员的辞职。伯根还对另外规模较小的大学也做了案例研究,发现学术权力积极参与共同治理是治理成功的关键因素。而那些过于注重威权治理的院校都走向了衰落。他的研究无疑支持美国大学教授协会(AAUP)提出的共同治理、权力分享原则。① 而像费舍尔(Fisher)和凯彻(Koch)这样的共同治理的批评者认为,教师参与高校政策的形成是对校长权威的阻碍。治理委员会协会认为,对校长权力的限制使改革学院和大学的努力变得复杂,尤其是在紧缩时期,大学治理机构往往会精简或直接限制教师治理机构的权力。②

　　除了讨论结构同一性对治理效能的影响外,还需要讨论的是能否通过高校有关决策结构和过程上的差异预测决策的方式和效果? 那些教师有权做出决策的高校与决策权在行政群体的高校在治理效能上有差异吗? 霍林格(Hollinger)教授根据他在两所高校评议会服务的经历说明,加州大学伯克利分校和密歇根大学具有不同的治理结构。如密歇根大学的评议会属于"安静型",即参与管理密歇根大学的教师们并没有发现自己有太多的事情要做。评议会的主席常常不得不仓促为评议会的月度会议寻找议程。与此相应的是密歇根大学有一个运行良好的强大的院长系统。而加州大学伯克利分校的评议会属于"进取型",它可以影响教师的工资政策,以及学校和学院的所有职级的任命和晋升。这种权力通过预算和部门间关系委员会(通常称为预算委员会)来行使,而该校的院长系统则偏弱。密歇根大学评议会在无为而治中实现了有效治理,而加州大学伯克利分校则在积极作为中通过有效共享大学预算的权力,并在这种充满活力和多层次交互作用的空间中实现了教师群体的团结。③ 特拉克曼(Trakman)的研究则发现,结构对治理效能的影响并不是简单的因果影响,治理

① Burgan M. What Ever Happened to the Faculty:Drift and Decision in Higher Education [M]. Baltimore,MD:Johns Hopkins University Press,2006.

② Fisher,James L,James V. Koch. Presidential Leadership:Making a Difference [M]. American Council on Education/Oryx Press Series on Higher Education. Phoenix,AZ:The Oryx Press,1996.

③ Hollinger A. Faculty governance,the University of California,and the future of academe Academe [M]:Washington Vol. 87,Iss. 3,(May/Jun 2001):30‑33.

机构需要以高校领导作为中介变量进而对治理的有效性产生影响。特拉克曼（Trakman）总结道："好的高校治理不是简单发生的，它通常是为达到合适的治理结构和过程而艰苦努力的产物。"①

高校治理具有长期目标和短期目标之分。就共同治理架构下的长期目标来看，各利益相关者的诉求是一致的，即追求高校更卓越的发展，但在短期内各利益相关者之间却有着不同的诉求。各利益相关者的责任与承担的风险是相异的，这种相异性是导致冲突的一个源头。协调各利益相关者，尤其是核心利益相关者的关系，需要做到程序公正、注重发言权以及合理授权，最终构建各利益相关者之间良好的人际关系和信任关系。因此，推动共同治理政策的最终形成和实施是全部和局部、长期和短期、稳定和效率等各方面总体权衡取舍的结果。共同治理政策有时会具有多重目标，可能会导致政策效果上存在一些冲突，需要统筹考虑经济、政治和制度等综合性因素，慎重权衡高校治理政策的内容和实施效果。

二、两种有效治理的理论基础与路径

当前学界在探寻高校如何实现有效治理时多从理性主义逻辑出发，强调通过改革高校治理结构实现有效治理的理论可以视为有效治理的"结构系统说"。学者通常有两种相互对立的治理建议：要么支持共同治理结构，主张高校治理机构将学术治理权力分享给教师，建立各种形式的评议会或者教师代表机构来实现学术共治；要么就是反对共同治理，主张高校决策需要遵循效率原则，崇尚组织科层模式，坚持集权化治理。而以伯恩鲍姆为代表的学者认为改革治理结构并不能带来有效治理，为此他们强调组织信任和良好的人际关系才是有效治理的关键。这种观点可以视为有效治理的"文化政治系统说"。本节从有效治理的概念出发，探究两种有效治理路径的理论基础，并提出两种路径的实践准则。

（一）两种有效治理路径的理论基础

关于达成有效治理的两种认识具有不同的哲学基础，即哈耶克所区分的建

---

① Trakman, Leon. 2008. "Modelling University Governance." Higher Education Quarterly 62(1-2): 63-83.

构理性主义和进化理性主义两种知识论。"结构系统说"来自组织理性主义的知识传统,所强调的理性是为有效地达成预定目标而以某种方式组织起来的一系列行为逻辑,主张通过理性智识去人为构建制度,因此也称为建构论理性主义,效率是组织建构的主要依据。而"文化政治系统说"来自进化理性主义的知识传统,认为人类的制度在传统中不断地试错和日积月累,人们在行动中并不能完全预测出行动的结果。哈耶克在《哲学政治学经济学研究文选》中指出:明确的秩序并非人的智慧预先设计的产物,而是经由不断试错、日益积累而艰难获致的结果,或者说它是经验的总和,其中的一部分为代代相传下来的明确知识,但更大的一部分则是体现在那些被证明为较优越的制度和工具中的经验;关于治理制度的重要意义,也许可以通过分析而发现,但是即使人们没有透彻认识和把握这些制度,亦不会妨碍这些制度有助于人们目的的实现。这两种知识传统对组织的理解也是不一样的,建构论理性主义所指向的组织模型是科层模型,治理结构改革是实现有效治理的关键;而进化论理性主义则指向组织文化和政治模型,认为组织信任文化是有效治理的关键(具体见表 11.1)。

表 11.1　两种有效治理路径的哲学基础、组织模型与治理活动

有效治理路径	知识论基础	治理秩序形成	组织模型	组织特征	治理活动重心
结构系统说	建构论理性主义	制度是由人的理性智识构建的	韦伯的科层模型;泰勒科学管理	组织就像机械,注重精度、速度、清晰度、规律性、可靠性;认为通过固定的分工、等级、监督和详细的规章制度可以实现效率。	规划、组织、命令、协调和控制
文化政治系统说	进化论理性主义	制度是从传统中不断的文化进化积累的	文化模型、政治模型、松散联结、有组织无序	组织是微观的社会,有各自不同的价值、仪式、意识和信念、共享的价值观,关注文化在治理中的作用与功能,强调组织成员共享的价值、信仰、规范等文化符号对于治理产生的重要影响。	反复的沟通、理解、人际互动、平等关系;冲突管理、信息公开、开放议程

（续表）

有效治理路径	知识论基础	治理秩序形成	组织模型	组织特征	治理活动重心
				竞争利益、冲突和权力的模式围绕着组织系统。政治活动涉及利益、权利和权力，隐藏的议程和幕后交易、权威、联盟、政党路线，审查、领导和冲突管理。	

随着人类关系以及组织的文化和政治理论的发展，组织研究与实践再次强调组织治理过程中的人性因素。然而，起初这些理论远不如制度结构理论更有影响力，直到自然科学的研究突破了传统的专注结构的研究范畴，开始关注物质的有机连结关系和运作方式之后，这种状况才开始发生转变。最近关于组织研究的文献（例如混沌理论）强调，关系比结构和过程更重要，人与人之间的关系才是组织治理的核心，进言之治理参与者的关系是组织决策过程不能忽视的要素。

（二）实现高校有效治理的实践准则

1. 治理结构的意义及结构变革原则

高校是一个需要理性驾驭又需要注重效率的组织。高校有效治理的"结构系统说"强调的是在高校内部的权责分配与决策过程，高校的决策和治理机构应该为学校制定政策和目标并赋予相关人员权责，设计和确定达成目标和推行政策的运作机制及完善治理结构，以利于高校内部的决策者识别、评估和管理机构可能的风险。治理结构的意义就在于通过正式的制度明确参与治理的各方对高校治理的责任，并且保证他们具备参与治理的专业化。例如，高校可以采用专门委员会的方式解决治理专业化问题。治理机构根据不同决策内容，分别设立有专长专业人士组成的委员会，通过深入的政策研究提出决策备选方案供治理机构全员决策参考；学术委员会亦可设立诸如执行委员会、人事委员会、专业与课程委员会等，遴选有专业知识和经验的资深教师担任相关委员会委员，根据院校研究提供的专门分析报告，研究相关问题并提出有价值的学校决策及治理建议。

专门委员会的组成应该将专业技术精英主导和教职工民主参与结合起来，既提高决策效率又解决民主参与问题。这样的制度设计才能有效解决高校治理知识的供给问题以保证学校治理的有效率。

治理结构变革的核心在于如何通过制度设计实现分权共治与集权统一之间的协调。长期来学界对两者的认识存在明显分歧。比如夏托克（Shattock）、艾伦伯格（Ehrenberg）、罗索夫斯基（Rosovsky）和伯根（Burgan）等从不同层面证明了共同治理结构对有效治理的意义，而费舍尔（Fisher）和科赫（Koch）等则反其道而行之，论证了共同治理可能会阻碍校长治校导致学校治理的低效率。由此可见，由于高校组织的多样性使得并没有放之四海而皆有效的高校治理结构。基于此，本研究提出高校治理结构改革应遵循的原则如下：①尊重高校所处的社会文化环境，即建立和完善有中国特色的高校内部治理结构必须考虑中国的文化传统，并充分体现扎根中国办社会主义特色高校的时代要求；②尊重高校的差异性，即高校的治理结构应适应高校独特的组织文化；③高校的治理结构应该为学校政策制定过程中的民主参与和沟通协商提供更多的空间；④教师代表机构做出的决策多为非约束性决议，其不能简单代替行政权力做出的决策。

2. 治理文化的意义及实践原则

高校作为知识生产机构，必须尊重知识探究的独立性和自主性，并服从知识权威并以适当的学术自由为存续逻辑。这种逻辑在高校及其文化演进过程中已经被高校内外部群体接受，并积淀凝聚为高校学术治理的基本规则进而演进为日益成熟的高校制度。2018 年 5 月 30 日中共中央办公厅、国务院办公厅印发了《关于进一步加强科研诚信建设的若干意见》，该文件强调：重视科研试错探索的价值，建立鼓励创新、宽容失败的容错纠错机制，从国家制度层面对学术探究提供保障。① 但由于高校所处时代的变化，高校已然成为一个文化政治系统，其治理秩序的演化并不是单向度的"一路鲜花"，学校内具有不同文化观念的群体争相登场，组织内围绕着利益竞争、权力冲突，各种政治活动、权力、联盟和意识形态都会以某种形式的自身利益诉求代替高校学术组织所遵循的理性诉求。因此在高校治理过程中，各利益相关者能否在政治文化系统中建立起相互信任

---

① 中共中央办公厅、国务院办公厅印发了《关于进一步加强科研诚信建设的若干意见》[EB/OL]. http://www.gov.cn/zhengce/2018-05/30/content_5294886.htm.

的关系以消解自身利益诉求的过度侵蚀,已成为影响高校治理效果的关键因素。

现代关系治理的内在逻辑表明:合作互动是其主线,而合作互动的基础源于互信。德什潘德(Deshpande)和韦伯斯特(Webster)把组织文化定义为,帮助个体理解组织功能和行为规范的共享价值观和信念。他们认为,信任受到组织文化的影响。① 杜福特(Dufty)的研究亦发现,高校决策过程变得越来越复杂,各种干预性的管理活动不断,导致很难建立内部成员之间的信任关系。因此,决策者要尽可能帮助成员理解组织文化,降低文化冲突的发生率,并塑造成员之间的共同目标。② 美国学者尤斯拉纳(Eric Uslaner)则用了"平均主义"这一术语来指称平等概念。他认为平等社会更容易形成社会凝聚力,从而促进人们之间的合作。③ 高校内部人际关系的平等有利于促进学校内部普遍的人际信任。这种信任不仅包含同事间的信任,而且推及上下级之间的信任。由此在高校内部形成一种持久的道德价值和文化传统,从而有利于促进和稳定学校组织内部成员之间的信任。此外,高校的信息公开机制也是建立学校各利益主体间互信的重要手段。因为高校的管理者和利益相关者之间存在着信息不对称,而利益相关者参与高校共同治理的重要前提之一,就是通过完善的信息公开制度获取积极参与学校治理活动的基础。此外人际关系与组织信任紧密相关。良好的人际关系会产生组织与其成员间尤其是组织成员之间的相互信任,而相互信任又反作用于良好人际关系的发展。海外有研究发现,组织正式结构之外的非正式沟通对于有效治理更为关键。④ 这些研究表明,组织应该为治理参与者创造更多的参与机会以改善组织治理过程中的人际关系。一个包容性强的治理结构有利于增加各种有益决策的价值观,从而提高政策制定的质量和效率。

(三) 总结

高校是理性的组织,其有效治理目标的实现,必须通过建立完善的内部治理

---

① Deshpande R, Webster F E. Organizational Culture and Marketing: Defining the Research Agenda [J]. Journal of Marketing, 1989,(53): 3 - 15.

② Dufty N F. Trust in Academic Leaders and Committee Operation [J]. Journal of Tertiary Educational Administration, 1980,2(2): 109 - 122.

③ Eric M U. The Moral Foundations of Trust [M]. Cambridge: Cambridge University Press, 2002. 76.

④ Lee B, Barbara A. Campus Leaders and Campus Senates [J]. New Directions for Higher Education, 1991,(75): 41 - 61.

结构以合理分配权责及平衡利益相关者的利益关系，以及形成有利于组织目标达成的运作机制。从这个意义上讲，高校治理结构是有效治理的基础。这种认识也延续了建构理性主义知识论对理性的认知传统。此外，高校并不完全是一个理性组织，其还是一个内部存在着"有组织的无序状态"的"松散结合的系统"，因此其治理结构既不会自动达成有效的治理，亦无法单纯通过改变治理结构达成有效治理。高校所遵循的价值理性及其治理制度不单是由既往的原因所决定，而且也是一种结构模式不自觉地进行自我组织过程的一部分。具体而言，高校的学术自由探究传统以及相应的制度并不完全是人们设计的结果，而是在漫长的高校发展进程中学者不断试错和遵守知识生产传统中逐渐完善的，有利于高校按规律办学治校育人的制度架构。

　　教师参与治理是管理者和决策机构的一种承诺，借此制度来倾听教师的声音。注重教师参与权的治理结构存在的价值在于：当价值观不一致的时候，决策者就不能不顾教职员工的情绪而维护自己的特权，从而重视教师情感表达的治理结构存在的价值。有效治理不仅需要分享权力，也需要参与其中的人们愿意分享思想和洞见，而这需要尊重和信任的关系，否则人们不会愿意分享。参与治理的教师愿意从繁忙的个人日程中抽时间出来为学校的决策工作，相互信任的人际关系在其中的作用十分关键。人际关系往往在治理结构之外以非正式的形式出现，高校内部成员只有通过在相互尊重的文化下进行充分的民主讨论，学校才能做出高质量的决策并获得有效的治理结果。在建立和完善有中国特色的高校内部治理体系的过程中及强调治理结构改革的同时，必须注重把有关高校治理的专业知识、普遍性规则以及那些被证明为成功的制度和实践经验吸纳进高校的治理体系中。在高校治理的实施进程中，不仅要关注治理效率问题，也要重视由于组织成员彼此信任的文化因素对学校治理的影响。

第十二章
高校有效治理体系构建的原则与基本框架

当前学界对高校内部治理体系创新的逻辑起点形成了两种主要的认识：共同治理和有效治理。不少研究成果表明：过度干涉高校组织成员参与学校治理会对高校治理的有效性产生伤害，但是完全意义上的自由参与及过度参与亦非妥当，只有经过理性选择的治理模式才有利于提高高校治理的质量，共同治理就是这样一种切合高校学术组织属性的有效治理模式。共同治理遵循的原则即参与原则，该原则明确了高校各群体在学校决策中的地位，即依照谁对具体事务负有主要责任，谁就最有发言权的原则。由于考虑到高校所处的制度环境、文化背景及其传统和行为动力的差异性，我们又有必要从高校组织的本质属性去思考其内部治理体系创新的另一逻辑起点，即有效治理。高校是一个需要理性驾驭又需要注重效率的组织，而有效治理既是高校治理必要的理性，亦是高校进行综合改革顶层设计即高校治理的目的所在。因此课题组把有效治理作为高校内部治理体系创新的逻辑起点，并参照眭依凡教授提出的高校善治之建构的"效率优先、整体设计、民主管理、制度保障"原则，以及"善治的目的是效率，善治的前提是民主，善治的手段是整体设计，善治的保障是法制健全"[①]的思维逻辑进行本章内容的设计，提出包括如下四个维度的高校内部治理体系理论模型（见图12.1），该治理模型的四个维度分别是：①治理的知识维度即通过有效供给参与组织治理的各方以专业知识和实践知识，以提高他们参与治理的专业能力从而更好地承担治理责任，并确保治理活动的

---

① 眭依凡. 论大学的善治[J]. 江苏高教,2014(6)：17.

效率；②治理的文化维度即构建高校学术系统与行政系统之间的互信关系从而形成有利于治理民主的文化，治理民主的高校文化是有效治理的信念基础；③治理的结构维度即通过厘清治理权力清单并配置到高校治理的组织结构之中，遵循实质性的权力分享原则，通过系统的权力配置优化以确保和促进高校内部治理体系的现代化；④治理的制度维度即通过制定大学章程及完善高校内部制度体系，以制度作为协调各方利益的主要机制，为高校治理提供必要的法制保障。

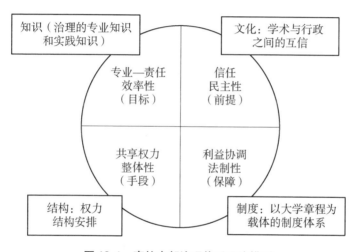

图 12.1 高校内部治理体系理论模型

一、治理结构：高校内部治理体系创新的路径

治理结构是以权力为基础的组织机构设置、职能布局和权力配置。韦伯认为，任何组织都必须以某种形式的权力作为基础，没有某种形式的权力，任何组织都不能达到自己的目标。由于治理结构影响治理效率，因此治理体系的创新必须依赖于治理结构的创新，而治理结构创新的关键在于通过结构设计以确保治理过程的专业化。

（一）高校内部治理结构创新的基础

1. 治理专业知识与治理效率

高校内部参与治理的主体若要担负好治理的责任，其基础是必须具有参与治理的专业能力。由于高校的行政权力和学术权力在学校重大决策中所承担的角色和责任不同,所以行政权力必须站在学校改革发展的整体性、长远性战略高度审视、评估和把握决策可能产生的利弊,而学术权力则必须基于学术视角对决策的利弊做出准确判断。由于专业能力的限制,高校的行政权力和学术权力在学校决策中扮演的角色及所承担的责任均有所不同。因此在高校决策过程中行政权力与学术权力的作用是无法替代的,彼此的权限也是不能僭越的。由此可见,通过制度安排充分发挥决策参与方专业知识优势及提高决策参与方必要的专业能力是确保决策质量和治理效率的基础。

由于高校的教学、科研及其管理都是专业性很强的活动,如果参与学校决策及学校治理的成员没有高校管理的背景和经验,则很难确保学校决策的高质量和学校治理的高效率。基于此,高校有必要进行相关的制度设计和形成专业治理知识的供给机制,一方面以此规范并协调好决策、执行和监督主体间的关系,另一方面参与学校治理的三方在充分掌握有关决策信息和治理知识的基础上,具有相关的专业能力履行好各自参与学校治理的职责。为了确保高校内部治理的高效率和有效性,学校需要建立相关的专业化研究机构或强化相关职能管理部门的专业化研究职能,以充分收集和深入分析有关学校办学治校育人的数据信息,从而为学校科学决策及治理质量提供必要的数据支撑和事实依据。美国高校通常利用专门委员会解决学校内部治理的专业化问题。学校董事会根据不同决策内容,分别设立有专长专业人员组成的相关委员会,通过深入研究提出决策方案供董事会决策参考。学术评议会也会设立诸如执行委员会、人事委员会、专业与课程委员会等非常设机构并遴选有专业经验的资深教师担任委员,这些专门委员会的职责是根据学校的院校研究办公室提供的有关分析报告,研究有关学校改革发展的专门化问题并向学校提出建议。将专业精英主导和教师民主参与结合起来的专门委员会,一方面可以提高决策效率,另一方面可以解决民主参与问题。这样的制度设计有效解决了治理知识供给问题,从而保证了学校治理的有效性。

2018 年 12 月,华东师范大学为了加强对学校经济工作的研究和指导、提升资产使用效率和优化资源要素配置成立学校经济委员会。该经济委员会立足研究学校经济活动中有关全局性、战略性、前瞻性的问题,以及关系学校改革发展的现实热点和难点问题,主要承担对学校筹资、投资、管理、运营、分配等经济事务开展调研和评估并参与学校预算规划制定等,组织对重大经济项目进行研究和论证,从经济供给和管理的视角为学校改革发展提供政策建议和咨询意见的职能。其校长钱旭红认为,"华东师大在国内高校中率先成立经济委员会,表明了我们不仅重视学术,也重视通过经济效益激发学术活力,协同推进经济运行和学术发展的决心。"①他强调,用经济逻辑重新思考和设计高校治理体系,是未来高校走向更高层次的一个重要途径。随着中国经济的高速发展和高等教育规模的快速扩大,就年度预算而言,高校已经发展成为预算总量很大的学术经济体,传统的高校财务管理模式逐渐无法适应当前的经济社会发展水平和高校经济管理需要。钱旭红认为,"高校的竞争是人才的竞争,更是效率的竞争、模式的竞争。借力更好的经济管理和规划手段,获得更大的学术水平提升,是我们在新一轮大学发展中面临的重要契机。"华东师大之所以成立经济委员会,就在于通过研发和推广使用全成本核算模型,形成科学研究、人才培养投资回报意识,以及相应的经济咨询评估评价能力;探索经济发展在大学中的天然激励作用,全面提升资产要素的使用质量;探索中国特色的高等教育经济学,并建立相应的研究机构,为中国高等教育国有预算绩效优化提供样板和解决方案。②

就执行主体看,校长是现代大学治理框架中的关键角色,如何保证校长具备专业治理高校的能力这是我国高校在治理制度层面需要重视的课题和挑战。芭芭拉·李在调查4所大学后发现,具有持续的领导力、为新来的领导提供培训的高校能取得更好的治理效果。③ 适当的领导力专业化活动可以有效扩展校长的治理内容知识和实践知识,有助于提升其办学治校能力。

2. 共享权力与治理效力

基于善治的高校治理逻辑主张参与学校治理的主体在治理过程的合作分享,但这种治理的合作分享不是平均分配。比如高校的决策活动无疑属于学校治理的范畴,那么基于善治目的的决策就其过程而言,应该是受决策影响的利益主体共同参与决策的过程。高校治理的核心在于治理权力的合理分配,善治强

---

① 华东师大率先成立经济委员会[EB/OL]. https://www.sohu.com/a/281169947_407275,2018-12-11.

② 华东师范大学成立经济委员会 以经济效益激发学术活力 助力学校综合竞争力提升[EB/OL]. http://news.ecnu.edu.cn/13/02/c1833a201474/page.htm,2018-12-11.

③ Schuster J H, Smith D G, et al. Strategic Academic Governance:How to Make Big Decisions Better [M]. Phoenix:Oryx Press,994:37-59.

调治理过程中相关权力的共享。管理理论认为权责是一对密切关联的范畴,只有共享组织权力才能共享组织目标及其实现目标的责任。高校的学术权力与行政权力不是彼此封闭的权力系统,不能囿于部门利益而影响学校行动的整体性和目标的一致性。英国学者夏托克认为,高校实行权力共享模式的主要原因在于,这样的模式对促进高校核心事物的成功是最有效的手段。如果学术团体没有拥有预算构成与分配的实质权力,其不可能支持预算。权力共享不一定能减少反对意见,但可以保证决策中的彼此信任。①

相关的研究证实,共享权力对于推动高校教学与科研的健康发展具有积极意义。例如艾伦伯格(Ehrenberg)和罗索夫斯基(Rosovsky)详细地描述了康奈尔大学和哈佛大学实施共同治理中权力共享的状况,权力共享的共同治理对两所大学顶级地位的形成起了重要作用。伯根(Burgan)在对明尼苏达大学的案例研究中,描述了该校在再造过程中尝试建立自上而下的、缺少协商的管理体制是如何带来学术团体混乱并最终导致部分管理机构成员辞职的。伯根还对其他规模较小的高校也做了案例研究,发现学术权力积极参与共同治理是高校获得成功的关键因素,而那些过于注重威权治理的院校都走向了衰落。他的上述研究成果无疑为高校在权力分享原则支配下的共同治理模式提供了理论和现实的肯定与支持。②

高校治理的实质是高校内外利益相关者参与学校重大事务决策的结构和过程,是权力在不同参与治理的利益主体之间的配置与行使。换言之,形式上高校治理结构体现为对高校进行管控的体系,而实质是高校决策权力的制度安排,既表现为高校内部权力的分配、协调与行使的制度,也表现为高校与外部环境如政府和社会等其他利益相关群体相互作用的规则。如何实现权力共享是治理制度必须回答的问题。基于高校共治原则,可以根据高校实际构建实施治理的权力结构模型,这些权力结构可以权力体系清单的形式呈现以便明晰参与治理各方的权责。如表 12.1 所示,即综合 Goldschmidt、OECD、NEA 高校权力类型以及国内的研究文献后形成的高校权力类型结构

---

① 迈克尔·夏托克. 成功大学的管理之道[M]. 范怡红,译. 北京:北京大学出版社,2008. 97.
② Burgan M. What Ever Happened to the Faculty: Drift and Decision in Higher Education. Baltimore, MD: Johns Hopkins University Press. 2006.

表 12.1　高校权力类型

Goldschmidt 高校权力类型（6 种）	OECD 高校 权力类型（8 种）	NEA 高校权力 类型（7 种）	综合（结合国内 研究文献）
总体规划决策权	房屋与设备资产权	政策决定权	总体规划权
预算与财政权	财务预算权	预算决定权	预算权
教师聘任权	聘任与解雇权	员工考核权	人事权
课程与考试权	学科课程制定权	课程与学术标准权	薪资审议权
招生权	招生权	学位授予权	招生权
研究决策权	学费订定权	薪资决定权	课程制定权
	薪资审议权	行政评价权	研究权
	借贷权		其他（个体发展权、 知情权、问责权等）

　　共享权力的组织治理机制不仅是形成组织及其成员共识的制度基础，亦会有利于高校内部治理活动中营造利益主体之间彼此信任的组织文化。梅耶（Mayer）等将信任定义为："基于对方特定行动对自己重要性的期望，即使预料到对方许多行为会使自己受到伤害也无怨，甚至放弃监控对方的计划。"[①]只有在彼此信任的前提下，组织内部的权力共享和共同治理才具有文化信念的基础。高校尤其如是。

3. 高校治理结构创新实践路径

　　从表 12.2 揭示的关于高校内部治理结构的权力及其配置机制和核心要素的对应关系中不难发现，高校治理结构的创新必须将决策机制、执行机制、监督机制及信息披露机制、共同参与机制和激励机制的创新作为其实践路径。

表 12.2　高校内部治理体系的要素、权力及其配置

核心要素	权力配置机制	权 力 内 容
专业—责任	决策机制	战略规划权
	执行机制	预算权、人事权、薪资权、招生权
	监督机制	问责权、审议权

① Mayer R C, Davis J H, Schoorman F D. An integrative model of organizational trust, Academy of Management Review, 1995, 20(3): 711-712.

（续表）

核心要素	权力配置机制	权 力 内 容
信任	信息披露机制	知情权
共享权力	共同参与机制	学术权、行政权
利益协调	激励机制	发展权、院系自主权

(1) 决策机制创新。建构科学的决策机制是高校决策质量和决策效率的基本保障，亦是高校内部治理结构的重要组成。为此，《高等教育法》的第三十九至四十三条对高校内部的决策及其执行机构的权责做了具体的规定。由于我国高校实行的是党委领导下的负责制，高校党委负有"统一领导学校工作"权责，而"统一领导"之首要即对关系高校改革发展的诸如办学定位、中长期规划、人财物资源配置及制度建设等治理要素等进行决策。因此完善党委领导下的负责制之首要，即在坚持高校重大事项由校党委决策的领导体制下，进一步明确学校党委的决策事项及决策程序并使之制度化。当前这项工作创新的重点是：其一，必须从立德树人的根本任务出发，坚定学校党委对高校的领导地位，进一步明确学校党委管大事、抓长远的权责定位，把党委定方向、管大局、做决策的制度落到实处；其二，坚持和完善学校党委集体领导和分工负责的领导机制，明确校党委、校行政在学校治理中的职责和权限，充分落实校长依法治校的职权和教职工民主参与学校治理的权力，在完善校长办公会议事规则的前提下，支持校长独立负责学校日常行政运作及加强旨在提高行政权力运行效率的对行政职能部门的管理改革；其三，完善学术委员会制度。学术发展与学术创新既是高校的核心竞争力所在，更是高校为国家做出应有贡献的社会职能。由于高校无论其人才培养还是知识创新活动均有其自身规律，因此充分发挥学术权力积极参与学校治理尤其是事关学校学术发展的重大决策中的作用，是我国当前高校治理结构改革创新的重点所在。这项工作包括进一步完善高校学术委员会章程并强化其在学校治理中的法治价值，通过加强学术权力运行的组织机构及其人员和工作制度建设，构建符合高校自身实际情况的学术权力框架及其运行机制，确保学术领域的事务由学术权力发挥主导作用，实现行政权力体系与学术权力体系的平衡和共治。

(2) 执行机制创新。高校执行体系的主体包括校长、副校长、行政职能部门、学院(系)及其关系。随着校院两级管理体制改革、高校机关作风转变等要求的提出,理顺校长、副校长、行政职能部门、学院(系)的关系,发挥四个主体在高校内部治理体系中的作用并提升其效率是执行体系的要点所在。基于此,执行机制创新的关键是在强化行政职能部门建设的基础上实现学校治理权力的下放。具体而言:加快校院(系)两级管理体制的改革,在明确学校宏观管理、学院(系)自主运行的基本原则下,确立二级学院(系)在高校治理中的地位,以学院(系)治理为基础推进高校治理。20 世纪 70 年代,美国组织理论专家维克(K. E. Weick)提出了松散耦合理论(Loosely Coupled Systems),认为学校组织各个成员之间既相互联系又彼此保持独立。在各级学校中,高校的这种耦合特征最为明显。就高校的组织要素如学院、学系、研究所或研究中心及各个自主和独立开展工作的教授、专家、学者而言,在高校组织的运行过程中保持着既独立自主又低度联结的工作状态或组合方式。[①]　目前,我国高校还是一种科层制管理模式,高校组织结构还未实现学校治理权限的下移,学院(系)仍然处于被动运行的地位,学院(系)在人财物的配置管理及办学治院等方面均受制于学校,即学院(系)作为治理主体的地位并没有得到必要的落实。这亦是本课题调查有48.11%的受询者把"学校管理权力下放、授予学院(系)应有的人财物管理职权"视为我国高校内部治理体系创新实践路径的原因。

(3) 监督机制创新。高校的党代会、纪检、监察、审计、教代会、工会、民主党派等构成了学校内部治理体系的监督主体,它们分别对高校进行党纪监督、组织监督、专职监督、民主监督。除此之外,教师和学生也是履行监督职能的重要主体。当前高校监督机制创新的着力点应该集中于:其一,建立健全高校内部的审计问责制,完善重大决策执行事前、事中和事后的评估和报告机制;其二,加强相关专门委员会对重大决策及其执行的评估作用,对相关专门委员会等提出的意见建议予以高度重视,并及时做出解释和改进回应的机制。

(4) 共同参与机制创新。《中华人民共和国高等教育法》对学术委员会、教职工代表大会的地位和职责的确立是高校共同治理精神的重要体现。由于高校是社会需要及社会多种因素作用的产物,因此高校治理的实质是学校内外利益

[①] 李立国.大学治理的基本框架分析——兼论大学制度和大学治理的关系[J].大学教育科学,2018(3):65.

相关者参与学校重大事务决策的结构和过程,是各种决策权力在各个主体之间的配置与行使,包括权力分配结构和权力行使过程两个互相匹配的方面。① 然而,就高校内部治理体系而言,其治理结构主要受到来自学校内部不同利益主体的影响,这些不同利益主体所期许的学校及其利益诉求存在差异,由此导致学校治理过程中不得不面对一些矛盾和冲突。尤其是代表学校治理效率诉求的行政权力与代表学校治理民主诉求的学术权力之间的矛盾和冲突。由此决定了高校之行政权力体系与学术权力体系共同参与学校治理机制的极端重要性。这亦是高校不同于其他社会组织的特殊性所在,即其是一个具有不同价值诉求的行政权力和学术权力并存的组织治理系统。创新高校治理共同参与机制的关键在于平衡和协调行政权力体系和学术权力体系之间的利益冲突。因为高校组织的冲突为不同群体间的冲突,权力是引发冲突的重要起因,只有进行组织结构上的调整,构建共同参与决策的治理结构,才能有效克服大学因科层化所带来的弊端。② 正如眭依凡教授所指出:高校内部治理体系是一个由各自具有能量且相互影响的行政权力系统与学术系统的复合系统,由于两个系统在高校内部的职能约定不一样,行政系统专司管理职能且通过建立一套规则对学术系统施加影响以维护大学组织必要的运行秩序,而学术系统专司人才培养和知识创新的组织职能,高校对社会的贡献主要取决于学术系统的能量大小及其作用的发挥。③ 由于制度设计原因及现实需要的原因,在高校内部治理体系中学术系统是受制于行政系统的,所以必须通过构建更有利于调动学术系统参与学校治理积极性及更能充分发挥学术系统参与学校治理作用的共同治理机制,确保行政系统和学术系统成为相互配合的协同系统,两者形成的能量场才能发生高度耦合,高校高质量发展的目标与高校内部治理结构的效率才能在逻辑上自洽。④

(5) 激励机制创新。激励机制的作用在于调动组织成员的积极性,保障组织目标的顺利实现。制度激励是一种内生动力机制,通过规则、制度、文化实现对组织成员的方向引导、动机激发与行为强化,持续调动人的主动性、积极性和

---

① Gayle D J, Tewarie B, White A Q. Governance in the twenty-first-century university: approaches to effective leadership and strategic management. San Francisco: Wiley Periodicals, 2003.
② 林杰. 美国大学的组织冲突及冲突管理[J]. 清华大学教育研究,2007(1): 110.
③ 眭依凡. 论大学的善治[J]. 江苏高教,2014(6): 15 - 19.
④ 眭依凡. 关于一流大学建设与大学治理现代化的思考[J]. 中国高教研究,2019(5): 4.

创造性。高校激励机制创新必须高度关注两个方向：其一，坚持以人为本的制度设计原则，最广泛地激发高校师生员工主人翁精神和参与学校治理的积极性、主动性；其二，加快高校治理重点下移以根本实现校院（系）两级管理的制度设计，从制度建设上保障学术系统在人财物等要素方面必需的治理自主权，以根本激发学院（系）办学治校育人及知识创新的积极性、创造性，为社会做出更大的贡献。激励机制的创新之于高校内部治理体系改革具有开发动力资源的价值。

（6）信息披露机制创新。高校的决策及其决策参与的基础就是信息，其利益相关者参与学校治理的积极性及其作用大小，取决于他们能否充分并准确获得学校相关的信息。由于高校的信息披露机制还很不健全，由此导致了学校的决策者和利益相关者之间存在着信息不对称，继而在一定程度上削弱了教师员工关心和参与学校治理的积极性及其作用。创新信息披露机制，其一，高校首先必须深入贯彻《中共中央办公厅　国务院办公厅关于全面推进政务公开工作的意见》（中办发〔2016〕8 号）和《教育部办公厅关于全面推进政务公开工作的实施意见》（教办厅〔2017〕3 号）精神，严格落实《高等学校信息公开办法》《教育部办公厅关于全面落实高校信息公开清单做好高校信息公开年度报告工作的通知》（教办厅函〔2017〕41 号）要求，做好学校年度报告的编制和发布工作，以全面推进学校信息的公开和透明；其二，高校必须以清单为底线，不断完善学校信息主动公开的目录，进一步拓宽公开范围，细化公开事项并做好动态更新。尤其要加大招生、财务等重点领域信息公开力度，及时公开本科教学质量报告和毕业生就业质量年度报告及学校制度机制建设情况。① 如此，高校才能主动接受校内外对学校办学治校育人运行及其成效的监督。

整体而言，当前高校内部治理体系仍然存在着本课题调查发现的深层次的结构性问题，建立和完善有中国特色的现代高校治理体系任重道远。

二、高校治理制度体系创新

高校治理制度体系可以分为三个层次，即基础制度、基本制度和具体制度。基础制度是反映高校组织属性的最基础的制度设计，具有根本性特征；基本制度

---

① 教育部办公厅关于全面落实高校信息公开清单做好高校信息公开年度报告工作的通知［EB/OL］. http://www.gov.cn/xinwen/2017-10/24/content_5233973.htm.

是关于高校治理规则与程序方面的安排,具有稳定性和适应性特征;具体制度是关于高校治理具体行为与政策设计的制度规范,具有有效性和完整性特征。制度体系中的基础制度、基本制度和具体制度是彼此关联的,前者以后者为实施依据,后者以前者为基石。高校治理的有效性有赖于合理的制度设计与安排,而制度设计与安排必须分清楚制度的结构与层次性,不同制度采用不同的安排方式。基础制度是根本性和长久性的制度设计,取决于来自国家政治制度与政府的制度设计及法律的规定,高校治理首先必须服从基础制度安排。基本制度是高校与政府、社会充分互动的结果,是依据基础制度设计与安排的关于高校治理规则与程序的重要制度,具有稳定性和适用性,高校在基本制度设计中具有一定的自主性和主动性。而具体制度是关于高校内部治理实践层面的包括法律法规、规章制度文件及大学章程在内的规则体系,是高校自主设计的主要规范学校组织及其成员行为的制度,具体制度在很大程度上反映了高校治理的水平与能力。

2010 年《国家中长期教育改革与发展纲要(2010—2020)》提出要"完善中国特色现代大学制度"。现代大学制度关于高校内部治理的制度便是高校治理体系的重要组成。2015 年全国普通高校完成章程制定和核准工作,2018 年人大常委会修订后的《高等教育法》颁布实施,标志着我国高校内部已经建立健全了依照国家的上位法律和高校的下位章程依法治校的治理规范体系。

(一)高校治理规则体系形成:建构理性主义的路径及困境

1. 高校治理规则体系的形成与意义

高校治理规则体系指的是为了实现高校的"善治"目标,以现代高校使命和价值为导向,以制度设计和结构设计为主要手段,以利益相关者民主参与以及共同合作为基本运行逻辑,包括正式制度约束和有效的非正式规范两个方面内容的高校规则和秩序体系。

高校治理规则体系包含法律法规、规章及规范性文件和大学章程三个层次。法律法规层面主要包括 2018 年新修订的《高等教育法》和 2010 年中共中央修订并印发的《中国共产党普通高等学校基层组织工作条例》(简称《条例》)。修改后的《高等教育法》不仅精准聚焦了政府、社会之于高校的外部治理体系建构,而且特别强调了高校内部治理结构要素的优化,从而在法律上理顺了高校利益主体之间的权责关系。《高等教育法》进一步明确了党委领导下的校长负责制及高校学术委员会的法律地位,确立了学术委员会在高校内部学术治理机构中的地位作用,完善了教职工代表大会制度以及其他民主管理监督制度,为高校制定大学章程提供了框架准则。而《条例》则强调了党委对社会主义办学方向的领导和依法治校,规定了民主管理制度。上述两部来自党和国家层面的制度文本为属于第二层面的高校规章和规范文件以及第三层面的大学章程的制订及完善提供了上位法规制度的依据。第二层面的规则包括 2012 年教育部制定的《高等学校章程制定暂行办法》、2011 年的《学校教职工代表大会规定》、2014 年 3 月 5 日起开始实施的《高等学校学术委员会规程》等。第三层面的高校治理规则制度便是大学章程。《高等学校章程制定暂行办法》确立了章程作为各校具体规章制度的"母法""上位法"的权威地位。2014 年各省以强有力的措施推动高校章程建设工作,2015 年底完成章程建设和公布工作,至此,我国高校的内部治理进入依法治理时代。在现代高校的发展历程中,大学章程起着举足轻重的作用,它不仅是高校内部治理的合法性基础,在学校内部起着统领和约束学校及其成员行为的作用,而且也是沟通高校与外部社会的纽带。大学章程承担着国家法律法规与高校规章制度的桥梁和载体的作用,其不仅是法治精神和高等教育法律规范在高校的延伸及高校法治的根基,同时为创新高校治理体系提供了具体的路径。

　　上述由国家法律法规、制度文本和大学章程三个层面构成的高校治理规则体系的形成,是我国对过去四十年来高等教育改革经验与实践智慧的肯定,是中国特色高校治理体系的最重要组成和高等教育法制建设取得的里程碑式的成就,尤其是"党委领导、校长负责、教授治学、民主管理"这一高校内部治理原则的形成及其在《高等教育法》中的确定,为我国高校未来的综合改革和内涵发展奠定了坚实的法治基础。

2. 大学治理规则体系形成中的建构理性主义思路

　　哈耶克在《法律、立法与自由》中提出了考察人类行为的两种重要哲学观,即建构论理性主义（constructivist rationalism）与进化论理性主义（evolutionist rationalism）。以笛卡尔、霍布斯、卢梭和边沁等人为代表的建构论理性主义认为:只要人类制度是为了实现人的目的而刻意设计出来的,那么它们就会有助于人的目的的实现,它主张我们应当重新设计社会及其制度,从而使我们的所有行动都完全受已知目的的指导。建构论理性主义坚持"人生来就具有智识和道德的禀赋,这使人能够根据审慎思考而形构文明"及"人类社会、语言、法律制度都是人造之物,也意味着人也可以按照某种理性设计来重构或者彻底改变制度"

的立场。① 而以亚当·斯密、大卫·休谟、埃德蒙·柏克和托克维尔等人为代表的进化论理性主义则认为：人的理性是有限的，强调理性在人类事务中起着相当小的作用，各种实在的制度如道德、语言、法律等并不是人类智慧预先设计的产物，而是以一种累积的方式进化而来的。进化论理性主义则坚持与建构理想主义相反的观点，强调各种自由秩序并不是人们事先预见到这些制度的益处然后建构设计的，一系列有明确目的的制度生成是内生演化的结果，是产生于人类的不断试错和互动中的扩展秩序。② 进化论理性主义坚信"制度的源起并不在于构设或设计，而在于成功且存续下来的实践"。人类所形成的规则是在人们生活期间的社会化中经由一种选择过程而演化出来的，从而使规则也是世世代代经验的产物。③ 借助建构理想主义和进化理性主义的理论，我们发现就高校内部治理体系形成而言，在其认识论与路径选择上，高校内部治理体系的理论和实践也存在两种基本认识论倾向：以偏重建构理性主义为哲学基础的建构主义的倾向和以偏重进化理性主义为哲学基础的进化主义的倾向（见表 12.3）。

表 12.3　高校治理体系形成的认识论基础与实践特征

	核心观点	实践特征	理性作用	逻辑起点	关注焦点
建构理性主义高校治理体系理论与实践	法律、制度和组织都是人为构建出来的	治理体系的历史、现实与未来可以通过且应该通过人的理性设计和创造得到	理性构建与人为设计构成决定性作用	自上而下的顶层设计	往往关注的是效率，比较理想层面的模式和目标
进化理性主义高校治理体系理论与实践	制度的起源不在于构建，而在于不断试错，制度最终在无数的经验总结与积累中形成。	治理体系的历史、现实与未来必然是由人的真实的生活经历和具体的实践试错和经验积累中形成的	理性设计与人为构建不构成决定性因素	以一种参与者的立场观察、体验和理解现实生活世界	关注有效性、现实的人及其生活世界

① 弗里德利希·冯·哈耶克. 自由秩序原理（上）[M]. 邓正来，译. 上海：生活·读书·新知三联书店，1997. 61.

② 弗里德利希·冯·哈耶克. 自由秩序原理（上）[M]. 邓正来，译. 上海：生活·读书·新知三联书店，1997. 68.

③ 弗里德利希·冯·哈耶克. 自由秩序原理（上）[M]. 邓正来，译. 上海：生活·读书·新知三联书店，1997. 61.

　　中国特色高校治理规则体系形成的过程基本上是按照预期计划有步骤推进的过程，是在中国共产党统一领导下，在高等教育改革与发展的实践中，有规划、有计划地从无到有建构起来的，最终表现为成文法律规则体系，是我们党和国家在准确把握高等教育发展规律的基础上所进行的一项自觉、理性的活动成果，并不是自然演进的结果。随着治理规则的建立，高校内部治理结构得到逐步完善，并且形成以大学章程为依托的现代高校制度体系。其自上而下的顶层设计所体现出来的计划效率和整体性，将为高教发展史留下重要经验。中国特色的现代高校治理体系重点在于构建现代大学制度基础上的学校治理结构体系、治理制度体系与治理运行体系。这种建设思路其方法论遵循的是建构理性主义，其特征是通过理性设计，建立一整套符合高校本质属性的结构体系和规则体系，使高校在基于制度完善环境下通过"理性治理"而达成依法治校。高校作为人类追求理性秩序下从事学术知识生产的人文机构，同时也作为人类自身精神制度化的产物，理性在其治理体系与治理活动中具有特殊的价值和意义，它促使高校在治理过程中走向理性的治理。因此，建构理性的制度体系是建立现代大学制度的硬件和前提要件。

3. 建构理性主义对高校治理规则体系形成带来的缺陷

　　在高校治理法律法规供给不足的时期，受建构理性主义影响的自上而下的治理规则体系构建方式适应了高等教育改革与发展的需要，但这种规则形成的路径带来的弊端也不容忽视。当代高校处于急速变革时代，高校组织形态从承担教学科研功能的学术组织模型转向知识行业组织模型，创业、虚拟、联盟、合作伙伴和跨国网络等新的大学组织模型不断出现。如果高校治理规则体系还是基于绝对理性的建构，那么高校将很难适应新出现的新型治理关系。治理规则体系所呈现的治理关系对应过去已经形成的治理实践，高校治理中的新型关系还没有体现在治理规则体系之中。因此，高校仅凭自上而下的理性主导治理规则体系的建构既不利于现代大学制度的完善，也不利于高校内部各类主体参与治理规则体系的建设。一般而言，治理规则的确立主要来自政治和行政两种主导力量。来自国家层面自上而下对治理规则体系形成的主导力量具有宏观性，其注重的是确立治理的基本政治价值取向；而行政主导则是以建构理性主义为思路，体现行政部门对中观、微观和本质主义层面的治理规则的控制权威。在此过程，高校基本上作为治理活动的客体而存在，尚不能完全作为主体实现内部的善治治理。

（二）高校治理"后规则体系时期"的实践：全面推进依法治校

2015年底我国的高校基本完成并发布了各自的学校章程,由此标志着高校内部治理已经形成了包括法律法规、规章及规范性文化和大学章程的规则体系,在一定程度上标志高校内部治理已经从"立法"阶段走进"有法可依"的阶段,随着高校内部治理规则体系的进一步完善并将步入"后规则体系时期",其特征即高校内部治理的重心将从"有法可依"转移到"有法必依"。如果说前一个阶段以"中国特色大学治理结构"和"中国特色大学治理规则体系"的构建为标志成果,那么后一个阶段的标志则是"依法治校"的全面实现,进言之即"全面推进依法治校"成为完善现代大学制度的实践路径。

1. 高校治理规则体系形成后的关键在于落实

高校治理规则体系形成的题中之意是落实。无论是作为高校内部治理参与者的行为规范还是作为裁量规范,只有将规则体系中所包含的规范落实到现实高校的内部治理活动中,被遵守、被适用、被落实,治理规则体系才具有实质意义。本研究关于中国特色大学治理体系的"形成"概念,并非中国特色大学治理规则体系"完全形成"而是"基本形成"。因此,高校在治理实践中遵守和落实业已形成的治理规则,高校治理规则体系的价值基于此才能得到检验和进一步完善。

2. 高校变革对治理规则体系的完善和落实提出了紧迫要求

随着高校发展环境、发展条件、发展方式的深刻变化,全面推进依法治校的紧迫性日益凸显,顺应高校变革发展的需要对治理规则体系的完善和落实提出了紧迫要求。高校内部治理规则体系虽然已经形成,但我们仍处在高校治理有法可依的初期阶段。随着高校变革发展的深入,其内部各利益相关者关系变化亦必须在高校内部治理规则体系中有所体现,高校赖以治理实施的规则体系因此亦需要不断完善。换言之,随着旨在强调质量和效率的高校内涵式发展的深入,高校内部的利益相关者亦即行动主体对高校依法治校必然会产生更多的新要求,因此对高校赖以依法治校的治理规则体系的完善和落实的要求亦日益紧迫。

（三）高校治理"后规则体系时期"的省思：进化理性主义思路

1. 进化理性主义认识论

以休谟等为代表的进化理性主义者并不像笛卡尔等建构理性主义者那么注

重成文规则,而是认为成文规则只不过是人类对社会关系的法律表述,人类如果过于执着建立包罗万象的法律,则会失去法律规范人类活动制度的作用。利益法学派代表人物赫克甚至认为,"其一,立法者的观察能力有限,不可能预见将来的一切问题。其二,立法者的表现手段有限,即使预见到将来的一切问题,也不可能在立法上完全表现。①哈耶克对进化理性主义的弘扬从对建构论理性主义的批判开始,他在《法律、立法与自由》中谈到,建构论的认识进路会导向错误的结论,因为人的行动之所以获得很大的成功,是由于人的行动既适应于他所知道的特定事实,而且也适应于他所不知道甚至不可能知道的大量的其他的事实。人们的行动受规则的支配,而且这些规则与人类生活于期间的环境相适应。②他在《哲学政治学经济学研究文选》明确提出,"在各种人际关系中,一系列具有明确目的的制度的生成,是极其复杂但却条理井然的,然而这既不是设计的结果,也不是发明的结果,而是产生于诸多并未明确意识到其所作所为会有如此结果的人的各自行动。这种理论表明,某种比单个人所思的结果要宏大得多的成就,可以从众人日常且平凡的努力中生发出来。这个论点,从某些方面来讲,构成了对各种各样的设计理论的挑战,而且这一挑战来得要比后来提出的生物进化论更具威力。这种社会理论第一次明确指出,一种明确的秩序并非人的智慧预先设计的产物,因而也没有必要将其归之于一种更高级的、超自然的、智能的设计"。③他由此认为制度不是人为设计的结果,而是不断试错和日积月累的结果,有些来源于人类的确定知识,更多的则来自人类根据经验确定的优越的制度,尽管人类无法把握这些制度的整体,但并不妨碍这些自发自由制度实现人类的目的。④哈耶克否认整体上把握人类知识总体的可能性,他认为由于知识分立,个人所掌握的知识常常是不完全的和相互矛盾的,人类无法简单把知识加总起来形成一个无所不知的决策主体。他也认为,除了理性知识以外,人们的习惯及技术、偏好和态度、规则以及制度,都是对过去经验的调适,它们构成了与理

---

① 梁慧星.民法解释学[M].北京:中国政法大学出版社,1995:71.

② 弗里德利希·冯·哈耶克.立法、法律与自由(第一卷)[M].张守东,译.北京:中国大百科全书出版社,2000:8.

③ 弗里德利希·冯·哈耶克.经济、科学与政治:哈耶克论文演讲集[M].冯克利,译.南京:江苏人民出版社,2007:82-95.

④ 弗里德利希·冯·哈耶克.经济、科学与政治:哈耶克论文演讲集[M].冯克利,译.南京:江苏人民出版社,2007:529.

性知识相对应的另一类重要知识。这类知识是累积性的经验产物，它们为理性认识活动的发生也提供了特定的框架。

2. 进化理性主义转型时期建设现代大学制度的背景

现代大学制度建设问题是在当代中国社会转型的背景下彰显出来的，即由计划经济体系向市场经济体系转型、由集权管理体制向分权管理体制转型、由高校的行政化运作向去行政化转型。市场经济体系的关键是建立以市场为资源配置手段的制度，这就要求赋予个体更多的自由选择权利去支配资源，最大限度地利用自己和他人的专业知识去从事各种创新实践，这对从事理性知识生产的现代大学尤其具有根本意义。与其他领域资源配置方式一样，高等教育资源配置长期以来也是在政府主导之下而缺乏社会机构与个体的知识和经验的汇聚，对此党的十八大报告提出的"改进政府提供公共服务方式，引导社会组织健康有序发展，充分发挥群众参与社会管理的基础作用"正是对进化理性主义思路在社会管理领域的肯定。而《国家中长期教育改革和发展规划纲要（2010—2020）》提出，"培育专业教育服务机构。完善教育中介组织的准入、资助、监管和行业自律制度。积极发挥行业协会、专业学会、基金会等各类社会组织在教育公共治理中的作用"，以及"探索建立高等学校理事会或董事会，健全社会支持和监督学校发展的长效机制"等都体现了在社会转型时期依照进化理性主义路径形成大学治理体系的思路。可见，在后治理规则体系时期，全面推进依法治校除了注重顶层设计，或许更多的需要理解和依靠进化主义的理论思路。

3. 进化理性主义思路更加适合现阶段全面推进依法治校的需要

治理规则体系形成后，全面推进依法治校不仅是建设目标，更是治理规则体系形成的应有之义。张德祥教授总结提出，1978—2009 年中国高校治理改革以改革高校内部管理体制为重点，2010 年至今的中国高校治理以完善中国特色现代高校制度为主旨。[①] 本课题研究认为，1978—2009 年是建构治理规则体系的过渡时期，治理规则建构从注重规范外部关系过渡到注重调整内部关系。随着高校治理体系初步形成，依法治校的推进也必将由国家规划建构自上而下的式样转变为自下而上从高校内部自发自觉形成法治。

---

① 张德祥.1949 年以来中国大学治理的历史变迁——基于政策变革的思考[J].中国高教研究，2016(2)：
29.

　　进化理性主义有利于从"有法可依"到"法律完备"。美国法学家霍姆斯（Holmes）的经典名言"法律的生命是经验而不是逻辑"，哈耶克也在《人类行为的结果，但不是人类设计的结果》一文中表达了同样的观点。哈耶克认为："法律绝对不完全是设计的产物，而是应在公正规则的架构内得到评价和检验，并且这一架构不是任何人发明的，甚至在这些规则以文字表达出来之前，它们就指导着人们的思想和行动了。"①偏建构理性主义思路形成的治理体系进一步完善需要借助进化理性主义、自然主义、经验主义等思想，治理规则将更加有效指引高校各利益主体的行为。人的行动往往正是立足于无意识拥有的观念或以默会方式拥有的知识。在很多情况下，社会个体只能根据他所习得的观念和传统，根据他在日常生活中试错性的种种尝试，形成某些行为模式，借以对在社会生活遇到的问题作出反应。换言之，他往往只"知其然"而不知其"所以然"。不知其"所以然"，并不会妨碍行动。因为"知其然"的行为模式来自形式制度和传统的长期熏陶，而形式制度和传统作为人类生活经验的结晶，正是人类智慧和知识最重要的载体。

　　以《高等教育法》为上位法的高校治理法规对法律主体责任和权力的规定仅仅停留在实体规范层面，缺乏相应程序性规定，高等教育相关利益主体越权行为无法被惩戒，行政机关在高等教育领域的违法行为缺乏相应的监督机制。由于法律程序正当性缺失，监督制度不尽完善，高等教育内部治理主体法律权利保护流于形式，阻碍了高等教育治理体系现代化和高等教育治理能力的提升。因此，高校治理的立法和司法的张力亟待进化理性主义的弥合。高校治理规则被制定时，往往至少确保其作为行为规则和裁判规则的双重作用。但是，高校治理规则的内外部裁判者对于治理规则的认知与行为者又往往会有误差。按照现代法治国家的制度设计原理，立法与司法具有不同的本质，立法根据目的和政策行事，具有静态性，注重稳定性；而司法则根据既定的制度条件行事，具有动态性。要使治理规则真正运转起来，除了要在立法环节明确法律主体责任和制定程序规范外，也需要强化治理规则的"司法"环节。

　　2017 年，教育部、中央编办、发展改革委、财政部、人力资源社会保障部联合

---

① 弗里德利希·冯·哈耶克.经济、科学与政治：哈耶克论文演讲集[M].冯克利，译.南京：江苏人民出版社，2007：529.

印发的《关于深化高等教育领域简政放权放管结合优化服务改革的若干意见》提出,全面贯彻党的教育方针,坚持社会主义办学方向,完善中国特色现代大学制度,破除束缚高等教育改革发展的体制机制障碍,进一步向地方和高校放权,给高校松绑减负、简除烦苛,让学校拥有更大办学自主权。此意味着政府已经大幅减少对高校内部事务的干预,高校治理体系的重点已经从政府与高校之间关系规范转向高校内部关系规范。政府的"退场"使高校在治理规则体系规范之下充分发挥自身主动性,在内部治理实践中逐步融入基层探索所形成的自生自发秩序,以弥补外部治理规则体系过于宏观而导致治理效果不显著的缺陷。

(四) 推进依法治校的理性主义选择:从规则体系到法治体系

1. 高校治理法治体系内涵

中国特色高校治理法规体系的形成意味着高校治理活动基本实现了"有法可依",今后高校治理体系的发展方向将从"法规体系"向"法治体系"转变。治理的法规体系主要以成文法律法规为表现形式,而治理的法治体系将主要以高校社群内不同主体的治理行为方式和生活状态为表现形式。高校治理的法治体系包括以下部分:一有齐全完整的法规体系;二是党委依法决策和校长依法落实执行;三是民主化的参与治理;四是有效监督;五是高效与协调。总体上形成完备的高校治理法规体系、高效的依法治校体系、有效的民主参与和监督体系,以促进高校治理体系和治理能力现代化。

从主体看,法规体系更多涉及的是高校内部领导权与行政权问题、决策程序、学术权力与行政权力的区分与规范问题,较少涉及高校与社会缓冲组织(理事会)、约束激励机制和共同参与机制。高校治理法规体系偏重于静态的展现,其目的是实现高校治理有法可依,而高校治理法治体系是治理规则体系的具体运行状态,具有动态性和过程性,体现了高校作为培养人的社会机构的本质属性以及尊重学术标准、民主参与、师生权利等基本价值标准,其目标是实现高校治理的全面法治化。治理法治体系的根本意义在于促进高校内涵发展,按照规律提升办学效率。① 高校治理体系之根本在于基于完备的治理规则体系,最终形成最高形态的治理体系。亚里士多德所提出的"制定出良好的法律,良好的法律得到普遍的适从"是法治的经典两层解读。对于高校治理而言,治理规则体系与

---

① 眭依凡. 论大学的善治[J]. 江苏高教,2014(6):21.

其形成之后的规则实施共同构成依法治理,依法治理是依法治国在高校治理领域的具体表述。

2. 如何以进化理性主义引领高校法治体系形成

高等教育改革实践为进化理性主义路径下形成高校治理法治体系提供了土壤。在市场经济转型时期,计划体制下所形成的政府主导资源配置的建构理性主义模式使政府成为社会经济系统的中心决策主体,也推动了高等教育系统中的治理规则的确立。这一时期高校治理规则建立的重点在于调整高校内部治理结构,以如何分配政治权力和行政权力为核心。随着高等教育面向市场办学,高等教育系统出现不同主体价值多元化趋势和相互作用不稳定的特征,这为依靠建构理性主义的构建思路带来了挑战,并且政府在调整和规范大学内部治理结构的同时,其自身行为也要被治理规则所规范,高校的内生动力要求与对政府放管服的诉求共同推动治理改革从建构理性主义思路转向进化理性主义思路。

高校与政府、高校与社会以及高校组织内部关系也发生着显著的变化,创业型高校、高校联盟与学术资本主义的崛起,高校与政府、学术与行政这种传统的治理主体划分格局正在逐渐改变,传统的治理模式将不能适应这样的变化。因此需要不断摸索新的规范各主体行为的制度,需要在不断新生的行为模式过程中形成新的规则和制度,这些可能都无法依靠完全的理性进行建构设计,而是需要不断在适应进化中形成。

3. 以进化理性主义为主的高校治理法治体系发展路径

进化理性主义与建构理性主义的区分只具有相对意义,两者在某种意义上是彼此蕴含的关系。哈耶克对此曾说:"理性无疑是人最宝贵的财富。我们的论证仅仅在于揭示,理性并不是万能的,如果我们相信理性可以成为自己的主宰,可以控制它自身的发展,则恰恰可能毁灭理性。"[1]在高校治理体系发展进程中,简单抛弃建构理性主义的思路显然是不明智的选择,中国特色高校治理体系的建立需要在"党委领导、校长负责、教授治学、民主管理"原则基础上完善现代大学制度,全面推进依法治校,特别是建设和完善大学治理法治体系需要突出进化理性主义思路。

---

[1] 阿兰·埃博斯坦.哈耶克传[M].秋风,译.北京:中国社会科学出版社,2003:236.

习近平总书记强调，一个国家选择什么样的治理体系，是由这个国家的历史传承、文化传统、经济社会发展水平决定的，是由这个国家的人民决定的。我国今天的国家治理体系，是在我国历史传承、文化传统、经济社会发展的基础上长期发展、渐进改进、内生性演化的结果。①习近平总书记的表述为遵循进化理性主义思路推进大学治理法治体系建设指明了方向。党的十五大、十六大、十七大和十八大报告关于"立法、司法、执法、守法和法律监督"等内容阐述的微观、递进式变化，为中国高校未来的治理法治体系形成提供了具体的路径。十五大、十六大提出"到二〇一〇年形成有中国特色社会主义法律体系"，十七大提出"科学立法、民主立法，完善中国特色社会主义法律体系"，而十八大则特别提出"拓展人民有序参与立法途径"。从"民主立法"到"拓展人民有序参与立法途径"对高校治理体系的改革也提供了方向。在高校治理的法治体系形成过程中，要积极把高校治理实践中的有利于高校内涵发展和办学效率提高的自生自发秩序、习惯和规则予以确认，进而在治理规则中更好地体现大学内部更广泛群体的意志。这意味着治理法治体系淡化了统一设计和理性建构路径，而是更崇尚治理法治实践、高校自主权和进化理性主义路径。

十五大报告到十八大报告都反复提出要"依法行政"，十九大报告更是提出共同推进依法治国、依法执政与依法行政，由此可见"依法行政"对于建设法治国家的重要意义。高校治理所遵循的上位法《高等教育法》属于行政法，其在高校治理活动中的遵循贯彻依赖于政府部门执法水平。如果作为治理规则实现的重要途径和依法治校推进的关键环节，政府执法专业性水平不够，那么高校治理法治体系更加难以形成。习近平总书记为"提高执法水平"提出了系统化的破解之道，即坚持法治国家、法治政府、法治社会一体建设。通过借助国家治理、社会自治和个体自主为导向的社会管理体制创新，培育中介组织以代替冗余的行政管理执法。这对高校治理体系变革的意义在于，将治理的权限更多下放给高校，由大学依章程治理并且通过高校理事会、评价机构等连结高校与社会的中介组织间接参与高校的治理活动，由此通过社会、政府和高校的互动与服务来实现政府对高校进行执法管理的目标。

十五大报告到十九大报告都反复提出推进司法体制改革和独立公正地行使

---

① 习近平在中国共产党第十九次全国代表大会上的报告[N].人民日报，2017-10-28.

审判权和检察权,这对高校治理规则体系的完善也具有规范意义。目前看,尽管政府通过制定高等教育政策以弥补法律不足的现象还比较普遍,但《高等教育法》的意义已经十分明确,在宏观层面通过简政放权理顺了高校与政府的关系,并从微观层面强化大学章程和学术委员会章程对学术委员会的职能保障,从而为完善高校内部学术治理体系奠定了法律基础。高校具有行政主体的法律地位,大学章程通过核准获得法律效力后,也就具有了行政法的属性。[①] 依据大学章程对高校进行管理的行为应当纳入到行政法的调整范围内,对校内不合理、不合法的管理行为,行政相对人也就可以依据大学章程对其提起行政复议或行政诉讼,意味着在大学治理实践中大学章程可以作为行政相对人提起行政诉讼和司法审查的对象。就这个意义上说,司法程序构成自下而上的高校治理体系变革的杠杆,高校治理自此进入了法治体系时代。十八届四中全会决定明确提出:"法律的权威源自人民的内心拥护和真诚信仰。"对高校治理活动而言,治理规则的遵守应源于师生的内心拥护和信任,而不是来自具体的管理指令。在高校治理法治体系形成过程中需要不同利益主体积极遵守高校治理规则,借助监督机制、司法机制维护自己的治理参与权,使高校治理规则真正运转起来,这也是高校治理法治体系形成的动力机制。

三、高校治理运行体系的创新路径

高校治理的运行体系包括行动体系和价值体系,它们的价值目的是确保治理制度体系的落实。所谓行动体系,指高校治理结构中的不同参与者之间的互动关系。在当前的治理活动中,行政权力主体与学术权力主体直接的互动是高校治理中的难题。此外,个体权利主体与组织权力主体之间的互动关系也是治理运行体系要解决的难题。所谓价值体系,是高校治理的思想理念、价值规范和道德规范的总体构成,也是个体权利得以确立和保障的价值体系。高校治理的价值体系要体现教育规律和办学规律,体现国家教育方针政策,体现国家战略与社会需求,确保按照政府、学校和社会的利益最大化逻辑来确立行使权力和职责,不能因为个别利益驱动而导致价值异化、组织异化、权力异化,使治理权力无法有效配置,应形成学校成员广泛的自觉的价值认同,形成对于学校治理的认可

① 陈学敏. 关于大学章程的法律分析[J]. 武汉大学学报(哲学社会科学版),2008(2):170.

支持。

（一）社会行动的基本单位

帕森斯（Parsons）认为，行动的最基本特征是具有意志性和目标导向。社会行动的基本单位是"基本行动"，"基本行动"包括以下要素：①行动者。其主要特征是有主观意识的"自我"而非人的身体；②目的。它是假设事物的未来状况，由行动者的主观方面决定；③情境。它是行动的"外部环境"，包括条件和手段，一般是可以脱离目的而发展的。行动者能够通过那些可以控制的因素来控制情境，但要受到那些行动者不能予以改变的条件的限制；④规范。行动者被允许的行动方式和范围。帕森斯像韦伯一样，把对社会行动的研究作为他全部理论研究的出发点，从社会行动入手来研究社会，而行动是行动者就实现目标的手段作出的一切主观决定，它受观念和情境条件的制约。

帕森斯在《美国综合大学》（*American Comprehensive University*）一书中将高校定位为社会系统中的受托系统，按照他的结构功能理论，现代社会可以分化为经济系统、政治系统、社会共同体和受托系统四个子系统，每个子系统也相应承担适应、目标获取、整合与模式维持（AGIL）功能。社会受托系统是社会系统中专门代理某种文化事务的机构，高校是一种代理认知事务的受托机构。在社会系统中，受托机构具有以下三个特征：第一，它们必须对代理对象负责，具有保障和提升代理对象权益的义务；第二，他们具有不同程度的自治权，其行为在一定范围内可以不受外来力量的干涉；第三，它们需要坚定不移地奉行某种价值观，这是它们获得自治权和正确行使受托职责的基础。因此，在高校的规范系统中，已经在社会组织得到具体体现的认知合理性价值观应居于其中的核心部分。美国学者约翰·道格拉斯曾用大量的史实证明，加州大学等美国州立大学是经历了长达数十年的社会争论之后，才被民众认可为"公共受托机构"，从而使学校自主与社会干涉之间的矛盾得到解决。① 帕森斯和普莱特特别提出，认知联合体是认知符合系统与受托系统联合指挥形成的、专门受理认知事务的系统。高校以扎根于文化系统当中并在现代社会中得到制度化体现的认知联合体作为自己重要的关注对象。

---

① J. A. 道格拉斯. 加利福尼亚思想与美国高等教育——1850—1962 年总体规划[M]. 周作宇，译. 北京：教育科学出版社，2008：62.

（二）高校治理运行体系创新路径

高校治理运行体系创新的逻辑起点是建立符合高校作为现代认知受托机构的运行体系。整体上应包括依法有序治理、建立监督与问责机制和对治理体系有效性的评价。在"认知理性"层面，在中国特色高校内部治理体系语境下，对高校内部权力运行制约与监督体系的构建理论、思想、原则等进行系统梳理和科学阐释。

1. 依规有序治理

高校治理完成了从规则体系到法治体系转化，那么接下来就是按照法治体系确立的原则进行依法依规治理。组织的依规有序治理是高校治理的基石，包括：其一，通过制定各项制度的实施办法、具体流程和议事程序，使各项制度举措在规范、有序中运行。程序是指办事的手续、过程或者顺序、方式、步骤，是高校制度的运行流程和形式规范。制度化、规范化、程序化是现代高校治理的基本特征，也是完善中国特色现代大学制度的必然要求。其二，认真落实《中国共产党普通高等学校基层组织工作条例》，健全党委领导下的校长负责制实施规则。结合学校实际，明确党委常委会、校长办公会议事范围、议事规则和决策程序，探索建立高校法人治理结构。凡属学校重大决策、重要人事任免、重大项目安排、大额度资金使用（"三重一大"）事项必须由学校领导班子集体研究作出决定。对由学校自主决定的事项，要逐项完善决策机制与程序。其三，通过理顺校院两级管理体制，进一步向院系放权，调动基层组织积极性。其四，探索建立法律顾问制度，建立规范性文件、重大决策合法性审查机制。按照"谁决策、谁负责"的原则，建立健全责任追究制度。其五，落实《高等学校学术委员会规程》，健全以学术委员会为核心的学术管理体系与组织架构，统筹行使学术事务的决策、审议、评定和咨询等职权。高校应当充分发挥学术委员会在学科建设、学术评价、学术发展和学风建设等事项上的重要作用，完善学术管理的体制、制度和规范，积极探索教授治学的有效途径，尊重并支持学术委员会独立行使职权。其六，建立完善对违反学术规范、学术道德行为的认定程序和办法，维护良好的学术氛围。其七，落实《高等学校章程制定暂行办法》，加快章程建设。要按照决策权、执行权、监督权既相互制约又相互协调的原则，健全和规范内部治理结构和权力运行规则。

2. 建立健全高校的监督和问责机制

健全党委常委会（全委会）议事规则，完善"党委领导下的校长负责制"的法人治理结构,并以《高等学校学术委员会规程》为依据加强学术委员会的职能与规范化建设,此应成为治理运行体系在校级层面的构建重点。在职能部处层面,学术、行政和政治三种权力存在和运行于校内党政职能部门和学术委员会常设机构之间,而对其进行监督制约的则是纪检监察部门、审计部门、机关党委以及教职工代表大会的常设机构等。其中加快学术委员会常设机构及专门委员会建设,推进党政职能部门分工合作,强化职能部门常规工作的程序化、规范化、制度化执行,就成为治理运行体系在职能部处层面上的构建重点。在学部院系层面,三种内权力具体对应为学部院系党委、党政联席会议和基层学术委员会,对其进行监督制约的主要是党员代表大会、二级纪委、教授会、基层工会、教职工大会等。因此,以强化学部院系党委的组织功能建设为核心,完善党政联席会议制度,创新基层监督制约机制与机构设置形式,就成为治理运行体系在学部院系层面上的构建重点。建立健全高校的监督和问责机制包括如下工作。

其一,完善学校行政决策及其实施的监督机制。高校的发展涉及人财物问题,对于高校风险较高的招生、财务、资产管理、后勤工作等必须重点监管。除此之外,要强化对于学术权力的监督。同行政权力一样,学术权力也需要监督机制,学术委员会同样要有问责机制。为了防止学术权力异化和为少数个人所把持,可考虑学术委员会规范化的席位分配制度和选举制度,实现学术委员会委员从行政主导向按分配席位选举制度的转变,强调任期制度和定期更替制度,防止学术权力垄断。当学术委员会运行出现重大失误或过错时,比如评聘职称和学术评奖、课题申报等学术资源分配活动中,少数大佬操纵了评审过程,把学术公器变为了一己之私利,谁来追究责任,谁来承担责任,如何追究责任,都应有明确的规定。评审规则、制度要在阳光下运行,要加强对于学术管理的监督,防止暗箱操纵。

其二,健全社会参与监督机制。建立健全高校理事会,充分发挥其在加强社会合作、扩大决策民主、争取办学资源、接受社会监督等方面的作用。把公开透明作为高校的基本制度,完善各类信息公开制度,重点加大高校在招生考试、财务资产及收费、人事师资、教学质量、学生管理服务、学风建设、学位和学科、对外交流与合作等方面的信息公开力度,保障教职工、学生、社会公众对学校重大事项、重要制度的知情权,接受利益相关方的监督。建立新闻发言人制度,及时准确回应师生和社会关切。

其三,完善民主监督机制。落实《学校教职工代表大会规定》,切实保障教职工参与学校民主管理和监督。学校专业技术职务评聘办法、收入分配方案等与教职工切身利益相关的制度、事务,要经教职工代表大会审议通过;涉及学校发展的重大事项要提交教职工代表大会讨论。积极拓展学生参与学校民主管理的渠道,进一步改革完善高校学生代表大会制度,推进学生自主管理。要完善多元参与机制。

其四,完善依法监管机制。探索建立教育行政执法体制机制,加大对学校办学自主权行使的监管力度。综合运用行政处罚、行政复议等手段,健全对高校自主办学中违法行为的投诉、举报机制,完善教师、学生申诉制度,畅通师生权利的救济渠道,纠正违法违规行为。对高校执行国家法律法规、教育方针政策、规范办学行为等事项进行督导,完善教育督导报告公开、限期整改制度,加大复查和监督问责力度。改进巡视工作,把决策程序和自主权使用等情况作为巡视监督的重要内容,强化巡视成果运用,督促解决存在的问题。

其五,保障个体权益。和社会治理一样,高校治理同样要以利益为基础,治理运行要在保障每个教职工和学生合法利益的基础上,在明确学校各项规章制度的基础上,规范行政管理行为,完善和健全科学民主决策机制、信息披露机制、监督机制和行政复议制度,完善与教职工和学生等相关主体的权利救济途径,健全申诉制度,探索建立教育调解、教育仲裁制度。

3. 完善评价体系

高校治理的目标是实现"有效治理"。对于什么样的治理效果才能达到"善治"水平,必须有一套高校治理评价标准体系。评价体系对于高校治理和发展具有检验、评价、引导、规范、监督与推动功能,对于高校治理的运行具有追踪和矫正的作用,即高校治理评价体系的生命力在于评价结果的运用。在实践中,我们既关注评价机制的单项功能,如检验功能或者评价功能,但更多的是运用其综合功能,特别是导向功能、规范功能和推动功能。强化对高校治理的评价,目的就是要对其进行准确的判断和推动高校的健康持续发展。

国外已有学者和机构着手高校治理评价和指标体系开发工作。哈佛大学的卡普兰(Gabriel Kaplan)在美国大学教授协会和美国大学院长会议(The American Conference of Academic Deans)的资助下,设计了"高等教育治理调查问卷"(2001 Survey on Higher Education Governance),对美国约 1 500 所四年制本科文理学院的治理状况进行了调查。英国大学校长委员会(Committee on University Chairmen)多次发布"英国大学董事会成员治理指南",制定问卷对高校治理状况和治理绩效进行调查,据此发布大学治理调查报告。澳大利亚政府于 2003 年制定了"公立高等学校治理国家协议"(National Governance Protocols for Public Higher Education Institution),并在 2004 年和 2005 年对大学遵守这一框架协议的状况进行了评估。一些重要的国际组织也积极参与到大学治理评估中来。例如,世界银行制定了中东和北非"大学治理筛选卡"(University Governance Screening Card),从五个维度,即目标、管理、自治、问责、参与度来评估该地区大学对善治准则和实践的遵守程度。我国高校的治理评价应以实现"善治"为目标,充分考虑我国高等教育的治理现状与特点,此既体现高效治理的基本价值准则,又有助于引导高等教育治理改革方向,有助于高校提升治理质量和治理绩效。①

---

① 王绽蕾,等.公立高校治理评价[A].张德祥.大学治理:权力运行制约与监督[C].北京:科学出版社,2016:94-101.

第五篇

大学章程完善：高校内部治理的依法治校研究

摘要:本子课题研究旨在通过对大学章程与高校内部治理体系之关系及其作用机理的讨论,认识到高校内部治理体系只有在完善的现代大学制度保障下才能有序运行并得以发挥其有效治理的作用。在对大学章程与高校内部治理体系的关系进行学理性分析的基础上,探讨大学章程对高校内部治理体系主体、权力结构及实现机制的影响,并站在高校内部治理体系创新和发挥有效治理作用的高度,审视和考察大学章程制定、大学章程实施等关于大学章程建设本身存在的问题,从而为大学章程的完善和高校内部治理的依法治校提供理性指导。本篇由《大学章程与高校内部法治研究》《中国特色大学章程与高校内部法治的法哲学基础》《一流大学章程形式法治和实质法治水平分析》三章构成,研究目标是:①从理论高度和现实视角讨论和认识大学章程与高校内部治理体系之间的关系;②探讨大学章程在高校法人治理及高校内部治理体系运行中的机制功能;③通过调查及文本分析发现大学章程建设存在的问题并提出大学章程完善的建议。

第十三章
大学章程与高校内部法治研究

　　高校内部治理在本质上也是依法治理，属于依法治校的一部分，因此也可以说高校内部治理就是高校内部的法治。作为软法的大学章程就是高校内部治理中的基本法，在高校的依法治校过程中具有重要地位。大学章程既是高校内部治理体系不可或缺的依法治校的法律依据，亦是高校内部治理体系得以有序运行的机制保障，大学章程在高校内部治理体系中具有规则制定和程序保证的双重角色作用。在《国家中长期教育改革和发展规划纲要（2010—2020）》《全面推进依法治校实施纲要》等政策的推进下，我国高校"一校一章程"目标宣告基本完成。高校进入了人们所谓的"重在大学章程执行与内部法规体系建设的后章程时代"。然而，尽管形式上补齐了学校内部制度中章程的缺位，但一些实质的问题仍然是蔽而不明的。其中就包括作为社会主义大学章程软法制度的性质问题，大学章程与高校内部治理结构关系问题，高校内部制度体系与外部法律制度关系问题，与党的教育方针、路线关系问题，甚至与中国特色社会主义高等教育法律制度、法制体系构建关系等问题。显然对这些问题的探讨，如果不上升到法哲学的高度则无法直达根柢，同时也是无法完成的。以下将对大学章程与高校内部治理结构关系的共性进行讨论，然后针对我国大学的章程与高校内部法治的独特的法哲学基础加以阐述，以期对我国大学章程与高校内部法治的法治属性有一个更为清醒的认识，为大学章程与高校内部法治的建设和完善提供有针对性的建议。最后，对41所一流大学建设高校章程进行文本分析，研究一流大学章程形式法治和实质法治落实情况。

一、大学章程与高校内部治理结构及其功效

大学章程在中国从来不是一个新鲜话题,从朱熹《白鹿洞书院揭示》到《京师大学堂章程》,章程的规范性与纲领性为个体对秩序的遵守抑或道德信仰提供外在度量标准与现实规制,正所谓"无规矩不成方圆",这也体现"制度""章程"文本化规则与惯例、习俗、文化传统等非符号性规则在现实教育秩序治理中,具有约束与引导功能。推而广之,无论是文本化大学章程或者符号性惯例传统,均对学术化组织——高校及其内部治理具有规范性与纲领性作用。以下从实然角度分析并回答大学章程在高校治理中处于何种地位,如何理解高校内部治理结构,大学章程对高校内部治理具有何种功效,以及高校内部治理逻辑对章程有何型塑。

(一)大学章程及其内部治理结构讨论

新制度主义认为制度不仅包括正式规则、程序和规范,而且还包括为人的行动提供"意义框架"的象征系统、认知模式和道德模块。大学章程是大学制定的关于高校治理的规则。但是,在审视大学章程在高校治理中发挥作用的同时,不难发现"与大学章程同时起到规范与引导作用的,还包含非正式惯例、习俗、规范,甚至这些非制度化因素在地位上超过了章程"①。大学章程内容的广泛性,符合新制度主义将"符号"与"非正式"规则注入组织行为、个人行为选择偏好之中。学界对大学章程解读视角迥异,造成了对其本体功能与属性千差万别的认识。

从大学章程制定过程来看,其无疑具有"大学法典"的形式。通过外部权力机构授权,高校在政府信托基础之上,比拟外部国家一般化立法程序制定大学章程,从而使其在形式与程序上具备"大学宪法"之形态,对高校内部权责进行规制。高校作为履行国家公共服务职能的附属机构,政府命令、通知、发展规划等在高校内部治理起到的权重作用,超越了章程本身在高校治理中的作用,造成大学章程本体功能消解。所以,从现实效果来定位大学章程属性与功能,更适合中国政治体制,是高校与国家关系的写照。统筹中国现实因素考量,大学章程是规范高校运行的政策性文本,对高校内外部组织成员具有约束效能的制度软法。

高校内部治理涉及结构与过程,高校内部治理结构主要是指高校内部利益

---

① 别敦荣.我国大学章程应当或能够解决问题的理性透视[J].中国高教研究,2014(3):1-7.

相关者之间各种权力的分配、制约和利益实现的制度规定、体制安排和机制设计，集中体现高校管理的结构、运行及其规制的主要特征和基本要求。① 高校治理是对传统自上而下科层制管理模式的修正，旨在重新梳理高校与内部利益相关者的权利、义务、职责边界，克服传统管理模式造成的体制僵化、资源流动低下、行政权威解构专业权威、高校自主权无所适从等弊端，基于权力分享、职责共担的高校内部治理结构（模式）构建追求高校组织办学效率优先，全体民主参与治理高校内部组织运行模式。高校治理作为一种意识理念抑或现实实践，均需在制度文本之中得以确认与认可，而作为大学治理规范的最高形式——大学章程，通过将高校内部治理模式载入其中，无疑是对高校内部治理范式的最佳确认。

（二）大学章程对高校内部治理结构之功效

1. 规范引导功效

大学章程对高校内部治理结构具有规范引导作用。马奇、奥尔森等新制度主义者意识到制度要素的多元化，制度中含有的文化、习俗、角色、规则在具体情境之中划分行动者的角色与义务，使得行动者在彼此互动之中形成具有约束性的关系网络，这种关系网络最终目的是以满足集体行动目标的达成，塑造一种政治、经济、社会秩序有序合作与竞争关系，促进集体行为的相互适应与学习，降低社会环境的复杂性。高校作为专业性学术组织，其根本职责在于人才培养和科学研究。但是，随着高等教育市场化和高校资源来源多样化，以及多元巨型高校的形成，高校与政府部门、私营机构、慈善团体、工商行业存在难以割舍的交融关系，高校不得不花费更多时间与精力维护这些关系网络，这在一定程度上转移了高校的使命与担当。

大学章程是高校内部与外部群体成员之间共识的体现，高校将自身职责定位通过大学章程加以宣示规范引导，不仅使高校内部师生成员与外部公众知晓，更能使高校更加清晰认识到教学、科研、服务职责是高校在复杂社会关系网络中保持专业学术组织的关键所在。大学章程对高校内部治理的规范引导主要体现在高校专业学术身份的认同方面：一是高校的物理身份，主要指高校具体的时空存在，如高校办学地点与所在地。二是高校的符号（精神）身份，主要是指高校

---

① 龚怡祖.大学治理结构：现代大学制度的基石[J].教育研究，2009(6)：22-26.

校徽、校歌、校名等。三是高校的法人身份，主要是指高校举办者、法人代表、资产归属，以及民事权利与义务。四是职责身份，主要是指高校定位、培养目标、路径选择等。[①]

2. 配置划分功效

大学章程对内部治理结构在组织体系上具有配置主体权力与义务的功能。高等教育治理是一种需要权威和权力的上下互动的公共管理过程，它主要通过合作、协商、伙伴关系、确立认同和共同目标等方式实施对高等教育事务的管理，旨在维持高等教育的正常运行。这意味着高校在治理中存在多个权力中心，权力的多样性隐喻着高校内部结构存在利益的分化与竞争。我国高校在传统治理方面具有一种政治依附性或者对接外部政治文化模式，这种依附性主要体现在高校内部组织按照政府机构进行设立，行政人员的科层待遇进而使高校多少有点与"微型"政府机构相似。

按照高等教育"政校分开""管办分离"的理念，构建依法办学、自主管理、民主监督的现代大学制度，大学章程有必要在内容上对党政权力、学术权力、专业权力加以边界定位和职责限定。其主要包括：明确党组织在大学的地位、权力；树立专业技术人员在大学中教学、科研、管理方面的权责；清晰表明学生、校友等人员在大学的地位与权益。以《电子科技大学章程》为例，在权力配置与划分上，党委统一领导学校工作，校长负责学校教学、科研等行政事务。但是在人事管理上，党委与校长的职权存在一定交叉，因为二者都有任命内部人员的权力。学术权力有学校学术委员会执行，行使学术事务的决策、审议、评定和咨询等职权。高校教师通过教代会参与对学校监督与管理；校友与外部利益相关者通过理事会行使咨询议事权责。

3. 明晰确认功效

大学章程对高校内部组织体制与机制具有明晰确认的功效。按照组织原理，高校具备社会一般组织属性，是由自然人组成的社会法人组织。法人通过体制与机制将自然人联合起来，独立组织机构，明确财产归属，行使规定之权利，履行对等义务。[②] 大学章程作为内部制度化文本，划定政校权利与义务，勾勒高校

---

① 别敦荣. 我国大学章程应当或能够解决问题的理性透视[J]. 中国高教研究，2014(3)：1-7.
② 金家新，张力. 大学章程在大学法人化治理中的价值向度与法律限度[J]. 南京社会科学，2014(12)：128-135.

内部治理规制与程序。章程通过建立体制与机制将大学具体人员与履行特定职责连接起来，起到桥梁纽带作用。除此之外，高校治理的体制与机制也是相关利益者行使权利的一种特定程序，这种特定程序在章程的上位法律体系中早已明确，以便大学章程在高校内部治理框架设计中遵守既定的法律约定。因此，高校治理的体制与机制在本体上是属于大学章程的核心要素之一。

一般而言，大学章程在高校治理体制与机制的明晰确认方面主要包括以下内容：其一，学术治理体制与机制。高校作为学术群体栖居的场所，从事高深知识的探索。但是，由于学术资本主义的盛行，职称、学历、学衔背后预示着无尽的物质回报，这也导致学术群体中一些人违背学术伦理，科研造假、抄袭、数据编造等学术失范行为屡见不鲜。大学章程必须对教师、学生、研究人员等学术规范作出明确回应，并且要建立相应的学术申诉与救济机制。其二，行政治理体制与机制。章程必须对大学行政治理组织架构及运行体系进行规制。从管理学角度而言，大学内部治理框架无非涉及直线制、职能制、直线职能制、矩阵制四种，具体采用哪种治理结构，应结合大学规模、历史传统以及大学文化氛围来设计。其三，大学与社会关系体制与机制。新公共管理主义日渐渗入大学常规治理中，大学之间对资源、声誉、财源、学者展开了竞争。为了在竞争之中立于不败之地，大学必须和外部评审机构、校友、工商界、政府保持顺畅友好关系，通过章程为多元相关者参与大学内部治理提供制度安排，使得各方价值观与话语权在大学内部均衡彰显。

二、高校内部治理逻辑对大学章程之形塑

法律均有其基本逻辑，大学章程亦不能例外。对大学章程的基本逻辑进行必要的讨论，有利于我们把握大学章程的价值意义及编制的要素要点。

（一）效率优先：大学章程的有用性

高校内部治理效率优先原则要求章程在高校内部治理结构中发挥效能，也即章程为高校未来发展提供科学图景。高校内部治理在资源上必然会涉及人力、财力、物力投入到学科建设、人才引进、科学研究、学位授予和基础建设等方面。而高校治理过程是"人"的主观意识投入其中，因此治理效率优先原则就是最大限度利用资源，满足高校主体的需要。我国大学章程是在外部权力机构的规定下制定的，反映我国高校很长时间内没有章程，但是高校依然能够"安详"运

作,大学章程的缺位并未给高校正常运行带来风险,这说明高校外部法律、条例、命令、规章无形之中在起着"大学章程"的作用。但是,大学章程的缺位带来的结果是高校治理机制僵化,办学自主权丧失,高校在内部结构、学科设置、人员任用方面存在同质化弊端。

随着政府对高校自主管理权责的下放,以及管办分离机制的渐进落实,高校必须对内部自我治理的成果负责,即在高校获得自主权的同时,必须以高效的治理成果作为对举办者、消费者的承诺回报。在无章程的"前大学治理"时代,政府着力于计划经济发展,使高校服务于国家既定短期目标,也即高校资源的利用是服务于外部需求,高校是政府职责的延伸,或者功能的承担。在章程制定完成的"后大学治理"时代,高校已经具备社会准公共法人组织属性,高校在资源、声誉、人才等方面面临着激励竞争。大学章程需要依据教育规律,为高校在学科研究方面,指明有重大突破的学科研究前沿,以此为学术研究提供新产品、新技术、新工艺与手段。在资源拓展方面,章程能够维护多界别关系,为高校汲取更多经费资源与师资力量。① 在人才培养方面,大学章程及时回应外部市场需求,为人力资源市场提供优质人才。

(二) 依法治校:大学章程的合规性

高校内部依据国家法律进行治理,可以"从心所欲而不逾规"。为了使大学章程发挥高校内部治理的软法功能,大学章程必须合乎法律体制。从大陆法系渊源来看,我国高度重视法治建设,拥有完备的成文法,特别是在教育部门法律体系中有《中华人民共和国教育法》《中华人民共和国高等教育法》《中华人民共和国教师法》《中华人民共和国高等学校章程制定暂行办法》等法典。外部法律为高校治理提供了法源基础和权力归属。但是,在依据外部法律对高校治理的同时,大学章程在法律上的地位以及权力授予处于模糊秩序中,这会削弱章程在高校内部治理中的效能。

目前,我国大学章程不符合法律规制,治理效率不显著的问题主要表现在以下几个方面:其一,大学章程制定不符合《中华人民共和国立法法》程序。我国大学章程制订的程序,一般是由党政领导主导下由相关职能部门负责并吸纳有关教师等组成的专门写作班子起草文本,然后送校长办公会议审议,再报送学校

---

① 阎光才. 回归一流大学建设与治理的常识[J]. 探索与争鸣,2018(6):41-43.

党委会讨论审定，最后提交教职工代表大会讨论通过，报送直属教育主管部门核准。但是，我国立法法规定法律制定必须由专门立法机构起草、审议、通过、公示，纳入成文法律体系之中。与此比照，我国大学章程制定主体并非专门立法机构，其合法性有待审视。其二，大学章程法律地位模糊。不论是《中华人民共和国教育法》《中华人民共和国高等教育法》都未曾明确大学章程在其中的地位与功能，也即大学章程上位法律渊源存在断层。其三，大学章程缺乏可操作性。很多大学章程只是笼统地规定相关主体权利与义务，但是却没有与之相配套的实施细则。因此，基于大学内部依法治理的需要，为了释放章程软法功能，有必要将大学章程纳入《中华人民共和国高等教育法》《中华人民共和国教育法》法律体系之中，明确章程的法律地位。大学章程的修订必须经过专门立法机构的审定，并颁布相应配套实施细则，从而增强其法治的权威性及在程序上的可操作性。

(三) 整体设计：大学章程的整合性

高校是由学科、专业、学院(学部)、系科实体部门组成的联合体，其组织结构是学校组织的框架体系和特定职能部门的关联组合及其权责配置的体现。从组织理论而言，高校是通过学科分化，专业集群建立的社会组织，在其内部形成了智力分工迥异、文化信仰统一、权责分配适切的组织特性。高校作为一个复杂、庞大、多权威共生共存的学术组织，不仅组织结构复杂，权力结构亦十分复杂。① 新公共管理主义的治理理念重在以结果产出为导向，通过分权化、解制化、市场化使得公私营部门在治理过程之中走向了边缘化、碎片化。高校也受新公共管理主义绩效、分权、官僚科层化治理工具的影响，在高校内部治理过程之中，各个部门、等级、机构在管理高校内部事务之中走向了分散，使得高校在系统决策、资源分配与利用上造成了巨大的复杂性。

高校治理强调整体性与整合性，这种着眼于全局管理的治理意味着"整合需要更多的部门间互动，因为达成合作只需要各部门的政策产出更有效。整合强调的范畴则超越了部门，它是从全局性的、跨部门的目标出发，对各个部门的决策提出要求，使其政策产出一开始就同整体的目标相一致"②。大学章程在高校内部治理过程之中必须能够有效协调高校与政府、企业等公共部门之间的合作

---

① 眭依凡. 论大学善治[J]. 江苏高教，2014(6)：15-21+26.
② 崔会敏. 整体性治理：超越新公共管理的治理理论[J]. 辽宁行政学院学报，2011(7)：20-22.

关系,整合高校财政预算,为专业学术人员、教师、学生提供便捷化服务,使其能够在遵循公务职责价值伦理的信仰之下,为社会、教学、科研提供人性化与网络式多元贡献。在高校内部组织架构与运行之中,章程要扭转高校内部碎片化管理,实现学院、系科、专业、行政大部门统合协调治理。在大数据时代,章程需基于信息资源共享,加强高校内部整体互动交流,使大学能够对环境变化迅速作出反应,减少高校在计划、决策、执行等治理程序过程中的风险与失误。

(四) 民主参与:大学章程的兼容性

高校内部治理的民主性,意味着共同治理抑或共享治理,这种共享治理不单单是高校内部人员参与到高校事务的管理决策之中,而是与高校相关的利益共同体参与其中。高校与外部建立了正式或者非正式的伙伴关系以及契约关系,使得高校存在多个权力中心,这些权力具有多极性、复杂性、分散性以及流动性,这种权力格局背后是多元化利益主体的共存。高校内部治理的整体性意味着各方话语都能在学校事务之中享有一席之地,多维参与者与生俱来的趣味、阶层、价值偏好、习惯总是千差万别,既会带来"朋友式"的合作关系,也会引入内耗、竞争等破坏性行为,降低治理效能。通过民主平等协商,让行政人员、学者、校友、工商界、教授参与到决策之中,降低行政权力对高校内部事务"一把抓"的刚性管理,让二元对立的行政权力与学术权力彼此平衡。

高校治理的民主化作为内部治理的调试性策略,实质是将市场中的信任、责任与契约机制纳入高校管理之中,将治理中各个主体的目标指向高等教育本体,使高校能够为公众(消费者、国家)提供优质服务。① 大学章程为容纳多元利益相关者参与高校事务提供了制度供给。《中华人民共和国高等学校章程制定暂行办法》规定:"学校根据发展需要自主设置的各类组织机构,如校务委员会、教授委员会、校友会等,章程中应明确其地位、宗旨以及基本的组织与议事规则。"②高校基于自我治理的需要,吸引各界参与高校治理事务之中,为高校运行提供必要的资源与智力支撑,大学章程通过建立专门实体机构、委员会、协会,兼容各方代表,并在章程中载明各个主体参与高校治理事务的路径选择、

---

① 翁士洪. 整体性治理模式的兴起——整体性治理在英国政府治理中的理论与实践[J]. 上海行政学院学报,2012(2):51-58.

② 教育部. 高等学校章程制定暂行办法[EB/OL]. (2011-11-28)[2018-11-21]. http://www.gov.cn/flfg/2012-01/09/content_2040230.htm.

权利与义务，增加管理者与被管理之间的互动，降低组织复杂性。

三、小结

　　高校治理通过明确的制度安排或者模糊的惯习，将机构的权利与责任分配到各个群体。高校内部治理的图式与理性就是追求以最少的资源消耗，提供最优的价值回报。先验的预期设想决定了高校治理工具与方法的选择，为达成预期成果，高校治理对章程的要求与设置必然要服务于其治理结构与治理程序，使得章程有用、合规、整合、兼容并蓄回应利益相关需求。在大学章程的合规性方面，一味对照外部的法律，亦步亦趋地比照法律架构，无异于对高校治理过程之中的纲领性与规范性效果进行释放。大学外部教育法律因涉及管理对象的差异性，只能是一般化或者条款化规制权利关系，而大学章程作为高校治理工具，必须在内容上进行细化并明晰各个主体要素的地位，这样才能使大学章程在高校治理过程之中做到有法可依。在大学章程有效性方面，各个高校的历史发展轨迹千差万别，这也导致高校在具体的公共事务之中承担着不同的角色与使命，高校在历史与现实的融合之中继续走向未来，大学章程应为高校在面临机遇与挑战之际，指明其发展方向并体现学校之特色。在大学章程整合性方面，高校通过理性判断与价值守持，不断满足社会需求，高校对社会的满足与回应，需要学科建设、人才培养、学术研究、成果应用等多维互动协作，才能从整体上形成合力。因此，在高校内部治理过程之中，大学章程必须扭转高校内部部门分割、组织隔离等碎片化治理模式，形成整合治理机制。关于大学章程兼容性方面，在高校内部治理之中要让多元价值观共存，为高校内部治理提供智力与资源。

第十四章
中国特色大学章程与高校内部法治的法哲学基础

　　法哲学是探讨法与法律制度本质(存在论)、法与法律制度如何被认识(认识论)、法与法律制度价值(价值论)的理论,同时也是对法及法律制度理论与观念加以反思的理论。但凡把大学章程视为软法制度的观点背后,但凡不同社会制度背景下的大学章程、高等教育法律体系、高等教育治理体系与高校内部治理体系背后,实际上都有一定的法律制度存在论、承诺与价值论、方法论预设。因此无论从问题探讨,还是从问题解决的角度看,澄明我们言说背后的法哲学根基是大有裨益的。然而直到今天,我们对高校法治与高等教育法律体系的法哲学探讨依然付诸阙如,特别是对在中国办大学的法哲学基石的理论探讨极度欠缺。在中国办大学的法哲学基石是什么呢? 毫无疑问,那就是以马克思历史存在论法哲学为底色的历史唯物主义法哲学。历史唯物主义是马克思哲学革命的成果,这一成果自诞生之日起就在西方思想界引起震动,成为诋毁、歪曲或尊崇的对象。① 然而,经过了现象学运动而后开出了一条存在论新路的当代西方思想,仍然在历史唯物主义面前觉察到了自身的某种空缺,因此产生于十九世纪的历史唯物主义,在今天仍然是当代西方思想中最有力的对话者与参与者。② 马克思法哲学是历史唯物主义的法哲学,是以对理性主义法哲学和唯心主义法哲学

---

① 王德峰. 海德格尔与马克思：在历史之思中的相遇——论历史唯物主义的存在论境域[J]. 当代国外马克思主义研究评论,2000(7)：201 - 217＋344 - 345.

② 王德峰. 海德格尔与马克思：在历史之思中的相遇——论历史唯物主义的存在论境域[J]. 当代国外马克思主义研究评论,2000(7)：201 - 217＋344 - 345.

批判为基础，从存在论境域直达根本地探讨法与法律制度本质、价值与思想方法的理论，因此也可以称之为马克思历史存在论法哲学，它的底色是马克思历史存在论。马克思历史本存在论法哲学的出场，不仅仅是因为马克思法哲学的官方哲学地位，同时也是因为马克思历史存在论本身在解决当代问题中作为无可置疑的对话者与参与者的担当。

一、中国大学章程的复杂性与马克思法哲学的指导

中国社会主义大学章程以及以大学章程为中心的高校内部制度体系构建应该具有怎样的性质，遵从怎样的制度构建与制度变迁逻辑是一个崭新问题。尽管自大学章程建设议题提出以来，人们的讨论用连篇累牍来形容不为过，但把握住问题实质并切中要害的讨论少之又少。

中国社会主义大学制度问题的当代性和复杂性决定突破的困难。当代性与复杂性的所指，第一层面是人类生活的当代状况处于分裂和矛盾之中。近代以来无论政治、法律还是经济和一般社会组织，原则上大都由近代理性原则所规约和引导。人们一方面受益于理性和现代性所带来的现代文明的便利，另一方面在承受理性形式主义的空虚和抽象所造成的海德格尔所说的"新时代的人的无家可归状态"，承受着马克思所说的资本所造成的人的全面而普遍的异化，这是一种分裂而深刻的当代境况，无论中西尽入彀中。中国现当代学问体制与现行大学组织，毫无疑问是这种近代理性主义规约的对象，也是理性主义规约与引导的结果。社会主义高校办学理念的实现与否取决于对理性主义边界和限制的认知，取决于对它的继承性批判和批判性超越的成功与否，道阻且长。

当代性与复杂性的第二层面所指是，在马克思主义哲学指导下的中国社会主义高校办学实践及所构建制度的内涵早已跳脱了以近代西方高校为模板的近现代大学模式而处于一种独特的当代境遇之中。至少，由于马克思主义对理性主义的批判性超越，中国高校在对现代性问题的反思和对理性主义形式化的克服方面，进行了长期的探索。虽然中国高校在制度建设方面仍有不少有待于完善及需要向西方高校学习之处，但应该是以学习的态度而非学徒的心态和简单的照搬照抄。依照西方高校的"葫芦"画中国高校的"瓢"的学徒心态，不仅自废武功，更会走进没有出路的理论死胡同。

社会主义高校的当代性议题是在当代中国市场经济、现代化和社会主义改

革同时展开背景下的时代课题,这是一种独特的境况,困难是注定的。当代性与复杂性第三层所指的是,作为这种制度指导理论和基石的马克思主义,仍然需要有超强的面对时代问题的应答能力,要延续面向时代问题敞开的态度。中国四十多年来的改革开放,让社会主义高校再次考虑吸纳西方大学的制度要素和形式,大学章程正是其中的一种积极探索,这些制度要素、制度形式如何与社会主义高等教育法精神契合,需要马克思主义法哲学作出时代应答,这种应答必然是一种跳脱出对历史唯物主义近代化解读的应答,是在中国传统哲学、现代西方哲学和马克思主义近代化解读深刻反思基础上走向成熟的马克思主义的应答。很显然理论还要待以时日才能成熟,密涅格的猫头鹰总在黄昏起飞。

以大学章程规制性与权威性问题的解决为例,可以说明中国大学章程问题的复杂性。大学章程规制性与权威性,始终是大学章程研究者和批评者关注的焦点。已有研究凡是触及这个问题,一般都以批评意见居多。研究认为大学章程的规制性与权威性不足主要体现在以下几个方面:一是没有解决"如何处理政府与高校关系"的制度性难题,"没能力对高校相关利益主体形成实质性规约"①,"没有能够突破性地对政府干预高校的权力进行限制"②;二是大学章程的制定与核准主体分别为高校和教育行政部门,并非作为最高权力机构的全国人大或地方人大,因此不具有强制性的法律效力,不能成为法院判案依据,应诉性弱也削弱了章程的权威性。③ 归结起来看,一般观点认为大学章程的规制性与权威性不足的主要原因在于章程实体内容对权力关系界定不清、权利保障不充分,在于章程制定主体不权威以及文本没有"严格按照立法程序",在于没有完成作为地方性法规的法律化过程。批评者大多站在规制性制度立场审视大学章程。

制度理论强调,规制性(Regulative)、规范性(normalitive)和文化—认知性(cultural-cognitive)是制度的关键要素和关键属性。④ 持规制性制度论者认为,制度是一种客观存在,作为一种外在结构而为人察觉和感知,也就是说制度的存

① 张继明,王宏才.我国大学章程有效性评估的六个基本维度[J].大学教育科学,2016(1):41-45.

② 孙自强.新制度主义视域下大学章程建设审视[J].教育评论,2017(1):8-11.

③ 王春业.论我国公立大学章程的法律效力及其实现途径[J].清华大学教育研究,2014(8):16-26.

④ [美]W·理查德·斯科特.制度与组织——思想观念与物质利益[M].姚伟,王黎芳,译.北京:中国人民大学出版社.2010:58-59.

在是观察者无涉的；它强调制定明确的规则、监督规则的执行、正式或非正式的奖惩，通过它们构成完整的规制过程，权力因素与政府权力受到特别的关注。新制度经济学、政治学的理性选择制度主义、历史制度主义大多秉持规制性制度观。大学章程的批评者，同时作为规制性制度观持论者，主张大学章程的规制性与权威性影响到大学章程规范功能和文化引领功能的实现，应该给予特别的重视，加之他们所洞察到权力（利）认定、程序合法化以及软法制度"硬化"的重要性，这些无疑对大学章程建设有积极推动意义。但如果进一步深化讨论，就会面临高等教育法权构造及其性质、政学关系等高度宪制化议题；一般制度变迁理论，无论是理性制度主义还是新制度主义，对此都已有心无力。倘若更进一步地把讨论推进到高等教育领域的自由、权利、法的本质与法的价值、法与法律制度关系问题，站在西方自近代以来形成的理性主义法哲学对立面的马克思主义法哲学则必得出场。

二、马克思思想的历史存在论及其教育法哲学意义

在 1949 至 1954 年间的对自由主义学问体制改造基础上建立的社会主义学问体制与高校制度并不一般性地反对自由。[①] 不仅不反对自由，相反，作为社会主义学问体制指导思想的马克思主义，自由是贯穿它的创始人马克思从早岁到暮年思想旅程的一根红线。马克思创立的历史唯物主义和历史唯物主义法哲学始终以实现人类解放和每一个人的自由全面发展为热烈的追求。马克思为《莱茵报》写的第一篇文章是《关于出版自由和颁布等级会议记录的辩论》，在文中马克思发挥了康德的自由观，认为自由是"全部精神存在的类的本质"。他写道："哪里的法律成为真正的法律，即实现了自由，哪里的法律就真正实现了人的自由。"[②]随后，马克思首次遇到了对物质利益发表见解的难题——也就是要为《林木盗窃法》的立法写评论文章，一面是林地主的利益，另一面是为抵御寒冬而到林地捡拾枯枝穷人的生存——无论站在哪一面，似乎都让人感到为难。然而，省议会的辩论和拙劣的立法行径让马克思受到极大震动，他看到了法背后隐藏着的狭隘的私人利益的实质。虽然此时的马克思仍然恪守黑格尔理性法观点，把

---

① 鲍嵘. 学问与治理——1949—1954 中国大学知识现代性状况报告[M]. 上海：学林出版社，2006：170.
② 中共中央编译局编译. 马克思恩格斯全集(第 1 卷)[M]. 北京：人民出版社，2002：288.

法律看成正义理性的化身,企求一种与自由理性相适应的理想国家和抽象的"永恒法律秩序",但他已经清楚明白地看到,当利益同法的原则发生矛盾时,利益总是占上风:"法的利益只有当它是利益的法时才能说话,一旦它同这位圣者发生抵触,它就得闭上嘴巴。"①

在 1843 年完成的《黑格尔法哲学批判》中,马克思第一次廓清了法哲学的一个统帅全局的根本性问题,就是法的客观基础问题。马克思指出法的客观基础是市民社会,法是财产关系的外在表现形式,财产关系则是法的内容。② 在 1845 年至 1846 年间完成的《德意志意识形态》手稿中,马克思第一次把社会的基本矛盾归于生产力与"交往形式"之间的矛盾,并由此出发揭示了法律的产生、发展和消亡的规律性,认为法和法律的产生必须依赖社会经济关系、阶级关系的实际运动,而且法律的消亡也同样以生产力的巨大发展为前提,如果生产力还没有达到一定水平,消亡国家和法律的意志是不可能的。③ 经过艰苦的探索,马克思完成了对以黑格尔为顶峰的理性主义法哲学的批判性超越,形成了对法律的本质和特征、法和法律的继承性、法律关系的实质等一系列重大法哲学问题加以应答的历史唯物主义的法存在论、法价值论、法认识论法哲学。④ 黑格尔哲学是体系哲学的巅峰,实际上也是理性主义所能达到的巅峰。黑格尔在自己构造的哲学体系中彻底地发展了德国古典哲学从思维引出存在的原则,并把它推向了极端。他以思辨的形式集人类认识史之大成,把哲学史上的每一个重要范畴都按一定的逻辑次序加以排列,构造出一个逻辑严整的体系来说明世界、规范世界。虽然这种体系构造归根到底也是从人与外部世界的矛盾出发的,但他解决矛盾的途径却是以理性为原点,将"人和外部世界全部精神化",马克思称之为以意识决定存在。

在黑格尔那里,历史事务的本质性化为精神之非时间性的辩证程式,所以黑格尔终究还是把历史丢失在理性的辩证体系中了。马克思通过"感性活动""感性意识"与"感性客体(的建构)"等并非完全能为近代化哲学思维所能解读的语言,开启了对自柏拉图到黑格尔的知识论、认识论路向的形而上学与理性主义总

① 中共中央编译局编译. 马克思恩格斯全集(第 1 卷)[M]. 北京:人民出版社,2002:288.
② 中共中央编译局编译. 马克思恩格斯全集(第 1 卷)[M]. 北京:人民出版社,2002:283.
③ 中共中央编译局编译. 马克思恩格斯全集(第 3 卷)[M]. 北京:人民出版社,2002:378.
④ 公丕详. 马克思法哲学思想论要[J]. 中国社会科学,1990(2):27-50.

清算，他为概念前、逻辑前和反思的实践以及人对自身生存的领悟，争夺回本该属于它们的应有地位，破除知识论和理性路向的形而上学对思想无处不在的优先权和支配权，让人们开始重新思想。马克思为此写道："意识在任何时候都只能是被意识到的存在，而人们的存在就是它们现实的生活过程。"①人把自己的生命本身当作对象的意识和意志，既是逻辑前的又是真正属于人的，它们不是作为逻辑形式化之产物的"纯思"，而是由于自己本身的生活原始地成为对象而形成的对存在的领悟。海德格尔《在关于人道主义的书信中》评论说："因为马克思在体会到异化的时候深入到历史的本质性的一度中去了，所以马克思主义关于历史的观点比其余的历史学优越。但因为胡塞尔没有，据我看来萨特也没有在存在中认识到历史的本质性，所以现象学没有，存在主义也没有达到这样的一度中，在此一度中才有可能有资格和马克思主义交谈。"②深入到历史本质的一度中去的马克思历史存在论是马克思历史唯物主义的理论底色，是马克思法哲学的存在论根基。马克思历史存在论对理性主义的颠覆，对于为理性主义原则所引导和规制的近现代学问体制、学术体系的革新具有重要的启示。

三、关于马克思法哲学指导下的大学章程建设讨论

在马克思主义已经成为中国新传统的今天，中国特色社会主义高等教育法制体系和法律制度体系构建，不可能自外于马克思历史存在论法哲学而完成。从现实的层面看，大学章程活动无论从制定程序、文本形式还是实质内容都牵涉到对高等教育法权结构的理解和把握，而这种理解必须追溯到宪法基于主权架构而对高等教育法权结构做出的规定。要理解中国主权架构，就要解读中国宪法（典）。依据我国宪法（典）文本、宪法运行实际和宪法任务，我国宪法涉及政治主权和治理主权两个系统的权力安排和相应权利护卫。政治主权系统由执政党、人民政协、界别（阶层）三个要素构成，治理主权系统由以全国人民代表大会为核心的"一府两院"系统和公民要素构成。在静态关系层面，政治主权系统与治理主权系统共同构成宪法的核心；在动态关系层面，政治主权优于或者统摄治理主权。与政治权力系统和治理权力系统相对应存在两种权利——阶层权利和

---

① 中共中央编译局编译. 马克思恩格斯选集（第 1 卷）[M]. 北京：人民出版社，1995：72.
② ［德］海德格尔. 海德格尔选集（上卷）[M]. 孙周兴，译. 上海：三联书店，1996：383.

公民权利。① 现行宪法通过序言和总纲第一条对政治主权系统规则进行了确认,也为阶层权利的行使确定了方向和制度通道;公民宪法权利的运行依据是宪法中的"公民基本权利和义务",宪法为公民权利提供了实定法依据与保障方式。大学中的学生、教师的宪法权利既体现为公民"受教育权"和"从事有益于人民的科学研究和文化活动的自由"②权利等个体权利,同时也为工人阶级、农民阶级、知识分子和新阶层等阶层权利所涵摄,而体现为这些阶层的高等教育相关权益。只有在理解我国现行主权架构的基础上,才有可能准确地把握包括学生受教育权、学者学术研究权利在内的宪法权利和大学自主权的法律权利③的现实内涵和运行方向,才有可能完成相应的制度设计。宪法正是在此意义上成为大学章程的法律渊源。大学章程的制定以及对权力(利)安置,必然是宪法和教育法律精神的延展和具体化,也可以认为,大学章程的制定本身就是宪法实施的一部分,它的权威性和规制性来自它对宪法的忠实执行和实施。离开对宪法精神和我国法治总体特征的把握,不可能建设好大学章程;要加强大学章程的规制性与权威性,就必然要求加强对我国现行宪法精神和法治总体特征的理解和把握,并应用于指导章程建设。为此应该从以下几方面做出努力。

首先,把握我国法治模式总体特征,优化与我国法治总体特征相符合的在宪法和法律规制下的大学治理的党、国、府、学互动模式。从党的十一届三中全会到十八届四中全会,我国法治体系的一个重大变化是党法体系被纳入法治秩序,改变了过往国家法中心主义法治观,确立了法治多元主义法治观,建立了同时吸收立法法治国、司法法治国和行政法治国理念及制度基础上的基于党国互动体

---

① 韩秀义.文本・结构・实践:中国宪法权利的二重属性分析[J].辽宁大学学报(哲学社会科学版),2010(7):1-12.

② 在我国,学术研究自由以特定表述方式入宪。我国宪法第四十七条规定:"中华人民共和国公民有进行科学研究、文学艺术创作和其他文化活动的自由。国家对于从事教育、科学、技术、文学、艺术和其他文化事业的公民的有益于人民的创造性工作,给以鼓励和帮助。"《高等教育法》把宪法这一条款具体化为第十条"国家依法保障高等学校中的科学研究,文学艺术创作和其他文化活动的自由。在高等学校中从事科学研究、文学艺术创作和其他文化活动,应当遵守法律。"据此,可以理解为学者有"从事有益于人民的科学研究和文化活动的自由"。这是一种非常典型的复合式宪法权利,也就是由公民权利与人民(具体体现为阶层)权利复合而成的权利。

③ 按照法学通论,大学自治是为保障学术自由的实现而衍生出来的制度和机构权力(利)。这是由宪法权利衍生出来的法律赋予的权利。我国大学在宪法层面的合法性来自它是为实现国家举办高等教育的目的而设立的机构,办学自主权的法律依据则是《高等教育法》中的相关条款。

制的混合法制模式。① 这种模式既非欧洲大陆法系国家主要依赖立法机关制定法律法典的"立法法治国"模式,亦非普通法法系国家主要依赖法院司法判决的"司法法治国"模式,更非后现代法治时代的"行政法治国"或"行政规制国"模式,而是混合法制模式。在党与国家互动法制模式下,不仅政府与高校的关系获得了放在执政党、国家、政府和高校四者互动关系的广阔背景和深广法治实践下探讨的可能性,而且关系内部法规制定合法化问题也可以有更多的选择和探讨的可能。我国现行大学章程制定没有走法律化道路,但也不是简单的行政模式,而是在执政党、政府与高校的互动之下完成的建设模式。章程法律化思路囿于立法权威,从表面上看满足制度规制性与权威性提升的条件,但实质上却缺乏执行的可能,也不符合我国法治模式的总体特征,反而无益于它的权威性的建立。从大学治理的实际情况看,我国大学治理制度化水平并不低,也不是非得要不停地改动。只是这个制度不是契约式文本,而是以治校办学实践为基础的活化制度,包括惯例、文化、(诸如国家观念等的)观念形态制度、集体主义精神,以及行政命令。它们排斥了契约式文本的运行机制,但作为制度要素,即使在成熟体制中的功用也不容小觑,所以关键在于整合与统一。我国大学章程建设要加强容纳并吸收必要的规制性、规范性与认同性制度要素,同时启蒙规则意识,加强以软法为中心的制度建设,培育依规治校和民主治校的大学文化。

其次,认真对待执政党高等教育方针、政策的规制性效力,同时执政党应该善于通过法律来实现对高等教育的领导,重大教育改革措施应该法律化,实现改革决策与立法决策的统一。虽然从法理角度而言,执政党教育重大政策并不属于传统意义上的法的渊源,但它对大学章程无疑具有涵摄作用。这是因为执政党的执政地位,其教育方针与路线,不仅影响法律的制定和实施,而且对法治本身有着举足轻重的作用。② 大学章程作为执行执政党高等教育方针政策的文本,具有大量的非程序性、非法律性的政治性表述,此似乎降低了大学章程的应诉性。对于坚持以应诉性为规制性和权威性标准的批评者来说,大学章程规制性和权威性似乎也因此降低了。可应诉固然是对权利救济的支持,但就权利的

---

① 强世功. 从行政法治国到政党法治国——党法和国法关系的法理学思考[J]. 中国法律评论,2016(3)：35–41.

② 周佑勇. 逻辑与进路新发展理念如何引领法治中国建设[J]. 法制与社会发展,2018(3)：29–39.

实现而言,可诉与可判已经是公平正义的最后底线,高等教育法律也为此提供保障。政治决断与价值规范对权利实现的重要性并不亚于司法和法律,它们同为重要管道。因此,大学章程不仅从对宪法和法律的忠实执行中获得权威性,同时还从认真对待执政党高等教育方针、政策的规制性效力中建立权威性。在高校"四个服务"教育方针中,高校"为人民服务"居首。"为人民服务"是先后载入《中国共产党党章》《中华人民共和国宪法》以及《社会主义道德建设纲要》的政治理念,它既是中国共产党的根本宗旨,又是中华人民共和国的立宪之本,还是社会主义中国全民道德基础。① 把"为人民服务"作为高校首要的政治伦理要求,具有重要的制度创制意义,这是对宪法"国家机关及其工作人员、武装力量、人民代表大会都应当努力为人民服务"的具体落实,是对宪法"国家举办'为人民服务'的文化教育事业"的具体部署,是对高校在社会主义社会政治地位的肯定,也是对高校承担政治责任的期许。宪法的实施也是法治的重要一环。执政党的高等教育方针政策通过把政治话语衔接上实定法的"国家尊重和保障人权",推动了宪法和法律的实施与执行。可见,执政党的高等教育方针政策,既是对高校内部法规具有指导意义的政治话语,同时又是具有与法的权威性等同的规范。认识到这一点,不仅有利于处理好大学章程制定程序合法化问题,也有利于在实定法层面上安排好党、国家、政府、高校之间的关系,为建立统一的、权威的、系统化的高校内部法规体系创造条件。当然,执政党应该善于把改革思维与立法思维结合起来,把改革决策与立法决策结合起来,重大改革举措应该法律化,应该成为政府依法行政的榜样。执政党和政府部门的教育政策都应该在法的规范内制定与执行,应该接受合宪性、合法性与合规性的审查。②

最后,以推进高校内部法规建设为契机,加强大学法治理论和法哲学的探讨,反哺于大学章程建设。教育法哲学、法理学一直以来是法学领域非常薄弱的部门。包括大学章程建设在内的大量的高等教育法治实践问题的涌现,在倒逼教育法理学和法哲学研究尽快提上日程。在高校的当代性境域中,高等教育法权结构、高等教育法与法律制度的存在论、价值论、认识论与方法论问题接踵而至,迫切需要能对中国高校当代性境遇和现代性困境做出应答的教育法哲学。

① 陈欣."为人民服务"的政治哲学[A].政治与法律评论(第四辑).北京:法律出版社,2014:34.
② 鲍嵘,刘宁宁,等.合宪、合法、合规:论高考加分的法律控制[J].清华大学教育研究,2011(6):86-92.

理论不彻底就难以使人信服。只有在马克思历史本体论法哲学、政治学、高等教育学等多学科整合的高等教育法哲学的引领下，才有可能对我国现行宪法（典）所支持的高等教育法权结构给予充分理解和阐释，才能对中国特色社会主义高等教育法治的总体特征与基本原则给予深入把握，我国高等教育法治实践也才能以更高的理论自觉走向未来。

第十五章
一流大学章程形式法治和实质
法治水平分析

随着我国高等教育改革向纵深方向发展,大学章程的建设也加快了步伐。截至 2015 年底,我国公立高校均已完成大学章程的核准和发布,进入"全面依法治校新时代"[①]。要想真正地实现"依法治校",就离不开对大学章程的法治化考量。学界普遍认为高等学校规范性文件属于狭义"法"的范畴,应当具有"准法律"的性质,而大学章程正属于这种狭义的"法"——"软法"[②]。实际上,大学章程的法治化有史迹可循,大学章程源于西方中世纪高校的特许状,赋予高校居住权、司法自治权、罢课权、迁徙权、颁发教学许可证权、免税免役权等权力,这些特许状由教皇或国王颁发,与教育法规呈混合状态,是王权、教权教育立法的最初形式。[③] 中国最早的大学章程也具有一定的法律渊源。清末为救亡图存,清政府兴办以京师大学堂为代表的新学,并颁布相关的大学堂章程。大学堂章程是政府委派专人制定的代表了当局的教育管理意志的教育法律。高校规范性文件只有契合法治化诉求,才能为依法治校奠定规则基础,才能真正开启高校治理现代化的新时代。[④] 具体来说应当满足形式法治、程序法治和实质法治这三个方面的要求。形式法治是技术层面的要求,是从形式上着眼于高校规范性文件的外观、形式,从内容上要求高校规范性文件在具备名称、发布的形式、文件的签

① 顾海波,赵进华.高校章程解释初探[J].高教探索,2016(10):32-36+47.
② 徐晴.高校校规:司法适用的正当性与适用原则[J].中国法学,2017(5):91-110.
③ 张继明.学术本位视阈中的大学章程研究[M].济南:山东人民出版社,2015:81.
④ 张显伟.高校规范性文件法治化的诉求[J].政治与法律,2019(11):81-89.

署、文本格式、遣词造句、结构编排等方面内容符合法律规范；程序法治则是程序层面的要求，高校规范性文件的制定过程应当遵循基本的程序阶段要求和民主、公开等确保程序正当的基本制度；实质法治是内容层面的要求，在前两条原则的基础上，要求高校规范性文件合乎宪法、法律、法规、规章等上位法，对高校公权力能够制约和监督，对高校教职员工的私权利能够保障。① 大学章程作为重要的高校规范性文件，历史的逻辑和现实的需求都要求大学章程应当具备形式法治、程序法治和实质法治三个方面特质。

2017 年 9 月，教育部、财政部和国家发展改革委共同公布了世界一流大学建设高校名单，此次公布一流大学建设高校包括 A 类 36 所（含军事院校 1 所）和 B 类 6 所。建设世界一流大学和一流学科是我国坚持社会主义办学方向、发展中国特色高等教育的重要决策部署。一流大学办学质量在国内处于领先水平，但一流大学章程是否具备较高的法治化水平？本文拟对 2017 年教育部、财政部和国家发展改革委共同公布的 42 所一流大学建设高校中的 41 所非军事院校的章程进行文本分析，以期了解一流大学章程在形式法治和实质法治两个方面的水平，为后续章程建设与完善提供思路。形式法治和实质法治分别是对高校规范性文件的技术层面和内容层面的要求，两者的水平可以通过分析高校章程文本略窥一二。而程序法治则是程序层面的要求，故本文不予考虑。基于此，采用政策内容分析方法，借助 NVivo 软件，对 41 部一流大学（军事院校除外）的章程文本进行分析，考察一流大学章程的形式和实质法治化水平。

一、研究设计

（一）样本搜集

选取 2017 年 9 月教育部、财政部和国家发展改革委共同公布的 41 所一流大学建设高校章程（军事院校除外）作为研究样本，高校名称及章程来源见表 15.1。

（二）研究工具

采用政策内容分析法以及扎根理论研究法建构方法论框架，借助 NVivo11 软件对 41 部一流大学建设高校章程文本进行分析。借助 NVivo 的编码、查询、

---

① 张显伟.高校规范性文件法治化的诉求[J].政治与法律,2019(11)：81-89.

探索、可视化等功能,探求高校章程的形式和实质法治化水平。

表 15.1　41 所一流大学建设高校名称及章程来源

高校名称	章　程　来　源
北京大学	http://old. moe. gov. cn//publicfiles/business/htmlfiles/moe/s8144/201412/182101. html
中国人民大学	http://xxgk. ruc. edu. cn/gksx/jbxx/gzzd/d88dc1027f6e4cabbcd0d1802751e6b7. htm
清华大学	https://www. tsinghua. edu. cn/publish/newthu/openness/jbxx/qhdczc. html
北京航空航天大学	http://old. moe. gov. cn//publicfiles/business/htmlfiles/moe/s8372/201412/182090. html
北京理工大学	http://www. bit. edu. cn/gbxxgk/xxzc/index. htm
中国农业大学	https://www. cau. edu. cn/col/col16807/index. html
北京师范大学	http://pkunews. pku. edu. cn/2015zt/2015-04/28/content _ 288465. htm
中央民族大学	http://old. moe. gov. cn//publicfiles/business/htmlfiles/moe/s8144/201412/182093. html
南开大学	http://xxgk. nankai. edu. cn/2014/1229/c2762a13403/page. htm
天津大学	http://old. moe. gov. cn//publicfiles/business/htmlfiles/moe/s8144/201412/xxgk_182105. html
大连理工大学	http://www. moe. gov. cn/srcsite/A02/zfs_gdxxzc/201410/t20141020_182082. html
吉林大学	http://jwc. jlu. edu. cn/info/1009/1589. htm
哈尔滨工业大学	http://old. moe. gov. cn/publicfiles/business/htmlfiles/moe/s8144/201412/182091. html
复旦大学	http://old. moe. gov. cn//publicfiles/business/htmlfiles/moe/s8144/201411/xxgk_178502. html
同济大学	http://xxgk. tongji. edu. cn/index. php? classid ＝ 3078&newsid ＝ 6610&t＝show
上海交通大学	http://www. moe. gov. cn/srcsite/A02/zfs_gdxxzc/201405/t20140515_182119. html
华东师范大学	https://www. ecnu. edu. cn/single/main. htm? page＝xxzc

（续表）

高校名称	章 程 来 源
南京大学	https：//xxgk. nju. edu. cn/15405/list. htm
东南大学	http：//www. moe. gov. cn/srcsite/A02/zfs_gdxxzc/201311/t20131129_182125. html
浙江大学	http：//old. moe. gov. cn//publicfiles/business/htmlfiles/moe/s8144/201412/xxgk_182098. html
中国科学技术大学	http：//xxgk. ustc. edu. cn/2017/1026/c13978a206178/page. htm
厦门大学	https：//www. xmu. edu. cn/about/zhangcheng/
山东大学	http：//old. moe. gov. cn//publicfiles/business/htmlfiles/moe/s8144/201412/182104. html
中国海洋大学	http：//old. moe. gov. cn//publicfiles/business/htmlfiles/moe/s8144/201412/xxgk_182080. html
武汉大学	http：//www. moe. gov. cn/srcsite/A02/zfs_gdxxzc/201407/t20140723_182109. html
华中科技大学	http：//www. moe. gov. cn/srcsite/A02/zfs_gdxxzc/201410/t20141020_182086. html
中南大学	http：//xxgk. csu. edu. cn/info/1243/2957. htm
中山大学	http：//www. moe. gov. cn/srcsite/A02/zfs_gdxxzc/201409/t20140911_182095. html
华南理工大学	https：//www. scut. edu. cn/new/9018/list. htm
四川大学	http：//old. moe. gov. cn/publicfiles/business/htmlfiles/moe/s8144/201412/xxgk_182117. html
重庆大学	http：//xswyh. cqu. edu. cn/info/1056/1313. htm
电子科技大学	http：//www. moe. gov. cn/srcsite/A02/zfs_gdxxzc/201409/t20140911_182096. html
西安交通大学	http：//xxgk. xjtu. edu. cn/list _ lm. jsp？ urltype ＝ egovinfo. EgovCustomURl＆wbtreeid ＝ 1001＆type ＝ subcattree＆sccode ＝ xxzc＆subtype＝3＆gilevel＝2＆openitem＝xxzc：2
西北工业大学	https：//news. nwpu. edu. cn/info/1003/43489. htm
兰州大学	http：//old. moe. gov. cn/publicfiles/business/htmlfiles/moe/s8144/201412/xxgk_182107. html

（续表）

高校名称	章　程　来　源
东北大学	http：//www. neu. edu. cn/constitution/2019/0304/c178a808/page. htm
郑州大学	http：//www5. zzu. edu. cn/flfg/info/1026/1025. htm
湖南大学	http：//xxgk. hnu. edu. cn/info/1018/2265. htm
云南大学	http：//www. ynu. edu. cn/xxgk/dxzc1. htm
西北农林科技大学	https：//xxgk. nwsuaf. edu. cn/xxgkml2015/jbxx2015/xxzc2015/48418. htm
新疆大学	http：//xxgk. xju. edu. cn/info/1013/1064. htm

注：资料更新日期为 2019 年 12 月 15 日。

（三）研究步骤

通过 NVivo 软件的编码功能，我们对 41 部高校章程文本进行一一编码，具体步骤如下。

第一，采用 NVvivo 外部数据导入功能导入 41 部一流大学建设高校章程文本，在对 41 部章程文本仔细阅读的基础上，针对每部章程创建个案，对每个个案的文本内容进行编码。在编码时，尽量使节点涵盖文本内容，如果不能确定某段文本属于哪个节点则暂时标记为自由节点；在对文本进行编码的基础上得到章程文本内容的树状结点，构成一流大学建设高校章程的基本框架，也就是它的外部形式。针对一流大学建设高校章程的外部形式进行法治化分析。

第二，设计实质法治文本搜索关键词，对相关节点的文本进行检索，得到关键词出现的文本、次数、具体表述和词频图。根据文本、次数、具体表述和词频图对章程文本的实质内容进行法治化分析。

二、一流大学章程的形式法治落实情况

形式法治是对大学章程技术层面的要求，一方面要求大学章程具有符合要求的外观和形式；另一方面要求大学章程具备名称、发布形式、结构编排等方面的内容。形式法治使大学章程首先从外观上具备法治秉性，契合法治要求。正如黑格尔所说，"形式就像本质自己那样对本质是非常本质的东西"①，形式就是

---

① ［德］黑格尔. 精神现象学（上卷）［M］. 贺麟，王玖兴，译. 北京：商务印书馆，1979：12.

内容的形成，即"个别实体的本质"①。形式法治更是正当性和合法性的重要来源，"今天，正当性最普遍的形式，便是对合法性的信仰，也就是服从形式正确的以一般方式通过的成文规定。"②法治的形式赋予法治生命。③　因而，在《中华人民共和国教育法》《中华人民共和国高等教育法》和《学位条例暂行实施办法》等相关法律法规的规定外，2011 年 7 月 12 日教育部第 21 次部长办公会议审议通过了《高等学校章程制定暂行办法》（以下简称《办法》）。《办法》对国家举办的高等学校章程的起草、审议、修订以及核准、备案等事项进行明确规定，尤其规定了高校章程应载明的内容，对大学章程的形式进行专门规范。对《办法》所规定的具体内容进行划分，得到学校基本信息、学校定位和发展、章程法律依据、治理结构、校内人员、校外和附则 7 个内容项，见表 15.2 所示。

表 15.2　《高等学校章程制定暂行办法》规定高校章程应载明的内容

内容项	具 体 内 容
学校基本信息	1. 学校的登记名称、简称、英文译名等，学校办学地点、住所地 2. 学校的领导体制、法定代表人、组织结构、决策机制、民主管理和监督机制，内设机构的组成、职责、管理体制 3. 学校的举办者，举办者对学校进行管理或考核的方式、标准等 ……
学校定位和发展	1. 学校的机构性质、发展定位、培养目标、办学方向 2. 经审批机关核定的办学层次、规模 3. 学校的主要学科门类，以及设置和调整的原则、程序 ……
章程法律依据	章程应当依照法律及其他有关规定制定
治理结构	1. 健全学校办学自主权的行使与监督机制 2. 健全中国共产党高等学校基层委员会领导下的校长负责制的具体实施规则、实施意见 3. 科学设计学校的内部治理结构和组织框架 ……
校内人员	1. 体现以人为本的办学理念，健全教师、学生权益的救济机制，突出对教师、学生权益、地位的确认与保护，明确其权利义务 2. 明确学校受理教师、学生申诉的机构与程序

① 邓晓芒. 黑格尔《精神现象学》句读（第 1 卷）[M]. 北京：人民出版社，2014：173.
② ［德］马克斯·韦伯. 社会学的基本概念[M]. 顾忠华，译. 桂林：广西师范大学出版社，2011：71.
③ 张骐. 法治的"魂"与"形"——兼谈法治与德治的区别与关联[J]. 华东政法大学学报，2018(2)：43-60.

（续表）

内容项	具 体 内 容
校外	1. 明确学校开展社会服务、获得社会支持、接受社会监督的原则与办法，健全社会支持和监督学校发展的长效机制 2. 自主设置有他社会组织代表参加的学校理事会或者董事会的，应当在章程中明确理事会或者董事会的地位作用、组成和议事规则
附则	章程修改的启动、审议程序，以及章程解释权的归属

依据《高等学校章程制定暂行办法》规定的高校章程应载明内容项，结合具体文本，根据研究需要利用 NVivo 软件对 41 部大学章程文本进行编码。在对节点进行反复调整后，得到涵盖所有章程文本内容的 7 个树状节点，与《办法》中 7 个内容项吻合，构成一流大学章程的基本框架。如表 15.3 所示，大学章程的形式法治直接体现在文本的结构和内容上，《办法》中所规定的高校章程应载明的内容项在 41 部大学章程文本中大部分能找到对应的内容，一流大学章程整体形式法治化水平较高。其中，治理结构在所有章程文本中的平均覆盖率最高，为 39.85%，可见一流大学章程的形式内容重点侧重于学校的内部治理结构和组织框架。

表 15.3 一流大学章程的基本框架

节点名称	材料来源数	参考点数	平均覆盖率(%)
学校基本信息	41	209	16.11
学校定位和发展	41	86	6.84
章程法律依据	41	42	0.88
治理结构	41	499	39.85
校内人员	41	101	19.06
校外	41	83	4.27
附则	41	41	2.45

注：材料来源数指含有此节点的章程数量；参考点数指含有此节点的文段数量；平均覆盖率指此参考点数文本量占文本总量的百分比例。

三、一流大学章程的实质法治落实情况

实质法治是指在内容层面要求大学章程合乎《教育法》《高等教育法》《办

法》等上位法律、法规和规章,能够对高校公权力进行制约和监督,能够对高校教职员工和学生的私权利进行保障。如果说形式法治关注了大学章程"怎么说"的问题,实质法治关注的则是"说什么"的问题。法治不仅仅意味着法律的秩序、规则和技术性操作,还意味着法治价值的实体应当着眼于"法治本身所包含的道德原则和法治所要达成的社会目标"[1]。体现法律权威、保障权利和自由是实质法治的要求。具体到大学章程的实质法治应该包括:大学章程遵循法律优先原则,大学章程符合高校实际原则,大学章程平衡权力与责任、权利与义务原则。

(一) 法律优先原则落实情况

大学章程应当遵循法律优先原则。"法律优先"这一原则源于德国行政法鼻祖奥托·迈耶(Otto Mayer),他认为"以法律形式出现的国家意志依法优先于所有其他形式表达的国家意志;法律只能以法律的形式才能废止,而法律却能废止所有与之相冲突的意志表达,或使之根本不起作用"[2]。也就是说,法律相对于行政立法具有法律位阶[3]上的优越地位,一方面,行政立法应"根据(法律)",服从法律位阶的要求;另一方面,下位阶的法律应"不抵触"上位法,不能与上位阶的法律发生冲突。[4]《办法》也对大学章程法律优先的原则做了规定:"高等学校制定章程应当以中国特色社会主义理论体系为指导,以宪法、法律法规为依据。"这意味着大学章程的制定必需依据相关法律和规章,并且内容与相关法律和规章不得抵触。

基于法律优先原则,对 41 部一流大学章程文本"章程法律依据"这一节点进行分析。如表 15.4 所示,41 部大学章程都包含"章程法律依据"这一信息。其中,有 40 部章程的这一信息在具有原则定性作用的"总则"中出现,且位于总则第一条。云南大学则惯有规范办学的传统,在序言部分就梳理了依"法"办学的历史并说明了章程制定的法律依据。可见,一流大学章程都遵循了法律优先原则,且以宪法、法律法规为依据是一流大学章程制定的首要原则。

---

① 夏惠.法治是什么——渊源、规诫与价值[J].中国社会科学,1999(4):117-143+207.

② [德]奥托·迈耶.德国行政法[M].刘飞,译.北京:商务印书馆,2002:70.

③ 张根大.法律效力论[M].北京:法律出版社,1999:168.

④ 周佑勇.行政法中的法律优先原则研究[J].中国法学,2005(3):49-55.

表 15.4　"章程法律依据"节点信息

节点	材料来源数	所在章节	具 体 表 述
章程法律依据	41	总则（第一条）	1. 为保障学校依法自主办学，完善治理结构，促进学校科学发展，依据《中华人民共和国教育法》《中华人民共和国高等教育法》等相关法律规定，制定本章程 2. 为保障和促进学校依法自主办学，实现发展目标，根据有关法律、法规，制定本章程 3. 本章程根据教育法、高等教育法制定 ……
		40	
		1　序言	早在建校之初，学校先后制定过《东陆大学组织大纲》《云南省立云南大学组织大纲》《国立云南大学组织大纲》。为规范办学行为，建立健全现代大学制度，根据《中华人民共和国教育法》《中华人民共和国高等教育法》《中国共产党普通高等学校基层组织工作条例》及教育部《高等学校章程制定暂行办法》等法律法规，结合学校实际，制定本章程。（《云南大学章程》个例）

（二）符合高校实际原则落地情况

大学章程应当符合高校实际。《办法》第 3 条规定："章程是高等学校依法自主办学、实施管理和履行公共职能的基本准则。高等学校应当以章程为依据，制定内部管理制度及规范性文件。"因此，大学章程不仅是相关上位法律和规章的"下位法"，还是高校其他规范性文件的"上位法"。一方面，大学章程根据学校实际情况和教育法、高等教育法及其他有关规定，对国家关于学校的办学方针和相关规定进行细化；另一方面，大学章程又是大学自主办学的基础，是处理学校与政府、社会的关系和学校内部关系的准则，"是大学在法律框架下行使自治权利的自我规范"[①]。作为高校规范性文件的"上位法""纲领法"，大学章程对学校的定位、治理结构、校内外人员组织等方面的规定应当符合高校的实际情况，体现高校自身的特色。"学校定位和发展"涵盖大学的机构性质、发展定位、培养目标等关键信息，也是最能凸显学校特色的节点信息。

基于此，首先对"学校定位和发展"这一节点进行词频查询，了解一流大学定

---

① 马陆亭，范文曜. 我国现代大学制度的建设框架[J]. 国家教育行政学院学报，2009(5)：34－41.

位和发展的总体情况。设置单词最小长度为2，根据词频得到表15.5所示的高频词语统计表（统计次数＞100次）和图15.1所示的词频云图。由表15.5可知，一流大学章程对于学校定位和发展的描述较多使用二字词语，统计次数＞100次的均为二字词语，共13个。其中"学校"出现次数最多，为517次，"教育"次之，为281次，这两者相对于其他高频词语有绝对性的数量优势，可以猜想这与"学校定位和发展"必须明确学校的教育性质和教育任务有关。其他11个高频词出现的次数在100～200次之间，依次为"社会""发展""办学""人才""国家""培养""依法""创新""大学""坚持"和"培养"。除了出现次数较多的二字词语外，三字词语和四字词语出现次数最多的依次为"全日制"（40次）和"社会主义"（38次），两者仍然是表明学校教育性质的词语。

表15.5　"学校定位和发展"节点高频词语（＞100）统计表

单词	计数（次）	单词	计数（次）	单词	计数（次）
学校	517	人才	139	大学	108
教育	281	国家	130	坚持	101
社会	184	培养	129	培养	129
发展	180	依法	126	—	—
办学	179	创新	125	—	—

一流大学定位和发展的总体用词情况直观显示在图15.1中，其中字体越大、在圆形词云中越居于中心位置，词语出现的次数就越多，如"学校"517次、"教育"281次、"社会"184次；字体越小、在圆形词云中越居于偏远位置，词语出现的次数越少，如"责任"26次、"科技"25次、"主管"22次。需要说明的是，出现次数极低的词不会显示在云图中。

其次，对"学校定位与发展"这一节点进行按单词相似性聚类分析，得到表15.6所示的对41部大学章程两两比较的820组Pearson相关系数值，以及图15.2所示"学校定位与发展"单词相似性垂直树状聚类图。系统对每部大学章程文本与其他40部文本的单词相似性进行比较，得到820组结果，其中，Pearson相关系数值处于0.4～0.6区间的结果最多，有434组，占总组数52.93%；其次是Pearson相关系数值处于0.6～0.8区间的结果，有327组，占总组数39.88%；

图 15.1   "学校定位和发展"节点词频云图

处于 0.2～0.4 区间的结果有 50 组,占总组数 6.10％;处于 0.8～1.0 区间的结果仅有 9 组,占总组数 1.10％。可见,超过半数以上的结果呈现中等程度的相似性,将近 40％的结果呈现高度相似,一流大学章程对学校的定位与发展描述相似程度中等较高,绝大多数一流大学章程对自己学校的定位和发展的描述未能体现学校特色。

表 15.6   "学校定位与发展"节点单词相似性聚类的 Pearson 相关系数值

Pearson 相关系数值	数量(组)	占总组数比例(％)	相似程度
0.8～1.0	9	1.10	极高相似
0.6～0.8	327	39.88	高度相似
0.4～0.6	434	52.93	中等相似
0.2～0.4	50	6.10	低度相似

其中,两两相似程度最高的一组是吉林大学和东北大学,Pearson 相关系数值高达 0.87,以关于办学方向的表述为例,吉林大学的表述为"学校全面贯彻党和国家教育方针,立德树人,培养德智体美全面发展,富有良知和社会责任感,具

有创新精神、实践能力和国际视野的高级专门人才"；东北大学的表述为"学校坚持社会主义办学方向，全面贯彻党和国家教育方针，坚持立德树人，加强社会主义核心价值体系教育，培养学生的社会责任感、创新精神和实践能力，造就具有远大抱负和国际视野的精英人才"。表述口吻、用词较为一致，确实存在极高的相似性。相似程度最低的一组是重庆大学和湖南大学，Pearson 相关系数值0.28，仍以关于办学方向的表述为例，重庆大学的表述为"学校办学全面贯彻党和国家的教育方针，坚持社会主义办学方向，遵循高等教育发展规律，践行'树西南风声，创世界一流'的办学理念，深化综合改革，实现内涵式发展，培养能够适应和引领未来的高素质创新型人才，造就'行业精英、国家栋梁'，为人民服务，为中国共产党治国理政服务，为巩固和发展中国特色社会主义制度服务，为改革开放和社会主义现代化建设服务"；湖南大学的表述为"学校坚持社会主义办学方向，坚持立德树人、依法治校，坚持学生为本、教师为先、学术为魂；继承、发扬岳麓书院'成就人才、传道济民'的传统，致力于培育精英、探求真理、引领文化，为人民福祉、社会发展和人类文明进步做贡献"。这两所学校的办学方向结合了学校的实际情况、办学理念和办学传统，有较强的个性。

41 部一流大学章程文本中"学校定位与发展"节点的单词相似性也可以直接在图 15.2 中看到，每部大学章程根据"学校定位与发展"单词相似性被划分为垂直的树状聚类图，两个信息点距离越近相似程度越高，距离越远则相似程度越低。

（三）平衡权力监督、权利与义务原则落实情况

大学章程应当兼顾权力与责任、权利与义务。"权力与责任""权利与义务"是法律规范的基本内容，"立法实质上是各种利益关系的分配、界定和协调"①。就大学章程而言，"大学章程是大学举办者在协商的基础上就高校如何举办达成一致意见而订立的文件，是全体举办者共同意思的表示，对每一个举办者都有约束力。"②

1. 平衡权力与责任

就高校公权力而言，平衡权力与责任，重要的是加强权力监督。"绝对权力导致绝对腐败。"③要想平衡权力与责任，就必须在规定权力同时对权力进行制

---

① 汪全胜. 立法公正的实现与保障机制[J]. 政法论坛，2005(1)：72-77.
② 米俊魁. 大学章程法律性质探析[J]. 现代大学教育，2006(1)：52-55.
③ [英]阿克顿. 自由与权力：阿克顿勋爵论说文集[M]. 侯建，范亚峰，译. 北京：商务印书馆，2001：342.

约

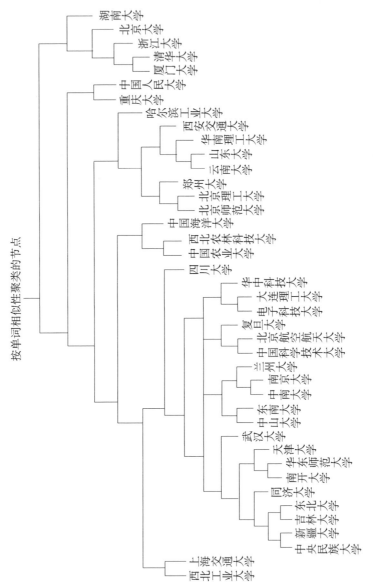

图 15.2　"学校定位与发展"节点单词相似性垂直树状聚类图

和监督。只有科学地规范权责关系，才能使高校公权力的管理和服务职能有效发挥。因此，以"监督"为关键词对"治理结构"节点进行文本搜索，得到表15.7。如表15.7所示，41部一流大学章程中均涉及权力监督的内容，具体包括党内监督、上级机关监督、校内师生民主监督和社会监督。主要的监督机构如党内监督机关纪律检查委员会、群众代表监督机构教职工代表大会和学生代表大会，其都是权力监督的有效机构。

表15.7　"治理结构"节点"监督"关键词查询结果

关键词	材料来源数	代表性大学	具　体　表　述
"监督"	41	湖南大学、云南大学、中国农业大学、东北大学、华东师范大学、大连理工大学、北京大学、武汉大学等	接受举办者、政府主管部门的监督、校内民主监督及社会监督； 中国共产党北京大学纪律检查委员会（以下简称校纪委）是学校的党内监督机构，依据党的章程和党内法规履行职责，协助校党委做好党风廉政建设工作，推进预防和惩治腐败体系建设，保障学校事业健康发展； 监察委员会是学校的行政监察机构，与学校纪委合署办公，全面履行行政监察职能； 学校教职工代表大会是教职工依法参与学校民主管理和监督的基本形式； 学生代表大会、研究生代表大会是学生参与学校民主管理和监督的基本形式，依照其各自章程产生并开展活动，学校支持和保障学生有序参与学校的民主管理和监督； ……

2. 平衡权利与义务

就高校教职员工和学生的私权利而言，一方面，大学章程应兼备权利和义务两个方面的内容。对高校教师权利与义务的明确规定可以保障学术自由和自治，激发教师的创造性，保障教师的合法权益。[1] 对学生而言亦是如此。另一方面，大学章程还应涉及权利救济与保障机制。"救济是一种纠正或减轻性质的权利，这种权利在可能范围内是由关系中他方当事人违反行为造成的后果。"[2]法

---

[1] 尹虔顾. 大学章程与高校人事管理法治化[J]. 江苏高教,2015(6)：44 - 46.

[2] ［英］戴维·M·沃克. 牛津法律大辞典[K]. 北京社会与科技发展研究所组织,译. 北京：光明日报出版社,1988：665.

谚有云,"有权利必有救济",没有救济与保障的权利形同虚设。《办法》第 15 条就规定高校应当"健全教师、学生权益的救济机制"以突出对师生权益的保护,还应落实到具体程序中,"明确学校受理教师、学生申诉的机构与程序"。基于此,以"权利"&"义务"和"权利救济"分别为关键词对 41 部一流大学章程的"校内人员"节点进行文本搜索。

首先以"权利"&"义务"为关键词对"校内人员"节点内容进行文本搜索,得到校内人员"权利"&"义务"关键词查询结果,见表 15.8。一是对"校内人员"下的"教职工"子节点进行搜索,得到"教职工"子节点中"权利"&"义务"关键词查询结果;二是对"校内人员"下的"学生"子节点进行搜索,得到"学生"子节点中"权利"&"义务"关键词查询结果。结果显示,41 部一流大学章程中都涉及教职工和学生的权利与义务。其中,教职工的权利义务还涉及外聘人员、博士后等特殊人员的权利义务,如清华大学章程规定"学校的双聘教授、兼职教授、客座教授、博士后研究人员、访问学者等其他教育、研究、管理工作者,在本校工作期间,依法、依规、依约享有相应权利,履行相应义务"。学生的权利义务还涉及留学生和无学籍学院的权利义务,如华东师范大学章程规定"外国和境外留学生依照本章规定享有权利和义务,国家另有规定的除外";华南理工大学章程规定"不具有学校学籍的进修学员等各类学员,在学校学习期间,依据法律、政策规定、学校规章和合同约定,享有相应的权利,履行相应的义务,学校为其提供必要的学习生活条件和帮助"。

表 15.8　校内人员"权利"&"义务"关键词查询结果

关键词	材料来源	材料来源数	代表性大学	具体表述
"权利"&"义务"	"教职工"子节点	41	湖南大学、云南大学、中国农业大学、东北大学、华东师范大学、大连理工大学、北京大学、武汉大学等	权利与义务; 教职工享有以下权利; 就职责权利、聘用、晋升、福利待遇、奖惩等事项处理不当进行投诉、申诉; 依法享有的其他权利; 教职工应履行以下义务; 依据法律规定和合同约定,享受相应的权利,履行相应的义务,学校为其提供必要的条件和帮助; ……

（续表）

关键词	材料来源	材料来源数	代表性大学	具体表述
"学生"子节点		41		学生在校期间享有下列权利； 学生在校期间履行下列义务； 法律和学校规定的其他义务； 学校的国际学生的权利和义务按照国家法律法规和学校有关规定执行； 在学校接受培训的无学籍受教育者，为学校学员，其权利义务由受教育者或相关机构与学校按照平等自愿的原则依法另行约定； ……

接着，以"权利救济"为关键词对"校内人员"节点内容进行文本搜索，得到校内人员"权利救济"关键词查询结果，见表15.9。为了保证结果的全面性，在搜索时同时搜索"权利救济和保障"相关近义词，执行搜索命令为："权利救济"OR"权利保护"OR"权益保护"OR"权益保障"OR"权益救济"OR"申诉处理"OR"申诉机构"OR"保障机制"。分别对"校内人员"节点中的"教职工"子节点和"学生"子节点进行检索，得到"教职工"子节点"权利救济"关键词查询结果和"学生"子节点"权利救济"关键词查询结果。结果显示，有39部大学章程中提到了教职工和学生权利救济途径和办法，且都是兼顾了教职工和学生的权利救济途径和办法；仅浙江大学章程和中南大学章程中未提及对校内人员的权利救济举措，这与《办法》中"明确学校受理教师、学生申诉的机构与程序"的规定不符。

表15.9　校内人员"权利救济"关键词查询结果

关键词	材料来源	材料来源数	代表性大学	具体表述
"权利救济"OR"权利保护"OR"权益保护"OR"权益保障"OR	"教职工"子节点	41	39	华南理工大学、中山大学、北京师范大学、复旦大学等	学校健全教职工权益保护机制，为教职工行使权利和履行义务提供必要的条件和保障； 学校建立教职员工权利保护和救济机制，设立申诉机构，维护教职员工合法权益； 学校建立师生员工权益的保障机制、申诉机构及程序； ……

（续表）

关键词	材料来源	材料来源数		代表性大学	具体表述
“权益救济” OR “申诉处理” OR “申诉机构” OR “保障机制”			2	浙江大学、中南大学	无
	“学生”子节点	41	39	华南理工大学、中山大学、北京师范大学、复旦大学等	校健全学生成长成才的服务支持系统，完善学生权益保障机制，为学生提供良好的学习环境，充分保障学生行使合法权利，促进学生履行自身义务； 学校建立学生权利保护和救济机制，设立申诉机构，维护学生合法权益； 学校建立师生员工权益的保障机制、申诉机构及程序； ……
			2	浙江大学、中南大学	无

四、一流大学章程形式法治和实质法治水平讨论

一流大学章程整体呈现出较高的形式法治和实质法治水平。就形式法治而言，章程的形式和包含内容符合《高等学校章程制定暂行办法》的规定和要求。就实质法治而言，章程遵守了法律优先原则，能够满足学校要求，较好地处理了权责监督问题和权利、义务及救济问题，但是存在学校特色不明显的问题。

（一）整体形式法治化水平较高

一流大学章程整体形式法治化水平较高。就章程文本形式来看，41 部一流大学章程文本均包括《高等学校章程制定暂行办法》中所规定的学校基本信息、学校定位和发展、章程法律依据、治理结构、校内人员、校外、附则等 7 项需要在大学章程里体现的内容。形式法治看似是对《办法》在“门面”上的执行，只是关于法治的“皮毛”内容，实则不然。第一，形式法治是大学章程法治化的存在形式。正如黑格尔所说，“正因为形式就像本质自己那样对本质是非常本质的东西，所以不应该把本质只理解和表述为本质……而同样应该把本质理

解和表述为形式。"①正是依托《办法》中所规定的 7 项内容，大学章程才能拥有一部大学章程应该拥有的内容，才能称其为大学章程。第二，形式法治使大学章程发展更加理性化。韦伯曾这样评价法律的形式主义，它"可以让法律机制像一种技术合理性的机制那样运作，并且以此保证各个法利害关系者在行动自由上，尤其是对本身的目的行动的法律效果与机会加以理性计算这方面，拥有最大限度的活动空间"②。大学章程的法治化能够使章程的实践更加安全、稳定、便利，以技术合理性的机制重复运作。最后，形式法治还能在一定程度上避免大学章程制定与实施的人为干扰。法律形式主义还是束缚权力的笼子，是法律能够发挥作用的先决条件。③ 大学章程通过形式法治确定下来，能够最大限度限制道德、政治、权力等因素对大学章程的入侵，从而实现大学章程法治化。

（二）遵守了法律优先原则

一流大学章程遵守了"法律优先"这一原则。41 部大学章程文本中都包含"章程法律依据"这一内容，且都位于总则第一条甚至是总则前的序言部分。以宪法、相关法律法规为依据是一流大学章程制定的首要原则。法律优先强调内涵上的合法性，下位阶的行政法规与规章必须与上位阶的法律相符合。④ 现代社会的任何一个国家的法律整体都构成一个法律金字塔，在这一法律塔中，法律与法律存在地位与位阶的高低之别，处于最高位阶、最有地位的法律在效力上高于其他法律，其他法律、法规必须与之保持一致，否则无效。⑤ 法律塔的概念同样适用于高等教育法律体系。在高等教育法律体系中，制定各类规章同样要把国家的根本大法《中华人民共和国宪法》视为最高依据，把国家的各教育部门法如《中华人民共和国教育法》《中华人民共和国高等教育法》和《学位条例暂行实施办法》等相关法律法规视为直接依据。就大学章程的形式法治而言，还要把教育部制定的《高等学校章程制定暂行办法》视为直接依据和制定标准。只有遵循"法律优先"原则，根据并不抵触相关法律，才能制定符合需要的大学章程，完善

① ［德］黑格尔.精神现象学(上卷)[M].贺麟，王玖兴，译.北京：商务印书馆，1979：12.
② ［德］马克斯·韦伯.法律社会学[M].康乐，简惠美，译.桂林：广西师范大学出版社，2005：220-221.
③ 张骐.法治的"魂"与"形"——兼谈法治与德治的区别于关联[J].华东政法大学学报，2018(2)：43-60.
④ 彭国能.法治国之基本理念[A].仲模.行政法之一般法律原则[C].台北：台湾三民书局，1994：398.
⑤ 周佑勇.行政法中的法律优先原则研究[J].中国法学，2005(3)：49-55.

中国特色现代大学制度,促进高等学校依法治校、科学发展。

(三) 能够满足学校要求,但特色略显不足

　　一流大学章程制定能够满足学校要求,但特色略显不足。整体上看,一流大学章程关于"学校定位和发展"的表述中出现"学校"次数最多,"教育"次之,可见"学校"和"教育"是一流大学章程对于学校定位和发展的表述中心。之后依次为"社会""发展""办学"等,这些词汇往往用来描述学校的教育性质和教育任务,明确学校的定位和发展方向。具体来看,一流大学章程对学校的定位与发展描述相似程度中等较高,50%以上的结果呈现中等程度的相似性,将近40%的结果呈现高度相似,总体上绝大多数一流大学章程表述存在相似性,未能充分体现学校的个性和特色。杨福家在谈到耶鲁大学的使命时说,"初看耶鲁大学的基本使命(保护、传授、推进和丰富知识与文化),似乎只是词语的堆砌,但是仔细品味,就能了解,假如使命只有传授知识,那么它就对美国近4 000所大学与学院都适用;若加上推进和丰富,只有3%的高校能够胜任;再加上文化两字,就只剩1%;至于能够涉及保护知识和文化的,只怕不足3‰。高校的使命要有差别性、特殊性,如果一所高校的使命什么学校都能用,那它的表述就不很贴切了。"[①]大学章程作为依法治校的规则补充,作为高校其他规范性文件的基石,其表述也需要有差别性和特殊性,必须体现高校自身特色,关注高校自身的历史传统、校园环境和实际发展。像耶鲁大学使命、湖南大学章程和云南大学章程这样符合校情的表述,才能切实地促进高校发展。

(四) 较好地处理了权责监督问题

　　一流大学章程较好地处理了"权力与责任"关系问题,章程文本均涉及权责监督的内容。主要监督形式包括党内监督、政府主管部门监督、校内师生民主监督和社会监督,主要监督机构包括纪律检查委员会、教职工代表大会和学生代表大会等机构。监督能有效地防止大学章程的强制性管理色彩,能够避免权力的任性对高校法治管理带来的威胁。一流大学章程目前已经具备了较为完善的监督形式和监督机构,从以下两个方面着手,可以使监督更加有效。第一,监督机构除了进行执行监督外,还要进行效果监督。目前一流大学章程中所列出的监督机构和监督程序主要是针对权力机构的决策和实施过程的监督,而决策能否

① 杨福家. 大学的使命与文化内涵[J]. 现代教育论丛,2008(02)：90－96.

落到实处还需要加强对效果的评估和监督。第二，加强社会监督，社会监督由于利益的超脱往往能更加客观。尽管一流大学章程都涉及这一监督形式，但是相对于其他监督形式，社会监督缺乏一套完善的程序。只有使社会监督程序化，才能避免监督停于纸面。

（五）较好地平衡了权利、义务和救济

一流大学章程较好地平衡了权利与义务的关系，但个别大学章程忽视了对权利救济程序的说明和规定。一流大学章程文本均涉及教职工和学生的权利与义务，其中教职工还包括双聘教授、兼职教授、客座教授、博士后研究人员、访问学者等工作者，学生还包括国外留学生、境外留学生和不具有学校学籍的进修学员，保障了高校内部各类人员的权利。但是，有 39 部大学章程文本同时涉及教职工和学生权利救济途径，有两部大学章程文本则同时未提及教职工和学生权利救济途径，这不免为一流大学章程权力与责任、权利与义务关系问题的处理带来了美中不足的遗憾。权利与义务及其保障是法律的价值基础，"尊重和保障人权是现代法治的价值实质"①。中西方都有自古以来尊崇的价值追求，"在西方可以'公平'（Justice）为代表，在中国则是'仁'（后来是'理'）的概念"②。"公平"的法律概念是一种外向性的超越，"仁"作为道德概念是一种内在的超越。③ 两者对于基本价值的追求是"法治的基本价值支撑"，也是"法治的规范性来源"。④ 党的十九大报告指出"我国社会主要矛盾已经转化为人民日益增长的美好生活需要和不平衡不充分的发展之间的矛盾"⑤。我国的高等教育也面临着"加快一流大学和一流学科建设"和"实现高等教育内涵式发展"的重要任务⑥。要完成这一艰巨任务，需要依靠广大师生，依靠工作在大学一线岗位的全体人

---

① 张志铭. 现代法治释义[J]. 政法论丛，2005（1）：3 - 9.
② 余英时. 中国思想传统的现代诠释[M]. 南京：江苏人民出版社，1998：25 - 26.
③ 余英时. 中国思想传统的现代诠释[M]. 南京：江苏人民出版社，1998：26.
④ 张骐. 法治的"魂"与"形"——兼谈法治与德治的区别于关联[J]. 华东政法大学学报，2018（2）：43 - 60.
⑤ 习近平. 决胜全面建成小康社会夺取新时代中国特色社会主义伟大胜利——在中国共产党第十九次全国代表大会上的报告［EB/OL］. http：//news. cctv. com/2017/10/27/ARTIw3x1nOMEAmnaiR1zWuUI171027. shtml（2019 - 12 - 18）.
⑥ 习近平. 决胜全面建成小康社会夺取新时代中国特色社会主义伟大胜利——在中国共产党第十九次全国代表大会上的报告［EB/OL］. http：//news. cctv. com/2017/10/27/ARTIw3x1nOMEAmnaiR1zWuUI171027. shtml（2019 - 12 - 18）.

员。只有保障好广大师生和工作人员的工作权、发展权、学习权,才能充分调动他们的积极性,实现高等教育事业的进步与发展。对权利的满足和保障是人民日益增长的美好生活需要的重要组成部分,也是高等教育法治化发展的应有之意与应有之"仁"。

第六篇

高校内部治理的文化研究

摘要： 高校本质上是文化属性的组织，对高校的认识需要从文化这个研究视角来观察和分析高校的成功和不足，因此有必要用大学文化这一既针对高校组织个性特征又不失高校之普遍性的观察视角和分析框架来认识高校内部有效治理问题。本子课题旨在研究高校文化对高校有效治理的意义作用及其营造。本篇由《高校文化的治校功能与其实践逻辑研究》《高校善治视角下的文化理性培育研究》《高校治理文化建设的理论分析与实践策略研究》三章构成，研究目标是：①深入挖掘和分析大学文化与高校内部有效治理的内在关系，建立大学文化治校的概念理性；②高校内部治理本身就是对文化治校的逻辑进行论证，呈现具有说服力的理论联系实际的依据；③探讨高校内部治理文化理性如何培育及其高校内部治理文化如何营造并提出政策建议和具体措施。

第十六章
大学文化的治校功能与其实践逻辑研究

党的十八大以来,习近平总书记多次强调"建设社会主义文化强国,着力提高国家文化软实力"[①]及文化自信的重要性,由此可见党和国家已将文化建设置于前所未有的战略地位与高度。现代高校所承担的使命、职能与其天然的文化属性决定了高校在国家的文化建设中必然扮演着非比寻常的角色。大学文化是隶属于高校组织的特殊社会亚文化。[②] 高校本质上是文化属性的组织,对高校的认识需要从文化这个研究视角来观察和分析高校的成功和不足,因此有必要用"大学文化"这一既针对高校组织个性特征又不失高校之普遍性的观察视角和分析框架来认识高校内部有效治理问题。有关高校治理研究发现,高校的有效治理并不简单地取决于治理结构,而与治理制度安排之外的大学文化亦有重要的关联。同样的高校内部治理结构随着高校的不同其效果亦有所变化,其原因就在于高校的文化、历史、价值选择以及人际关系都会直接或间接地影响到学校治理的有效性。高校植根于文化,其永恒的文化属性是其区别于其他社会组织的重要标识之一。大学文化不仅附着在高校组织机体的表面而且植根于高校内在精神的深层,其无所不包、无所不在且无所不能地对高校的办学治校产生着深刻影响。大学文化绝非仅是高校内部治理结构中一般要素,其极大影响并统领着高校内部治理过程中的价值选择、思维模式、制度安排、组织和权力建构、组织及其成员的活动及心理方式等等。所以大学文化不仅对高校内部治理结构的设

---

① 习近平.建设社会主义文化强国　着力提高国家文化软实力[EB/OL]. http://news. xinhuanet. com/politics/2013-12/31/c_118788013. htm,2013－12－31.
② 眭依凡,等.大学文化思想及文化育人研究[M].杭州:浙江大学出版社,2016:7.

计等具有价值引领的直接作用,对高校内部治理的有效运行亦有不能忽视的间接影响,有什么样的大学文化就有什么样的高校内部治理体系,由此彰显了大学文化对高校办学治校的功能及其高校治理实践的价值。在高校治理过程中清醒认识并自觉遵循大学文化治校的功能实现及逻辑与规律,不仅是推动当前大学文化建设之迫切需要,亦是提升现代大学治理能力的理智选择。

一、大学文化及其治校功能概述

(一)"大学文化"的内涵

大学文化是以高校广大师生、管理者为主体的大学人在漫长的办学治校育人实践活动中积淀形成的特殊文化。"大学文化"内涵的厘定始于"文化"定义的明晰。文化的内涵极其丰富,爱德华·泰勒(Edward B. Tylor)从人类学的研究视角出发予以文化作为人类生活方式而存在的经典概念①,该定义的提出即反映了文化是个具有多元性、相对性特征的概念。古今中外有关"文化"的概念表述不胜枚举,其中 20 世纪最重要的文化思想家雷蒙德·威廉斯(Raymond Williams)曾直言不讳:文化"是英语词语中为数极少的最为复杂的字眼之一"②。结合国内外关于文化本质的共识,本研究倾向于认同文化的广义定义,即文化是人类创造的一切物质财富和精神财富之总和,主要包含"精神文化、制度文化和环境文化"③。

基于人们对文化概念的理解,我们继而可以将"大学文化"定义为:以大学组织为载体,全体大学成员参与,经由大学长期办学实践历史所积淀并形成的精神文化、制度文化和环境文化。大学的精神文化主要包含大学的价值追求、理想信念、道德情感;制度文化涉及大学的组织架构及其运行规则等内容及在制度运行过程中所营造的氛围等;环境文化即物质文化,由大学的校舍建筑、人文景观、自然生态、物质设施等构成。大学文化的以上三要素构成了以精神文化为核心、制度文化居中、环境文化处外围的文化同心圆④,三者相互依

---

① [英]托尼·本尼特. 文化、治理与社会[M]. 王杰,等,译,上海:中国出版集团东方出版中心,2016:226.
② 张平功. 雷蒙德·威廉斯的文化阐释[J]. 国外社会科学,2001(2):58.
③ 眭依凡. 论大学校长之文化治校[J].清华大学教育研究,2012(6):18.
④ 眭依凡. 关于大学文化建设的理性思考[J].清华大学教育研究,2004(1):12.

存且相辅相成。

(二) 大学文化的治校功能

文化自古以来就具有社会治理功能。把文化元素合理吸纳至现代治理体系创新的理念及其实践中,已成为近年来学界关于推进国家治理体系和治理能力现代化的各类理论研讨会所聚焦并热议的核心主题之一。自 20 世纪 90 年代以来,西方学者多用"治理"来强调政府放权与向社会授权并实现多主体、多中心治理以及社会自治和与政府平等共治等主张①。综合学界关于"治理"概念的界定,所谓"治理"即最大限度增进公众利益且强调效率的由多方参与、协调合作的新型管理模式及过程。文化的社会治理功能主要通过文化对社会的价值建构及整合作用实现,具体包括文化所特有的社会价值建构、社会冲突整合、社会发展导向、社会结构互动等四方面作用②。

所谓"治校"即高校治理。高校组织是一个学术社会亦即人们所说的学术共同体,其长期积淀并特有的文化及传统对高校内部组织及其成员的思维及行为方式均不可避免地会发生直接或间接的影响,所以大学文化具有治校功能亦是客观的事实。大学文化的研究者眭依凡指出,大学文化之于高校组织具有犹如灵魂之于人一样的重要性,这使大学文化对治校的影响并非一般治理要素所能及。对高校而言,其领导者在高校治理的得与失、成与败很大程度取决于其是否能自觉发挥大学文化的作用,以引导高校全体成员形成文化共识并将其转化为组织凝聚力和努力实现学校目标的自觉性。

大学文化主要通过观念价值的引领、建构与整合对高校内部治理体系的诸要素及其关系构建等产生直接和间接的影响而体现其治校功能。大学文化的治校功能主要表现为:以精神文化为价值导向引领治校理念和制度安排,以制度文化为驱动力规范学校内部的权力配置及组织运行,以环境文化为载体营造有效治理所需的组织氛围等。概言之,大学文化是通过精神文化、制度文化、环境文化及与之对应的"价值确定、制度安排、环境营造"③这三条基本路径,对治校的理念与实践产生影响以实现其治校功能的。

---

① 王浦劬. 科学把握"国家治理"的含义[N]. 光明日报,2013-12-29(7).
② 谢新松. 文化的社会治理功能研究[D]. 昆明:云南大学,2013:82.
③ 眭依凡. 论大学校长之文化治校[J]. 清华大学教育研究,2012(6):18.

二、大学文化治校功能的理性分析

大学文化是高校治校实践中不可或缺的要素,文化治校是高校内部治理所特有的现象和规律。为了更好地发挥大学文化治校的作用,有必要就大学文化何以具有治校功能进行学理性的分析。

(一) 大学组织本质属性使然

高校组织是由专业人员集聚的具有强烈学术属性的学术共同体,这一组织属性为高校内部治理提供了大学文化治校的内在根据。

其一,专业人员是高校组织得以成立和发展的重要基础,专业人员以追求真理和培育人才为使命责任,其主要从事人才培养和知识创新的工作,这些具有独立性、自主性及创造性之智力劳动的特点,使"他们对组织的强制权力有一种天然的抵抗"①。大学文化作为一种柔性治校工具,其通过价值引领、使命认同、信念传播、情感激励等方式对高校专业人员发生的影响是潜移默化的,有利于具有独立人格的专业人员从内心接受大学文化,从而扮演好自己角色、履行好职责并自觉于高校组织目标的实现。

其二,高校是学术系统与行政系统并存、"目标多样性、权力多样化等要素交织"②的复杂组织,其学术职能的重要性决定了学术权力应作为组织中的核心权力来存在并发挥积极作用③,高校对于学术自由和学术权力的捍卫不应受到来自行政权力的干涉与束缚。为了更好地调动和发挥代表学术权力的专业人员参与高校治理的积极性,营造有利于高校内部专业人员积极主动参与学校治理的诸如学术自由、崇尚真理、民主管理、彼此包容的大学文化并将其积淀为学校精神与文化传统,文化治校随即得以发生。

(二) 现代高校的第四功能所致

现代高校除人才培养、科学研究、社会服务这三项基本社会职能外,其新的社会职能亦会因所处时代及所在国家的发展需求不断被拓展和丰富。总体上看,高校对综合国力及国际竞争力的提升、经济社会的进步、文化的传承创新等的作用会日益放大,继而被寄予厚望。高校组织与生俱来的文化属性使其自诞

① 金顶兵,闵维方. 论大学组织中文化的整合功能[J]. 北京大学教育评论,2004(3):94.
② 眭依凡,俞婷婕,李鹏虎. 关于大学文化学理性问题的再思考[J]. 清华大学教育研究,2015(6):7.
③ 马廷奇. 大学转型:以制度建设为中心[M]. 北京:社会科学文献出版社,2007:153-154.

生起就肩承文化使命,进入 21 世纪以来,人们发现今日之高校其文化传承、选择、批判、创新和引领社会的功能对国家民族的文化觉醒及文化复兴之作用日益强烈。因此,高校文化研究的学者提出:文化传承和创新是高校的第四社会职能。时任总书记胡锦涛同志在庆祝清华大学建校 100 周年大会上就已将“文化传承创新”作为与高校与人才培养、科学研究和社会服务并列的重要社会职能提出①。毋庸置疑,把文化传承创新定位为现代高校的第四社会功能,对高校注重自身的文化地位与作用及加强自身的文化建设亦有文化治校的导向价值意义。

事实亦然,在大学文化的传承创新路径日益多样化的进程中,大学文化的育人及文化引领等功能亦在不断丰富,其中随着高校对精神文化、制度文化、环境文化建设的高度重视,大学文化对高校办学治校的影响亦日益凸显,由此导致文化治校的概念及其思维被高校组织及其成员接纳并渐而成为一种富有成效的高校内部治理模式,从而极大改变了高校以往仅仅重视大学文化的育人功能。近些年来,随着党和国家对于国家治理体系和治理能力现代化的强调与推进,促进高校内部治理体系现代化已经成为我国高校改革发展之紧迫,其中理性发掘大学文化的治校功能亦成为高校内部治理体系现代化的题中之意。大学文化是高校具有第四社会职能价值的存在,大学文化治校不仅是高校内部治理体系现代化不可或缺的重要组成,而且促进和完善大学文化治校机制的建设亦刻不容缓。

三、大学文化治校功能的实践逻辑阐释

为了在高校治校实践中有效发挥大学文化治校功能,有必要在对大学组织文化属性清醒认识的基础上,就大学文化本质及特征对高校治校的影响机制及实践逻辑加以提炼与阐释。本节依次对应高校治校的理念、制度、人和环境等基本要素,讨论大学文化对大学治校的影响机制及其实践逻辑。

(一) 大学文化本质: 守持高校使命与引领办学方向

一般而言,高校所特有的文化及传统对其使命和办学理念的确定起着价值导向作用。无可置疑,高校与科研机构的最大区别在于其核心职能是人才培养,现代高校应以科学研究为强大驱动力,在真理探索、知识创造的过程中以带动创

---

① 中华人民共和国教育部. 胡锦涛在庆祝清华大学建校 100 周年大会上的讲话[EB/OL]http://old. moe. gov. cn//publicfiles/business/htmlfiles/moe/moe_176/201109/125076. html,2017 - 09 - 08.

新型人才培养为首要已任,"求真育人"即在追求真理的过程中培育学生应被视为大学文化的本质。① 求真育人是高校与生俱来的文化本质,因此其当然对高校的使命与办学方向具有守持和引领的作用。

追求真理是高校精神文化层面最为核心的价值取向,直接作用并影响着高校的办学治校育人理念及其实践。对高校而言,"求真"的文化本质最可贵之处是其对高校治理价值理性的影响而非工具理性的影响,即其能借助"育人"功能的发挥从最初单一的个体文化认同逐步内化成为融入高校群体灵魂深处的一种价值观念及思维模式,使师生们不因功名和利益而求之,纯粹因精神层面的牵引去自觉崇尚真知、探索真知。高校求真精神之伟大亦彰显于此。把握大学文化及其本质对守持高校使命及建构办学治校理念的价值意义,既是发挥大学文化治校功能必要的逻辑理性又是发挥大学文化治校实践功能的价值引领。

(二) 大学文化自觉: 高校制度安排的基本取向

文化属性是高校组织最为根深蒂固、永恒不变的特性,大学文化是高校组织最为丰厚、宝贵的无形资产。在高校治校理念完善及其实践推进的过程中,高度重视大学文化对高校办学治校育人之制度安排的价值影响,这是高校必须的文化自觉。费孝通先生认为文化自觉在于"生活在一定文化中的人对其文化要有'自知之明'",即明白文化来历、形成过程、特色及发展趋向以加强文化转型的自主动力并取得适应新环境、新时代文化选择之自主地位。② 高校组织自诞生以来,其亘古持久的文化属性及大学文化与现时代日趋重要的角色及功能承担,决定了现代高校必须持有深度的文化自觉。大学文化自觉,即在对大学的文化属性及大学文化对于大学存在与发展的重要意义之认识基础上的"文化觉醒、文化省思和文化创新"③,亦在自觉于大学文化建设与营造从而提升大学的文化选择、传承及创新能力。

如前所述,高校组织特性的作用导致科层制的元素与结构无法完全决定高校办学治校过程中的制度安排,因此对大学文化治校功能价值的重视亦即现代大学制度安排中必须重视文化治校的取向也就有了依据。由于"治理"是一个强调多方参与、协调合作的新型管理模式,因此有关高校治理的制度安排,也就应

① 顾明远.大学文化的本质是求真育人[J].教育研究,2010(1):56.
② 费孝通.文化自觉的思想来源与现实意义[J].文史哲,2003(3):15.
③ 眭依凡.大学文化理性与文化育人之责[J].中国高等教育,2012(12):7.

该考虑诸如"学术自由""以人为本""兼容并包"等具有经典意义的大学文化要素在高校相关制度安排过程中的导向作用。此外，在高校的制度设计及治校过程中，高校还必须尊重每位大学成员并维护其合法合理权益，这亦是高校营造有利于"求真育人"文化的必要选择。著名经济学家约翰·纳什（John Forbes Nash）在患有严重精神痼疾之后仍得到普林斯顿大学关怀备至的善待与周到妥当的安置终成就若干年后荣获诺贝尔奖的奇迹，就在于普林斯顿大学有正确对待其师生及其科学研究成果评价的文化。世界一流大学博大宽厚的人文性、包容性等文化特质与其对包括教学、科研、学科建设等各种规章制度在内的高校制度安排之深刻影响与重大价值着实耐人寻味并发人深省。

（三）大学文化整合作用：高校文化治校的实践路径

大学文化有着学术性、专业性、理想性、批判性、创新性等由高校组织本质属性决定的特征，同时由于其隶属于社会文化系统因而也具备一般文化的特征，即传承性、积淀性、公共性与整合性等等。所谓大学文化的整合性，即大学文化能通过影响高校组织成员的价值信念系统来引导并塑造他们的态度与行为，从而使其有效地相互沟通与合作以产生有利于组织目标达成的改变。[①] 大学文化之于高校组织的整合作用凸显了践行大学文化治校功能的必要性与价值，而对治校起到决定性作用的高校领导者能否在治校实践中自觉借助大学文化的整合作用于治校，对大学文化的治校功能可否得以实现具有决定性作用。

近年来，有关推进高校领导者专业化建设的呼声越来越强烈。但凡具有专业化素质的高校领导者均为治校有方的领导者，他们一般具有丰富的教育思想、先进的治校理念、卓绝的领导才能、良好的人际沟通能力及深厚的人文底蕴。由于高校是一个文化属性的组织，大学领导者是否能够自觉利用和充分发挥大学文化对学校组织及其成员的整合作用于治校，是考查高校领导者治理专业化水平的要点所在。凡杰出的高校领导者无不重视并运用大学文化的价值引领、使命认同、信念传播、情感激励等作用，以激发高校组织成员的主人翁精神及接受认同学校的价值理念和发展目标，从而为学校改革发展致力于做出自己应有的贡献。

北京大学的发展进步史就是其领导者文化治校的成功案例。1917 年蔡元

---

① 金顶兵，闵维方.论大学组织中文化的整合功能[J].北京大学教育评论，2004(3)：94.

培先生从欧洲回国执掌北京大学的十年间,就是用"思想自由,兼容并包"的文化精神引领了北京大学办学治校育人的一系列变革,从而促成了北京大学的革故鼎新并奠定了其日益强盛的文化底蕴。蔡元培先生之后,其继任者蒋梦麟先生又将北京大学"思想自由,兼容并包"文化传统不断发扬光大,使之"已在本校的肥土之中根深蒂固"[①]。"思想自由,兼容并包"蕴含的文化成就了北京大学在中国高等教育发展史上的特殊地位,亦成为北京大学师生心目中最引以为傲并自觉维护、代代传承的大学精神。北京大学的文化传统之所以能产生跨越世纪的巨大影响,无疑与蔡元培、蒋梦麟等校长在办学治校过程中极为重视大学文化及其治校功能息息相关。

(四) 大学文化建设: 高校治校环境文化的营造

从文化即"文化是人类所创造的一切物质及精神财富之总和"的定义解析文化和环境的关系,可推断人类赖以生存的环境既是文化之本体亦是文化之载体。环境是显性及具象化的文化呈现形式,两者之间天然就存在相互依存的紧密关联性。文化依附于环境而存在的同时,也赋予了环境价值和意义,从而使环境伴有特定的文化内涵与意蕴,置身于环境中的人便能感知和接受来自文化的"直接、具体且有明确目的"的影响。[②] 由此可见,在文化对人产生影响的过程中,环境为必不可缺的主要媒介。大学文化对高校治理的影响亦然,良好和谐的高校环境创设与营造对于办学治校育人的成效具有不容小觑的特殊作用。大学文化既依附于学校的环境而存在,而包括学校内部自然及社会的、物质和精神的、内隐与外显的环境等,又皆为大学文化的外在表现。大学文化之育人、之治校的作用亦需要通过高校文化环境的营造才能有效实现。基于此,在客观把握大学文化与高校环境存在密切关联的基础上,充分借助大学文化的引领作用来创设和营造良好的治校环境,对于高校内部治理具有重要的价值与意义。

良好的高校治理环境营造包括对"物质环境、人际环境、制度环境"的创设与营造。优美、和谐的物质环境能使师生的心灵接受来自大学文化精神的感染及熏陶,因此具有不可替代的隐性育人作用。曾任清华大学校长的梅贻琦先生在寄语新生时曾这样论及高校物质环境之于人的影响:"宿舍的安静,食堂的整洁,

---

① 杨东平.大学精神[C].上海:文汇出版社,2003:13.
② 眭依凡,等.大学文化思想及文化育人研究[M].杭州:浙江大学出版社,2016:50.

以及图书馆的秩序,虽都是课外的问题,亦于大家的精神上很有关系。"①由此可见,优美舒适、井然有序的高校物质环境能直接作用并影响学生的精神养成。清华大学的二校门、水木清华、闻亭钟声等承载着学校深厚历史人文底蕴的标志建筑和校园景观,已然成为这所百年名校的精神象征,师生于此工作求学所切身领会到的历史使命感与责任感自然不言而喻,其身心感受到的舒畅和愉悦亦显而易见。美好的物质环境有利于提升高校成员的文化认同及文化自信,继而有利于增强高校目标实现的凝聚力和向心力。但凡高校的物质环境均与学校的历史底蕴、文化品位和学术氛围紧密相系,其悄无声息却又一览无遗地向世人展示着高校独有的文化质感与品位。因此,在重视并守护高校历史文化传统的基础上,以大学文化精髓与品格为重要审美导向和设计理念,合理把握并系统协调好科学、人文及自然审美的相互间关系,无疑将有利于创设具有更高文化品位且能发挥更大作用及影响的高校物质环境。

大学文化之于高校内部治理结构及治理过程的影响看似柔弱,但这种源自高校组织内部深层次、多维度的文化力量,实质上既坚韧强大又作用持久。最后必须指出的是,对大学文化治校功能及其逻辑的理论探究和实践并不可局限于单一的实践目的,亦即不能仅仅旨在促成高校内部有效治理的实现,还需思考如何在治校实践的过程中增进大学文化之治校功能的发挥,以进一步提升大学文化软实力的价值作用。

---

① 杨东平.大学精神[C].上海:文汇出版社,2003:207.

第十七章
高校善治视角下的文化理性培育研究

高校内部治理结构的完善不仅是我国迈向高等教育强国之路的当务之急，而且是高校办学治校育人效率及质量得以全面提升的保障。善治作为一种良好的、效率优先的治理模式，由于其契合了高校组织的本质属性和管理特征，从而受到高等教育学界广泛的认同。在推进高校善治的内部治理结构进程中，我们不仅需要注重高校内部的组织与权力结构及制度和机制的调整改善等问题，还必须认识并关注高校组织内部根深蒂固的文化属性及其所赋予的文化治校功用，培育并守持高校的文化理性是实现高校善治不可或缺的要素。

一、善治：高校组织的治理目标

（一）治理、善治的概念与要素

治理（governance）源自古希腊语（steering），因其原意指"控制、引导和操控"①而常被用来与"统治"（government）交替使用。自 20 世纪 90 年代以来，"治理"一词被人们赋予全新的内涵以及更为宽泛的领域触及从而与传统的"统治"概念逐渐并最终区分开来：治理强调的是最大限度地增进公共利益以及不仅限于政府的多元主体参与和协商合作，是一种新型的公共管理活动及过程，它包括必要的公共权威、管理规则、治理机制和治理方式。② 联合国开发计划署（United Nations Development Programme）认为治理的基本要素为参与和透

---

① 俞可平. 论国家治理现代化［M］. 北京：社会科学文献出版社，2014：17.
② 俞可平. 论国家治理现代化［M］. 北京：社会科学文献出版社，2014：21.

明、平等与诚信、法制和负责、战略远见及成效、共识、效率。① 善治（good governance）即良好的治理，是旨在实现公共利益最大化的公共管理活动及过程。善治的基本要素包括：合法性、法治、透明性、责任性、回应、有效、参与、稳定、廉洁以及公正②。

（二）高校善治及其基本理念

有别于"统治"，"治理"和"善治"概念所及范围逾越了国家和地方政府权力边界，适用于任何以追求效率或致力于以实现公共利益最大化为目标的行业、机构及组织。高校为讲求效率同时又负有强烈的社会责任担当的学术组织，高校的本质属性决定了其并非具有传统科层制的严密结构而呈现组织结构松散之特点，此外高校的权力结构、组织结构、人员构成与其活动开展都十分复杂。③ 高校组织的上述特征要求其必须充分调动学校内部的所有人员等多元主体参与治理亦即共同治理，从而提升学校内部管理的效率及学校目标的高质量实现。

善治作为有效的、好的治理模式已被学界广泛认可为高校内部治理的必然选择和完善高校治理结构的目标之一，善治的最终目的在于促进高校办成"好的教育"。④ 综合已有一些研究的权威观点⑤，高校的善治就是要以效率优先、法治为基础和保障来协调内部学术权力和行政权力的利益冲突和相互间关系以逐步实现多元主体的广泛参与、民主决策和共同治理，在过程中务必明确各参与主体的责任分工及承担。

图 17.1 展示了高校善治的基本理念及其作用。其一，效率是高校善治的主要目标。习近平总书记在党的十九大报告中提及要实现高等教育内涵式发展，依据该目标，新时代高等教育建设的改革征程亟待由过去以规模扩张为主的外延式发展理念转向以质量改善为核心的内涵式发展观，高等教育改革及发展目标应当聚焦于高校办学治校育人、知识创新和社会服务等的效率提升⑥，"善治"

---

① 蔡先金. 大学治理体系的认识与建构[J]. 山东高等教育，2016(2)：8.
② 俞可平. 论国家治理现代化[M]. 北京：社会科学文献出版社，2014：29-30.
③ 眭依凡. 论大学的善治[J]. 江苏高教，2014(6)：18.
④ 褚宏启. 教育治理：以共治求善治[J]. 教育研究，2014(10)：4.
⑤ 眭依凡. 论大学的善治[J]. 江苏高教，2014(6)：19-21.
⑥ 眭依凡. 公平与效率：教育政策研究的价值统领[J]. 中国高等教育，2014(18)：11-15.

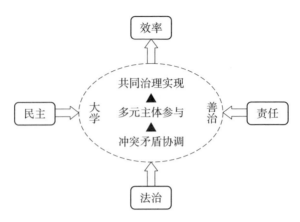

图 17.1 高校善治的基本理念

讲求效率优先与低效管理活动根本对立。其二,法治是高校善治的重要基础。党中央在《关于全面推进依法治国若干重大问题的决定》中已从国家治理层面提出"良法是善治之前提"①,作为善治必不可少的基本要素,法治直接影响并保障了其他要素的存在及作用发挥,法治在赋予高校善治以合法性的同时还提供了根本保障以维护并确保善治所需制度环境的延续及稳定。其三,民主是高校善治的必要前提。善治与治理同样强调多元主体参与及合作并以共同治理的方式来实现公共利益最大化。高校本身为非官僚机构且具有强烈的学术属性以及人员构成复杂的基本特征,如何协调并化解学术权力和行政权力的矛盾与冲突,使得行政管理者、教师、学生及其他人员等利益相关者群体参与决策、共同治理,是实现高校善治须妥善处理的问题,而解决该问题的必要前提则在于要根本确保并大力发扬民主。其四,责任是高校善治的有力支撑。善治既为吸纳多元主体参与共治的新型管理活动,"参与"的前提则是高校各利益相关者对各自参与的责任承担及权限划分有清晰的理解及准确把握以避免出现参与主体权力边界模糊化等问题,责任即为权力是善治得以实现的有力支撑,高校成员以主人翁的责任意识发挥各自优势来共同治理方为善治精神之体现。善治是高校组织应当致力于追求的治理目标,效率、法治、民主、责任分别是高校善治的目标、基础、前提和支撑,亦即建构高校善治模型之基本理念要素。

---

① 中共中央关于全面推进依法治国若干重大问题的决定[EB/OL]. http://news. cnwest. com/content/2014-10/28/content_11767768_2. htm,2014 - 10 - 28.

二、文化理性持守：高校善治的先决因素

大学文化是高校的灵魂，天然且永恒的文化属性是大学组织的本质属性。文化具有显著、独特的治校功能及高校组织自身的属性特征、职能承担，由此决定了高校在治理实践中务必重视大学文化这一特殊治理要素并自觉于培育和持守高校的文化理性。

（一）大学文化与高校善治

根据"文化三分法"可将"大学文化"定义为以高校为载体由高校全体成员参与并经长期办学实践历史积淀所形成的精神文化、制度文化和环境文化。高校精神文化包括高校的价值追求、理想信念和道德情感，制度文化牵涉高校组织架构及其运行规则等内容以及在制度运行过程中所营造的氛围等，高校的环境文化亦即物质文化由高校的建筑校舍、人文自然景观、物质设施等组成。[①] 附着于高校组织表面并渗透其根脉的大学文化对治校即高校的治理具有无可替代的重要影响和特殊功能。

如前所述，大学文化具有治校功能是有其合理性即内在依据的。首先，高校组织无法全然移植传统科层制的严密结构而具有松散系统之特点，其天然的学术属性不可磨灭而学术人员和行政人员对高校使命和事务所持不同立场与见解致使学术权力与行政权力的交锋与冲突在所难免，大学文化作为柔性治校手段的介入则可能化解刚性制度无法协调的矛盾，并能通过特有的价值建构及文化整合功能使大学成员以主人翁的责任意识形成强烈的使命感及凝聚力从而共同迈向组织公共目标；再者，现代高校担负着文化引领、传承和创新的新职能，承担该职能的重要路径之一即高校自觉于文化建设，并在办学治校育人过程中积极发挥文化的功能以塑造大学文化品格及提升大学文化软实力。

大学的精神文化、制度文化和环境文化依次对高校内部治理理念和实践发挥着"价值确定、制度安排、环境营造"[②]的作用及功能。精神文化对大学治校理念及制度安排的设计发挥着价值引领及导向的作用，制度文化为规范高校的权力配置及组织运行给予重要的内驱力，环境文化则为良好治理所需环境及氛围

---

① 俞婷婕. 大学文化治校功能的学理问题与实践逻辑撷探[J]. 教育发展研究，2017(23)：79.
② 眭依凡. 论大学校长之文化治校[J]. 清华大学教育研究，2012(6)：18.

提供主要的物质载体。大学文化犹如大学组织赖以生存、运行和发展的灵魂,对高校治理理念及其实践、治理结构及过程等均发挥独一无二的作用。

　　基于大学文化具有上述治校功能,它是影响大学善治结构和过程必不可少的基本要素。大学文化对善治结构建构具有基础性作用①,体现在:第一,大学文化通过价值引领、建构和情感激励等作用使全体大学成员能肩承组织赋予其的使命感、信念感及责任感立足并尽责于各自工作岗位来集体推进大学公共目标的实现;第二,大学文化经由制度安排与设计的作用发挥使得大学组织虽具松散组织之形式却依旧能够井然有序地实现效率优先的目标亦即大学善治之目标,这是由于大学制度决定了大学治理的现状与走向并直接影响大学善治的目标能否得以实现,而大学文化则是影响每所大学制度优劣的关键因素之一,故大学文化能够通过直接影响大学制度建构与完善从而间接促成善治目标实现。此外,大学文化对大学善治过程中的价值选择、制度设计、组织与权力的建构与运作、组织及成员的思维、心理及行动模式、善治所需氛围及环境的营造等发挥着极其重要的影响与价值。

(二) 大学文化理性与高校善治

　　对于"理性"的理解通常涉及两个层面:一是基于概念、判断和推理的思维形式或活动;二是基于认识、理解、思考及决断的控制行为的能力即理智。② 换言之,理性是关于人进行思维、获得认识的能力以及基于思维和认识来开展行动的能力。文化理性是人自觉于置身一定的文化网络和体系中,根据文化的价值和意义来进行思维、获取认识以及在此基础上的行动能力。

　　如图 17.2 所示,高校的文化理性包括高校的文化自识、文化自信、文化自觉、文化自律和文化自立,这五项要素相辅相成、缺一不可。其中,文化自立是最高目标,文化自识与文化自信对其他要素分别起到构筑客观基础、提供精神动力的作用,文化自识与文化自信、文化自觉与文化自律等之间更是存在密切的耦合关系。高校的文化自识是文化自信的前提,高校只有从应然与实然、理想和现实等多层面进行认识并准确把握大学文化对高校组织治理的价值与功能,才可能客观冷静地树立文化自信。高校的文化自律是文化自觉发展至特定阶段的必然

① 眭依凡,等.大学文化思想及文化育人研究[M].杭州:浙江大学出版社,2016:13.
② 张学文.大学理性:历史传统与现实追求[J].教育研究,2008(1):35.

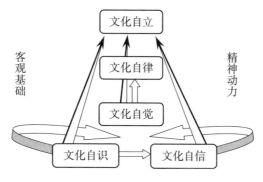

图 17.2　大学文化理性的基本要素

结果,文化自觉是高校建立在文化自识的基础之上的"文化觉醒、文化省思和文化创新"①,以及自动担负起对社会的文化引领、选择、传承和批判职能。当高校能自觉遵循自身的文化属性以及大学文化的发展规律来办学治校育人,就有充分的内部动机激发其主动进行文化反思、提出文化要求、加强文化规范以达成文化自律。大学文化的建设与发展有不可逾越的客观规律,高校依据本校办学理念和特色、历史底蕴、学术品格及文化传统,积极营造与高校改革发展的目标相适应的且能够体现学校文化自立之理性精神的文化环境。

　　如前所述,高校组织与生俱来且根深蒂固的文化属性及大学文化之于高校治理尤其是善治的作用,决定了高校善治与文化理性恪守之间有着密不可分的关联。高校的善治无非是高校组织认识、培育、秉持和坚守文化理性的价值诉求。首先,在推进高校内部治理体系现代化已然成为我国建设高等教育强国的战略选择的时代背景下,聚焦讨论大学文化理性的一个重要意义,就在于引导高校从大学文化的视角认识高校善治的重要性,自觉发挥大学文化之于高校有效治理的价值与作用。其次,就强化文化治校的实践而论,高校不仅以文化自觉、文化自律及文化自立的理性指导学校的治理实践,而且自觉以文化理性的价值标准去检验学校善治结构建设及其运行的效果。最后,大学文化建设与高校制度建设之间存在紧密关系,换言之,高校文化建设的价值之一,即通过现代大学制度的建设以促进高校善治的实现。

---

① 眭依凡.大学文化理性与文化育人之责[J].中国高等教育,2012(12):7.

三、基于善治的大学文化理性培育与守持

虑及大学文化理性之持守对高校组织善治的价值与作用,本节从以下四个方面讨论基于高校善治需要的大学文化理性的培育和坚守。

(一)塑造和谐包容的大学文化品格

善治以组织内部成员共同参与治理为特征,以及多利益主体之间的冲突与矛盾通过协调可以得到根本缓解为前提。高校的善治亦然。高校无疑是一个极其复杂的组织系统,但主要由代表决策管理者权力的行政子系统和代表教师权力的学术子系统构成。两个系统在高校内部的职能约定不一样:行政子系统专司管理职能,其通过建立一套规则对学术系统施加影响以维护高校组织必要的运行秩序;学术子系统专司人才培养和知识创新的社会职能。高校对社会的贡献主要取决于学术系统的能量大小及其作用的发挥。由于学术子系统受制于行政子系统的影响,若高校的行政子系统像个官僚机构,高校就难以按规律办学治校育人,学术子系统的社会贡献因此就会受制。在推进高校善治结构的进程中,首先需要克服"高校的行政权力是指向效率的,而学术权力是有悖于效率的,所以学术权力必须服从行政权力"这样一个误判。高校是一个以智力劳动为特征的学术系统,过度削弱其参与高校治理的应有权力会导致高校学术生态的伤害和学术活力的窒息。事实亦然,高校治理的效率不仅取决于学校行政权力的效率,而且取决于由学术权力决定的人才培养质量和知识创新贡献。由于高校的学术子系统与行政子系统有着不同的目标追求并对高校的使命担当、办学理念和具体事务的理解与立场也存有明显差异,于是容易引发学术权力和行政权力间的冲突和矛盾。[①] 倘若两者的矛盾冲突不断激化,与此同时假设高校的行政官僚化日趋严重,那么高校的善治则无法实现。为此,根本解决高校内部行政权力系统与学术权力系统的协调配合问题,无疑是高校建构善治体系首当其冲需要解决的问题。

本研究认为,学术权力系统和行政权力系统均为高校善治体系的利益相关者,缓和甚至避免两者在高校内部治理过程中产生的矛盾冲突,一方面有赖于高校组织之权责结构和制度结构的完善,另一方面还有赖于两者互为信任、协调包

---

① 眭依凡.关于一流大学建设与大学治理现代化的理性思考[J].中国高教研究,2019(5):4.

容大学文化的建设。基于高校的善治理念及特征,高校理应持守的文化理性之一,就是通过塑造和谐、包容的大学文化以协调学术权力和行政权力间冲突。一是重塑以和谐与包容为取向的高校精神文化。高校领导者应落实具体举措来构建以和谐、包容为价值导向的精神文化以搭建起学术人员和行政人员沟通、理解及合作的桥梁,在主动倾听并了解双方需求和意见的基础上充分思考并找准双方利益的分歧与结合点进而通过促进相互理解和信任的价值传播和情感激励等方式尽可能地消除冲突与误解。二是构建并完善确保学术人员参与治理的制度文化。高校学术人员参与治校不但是学术权力与行政权力矛盾得以缓解的客观需要,也是高校的组织属性和治理需求所致。一方面,高校必须捍卫其学术属性,高校的治理必须植根并遵循这一组织本质属性,学术人员作为大学主体有权利更有必要参与大学重大事务的决策与治理,另一方面,高校领导者的职业路径作用使其对于高校生活的某些方面的经验积累存有欠缺由此亟待其他人员提供识别和提供解决问题的建议①,学术人员则是高校领导者应该听取和采纳意见的主要目标群体。确保学术人员参与治校的前提与基础是构建和谐、包容和人性化的制度文化,在大学制度层面充分认可并分别明确学术人员参与治校的权力、内容及边界并在作为"大学宪法"的大学章程中予以阐明,从而以"法制"的形式进一步确定下来以便落实高校"法治"之精神,此举与高校善治的基本理念也不谋而合。

(二) 推进章程建设为核心的制度文化营造

法治赋予高校善治以合法性并为其提供基本的制度保障和环境,是高校善治的基础。大学章程是高校实现法治和自治的基础性制度规范,是高校在遵守、执行并维护国家法律制度前提下对育人、办学及内外部治理等各项事务予以制度层面解释与规定的最高准则。党的十八大以来,我国各级各类教育深化改革的丰硕成果之一为通过大学章程的建设与实施来加快驱动现代大学制度建设。大学章程的制定、实行与完善是推进高校治理体系和治理能力现代化的迫切需要。

作为"大学文化之集大成"②的大学章程是受大学文化之价值选择、制度安

---

① [美]罗纳德·G·埃伦伯格.美国的大学治理[M].沈文钦,张婷姝,杨晓芳,译.北京:北京大学出版社,2010:85.
② 眭依凡.论大学校长之文化治校[J].清华大学教育研究,2012(6):22.

排及环境营造所作用的客体,与大学文化存在千丝万缕的联系,主要体现在:第一,大学章程为高校精神文化的集中体现,高校的价值、理念与精神等充分彰显于章程文本中。如清华大学在章程中论及"秉持'自强不息、厚德载物'校训""'严谨、勤奋、求是、创新'学风"以及"学术上倡导'独立之精神,自由之思想'"①等清晰展现了契合大学文化本质的办学使命及理念;第二,大学章程是高校制度文化的重要载体,制度文化关乎高校的组织架构与其运行规则,大学章程则对高校的组织结构、权力分配及管理职能等作法律层面的规定和说明,是高校制度文化显性化、具象化的法规呈现形式;第三,大学章程还将高校物质文化以法的形式予以保护和传承,比如高校在章程中确定并规范了校徽、校标、校旗等重要学校标识,不少大学章程还涉及对高校主要服务设施、公共平台及其功能的解释及说明。

　　高校自觉于推进以章程建设为核心的制度文化营造是夯实法治作为高校善治基础的基本路径,是适应高校善治需要的文化理性坚守。首先,应以高校"最高法"的章程之制定和完善为契机来带动制度文化的整体建构及其氛围营造,将法治的理念与精神植入高校制度文化的基因中以助力依法治校的落实与开展;其次,法治观念和精神深入人心、高校内部治理的利益主体能自觉学法、懂法、守法是制度文化对大学有效治理即善治最为宝贵的价值体现之一,相关组织机构与人员都应自觉严格遵守章程来参与决策和治理以避免大学章程的制定与颁布仅仅流于形式而无实质性效果;最后,应极力维护章程的稳定性与延续性并杜绝朝令夕改现象以确保大学制度文化的整体性和传承性,章程作为高校基本法确保高校的善治有法可依,倘若章程易受到内外部因素影响而动则修改调整则会妨碍大学依法治校的整体进程并破坏大学制度文化的完整性与传承性,应当本着法律权威绝对高于个人意志的严肃态度力图维护章程的稳定。

(三) 自觉于民主参与治理导向的大学文化构建

　　民主参与治理是确保善治的利益主体广泛参与和共同治理的必要前提。高校善治过程中的利益主体冲突缓解以及所涉及的参与、决策及共治等保障与落实都扎根于高校民主精神与文化的土壤中。依据《中华人民共和国高等教育法》

---

① 清华大学. 清华大学章程[EB/OL]. http://www. tsinghua. edu. cn/publish/newthu/openness/jbxx/qhdczc. html,2018 - 03 - 19.

第十一条："高等学校应当面向社会,依法自主办学,实行民主管理"①,说明国家亦赋予民主参与治理作为高校管理基本制度取向之合法性的认可。自觉于构建以民主参与治理为导向的大学文化将有助于引领大学内部治理过程中的多元主体参与、决策及共治进而有利于推动大学善治的实现。

　　民主参与治理非但为高校善治不可或缺的基本要素,亦应作为大学文化建构的主要导向之一,这主要源自以下因素。其一,高校学术性的本质属性决定其必须坚守民主的精神和文化。高校是追求真理、创新知识的组织,求真育人是大学文化的本质而求真是前提,真理高于一切的理想追求是现代高校近千年来为人类文明不断续写璀璨篇章的重要源起。民主参与治理的大学文化是保证高校组织追求真理的前提,只有处在民主参与治理的文化中,高校成员才能破除权威或资历等因素的束缚和压制而自由为学创新。其二,高校人才培养的基本职能要求其发扬民主的精神及文化。当前我国高等教育已进入内涵式发展新阶段,高校致力于为学生提供满足其个性发展需求的教育是内涵式发展的重要体现,而民主参与治理的大学文化是学生的独立性和个性得到保护和培育的基本保证,教师只有以民主、开放、包容的心态去理解、发掘并支持学生的个性及其发展,学生才有可能激发起创造性思维和能力,我国高校创新型人才培养之路方能越走越远。

　　民主参与不仅是高校善治的必要前提还应作为大学文化的基本导向,自觉于构建民主导向的大学文化为大学组织应持守的文化理性。第一,坚守并维护民主作为大学文化的基本价值导向,通过大学文化对大学成员价值信念系统的引导来使其养成崇尚民主、发扬民主的基本意识、态度和行为方式,从而为高校善治所需要的民主前提建立广泛且坚实的基础;第二,将民主精神融入高校制度文化的精髓中,建设高校民主管理制度以优化高校内部治理结构,其间尤其应明确学者参与治学治校的基本权力及边界并在大学章程中予以确立以保障学者参与高校治理有法可循、有法可依从而有效缓解学术权力与行政权力失衡问题,高校应当依据以民主导向的大学文化对制度设计的价值与功能的基本认识来自觉于发挥运用该功能,当然还须充分发扬管理制度民主以提升高校重大决策的科

---

① 中华人民共和国教育部. 中华人民共和国高等教育法[EB/OL]. http://old. moe. gov. cn/publicfiles/business/htmlfiles/moe/moe_619/200407/1311. html,2018 - 3 - 20.

学性以及内部治理的效率。

(四) 利益主体的文化自觉及文化自律

有关多元利益主体参与、决策与共治所强调的是权力的分配、协调与平衡，而提到权力就不得不重点论及责任，因为责任与权力是相辅相成、相互制约的一对矛盾。假使责任有关要素即责任主体、责任内容及边界、不利后果及承担方式等尚未明确，权力的赋予与行使就丧失了基本的约束与监督。由此，高校的善治以责任这一要素为有力支撑，而善治利益主体的责任担当与大学文化的影响密不可分。

现代大学的文化引领、选择、创新和传承职能之承担直指大学组织须具备强烈的责任担当意识和精神。而大学文化之所以是前沿、先进且优质的社会子文化也与其文化基因中具备社会担当、责任承担等要素是息息相关的。大学文化以担当、务实为基本的价值和道德立场，精神文化、制度文化和物质文化均以此为文化特征并具有显著表征。大学的育人治校过程中皆应自觉认识并运用务实担当的大学文化价值导向对其的影响与作用，育人层面是为了培养学生拥有为人处世的责任意识及能力，治校层面则是为使大学治理的参与主体具备与其权力行使相应的责任感和担当能力。

为明晰善治利益主体的责任以便其更为有效地行使权力从而促成组织公共目标的达成，高校可围绕利益相关主体自身责任感及担当的培育以及从高校法律制度层面对责任内容与边界等的明确两方面入手采取相应对策，其中不可忽略的是高校必须坚守文化理性即应依据对社会担当导向的大学文化价值与作用之认识更好地发挥文化自觉与文化自律来为善治提供有力支撑。其一，高校应依据以务实担当导向的大学文化对高校治理之功能自觉于建设其并充分发挥其作用，通过高校精神文化的整合作用使治理参与主体激发自觉的责任意识并增进其主人翁精神，通过高校制度文化的影响在以章程为核心的现代高校制度建设过程中进一步明确各权力主体的责任分配、内容及边界、监督及问责途径等；其二，高校还应通过文化自律来促进善治参与主体提升对自身肩负责任进行规范、约束、审视与反思的动机与能力，自律是个体担负并履行好责任的最高要求和阶段，通过文化自律的作用发挥将有利于治理参与主体立足于组织目标的高度来对自身的价值建构、道德要求以及对组织忠诚度等进行自我剖析和管制，进而有利于提升其权力行使的效果与效力。

　　除了协调善治利益主体的冲突、夯实作为善治基础的法治、确保善治的必要前提即民主以及培育善治有力支撑即责任担当这四方面要求高校培育并遵循基本的文化理性之外,善治结构安排和过程推进的整体与细节皆需要高校组织基于对大学文化治校价值及功能的理解来自觉于形成文化理性的思维并增强践行文化理性的行为能力,以便充分发挥大学文化作为高校治理特殊要素的作用来促成效率这一高校善治主要目标之实现。

第十八章
高校治理文化建设的理论分析与实践策略研究

大学文化是高校内部治理的要素是不争的事实，因为大学文化与高校治理有着相伴相生的密切关系。为此有学者指出，治理的表层是制度发展范型，其深层则是文化发展历程之必然结果。① 高校内部有效治理的实现有赖于治理文化的营造和参与。大学文化参与高校内部治理不仅具有合理性，亦契合高校治理的本质。本章进一步探索高校治理文化建设的可行性及难度，讨论并明确治理文化建设的主要思路，最后提出高校治理文化建设革的实践策略。

一、大学治理文化建设的逻辑意蕴

（一）大学治理文化建设的合理性

如前所述，高校本质上是具有文化属性的学术组织。就高校起源而言，高校是人类文明尤其社会文化发展积淀至一定阶段的产物。自其创立发展至今，高校在其社会职能不断得以拓展丰富的同时，以日益多元化的途径及方式在传承、引领和创造着人类文化，高校自身的发展也受之于社会文化的影响。所以眭依凡教授指出：高校组织是文化的存在和反映②。而就高校组织内部而论，大学文化无时不刻、无处不在地在渗透并参与高校办学治校育人的所有事项。正是高校特有的文化属性以及大学文化的治校价值赋予了高校治理文化建设的必

① 刘亚敏.大学治理文化：阐释与建构[J].高教探索,2015(10):5.
② 眭依凡,等.大学文化思想及文化育人研究[M].杭州：浙江大学出版社,2016:7.

要性。

大学文化具有治校价值这一基本判断,在赋予高校治理文化存在合理性的同时亦提出了高校治理文化建设的必要性。大学文化之所以具有治校功能不仅源于其特有的组织属性,还与现代高校的职能拓展有关。对此可以分析如下:①高校组织的学术性决定了大学文化能够对其成员发生价值引领、传播、认同及内化的作用,为此大学文化可以通过组织目标的形式引领高校内部及其成员各司其职、各尽其责,共同为组织目标的达成同心同德,从而保证了高校组织运行及其管理的效率。②学术权力作为高校内部治理具有特殊重要性的权力,应当在组织内部治理过程中充分发挥该有的功能及作用,而学术文化是确保高校学术权力得到保障及维护的前提条件。换言之,高校之学术自由、追求真理、民主平等、兼容并包的文化,对高校内部治理是否能按其规律办学治校具有直接影响。③伴随时代变迁及社会发展,现代高校职能不断被拓展和丰富,文化传承、引领及创新是现代高校需担负的新型职能之一。在此背景下,高校的文化治校不仅是大学文化传承与创新的重要路径,更是契合新时代高校治理体系现代化的发展方略。由于大学文化能通过价值的引领、建构及整合作用的发挥对高校治理结构和治理过程造成直接或间接的影响,表现为精神文化在价值层面引领治校理念和制度的选择与设计,制度文化可有效驱动权力配置及运行的规范化,环境文化则可能为内部治理所需氛围及环境的营造提供物质载体。[①] 由此可见,高校治理文化建设具有合理性。

(二) 高校治理文化建设的现实价值

B. 盖伊·彼得斯(B. Guy Peters)在《政治科学中的制度理论:新制度主义》一书中指出:组织所形成的初始环境和文化特征会深刻地影响其日后的发展,其中,文化的"根"会影响组织的发展路径,历史制度主义称为"路径依赖"。[②] 而所谓制度惯性植根于组织文化中。高校是受组织文化影响而呈现显著路径依赖特征的特殊机构,这能很好地解释为什么高校组织在其漫长的发展变迁进程中具有传承性,由此亦可解释缘何高校内部的改革容易面临来自文化传统的阻力。基于高校组织的文化特性,高校治理文化作为一种治理逻辑和模

---

① 俞婷婕. 大学文化治校功能的学理问题与实践逻辑摭探[J]. 教育发展研究,2017(23):79.

② Peters B. Guy. Institutional theory in political science: the new institutionalism [M]. London and New York: Pinter, 1999:63 - 77.

式应运而生并对高校内部治理发挥其他不可替代的作用。

1. 两种治理逻辑

罗伯特·伯恩鲍姆（Robert Birnbaum）在探讨美国高校共同治理效率的问题时引入了高教管理中的刚性治理、柔性治理的概念。他认为：刚性治理（hard governance）也称硬治理或者理性治理（rational governance），是既明确权力关系又规定一定组织过程以及鼓励遵守已颁布政策与程序的相关组织结构、规章和制裁制度；而柔性治理（soft governance）即软治理或称为互动式治理（interactional governance），包含组织中有助于拓展和维持个体和群体规范的社会关系及其互动体系。[①] 伯恩鲍姆认为，这两种治理逻辑与模式是建立在迥然不同的概念及理论基础之上的。

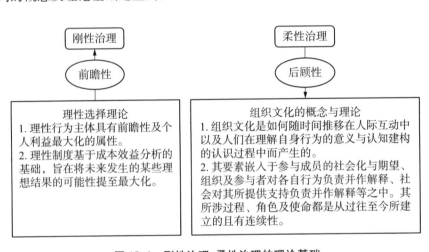

图 18.1　刚性治理、柔性治理的理论基础

资料来源：Birnbaum R. The End of Shared Governance: Looking Ahead or Looking Back [J]. New Directions for Higher Education，2004(127)：10.

如图 18.1 所示，刚性治理的理论基础是理性选择理论。理性行为主体被认为完全兼具前瞻性和自我本位属性。理性制度基于成本与效益的计算，旨在把未来将要发生的某些理想结果的可能性提至最大化。因此，刚性治理具有预测性即前瞻性的特征，呈现出"向前看"（forward-looking）的特点。柔性治理则是

---

① Birnbaum R. The End of Shared Governance: Looking Ahead or Looking Back [J]. New Directions for Higher Education，2004(127)：10.

建立在组织文化概念和理论的基础之上的，它植根于组织文化随时间推移是如何通过人与人的互动而产生的、群体性共享认识以及理解行为过程是如何建构其认知过程的理论中。柔性治理的基本要素包括参与成员的社会化和期望，机构为其行为作解释、参与者为其角色作解释，以及社会对其所提供支持负责并作解释。柔性治理具后顾性，因而呈现出"往后看"（backward-looking）的特点。①

2. 柔性治理之于高校内部治理的意义

综合伯恩鲍姆提出的概念和要素以及本课题前期研究的结论，本研究认为：高校的柔性治理是高校组织秉持平等、民主、共治等基本理念，积极发挥大学文化的整合作用来影响高校组织及其成员的价值、态度与行为模式从而激发其自主性、参与性和创造性，共同探索并实现学术权力和行政权力在内部治理过程中的沟通、协调、合作及信任，从而实现善治目标的一种治理理念及模式。柔性治理对高校内部治理有十分重要的特殊价值：一方面，它可在刚性治理与高校组织属性发生冲突而出现管理低效之时介入并奏效；另一方面，它具积淀性、稳定性和灵活性等特点，致使其可能成为比制度管理更具优势的最佳治理模式。

科恩（Cohen M. D.）和马奇（March J. G）曾认为高校区别于其他组织的特殊性在于每一位高校成员均为自主决策者。例如，教师决定教学的形式、时间和内容，学生决定学习的方式、时间及内容，立法者和捐赠者决定他们是否以及何时提供资助以及提供何种资助等；因而高校组织的决策是由系统自身生成的结果，而并非由任何人有意控制和决定的。② 该特殊性促使高校最重要的决策常形成于正式制度之外，并且直接导致刚性治理模式对高校市场收效甚微。国外学者认为，持有刚性治理主张的改革者们在高校内部治理实践中尝试改变的突破口正是高校组织缺乏刚性管控的状态，其为此而采纳了创建新的决策机构、改变以往的决策制定过程等一系列内部治理结构改革举措。③ 然而，上述做法与现代高校在结构及管理中所呈现的松散性特征在本质上是相互矛盾的。高校作

---

① Birnbaum R. The End of Shared Governance: Looking Ahead or Looking Back [J]. New Directions for Higher Education, 2004(127): 10.

② Cohen M D, March J G. Leadership and Ambiguity: The American College President [M]. New York: McGraw-Hill, 1974: 33.

③ Yamada M. "Joint Big Decision Committees and University Governance." In R. Birnbaum (ed.), Faculty in Governance: The Role of Senates and Joint Committees in Academic Decision Making. New Directions for HigherEducation, no. 75 [C]. SanFrancisco: Jossey-Bass, 1991: 79-95.

为松散的组织系统,正是由于其缺乏相对紧密的管控或管理,才成就了当今兼具多样性和质量的世界高等教育系统。因此,即便刚性治理改革者们再言之凿凿,但当其改革举措与柔性治理理念相冲突时,就常会难以避免地失败。①

时至今日,人们普遍倾向于认同最佳的治理是"看不见的治理""无形的治理"。假如一所高校被过度治理抑或是其必须依赖刚性治理才能实现日常运转,那大概可肯定的是该校的运行近乎是低效的。事实上,早在二十世纪二三十年代,哈佛大学前校长洛威尔(Lowell A. L.)就曾阐述过高校要注重大学文化及传统治校的"后顾性"管理模式与其价值。他认为高校教师和管理部门各自的职责、作用及其协调分工等从过往的经验及传统中才能得到最佳答案,并直指以文化及传统来管理(可理解为柔性治理)要比依靠规章制度治校(即刚性治理)具有更大的优势,原因在于文化治校有以下几点突出优势:第一,大学文化及传统是更为灵敏的管理手段,其应用起来相较于制度更为灵活,在难以预见和预测的情况下显得更为周全也更有余地;第二,大学的文化及传统更加稳定,规章制度可被修改,而文化传统却不能,因为它并非是制定出来的而是由自然而然的积淀所形成的,它只可能因大学成员意见及价值的逐渐改变而变化,但不会随大多数人的投票结果而生变。总之,大学文化及传统很难被人为地强行改进而只能自己完成优胜劣汰。② 可以说,同样具有灵活、稳定等特征的柔性治理模式对于高校内部治理改革来说无疑是一种改革成本相对较低却可能获得更高效能的理性选择。构建柔性治理模式的主要途径即每所高校独立探索和营造契合组织发展需求的治理文化,柔性治理的必然结果则是高校治理文化的不断形成、积淀和发展。柔性治理对于高校内部治理的特殊意义能够充分说明当今时代高校治理文化建设颇具重要的现实价值。

这里需补充说明的是,本研究认为刚性治理与柔性治理之间所存在的并不是非此即彼的对立冲突关系,两者应以一种相辅相成、互为补充的协调联动机制在高校内部治理过程中共同发挥作用。这也为高校治理文化的建构注入了理性辩证思维的色彩。

---

① Birnbaum R. The End of Shared Governance: Looking Ahead or Looking Back [J]. New Directions for Higher Education, 2004(127): 11.
② Lowell A L. At War with Academic Traditions in America [M]. Cambridge, Mass.: Harvard University Press, 1934: 290-291.

二、组织文化视角下高校治理文化建设面临的困境

讨论并明确高校治理文化建设的合理性和现实价值,既为本研究奠定了理论依据,也为高校治理文化的实践提供了学理支撑。可以肯定,以往有关大学文化与组织治理的研究均认同并重视大学文化的治校价值并尝试提出高校文化治理建设的具体建议,但它们共同存在的一个问题是忽略了从组织文化视角去分析在组织场域中的文化建设的可行性及其难度。正视并回应这个问题非常必要,因为它能直接影响及在很大程度上决定了治理文化实践的针对性和有效性。本研究认为,任何忽略或无视治理文化建设之可行性及其难度的对策,都不可避免地会陷入脱离实际而过于理想化的误区。

正如清华大学校长邱勇教授数次所言:"建设世界一流大学最难的是文化建设,差距最大的也是文化建设"[①],文化营造与改革几乎要比高校任何领域的改革都更为过程艰难和时间漫长,而该现象的出现其实是可追根溯源的。立足组织文化的视角,便不难发现这是大学文化所具有的组织文化一般属性及文化价值共同作用的结果。

(一) 组织文化核心刚性属性的影响

哈佛大学商学院的伦纳德-巴顿(Leonard-Barton D.)在研究企业为代表的组织特殊能力之本质及战略意义的同时,提出了2个全新概念即"核心能力"以及"核心刚性"。她认为组织的核心能力(core capabilities)是在战略上使其区别于任何其他组织的累积性知识,它不是竞争对手可模仿的,同时也是组织自身难以改变的,主要涉及以下四个维度:①组织成员的知识和技能;②技术系统,即嵌入在组织技术系统中的成员隐性知识,它经由组织成员头脑中常年积累、整理和建构形成的隐性知识汇集而来;③管理系统,即代表正式和非正式的知识创造及管控方式的管理系统;④组织的价值和规范,即涉及组织文化的范畴。就传统的管理学研究的而论,"组织的价值和规范"通常会被单独划分出来研究或被直接被忽略。然而,伦纳德-巴顿确信组织价值和规范在四个维度中处于核心位置,它影响或决定了其他三个维度的要素(见图18.2)。核心能力的优势之一在

---

① 邱勇.一流大学最难的是文化建设"人文清华"讲坛打造清华新人文格局[EB/OL]. https://www. tsinghua. edu. cn/publish/thunews/10303/2016/20160111185407913194956/20160111185407913194956 _. html,2016 - 01 - 10.

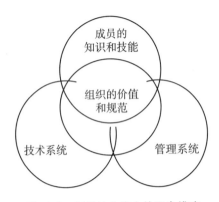

图 18.2　组织核心能力的四个维度

资料来源：Leonard-Barton D. Core capability and core rigidities：a paradox in managing new product development. Strategic Management Journal，1992(13)：114.

于它独特的传承属性，也就是说它无法轻易地被竞争对手模仿，基于此，伦纳德-巴顿特别引入核心刚性(core rigidities)的概念，它是核心能力的另一面即核心能力中抑制革新、组织自身不易改变的特质。核心能力的四个维度中相对变化难度最高的就是组织的价值与规范，即第四维度的核心刚性特征最显著。①

显而易见，组织价值和规范隶属组织文化的范畴(尤其牵涉精神文化、制度文化的构成要素)。由于高校是文化属性极强的组织，所以大学文化是高校核心能力的构成要素，就此可以推断：大学文化作为一种独一无二的组织文化，同样具有核心刚性的特征，亦即大学文化一经形成会渗透并影响至高校办学治校育人等组织日常运行的各个方面，与此同时其较难被改变并容易对组织文化革新或外来文化的引进产生天然排斥甚至对抗反应。在高校组织的内部治理过程中，大学文化所持有并表现出的不易被改变的特征即为大学文化的刚性属性。② 高校治理文化营造所面临的困难在很大程度上源于大学文化核心刚性的特有属性，其具体表现为：一方面，一所高校积淀形成的有利于内部有效治理的文化在现实中很难被其他高校所模仿或移植；另一方面，高校原有的文化系统又极为可能对新的治理文化营造进行排斥或抵抗。

（二）文化维模功能的作用

组织文化的营造及改革过程中除了会受到其核心刚性的基本属性之影响，还不可避免地经受文化维模功能的作用。美国社会学家帕森斯(Parsons T.)首次提出文化的维模(latency)功能，他认为文化是经长期积淀而形成的相对稳定的结构模式，这是保证其能够凝聚和传承的基础；维模功能具体是指当面对外来文化时，原有的相对稳定的文化结构模式会自动开启自我保护和选择性吸收的

---

① Leonard-Barton D. Core capability and core rigidities：a paradox in managing new product development [J]. Strategic Management Journal，1992(13)：111-125.
② 田恩舜. 大学组织文化刚性：成因与治理[J]. 大学·研究与评价，2009(1)：21.

机制,当外来文化有利于原有文化模式的维护时,便易于被接受,反之则会启动保护功能阻止外来文化侵入。① 文化维模功能解释了任何有文化源差异的组织文化在交流及传播过程中所产生的冲突与困难。毋庸置疑,治理文化的营造不仅仅是组织原有文化不断积淀与传承,其过程中亦有可能发生革故鼎新的文化创新及改革,大学原有的文化结构及文化生态在面临新的文化建设和改革时将很可能形成自我保护甚至抵御机制,这将在客观上给大学治理文化的建设和变革添置较大的阻力及障碍。

然而即便如此,并非意味着高校治理文化建设由于必将经受高校原有文化结构及模式的选择或抵制而注定收效甚微。在此需补充说明的是,文化维模功能的实际作用发挥还与组织内部运行状况存在一定依附关系:当某一组织或社会的内部系统运行越趋向于稳定和协调之时,维模功能启动的结果是组织或社会自身能以更开放、包容的方式来接受和吸纳外来文化,文化传播与交流得以实现的可能性就越高,该社会或组织文化的多元化以及稳定性水平都更高;而当系统自身的运行机制日趋濒临崩溃,文化维模功能就越容易处于封闭状态,即对于外来文化或文化变革的排斥和抵抗都愈加激烈,也就极易阻隔文化传播并由此而造成文化隔阂。②

组织文化的维模功能及其特点可为高校治理文化建设所提供的思路和启发在于:一方面高校应自觉于遵循大学文化理性尤其首先要客观认识及准确把握自身文化的内容、特征和问题亦即真正做到文化自识,在该过程中特别要对大学文化存在的突出问题做清醒全面的诊断,这将为开启治理文化建设及营造提供必要的前提和依据;另一方面,高校还应理解和把握自身治理能力及水平与含治理文化在内的大学文化建设之间所存在的相辅相成、彼此依附之交互关系,削弱组织原有文化结构对治理文化改革与建设之阻力的突破口之一即在于推进实现高校内部治理体系和治理能力的现代化。唯此高校及其成员才能以更趋开放、包容的立场和态度来自觉于参与治理文化建设。

组织文化属性及功能在很大程度上说明任何组织的文化建设及其成效都必将是复杂、缓慢且艰难的过程,即便是对承担同样社会职能的同一类型组织而

---

① 王兵."外位性"与"文化维模":华文域外传播策略[N].中国社会科学报,2013 - 08 - 23(A04).
② 周毅.传播文化机制及其规则[J].西北民族大学学报(哲学社会科学版),2003(5):108 - 109.

言,也并不存在一种能普遍适用且奏效的文化建设策略。高校亦然,其治理文化建设的理念及思路制定除了要吻合高校组织的本质属性,还必须契合高校自身的办学传统、学术品格、规章制度、建设规划等与学校内部治理密切相关的要素及特征,因此高校治理文化建设的实践需要进行谨慎、细致和耐心地长期探索并追踪其效果。

三、多元动态治理模式下的高校治理文化建设

本研究将主要基于对组织文化与不同类型组织治理模式间关联、高校组织的本质属性等要素的把握,整体考量和系统分析高校治理文化建设中的主要思路,从而为本课题研究的高校文化治理实践策略提供理念及其依据。由于在不同的组织治理模式中,组织文化相应地呈现出截然不同的风格及特点。因此大学文化亦然,其作为一种组织文化具有的独自属性和维模功能,使得高校治理文化的建构无法忽略高校组织自身的运行特征(尤其是治理模式、领导风格等)。20世纪60年代来,美国组织理论研究日趋受到把组织视为开放系统之基本判断的极大影响及持续渗透。① 在这一背景下,"竞值架构"理论于80年代应运而生。"竞值架构"理论总结并揭示了不同组织治理模式和领导角色所对应的风格各异的组织文化类型及其内在规律,该理论在其被提出后的30余年间被广泛运用至包括学校教育系统在内的各类组织机构,为学校的组织治理与文化建设的实践关联奠定了理论基础。

(一) 竞值架构理论: 不同类型组织管理模式与组织文化之关联

1. "竞值架构"理论及其框架

1983年密西根大学的奎恩(Quinn R. E.)和罗尔博(Rohrbaugh)针对组织效能的研究提出了"竞争性价值架构理论"(简称"竞值架构"理论,Competing Values Framework,缩写为CVF)。"竞值架构"理论的提出,最初是为了建构一种能被广泛适用的理想组织模型,该模型可帮助成就成功的组织领导者提升组织效能,推动组织价值创新。② 在这个组织模型中,奎恩等将组织视为复杂、开

---

① ［美］W. R. 斯科特. 1960—1980年组织理论的发展［J］. 龚亚铎,译. 现代哲学社会科学文摘,1981(11): 1.

② Cameron K S, Quinn R E, DeGraff J and et al. , Thakor A V. Competing values leadership: Creating value in organizations ［M］. Northampton, MA: Edward Elgar Publishing, Inc, 2006: 6.

放、动态的系统,并进而将支撑组织效能的因素划分成两大维度：横轴为组织所关注的取向,内部取向包括员工自身及其发展,外部取向即组织的发展与福利等;纵轴为组织结构偏好,灵活性即强调组织变革与弹性,控制性即稳定性强调控制与稳定。奎恩认为,由此构成的四个象限分别代表了四种组织人力资源管理的理论模型,而每个象限又各自涵盖两种领导角色。奥尼尔(O'Neil R. M.)和奎恩此后10年在前期研究基础上对四种组织治理模式和领导角色特征做如图18.3的归纳及总结。[①]

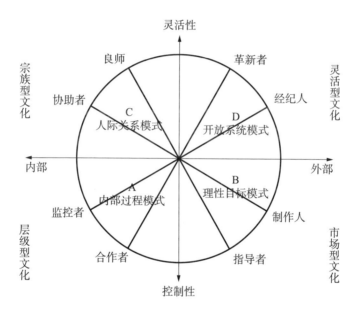

图 18.3　"竞值架构"理论的结构与内容

资料来源：O' Neill，R. M. and Quinn，R. E. Editors' note：applications of the competing values framework ［J］. Human Resource Management，1993(1)：2 - 3.

　　象限 A 为内部过程模式(internal process model)：其注重组织内部以及科层制管理(比如强调规则建构,阻断外部干扰等)。该模式有关的两种领导角色为：监控者强调规则、工作标准等的遵守与执行;协助者通过对系统内部的排故、规划及协调来保证系统工作的顺畅。该领导模式注重讲求科学管理

---

① O'Neill R M, Quinn R. E. Editors' note：applications of the competing values framework ［J］. Human Resource Management，1993(1)：1 - 7.

和机械式管理体制的作用，其领导角色类似明茨伯格（Mintzberg H.）管理者角色理论中的监督者、传播者。[①] 内部过程模式十分注重组织的结构及其作用。

象限 B 为理性目标模式（rational goal model）：其注重系统外部（比如参照或借鉴竞争对手的绩效和盈利状况等）及组织结构的稳定性（比如目标制定和过程监测）。涉及的领导角色为：指导者即能够规划和设定目标，提供组织结构的决策等；生产者即能够采取行动并以身作则地推动组织生产及任务的完成。这两种角色接近明茨伯格管理者角色中的企业家和资源配置者。[②] 该模型同象限 A 的模式一样关注组织结构。

象限 C 为人际关系模式（human relations model）：其关注系统内部因素（如组织成员能力的发展、人力资源发展等）及其合作，同时呈现出灵活管理的特征，包括参与性的决策制定，相互理解的人际关系等。相关的领导角色为协助者和良师：协助者倡导参与、团队合作和团队凝聚力；良师会依据组织成员各自的成长及变化轨迹来有针对性地提升他们。领导角色接近明茨伯格提出的能应对干扰的领导角色。[③]

象限 D 为开放系统模式（open systems model）：其注重组织外部（比如市场增长与竞争）并倾向于选择灵活的组织结构（比如扁平化管理，交叉职能团队）。相关领导角色有革新者和经纪人：革新者能推动组织积极适应外部干扰、创造性思维以及大胆尝试；经纪人能够利用其政治和网络资本（包括组织外部的）来获得具有前瞻性的项目和举措所需的合法性、资源和赞助。上述领导角色类似明茨伯格理论中的发言人、联络者、挂名首脑及谈判者。[④]

---

① Moen D. The Leader-Investigator. Using Leadership Studies as a Model for Conscientization Through Adaptive Leadership, the Four Frames Approach, Giving Voice to Values, and the Competing Values Framework [J]. Journal of Thought，2017(3-4)：33.

② Moen D. The Leader-Investigator. Using Leadership Studies as a Model for Conscientization Through Adaptive Leadership, the Four Frames Approach, Giving Voice to Values, and the Competing Values Framework [J]. Journal of Thought，2017(3-4)：33.

③ Moen D. The Leader-Investigator. Using Leadership Studies as a Model for Conscientization Through Adaptive Leadership, the Four Frames Approach, Giving Voice to Values, and the Competing Values Framework [J]. Journal of Thought，2017(3-4)：34.

④ Moen D. The Leader-Investigator. Using Leadership Studies as a Model for Conscientization Through Adaptive Leadership, the Four Frames Approach, Giving Voice to Values, and the Competing Values Framework [J]. Journal of Thought，2017(3-4)：34.

2. 不同组织管理模式下的组织文化类型及特征

除了依据组织是复杂、开放、动态系统的基本判断来建构四种组织管理模式及其领导力特征之外，"竞值架构"理论之于后续研究的主要价值还体现在它进一步分析并得出了不同组织运行及管理模式下的组织文化类型及特征。A、B、C、D四个象限代表的内部过程模式、理性目标模式、人际关系模式、开放系统模式的组织管理模式，分别对应四种类型的组织文化：层级型文化（hierarchy culture）、市场型文化（market culture）、宗族型文化（clan culture）和灵活型文化（adhocracy culture）。[①] 四种组织文化及其主要特征详见表18.1所示，不再赘述。

表 18.1　"竞值架构"理论提出的组织文化类型及特征

组织文化类型	特征		组织管理模式
	文化	领导角色	
层级型文化	科层制的 有效的 可靠的 可预见的	命令及控制型 问责制 程序规范性	内部过程模型
市场型文化	竞争性 结果导向 外部市场导向 注重效益的	强硬并严苛的 竞争性 注重客户服务 对结果做回应	理性目标模型
宗族型文化	价值驱动 协作型 团队导向 成员参与	协助者 引导者 支持者 对组织忠诚 共享权力	人际关系模型
灵活型文化	革新性 创业型 适应性强 能承担风险	适应不确定性 具前瞻性 革新性	开放系统模型

资料来源：Mills E. E. Culture and Leadership in a Public University Setting：Implications for Shared Governance and Change [D]. Colorado State University，2014：9.

———————

① Mills E E. Culture and Leadership in a Public University Setting：Implications for Shared Governance and Change [D]. Colorado State University，2014：9.

20 世纪 80 年代末,国外学者(Cameron,Ettington)在研究中依据该理论的四种组织文化分类方式来分析大学文化的类型及特点:其中宗族型文化对应高校的学术型文化,以学术文化主导的高校讲求成员合作及组织凝聚力、决策自制;灵活型文化对应高校的创新型文化,具有该种文化的高等教育机构注重实施创新战略以及跨界合作及活动;层级型文化对应高校的科层制文化,此类大学重视机械化的治理结构并缺乏组织冗余资源;具有市场型文化的高校能主动积极地采取强有力的市场导向举措。①

(二) 多元动态治理模式: 高校治理文化建设的思路

"竞值架构"理论的核心思想为任何一个组织都存在彼此冲突的价值,每个组织都不是在以上四种模式择一而存的,而是至少以其中一种模式为主同时兼具其他模式特点来维持日常运行的。② 当组织处在不同发展阶段及面临的发展任务不同时,其侧重性也不一样。概言之,该理论及其分析框架可供本研究参考和借鉴的思路在于:组织治理模式具有多元化、动态性的特征,组织文化由此亦具有多元化和复合性等特点,而这是于当今时代探索高校治理文化建设所无法避及的重要逻辑起点。

本研究认为,开启高校治理文化建设的前提是将其置于高校组织治理模式的特定背景中来予以正视和关注。将视线聚焦至高校组织,我们便不难发现高校内部治理的实然状态也同样呈现了模式选择多元化、动态性等特征。基于此,李立国教授认为,现实中几乎不可能存在一所高校只有一种内部治理模式,也不存在某种纯粹的高校治理理论模式,学术治理、科层官僚治理、共同治理、公司法人治理等大学组织的主流治理模式在现代高校内部治理中呈相互作用的"嵌入式机制",高校可能同时兼具上述数种模式的特征,也有可能以一或两种模式为主、其他模式为辅来运转。③ 正是由于不同的内部治理模式之间的交互作用、协同共生才共同规制了现代高校组织的权力运行,推进了高校内部治理体系建设。

---

① Cameron K S, Ettington D R. The conceptual foundations of organizational culture. In J. C. Smart (ed.), Higher Education: Handbook of Theory and Research (vol. 4) [M]. New York: Agathon: 356 - 396.

② 尚虎平,李景平. 把竞值架构理论引入地方领导干部管理能力评估[J]. 国家行政学院学报,2006(1):45.

③ 李立国. 什么是好的大学治理:治理的"实然"与"应然"分析[J]. 华东师范大学学报(教育科学版),2019(5):14.

多元化、动态性的组织治理模式必会影响并直接造成包含治理文化在内的高校组织文化的多样化和复杂性。

如图 18.4 所示,若以大学文化为分析单位,根据"竞值架构"理论框架和组织文化分类方式可建构如是的四象限坐标图。在现实中,没有一所高校的文化完全专属于图中某一种类型的组织文化。数种类型及风格迥异的大学文化在现代高校组织中共存共生并造就了大学文化系统的多样性、复合性。事实上,"竞值架构"理论在依据组织管理模式对组织文化进行分类的同时,也关注并强调组织文化的多样化和复杂性。该理论亦能够说明不同类型的组织文化在同一组织中共存共生之现象是有据可循的。

图 18.4　"竞值架构"理论视角下的大学文化类型划分

上述理论及观点给予本研究的思路和启发在于:在讨论高校治理文化建设时必须把握和秉持的基本理念为:并不存在某种理想的内部治理理论模型能适用于所有类型的高校。高校组织开放性、复杂性、动态化等特点已然决定其内部治理模式具有多元化、动态性的基本特征,故而每所高校治理体系的正常运转实际上都是由至少一种以上价值取向各异的治理模式相互作用来维系并实现的。高校内部治理于实然层面的多元化和动态性特征是探讨高校治理文化建设所无法忽略的大前提。

此外,高校组织在营造和建设治理文化的过程中还必须自觉于认识和坚守文化理性,其中需统筹兼顾的要素主要涉及以下几个方面:首先,认识并遵循大学理性亦即高校组织及其发展的本质、目的及规律①等,并将其视作高校治理文化建设的基本依据和主要原则;其次,理解并坚守每所高校特有的办学定位、传统及特色、使命与发展方向,此举的目的在于在确保结合并把握大学自身特殊性的情况下来促成个性化的文化建设方案之制定;最后,探索和明确各阶段尤其是当前组织治理模式的主要类型及特点、治理体系改革的任务及目标,并以此为前提和依据来自觉识别自身治理文化的风格、特点与问题。概言之,只有综合考虑及兼顾以上一系列因素方能科学理性地制定既符合高校组织普适性规律又适切于不同高校现实发展需要的治理文化营造方案。

四、高校治理文化建设的实践策略

以上从学理层面梳理并分析了高校治理文化建设的合理性、必要性、可行性以及其主要思路等问题。基于上述理论探讨,本研究提出高校在治理文化建设的实践策略如下:一、将公共性确立为大学治理文化的核心价值导向;二、兼顾并协调两种治理逻辑以形成高校治理文化建设的理性思维;三、实现组织文化自我诊断以为治理文化建设方案提供制定依据;四、高校治理文化建设应走渐进式的线性改良之路。

(一) 将公共性确立为治理文化的核心价值导向

文化的核心是价值观,此即文化的基本特性之一。② 作为组织文化中最为核心的构成要素,组织共同的价值观念体系具有规范、引领并塑造组织成员的态度及行为模式的作用。王冀生先生对此曾强调:高校有别于其他社会组织的特有文化精神和价值体系即在于其"崇尚人文、注重理性、自由独立、追求卓越"③。基于价值观之于文化的重要性以及对高校本质、高校精神之坚守,本研究认为,高校建设治理文化的关键是要将公共性确立为其核心价值导向。

提出该项策略的主要依据在于:社会价值的实现和社会责任的担负是高校创生至今不以时代变迁和政权更迭而一直存在并不断发展的根本原因,高度的公共性是现代高校应具有的稳定的组织属性。国内学者就现代高校的公共性属性进行了深入系统的研究。例如,戚业国基于公共管理学视角提出了组织的公

① 眭依凡.理性捍卫大学[M].北京:北京大学出版社,2013:48.
② 林坚.文化治理与文化创新[M].北京:中国人民大学出版社,2019:12.
③ 王冀生.文化是大学之魂——对大学理念的再认识[J].高教发展与评估,2007(4):6.

共性体现于其拥有公共利益、公共财政、公共参与的"三公"属性,他认为现代高校完全具备上述所有特征因而显然有着公共性的基本属性。① 与之呼应,谢维和认为:在高校诸多的功能和价值中,公共性应为最重要的功能及价值之一,高校公共性主要内容可具体体现为:高校的根本任务是人才培养,大学还应成为社会道德的楷模、公共利益的代表、人类理想的寄托以及精神与文化的家园。② 高校对于社会价值的追求及社会责任的承担是其区别于任何其他社会组织的根本特征,而公共性之坚守则需要关系组织能够平衡、兼顾并协调各利益相关者之关系,且要求高校组织及其成员切不可把急功近利作为组织及个人发展的目标。所以本研究认为,当前高校内部治理体系完善的主基调应该回归与高校之公共性的属性。

高校组织的有效内部治理亦即高校善治的目标是追求效率,然而不同组织间衡量"效率"的指标会因社会赋予组织的价值及责任不同而不同。一般而言,企业以利益追求最大化为衡量组织效率的主要指标,而高校的公共性决定其所追求的效率与前者截然不同,必须以追求人力开发和社会贡献的最大化为效率目标。褚宏启曾就全局角度出发提出教育善治的终极目的在于实现"好的教育"(good education),亦即努力实现教育的公共利益最大化③。本研究认为,实现高校的公共性应作为衡量高校效率的重要评价指标。眭依凡就此有其独到观点:"人们通常把效率与公平或社会责任对立,但高校的效率其实就是对社会责任的担当。"④因此,构建高校治理文化之首要应该将公共性作为引领高校内部治理结构改革的基本价值,亦即确立公共性为高校治理文化的价值导向。

反观现实,非利士主义对当今之高校的渗入滋生导致的庸俗化现象亦有日渐严重之势。关于"非利士主义"的说法起源于英国维多利亚时期,当时以马修·阿诺德(Arnold M.)为代表的思想家和批评家对重商重利、追逐名利而漠视精神价值、远离理性的社会风气进行批判并把彼时英国中产阶级称作"非利士人"(Philistines),将这种庸俗狭隘的市侩习气称为"非利士主义"(Philistinism)。⑤ 受

---

① 戚业国. 现代大学制度重构:公共性、公益性、私益性的冲突与整合[J]. 教育发展研究,2011(19):21.
② 谢维和. 认识新时期大学的公共性[N]. 中国教育报,2008-1-28(6).
③ 褚宏启. 教育治理:以共治求善治[J]. 教育研究,2014(10):4.
④ 眭依凡. 论大学的善治[J]. 江苏高教,2014(6):20.
⑤ 徐颖.《丹尼尔·德龙达》对非利士主义的批判[J]. 外国语文(双月刊),2017(10):7.

功利使用主义的影响,时下的高校已经不同程度地呈现出非利士主义庸俗化倾向。如同眭依凡多年前在《大学庸俗化批判》一文所指出:当今高校庸俗化现象主要表现之一为市侩作风盛行,尤其热衷于包括钱学交易、盲目扩招、举办各类营利性的培训班等等以利润最大化为目标的商业行为。① 温儒敏也曾犀利直指当今高校正出现几种庸俗化的重疾,其中市场化、官场化等趋向严重,导致风气浮躁,在高校成员追逐各自利益的过程中,人才培养的核心职能正经受着严重削弱。②

张维迎指出:虽然高校是典型的利益相关者组织,高校的业绩表现为影响着每个人的利益,但与此同时也没有任何一部分人对自己的行为完全负责。③ 如何维护和坚守高校组织的公共性属性,即在确保高校各利益主体在合理追求自身利益的同时又能使其自觉于不损害组织共同目标的实现,是高校的柔性治理所面临的重要挑战亦为治理文化建设中待解决的关键问题。针对上述时弊,结合当前高校治理文化建设,本研究认为高校亟待将公共性确立为内部治理结构的设计原则和理念,兼顾、平衡并协调各利益相关者的利益和责任。对此,南开大学前校长龚克主张高校可尝试努力的实践方向为:构建并完善党委领导下由校长负责的容校内校外利益主体共同参与议事的"集体领导"决策架构。④ 除此之外,高校组织还需要以务实担当的大学精神引导治理参与主体提升其各自的责任意识和参与主动性,并在以章程为核心的现代大学制度建构过程中明确权力主体的责任分配以及内容、边界、权力监督及问责方式。总而言之,确立高校治理文化公共性的价值导向,提升高校内部治理的公共性特征,是回归和遵循高校本质的必然选择,亦为提升高校治理能力现代化的必由之路⑤。

(二) 刚性和柔性治理逻辑协调: 高校治理文化建设的理性思路

文化理性是依据文化的价值和意义来进行思维和认识的能力以及基于此的行动能力,理性思维则是理性行动的先决条件。毋庸置疑,高校治理文化建设的起点是高校能够自觉于认识、把握并遵循大学文化之于内部治理的价值及功能,

① 眭依凡. 大学庸俗化批判[J]. 北京大学教育评论,2003(3):33.
② 温儒敏. 当今的大学,正在变得越来越庸俗[EB/OL]. http://k. sina. com. cn/article_6337419026_179bd571202000g6ed. html? from=edu, 2019-05-16.
③ 张维迎. 大学的逻辑[M]. 北京:北京大学出版社,2012:18.
④ 黄达人,等. 大学的声音[M]. 北京:商务印书馆,2013:319.
⑤ 李四平. 大学的公共性与我国大学的共同治理[J]. 北京工业大学学报(社会科学版),2017(4):80.

即能真正做到文化自识。由于大学组织强烈的文化属性使然,作为大学文化理性基础性要素而存在的文化自识成为"高校按自身规律办学治校的思想基础"①。而高校治理文化理性之培育亦起步于践行文化自识,也就是高校能够客观且清晰地认识并把握文化因素在内部治理体系改革及创新中的准确、合理位置。

如前所述,对大学文化的治校功能以及柔性治理对于高校内部治理实践现实意义讨论,并非意味着夸大柔性治理的作用,亦非在刚性治理和柔性治理两者中择一而行。若只着眼于文化治理的柔性治理的功能,抑或基于刚性治理的弊端就无视或否定制度等刚性治理存在的合理性和必要性,则是缺乏治理文化自识的反映。基于上述立场,本研究认为在高校治理文化建设过程中,应兼顾和协调柔性治理、刚性治理两种治理理念及逻辑以形成为高校内部的文化治理之理性。

提出这一治理文化建设之策略,主要基于以下理由。其一,刚性治理在高校内部治理体系中具有不可置否的不能替代的作用,而且刚性治理亦是以理性选择为理论基础的,它的主要优势即在于确保管理效率优先并具有预见性。科层制组织理论创始者马克斯·韦伯(Webber M.)就强调:实现科层制组织内部协调的社会影响结构以法规和理性为基础。② 建立在科层制刚性权威基础之上并以秩序、权力等级、制度规范等为主要特征的传统治理方式有助于组织高效及最大化地实现其自身目标。尽管现代高校本质上是学术组织并由此秉持崇尚学术自由和平等民主的高校精神,其组织目标又极其多元且复杂,而高校行政体系的日常运行仍然依赖传统的科层制来维持和实现。此外,法治是高校组织治理目标即善治的基础,法治赋予高校善治以合法性且为维护善治的制度保障,以大学章程为核心的现代大学制度及规范系统确保了高校组织办学治校育人等各项事务的日常运行皆因有章可循、有规可依、有据可查而有条不紊。倘若排斥刚性治理则有可能走向反组织的极端,抑或会让高校组织趋向放任、无序的混乱状态。因此,理性反思高校组织刚性治理的目的并非摒弃,而是基于其存在的问题给予针对性的改善和弥补。其二,柔性治理亦非凌驾刚性治理之上,而是基于刚性制

① 眭依凡. 大学文化理性与文化育人之责[J]. 中国高等教育,2012(12):7.
② 魏军,安心. 大学科层制:理想组织的现实冲突及其调试[J]. 黑龙江高教研究,2009(1):43.

度又超越制度刚性的一种新型治理模式[①]。相对健全完善的组织规范及制度是柔性治理能发挥其所长并持续奏效的基础,否则柔性治理的介入亦可能会遭至各种阻力、矛盾及冲突而无疾而终。高校作为行政权力系统和学术权力系统并存的复杂的特殊组织,一方面需要以理性和法规为基础的科层制来维系运转;另一方面在刚性制度无法化解各利益主体诉求导致的冲突时,则需要依靠大学文化等柔性治理的方法来协调和处理上述冲突。高校组织的本质属性决定了对上述两种治理模式的需要。其三,注重以组织文化来影响成员价值观念、道德规范和行为模式等的柔性治理之实现需要历经相对漫长的过程,其治理效果很可能无法做到立竿见影并常伴有滞后性。[②] 因此过度强调或寄希望于柔性治理则很可能导致适得其反的组织治理效率低下的结果。高校能否充分发挥文化治校应有的作用,其前提取决于高校治校者能否针对刚性治理和柔性治理的特点,以两者协调结合的逻辑构建有利于高校内部文化治校的治理文化。

(三) 组织文化的自我诊断: 高校治理文化建设的实践依据

高校治理文化建设既要遵循大学理性,又要符合高校自身的文化类型及其特点。高校组织的治理模式具有多样化、动态性的特点,包含治理文化在内的大学文化系统为适应组织生存及发展需要也逐渐形成了多样化、复合性、发展性和动态性等特征,上述特征的交织致使不同高校的文化具有相对独立性且不可复制。基于此,现实中并不存在某种理想型的治理文化建设方案能适用于不同类型的大学。大学只有致力于凝练特色化的大学精神和高校文化,才能提升高校自身的文化影响力。值得人们关注并反思的是当前高校文化建设中日益加剧的趋同化现象。为此,高校应自觉于发现、识别和诊断自身文化的类型、特点及存在的问题,从而为治理文化建设提供实践依据。

"竞值架构"理论即为针对组织文化及特征的专业测量工具。作为理论创始人,奎恩不但与西部保留地大学的卡梅伦(Cameron)一起依据组织效能的要素维度划分了组织文化类型并分析了其特征,他们还共同设计并开发了用于专门诊断组织文化的工具——组织文化评估工具(Organizational Culture Assessment

---

① 谭英俊,陶建平,苏曼丽. 柔性治理:21 世纪地方政府治理创新的逻辑选择[C]. 中国领导科学研究年度报告 2014:142.
② 谭英俊,陶建平,苏曼丽. 柔性治理:21 世纪地方政府治理创新的逻辑选择[C]. 中国领导科学研究年度报告 2014:143.

Instrument,简称 OCAI)。OCAI 量表的设计在纵向上主要涉及组织特征、组织领导力、成员管理、组织凝聚力、战略重点和成功准则这六项一级要素,每项要素又依据"竞值架构"理论框架而分别涵盖四个取向的陈述(对应四种不同类型的组织文化);OCAI 量表在横向上则涉及成员对组织运行或组织文化现状的认识及理解,以及其主观上的倾向或偏好这两大类条目。① 将该理论尤其是 OCAI量表用于诊断大学文化具有如下优点:其一,有助于理解并解释高等教育系统包括多种类型文化在内的组织文化及其特点;其次,有利于基于组织效能、领导力和组织变革等多项维度来综合把握和理解文化要素;此外,由于运用"竞值架构"理论框架的研究早已完成了大量旨在检验 OCAI 工具信度和效度的工作,这说明 OCAI 量表是成熟可靠的;②最后,非常重要的是运用该理论来研究非营利性组织及公共组织是具备适切性的且目前已收获了成功与好评。③ 自其产生至今的 30 余年间,"竞值架构"理论已被广泛运用于包括企业、健康服务、非营利性机构、学校教育系统等结构在内的组织文化及领导力研究,国际社会基本认可并接受用"竞值架构"理论来进行组织设计和组织文化诊断的工具。④ 已有美国学者基于"竞值架构"理论并尝试运用 OCAI 来测量和诊断该国公立高校共同治理模式下的组织文化及特征(Mills,2014)。⑤ 然而总体看来,国外高等教育机构尝试使用 OCAI 来了解和诊断大学文化的仍然极为有限,而我国在运用该理论对大学文化的研究则近似空白。

综上,本研究认为使用"竞值架构"理论和 OCAI 量表来诊断大学文化的实践价值主要在于:有利于立足和把握不同价值导向下的高校组织目标、组织效能、内部治理模式及领导风格等多维因素交互影响的复杂网络以真正探明高校特有的文化品格、特点及问题;获悉高校组织成员对大学文化的态度和评价并基

① Cameron K S., Quinn R E. Diagnosing and changing organizational culture [M]. San Francisco, CA: Jossey-Bass, 2011.

② Mills E E. Culture and Leadership in a Public University Setting: Implications for Shared Governance and Change [D]. Colorado State University, 2014: 10.

③ 尚虎平,李景平. 把竞值架构理论引入地方领导干部管理能力评估[J]. 国家行政学院学报,2006(1): 44.

④ 尚虎平,李景平. 把竞值架构理论引入地方领导干部管理能力评估[J]. 国家行政学院学报,2006(1): 45.

⑤ Mills E E. Culture and Leadership in a Public University Setting: Implications for Shared Governance and Change [D]. Colorado State University, 2014.

于此对大学文化进行诊断等系列举措的落实,则可以为高校治理文化建设的目标设置、举措制定和评价方式选择等提供重要的参照标准及依据。毋庸置疑,组织文化的自我诊断是大学文化自识的客观所需,也是治理文化建设摆脱趋同化、表面化及庸俗化等倾向的必然选择。

(四) 高校治理文化建设的渐进式改良

高校组织的文化属性及文化维模功能等决定了大学的文化建设及其成效会比大学其他领域的改革及其成效更为艰难和漫长。由于大学文化对高校方方面面具有"牵一发而动全身"的影响,因此对高校治理文化的建设必须持谨慎、细致的态度和耐心予以重视。基于这一观点,本研究认为当前高校治理文化建设必须遵循文化发展的一般规律即走渐进式的线性改良之路而非激进式的变革或重建。

本研究赞同且秉持理性建构渐进主义文化发展观即文化发展依循由量变到质变的渐进式过程,而区别于文化保守主义所倡导的非理性建构渐进主义文化观。在以英国文学家艾略特(Eliot T.S.)为代表的非理性建构保守主义文化渐进观的人士看来,文化是天然生成而非人为干预、设计和控制的结果,他们因此主张文化应当无为而治并任由其自然进化。[①] 由此可见,保守主义性质的文化渐进观是与理性建构主义完全对立的,即其反对人为干预文化和文化改革。本研究持大学文化具有建构性的学术立场。因为文化与其固有价值、意义之间呈紧密相系并且不可剥离的关联,文化因具有这一特征而被人类刻意地保留、传承或建构为既成事实,[②]这一事实并不会以文化究竟是自然发生抑或人为设计而成而改变。

本研究认为,高校治理文化的建构须采纳循序渐进的方式,这是高校治理文化的特征以及治理文化的建设目标所决定的。一则,任何组织文化都具有发展性、积淀性的基本特征,高校治理文化的建设和发展并非能一蹴而就,而是需历经长期的积淀、传承与创新,在这一过程中任何新文化或外来文化都要经受高校原有文化系统的筛选、吸收、抵御或淘汰。以从量变到质变的渐进式过程来推进治理文化的建构,有助于高校依据文化发展性和积淀性的特征来理解自身治理

---

① 朱望. 论 T.S. 艾略特的文化自然发展观[J]. 重庆大学学报(社会科学版),2010(6):134.
② 李维武. 文化保守主义再度兴起的实质、原因与影响[J]. 学术研究,2008(3):34.

文化的发展现状、问题及其形成原因,探索并规划高校发展各阶段的治理文化建设任务及要点。再则,治理文化建设的目标是为了高校实现有效的内部治理即善治,把握高校内部治理模式及其特征、问题是明确治理文化建设方向及其实践良策的前提条件。而任何高校的内部治理模式是由不同类型治理模式交互作用、协同共生的结果,多元化、动态性的组织治理模式导致了高校治理文化的多样化和复杂性,因此高校治理文化建设所面临的情况复杂及难度较大,高校唯有遵循惟是、惟实的文化理性以推进高校治理文化的自我探索、发展和改良。换言之,高校只能通过积累、提升及改进治理文化,从而促使其由局部量变发展至整体质变。唯有此,高校才能基于自身文化的连续性和继承性特征来达成治理文化建设的目标。任何文化的整体变迁都不是一朝一夕所形成的而是缓慢、温和的过程①,高校治理文化建设亦如此。

---

① 东皋. 论文化改革的渐进方式——兼评"突变论"和"彻底重建论"[J]. 社会科学,1990(8):58.

附　　录

附录一
问　卷

"高校内部治理体系创新的理论与实践研究"调查问卷

尊敬的高校领导、专家：

　　您好！本问卷旨在了解高校领导人、中层干部及学者对我国高校内部治理体系现况的评价及改进意见。调查结果仅用于本课题研究，不会给您带来任何负面影响。您的回答对本课题研究很重要，感谢您的支持！

　　　　　　　教育部攻关项目《高校内部治理体系创新的理论与实践研究》课题组

　　基本信息（直接在选项字母上标记√）：

　　1. 您所在的大学是：A. "双一流"建设高校； B. 教育部属高校； C. 地方本科院校

　　2. 您的身份是：A. 校领导； B. 党政职能部门中层干部（含双肩挑干部）； C. 院系负责人（含学部及研究机构）； D. 教学与科研人员

　　问题及其选项（直接在选项字母上标记√）：

　　除与认可程度有关的问题及 28 题为开放题外，其他均为多选题（最多可选3 项），如选择"其他"项，请在括号内填写您的看法。

　　1. 您对我国高校内部治理的整体现状满意程度是：

　　A. 非常满意； B. 满意； C. 一般； D. 不满意； E. 非常不满意

　　2. 如果您对当前我国高校内部治理整体现状不满意，主要原因是：

　　A. 组织及其权力构架不完善；

　　B. 决策体系的权责不明确；

　　C. 职能部门官本位和行政泛化现象较严重；

　　D. 学院（学部、独立设置的学系）的管理自主权不足；

　　E. 高校资源配置不科学，资源管理效率低下；

　　F. 来自高校外部的干预较多；

　　G. 其他（　　　　　　　　　　　　　　）

　　3. 我国高校内部治理体系设计应该有利于：

　　A. 高校按自身规律办学治校育人；

　　B. 改善高校内部的组织与权力框架及运行机制；

　　C. 明确高校内部决策体系的权责；

　　D. 根本克服职能部门的官本位及泛行政化问题；

　　E. 管理权力下放，授予学院（学部、独立设置的学系）应有的人财物管理职权；

　　F. 行政权力体系与学术权力体系的平衡和共治；

　　G. 其他（　　　　　　　　　　　　　　）

　　4. 现行高校内部治理体系是否有利于高校内部治理目标的实现：

　　A. 非常有利于；　B. 有利于；　C. 一般；　D. 不利于；　E. 非常不利于

　　5. 现行高校内部治理体系运行过程的主要问题是：

　　A. 高校办学自主权不够；

　　B. 高校内部多种权力交叉导致的权责不明、运行不畅；

　　C. 高校现行组织及权力结构助长职能部门的官僚作风；

　　D. 学术委员会及各专门委员会等的作用发挥不够；

　　E. 学院（学部、独立设置的学系）的职权太小；

　　F. 资源配置及其管理的简单化和平均主义倾向严重；

　　G. 其他（　　　　　　　　　　　　　　）

　　6. 您认为提升我国高校内部治理能力的关键是：

　　A. 加强和完善高校的建章立制，严格依法办学治校；

　　B. 加强高校发展的顶层设计和治理结构的综合改革；

　　C. 明确多决策体系的权责关系及决策程序；

　　D. 明确高校职能部门的权责范围，杜绝过度行政；

E. 强化院校两级学术权力,加强民主治校;

F. 对高校领导人的遴选任用提出德才兼备的高素质要求;

G. 其他(　　　　　　　　　　　)

7. 我国高校现行领导体制是否有进一步完善的必要:

A. 非常必要;　B. 必要;　C. 一般;　D. 不必要;　E. 非常不必要

8. 您认为应该如何进一步完善我国高校现行领导体制:

A. 进一步加强和完善党委领导;

B. 进一步明确党政关系;

C. 进一步明确教代会、学术委员会等议事、决策、咨询机构的权限;

D. 建立和完善有利于校内外共治的董事会制度(理事会);

E. 进一步明确校院两级的权责关系;

F. 其他(　　　　　　　　　　　)

9. 我国高校内部的组织及其权力构架是否有利于实现有效治理:

A. 非常有利于;　B. 有利于;　C. 一般;　D. 不利于;　E. 非常不利于

10. 我国现行高校内部多权力体系并存的治理体系是否存在内部冲突:

A. 根本没有冲突;　B. 没有冲突;　C. 一般;　D. 冲突严重;　E. 冲突非常严重

11. 现行高校内部治理体系是导致大学官本位和行政泛化的主要原因:

A. 非常认同;　B. 认同;　C. 一般;　D. 不认同;　E. 非常不认同

12. 如何根本克服大学官本位和泛行政化问题:

A. 率先改善外部治理环境;

B. 去除高校行政级别;

C. 学术权力和行政权力有效分离,加强学术权力对学术事务的决策;

D. 实现高校行政职能部门的专业化管理;

E. 其他(　　　　　　　　　　　)

13. 您对我国高校章程建设的总体评价是:

A. 非常好;　B. 较好;　C. 一般;　D. 差;　E. 非常差

14. 我国高校章程建设存在的主要问题是:

A. 章程体系不完善,内容空洞;

B. 千篇一律缺乏个性特点;

C. 缺乏程序规定,可操作性不强;

D. 基本处于悬置状态,没有落实在治校过程中;

E. 尚未起到依法治校的作用;

F. 其他(　　　　　　　　　　　　　)

15. 如何才能进一步提升高校章程在高校内部治理中的作用:

A. 把高校章程纳入政府教育主管部门的法规体系;

B. 加强政府对高校章程执行的监督问责;

C. 规范高校章程的立法程序,充分保证高校章程建设及执行中的民主性、公开性、程序性、自律性;

D. 加强高校教代会及高校师生对高校章程执行的监督问责;

E. 其他(　　　　　　　　　　　　　)

16. 在高校内部充分发挥学术权力体系的作用重要吗:

A. 非常重要;　B. 重要;　C. 一般;　D. 不重要;　E. 非常不重要

17. 董事会或理事会的建立对完善高校内部治理体系有作用吗:

A. 非常意义;　B. 有意义;　C. 一般;　D. 没有意义;　E. 根本没有意义

18. 高校董事会或理事会的主要作用应是:

A. 拓展高校资源渠道;

B. 拓展高校的外部关系;

C. 参与高校重大事项的决定;

D. 对高校改革发展提供决策咨询建议;

E. 其他(　　　　　　　　　　　　　)

19. 高校内部治理体系对"双一流"建设是否有影响:

A. 影响重大;　B. 有影响;　C. 一般;　D 影响不大;　E. 没有影响

20. 您认为现行高校内部治理体系对"双一流"建设的主要影响是:

(如果您认为没有影响,请跳过此题。)

A. 不利于高校按规律办学治校育人;

B. 行政权力过于强势,学术权力的积极性及作用没有得到充分调动和发挥;

C. 高校内部的组织及其权力构架过于复杂,组织管理过程中的内耗较大;

D. 校院两级治理体系尚不完善,二级学院的治理作用偏弱;

E. 其他(　　　　　　　　　　　　　)

21. 高校内部治理体系有必要创新吗:

A. 非常有必要; B. 有必要; C. 一般; D. 没有必要; E. 根本没必要

22. 高校内部治理体系创新的突破口应是:

A. 加强高校治理体系的现代化,建立有利善治的治理组织及其权力结构;

B. 进一步完善高校章程建设,根本落实依法治校;

C. 赋予并落实学术权力机构必要的学术事务决策权限,根本克服高校治理过程中的行政泛化;

D. 赋予二级学院更大的学院治理权力,增强二级学院的办学活力;

E. 完善遴选任用德才兼备院校领导人的体制机制,进一步提升院校决策层的治理能力;

F. 营造有利于高校按规律办学治校及培养人才和创新知识的治理制度文化环境;

G. 其他(　　　　　　　　　　　　　)

23. 高校文化对高校内部治理效果有影响吗:

A. 有重大影响; B. 有影响; C. 一般; D. 没有影响; E. 根本没影响

24. 哪些文化要素对高校内部治理影响较大:

A. 关于高校组织属性及其使命的理性认识;

B. 关于高校智力劳动特点导致的组织复杂性认识;

C. 高校的理想主义与尊师爱生的精神文化;

D. 高校的优良文化传统;

E. 高校严谨的制度环境;

F. 高校庄重优雅的物理环境;

G. 高校成员自觉自律的文化风习;

H. 其他(　　　　　　　　　　　　　)

25. 您对当前高校内部治理中的院系治理满意吗:

A. 非常满意; B. 满意; C. 一般; D. 不满意; E. 非常不满意

26. 院系治理存在的主要问题是:

A. 院校权责关系不够明晰；

B. 院系并未落实提高办学效率必要的人权、事权及财权；

C. 院系的党政关系有待进一步明确；

D. 院系内部治理结构有待进一步完善；

E. 院系的行政权力与学术权力关系有待改善；

F. 其他（　　　　　　　　　　　　）

27. 完善院系治理院长（系主任）应发挥什么作用：

A. 院系发展的愿景规划者；

B. 引领院系学术发展及地位提升的学术权威；

C. 尊师爱生的道德楷模；

D. 推进院系良治的组织领导者；

E. 其他（　　　　　　　　　　　　）

28. 您关于"高校内部治理体系创新"的建议：

国内高校访谈报告

大学内部治理能力提升：理念共识、实践路径、问题与挑战
——基于对大学领导者的访谈
李芳莹　睦依凡

大学内部治理能力提升已成为我国大学治理现代化进程中的重要任务。2019 年 4 月—7 月，"高校内部治理体系创新的理论与实践研究"课题组对国内十所大学主要领导者进行了访谈。通过访谈表明，大学内部治理能力对大学发展影响重大已成为大学领导者的理念共识。完善党委领导下的校长负责制、任用高素质大学领导者，完善校院两级治理体系、激发二级学院治理活力，完善学术委员会运行机制、培育学术委员会学术领导力是完善大学内部治理结构的重要着力点。办学自主权不足，外部评价导向偏颇，缺乏治理内生动力，章程文本尚未在治校实践中落实等为大学内部治理能力提升带来了挑战。

大学作为一个集多元化职能、相对独立的成员、复杂的组织架构及权力结构等诸多特征于一体的特殊社会组织，当自身建设与发展所需的外部制度和资源供给问题得到较好解决之后，对其发展质量具有决定性的影响则主要来自它的内部治理，而提高大学内部治理水平的关键是大学内部治理能力的提升。① 大学党委书记与校长作为大学内部治理的核心领导者和责任者，其对大学内部治

---

① 睦依凡. 论大学问题的"悬置"[J]. 华东师范大学学报(教育科学版),2017(6).

理的认识和实践经验可以为相关问题的研究提供多样化的视角和有价值的参考。教育部哲学社会科学研究重大课题攻关项目"高校内部治理体系创新的理论与实践"首席专家眭依凡教授带领团队部分成员,于2019年4月至7月期间相继邀请西北工业大学党委书记张炜、东北师范大学校长刘益春、对外经济贸易大学校长夏文斌(时任石河子大学党委书记)、四川师范大学校长汪明义、宁波大学校长沈满洪、北京大学原党委书记闵维方、大连理工大学原党委书记张德祥、湖南师范大学原校长张楚廷、时任西北政法大学党委书记宋觉、山东财经大学副校长张书学等十位大学主要领导者围绕大学内部治理问题进行了深入访谈和交流。十位受访者分别基于自身的实践经验与反思对相关问题提出了独到的见解。本文基于课题组对受访者的访谈资料,围绕大学内部治理的理念共识、大学内部治理结构的完善以及实践中面临的问题与挑战等三个方面对大学内部治理能力提升进行讨论。希望通过十位大学主要领导者亦即大学内部治理的核心实践者们对本话题的理解、实践与反思,为建构一个更为立体的大学内部治理思考图像提供助益。

一、理念共识:一流的大学需要一流的治理

凡办学治校者必须认识到,当前一流大学建设进程中竞争力提升与资源困窘的矛盾已开始向竞争力提升与内部治理体系落后之矛盾转化,一流大学竞争中决定其成败的是大学内部治理体系和治理能力。大学内部治理是一流大学建设进程中不可逾越的操作性基础,对一流大学建设的成效具有关键性作用。[①]

采访者: 目前在我国大学发展建设特别是一流大学建设进程中,可以说政府层面对大学的制度供给和物质资源供给已经得到了较大的改善,在这一前提下,大学的发展建设是不是需要把注意力更多地集中到大学内部治理的完善上?您认为大学内部治理的价值何在?

闵维方: 一所大学成功的关键就在于有效的治理。大学是一个高度意志化的组织,其内部成员是一个高度意志化的群体,要想让这个意志化的群体成为一个为了共同目标有序运行的共同体,那大学的治理就是非常重要和关键的,它使教师学生能各司其职,使大学能够在正常有序的制度化轨道上高效运行。一所

---

① 眭依凡. 关于一流大学建设与大学治理现代化的理性思考[J]. 中国高教研究,2019(5).

大学可以有很多钱,可以有很多优秀的学生和教师,但如果这所大学的治理很糟糕,那这个学校也办不好,所以大学治理是非常重要的。我在世界银行工作的时候负责世界银行的全球的高等教育投资,所以走过很多大学,如果一所大学的治理很好,运行效率很高,人力、物力、财力资源都能够得到最高效率的使用,产出最优质的成果,那这所学校就会很好。斯坦福是个很好的例子,它是一所治理得非常好的学校,运行非常有序,所以它的创新方面、教学、人才培养方面可以在很短的时间在世界最具创新力的大学中连续排名第一,它所培养出来的人才和创造的价值是巨大的,一所大学有这么大的能量,当然是和这所大学高质量的治理是分不开的。一个相反的例子是,我曾经去过南亚一个国家的大学,负责世界银行对它的一个很大的教育援助性投资项目,35 年无息的援助性项目,几亿美元,但是那个学校整体的管理非常混乱,给了它那么多投资后,若干年后再去看那个学校,依然没有很好的改观,那么多宝贵的资源就浪费了。因此通过大学的治理使大学人力物力财力资源得到最有效的配置是非常关键的。

采访者:所以资源充足仅是一流大学建设的必要条件而非充分必要条件,富有效率的大学治理体系及与其高度相关的大学治理能力之于一流大学的建成更加重要。

张德祥:可以这样说,目前我们国家层面对大学治理的重视与推动程度是史无前例的,特别是"双一流"大学建设方案中明确把大学治理放在了很重要的地位。在大学外部的制度供给和资源投入得到较大改善后,如何改善大学内部治理确实成为当前一个重要的课题。此外,我们总是认为没有一流的学科就不会有一流的大学,但是只有一流的学科也不会有一流的大学,学科的建设和学科的规划实施等都在治理的范围内,所以一流的治理是一流大学的必要条件,没有一流的治理肯定不会有一流的大学。现在我国大学内部治理的基本框架已经建立起来了,是整个治理结构的"四梁八柱",但是一幢大楼只有"四梁八柱"是不行的,需要进行"内部装修",目前大学内部治理的"内部装修"还没有跟上,即对大学内部治理制度的细化还没有跟上。总书记在谈"一带一路"时讲我们要从绘就总体布局的"大写意",到聚焦重点、精雕细琢的"工笔画",大学治理亦是如此。改革开放后,特别是 2010《国家中长期教育改革和发展规划纲要(2010—2020年)》提出完善中国特色现代大学制度至今,从客观来看我们的时间较短,从主观来看我们的重视程度还不够,这在大学内部治理的问题上有集中地体现,不管是在学校层面还是在院系层面都还没有得到应有的重视。

二、实践路径：完善大学内部治理结构，提升治理能力

大学内部治理结构在大学内部治理过程中对利益相关者之间决策权的行使和资源配置发挥着重要作用，具有协调利益、提升绩效、激励员工、保障学术、优化资源等功能。[①] 尽管对大学内部治理结构的完善不存在统一的模式和绝对的标准，但均应以遵循大学内在规律为前提，以平衡大学内部多元权力关系为重点，以提升治理能力为目标。

（一）完善党委领导下的校长负责制，任用高素质大学领导者

采访者：您认为我国高校现行领导体制是否有进一步完善的必要？应该如何进行完善？

宋　觉：党委领导下的校长负责制的实施细则对党委与校长的职权规定应该说是比较清楚的，但相较而言，党委书记的责任更为重大。党委领导下的校长负责制要求党委统一领导学校的各项工作，履行"管党治党办学治校"的主体责任，在"把方向""管大局""做决策""保落实"这几个方面发挥领导核心作用，这就对党委书记的素质提出了很高的要求，一方面要做到统领全局，坚持党的领导，加强党的建设，强化思想引领和思想政治建设，另一方面要紧抓大学的内涵建设，推动实现学校改革发展的目标和任务，要求党委书记既要是政治家，也要懂大学的规律。需要注意的是，当下要着力解决党政在决策上的协调问题，在加强党的领导这一背景下要充分调动校长的积极性，发挥校长在治校当中的重要作用，形成并增强党政领导合力。

采访者：党委书记与校长的职责虽有明确划分，但各自的工作边界并非是固定不变、没有交集的，党政之间需要建立高效的合作方式以增强领导合力，您认为影响党政合作质量的主要因素是什么？

沈满洪：目前党委领导下的校长负责制在实际操作过程中，党委和校行政之间、书记和校长之间的协调合作在很大程度上还是取决于个人的素质。对此要建立制度上的约束和程序上的规范，哪些事情是校长直接可以定的，哪些事情是校长办公会来定，哪些事情是校长办公会后要上党委会的，都应该通过制度进

---

① 郭平，黄正夫. 大学内部治理结构的功能及其实现路径[J]. 教育研究，2013(7).

行明确规定。

张　炜：领导班子的能力水平对大学内部治理能力有关键影响。制度在执行过程中会因为人的原因发生很大的不同,这就是为什么有些高校不同届领导班子在制度的执行过程中会存在较大差异,两所类似的学校在制度执行过程中也会存在很大差异的原因。总书记强调选拔干部要坚持以德为先,德才兼备的标准,对大学领导干部的要求也是如此,"德"与"才"不是对立的,而是一体的和互为支撑的。此外,我们在对高校领导人的遴选任用上提出德才兼备的高素质要求后,应该着重思考如何在实践中落实的问题。党政关系协调需要书记与校长之间形成治校共识,党委领导下的校长负责制在西工大执行得比较好的原因可能与我和校长在治校方面有很多共识,在办学的问题上有一致的观点有关。

采访者：大学主要领导的任期是否会对大学治理产生影响?

张　炜：高校主要领导的任期不宜过短,于西工大而言,我来西工大三年了,西工大这几年如果说有进步那都是前人做的事情现在开始显现了,而目前领导班子对学校发展建设的作为,真正见效要在 3～5 年之后,一定是这样的。

张楚廷：稳定的大学领导人是一所学校繁荣发展的必要条件,大学是一个远期效益,要四年、八年你才能熟悉学校的一草一木。就大学校长而论,像赫钦斯当了二十二年的校长,艾略特到哈佛大学当校长当四十年,三十五岁做到七十五岁,七十五岁以后还做了十年的名誉校长,直到去世,为哈佛大学的发展做出了重大的贡献。我曾在一篇文章中分析过,为什么官员必须有任期制,为什么大学校长无需有任期制?根本原因在于大学不是政府机构,校长不是官。这是两个完全不一样的性质,官的权力是可以聚集的,可以连带的,学术没有,学术是需要继承的。成功的大学校长要真正了解大学是什么并且按照对大学的了解去办大学。

(二) 完善校院两级治理体系,激发二级学院治理活力

采访者：您认为二级学院在大学内部治理中发挥怎样的作用? 是否应进一步赋予二级学院更大的治理权力,如何增强二级学院的治理活力?

张德祥：二级学院治理是大学制度建设的重要内容,完善大学二级学院治理结构对大学治理具有重要意义。大学复杂的组织特性主要体现在二级学院,大量的专家学者和学生聚集在二级学院,大学知识生产、人才培养和社会服务职能的实现依靠二级学院,教学科研矛盾也集中体现在二级学院,因此二级学院的

治理关乎组织的生机和活力,关乎学术生产力的释放与提升,关乎大学职能的良好实现。过去我们对二级学院治理的重视不够,现在应该加以重视,建立新型的校院关系、落实学院应有的自治权力是二级学院治理的起点。但权力是把双刃剑,没有权力是不行的,有了权力却不能在完善的治理架构下运行也会出问题,所以在理顺校院关系中的权力配置问题后,要进一步完善二级学院的治理结构以保证其坚持正确的发展方向,保证权力的合理配置和科学民主决策。

张　炜: 没有一流的治理体系很难建成一流的大学,高校内部治理体系设计应该有利于管理权力下放,授予学院应有的人财物管理职权,当然在实施过程中要根据学校的具体情况进行考量。相较而言,办学规模较大的大学、向一流大学迈进的高水平大学应对此投入更多的关注,因为随着大学办学规模的逐渐扩大,学校层面的治理很难关注到方方面面,权力过度集中于学校层面不利于调动二级学院的积极性,且容易导致甚至强化官本位和泛行政化,同时,再强的大学都有强的学院和弱的学院,学校以"一刀切"的方式进行管理不利于学院的自身发展。目前在二级学院治理自主权方面缺乏制度性的安排,这方面需要进一步完善。

刘益春: 结构决定功能,若基层治理结构不合理、二级学院的治理水平和学术水平不高,那学校整体的治理水平和学术水平就很难提升。目前学院的治理自主权不足,在一些方面还是受很多的制约,学校层面应进一步下放权力,调动学院发展的积极性,但在调动积极性的同时必须要有制度的刚性进行规范与约束,不能突破制度的红线。

汪明义: 赋予二级学院更大的治理权力、增强二级学院办学活力是大学内部治理体系创新的重要突破口,因为学术生产只有到学院才能体现,大学的人才培养、科学研究和社会服务职能,都要落实到学院中去完成。学校层面可以对学院实行目标管理,即在年初对学院下达目标并签订责任书,并为促进学院实现其发展目标提供支持。但就二级学院自身而言,存在治理能力不足、权力和能力不匹配等问题。

宋　觉: "接不住"权力是目前二级学院治理中存在的突出问题。学校事业的发展势必要求推行校院两级管理,但推行校院两级管理就意味着二级学院在接受权力的同时也要承担相应的责任、处理相关的矛盾。在实践中,有的二级学院将治理权力运用得很好,但是有的二级学院运用得不好,这跟学院领导班子组成、能力水平、治理结构等方面都有关系,有必要加强二级学院的领导班子建设,完善二级学院治理结构。

(三) 完善学术委员会运行机制,培育学术委员会学术领导力

采访者: 学术委员会在贵校的实际运行效果如何? 作为校领导,您认为校长是否应该兼任学术委员会主任?

张楚廷: 学术委员会在大学内部治理中发挥重要的作用,为了保障学术权力的独立性,我在任期间要求所有行政人员一律不参加学术委员会,包括校长在内。作为校长,无论学术上有何建树,此刻我只有行政身份。校长要有教育家素质,但是在治校中扮演行政角色,这是一定要清楚明确的。

沈满洪: 我认为这可能取决于有没有合适的人选。就宁波大学而言,学术委员会的作用在不断增强,包括专业的调整、学科的评审、跟学术有关的规章制度的出台、期刊目录级别的认定等学术事务都属于学术委员会的职权范围。我一直坚持不担任学术委员会主任,这一届因为没有合适的人选只好先由我兼任,但我认为校长最好还是不兼任学术委员会主任,因为校长兼任学术委员会主任容易导致行政权力和学术权力捆绑在一起,难以形成监督和制约的力量。当学术委员会的决定跟校长的想法不一致时校长有否决权,但这种权利必须谨慎使用,否则将会产生信任危机。

刘益春: 东北师范大学的学术委员会分设哲学社会科学学术委员会和自然科学学术委员会,学术委员会主任均由资深学者担任,校长不参与学术委员会,副校长仅作为一般委员参与学术委员会,目的是为了保证学术委员会尽可能独立地行使学术权力。但是大学组织的特殊性决定了大学的行政事务与学术事务密切相关,对重大学术事项的判断往往超出了学术评判本身,需要党政管理层对其进行整体规划和宏观把握,这就要求学术委员会与学校党政机构建立起相互协调的关系。对于校长是否应该兼任学术委员会主任的讨论主要涉及对学术委员会全局观的考量,即学术委员会所做出的决定,在各种因素平衡的过程当中可能容易站在局部角度看问题,而大学校长作为学校的主要领导者,在一定程度上能够从大局出发,站在学校整体发展的角度考虑问题,所以校长担任学术委员会主任具有一定的合理性。

宋　觉: 校长应不应该兼任学术委员会主任这一问题是值得讨论的。西北政法大学在对学术委员会制度的执行和落实上应该说是超前的,从 2006 年起校

长便不再兼任学术委员会主任一职,学术委员会的整体运行状态是平稳有效的,但这其中学术委员会主任的个人素质发挥着重要作用。我们学术委员会的上届主任是一个旗帜性的人物,作为资深教授、陕西省的社科名家,他拥有很高的学术威望和社会威望,更为重要的是他曾任职学校的副书记,在行使学术委员会四项职权时能够从学校事业发展的大局来把握,这样就能在一定程度上保证学术委员会平稳和高效地运行。但是如果没有这样合适的人选,还能不能把学术委员会统领好? 答案是不确定的。所以一方面要增强学术委员会委员的全局意识和大局意识,另一方面,从完善学术委员会的运行机制出发,是不是校长不兼任学术委员会主任就最好? 或者分管科研的副校长是否可以兼任? 是值得思考和研究的。学术委员会的运行机制还需进一步完善。

采访者: 您认为应该如何进一步完善学术委员会制度以发挥其治理价值?

张　炜: 当前我国高等教育正由大众化阶段迈向普及化阶段,在体量与规模扩张的背景下更应对高校进行分层定位和分类指导,不同层次、不同类型学校的学术委员会发挥的作用是不同的,对于研究型大学特别是以一流大学建设为目标的研究型大学而言,其学科建设与学术发展更需要学术委员会在对学术事项的决策、审议、评定和咨询等方面发挥更大的作用,更应重视学术委员会制度的建设与完善。若要在实践中真正发挥学术委员会的作用与价值,需要厘清以下几个关键的问题:首先,应对"教授治学"这一概念进行更准确的界定。尽管2014年教育部颁布的《高等学校学术委员会规程》明确指出要积极探索教授治学的有效途径,但是对于"教授治学"的概念界定依然不甚清晰,学界依然存在很多争论。其次,应明确学术委员会中学术人员与行政人员的作用与关系,理顺运作机制,体现"共同治理"。第三,应进一步明确对学术委员会委员的素质要求。最后,应明确学术委员会的监督机构,确保学术委员会的有效运行。

采访者: 对上述关键问题的厘清是学术委员会有效运行的基本前提和重要保障。此外,大学学术委员会章程作为指导和规范学术委员会参与大学治理的规章,是否还有改进的空间?

张德祥: 现在大部分高校都制定了学术委员会章程,我也看了很多学术委员会的章程,可以说现在各个学校学术委员会章程的情况大同小异,看似各项规定都有涉及,但是缺乏程序性规定,可操作性不强,章程在实践中未受到应有的重视,导致在大学治理中对学术委员会"想起来用一用,想不起来就不用"这一现象的产生,这是一个很重要的问题。因此学术委员会章程首先需要明确相关的程序性规定,完善对学术委员会运行机制的规定,保障学术委员会的职权在治理实践中必须得到履行。第二,要明确规定学术委员会年度报告制度。第三,应明确规定学术委员会的监督机制,对其作用的发挥、职责的履行情况等进行监督。

三、大学内部治理能力提升面临的问题与挑战

现阶段大学内部治理能力提升依然面临诸多问题与挑战,一方面,大学办学自主权不足、外部评价导向偏颇等外部因素制约大学内部治理能力提升;另一方面,大学内部缺乏专业化的管理团队,治理内生动力不足问题亟需解决;此外,大学章程基本处于悬置状态,尚未在治校实践中落实,依法治校任重道远。

(一)外部因素制约大学内部治理能力提升

采访者:您认为目前大学内部治理能力提升主要面临哪些问题与挑战?

张书学:高校内部治理受外部因素影响比较大,就省属院校而言,比较突出的是学校办学自主权的落实还不够充分。办学自主权是大学办学治校育人的基本条件,但是目前法律赋予高校的办学自主权没有得到完全落实,《高等教育法》的相关规定在实践中未得到应有的重视。实际上,大学的领导者都非常想把各自的学校办好,但大学在自主办学方面受政府部门的约束还比较大,使得一些改革创新举步维艰。政府对大学办学具体工作的过度介入不利于大学治理能力提升,并且容易挫伤大学自主办学的积极性,影响大学的发展潜力。

夏文斌:西部高校办学自主权不足的问题也十分突出,大学的发展规律和特殊性没有被充分地考虑进去,在学校学科设置、院系调整、人员、经费等诸多方面缺乏自主权,可以说这已经成为影响学校建设发展的瓶颈。石河子大学近几年人才引进比较困难,人才流失很严重,其重要原因之一就是经费受限制,吸引不了优秀的人才,对教师缺乏绩效激励机制,留不住人才。2018年底,兵团以塔里木大学为试点推动高等教育领域的"放管服"改革,旨在为高等教育发展创设更为宽松的外部环境,这在一定程度上能够激发大学的办学活力和内生动力。我认为此次试点后其余各学校也应该一并去推进。

采访者:除办学自主权外,您认为还有什么外部因素在影响大学内部治理?

宋　觉:外部评价对高校内部治理的影响很大。目前外部对高校的评价过于注重学科专业,没有突出人才培养质量这一根本课题。学校的根本任务是人

才培养,但是既有的评价体系偏离了这个根本任务,在一定程度上也未能很好地体现高校在履行社会服务职能方面的贡献。以西北政法大学为例,近十年间学校平均每年为新疆、西藏等地输送毕业生一百多人,为国家西部建设和民族边疆地区的繁荣稳定发展做奉献,但是这在对学校的评价中没有得到很好地体现。应调整大学评价的导向,将人才培养和社会服务切实落实到对高校的评价中去。

张　炜:高校之间的办学基础、办学实力和发展水平存在差异,在社会发展中占据的地位、承担的任务有所不同,且每所学校都有自己的历史传统和学科特色,高校的办学定位与学科建设呈现出多元化、多层次和多类型的趋势。因此要对大学进行分层定位与分类评价,并在评价过程中注重对大学的办学理念、培养定位、生源质量、培养过程、课程体系、毕业生质量等方面的多维评价。

(二) 大学治理内生动力不足,缺乏专业化的管理团队

采访者:外部环境确实对大学内部治理产生了很大的影响,就大学内部而言,您认为主要的制约因素是什么? 大学如何在现有的制度环境中做的更好?

汪明义:与大学办学自主权不足这一问题相对应的是大学对既有的自主权"用不好"的问题。实际上多数大学在引进人才、选拔干部、发展学科等方面的自主权还是很大的,但是没有用好,这是高校自身治理能力不足,缺乏内生动力的表现。

刘益春:共同的目标是激发内生动力的前提。大学内部治理的难点是使各方保持目标一致,因为在治理或治校的过程中,不同的权力主体之间,特别是管理者与教师之间存在思想冲突,如管理者可能更多地站在学校的角度考虑问题,而教师则更倾向于站在自己或本学科的角度考虑问题,这样一来就会引发很多的冲突,如果学校内部没有形成一个一致的目标,那这个冲突会一直继续。至于如何解决这个问题,我认为有必要加强中层干部培训。

闵维方:大学需要有一个专业的管理团队,要真正去钻研大学管理。这个群体是精于大学管理的专业化群体,要具有丰富的大学管理经验和很好的学术背景,世界一流大学的校长基本上是全职做管理,但他们都有很好的学术背景,虽然他们不一定是院士、不一定是诺贝尔奖得主,但必须是一个有学术背景的人、当过教授的人,然后逐渐地从这个学术背景中发展成一个专业化的大学管理者。我们的大学内部目前还没有形成这样一个群体,在管理效率的提高方面还有比较大的改进空间。

（三）大学章程基本处于悬置状态，尚未在治校实践中落实

采访者：目前学界对大学章程的关注和研究比较多，批评的声音也很多，作为校领导，您认为大学章程目前的建设情况如何？大学章程怎样才能在治校实践中发挥作用？

张书学：大学章程是大学治校的重要依据，但由于章程制定时间较短，存在内容空泛、缺乏特色等问题，制定后的章程往往被束之高阁，未能落实在具体的治校实践中，这反映出大学治理中法治文化的缺失，依法治校的意识和文化氛围尚未形成。章程的生命力在于执行，大学章程制定后应该着重考虑如何落地与进一步完善的问题。

夏文斌：为使大学章程在治校实践中真正发挥作用，首先需要加强章程在大学内部治理中的指导地位，按照大学治理的具体目标、任务、责任对大学章程的内容进一步精准化，并且要重视依法治校的文化营造，自下而上、自上而下营造大学按章办事、依法治校的文化氛围，这是章程得以顺利实施的前提条件。大学章程的建设和完善是大学依法治校很重要的一个环节，建立和完善以章程为核心的大学制度体系，为大学的改革和发展营造大的制度格局，是推进大学治理体系和治理能力现代化的关键步骤和突破点。

张德祥：大学内部治理最迫切的是建立和完善以章程为核心的制度体系。作为大学的"宪法"，大学章程与学校具体制度之间是耦合关系，二者只有真正耦合了，章程的权威性才会存在。但目前二者处于脱耦的状态，存在章程规定制度的缺失、现有制度滞后甚至与章程相关规定冲突等问题。因此，大学章程制定后学校应该积极启动对制度的"修、改、立、废"程序，即把章程和学校现有的制度进行比照，以章程为基本准则来审视其他制度，对不符合章程要求的、在章程中无据可循的以及不符合新时代大学改革发展要求的制度进行修订、改正、重立甚至废除。

汪明义：大学主要领导在建立和完善以章程为核心的制度体系过程中发挥着重要作用。要使大学章程在治校实践中真正发挥作用，需要落实大学主要领导的章程实施主体责任，同时要加强对高校章程执行的监督问责，提高章程在大学治理实践中的执行力。

张　炜：综合而言，大学章程的制定需要一个自下而上到自上而下循环往复、凝练特色、理性诠释、统一思想、提高认识的长过程，这样制定出来的章程才能符合本校的实际情况,并得到大学内部成员的普遍认可,否则就会变成一种形式,导致千篇一律,缺乏特色和可操作性。提升大学章程治理作用的核心是要修订章程,各高校应积极启动本校章程的修订工作,使章程内容符合新时代大学发展的要求,细化相关内容和程序规定,增强可操作性。但需要注意的是,应理性审视大学章程的治理作用,尽管大学章程在治校中起着规范性、纲领性的作用,但并不能解决大学办学治校育人中的所有问题,那种把大学治理中的所有问题归结为章程问题的观念是不可取的,大学内部治理需要各方在实践中的共同努力。

(本文发表于《西北工业大学学报(社会科学版)》2020 年第 2 期)

附录三
美国研究型大学考察调研报告

调研报告1 斯坦福大学的内部治理：经验与挑战
——斯坦福大学前校长约翰·亨尼西访谈

朱　剑　眭依凡　俞婷婕　徐少君

2018 年 6 月 16—25 日，2016 年教育部哲学社会科学重大攻关课题"高校内部治理体系创新的理论与实践研究"首席专家眭依凡教授带领其团队部分成员浙江师大俞婷婕博士、朱剑博士和博士生徐少君一行赴美国加州大学和斯坦福大学进行了为期 10 天的调研，围绕着大学内部治理话题访谈了美国顶尖大学中高层领导者和高教研究专家等 7 人。其中，6 月 21 日，调研团在美丽的斯坦福大学校园十分有幸地访谈了斯坦福大学前校长约翰·亨尼西（John Hennessy）。

约翰·亨尼西，1952 年 9 月 22 日出生于美国，1977 年从纽约州立大学石溪分校获得计算机博士学位。毕业后，他正式成为斯坦福大学的一名专职教师。1987 年他晋升为该校 the Willard and Inez Kerr Bell 教授，随后分别于 1994—1996 年和 1996—1999 年掌权该校计算机科学系和工程学院。1999 年，他成为斯坦福大学教务长；并自 2000 年起担任该校第十任校长，任职长达 16 年。2017 年，他获得计算机界最负盛名、最崇高的、有"计算机届的诺贝尔奖"之称的图灵奖。

一、斯坦福大学内部治理：整体结构、权力配置与制度规范

问：教授，您好！非常感谢您在百忙之中接受我们的访谈！我们此行的主要目的是为了调研 2016 年教育部哲学社会科学重大攻关课题"高校内部治理体系创新的理论与实践研究"。大学内部治理之于大学的重要性不言而喻。斯坦福大学是一所世界顶尖大学，在内部治理上也取得了丰富经验。因此，我们想从斯坦福大学这里学习治理经验。

答：好的。或许我应该从斯坦福大学的整体结构谈起。斯坦福大学设有董事会①，它是一个长期的信托监管机构，负责任命大学校长和批准一些财务事宜，比如年度财政预算和超过 2500 万美元的开支等。董事会是一个自我任命与更新的机构，有权自行选择未来董事；这也是其运行过程的一部分。所有董事都是志愿性质，他们一般服务两个周期，每个周期为五年。随后，他们会退出董事会，但少数人将来还会再次成为董事。大多数董事的任职期限只有 10 年。董事会最多设有 35 个成员，其成员选择标准主要基于自身专长和对大学的贡献程度。董事会不需要向任何人汇报工作，其职责主要在于确保斯坦福大学尽可能成为最好的大学。董事会在大学校长的筛选与任命上具有绝对权力；同时，作为大学校长选拔委员会成员的教师也会参与校长遴选工作。校长确定之后，他或她有权任命教务长、副校长和学院院长。因此，斯坦福大学的内部治理结构自上而下依次是大学校长、教务长、副校长、学院或研究中心负责人。副校长主要负责财政、校园建设、管理和其他事务，直接向校长汇报工作；他们不从事学术工作。总体而言，校长与教务长之间的关系非常密切。在担任斯坦福大学校长期间，我就让教务长替我出席不少活动，我也替他参加很多活动。我们一起相处了很久（16 年，访谈者注）。这就是斯坦福大学的整体结构。

---

① 董事会（Board of Trustees）是斯坦福大学最高权力机构，它负责管理投资基金、设定年度预算、决定运作政策和掌控整个学校。它授权给校长来负责大学的整体运行，授权给学术委员会负责学术事务。董事会最多可设 35 人，任期 5 年，最长任期 10 年。董事会设有主席一人，每两年选举一次；一名或多名副主席。就 2018 年而言，董事会由来自校内外的 31 人组成，校长作为董事会的当然成员。董事会依托其下设的常设委员会来具体运作：学术政策委员会、规划与管理委员会、校友与校外事务委员会、审计与服从委员会、发展委员会、财政委员会、土地与建筑委员会以及医学中心。此外董事会还设有少量特殊委员会，如补偿委员会等。董事会一般一年会面五次。详见 https://boardoftrustees.stanford.edu/，2018-7-13。

教务长同时也是斯坦福大学的首席财政官员。事实上,斯坦福大学也设有专门的财务官,负责支出、一般财政事务管理、大学预算和租赁等事务,但往往教务长才有权决定预算。与此同时,教务长咨询团队里也有来自大学不同学院的教师,以应对不同部门的诉求。你可能会猜到,当我们审核大学的年度预算时,你会发现预算要求往往超过实际具有支配权的资金,它们的比例大概是 5∶1。也就是说,人们倾向于索取实际可利用资金的五倍。因此,在这种情况下,教师咨询小组会帮助教务长来裁量资金预算情况,但最后还需教务长拍板。

教师招聘过程不太一样,教师招聘深深根植于教师治理(faculty governance)。教师招聘由学系发起,然后提交学院审核,最后交由教务长决定。在这个过程中,教师咨询委员会也会起一定作用。教师任命委员会要批准每一个教师的招聘工作。因此,从这种意义上讲,它与教师治理联系非常紧密。不过,校长有权推翻之前教师招聘的结果,但这不太常见。在担任斯坦福大学校长的这 16 年里,我只推翻过两个案例。其原因在于这两个案例都存在一些根本性的机制问题。从这种意义上讲,斯坦福大学教师在教师招聘上具有绝对控制权。然而,教师职位、教师在不同机构之间的分配则往往取决于学院院长。教师的学术权力也体现在课程设置上,这主要依托学系或学术委员会(Academic Senate)来进行。斯坦福大学的学术委员会能决定学位与毕业要求等。[①]

问:好的,谢谢!那么,斯坦福大学的权力构架是什么样的?

答:关于斯坦福的权力构架,董事会具有最终权力。同时,校长和教务长在诸如财政等事务上也有一定权力。教师招聘、学位和课程等学术事务则由教师决定。因此,我想说,斯坦福大学的决策过程呈分布式(distributed)。因此,学院院长掌握很多权力以便开展工作。我们在招聘院长时也试图招聘那些能够代表学院开展一些开拓性工作的候选人,他们能够各自决定学院预算。在预算过程中,教师可能参与并影响预算过程,但学院院长对预算具有最终决定权。当

---

① 学术委员会是斯坦福大学的最高学术治理机构,主要负责学校的学术与研究政策以及学位的授予工作。评议会由四个常设委员会来具体运作:指导委员会(The Steering Committee)、计票委员会(Committee of Tellers)、规划与政策委员会(The Planning and Policy Board)和指派委员会(Committee on Committees)。学术委员会是一个较为庞大的机构,目前由 12 名当然成员和 55 名选举出来的成员组成。与此同时,学生代表、注册员、学术事务副教务长、教师发展与多样化副教务长以及学术委员会名誉退休代表等也作为常邀嘉宾出席。学术委员会主席、副主席和指导委员会成员由内部选举产生,详见 https://facultysenate.stanford.edu/faculty-governance,2018 - 05 - 25.

然，一些新项目往往由教师发起，再上报学院院长，最后由校长决定。在我担任校长期间，我们为学校发展进行了一个重大战略规划，事实证明这个规划发挥了巨大作用。该战略规划有两个目的：第一，明确大学的未来发展方向和面临的机遇，第二，开展基础性工作，确保我们能围绕未来的发展方向和机遇来展开筹款工作。这项工作的开展离不开学术权力的大力支持。具体而言，所有的学院院长、副教务长、大学的学术人员等负责监督大学的战略规划。与此同时，教师委员会也在学校范围内寻找各种发展机遇。事实上，如果某些事情不需要教师参与的话，我们的决策过程将非常迅速。例如，在 1 000 万美元的财政事务上，如果需要快速决策和决策目的指向性较好，校长和教务长可以迅速做出决策。

问：好的，谢谢！斯坦福大学如何保证民主治校呢？换句话而言，校内的行政权力与学术权力在内部治理上的关系是什么样的？它们如何发挥其作用呢？

答：这事实上是一个学术权力与行政权力的平衡问题。很显然，就我和教务长约翰·埃彻孟迪(John Etchemendy)①而言，我们一直认为我们的工作是为教师服务。我们也一直努力确保教师和学生能够做得最好：教师从事最好的研究，学生获得最好的学习机会。因此，我们一直视自己为教师的服务人员。然而，这不意味着教师所做的任何事情我们都认可，这样事实上也不是总是有利于开展工作。我们尽可能寻找一些能够应对问题的解决方案，同时为斯坦福大学的师生创造机会。学术委员会的职责范围更多集中在学位要求、课程要求和其他学术事务上。同时，它也为行政人员与教师提供一个对话平台。如果大学经常出现一些争议性话题，学术委员会也提供机会使大学校长和教师能够聚在一起讨论该话题。因此，处理这种问题的方式与常规的自上而下（校长—教务长—学院院长—系主任—教师）路径不太一样，但它往往非常有用，也能够防止某些问题发展成为学术危机（Academic crisis）。这对斯坦福大学往往具有积极意义，且作为一种问题解决方案也在切实发挥作用。通常情况下，斯坦福大学校长和教务长经常参加教师会议。学校规章制度也规定学术委员会成员有权就任何问题向校长提问。因此，这事实上形成了一种开放对话和互动氛围，也能够确保

---

① 约翰·埃彻孟迪(John Etchemendy)是斯坦福大学的第十二任教务长，任期为 2000 年 9 月至 2017 年 1 月。他于 1982 年从斯坦福大学获得哲学博士学位。详见 https://news.stanford.edu/2017/01/24/provost-john-etchemendy-leaves-remarkable-legacy/，2017 - 7 - 13.

所有人获得足够信息。

问：好的，谢谢教授的详细解答！我这里有一个问题：根据您的介绍，斯坦福大学内部是有两套治理体系：董事会治理体系（代表行政权力）和教师治理体系（代表学术权力）。那么，这两套体系之间有何联系吗？

答：董事会在教师招聘、学术要求、课程设置等方面没有权力，但可以提供咨询，或者就某些学术事务提出问题，但他们没有正式权力，这完全取决于教师。董事会与教师之间的联系更多是在预算、资金筹措的侧重点等方面。就斯坦福大学的预算而言，除医院收入之外，我们每年的预算大概 40 亿美元。其中，10亿美元是中央预算，剩余的为研究基金和其他形式的基金。虽然教务长预算小组最终决定资金的用途，但教师也可就此提供咨询意见。换而言之，预算等虽然控制在行政人员手中，但教师对预算的使用有咨询权。作为教务长，应该尽可能使大学的资金得到高效使用。就斯坦福大学而言，如果离开教师参与将一事无成！因此，可以想象，在资金使用上，通常采取的是自下而上的方式。具体而言，教师首先提出资金使用方案，比如将资金投向那些学术发展前沿和重点、新事物或新开专业上，然后学校的行政系统（校长、教务长和学院院长）会审核这些资金使用方案，在不同的资金使用方案上做出选择并确定优先发展方向，最后投入相应资金。这就是这两套体系的联系。就目前情况而言，它们都非常有效。

问：好的。那么，斯坦福大学的章程在内部治理上发挥了什么作用呢？

答：让我思考一下，关于斯坦福大学章程。斯坦福大学创立宪章依然规范着大学的结构。它规定了董事会和校长的角色，在诸多事务上也留下了深刻烙印，例如决策权力结构等。你们可能不太清楚，美国的终身教职制度事实上起源于斯坦福大学。说到这里，我们需要回顾一段历史。很久以前，简·斯坦福（Jane Stanford）①是斯坦福大学的唯一董事，她想让当时的斯坦福校长解雇一名教职员工，其原因在于该教师说了关于她的一些坏话及对她丈夫也颇有微词，同时也是一名令人诟病的种族主义者。当时的斯坦福校长给该教师施加了较大压力，但没有解雇他。最后那名教师因感到愧疚而不得不辞职。这件事最终发展

---

① 简·斯坦福（Jane Lathrop Stanford）和其丈夫利兰·斯坦福（Leland Stanford）是斯坦福大学的创始人，在其丈夫去世后，她就成为当时斯坦福大学的唯一董事。

成为一个全国性事件,从而导致终身教职制度的诞生。[①] 事实上,斯坦福大学校长无权解雇教师,行政系统的任何领导都无权解雇教师。教师解雇的权力在于教师咨询委员会。大学校长只能任命教师,但不能解雇教师。这就是斯坦福大学的治理结构。在大多数情况下,这种治理结构非常有效。大学校长在其他诸多事务上享有权力,例如,我们在工资设置上有一定的话语权,尤其是针对那些表现优异或欠佳的教师的工资设置而言。

二、斯坦福大学内部治理:不同利益相关者的参与

问:作为大学校长,您是否有足够的权力来治理大学?

答:可以说,我有足够的权力来治理好大学。与其他很多私立大学相比,斯坦福大学校长和教务长手上掌握更多权力。与公立大学相比,我手上的权力比它们的大学校长的权力多 10 倍。当然,这种权力不是去招聘教师,而是体现在重大决策上。校长权力的使用很多时候和大学发展与资金筹措有关。斯坦福大学的资金筹措及其用途的最终裁决取决于校长和教务长。通常我们每年能够筹措到 10 亿美元资金,这也是我们影响大学的一种重要方式。大学校长要确保首先能够筹措到资金,一旦资金到位,就需要决定如何支配那些资金。通过这种方式,大学校长就能够影响大学的发展。就大学资金筹措而言,共治模式体现得较为明显。有时候作为校长你想解雇某些教师,但不能解雇,甚至都不能说你将解雇教师。教师治理的独立性有时是一个优势,有时却是一个潜在不足。大学校长可以决定大学发展的重点,这也是大学校长权力的源泉。

与很多其他私立大学不同,斯坦福大学校长和教务长有权决定很多自由使用的资金,我们称之为一次性资金(one-time money)。这些资金不在大学的基础预算范围之内,它有五年的使用期限。它能够帮斯坦福大学积极回应新的发展机遇。一旦教师在某些领域做出重大发现或拓展一个新领域,就需要一大笔

---

① 20 世纪初,斯坦福大学经济学家与社会学家爱德华·罗斯(Edward Ross)被斯坦福大学解雇,原因在于他批判铁路垄断等,但这恰恰是当时校董财富的基础。罗斯教授被解雇导致了斯坦福大学其他几位教授也愤然辞职。随后这件事逐渐发展成为一个全国性事件,也就有了后来美国大学教授学会的诞生和美国大学学术自由原则的提出。在终身教职诞生之前,美国大学校长和董事会有权解雇大学教授;终身教职的出现使得大学教师能够真正捍卫自身权益,保护学术自由,也限制了董事会和校长滥用权力。详见:https://www.huffingtonpost.com/jonathan-r-cole/why-academic-tenure-is-es _ b _ 779440.html,2018-07-14.

资金。我们就可以使用这些资金给教师提供支持。例如,斯坦福大学就有这样一个案例。我们有一个教师发明了基因技术来监测脑神经的活动并记录其活动状态,这是一项改变世界的技术,它能够帮助我们去理解大脑的工作原理。我和教务长认为这是一个千载难逢的机会,因此我们给该教师注入了 500 万美元资金。随后,很多其他基金也跟进了,但我们的基金是种子基金。可以想象,类似的开创性基金能够让我们投入到那些有潜力的新领域中。当然,这些资金更多用于研究,但有时候也会用于教学。比如,开设一个新专业或者调整现有专业设置等。因此,这些资金事实上能给校长带来很多权力。

问:接着您刚才说的讲,据我所知,大学校长与教师之间的关系有时候比较微妙。大学校长需要去保护教师的学术自由。那么,作为校长,您是如何处理教师与校长之间的紧张关系呢?

答:首先,我尽可能去避免与教师的冲突。一种方式是这样的:如果校长要带领大学走向未来的话,那么校长必须获得那些有影响力的教师的支持,同时这些教师也要积极参与其中。很多大学的决策建立在一致意见的基础之上,每一个决策都必须经历复杂的决策制定过程,这样你将很难快速决策。这往往行不通。另一方面,如果校长说我们要做些事情,然后教师反对,这样也行不通。因此,作为校长,要尽可能避免这些冲突的发生。事实上,我有一个关于扩大本科生规模的具体案例。斯坦福大学本科生的录取率大概为 5%。在招生时,你会发现申请斯坦福大学的学生都非常优秀,但我们不可能全部录取。我认为扩大本科生规模是一个不错的主意,我也知道并非每个人都同意该想法。因此,我任命了一个教师委员会来负责此事,但他们来到我办公室说扩大本科生规模不是一个好主意,理由有 A、B、C 和 D。好的,没问题。事实上,我还有其他原因没有直接决定扩充本科生规模,但我听取了教师委员会的意见。在这种情况下,我们决定采取另外一种兼顾教师委员会顾虑的方案。这样一来,我们在本科生扩招时也可以大幅减少教师委员会的顾虑。这就是我处理与教师存在可能冲突的一种方法。当知晓你的决定可能引起一些甚至很多反对意见时,就要想办法避免或者采取另一种缓和方案。如果有 10% 的教师不喜欢你或者他们试图解雇你的话,作为校长你的日子会很难过。在斯坦福大学,如果有五个诺贝尔奖获得者对董事会主席说要解雇校长的话,校长将会遇到很多麻烦。目前斯坦福大学有 15 个全职诺贝尔奖获得者。因此,不需要很多人就可以给校长

"制造"麻烦。

问：好的。我们也知道斯坦福大学非常关注社会和学生需求。那么，社会和学生是如何参与大学治理的呢？

答：是的。就社会如何参与斯坦福大学治理而言，我们更多是通过董事会和校友来展开。我们的校友与学校的关系非常紧密，校友也通过各种正式和非正式手段参与大学治理。这事实上为斯坦福大学的治理提供了一个反馈平台。学生同样也参与大学治理工作，他们的视角非常独特。尽管有时候学生看起来对大学治理不太熟悉，但他们富有激情。我们有时候可能会采纳学生的意见，有时候也会驳回他们的想法，我们也试图平衡处理学生意见的两种不同方式，并和学生充分对话。我们努力让大学变成学生希望的状态、做学生认为重要的事情，和学生一起确保大学获得充分发展。

三、斯坦福大学内部治理：重要影响因素及改进空间

问：好的。谢谢！另外一个问题是您认为大学治理的最重要因素是什么？

答：如果我能够选择一个最重要的因素的话，那么它就是与教师的良好合作关系。可能最重要的因素是信任，信任教师。如果教师不信任你，认为你不重视他们利益诉求的话，大学将一事无成。事实上，如果你回顾美国大学发展的历史，大多数失败或被迫辞职的校长的主要原因在于教师提出了异议，而不是董事会。大多数情况都是教师让大学校长难堪。因此，信任教师非常重要！此外，信任董事会、信任大学高层学术领导（如学院院长等）。这都非常重要！

问：好的。谢谢您的详细解答，这让我们对美国大学治理有了更深入的了解。我们可以这样认为，斯坦福大学在内部治理上取得了巨大成功，那么它在内部治理上是否存在改进空间呢？

答：显然，我们需要改变，这主要源于大学在过去一段时间的快速发展。例如，30年前，我们的本科生与研究生是同等规模；但现在，研究生数量比本科生数量多40%。这就需要额外投资，研究生监督管理工作也需要调整。同时，我们的博士后数量也在迅速增长，这些都需要大学做出积极回应，比如设立一个新办公室。不过，斯坦福大学在内部治理上不会做出根本性变革，只会做出一些小范围的调整。毕竟我们的内部治理体系已正常运作了很多年，效果也不错。

四、美国公立与私立大学在内部治理上的差异

问：那么，就您了解到的信息而言，美国公立大学和私立大学在内部治理上是否有些差异呢？

答：当然，美国公立大学与私立大学在内部治理上存在巨大不同（gigantic difference）。我认为美国公立大学目前面临的一个困境就是它们的治理问题。公立大学与私立大学在内部治理上存在诸多不同之处。例如，以加州为例，加州大学设有董事会，由州长任命。这些董事并不总是试图把加州大学建成最好的大学系统，毕竟他们有很多顾虑，如税收保护政策或其他政治动机。与此同时，当不少人首次成为加州大学董事时，他们事实上对大学运作与管理并不熟悉。就加州大学而言，董事们很难对大学运作与管理非常熟悉，毕竟加州大学有多达10个校园和诸多开放会议。这些董事怎么可能熟悉大学呢？怎么能在一个开放环境中去讨论一些棘手问题呢？显然不可能！如果要选择一个运作相对比较好的公立大学系统，密西根大学系统无疑是一个不错的选择。密西根大学系统也有董事会，那些董事都希望密西根大学成为一个更加优秀的大学系统。但加州大学目前…… 即使有加州大学校长办公室（Office of the President, University of California），但这种治理方式太复杂！它是一个灾难（disaster）。可以把它废除，然后重新开始。加州大学必须好好处理这个问题，且该问题由来已久。我认为：加州的立法者也不断干预学术治理，这使得问题变得更加糟糕！对吧？事实上，加州大学在治理上面临的困境不仅是加州大学特有的问题，美国大多数公立大学都面临该问题。就公立大学而言，他们的财政预算多半来自州政府。目前的现状是公立大学从州政府那里获得的财政预算越来越少，却不得不面对越发增多的政府干预，这有点疯狂。如果州政府提供给公立大学的财政预算越来越少，那么他们在大学治理上的话语权也应该日趋减少，但事实却远非如此。威斯康辛大学系统、伊利诺伊大学系统同样如此。伊利诺伊大学系统简直就是一个灾难，它们已经多年没有从州政府那里获得资金支持。这简直就是一个十足的灾难！我认为政治家对高等教育不太熟悉，五年的混乱管理可能会摧毁大学20年取得的成果！因此，美国很多公立大学系统现在的处境非常艰难。

我不会也从未想过要去美国公立大学谋求一份职位，因为它们的工作太难

开展。我了解到现在的加州大学伯克利分校校长干得还不错,我也比较熟悉加州大学其他分校的校长。总体而言,他们的工作较难开展,有时候还会遇到一些反对意见。但是,就斯坦福大学而言,董事们从来不会反对对大学发展有利的事情,他们可能不同意校长的看法。但一旦开展对话协商和做出了相关决策,所有人都齐心协力朝着同一目标努力!斯坦福大学从来不会发生董事会与校长意见冲突的案例。所以,这就是美国公立大学与私立大学在内部治理上的差异。

五、对中国大学内部治理或建设世界一流大学的建议

问:是的。我认为大学治理对大学发展非常重要,在建设世界一流大学背景下更是如此。

答:是的,我同意。

问:那么,就中国的大学治理或建设世界一流大学而言,您有何建议吗?在我心中,斯坦福大学可能是数一数二的大学,您也担任该校校长有 16 年之久。

答:好的。有趣的事情是,如果回到二十世纪五十年代,很多人并不认为斯坦福大学是美国最好的大学。可能那时候斯坦福大学排名全美前 20。进入新世纪,我们可能排名第一或第二,或是第三,这取决于你参考何种大学排行榜。就本科生质量而言,我们排名全美第一。事实上,我认为我们的教师质量非常高,正是因为这些高质量教师才造就了斯坦福大学的今天。因此,关注质量,重视质量,质量永远排在第一位。在招聘教师时如果发现他们质量不高的话,我们就暂停招聘,然后耐心等待高质量教师的出现。可以想象,如果我们招聘到一些质量不高的教师,六七年之后他们可能不会获得终身教职,这样可能就会浪费上百万美元,这对大学发展也不利。这种情况下我们需要耐心等待。这是第一点,重视质量。就质量而言,事实上包含两层意思:教师质量和学生质量。高质量教师会成就高质量学生,高质量学生也会吸引高质量教师。二者相互促进,共同发展。每个人都想与优秀人士共事。第二,我认为关键战略决策非常重要!在我的任期里,我们确实做出了不少战略性决策,它们也被历史证明是非常明智。例如,就斯坦福大学医学院而言,本来它设在旧金山,以教学为主。后来,我们把医学院搬到斯坦福大学本部这边和生物医学一起发展。我们也扩大了工程学院的规模,工程学院规模原本相对较小。因此,我们总是试图为大学发展寻找机遇和积极思考大学的未来发展方向。

就中国大学而言,如果想建设世界一流大学,首先需要做的是选择少量大学,不可能选择 20 所大学。因为可能需要花 200 年才能把 20 所大学建成世界一流。可能最后它们都会成为世界一流大学,但我有点怀疑,也肯定需要很长时间。事实上,中国目前已有少数大学在世界一流大学的边缘上,因此,就需要集中精力去投资那些大学。同时,世界一流大学也需要伟大的领导者。再次,招聘优秀教师。这里所说的优秀教师是指世界一流的教师。现在教师流动趋于全球化,因此面向全球招聘优秀教师。斯坦福大学有 1 600 余名教师,但如果你拿走其中 300 名,斯坦福大学实力会下降很多。优秀教师不仅从事最好的研究,也是思想的领导者。那些人能真正鹤立鸡群,能改变世界。斯坦福大学每个学院或研究机构都有一批这样的人,当他们发表意见时,其他人能够倾听并追随他们。因此,教师非常关键,能推动大学迅速向前发展!

问:再次非常感谢您接受我们的访谈! 虽然访谈只持续一个小时,但我们受益匪浅! 祝您生活愉快!

(本文发表于《高等教育研究》2018 年第 11 期)

调研报告 2　加利福尼亚大学内部治理结构与运行机制探微
——对加大总校前教务长贾德森·金教授的访谈

俞婷婕　睦依凡　朱　剑　徐少君

享誉全球的世界一流公立研究型大学——美国加利福尼亚大学(University of California,缩写为 U. C. ,简称加州大学或加大)因其 1 所大学、10 所分校的特殊办学体系而成为现代大学内部治理模式的经典案例。今年,加州大学迎来其 150 周年校庆,这所创立之初仅有 1 个校区、10 名教职员工和 38 名学生的学校如今已发展壮大为拥有 10 所分校、逾 19 万名教职员工和 23.8 万名学生的世界著名公立大学系统,共计培养超过 170 万名遍布全球各地的校友,[①]10 所分校几乎都跻身世界一流大学行列,其创校至今所取得的各项卓绝成就为全世界所瞩目。那么,加州大学多校区大学系统的内部治理结构及其运行机制究竟如何

---

① University of California. The UC System ［EB/OL］ https://www. universityofcalifornia. edu/uc-system,2018 - 07 - 17.

支持实现了 1 所大学的整体扩张以及 10 所分校的各自发展？加大内部治理模式的权力配置方式及其特征、整体组织架构及其运行模式、总校与分校主要治理组织的相互间关系与其分工协作等又分别是怎样的？

　　为解以上重重疑惑，"高校内部治理体系创新的理论与实践研究"课题组一行四人于 2018 年 6 月间赴美前往加州大学伯克利分校、加州大学总校办公楼造访了数位曾任或现任加大总校或分校的高层管理人士，并于 6 月 20 日上午在加大伯克利分校埃文大厅对加州大学总校前任教务长贾德森·金教授（Judson C. King）进行正式访谈。金教授现为加大伯克利分校化学学院荣誉教授，他曾于 1994—1995 年间任加州大学总校主管科研的副教务长，并自 1995 年起任总校教务长以及主管学术事务的总校副校长长达九年之久[①]；除了具备丰富的治校管理经验以外，金教授还是高等教育管理研究领域的专家，他曾在 2004—2014 年任伯克利分校高等教育研究中心主任，其研究兴趣及专长包括大学治理及其运行、大学管理及政策发展等[②]，并且已在美国出版相关学术专著。大学领导者和高教研究者的双重身份使得金教授非常熟悉加州大学内部治理模式的发展史与其现状及特点，他对相关问题的分析亦具自身极其独到的观点和深入的思考。本文根据课题组对于金教授的正式访谈内容整理而形成，下文将通过问答的形式呈现加州大学内部治理的现行权力及组织架构、运行机制以及特点等主要内容，以期为我国高校内部治理体系的创新提供可资借鉴的世界一流大学成功经验。

一、加州大学内部治理模式的发展史

　　问：创校至今，加州大学的内部治理模式经历了怎样的发展过程？

　　答：美国是全世界公立大学受州政府管辖而非中央政府的两个国家之一（另一个国家是德国），公立大学由每个州各自创办。美国的公立大学几乎都是在 1862 年国会颁布《莫雷尔法案》（Morrill Land-Grant Act）后创建的，当时联邦政府分配给各州政府一些国有土地，州政府将出售这些土地所得收入用于创

①　Berkeley College of Chemistry. C. Judson King［EB/OL］https：//chemistry. berkeley. edu/ faculty/cbe/emeriti/king，2018 - 07 - 17.

②　Berkeley Research. C. Judson King［EB/OL］https：//vcresearch. berkeley. edu/faculty/c-judson-king，2018 - 07 - 17.

办公立大学。各州公私立大学的创办历史及发展水平不一,例如,加利福尼亚州就与东部的情况不同,历史更为久远的东部先有私立大学而后公立大学才诞生,公立大学总体上没有私立大学发达;而加州相较于东部而论更"年轻",该州在《莫雷尔方案》颁布之前的 12 年即 1850 年方由最早一批来此定居的"淘金者"创建起来,当时加州并无一所大学直至 1868 年加州大学创校。加州大学创办之初仅有农学、机械等专业,1 位校长,1 个校区即伯克利校区。历经 150 年的发展,加大现在已是 1 所拥有 10 个分校的大学,其中 9 所分校都是多学科的综合性高校,唯一的一所单科分校为专注于医学和生命科学专业的旧金山分校。在大学内部治理及其运行方面,多年来加大总校一直在权力下放,这意味着分校拥有越来越多的行政管理权。学术型学位及专业等事宜均由每所分校各自决定,当然倘若分校打算成立一所需要斥资建成的学院或研究院等,他们必须向总校递交一份提案,之后总校将审议并决定是否通过,除此之外,分校对各自的学术型学位及专业的发展事宜享有非常大的自主决定权。

加州大学的"共同治理"(shared governance)体系非常强大,行政人员与学术人员共同参与大学的治理,其中代表学术人员的组织就是学术评议会(Academic Senate)。美国的每所大学都有学术评议会,但其职责承担及功能发挥却非常不同。自加大从 1868 年建校起至今,学术评议会就是代表教师的组织机构。1919 年前后加州大学爆发了著名的"伯克利革命"(Berkeley Revolution,又称教师革命),当时加大依然仅有伯克利一所分校,时任校长本杰明・维勒(Benjamin Ide Wheeler)是一位非常强权的校长,他没有让教师参与共同治理而几乎独自掌控权力,这导致后来部分教师要求参与学术评议会以及捍卫自己参与大学管理的权利并由此引发了"伯克利革命"。1919 年维勒被迫辞职后,董事会(Board of Regents)在新校长正式任命前进行了为期 1 年的等待并在期间与教师们协商学术人员将在大学管理中承担怎样的角色,这一系列事件发展的最终结果是加州大学的教师比其他任何一所大学的教师都拥有更多并更为稳固的大学管理参与权以及角色承担,且为加大共同治理结构的建立奠定了坚实的基础。学术评议会对全校教师的聘任、晋升等事宜发挥主要功能与职责。加大学术人员的另一项权力在于课程教学决定权,假如任何一个系所要开设一门新课程,他们将拟一份建议书提交给学术评议会的课程教学委员会,并经由委员会通过。学术评议会其他权力还包括负责由大学出版社出版的所有论著之出版审批事宜,以及对大学发展的任何重要事宜进行提议、咨询和协商。共同治理是加州大学内部治理体系最为重要的特征,它在分校层面和总校层面同时发挥着重要作用。

加州大学与州政府的关系是另一个值得讨论的话题。加州的州宪法中已写入加州大学享有宪法自治(Constitutional Autonomy),这很不寻常,因为美国50个州中只有其他2个州的公立大学取得了像加州大学这样的宪法自治地位,这2个州是密切根州和明尼苏达州。除非大学董事会介入或在参与其中,州政府不能擅自通过与大学有关的法案,加州大学的高度自治确保大学能独立地制定决策。目前加大大约有11%的收入来自州政府,这一数目很少,该比例在2005年前后约为23%。预算不仅事关大学的教师聘任还事关各种决策制定,州政府会通过给大学拨款而介入大学预算的一些过程。

大学的董事会有26位成员,其中18名成员由加州州长委任(政客为主),这18位加大董事会成员代表的是加州社会各界而非大学内部成员,这也是公立大学区别于私立大学很重要的一面。加大董事会成员中有商界领袖、政府官员,还包括加州州长大选时的主要捐赠者等,在成员数量上会有北加州和南加州地区人数平衡方面的考虑。上述董事会成员基本上都是州长所认识的或在加州地区有名望的人。公立大学与私立大学另一项不同之处在于我们的董事会会议全部向社会公开,会议视频以及会议资料都是公开并可获取的,这在私立大学是决不可能的,他们的董事会会议不对外开放。

二、加州大学现行内部治理结构

问:加州大学的内部治理结构及其设计目的是什么?

答:我在个人新近出版的《加利福尼亚大学:公立大学背景下创造、培育和维护学术品质》这本专著中系统展示了加大的治理结构图(附录见图1)。董事会是大学的最高权力部门,总校有校长和教务长,每所分校分别有分校的校长、教务长、学院院长以及系主任等。学术评议会制度反映了共同治理理念,总校有总校学术评议会和学术委员会(Academic Council),分校有分校的学术评议会分部(Division Senate)和学术委员会分部(Division Council)。总校学术委员会作为学术评议会的执行机构由16人组成,其中10人为分校学术评议会分部的主席,6人为总校学术评议会下设委员会(Committees)的主席。总校学术评议会的下设委员会约有 13 个,分校学术评议会也有其下设委员会,比如伯克利分校学术评议会下设委员会约有 13 个,委员会负责的多为学术性事务,比如我们有课程委员会、资源分配规划委员会、图书馆委员会,当然还有涉及停车等教工福利事宜的委员会,伯克利分校的学术人事委员会至今依旧保持其原来"预算委员会"的名称,有趣的是虽名为如此,该预算委员会并不参与预算相关事宜,他们所做的都是与学术人员晋升管理等相关的人事工作。分校学术委员会分部大约有 10 人,其中一部分人是被选举出来的,另一些人则是分校学术评议会下设委员会的主席,他们每月与分校校长和教务长(有时还会与分校副校长等)定期会面。在加大总校的层面,总校校长、教务长以其一些副校长每月与总校学术委员会主席会面来商讨事务。毕竟是 10 所分校、1 所大学,我们 10 所分校的教务长、图书馆馆长、主管科研的副校长们都至少每月 1 次与总校的相关管理层会面,这么做就能保证能在总校系统层面分享及交流各所分校的实践经验、良好的政策以及各自遇到的问题。此外,我们还有行政和学术评议会的交叉工作部门,比如总校的学术规划委员会(Academic Planning Council),该委员会每月开会,其成员组成一半来自总校和分校的学术评议会,一半则来自总校和分校的行政管理部门。

克拉克·克尔(Clark Kerr)任加州大学总校校长的 1958 至 1967 年间,把上述这些机构及其运行都设置安排落实到位。克尔校长在任时期是加州大学大步迈向现代大学的重要阶段,当时加大又扩展了 3 所全新的分校,20 世纪 60 年代,还有 3 个单科学院升格为综合性高校,所以加大在克尔校长在任期间总共新增了 6 所分校。

问:根据您书中的加大治理结构图(详见附录图 1),董事会是大学最高权力机构却被置于图的底部,教师被置于结构图的顶端? 这是出于什么原因?

答:将教师置于加州大学治理结构的顶端是由于我们认为大学内部治理的目的在于创造条件以成就教师的发展。理想中的教师当然是那些富有创造性的、非常优秀的研究人员,杰出的学者及教学人员,大学内部治理的目的就是能够创造条件来让大学拥有这样的教师。另一方面,是教师维护了大学,教师就是大学,他们是学生能在大学里见到的并能在一起工作的人,是他们在落实高等教育活动,教师是大学的核心角色,大学治理所有工作开展的目标都是要让教师们在此工作得尽可能地好。

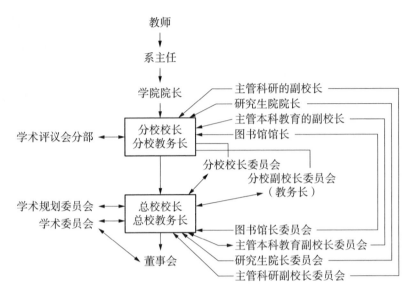

附录图 1　加州大学学术治理结构图

资料来源：King，C. Judson. The University of California：Creating，Nurturing，and Maintaining Academic Quality in a Public University Setting[M]. Berkeley：Center for Studies in Higher Education，University of California，2018：237.

问：加大现行的权力构架是怎样的？

答：加州大学的治理结构是复杂的，这样一所大学也是复杂的，1 所由 10 所分校组成的大学，其教师数量是很庞大的，还有近 24 万学生。加州约有 60％—65％或 70％的人能够接受高等教育，这个数量非常大。学生想要进入加大学习的话，必须在全体高中生排名进入前 12.5％的行列，这个比率是由加州大学决定的而不是高中或者州政府来确定的。由于分校多且其各自创校时间与发展阶段不同，加大教师的构成也比较复杂。比如，大约在 19 世纪末 20 世纪初，旧金山地区的人口剧增导致南加州人口超越了北加州地区，而北加州已有一所公立大学即加州大学，所以当时面临的一个问题是南加州地区能否有第二所公立大学？时任加大校长本杰明·维勒并不想与公立大学竞争，所以他解决问题的办法就是把洛杉矶师范学院升格为加大的一所分校，这就是加大的第二所分校即洛杉矶分校。有 2 所分校的创办不是起源自加大内部：洛杉矶分校（前身为师范学院，分校建于 1919 年）、圣塔芭芭拉分校（前身也是一所师范学院，分校建于 1944 年），因此在创校之初，上述两所分校的教师就不是研究型教师，而他们忽然成为加州大学系统的教师就必须从原来的角色转型为研究型教师,这种转变与适应则需要几代人的努力。数目庞大的学生、背景不同的教师以及这么多分校,加州大学就是如此复杂的一所大学,其治理结构的目标在于让一所大学的模式发生作用来尽可能为分校提供一套加州大学系统都适用的政策或"政策封套"(policy envelope)亦即为分校决策或政策制定而设定的一套统一的结构性的基本框架。

提及权力构架,我想分别再谈谈学术评议会和董事会的有关问题。假如将学术评议会简单理解为类似教师工会,那是不对的,评议会关注的是学术质量,而共同治理的一大好处在于可以让学术质量的问题成为每个人心目当中的头等大事,教师们能看到他们全面参与了大学的共同治理。至于教授委员会和教职工代表大会,它们都是由学术评议会来运行的,学术评议会就是关于教师的治理组织。总校校长每月会向总校学术委员会主席商议事务,分校校长以及副校长每月会与委员会分部的主席商讨事务。

董事会会议由 26 名成员参加,总校校长是成员,我刚刚说了 18 位董事会成员是州长委任的,那剩余 8 位都有谁呢? 总校校长就是这其中的 1 位了。关于董事会的学生成员,我们与美国其他高校的情况不太一样,美国大学的董事会通常有 1~2 名学生董事会成员,他们一般都是有特殊任职的比如学生会主席等。加州大学的情况则是董事会成员来选择确定谁能成为学生董事会成员(其任期通常为 1 年)。学生董事会成员的选择确定过程要历经一年的时间,分校的学生会先提议其认为能胜任工作的候选人名单,然后董事会的下设委员会最终确定3 名人选并在对他们进行面试之后决定学生董事会成员是谁。学生董事会成员通常都很能为学生积极主动发声并发表他们的观点。分校校长参加董事会会议,但他们不与董事会成员坐在一起,他们坐在前排听众席中。我在任职加大总校教务长期间,就承担过就学术事务回答董事会成员提问之角色,总能被问及一些有趣的问题。自 20 世纪 90 年代起,总校学术委员会的主席和副主席(1 年的任期)有权利可以坐在董事会成员席,当然由于他们并不是董事会成员所以他们不能投票表决,但他们可以畅所欲言,比如代表教师发表观点和意见等。

三、加州大学内部治理的运行机制及特征

问:加大现行决策机制及组织构架是否有利于实现有效治理?

　　答：我认为加州大学现行的决策机制和组织构架能很好地为总校和分校服务。我将从速度、管理者等方面展开来谈。学术评议会无尽的咨询和协商等工作步骤会使事情进展变得缓慢。所以，我们也采取了适当行动以使学术评议会和行政部门之间能有更为直接的对话。总校学术委员会的主席、副主席与总校校长、教务长都在奥克兰办公大楼（即加大总校办公楼）的同一楼层办公，学术委员会主席每月要与总校校长开会，会议时长2小时，这些做法因使评议会和行政部门的学术规划咨询成为现实而尤显其重要性。所以，我认为速度并不是限制加大内部治理发展的阻碍因素，我们做得已经足够好了。

　　当然，对于某一些类型的管理者来说，确实要多投入一些时间精力才能够较好地与学术评议会工作，比如有时也许管理者觉得是一个特别好的想法，但学术评议会却持完全否定的意见。这也致使加州大学系统的工作方式能使行政管理人员快速成长，我们几乎所有的学院院长都聘任的是加大系统的人员，历任总校教务长中也多数曾担任各分校校长（70％来自加州大学系统，30％来自外部）。而现任总校校长珍妮特·纳波利塔诺（Janet Napolitano）则没有任何学术背景，她曾是亚利桑那州的州长、奥巴马内阁的美国国土安全部部长。大约10％的加州大学总校校长完全没有任何学术背景而是商界或政界出身，这些人士能成为总校校长则是出于他们能与州政府更好地打交道以及能为大学争取到更多支持这些考虑。对于这些校长来说，要适应大学的治理是有困难的。从这个层面上来看，我认为体制本身也许还存在一些问题，因为它居然能很好地接纳这些原本都是高教系统以外的校长。此外，我认为董事会成员的角色还是非常难以胜任的，尤其是很多董事会成员对加大并不了解，他们缺乏大量用来形成和制定决策的基本常识，董事会成员对于每所分校正在发生的事情和面临的问题也是毫不知情的。以上这些可能就是我觉得现行决策制定和权力运行所存在的问题。当然，必须意识到的是加州大学应该是我所知道的绝无仅有的拥有10所分校的世界顶尖大学。

　　问：加州大学的大学章程有什么特点？

　　答：加州大学最早的章程（Charter）是1868年制定的，被认为是大学的基本法（Organic Act），它捍卫了董事会的统治地位并且明确了学术评议会的建立，当然最重要还是明确了董事会是大学最高权力机构的地位。1879年，州政府颁布了新的州宪法，使得大学享有宪法自治（Constitutional Autonomy）地位以及治理的独立性。当然,我们还有章程细则(Bylaws),加大董事会章程细则和学术评议会章程细则都体现出结构式的大学治理理念及方式。

问：加大系统和伯克利等分校是如何保证民主治校的?

答：我对该问的回答是加大系统和伯克利分校的情况都是一样的,因为所有的政策制定出发点都是基于一所大学的整体理念并且与每所分校发展息息相关的。我想谈谈我们保证民主治校的三条途径：学术评议会、协商、系主任的任期。学术评议会体制确保了所有教师的声音都能及时被听到,而不管是分校学术评议会主席还是总校学术评议会主席,他们都肩负重担,因为每位教师都能就任何事宜向他们电话质询,所以他们的工作实在是太复杂了。第二点是协商的传统与期望,人们习惯于不擅自做决定而是通过咨询和协商来倾听别人的意见、获得他人的反应,克拉克·克尔任总校校长时就被期待通过协商的方式来解决每一件事,这并不是说管理者要通过投票的方式来解决问题而是管理者要去倾听了解人们的意见以及批评的声音,然后基于咨询协商的方式来制定决策。第三,我们的系主任不是终身制的,其任职时间为3~5年,系主任亦通过协商的方式开展工作。

问：如何平衡加大学术评议会与其他总校管理机构之间的关系?

答：学术评议会并不属于管理机构的行列,它只是在一定情况下会因极少数原因向某些具体人士汇报,通常这些人士就是教务长,在我任总校教务长的9年时间中,学术评议会办公室就要向我汇报,我的职责在于决定他们的预算以及批准新聘教师的决定。因此,学术评议会的运行确实是非常独立的,他们非常谨慎地维护这个组织的独立性并使该机构发挥自己独有的职责与功能。

问：美国公立大学与私立大学在内部治理上存在不同吗?

答：是的,他们的差异巨大。美国私立大学总体上稍许超越公立大学一些,所以公立大学更倾向于全面地落实共同治理理念以及以更具协商式的方式来治理大学。我曾经有机会了解过这种公私立大学之间存在的差异,因为我曾与加州理工学院(California Institute of Technology,简称 Caltech)——一所私立大学的同行就大型望远镜的有关事宜一起合作过。加州理工学院的决策制定方式就非常简单,即由校长、教务长制定决策,而我们的决策制定过程中充分体现了共同治理理念,咨询协商程度要高很多,教师参与程度也高很多。

四、加州大学内部治理模式的发展趋势及有关建议

问：在大学内部治理问题上，加州大学系统是否有值得改进的空间？美国大学在内部治理上有什么改革举措？

答：我认为董事会成员与分校正在发生事务之间的隔绝状态需要被打破，这一问题的解决非常急迫，这也是我认为的解决问题的方案。我个人觉得美国大学在内部治理上没有什么改革举措，我倒希望州立大学能有一些改变，这种改变不是指州立大学治理本身的变化而是大学治理功能的变化。现在加大一所分校都已经有 8.5 万名学生了，其中 1~1.5 万名学生在线学习，其余的都是在校生，大学当前应当构建一种服务于推动各种学科整合到一起的治理结构，这种结构要能够克服跨学科整合与发展将面临的问题，这就是我所指的大学治理功能应当出现的新变化。

美国其他的一些大学确实也采取了一些重新界定州立大学系统的举措，美国 50 个不同的州都有各自的高等教育系统，宾夕法尼亚州、密苏里州都开展了一些举措来重新界定州立大学系统。我在这里特别想提到的是曾任亚利桑那州立大学校长的迈克·克罗（Michael Crow），他是一位颇具改革精神的校长，曾任哥伦比亚大学（私立大学）主管科研的副校长，后来又成为这所公立大学的校长，他通过大学目标调整、合理利用土地、多学科教育等多种途径给亚利桑那州立大学的发展带来了巨大的变化，当然我并不是说他所有的做法都是非常好的，但他所做的某些尝试是成功的，亚利桑那大学可能是近年来最具革新性的美国大学。但我不确定该校的改革举措是否属于并且能够代表大学内部治理的改革。

问：关于中国大学内部治理体系现代化和治理能力提高，您有什么建议？

答：事实上，我对于中国大学的情况还不甚了解，所以我能分享的都是加州大学和美国大学的做法与经验并提出我认为哪些是做得好的哪些不是。我认为每一所大学都是特定环境之产物，大学的发展与其环境、历史、文化、社会需求等密切相关，所以每所大学的情况都非常地不同。以加大发展的历史经验为据，我认为影响大学发展的因素首先是人口激增所导致的对高等教育需求的提升。然后是大学每年都有预算结余，也就是说大学必须有充足的运行经费来支撑并实现其发展。历史上对加大发展影响较大的一个事件为"退伍军人权利方案"（Servicemen's Readjustment Act of 1944，或 G. I. Bill）的颁布，它是联邦政府在

二战后通过的一项法案,其主要内容之一是要为退伍军人提供教育,每一位退伍军人拿到政府给他们的教育经费之后再做出用这些钱去哪里接受教育的决定,相当多的退役军人选择到加州接受高等教育,加州大学自然得到了很多的退役军人教育经费,加大当时的这部分收入数额甚至在数年间连续超越州政府给的拨款数目。其他影响大学发展的至关重要因素是大学需要被"合适的领导者"管理,比如克拉克·克尔校长在其任期做的所有规划和举措都围绕着怎样创建一所多分校大学这一目标并最终对加州大学的整体发展产生巨大影响。

(本访谈报告发表在《复旦教育论坛》2019 年第 3 期)

调研报告3　加州大学共同治理：权力结构、运行机制、问题与挑战
——访加州大学前学术评议会主席 James A. Chalfant 教授

徐少君　睦依凡　俞婷婕　朱　剑

高校内部治理理论创新与实践探索是高等教育强国和建设世界一流大学的必然回应,亦是我国高等教育改革与发展的重大命题。探讨这一命题,既要有理论自信,坚持推动我国高校内部治理理论与制度创新,更要有宽广视野,借鉴发达国家世界一流大学的内部治理模式。加州大学是美国最大的公立大学系统,也是世界一流大学最集中的大学系统。加州大学何以卓越? 其内部治理模式、权力结构、运行机制如何? 作为大学系统的内部治理又面临哪些问题与挑战? 带着这些问题,近期,教育部哲社重大攻关项目"我国高校内部治理体系创新的理论与实践"课题组,专程赴美国加州大学奥克兰总校访问了加州大学前学术评议会主席 James A. Chalfant 教授。

一、加州大学内部治理模式、权力结构、运行机制

采访者：James 先生您好! 非常感谢您专程从萨克拉门托赶来接受我们采访。您是加州大学前任学术评议会(Academic Senate)主席,是加州大学决策与领导体系的核心人物,熟悉加州大学内部治理,我们此访目的是想深入了解加州大学内部治理体系及治理模式,尤其是学术评议会的组织和运行机制,希望你们的经验及您的观点对中国大学内部治理改革具有参考价值。

Prof. James A. Chalfant：非常高兴与你们交流这个话题。加州大学是美

国最大的公立大学系统,有 10 所分校,5 个医学中心,3 个国家实验室,其中,劳伦斯伯克利国家实验室(LBNL)由加州大学自主管理,洛斯阿拉莫斯(LANA)和劳伦斯利弗莫尔(LLNL)两个国家实验室由加州大学、政府、私人机构共同管理。此外,我们在加州全境还分布许多研究中心。有近 30 万学生,180 万校友。我们的总校单独设在奥克兰市,但这里不是大学,而是纯粹的管理机构。长期以来我们一直沿用共同治理(Shared Governance)的模式。这是我们的基本情况。我希望能根据你们的具体问题来回答,我会着重跟你们分享我比较熟悉的学术评议会。

采访者: 我们对加州大学的共同治理模式很感兴趣,请您给我们先讲一讲共同治理的权力结构与运行机制。

Prof. James A. Chalfant: 我们有三个权力系统共同参与内部治理,分别是学术、行政、董事会。学术评议会代表学术权力系统,是保障教师和学术人员学术自由和参与内部治理的权力机构。学术评议会主要负责讨论与制定教师、学生、教学、研究等与学术有关的政策,并履行大学内部事务的学术听证特权。以校长为首的行政权力系统是大学的运行管理和政策执行系统。董事会作为选民、立法机关、学生的公共受托人,代表社会力量即加州人民参与内部治理。董事会是加州大学最高权力和决策机构,也是加州大学的法人。

三个权力系统职责分明,董事会享有授权管理大学事务权、政策审议和决定权、监督调查和建议权。董事会对加州大学的管理权由《加州宪法》赋予,《加州宪法》规定,加州大学管理的根本权力属于董事会,加州大学全部的组织和管理权力都来源于董事会授权,董事会依据加州大学利益最大化原则,有权授予或撤销这些授权。所以董事会享有加州大学内部治理的最高权力。董事会任命总校校长并授权其监督和管理大学,总校校长对董事会负责,向董事会汇报工作,执行董事会确立的大学发展战略和目标。董事会经总校校长推荐,任命分校校长并授权其监督和管理分校,分校校长对总校校长和董事会负责,向总校校长和董事会汇报工作,执行董事会和总校校长的政策与发展目标。董事会除了授权校长监督和管理大学之外,对大学履行监督、调查、审议、决策、建议及其他帮助大学发展之职责。总校校长负责总校日常管理事务,履行属于总校系统的管理职责,包括:编制和管理加州大学预算;建立和维护加州大学的整体环境和大学社区的多样性;促进大学利益,维护大学声誉,等等。分校校长负责分校管理事务,履行属于分校的管理职责,包括:制定与总校一致的政策、目标、战略规划;在董事会和大学校长批准的政策和预算范围内,负责大学内部的组织和运行管理、财务管理、纪律监察等工作。学术评议会由董事会授权,学术评议会对校长和董事会负责。学术评议会制定的学术政策要向校长和董事会汇报,最后由董事会审议批准后,才能由行政管理系统具体执行。学术评议会有权组织专门委员会对涉及与任何个人、部门或大学福利有关的任何事项举行学术听证。校长及其行政管理团队有义务就上述相关议题与学术评议会协商。分校学术评议会(Divisional Academic Senate)是总校学术评议会的分支机构,由总校学术评议会授权,主要负责向总校学术评议会集中反映师生的意见和需求,并协助校长处理本校学术方面的政策问题。

三个权力系统在工作中频繁交流互动,学术评议会在讨论制定学术政策时,要与校长、董事会保持沟通,在向董事会提交政策审议之前,必须要与校长咨询。行政系统在政策执行过程中也要接受学术评议会的政策咨询,遇到有争议问题或重大事项,需向校长和董事会汇报。我任学术评议会主席时,每月至少与总校校长有 1 次正式会面,会面之后,再分别与校长助理、教务长沟通,他们要确保告知我们他们的管理团队在做什么。虽然我们与校长委员会(Chancellor Committee)互动的机会很少,但我们可以在董事会会议上与分校校长们交流互动。在涉及具体问题时,我们还可以通过私人关系或总校校长的转达来了解分校校长的想法。我们还通过定期约见了解总校校长办公室团队的工作状况。学术评议会和校长还有一个重要使命是,向董事会准确传达加州大学的信息,尤其是十所分校的全面校情和动态,以帮助董事会更好地了解大学,制定更好的决策。

采访者:虽然职责分明,但我们感觉三个权力系统在内部治理上复杂交错,能否给我们举例说明三个权力系统在具体操作层面如何分工协作?

Prof. James A. Chalfant:比如招生工作,招生标准由学术评议会制定,招生规模由管理部门决定,但都要经过董事会审批,最后由招生管理部门组织实施。再比如经费预算,学术评议会对与学术有关的项目或计划拥有审议评估权,并向校长提出预算建议,但预算编制、预算分配和管理权归校长及其行政管理团队所有。以专业评估为例,我们每隔 7 年要对本科专业进行一次全面的评估,以确定该专业是否高质量地服务于我们的学生,摸清我们的学生是否在该专业领域得到快速发展进步,并确定教师获得教学支持经费是否充足,然后给出严肃认真的意见反馈,但后续每年给这个专业拨多少款,由管理部门决定。新专业建设也如此,由学术评议会审议新专业建设议案,评估经费预算是否足够,教学人员配套是否适当,课程设置是否合理,最后决定开什么专业,提供什么学位,并履行后续专业建设的自主权力,但我们没有财政预算权,我们不能要求校长、院长们给这个专业拨多少款,我们只能提出预算建议。

采访者:董事会成员有哪些人组成?他们与大学有无直接利益关系?

Prof. James A. Chalfant:董事会共有 33 名成员,其中有 7 位当然董事、18 位任命董事(州长任命)、3 位候补董事、2 位教师代表、3 位顾问。当然董事分别是州长、副州长、州议会议长、州公共教育督学、加大校长、加大校友会主席、加大校友会副主席,其中,校友董事任期 1 年,其他董事任期随职位延续。18 位任命董事中有 1 位学生董事,任期 1 年,另外 17 位董事均为社会知名人士,分别来自金融、法律、投资、地产、工会、慈善、娱乐、教育、基金会、政界等多种领域,聘期一般为 12 年。3 位候补董事一般为 2 位加大高级管理人员和 1 位学生,任期 1 年。2 位教师代表分别是学术评议会主席和副主席,任期 2 年。3 位顾问含 2 位教师、1 位本科生,任期 1 年。学生董事或顾问通常是学生自治组织的领袖。

董事与大学之间无个人利益关系,《加州大学章程》明确规定,董事在履行公共职责时,必须要代表加州大学和公共利益,要把加州大学和公共最大利益置于个人利益之上,恪守道德诚信,遵守法律和相关政策,认真履职。除校长和学生董事之外,其他董事无工作报酬。任何董事不能在大学附属机构岗位任职。董事会不得插手大学内部管理具体事务,除非大学校长请求。任何董事个人不得同意或接受外界给予大学的捐赠。除非由章程规定或董事会采取的行动,任何董事不得单独代表大学签订合同或承诺。除非董事会授权,除大学校长之外其他任何董事不得在大学各种常委会任职。

二、学术评议会的组织结构与运行机制

采访者:学术性是大学的基本属性,或者说大学的事务都具有学术性,从这个意义上看,结合您总结的学术评议会的功能,是否可以理解学术评议会的权力很大?

Prof. James A. Chalfant:首先我要告诉你们,学术评议会不同于工会组

织,它也是加州大学管理的一部分。你说的很对,大学事务绝大多数都与学术有关,所以,学术评议会的权力确实不小,但责任重大。大学所有与学术有关的事务,都要由学术评议会讨论、决策。比如:授权、批准和监督课程;确定招生、证书及学位条件;就图书馆建设、预算等重要议题向校长建议;负责评估影响教师福利和学术环境的具体事宜;参与物色院长和校长人选;促进教师职业发展和教师队伍质量提升;维护教师职业环境,保护学术自由,确保教师人事事项的正当程序;向行政管理人员提供政策咨询,等等,这些都是学术评议会的权力和职责范围。

采访者:如此宽泛的学术事务,通过一个什么样的组织系统和工作机制来保障? 或者说学术评议会有哪些机构?

Prof. James A. Chalfant:学术评议会有三个议事机构,分别是:专门委员会(Standing Committees)、学术委员会(Academic Council)、学术评议会大会(Assembly of Academic Senate)。专门委员会分常设机构、特殊领域、专题任务三种类型。常设专门委员会涉及招生与联络、研究生事务、大学教育政策、教师人事工作、教师福利、计划与预算、图书馆与学术交流、学术出版、职务任期与特权、肯定行动与多元化等常规工作;特殊领域委员会和专题任务委员会为非常设机构,针对特殊工作和专题任务而设立。专门委员会代表学术评议会就各专门或专业领域的工作履行议事程序,由主席、副主席、委员、顾问组成,每个分校至少有1位代表,每月至少召开两次会议,由全体代表就讨论议题发表意见并进行表决,但顾问只有建议咨询权,没有投票表决权。学术委员会相当于学术评议会的内阁,是学术评议会的决策与执行机构,由学术委员会主席和副主席、部分专门委员会主席和分校学术评议会主席组成。专门委员会的表决事项必须交由学术委员审议通过后,才能提交校长和董事会审议。学术评议会大会每四年召开一次,主要讨论学术评议会的组织建设以及非常重大且有争论的议题。比如,大学能否接受烟草公司研究经费资助的问题,因为这涉及学术自由和学术伦理问题的争论。再比如批准学位条件,也属于重大且有争论性的问题。学术评议会大会由全体学术评议会成员、行政管理系统人员代表、学生代表组成。

学术评议会的三个议事机构在分校学术评议会都有相应的分支机构,他们的功能和议事程序与总校学术评议会大体相当。分校的学术政策由分校专门委员会讨论,最后由分校专门委员会主席团审议决定,这个主席团就相当于总校学术委员会的分支机构。

采访者: 学术评议会成员要具备什么条件? 他们是通过什么方式产生的? 领导任命还是民主推选?

Prof. James A. Chalfant: 学术评议会成员原则上必须要从事学术工作,并且要有一定的学术头衔和学术地位。总校校长、教务长(常务副校长)一般都是学术评议会当然成员,但行政事务副校长不是,总校校长办公室不从事与学术事务直接相关的部门领导也不能成为学术评议会成员,比如,我们对面的投资办公室的领导就不是。当然,总校行政系统部分高级管理人员也可以成为学术评议会成员,但他们的工作一般都与学术事务密切相关。所以,这要看它的功能,如果他是做纯粹管理工作的,又没有学术背景,那么一般他就不能成为学术评议会成员。学术评议会成员里占比最大的是教师代表,教师代表一般是从分校校长、教务长、院长、章程和立法委员会委员、资深学者中选举产生。分校学术评议会成员一般来本校校长、教务长、院长、行政系统代表、资深学者,其中,校长、教务长、院长是当然成员。

学术评议会由 60 人组成,包括总校校长和教务长、10 位分校学术评议会主席、8 位总校行政系统管理人员、40 位分校教师代表。分校教师代表人数根据分校教师数占总校教师数的比例分配,由分校学术评议会选举产生。

采访者: 学术评议会制定的政策对各分校是否具有强约束力? 学术评议会如何体现和保障教师的学术自由和自治权?

Prof. James A. Chalfant: 学术评议会制定的政策对整个加州大学都具有约束力,但分校在执行政策时,只要把握原则、标准并遵守公共政策,学术评议会一般不予严格限制,分校可以根据自身的情况做适当的政策解释和政策调整。比如招生政策,总校有统一的最低入学标准和公共政策,分校可以根据自身情况,决定本校的招生录取条件和方式。

如何保障教师的学术自由和自治权,既涉及权力保障问题,也涉及学术评议会的独立性问题。首先,学术评议会在组织机构上是充分独立的,学术评议会与校长委员会、院长会、研究生院院长会、董事会等其他机构不存在组织和功能的融合。学术评议会也是一个高度自治的组织,学术评议会主席、副主席不由领导任命,而是从学术评议会成员内部选举产生,上届学术评议会副主席自动升为下届主席。如果学术评议会主席不认真履职,学术评议会内部会启动罢免程序,但这种情况鲜有发生。组织机构的充分独立性是学术自治和自由权的基本制度保障。其次，所有代表的表决意愿是自主的。我们不会过分关注代表们的想法和做法，除非是极其重要的议题，否则我们都尊重他们自主表决权。我们的投票有点类似立法会的投票，有的代表在投票时要考虑选民的立场，有的代表仅凭自己的自由意志投票，这很正常。我认为，如果代表们的投票意愿受到同事观点或意见的限制，是没有意义的。但一般情况下，代表们的投票是比较理性的。比如，在系教师会议上，投票前，学术评议会代表或主持人一般会先介绍学术评议会的工作和政策动态，以引导理性投票。在学术评议会相关会议上，我们也试图说服来自分校的代表们，希望他们在参加总校学术评议会投票时，要有更加开阔的视野，做出对总校最有利的选择，而不能仅囿于他自己所在学校的利益。但话又说回来，作为学术评议会成员，如果你和你所代表的教师群体在投票意见问题上分歧过大，你的同事也会强烈要求更换其他人代表他们去投票，所以，代表与他的同事们在观点和意见上的距离一般也不会太大。第三，学术评议会在政策层面，尊重和保护教师和学术人员的学术自治与自由权。教师们做什么，教什么，怎么教，都有自由选择的权力，除非有理由充分的特别限制。在基层学系，聘用什么教师，是否聘用，教师个人的薪资标准的确定都由教师集体投票决定；办什么专业，提供什么学位，开什么课程，也由教师集体讨论，系主任没有决定权。比如加薪，是否给你加薪以及加薪多少合理，要基于所有同事对你在某一个周期内的工作表现和工作业绩的客观评价。包括你做了什么，你的教学测评成绩如何，学生是否喜欢你的课程，你是否真正深入了解课程资源和教学内容，以及你的科研成果如何，学术评议会都要调查问询，所有教师都要参与互评，最后由集体投票决定，系主任的话语权很小。我们虽然没有权力决定预算的多少，但当预算议题进入学术评议会讨论时，必须由学术评议会做决定，任何其他组织都不能代替做决定。最后，学术评议会行使学术听证特权，这更是主张和保障学术权力的体现。

采访者：学术评议会的核心权力是哪些？最关心的问题是什么？有没有加州大学全体教师参与投票的情况发生？

Prof. James A. Chalfant：课程、招生、学位是我们的核心权力，这些也是学术权力的基本内容，这些领域必须交给学术自己决策，当然我们也会广泛听取不同意见。预算是我们最关心的问题，教学和研究条件，教师的薪资收入，健康福利，退休制度，都需要经费保障，尽管我们没有权力决定预算分配，但我们对总校如何处理这些工作非常关心，我们甚至要关心各个系分配多少经费，以保障教师的工作，所以我们对每年的计划与预算十分重视，我们会经过跟各方的充分讨论，然后向校长和董事会汇报计划和预算建议。

加州大学教师全员参与投票的情况一般很少见，除非是非常重要的事情必须由全体教师投票决定。我工作至今只遇到屈指可数的几次，而且一般是通过书面表决的形式进行的。比如我们曾经对加州大学是否要管理洛斯阿拉莫斯实验室的问题就举行过全体教师公投，因为这个实验室是为国防和研究核武器工作服务的，加州大学该不该管理这个实验室是一个引起广泛争论的道德议题，必须要广泛征求意见。

三、共同治理的理念、运行效率

采访者：根据您前面的阐述，我们对加州大学共同治理模式有了大概的了解，这种模式基于的基本理念以及核心价值是什么？

Prof. James A. Chalfant：信任与合作、让一切变得更好，是我们的基本理念和价值体现。维系学术、行政、董事会三个权力系统追求一致目标的共同理念就是信任与合作，致力于更好的决策，让加州大学更加卓越。行政管理部门基于管理实践，向学术评议会提供政策预警，学术评议会也会给行政管理部门提供执行政策的预警性建议或忠告。比如，学术评议会会事先让管理部门了解教师和学术人员的关切，这样在涉及具体政策问题的讨论时，彼此之间在很短时间内就可以达成共识。管理部门与我们充分讨论后，再与他们老板、校长、董事汇报沟通，这样可以保证政策的科学性。教师与高层管理者之间也需要一定程度的信任以维持彼此关系的平衡，虽然大多数教师不愿意接受被一个集中的权力机构管理，但事实上你又不得不做出适当的妥协，因为你不能总是站在那儿说"对不起，教师们不喜欢，所以我们不赞成"，假如你每次都这样公开抱怨校长的政策选择与你的意愿不合，那么彼此之间的关系就失衡了，最后，校长及高层管理者就不会再向你咨询。管理者不能太独立于教师，教师对管理者也不能抱一味不支持的态度，否则合作就不可能发生，这是一个很微妙的现象。董事会也是基于对学术评议会工作的了解和信任，认可我们的建议，才愿意与我们讨论。当然，董事会的价值中立也是教师和管理人员信任董事会愿意与董事会合作的关键所在。这就是我们的价值，我们彼此之间始终寻求合作与信任，因为我们的使命和信念是一致的,那就是一起让加州大学变得更好。没有信任与合作,我们无法达成共识,共同治理就不复存在。幸运的是,这么多年来,我们的治理体系一直运行的很棒,我们真正地感受到,从某种意义上说,我们的管理者和教师始终站在一边,并始终一起说服州政府我们在做正确的事情,从而得到州政府的支持。

采访者:既然共同治理会涉及多主体参与和多权力影响,那么它的运行效率如何保证?

Prof. James A. Chalfant:我想您提到的效率指的肯定是快速应对,这的确是我们面临的最大问题。我们确实存在决策过程冗长,工作效率低的问题。我们的各种委员会在讨论议题时,代表们经常会无休止地发表意见和争论,导致大家常感觉沮丧。他们到总部开会经常会陷入僵局,什么事情也做不成,工作效率很差。有时甚至连管理者自己也会失去耐心。如果决策权掌握在我们手中,情况会好些,但我们没有决策权,所以我们经常会面临这种尴尬。但当遇到紧急事情时,我们必须尽可能快速应对。比如每年做预算时,总校的高层管理者和分校的同事要频繁互动,甚至每一周都要多次往返,有时无法召集会议商量,我们就直接向学术评议会主席、副主席咨询,因为他们正好在这幢大楼里办公。当然,并非所有事情我们都要坐等分校同事来奥克兰总部商量,我们经常通过邮件、电话会议的方式与他们沟通。为了缩短讨论时间提高效率,我们必须要预测学术评议会上的反应,这就需要你必须有预见能力,这对我们来说非常重要,因为你不知道接下来在学术评议会上会发生什么,所以你必须做好充分的准备。

可以想象,如果你们回去向你们的领导谈论共同治理,他们可能会说“我们没有时间来做这个,我们需要决策,我们需要立即行动。”但这就是我们的选择,我认为我们的体系是一个注重长远而非即时性利益的审慎的结构。虽然不利于作出快速决策,但我们对于长期的问题却能做出更好的决策,这对加州大学长期稳定健康发展是有好处的。我们也不属于那种日常管理的(day to day management)的体系,也就是说,我们在快速反应、日常决策方面并不高效。我认为,如果大家面对一个有争议需要讨论的问题,那么除了花时间去讨论,你还有什么其他更好的办法呢?我们确信,管理机构也非常明白,只有通过充分讨论才能产生更好的决策。不管教师愿不愿意,对于管理者而言,这是一种更好的选择,也会更加成功。

四、共同治理面临的问题与挑战及对共同治理的评价

采访者：除了效率问题之外，加州大学内部治理运行中还面临哪些问题与挑战？

Prof. James A. Chalfant：共同治理不是完美模式，我们在实际运行中也遇到很多问题与挑战。包括：外界对总校的认识偏见、政府过度干预和总校权力弱化倾向、总校和分校的政策冲突、教师参与内部治理的觉悟，等等。

采访者：您如何看待外界对总校的认识偏见？

Prof. James A. Chalfant：我们必须面对来自外部或者竞争对手的监督。有人不赞成总校模式，他们认为，总校就像一个征税官，从各个分校收钱，然后去支出浪费，这种观点在一定程度上会削弱总校的公信力。比如，一些分校人士就不理解为什么我们要有一个管理中心。伯克利的有些人可能会问"为什么他们不离我们远点？我们本来做得好好的，让我们做我们想做的"。洛杉矶和戴维斯分校也有人会说同样的话。有些州政府的官员也认为总校模式是一种浪费，因为这里没有学生，也不产生学位。这两种批评声音在本质上是一致的。

事实上，这些观点是错误的也是不公平的。因为，总校发生的事情和所开展的工作，可以使分校避免重复，比如，退休计划和健康福利政策都出自这里，这里决策了，分校就无需再做重复工作。而且总校的工作直接对接州政府和联邦政府，所以总校的工作是非常重要的。可以想象如果10所分校都要制定预算案，都往州政府跑，比一个系统的工作机制肯定要混乱得多。总校模式对分校尤其是新建或弱势学校的整体发展也有好处，我们的文化倾向于追求共同标准，崇尚公平，所以在总校系统内，新建或弱势学校无论是在预算分配、专业建设、内部治理等方面，都会借助于总校的资源，快速发展。我坚信绝大多数人仍然赞同支持总校模式，这就需要政府官员、校长、董事会成员、学术评议会主席等领导必须有战略眼光和远见卓识，有远见才能理解为什么我们需要一个统一的管理系统，需要建设一个强大的联合体，但这是不小的挑战。

采访者：您如何理解和看待政府的过度干预和总校权力的弱化倾向？

Prof. James A. Chalfant：事实上，并不是每一个州政府的人都喜欢这里（奥克兰总部），尽管他们都喜欢大学，所以他们对我们并不总是满意。虽然《加州宪法》规定加州大学和加州大学董事会不受州立法会制定的法律约束，但我们

必须接受州立法会拨款权力的制约,所以州政府定期要对我们几乎所有的重要事项进行严格的审计。种种迹象表明州政府开始对加州大学的很多细节问题非常关注,甚至在一些具体事情上试图想办法控制我们,或通过其他手段影响并介入大学,并且给我们不断提出更高的要求。因此我们很难坚持完全的独立性。虽然我们仍然强大,但我感到,随着时间的推移总校的权力正在被侵蚀,这是一个潜在的问题。所以我们必须要区分哪些议题必须由我们坚持自主,哪些议题我们信任并交由校长处理。但世界发展变化太快,光靠学术评议会已无法跟上变化的需求和步伐,我们的治理体系也无法始终保持最先进性。我们的内部治理体系也需要不断探索,我们更需要强有力的校长。

采访者:您如何看待总校和分校的政策冲突?

Prof. James A. Chalfant:事实上分校有充分的办学自主权,董事会和总校校长不会直接插手分校的内部事务,但分校必须要遵守总校制定的政策,必须要接受总校的审计和监督。前面我们已经提到总校和分校的政策关系。但分校在有些政策选择上往往会偏离原则和标准导致有失公平。比如招生,加州大学总校制定招生标准和总原则,分校自主决定招生细则,学生向分校提交入学申请,这样往往就存在政策冲突问题。以学生入学推荐信为例,总校与伯克利就存在分歧,总校只要求学生提交入学申请时写自荐信,并不要求高中学生的升学导师或任课老师的推荐信,而伯克利就有这个要求。所以,我们在学术评议会内部为这个问题引起争论。我们的理由是,推荐信一般只谈好的,回避对升学不利的因素。另外,即便同样水平的学生,由于他们所处的社会、经济地位不同,他们在高中时代接受不同条件的教育,考试分数会有差异,会面对不同的挑战,也会接触到完全不同的任课老师和升学导师。好学校的升学导师,他们的工作职责就是想方设法把学生推荐到顶尖大学,而弱势群体家庭的孩子所面临的升学导师,可能连有助于他们被录取的关键用语或表达都不了解。所以我们认为这样的推荐信对学生来说是不公平的。这个例子说明我们为什么要冲破一切阻力形成政策的统一性。

采访者:您如何看待教师参与内部治理的觉悟问题?

Prof. James A. Chalfant:师生是大学的真正主人,所以教师是共同治理中最重要的角色,也是最重要的力量。包括学术评议会成员在内,所有教师参加学术评议会的工作都是兼职的,没有额外报酬,也没有人会因为在这方面的积极表现而得到加薪,但教师一旦参与学术评议会的工作,必须要付出很多时间和精力,这就意味着要挤占他的备课及其他工作时间,牺牲他的研究时间,所以缺乏热心和集体责任感的教师就不愿意参与学术评议会的工作,甚至有些人无视管理者的意见,根本不关心集体事务,这是我们面临的严重问题。但问题是,如果我们都不关心集体,都不愿意去轮流承担责任,那么共同治理就不复存在。所以我们只好不断地吸引新人到学术评议会中来,以尽量避免老是因为同一批人而陷入同样的困扰。

采访者:尽管存在政府过度干预的现象,但加州大学教师和学术人员参与内部治理的权力还是能充分体现,美国其他地方的公立高校教师和学术人员也有这样的权力吗? 您如何评价共同治理?

Prof. James A. Chalfant:事实上,在美国很多其他州立大学,教师并没有像我们这么大的权力,他们的校长尤其是院长的权力很大,他们的领导不像我们这样信任教师,反而会要求教师做很多事情。与其他州比起来,我们的系统被认为是相当激进的。比如我的母校某某大学,他们也有一个学术评议会,但他们的院长和校长就有很大的权力,他们甚至可以不用征得教师的同意去做很多事情。但在我们这儿,如果某位校长做了很多事情,教师反对,他的工作就会面临麻烦。我们有一个针对(分校)校长的评价机制,每五年组织一次教师评议,校长高度重视,如果教师对某位领导不满意,最后会进行不信任投票。当然这是我们不想常用的工具,因为当你不同意而作出那种选择的时候,教师和领导之间的关系已经被深深破坏了,是我们不愿意看到的。在其他州立大学,一般是系主任掌握聘任教师的权力,教师可能会有考察面试候选人的权力和建议权,但没有投票权。所以,他们的大部分权力都集中在管理机构。

共同治理对我们最重要的启发在于,我们不是要争取谁的权力更大,而是要承担共同的责任,要想办法把我们的大学建设得更好。我们只有卓越的统一的大学,才会培养更多更优秀的人才,才会有更好的科学研究,才会更好地服务于公众,从而使每一位公民都会从中获益。对学术评议会或教师而言,当我们帮助管理者做出更好的决策,促进大学更好发展时,就权力主体来说,我们都是成功者。

（本访谈报告发表于《复旦教育论坛》2019 年第 1 期）

附录四
中国香港高校考察调研报告

人文价值：一流大学治理的新取向
——香港科技大学集体访谈录

肖笑飞　　眭依凡　　张　衡　　梁纯雪

　　2018 年 12 月 2 日—11 日,教育部哲学社会科学研究重大课题攻关项目"高校内部治理体系创新的理论与实践研究"首席专家眭依凡教授带领项目团队部分成员赴香港科技大学(以下简称香港科大)、香港大学、岭南大学及城市大学进行了为期 10 天的调研,围绕香港高校的内部治理结构、决策及其运行机制对多位香港高校的高层领导者和高教研究专家进行了访谈。香港科大是本次调研的重点。该校于 1991 年创建,在短短的二十几年内就发展成为可以与历史悠久的世界一流大学相媲美的顶尖大学。2018 年,香港科大在 Times 全球年轻大学排名中位列第 1 名,在 QS 大学排名中位列第 37 位,在 Times 世界大学排名第 62 位。香港科大何以能够在这么短的时间内跻身世界一流大学行列? 是什么样的团队在什么样的背景下创建了这么一所大学? 他们是如何设计这所学校的内部治理结构的? 该校的内部治理结构有何特点? 他们如何决策并且让这些设计有效运行? 带着这些问题,课题组成员集体访谈了香港科大的高层领导和高教研究专家。访谈对象的基本信息如下:贺致信(Mark Hodgson),香港科技大学副校长(行政),分管校园服务处、校园设施管理处、财务处、健康安全及环境处、人力资源处、信息系统处、采购处;丁学良,香港科技大学人文社会科学学院博士生导师,政治社会学家,兼任卡内基国际和平基金会高级研究员,澳洲国立大学亚太研究院通讯研究员、浙江大学等高校的荣誉教授或顾问教授;李忠义(Lee Chung-Yee),香港科技大学工业工程与物流管理学系讲座教授,香港科技大学物流与供应链管理研究所的主任和奠基人,2001—2008年任香港科技大学工业工程和物流管理系主任;施天艺,香港科技大学全球及大中华事务处主任;John Maguire,香港科技大学校园设施管理处处长;林国华,香港科技大学财务处副处长;吴玉娟,香港科技大学人力资源处副处长;萧帼敏,香港科技大学全球及大中华事务处经理。

一、民族情怀与理想主义:香港科大的创校背景

采访者:一流大学内部治理结构、决策及运行机制日益为研究者所关注。2018年5月13日,浙江大学教育学院与《探索与争鸣》杂志社联合举办"一流大学内部治理结构创新研究"高层论坛,国内诸多知名专家围绕大学内部治理的理论与实践问题展开深入讨论。2018年6月16日—25日,为开展教育部哲学社会科学研究重大课题攻关项目——"高校内部治理体系创新的理论与实践研究",我带领团队部分成员赴美国加州大学和斯坦福大学进行个案研究,围绕这两所一流大学内部治理的整体结构、权力配置与制度规范进行了深度访谈。香港科大是一所取得非凡成就的年轻大学。今天我们来到贵校,希望通过集体访谈了解香港科大何以能够在短短的二十几年跻身世界一流大学行列。有人说香港科技大学的成功不可复制,有其特殊的历史背景。

丁学良:香港科技大学的确是一所崭新并取得一定成就的大学。香港科大的发展有偶然性的成分,也蕴藏着必然的因素。首先,1997年香港回归是香港科大创校的"天时"。中英两国政府经过两年多达22轮的谈判,在1984年12月19日正式签署《中英联合声明》,宣布1997年7月1日,中国政府在香港成立特别行政区。港英政府一方面想通过在香港建设一些在推动香港治理方面有所作为的项目,另一方面担心香港回归后中央政府向地方政府"借钱"。因此,当时的总督尤德爵士代表香港提出科技更新的新愿景,希望建设一些项目。在这些项目中,有两个大项目——一个是现在的香港机场,另一个就是现在的香港科大。

其次,香港资源有限,本土缺乏研究型大学是香港科大创校的"地利"。港英政府为什么要在香港筹建香港科大?当时,香港与中国台湾、新加坡、韩国并称

"亚洲四小龙",在英文当中指 Newly Industrial Economics,也称"新兴工业经济体"。香港与其他三个国家(地区)一样,经济增长速度快、出口扩张迅速。而随着中国的改革开放,港英政府认为香港资源有限,只能做高附加值的行业。香港要大力发展金融和高科技产业,急需培养高端人力资源,这是其一。其二,香港本土缺乏研究型大学且入学率较低。当时香港高校主要就是培养"执行"类人才,也就是现在大陆讲的"公务员",高端人才主要靠"英联邦"内部的自由流动,这不利于香港高科技产业的发展。1989 年 11 月,香港政府决定将学位课程高等教育注册人数增加一倍,为香港本地经济发展培养更多人才。

最后,一批拥有科技强国、教育强国梦想的留美科学家和理想主义者是香港科大创校的"人和"。我觉得特别值得一提的是"人和",现在大部分人不太清楚这些事。吴家玮校长写过《同创科技大学》一书,书中讲的就是香港科大创校元老的故事,这部分人是一批具有民族情怀的科学家和理想主义者。"保钓活动"你们(指同行的年轻人)知道的吧? 当时在北美留学的一批华人经常组织爱国活动,"保钓活动"是其中的一项重要内容。1970 年,日本在美国所谓的"美日安保条约"框架下侵占钓鱼列岛。他们组织一系列活动后,发现这件事情在美国很难做成功。一方面,他们认为台湾地区国民党高层对美国百依百顺,难有作为。另一方面,他们不想海外华人的"保钓活动"给美国与台湾地区的关系造成大的干扰。这样一来,这批具有强烈的民族情怀的积极分子产生了分化。一派认为钓鱼岛问题的根源是中华民族太贫弱,贫弱的根源在于内部而不是外部,只有自己强大起来才能从根本上解决问题。因此,许多人放弃了当时在美国的教职和发展机会,回到台湾用实际行动去做出努力。这一派比较有名的代表人物有沈君山、马英九等。另一派认为,钓鱼岛问题的解决还是要依赖中国大陆。为等待时机,他们在波士顿地区成立了一个"北美华人科技促进会"的组织,旨在实现科技强国、教育强国。正是后面这一批具有强烈民族情怀的科学家和理想主义者在一定程度上造就了今天的香港科大。吴家玮曾戏言"他们一半去了大陆,一半来了香港科大"。吴家玮利用自己的个人影响力把这批人拉到了香港科大。这批人在自己的专业领域大都做出了了不起的成就。当时他们虽然不是美国大学的高层管理人员,但基本上都是重点实验室的负责人或中心主任。他们回来不是为了一个"饭碗"。如果为了一个"饭碗",香港科大后面所有的故事都不会发生。当年齐锡生对我说过的一段话很能反映他们强烈的科技强国、教育强国的民族情怀。他说:"学良啊,我在美国待了20多年,老早就是讲座教授,有大房子,也有车,这一辈子不就是这么回事。你留在美国,以后最多跟我一样,没有什么区别,但是你来香港科大就不一样,香港科大的制度还没有写在纸上,需要我们去开创。这也是你报国的一种方式。"后来,吴家玮也总结过,香港科大招聘的人员要有能力、有学问,但更重要的是有"心"。我想这个"心"指的就是理想和爱国、爱教育的情怀。

采访者:"天时、地利、人和"看起来是香港科大创校之"特殊性",但创校者科技强国、教育强国的理想与情怀具有"共性",这一点特别值得我们办学治校者学习。

丁学良:我非常赞同您这一个观点。时机不可复制,但是香港科大第一代创校者的家国情怀和强烈的理想主义,以及坚持创新和不忘初心的精神是可以学习的、可以复制的。将这样一种家国情怀、理想转化成实际行动,是当下大陆"双一流"建设可以借鉴的地方。

二、制度理性统率"自然演化"之感性,刚性治校不忘服务人性

采访者:香港科大既有"英式"制度理性的传统,又招来了一批长期在美国具有创新精神的治学研究者。不知创校者是如何处理"英式"的理性规范和"美式"的灵活创新之间的关系?

施天艺:您提的这个问题很深刻,也很尖锐。香港高校是"一校一法",《香港科技大学条例》编入了香港法律体系,是香港法律的1141章。这一点与大陆的大学章程作为大学内部的规范性文件有很大不同。这在很大程度上决定了香港高校法的严肃性和权威性,也保证了每一所学校享有高度自主权,不会被政府牵着鼻子走。高校必须承担什么责任,对香港社会要承担什么责任,早就在法律框架下框定了,违反高校法就是触犯法律。香港科大的行政管理体系是照搬英国的,内部工作流程有很清晰的指引,不需要再单独去请示批准。我们也学习美国。例如,学制、学分、课程设计都是学美国的,我们最初实行的是3年制,现在实行4年制了。史维校长也特别强调创新,鼓励老师去社会上担任顾问、创新创业。创新与规范并不矛盾,创新在一定程度上讲也是在规范框架下的创新。

丁学良:英国政府在香港殖民统治了一百多年,英国人的契约精神、讲规矩和照章办事在很大程度上影响着香港科大的内部治理理念。当时,港英政府决

定筹办香港科大,首先面临的问题就是招聘掌舵人。掌舵人的招聘有两个标准,一是具有高校管理经验的华人;二是面向全球。几轮筛选下来,有来自欧洲、北美、澳大利亚、新西兰的候选人,但吴家玮是这些人中唯一实际管理过一所大学、具有大学管理经验的科学家。1983 年,吴家玮任旧金山州立大学校长,也是美国历史上第一位华裔大学校长。他来香港科大以后,又拉来一批留美科学家。在日常管理过程中,发生了许多您说的理念上的冲突。我举一个例子。按照英国高校的体制,大学校长不叫 President,而叫 Vice Chancellor,吴家玮校长为这事情烦恼了好多年。为什么呢? 因为 Vice Chancellor 的简称是 V. C,V. C 在西方是指越南共产党。而香港科大校区恰好又在西贡,西贡与前越南首都同名,这就容易引起误解。这个故事恰恰反映了香港科大筹建的背景:从上到下的治理结构都是英国式的、欧洲式的,而招来治校的许多人,特别是这个主要人物却是美国来的,由此导致学校治理理念、结构和框架上的许多摩擦。现在大家不提这些事情,也很难理解这些事情,但这在当时就是最平常、最具体的事情。

另外,吴家玮来了以后,他和他的团队对香港科大的目标定位是建成世界上最优秀的研究型大学之一。这就要求香港科大在资源能够负担得起的情况下,有那么 4～5 个学科达到世界前沿水平。我们通常认为,大学具有人才培养、知识创新和社会服务三大职能。没有一流的科研,如何能成为一流的大学? 如何将这么 4～5 个学科达到世界前沿水平? 吴家玮团队定的调子是香港科大的发展要在不触碰香港法规框架的前提下,充分利用好现有自主权,将北美研究型大学好的要素设计进去。在这一思路的指导下,他们在北美招了不少人,但这也有问题,因为绝大部分华人没有进入管理层,缺乏管理经验。不过,他们大都是某一领域的“大牛”,在专业领域是名列前茅的、重量级的。这些人没有管理经验,因而遇到的很多事情就是看看北美怎么做,查一查规章制度怎么规定的。在我看来,这就是“英式”理性规范和“美式”灵活创新的冲突。

再举一个例子,你们知道香港科大的薪酬待遇是世界同类高校中最高的,但这一开始并不是设计出来的,而是与一定的时代背景有关。香港科大当时薪酬水平一般。20 世纪 80 年代末 90 年代初,香港一大批高教人才外流。为留住和吸引高端人才,香港政府提高了人才待遇。以我个人薪酬为例,我 1991 年在哈佛大学社会科学研究院任教时的年薪是 2.8 万美元,国内同学、朋友知道后都非常的羡慕,说我“马上就是百万富翁了”。后来在齐锡生的“鼓动”下,我历经辗转来到香港科大。您猜我到香港科大拿到的年薪多少？4.7万美元！比在美国多了1.9万！而且香港和美国的薪酬还有两个最大的区别。一是香港的个人所得税大概是美国税的一半。二是香港有住房津贴，美国没有。这是香港科大教师待遇的一个侧面。所以说，这里面既有理性设计的部分，更有"自然演化"的部分。这也恰恰符合制度经济学的两个基本思路，一派观点认为，人类社会是按照既定的目标设计前进的，无论是做经济也好，社会管理也好，包括大学管理，都是按照目标设计出来的。另一派观点认为，社会的发展不是设计出来的，而是依靠人类社会的经验，在实际生活中遇到问题，反复磨合，反复尝试的结果，没有事先的蓝图。这就是制度经济学中的"有机生成"，就像一个生物一样，在一个环境中不断的遇到各种各样的挑战，整体的生理机能得到发展。毫无疑问，香港科大既有理性设计部分，但是更有"自然演化"部分，这种"自然演化"是根据实际情况的创新。因此，也可以说香港科大创校者在条例框架下照章办事，同时也不乏柔性。

采访者："一校一法"的特点保证了高校享有充分的办学自主权，换句话说，高校可以按照办学治校者的意图去招聘人才、培养人才。而理性的法规条例在很大程度上是服务于学者潜心治学、培养人才、生产知识。

贺致信：我完全赞同您的看法。香港高校（包括我们科大）享有治校的充分自主权。虽然我们同样也面临激烈的竞争和巨大的压力，面对国际评估管理的拨款制度，我们需要更加重视学校治理的效用，有更好的质量才能拿到更多的经费，但我们十分重视学术自由和"教授治校"的精神。我们的管理服务人才、尊重人才。在清晰的规章制度下，我们也充分尊重院系的规划，不需要更多的请示和批准。

三、分权共治：香港科技大学治理模式（一）

采访者：科大内部治理是一种什么样的结构，贵校是如何提高内部治理的效用的？

贺致信：我先向大家简单介绍一下香港科大内部治理结构。香港科大内部治理结构最大的特点就是分权共治。香港高校治理制度安排具有"条例＋规程"（Ordinance＋Statute）的特点。香港科大条例、规程对校监（Chancellor）、顾问委员会（Court）、董事会（Council）、教务委员会（Senate）、各学院院务委员会（Board of each School)等权力主体的权责做出明确规定,各部门严格按照各自职责行使权力、承担义务,体现出分权共治的特点。

校监是大学的名义首长,由香港地区行政长官出任。其职责包括委任校董会及顾问委员会部分成员,接受校董会呈交的大学年度校务报告,以大学的名义颁授学位及其他学术名衔等。校监还可以委任一人为大学副监督。

顾问委员会是香港科大最高咨询机构。其职责包括定期审议校长所提交的年报及校董会的报告,讨论关于大学整体政策的动议,为大学筹集资金、开拓发展机遇。成员分为当然成员、任命成员、荣誉主席及荣誉成员。当然成员包括董事会主席及副主席、校长、校财务负责人、首席副校长、学生会主席(须为大学注册学生)、校友会现任会长、教职员联会现任主席;任命成员包括教务委员会不时提名及由董事会委任的四名教务会成员,校董会不时委任的其他三十名委员,由校监不时委任的十名委员;荣誉主席(由董事会前任主席委任)及荣誉成员不得列席顾问委员会会议。人事制度规定涉及如下方面:校董会当然成员不能被任命为顾问委员会成员;任期一般为三年,可连任一次,如有特殊情况可再追加四年;辞呈可任何时候提出;任用终止由董事会决定。会议规定方面,顾问委员会主席由董事会建议,由校监从名誉主席中任命,任期由校监决定。若名誉主席不能担任,则校董事会主席为署理本委员会主席。开会频率方面,每学年最少举行一次会议,委员会主席可于任何时间召开会议。开会法定人数,为当然委员、任命委员各自人数的1/4。

校董会是香港科大最高管治机构,行使大学条例所赋予的权力和职责。主要负责大学的投资、合约、资产、高层任命、财务预算等财政事宜及规程制定。校董事会作为大学最高管治机构,其人员组成更为复杂,包括校长、副校长、学院院长、评议会主席、行政长官委任的公职人员(不多于3名)、教务委员会提名并由校董会委任的教务委员会教务成员(不多于3名)、既非公职人员亦非大学雇员的成员(不多于18名,其中,要求具有香港工商业经验不少于10名)。委任方式上,由校监直接委任的不多于9名,由校董会建议后再由校监委任的不多于9名,来自其他大专院校(香港或以外地区)的不多于5名。此外,还要从前述工商业经验人士中选出3人,担任校董会主席、副主席及司库。校董会多元化的人员组成有利于综合政府、社会、校内教务机构及院系等校内外上下各方声音,便于董事会从全局出发谋划,优势不言自明。任期方面,一般3年,此外还包括辞职、停任、再获委任等内容；会议制度安排方面，涉及开会方式——主席指定时间及地点，会议法定人数（校董会成员的50%），与相关事项有利害关系成员的披露、退席、不得投票等。此外，还涉及董事会辖下委员会事宜。

　　教务委员会是香港科大最高教学和学术决策机构，负责制订及审查学术政策，管理有关教学、研究方面的事宜。成员包括校长、首席副校长、副校长、学院院长、学系主任、教学支援单位主管和由教学人员互选产生的代表及学生代表等。此外，相关机构一般还设有分委员会。据我了解，香港科大的教务委员会与大陆高校的教务机构在职能上有很大差异。我们的教务委员会所辖事务并不局限于教学事务，还涉及学术事务，如：学术方案的计划、审查，学术研究工作的规范及建议，学术奖项的考核，学院委员会学术人员的任命等。这与大陆高校教务处或教学委员会专注"教学"事务，"研究"事务归口科研处/院或学术委员会有着很大的不同，在拥有的实际权力方面也有所不同。

　　各学院院务委员会主要负责院内事务，履行教务委员会委派职责。人员组成方面，由院长（dean）担任主席，成员主要为学院的学系或学部成员（全职雇员，助理讲师职级除外）。此外，教务委员会也可任命其他学术工作人员，一般任期一年，也可由教委委员会指定特殊任期时段。院务委员会自身也可指派非学术人员，任期由委员会决定，但此类型人数不得超过总人数的1/10。职责方面，院务委员会主要是向教务委员会负责，包括完成本院指定科目的教学，教务委员会所委派的职责，并随时向教务委员会报告。开会要求方面，每学期至少举行一次，并在校董会主席指示下随时召开；权利方面，可就与学院工作有关任何事宜向教务委员会提出意见。一般而言教务委员会都会尊重他们的意见。当然，学校也有申诉的渠道。

　　这是香港科大内部治理的结构及其决策运行的机制，它最大的特点是分权共治。各个院系在不改变学校政策的情况下做自己的规划。我们的权力是分散式的，下放权力到院系，院系有自由执行权。

　　采访者：科大"条例＋规程"的内部治理体系的设计，对行政权力、学术权力以及运作方式都做了很具体的规定，各自的边界非常清晰、明确，这些规定和形式是为学者服务，为学术自由和教授治校服务。

　　李忠义：可以这么说，《香港科技大学条例》充分保障了香港科大的自主权，而香港科大内部的"规程"是教授们学术自由的保证。没有人能凌驾于制度之上去做出决定、对教授施加影响。以校内招聘为例,两年前有一次我们招聘一个新人,系主任有单独的一票且分量很重。系委员会同意招聘,系主任不同意,但最后还是通过了。课程开设也是如此,由学术委员会负责,经过酝酿和讨论决定。刚性的制度有时虽显"迂腐",但一旦它形成契约,没有人会触碰它,反而更有利于资源的利用并最终服务于全体科大人。

John Maguire: 我理解的效用是怎样能获得最大价值就怎样去建设。价值是服务于人的价值,服务于师生的教学、科研,这就是我理解的效用。我们正在设计一栋新型的建筑,政府预算投入 4.6 亿港元,我们将这笔钱全部投入这一项目的建设中,但当人们搬进这栋建筑时,如果我们没有其他产出,就意味着我们失败了。我们做一个项目时,还要考虑到它未来的功用,而不是常说的质量和效率。

四、治理体系服务于目标定位:香港科技大学治理模式(二)

采访者: 香港科大今天取得的成绩与这样的治理体系有着怎样的关联?

贺致信: 治理体系是为目标定位服务的。我们学校的定位是一所在国际上具有深远影响,而又致力为本地服务的研究型大学(贺致信先生特别强调不是综合型大学)。你们也可以在官网上看到,香港科大不仅要为香港成为以知识为本的社会服务,而且要为国家的经济及社会发展服务,并在纳米科技、生物科学及生物技术、无线通信及资讯科技等 5 个学科领域走在世界前沿,为世界服务。定位是我们的目标,而我们的治理体系或者说各个部门的职能都是围绕定位和服务于目标定位的。

吴玉娟: 我们认为在国际上具有深远影响要体现在国际化方面。首先,国际化是一所大学获得成功不可或缺的要素。相关数据显示,我们是香港国际化程度最高的学校。我们有更多的国际教师和学生。我们的教师中,大部分毕业于美国名校,38%来自大陆,6%来自香港。我们接受将近 20%的国际硕士。国际化带来差异,有利于师生接触不同文化背景的人。我们认为这点非常重要,并为此制订许多国际化合作计划。其次,我们是学科建设"小而精"的研究型大学。创校校长吴家玮强调,资源是有限的,我们要将有限的资源集中到 4~5 个学科的建设和发展上,这样才有可能快速做到世界领先。因此,我们利用这些资源在全球招聘有能力、有学问的世界一流人才。吴家玮校长讲过一句流传甚广的话

"一流的人才带来一流的人才,二流的人才带来三流的人才,三流的人才带来不入流的人才"。在人才招聘上,我们更加关注的是学科发展需要,而不是学者的声誉和地位。

林国华: 我们必须聚焦发展。我们学校一年大约有 50 亿港币发展经费,其中香港政府拨给大学大约 50%~60%,其他主要是学费、捐赠、投资收入,其中国际生和 MBA 的学费收入要高一些。我们财务最重要的规则是确保大学财政运作能够可持续为学校定位发展服务。一方面,投资市场多变,我们虽有部分投资收益,但我们不依赖投资收入。另一方面,我们不会将捐赠的资金用来投资,花的是储存获得的利益。这样它就是一个可重复的资金来源。我知道,与大陆的一些顶级大学相比,我们的经费是很有限的,可以说相差甚远。这与定位有关,也与我们本身资源有限有关。(笑)

李忠义: 香港科大的定位是一流大学。在我们的治理体系中,权力比较分散,我们会下放权力到院系。院系有自由执行权,但也必须遵守学校的制度。香港科大这样一种治理体系充分保障了学术自由,这对真正的学者来说具有很大吸引力。一流学者的加盟让香港科大充满生机和活力,会吸引更多优秀学子前来香港科大就读,无疑使学校的发展进入"良性循环",而这也是我们成为世界一流大学的重要因素。

采访者: 我可不可以这样理解:政府并没有要求贵校成为世界一流大学,而是这样的一种治理结构带来的一种自然行动?你们恰当的处理了大学治理中"人才"这一要素,并为香港科技大学建构了按大学应有规律的办学育人的治理框架和体系。

贺致信: 我觉得您的理解很准确。我们是在"条例+规程"的框架下行动,将我们的核心价值观融入我们的办学定位中,并利用各种制度保证我们不偏离这样一个目标,而后努力对我们的内部治理体系进行完善,使其成为一个世界级的治理体系。

五、竞争带来质量和效益:香港科大治理之要

采访者: 您们觉得香港科大取得今日成就还有什么特别重要的因素?

贺致信: 老一辈的教育情怀、香港科大的自治、学术自由、国际化人才的引进以及各方对香港科大的支持都是我们取得成就的重要原因。如果说还有什么

特别重要的要素,我觉得是竞争。竞争给我们带来质量和效益,给我们带来更多的经费拨款。香港特区政府虽然没有直接参与大学治理,但并不是不管,它用的是国际评估这把尺子。可以说,大学条例管着我们可以做什么,不可以做什么,而大学拨款委员会根据国际同行的评估或者说我们的竞争水平和办学质量管着我们能要来多少经费。无论是四年一次的教学评估,还是六年一次的研究评估,直接决定和影响着我们的经费拨款。大学的竞争日益激烈,为了能拿到更多的经费,我们必须提高质量和效益。政府用公共资源投资办学,我们是使用者,当然有义务告诉政府,为什么值得花这么多经费来办大学。我认为,香港科大之所以能办好,是因为这样的一种制度设计倒逼着我们不得不重视质量,重视我们的办学绩效。竞争是科大快速发展的关键所在。

(本文发表于《复旦教育论坛》2019 年 3 期)

附录五
历届高等教育治理高层论坛综述

第1届论坛 "社会变革视野下的现代大学制度建设"高峰论坛综述

《国家中长期教育改革和发展规划纲要(2010—2020年)》第40条明确提出"完善中国特色现代大学制度"的战略任务,为推进对此重大问题的探讨和研究,集聚智慧,浙江师范大学省高校人文社科教育学重点研究基地与《探索与争鸣》杂志社于2013年5月18日在浙江师范大学共同举办"社会变革视野下的现代大学制度建设"高峰论坛。本次论坛邀请了北京大学、北京师范大学等高校著名学者和《高等教育研究》等国内高教领域的著名杂志编辑,围绕相关议题进行了探讨。

一、大学制度组织结构与基本特征

2010年12月国务院办公厅印发了《关于开展国家教育体制改革试点的通知》,提出建设现代大学制度。那么,大学制度的组织结构与基本特征是什么?与会专家就此从不同的角度进行了诠释。

北京师范大学王英杰教授在《大学基础组织结构的建构:传统与创新》的讲演中提出,研究现代大学制度变革有必要先回顾大学的传统。大学传统主要体现在学科中心地位、学院自治、教授治校、民主管理、学院文化、学术自由六个方面。由于市场化的裹挟和政府干预的不断增强，当代大学院系的二级结构正向三级结构转化，院系的数量急剧增长，大学必须为社会服务，但同时传统职能受到了削弱，学术自由受到了极大的困扰。面对这些变革，大学组织一方面必须承担起社会责任，建立新型的基础组织机构，另一方面在变革中要倍加珍惜大学的传统。

北京大学陈学飞教授在《试论现代大学制度的基本特征》的讲演中指出，现代大学制度起源于欧洲的中世纪大学，后经 19 世纪初期德国柏林大学的创新，19 世纪后期及 20 世纪美国大学的继承、改造和发展，已经成为国际社会主导的制度范式。现代大学制度在西方各国虽然千差万别，各有特色，但作为一种制度范型，却有着国际公认的、甚至已经变为常识的若干特征。这些特征概括起来即大学自治、学术自由、学术中立、学术责任，称作现代大学制度的"四项基本原则"。

二、现代大学发展与现代大学制度建设相关问题的学理逻辑

要完善现代大学制度建设，首先要厘清大学发展的内在逻辑基础是什么。浙江师范大学眭依凡教授在本次大会的发言《关于大学制度设计的几点思考》中指出："理性是大学制度建设的基础"，大学制度建设的目的之一是基于办好学、治好校、培养好人才的大学价值取向下的"管控"，大学制度建设需要处理好国家层面、政府层面和大学自身三个层面之间的职责的界定，其制度设计要以生为本、以师为尊并以学术为本。《新华文摘》的教育编辑张学文博士在《社会变革视野下的大学理想、大学理性与大学发展》的发言中指出，大学理想告诉大学应该是什么（应然的大学），却不能解释现实大学为什么不是这样（实然的大学），难以从路径上正确引导大学改革的实践。他通过对大学理想和大学理性的概念进行历史比较分析后提出了与眭依凡教授一致的观点——大学理性是理解与解读大学发展与变革的方式，因为大学理性既能表明"大学是什么"，还能回答大学"为什么这样"的问题。在法治社会，现代大学制度中首要的制度是法律制度。浙江师范大学鲍嵘教授在《学术自由权是高等教育法律制度的核心》的发言中指出，学术自由权在高等教育法之中具有核心地位，高等教育法律制度的安排要围绕学术自由权益法的实现。学术自由入宪是学术自由权成为一项宪法权利的重要标志，但学术自由权的宪法保障范围与边界的明确，有赖于进一步的法理学讨论

和宪法实施与宪法救济的事务探索,学术自由权的最终实现依赖一套具体而又系统的高等教育法律来规范与调整高等教育各方面的法律制度。

三、现代大学制度建设的方式与途径

现代大学制度建设,需要大学、政府及社会等多方共有所为,并相互砥砺、相互支持、相互合作。为此,必须寻求现代大学制度建设的有效方法与路径,做好相关的政策调整、机制建立和制度完善。

《高等教育研究》副编审曾伟在《多重因素制约下的中国现代大学制度建设》的发言中指出,大学受政治经济科技的影响,其制度和理念都在不断变化,且各个国家各有其特点。现代大学制度建设还有很长的路要走,从研究的角度来说,应该坚持基本理念和制度的同时,多一些开放、变化的观念,把理想和现实,当下和长远结合起来。厦门大学刘海峰教授在《中国现代大学制度的重建——基于中国高教史的考察》的发言中指出,中国实际上曾经建立过现代大学制度。以大学章程为例,民国时期每所大学都有其章程,但1950年代初学习苏联后,高校的办学方式经历了转轨,通常已经没有了章程的概念。在教授治校或教授治学方面,民国时期一些著名大学设有教授会组织等,对学术发展、大学管理方面发挥过重要作用,但现在多数大学已经变成规模巨大的十分复杂的机构,要实行教授治校非常困难。

南京师范大学吴康宁教授在《当下我国现代大学制度建设的前提性条件》的讲演中提出,中国现代大学制度建设,就当下来讲,需要具备三个前提性条件:第一,转变政府职能,做服务型的政府;第二,大学要做一个有脊梁的大学,大学自身需要反思;第三,组织有力量的肩膀,成立大学联盟,逐步增强高校的战略意识,使高校的脊梁不断硬朗。南京大学龚放教授的方略是"中层突破",他在题为《"中层突破",建设现代大学制度的新思维》的发言中指出,教育变革始于脚下,而能够充当"第一行动集团"并将基层的创造和千百万普通人的智慧提升到一个新的高度并最终影响全局的,将是一批有思想、懂理论、敢担当而又扎根于高等教育实践的大学校长,以及地方政府教育主管部门的官员。

四、现代大学制度建设中的中国特色与相关问题

宣勇教授和叶之红研究员从现代大学制度建设中的"中国特色"出发,提出

自己的观点和建议。

浙江农业大学党委书记宣勇教授在题为《现代大学制度建设中的"中国特色"与大学校长的角色选择》的发言中指出,现代大学制度建设中的"中国特色"就是坚持中国共产党对大学的领导,坚持党委领导下的校长负责制。而目前"党委领导下的校长负责制"缺乏具体的操作规范,为党政之间的决策与执行留下了较大的自由裁量空间。因此,如何让校长负责和让校长如何负责是我国当下必须回答的两个基本问题,推进校长管理专业化是解决上述两个问题的必由之路,也是完善中国特色现代大学制度进程的切入点、突破口。

中国高等教育学会副秘书长叶之红研究员在《"完善中国特色现代大学制度"的价值判断及实践抉择》的讲演中提出,"完善中国特色现代大学制度"首要任务是大学办学思想、管理制度及运行机制的现代化;其次是教育管理部门应自觉服务于大学,面向社会自主办学;此外,要培育专业教育服务机构,发挥教育中介组织作用;最后,全社会要关心、支持、参与和鼓励大学提高教育教学质量,逐步建立促进社会支持、参与、评估、问责的体制机制。

（本文发表于《浙江师范大学学报（社会科学版）》2014 年第 2 期）

第 2 届论坛　完善大学治理结构　深化高教综合改革

——"高教综合改革与大学办学效率"高峰论坛综述

黄　蓓

2014 年 5 月 14—15 日,由浙江省高校人文社科"教育学一级学科"重点研究基地、《江苏高教》杂志社、温州医科大学共同主办的"高教综合改革与大学办学效率问题"高峰论坛在浙江金华、温州两地分阶段召开。来自北京大学、北京师范大学、厦门大学、华中科技大学、华南师范大学、苏州大学、上海师范大学、浙江师范大学等国内知名高校的 30 多位高等教育研究领域的知名专家学者参加了研讨会,王英杰教授、刘海峰教授、眭依凡教授、张应强教授、周川教授、卢晓中教授等 10 多位著名学者做了主题报告,邱梅生主编、陈学飞教授分别主持研讨会。会议代表们围绕本届论坛主题,就高校的治理结构、管理体制、人才培养机制、办学效率与自主权等方面的问题展开了热烈、深入的探讨,浙师大教科院、温州医科大等高校 80 多位师生旁听了研讨会。

一、完善现代大学制度，激发地方高校活力

十八届三中全会提出，要"深化教育领域的综合改革"。高等教育以及担负着高层次人才培养和知识创新核心使命的大学，更需要通过全面而深刻的综合改革以提升高等教育的水平和大学办学治校的效率。而时下我们致力于建立和完善现代大学制度，是新时期高等教育综合改革的必然选择。如何完善现代大学制度？苏州大学周川教授提出，在通过自上而下路径暂时无望实现的情况下，应走自下而上路径，以大学里的二级基层组织学院（学系）为改革突破口，通过改革学院的治理结构，建设"现代学院制度"，从而为建设"现代大学制度"的改革奠定基础、提供动力、树立标杆。他认为，当前我们可以通过改变学院决策机构人员构成，增加教授代表比例，改变单一的任命制以组织考察和教授表决相结合的方式产生学院院长，赋予院学术委员会及学院教职工代表大会相应的权力等方式来改革学院治理结构。

地方高校是我国高等教育体系的重要组成部分，现代大学制度的完善需要加大对地方高校的关注。推动地方高校转型发展，激发基层创新活力，对深化高等教育领域综合改革，完善现代大学制度具有重要意义。结合当前我国大力发展高等职业教育的背景，华中科技大学张应强教授从政府、市场、高校三个方面论述了应通过何种机制促进地方高校转型发展，进而指出地方高校转型发展对高等教育结构及大学教育理念可能产生的影响。他认为地方高校转型发展需要解决两个主要问题：一是如何实现师资队伍向双师型教师队伍转型；二是如何实现校企深度合作问题。那么地方高校转型发展是否可能达到政策目标呢？他认为地方高校若走过去的发展老路，可能难以走出发展困境，更不可能从根本上缓解毕业生就业难的问题；而发展本科高职教育，完善我国高职教育体系则可能是一条较好的发展路径。地方高校的转型应遵循自愿原则，解决转型问题的关键在于我国学制系统的改革。

绍兴文理学院魏小琳教授以地方高校为研究基点，分析了传统基层学术组织结构的局限性，并介绍了其所在学校在改革实践中，探索建构了"校—院—学科组织"三级组织两级管理的组织结构，从而做实学科组织；建立了基于学科的本科教学管理新范式，将"专业管理"转变为"课程管理"；改革校内管理机制，建立了相对独立的学术管理制度。她提出，要完善组织机制，要深化教师对学科、

专业本质的认识,要培养一批高水平学科带头人,要处理好学院和学科组织的管理关系。

二、提升高校现代化治理能力,加强高校管理体制建设

完善高校内部治理结构,构建科学、合理、高效的内部管理体系,是推进现代大学制度建设的基础。浙江师范大学眭依凡教授认为,大学作为负有人才培养和知识创新使命,既要满足社会发展需要又要守持大学基本属性及其规律的复杂组织,如何自觉提高治理能力并且构建科学的治理体系,这既是大学必须具备的理性,也是大学进行综合改革、提高办学治校育人效率必须的选择。他从厘清"治理"和"善治"的概念入手,进而提出"大学善治"的理念。他指出,大学善治是基于人才培养和知识创新之组织属性和使命,旨在遵循大学规律,提高大学办学治校育人的质量,注重大学改革发展的整体性、长远性、可持续性及其效率的内部治理结构,是大学依法治校、民主治校、科学治校、文化治校的综合治理模式。最后,他提出应从大学理念、大学定位及远景目标、组织架构、制度供给、资源保障五个方面构建大学善治的结构。

北京师范大学王英杰教授针对我国高校目前管理不断强化,领导日趋衰减的现状,提出了"大学的领导与管理孰重孰轻"这一发人深思的命题。他结合世界一流大学校长治校事例,从工作和性格特征两个方面对管理和领导的内涵进行了比较分析,进而提出"当代中国为什么出不了大学领袖"的质疑。王英杰教授认为这主要有三方面原因:一是时代的局限性;二是中国的传统文化;三是中国当代大学制度的羁绊。他认为我们的大学目前缺失的是大学领袖的大智慧,从大学的组织特征来看,大学需要多一点领导,少一点管理。"管理者是石头,领袖是火。"我们的大学领导要做好的管理者、好的领袖,就必须在领导和管理之间建立平衡,要有一个大的图景,并能把握住时代的机遇,而不能把自己仅仅看成一个管理者,而要把自己视为一个学术领袖,并从这样的高度来发现和把握学校的发展机遇,来调动每一位教师的积极性,来认识教师在学校管理中的作用。

四川理工学院汪明义教授从当前高校存在的问题出发,认为党委领导下的校长负责制使有限的资源极度分散,从而难以从根本上提高大学办学效率。基于这个观点,他借鉴美国州立大学系统制度,提出我国高等教育领域组织变革的有效路径之一,便是建立"片区党委领导下的校长负责制"。他指出,"片区党委

领导下的校长负责制"可以整合高校片区资源,片区党委对片区内高校的校长应有考核权。这一举措有利于发挥整体高效协调地方政府关系的作用。

三、提高大学办学效率,实现特色化办学

我国还处在发展中国家的阶段,然而,却举办着世界上规模最大的高等教育事业。在现实教育资源不足的情况下,如何让有限的投入发挥最大的效益,为国家培养更多高质量的人才,这是当前高等教育综合改革必须解决的问题。

华南师范大学卢晓中教授指出,源于"闲逸好奇"的传统和高校效率的模糊性,不讲究、不追求效率一直困扰着高校的领导者,也为社会所诟病。而现代大学作为一个特殊的现代社会组织,办学效率是不可忽视的问题。他认为,十八届三中全会提出全面深化改革,在高等教育领域主要在于简政放权,扩大高校办学自主权。而高校自主权扩大的重要目的之一,即提高办学效率。他分析了高校自主权两种意蕴的认识一致与现实冲突,进而提出这一重要目的的实现需要完善高校内部治理结构。只有重视高校效率,树立正确的效率观,尊重大学规律,重视大学文化建设,才能真正提高大学办学效率。

效率离不开评估。在如今这样一个"大学排行榜时代",针对高校里普遍存在"以经费论英雄""一切向'I'(各种论文引用率)看齐"的现象,厦门大学刘海峰教授认为,大学排行榜诱使各大学都朝一种模式发展,减弱大学办出特色的动力,导致大学办学逐渐趋同。尽管大学的规模与办学效率密切相关,但衡量大学效率高低的不仅仅是数据和名次,是否很好实现了大学的使命更是办学效率的重要体现。基于此,刘海峰教授以当下网络热议的美国"牛仔"高校——深泉学院为例,强调了"教育与生产劳动相结合"的重要性。他指出,过去我们所提倡的"培养劳动观念""自己动手,丰衣足食""不怕脏,不怕累"等理念已离中国大学生越来越远。最后他指出:"守望传统,贵在坚持",中国大学应走向多样化、特色化,避免"大而全"的趋同化。

四、关注高校人才培养质量,提高教育教学质量

人才培养是大学的中心任务,保障和提高人才培养质量是现代大学制度建设的出发点,也是高等教育综合改革的根本目标。北京大学鲍威副教授介绍了高校学生学业成就与发展评估的全球趋势,并以北大"高校教学质量与学生发

展"项目研究成果为例,从"高等教育对学生发展的增值效应"这一新视角考察了我国高等教育人才培养的成效。她指出,该项目研究建构了监测和评估院校人才培养的"投入—教与学的过程—产出"全过程综合性、多系列测量工具体系,以此分析"高校教学课程—学生参与—学业成就"之间的关联性,探究高等教育在学生发展中的影响机制。通过研究,她认为在评估高校学生人才培养质量时需要摆脱单一的学业评价维度,进一步扩充人才培养质量的内涵,将核心能力和公民意识的发展纳入评价维度;需要充分关注间接投入对学生学业成就的促进效应;需要构建调动学生学习兴趣、强化学生学业参与的有效机制。

教学是人才培养的主渠道,课堂教学则是教学工作的核心环节。课堂教学的质量,对人才培养质量具有决定性作用。针对目前很多高校没有把教学质量保障重心聚焦于教学过程,从而导致实际教学效果非常有限的情况,上海师大高耀明教授提出应在我国推行课程实施大纲,将其作为提升教学质量、推进教学改革和加强教学规范化建设的基本措施。他认为课程实施大纲之所以具有教学质量保障功能,取决于它如下的特点:既是约束师生教与学的规范,又是引导学生学习的指南,更是评价教师教学质量的基本依据。

教学质量在一定程度上取决于教师对教学工作的投入,而教师对教学工作的投入多少,与现有的教师评价制度密不可分。温州医科大学高教所周健民所长认为,教育教学评价是质量管理中不可或缺的环节,因此教育教学评价的改革与发展是高校综合改革中必不可少的一环。他认为,大学综合评价应注重大学的人才培养使命,关注文化,注重学生、家长、用人单位等利益相关者的情感态度,实行按类评价;课堂有效教学评价应推进发展性、形成性学生评价,同时推进发展性教师评价,以推动课堂教学逐步朝着"以学生为中心"的方向发展;人才培养模式评价应积极实施目标游离评价模式、文化交融系统评价模式,关注教育过程中一切有价值方面的评价。

五、建立高校教师合理流动机制,保障教师合法权益

师资是学校的核心资源,建立合理的高校教师流动机制,优化教师资源结构,切实保障教师的合法权益,这是深化改革的重中之重,也是提高大学办学效率的关键所在。对于我国高校教师的流动状况,北京师范大学周海涛教授认为存在着"平者不能出,新人不易进,能者不平衡,流动不正常"等问题,并分析了造

成这些问题的主要障碍在于权责认识不清,制度建设不足,手段方法单一,绩效管理不够。为此,他提出要通过深化教师流动的权责认识,加快不同社会保险制度并轨的改革步伐,建立承认高校教师职业贡献的社会保险转移接续制度,加快高校社会保障改革的资金扶持力度,加强合理流动的配套制度建设,丰富流动方式与手段,建立健全绩效管理体系等措施,以根本改变高校教师流动乏力的现状。他认为,高校教师的合理流动,能提高高校教师队伍的整体效率,是推进高等教育内涵式发展的重要"加速器"之一。

浙江师范大学鲍嵘教授以两岸教师法比较为视角,分析了大陆教育法治迟滞的原因。她认为教师法的颁行是对教师政治地位与法律地位的双重确认,是对教师权益的法制化保障,具有重大社会进步意义。但在教育法治迟滞发展的背景下,大陆立法技术与立法精神的积淀不足,教师法在教师专业权力义务上不够明晰,对作为影响教师发展重要因素的行政主管部门的权力缺少规制,体现出较为明显的国家权力本位与行政部门权力本位,减损了教师法为教师专业发展赋权增能之功效,影响到教师普遍而基本的专业发展权利。

高等教育综合改革是覆盖高校活动各层面和各环节的改革,是一项任重道远的系统工程,因此,需要加强教育改革创新的顶层设计,以长远的战略眼光统筹规划,协同推进。本次为期两天的高峰论坛,与会专家学者基于各自的研究积累和探索,对如何深化高等教育领域综合改革、提高大学的办学效率提出了颇具理论深度及实践理性的观点和建议。北京大学陈学飞教授等称这次会议确实是一次高峰论坛,不仅讨论的内容前沿、研究成果突出,而且组织工作周密细致。

(本文发表于《江苏高教》2014 年第 5 期)

第 3 届论坛　"大学领导力与大学治理现代化"高峰论坛综述

李雨潜　　何志伟

2015 年 4 月 14—15 日,由浙江省高校人文社科重点研究基地"教育学"一级学科基地、《探索与争鸣》杂志社、湖州师范学院教师教育学院等单位联合主办的"大学领导力与大学治理现代化"高峰论坛在浙江金华、湖州两会场分阶段召开。来自北京大学、清华大学、北京师范大学、厦门大学、华中科技大学、南京大学、南京师范大学、中南民族大学、浙江农林大学、绍兴文理学院等高校的 20 多位国内高教研究领域知名学者专家以及浙江师大、湖州师院部分师生参加了本届论坛。学者们围绕"大学党委和校长的职责权限""大学校长的角色定位与其选聘管理制度""大学领导力的定义与其有效实现路径""大学治理理念现代化的提升""大学治理模式现代化的推进"等主题进行了深度的观点分享与交流。

中共十三届四中全会以后，明确了高等学校须全面实行党委领导下的校长负责制。实践证明，这一制度符合我国国情和高等教育发展规律，因而必须毫不动摇、长期坚持并不断完善。在党委如何领导、校长如何负责的问题上，浙江农林大学党委书记宣勇教授认为，应突出书记"政治家"角色与校长"教育家"角色的差异化，使两者的角色定位落地可评价。只有强化校长"CEO"的角色意识，进一步限定党委书记参与行政执行的权力，才能在国家治理体系、治理能力现代化的进程中，提升与改善大学领导力水平。中国高等教育学会副秘书长叶之红研究员在肯定宣勇教授观点的基础上，以董事会的作用、职能及领导力研究为参照，进一步探究了高等学校党委的作用、职能及其领导力。她提出要凭借民主法制的观念，提升对路线、理论、制度的自信，健全党委与行政议事决策制度，完善协调运行机制，加强组织领导，以面对及化解党委领导与校长管理之间可能出现或存在的矛盾甚至冲突。

作为一所大学的法定代表人和行政负责人，校长的学识、素养、能力、水平和视野不仅直接影响着大学办学质量与其走向，更对大学内部的改革及发展起着举足轻重的作用。南京师范大学吴康宁教授在其报告中指出，大学校长应该以教育理想为指引，用符合教育规律和常识的办学思想和行动纲领赢取全校共识、拓展大学生的才能与个性、培养符合社会主义需要的人才。他还指出，大学校长的本源性角色首先是"教育家"，而非"政治家"，应以教育家的理想和行动办大学，这要求校长抛弃"政治家"身份，树立崇高的教育理想；其次，大学校长是"代表者"，而非"服从者"，应同时代表国家和学校的利益，做二者之桥梁；最后，大学校长是"领导人"，而非"学术人"，应全身心投入繁琐而复杂的大学管理工作中。南京大学龚放教授同样认为，应造就一大批卓越的大学校长，真正实现"教育家"办学，使大学校长一职"专业化"。为此，应当为大学校长的管理专业化发展提供条件，完善建立任职前后的考察、进修学习制度。对大学校长遴选、任职及"双肩挑"等现行政策大胆变革，提出新的制度设计，为造就一批"教育家型大学校长"营造良好的政策环境和组织氛围。中共山东省委党史研究室韩延明教授基于

"教育家"概念的应有之义和"教育家办学"的现实诉求,对大学校长的"教育家修为"提出了新的期许:在新时代下,大学校长应具有正确的办学方向和开放的国际视野;具有高效的治理能力与科学的经营水平;具有改革创新精神和依法治校理念;具有忠诚教育与热爱学生的道德情怀。为实现上述期许,韩教授提议,应把大学校长作为专职管理人员来加以选拔,以职业教育家、管理者的身份来定位校长角色;赋予教授或学术委员会在校长遴选中的较大表决权;完善校长的选拔制度,扩大高校的选择权;逐步取消大学行政级别,弱化行政权力,强化学术权力。

　　基于新建地方院校内部治理的现实困境,湖州师范学院朱永波博士提出了对该类大学校长角色期望的相关见解,他认为新建地方大学面临着科层制管理权利僭越、大学情结的迷恋和大学本质的迷惘以及在多元影响力及其利益诉求中的沮丧等困境。由此,校长被寄予了"理事长""巨人"以及"调停者"的多重角色期待。浙江师范大学蔡连玉副教授则基于"领导力能够培养"的研究假设,以大学生为其研究聚焦群体,运用初步模型构建、行为事件访谈、德尔菲专家访谈和大规模问卷测量的方法,开发出"大学生领导力"测量工具,以期能够对大学校长领导力进行建模与测评。提升大学领导力的基本理论前提是明辨其定义本身。浙江师范大学眭依凡教授对"大学领导力"给出了自己的界定:它是大学领导者根据组织环境,运用个人自身特质及其合法职权组织资源,为实现大学组织目标,对大学组织及其成员实施的一种综合影响力。对大学领导力的研究,不能只从笼统的领导艺术等方面讨论,眭教授建立了一个新型的大学领导者对大学综合影响的领导力框架结构,即大学领导力是一种思想力、决策力、组织力、制度力、资源力、文化力之整合,也就是说大学领导者应做到理念治校、民主治校、正确构建组织结构、依法治校、科学配置资源以及文化治校。深入大学院系层级,管理者的领导力又该如何有效实现并得以发挥?北京师范大学王英杰教授通过对大学里院长的角色及其职责行使方式的诠释,对该问做了细致解答。院长对大学质量标准在很大程度上起着决定性作用,大学层面的决策能否得到落实,全都依赖于院长的工作。王教授认为,一所大学的院长首先要用先进的治理理念,依靠法律规章,在有效沟通的基础上,依法管理院校;其次,除履行大学规章中正式表述的职责外,还要处理新时代所特有的复杂问题,如文化多元、政治、伦理以及法律问题等;最后,院长还要具备反思的意愿和能力,才能够使学院兴旺发展起来,真正实现其领导力的作用。

　　身处瞬息万变、日新月异的知识经济时代,大学作为传承和创新知识、影响和推动社会文明进步发展的教育机构和学术组织,决不可抱残守阙、固步自封。在"全面深化改革"的社会背景下,教育部教育发展研究中心主任马陆亭研究员指出,我国高校在办学面向上积极应对社会,并且影响力不断上升,"大学走出象牙塔,开始面向社会自主办学,也就开启了其世俗化的历程"。但在面向社会的同时,他也强调"世俗不等于庸俗,更不能媚俗,大学还需要核定自己修身立世的基本原则——自主性、公益性、专业性,在精神、文化、制度方面划出与社会的边界"。大学需遵循高等教育发展的规律,革除糟粕,坚守本质,把规律性、特色性、制度性的优长特质固化下来,逐步实现内涵式发展。那么,如何坚守本质?大学是学术性组织,学术自由是大学应坚守的首要本质属性,然而这一理念并未真正为人所理解。南京师范大学胡建华教授认为,应协调好大学内部各组织、各权利主体间的关系。行政组织与学术组织间关系的调整、行政权力与学术权力间的平衡,是学术权力发挥作用的基础,也是坚守大学内部治理本质属性的必然要求。北京大学施晓光教授认为应在制度或理念上推陈出新,与时俱进,摆脱某些旧传统,重构再造某些现代模式和理念。由此,需要重建符合现代大学运行内在逻辑的治理模式,重塑体现现代大学理念和精神的价值体系。而文化是重构、重建和重塑大学治理模式现代化之锥,通过实现大学文化的自觉、自醒和自塑,强化大学文化身份的独特性,将文化的逻辑作为大学变革的前设,培育大学的批判与自我批判精神,才能实现大学治理能力的现代化。

　　厦门大学刘海峰教授从大学治理的微观层面,对高校院系所的组织构架与名称规范进行了深入探讨。他认为中国大学内部的院系所,包括学部的组织构架正处于最混乱、最宽松的时期,学院之下再设学院,各学校院系所设置自主决定的现象可谓是对大学发展规律缺乏尊重的直接表现,只有明确规定院系所的设置标准,方可有利于大学的治理。理论的价值和功用常常在与实践的对接契合中展示出来。基于自身的办学治校经验,文华学院院长刘献君教授认为,大学自治是大学治理的最主要特征,大学自治的最核心权力则是大学章程和规章的制定权。他创新性地提出了大学治理"三共同"的方式——确立共同目标、实现共同创造、达到共同发展,以求最终达到大学治理的"善治"目标。同样立足于自己的治校经验和专业所长,绍兴文理学院校长叶飞帆教授针对以培养创新应用型人才为目标的新建地方院校,就如何解决专业设置过于封闭僵化的问题,创造性地将从制造业中获得的成功经验——"敏捷制造理念"运用于高等教育领域,并对地方普通院校的办学方法提出了新见解,他以"虚拟组织"理念和"大规模定制"方法为指引,建立一个灵活的专业体系和模块化的课程体系。中南民族大学康翠萍教授基于学术咨询的视角,进行了现代大学治理体系的反思与重建。她认为学术咨询能使大学治理更趋理性化,是现代大学制度建设的一个重要部分。建立独立的大学学术咨询实体,能完善大学内部治理结构,实现理性之治,使大学更符合大学的本质——大学办得像"大学"。高校智库作为学术咨询的一种实体,其建设面临着许多矛盾和困惑,对此,浙江师范大学裴娣娜教授提出了几项解决问题的策略:高校智库应聚焦于"决策力",突出问题导向,注重理论创新、决策咨询和实践指导,依托项目、组建优势互补的创新团队等。面对全球化带来的挑战和世界范围内高等教育所面临的"信任危机",通过多年实地调研和较成熟的量化研究,清华大学史静寰教授提出了通过"质量治理"的理念来迎接全球化时代的学习革命。她认为大学的"学术治理"与"教学质量"常常被分开讨论,特别是大学生的学习质量更很少与大学治理联系在一起,她呼吁"大学必须把学生的学习问题置于大学机构和高等教育系统治理的核心位置"。为了更好地承负起国家与社会赋予大学的重任,大学不仅要顺应时代要求,更应遵循自身规律,坚守内在本质属性。

(本文发表于《探索与争鸣》2015 年第 6 期)

第 4 届论坛　如何推进高等教育创新和世界一流大学建设
——"高等教育创新发展与世界一流大学建设"高峰论坛综述

姜　凡　李雨潜

2016 年 5 月 7—8 日,由浙江省高校人文社科"教育学一级学科"重点研究基地、绍兴文理学院、《探索与争鸣》杂志社主办,浙江师范大学教育科学研究院与绍兴文理学院发展规划处、《江苏高教》编辑部共同承办的"高等教育创新发展与世界一流大学建设"高峰论坛在浙江金华和绍兴举办。来自北京大学、清华大学、复旦大学、南京大学、浙江大学、北京师范大学、中国人民大学、厦门大学、同济大学、南京师范大学、华南师范大学、苏州大学、云南大学、上海交通大学、吉林大学、江苏大学、浙江师范大学、广西师范大学、安徽师范大学、杭州师范大学、绍兴文理学院等高校 200 多名师生参加了研讨会。王英杰、刘海峰、陈学飞、吴康宁、眭依凡、谢维和、陈洪捷、龚放、熊庆年等教授围绕论坛主题，就世界一流大学要素、一流学科与一流大学、制度建设与世界一流大学、政府与世界一流大学、国外世界一流大学建设经验等做了主题报告并展开了热烈的讨论。

一、明确世界一流大学要素，推进世界一流大学建设

在世界一流大学建设由一种理想进入现实的操作进程中，我们首要面对的问题是：何为世界一流大学及世界一流大学有哪些基本要素？这既是世界一流大学建设必须解决的认识问题，也是世界一流大学建设必须解决的现实问题。唯有解决了此问题，我们才能在世界一流大学建设的进程中有的放矢，确保我们世界一流大学建设的方向正确和有效。

浙江师范大学眭依凡教授对上述问题进行了深刻的思考。关于何谓世界一流大学，他认为世界一流大学绝非评估的结果，而是在知识创新和杰出人才培养等方面做出世界级贡献并被国际社会高度认可的高等教育组织。世界一流大学是由若干世界一流学科或一流专业凝聚了一批世界一流学者、吸引了一大批富有发展潜力的世界一流的青年学生，在世界一流的治校理念和一流办学条件下，构建了世界一流大学制度及营造了世界一流大学文化，能够培养世界一流人才和做出世界一流的知识创新贡献的大学，其具有"学术实力雄厚，做出世界贡献，享有国际声誉"的特征。基于此他进一步分析指出，按规律办学治校育人、学科卓杰、高端人才集中、制度科学、文化优良和资源雄厚是世界一流大学不可或缺的六大要素。在发言中他特别强调，"让大学按规律办学治校是世界一流大学建设至关重要的要素"，为此"在世界一流大学建设中，我们面临着如同国民经济发展需要供给侧改革的同样问题，高等教育的举办者政府及大学的决策管理层只有从体制、机制上为大学释放按其规律自主办学治校育人的足够空间，从制度供给上让大学适度突破当下管理体制的束缚，我们的大学才能活力迸发，为国家的创新发展做出应有的更大贡献。"眭依凡还就世界一流大学建设的学科、人才、资源、制度及文化要素的重要性及其在世界一流大学建设中我们存在的问题等予以了讨论。

关于世界一流大学的概念及其要素，苏州大学周川教授通过对民国时期北大校长胡适关于"建设一流大学"十年计划的分析，指出世界一流大学的核心要

素应该包括一流的人才、一流的学术、一流的制度。此外,北京大学陈学飞教授从世界一流大学建设的导向角度阐述了自己的观点,他指出:"世界一流大学建设的导向是关键,导向比努力更重要,只要导向正确,我们距离梦想所要达到的世界一流大学的目标自然就会越来越近。"他认为:世界一流大学,在精神气质上,应当具有普遍主义或世界主义的取向;在体制上,应当享有学术自治、学术自由的特权;在核心使命上,应当追求真理。同时,世界一流大学应该具有良性的学术水平评价与发展机制,并且是在遵循教育规律和学术发展规律的基础上,经过长期实践逐步形成和发展起来的。

与会者在讨论中提出,认识和明确世界一流大学及其要素,予以世界一流大学建设过程中正确的导向,如以上学者所强调的一样固然十分重要,但如何在思想认识和制度供给上确保上述要素在世界一流大学建设中的地位并发挥其应有作用,仍然是一个需要继续深入研究的课题。

二、加强一流学科建设,推进世界一流大学建设

一流学科是一流大学的基础,没有一流的学科大学就失去了成为一流大学的基础。在一流学科和一流大学建设的过程中,如何正确认识两者之间的关系以有效促进世界一流大学建设,是与会学者最为关心的主题之一。

华南师范大学卢晓中教授指出,"双一流"建设要以一流学科建设为重,一流学科建设是一流大学建设的基础。在明确两者关系的基础上,他提出了"双一流"建设的基本路向:首先,在建设的过程中要明确世界一流大学与一流学科建设关系的基本向度,以一流学科建设为基础推进一流大学建设。当一流学科的建设成果丰富到一定程度,世界一流大学便成为水到渠成、顺理成章的事。其次,世界一流大学和一流学科建设需要一个可依据的标准,以明确和引导建设方向,而大学排行榜的指标便可以是这样一个标准,但我们需要选择好的排行榜或指标。再次,要提升学科师资、学生及科学研究的国际化水平,实行不同类型大学差异化学科发展的策略,培育一流的学科文化,破除体制机制障碍,激发一流学科建设活力。

围绕在一流学科以及一流大学建设的进程中人文学科应该发挥什么样的作用,与会学者也各抒己见,提出了许多独到的见解。云南大学董云川教授以"一流"人文学科建设为例指出,"一流"人文学科建设并非人最多、项目最多、课题最

多、研究报告最多、获奖最多等等,而是需要思想多、原创多、奇才多、"叛逆"多。人文学科只有在开放的文教制度、自由的思想空间、多元的价值格局下才能繁荣,才能建设成为世界一流学科,才能为世界一流大学建设提供基础。关于教育学科在世界一流大学建设中应该承担着什么责任的问题,清华大学谢维和教授的看法是:我国的"双一流"建设,一方面应该强调在世界一流的可比性指标上居于前列,另一方面应该在此基础上追求中国特色。他认为在"双一流"的建设中,我国的教育学应该积极探索中国特色世界一流大学和一流学科建设之路,努力成为世界高等教育改革和发展的参与者和推动者。一个国家和一个民族的大学倘若没有独立性、价值特色,就不可能培养出真正忠于自己国家的人,培养出真正具有国际竞争力的创新型人才。我国教育学要从中国历史和思想道德中求知中国自己教育的特色,以指导我国之特色高等教育强国的建设。

关于一流学科与一流大学之间的关系,学者们普遍认同一流学科是世界一流大学的基础。然而,世界一流大学并非是全学科世界一流的结果,而是若干学科甚至某个学科世界一流的产物。由此可以推出:一流学科是世界一流大学建设的充要条件。基于这个逻辑,眭依凡教授认为"双一流"并非是两个独立的概念,因为对于大学而言学科是个有限数量的概念,大学哪怕仅有一个世界一流学科即为世界一流大学。

三、加强制度建设,推进世界一流大学建设

"大学是个系统庞大、结构复杂的组织,这要求大学必须是一个善治的组织,世界一流大学更是一个善治的组织,而善治的前提就是法治。善治并不是依靠理念支配和组织及其个体自觉自律的行为过程,而是法规制度建构完善并对组织的运行及其成员的行为具有规制作用的结果,即善治是具有合法性及权威性的结构性规范,善治的组织需要法规制度提供的制度环境和机制保障。"①大学章程作为大学法治的基础,对大学的管理和发展具有积极的作用。针对世界一流大学建设与大学章程制定问题,中国人民大学秦惠民教授分析了中国公立大学在大学章程缺失下如何得以运行的原因,即"中国公立大学的设立及其撤并主要依据的是党和政府的文件;高校重要事务的最高决策机关是党委常委会;高校

---

① 眭依凡. 论大学的善治[J]. 江苏高教 2014(6): 15-21+26.

各种管理活动都有直接对应的上级部门和常态性以及各种非常态性的各种政策文件;中国公立大学的存在是中国政治体制、行政管理体制和管理方式的一部分"。他在此基础上提出,公立大学章程应该有一定的法制逻辑与定位,即社团章程是整个国家法律秩序内的一个次级秩序,制定大学章程就是在这个次级秩序中的一个重要的基础性立法活动,根据国家成文法的规定,享有一定的章程自由。在如何正确认识和对待大学章程的问题上,他认为大学章程的制定是符合法律思维和法制方式的,但是要认识到中国公立大学章程的作用是有限的,权力优化是提高章程受重视程度的关键。

瑞士学者皮埃尔·塞纳科伦斯明确指出,治理属于制度的范畴。因此,世界一流大学建设既是一个制度建设的问题,也是一个治理的问题。大学治理改革已经成为高等教育改革的重要课题,那么推动现代大学治理改革的动力是什么?大学在治理改革的过程中需要注意什么核心问题? 北京师范大学王英杰教授指出,大学治理改革的推动力主要为:市场经济、知识经济的发展,环球竞争的压力,新自由主义、管理主义和经济理性主义的影响,公共部门改革浪潮的思想基础(大学法人化),社会对公正、公平和参与的诉求,大学利益相关者群体多样性和大众化,传媒的影响等。在我国现代大学治理的过程中,我们要特别关注政府与大学之间的矛盾(工具论),市场与大学之间的矛盾(供给方与消费方),市民与大学之间的矛盾(大众与精英、公平与效率),大学内部的矛盾(党委与行政、集权与分权、学术权力与行政权力)四方面的核心问题。

一流的制度是世界一流大学建设不可或缺的要素,尽管制度是"无情"的刚性的组织规则,但制度毕竟是人为的产物。北京大学施晓光教授从制度的德性即制度的道德性及合法性阐述了世界一流大学制度建设的基本原则。他指出在建设世界一流大学过程中,我们除了要在增加投入、改善办学条件、吸引更多优秀人才、形成良好的学术评价体系等"硬性工作"上加强建设之外,还应该重视大学精神、学术声誉、组织文化和院校品格等"软性工作"的构建,从而形成良好的制度德性和组织环境。大量研究已证明,对这些"软性工作"的投入也是世界一流大学制度建设不可忽视的重要选项。没有一流的制度环境和良好的制度德性,一所大学绝不能成为一流大学。他特别强调,在世界一流大学制度建设的过程中,来自政府的外部制度和来自大学的内部制度都担负着重要的责任:一方面,政府需要营造良好的外部制度赋予大学办学治校育人的制度环境;另一方面,大学才是实施世界一流大学建设的主体,因而大学更需要不断完善自己的内部制度建设。

四、明确政府责任,推进世界一流大学建设

高等教育具有强烈的国家性,因此在世界一流大学建设中,高等教育的举办者政府应该担负什么责任亦是我们无法回避的问题。

教育部教育发展研究中心马陆亭研究员在梳理总结我国世界一流大学建设的政府背景及其存在的问题的基础上指出,在落实国务院《统筹推进世界一流大学和一流学科建设总体方案》的过程中,政府要加强高等学校体系建设并激发大学的办学活力。政府在加强体系建设的同时,也需要转变其政策思路,唯此才能更好地承担起其推进世界一流大学建设的责任。在加强世界一流大学建设的政府责任问题上,他建议:在支持大学发展方面,政府要支持各种类型大学的发展;在项目建设方面,政府要适时调整重点项目建设,停止过时的项目并设置一些新的项目以保证项目的活力;在促进高等教育多样性方面,政府要倡导建立同类大学联盟加强群落建设;在高校特色建设方面,政府要鼓励各种创新和特色,要从重点建设的牵头作用转向积极鼓励不同高校的特色发展。

厦门大学刘海峰教授在其报告中强调:首先要明确政府的首要责任是什么? 政府最迫切需要解决的问题是什么? 政府在建设世界一流大学的过程中有没有一套行之有效的建设方案? 政府在建设世界一流大学的过程中的指导是否既具有顶层设计又具有可操作性? 他以为,这些问题也是政府的责任,是政府在建设世界一流大学过程中,首先要明确的问题。政府在推进建设世界一流大学的过程中必须既要注重效率也要注重公平。他认为如果只重视效率而无视公平,那么世界一流大学的建设或许会导致顾此失彼的问题。从国际经验及我国台湾地区的经验来看,凡有一流大学的国家及地区,都既注重效率也注重公平。我国在建设一流大学的过程中,往往只重效率而不重公平。我们的"211工程"及"985工程"大学建设均存在只重效率不重公平问题,比如"985工程"高校的遴选基本上只重效率未慎重考虑区域及学科的科学合理布局。然而,随着高等教育大众化特别是普及化时代的到来,在一流大学建设中我们既要效率优先也不能忽视公平,为此教育部对直属院校财政投入的不均衡问题急需解决,只有这样政府才能建立健全有利于推动世界一流大学建设的竞争机制。

在世界一流大学建设的进程中,在中央政府的政策及资源供给基础上,各省级政府对参与世界一流大学建设方面亦态度积极。那么哪些省级政府采取了哪些具体措施以推动世界一流大学建设呢? 复旦大学熊庆年教授指出,目前至少20 个省市出台了相应的方案、计划或者是办法以促进世界一流大学建设,各地区实际情况不同,政策举措着眼点也不尽相同。然而,在全面实施依法治教、推进教育治理体系与治理能力现代化的背景下,政府正在从全能政府向有限政府转型,而责任政府正是有限政府的表现形态,我们应从政府与市场、政府与高校、政府与社会的关系中去审视其责任范围和行政行为的恰当性。

五、强化大学自身责任,推进世界一流大学建设

高等教育之于国家发展的战略重要性无疑是项国家的事业,但作为高等教育的实施者,大学在高等教育强国及世界一流大学建设中具有不可替代的使命。为此,与会学者就大学在推进世界一流大学建设的进程中应该发挥怎样的作用及做出什么选择发表了自己的意见。

南京大学龚放教授提出的观点是,大学应该抓住国家创建世界一流大学之战略转变的机遇促使自己从平庸走向一流。从世界高等教育发展历史看,真正能够占领潮流、引领发展的一流大学,是那些能够敏锐把握新趋势,自觉地担当新使命,恰当回应新需求的大学。柏林大学、MIT 和斯坦福大学为何能够从平庸的大学转变成为世界一流大学? 主要源于他们对现代新实力和新功能作用的敏锐把握以及深刻理解,在面对新需求、新趋势、新机遇和新挑战的时候能够做出恰当的努力,包括多方面的调整。当前,我国致力于综合国力的提升,确立了创新型国家发展战略,并将大学作为重要的不可或缺的依靠力量。与此同时,知识生产方式正在发生革命性的变化,学科导向的科学研究依然存在,但问题导向、需求导向的研究日趋重要,方兴未艾。总之,新的社会需求已经出现并不断增长,新的发展趋势也日趋明显。这些都为大学成为世界一流大学提供了极好的机会,关键在于大学是否能够清晰地把握了这一趋势,是否能够抓住机遇发展自己。

校长作为大学的领导者和指挥者,对大学的发展有着重要的影响,校长的素质、能力、形象一直以来都为学者所关注。在世界一流大学建设的过程中,大学校长应该具备什么素质、扮演什么角色? 浙江大学田正平教授以浙江大学竺可桢校长为例,探讨了世界一流大学校长的角色及作用问题。他指出浙江大学在

抗战期间的快速发展,与竺可桢校长的办学理念、境界、情操有密切的关系。在抗战期间,竺可桢主持浙江大学校务八年,坚持追求真理、培育英才、转移风气、报效国家的办学理念。竺可桢明确提出大学最重要的目标是追求真理,为此目标的实现,浙江大学致力于培养一批又一批有独立思想、有精深专业知识、人格高尚、不为习俗所囿、不崇拜偶像、不盲从潮流的学术及各行各业的领导人。浙江大学的崛起与竺可桢本人在纷繁复杂的政治生态环境中,坚持"只问是非,不计利害"的处事原则和精神境界有着极大的关系。从一定意义上讲,正是竺可桢校长的这种理性精神引导着浙江大学一方面坚持自己的理念和使命,另一方面处理好了学术与政治、学校与政府的关系,从而度过发展阶段中的各种困难。同时,竺可桢校长克己奉公、清正廉洁、襟怀广阔、平易近人的道德情操也使他在师生中具有很高的威望和亲和力,使他得以整合学校内部的各种资源、调动一切积极因素促进学校发展。

丽水职业技术学院的刘克勤教授以"新型农民学院建设"为案例,阐述了在"双一流"建设的战略布局中地方高校包括职业高校如何跟进为地方区域发展创新提供服务的策略。他指出,地方高校是与区域发展联系最为紧密的创新组织,在区域经济转型和创新驱动发展战略中,应该结合自身的实际情况和学科特色承担起服务区域创新发展的责任。关于地方高职院校的社会服务能力不被看好只能担当"校校企"(知名高校+地方高职院校+企业服务模式)服务的"二传手"的原因,他从以下三方面进行了分析:其一,不同主体之间在服务理念上没有达成"和而不同"的共识;其二,高职院校未能在找准自身生态定位的前提下做出精准的服务定位;其三,高职院校在服务过程中未能形成彰显"服务特色"的专业品牌。因此,地方高职院校需要通过转变服务理念以提升服务意识,明确服务定位以彰显服务特色,创新体制机制以激发服务动力,构建服务体系以提供服务平台,优化教育资源配置以增强服务活力。基于上述指导思想,丽水职业技术学院的"新型农民学院"通过运行机制的创新、实践载体的创新、营销模式的创新、创业模式的创新,在创新驱动开展社会服务方面取得了突出成效。

六、借鉴国外成功经验,推进世界一流大学建设

大学是历史文化积淀的产物,世界一流大学亦然。高等教育强国不仅在世界一流大学建设方面历史悠久而且积累了很多宝贵的成功经验。因此,在推进

世界一流大学建设的进程中,我们有必要从这些国家的世界一流大学建设中获得有益启示。

北京大学陈洪捷教授通过分析德国精英大学计划指出,德国精英计划之所以对德国精英大学的建设产生了深远的影响,就在于其体现了如下的特色:第一,精英大学计划是基于学术自治的资助计划。该计划虽然由联邦政府提出,所需经费也由联邦和各州政府提供,但是具体实施和操作过程,则由德国科学基金会(DFG)和科学审议会具体负责。第二,精英计划是基于评选和竞争的资助计划。德国大学的精英计划仅资助 10 所左右的大学,但是申报的大学远远不止10 所大学。DFG 和科学审议会需要对申报的大学进行评审,从而通过严格的遴选产生精英大学。由于精英大学计划是建立在竞争基础上的,所以入选的精英大学不存在终身制的问题。第三,精英大学计划是基于项目的资助计划。德国的精英大学计划不是笼统针对大学的,而是以具体的项目为中心的。所有大学都可以分别申请三类项目。第四,精英大学计划既重视科研也重视人才培养。精英大学计划秉承教学和科研相统一的传统,把科研和人才培养列入精英大学计划的核心内容。

南京师范大学教授胡建华在研究分析日本世界一流大学建设特点的基础上指出,日本政府 2014 年推出的全球顶尖大学项目即我们所谓的世界一流大学建设项目,旨在提高日本高等教育的国际竞争力,与制度改革相结合重点支持日本大学与世界一流大学开展合作,实施大学改革深入推进高等教育的国际化研究,以期推进世界水平的顶尖大学和引领国际化的全球大学的建设。该项目的内容主要为:重点支持 A 类大学和 B 类大学,A 类为世界水平的顶尖大学(世界大学排行榜前 100 名),B 类是引领社会全球化的大学。其中 A 类 10 所左右,每所每年 5 亿日元,B 类 20 所左右,按照招生规模支持力度分为 3 亿日元和 2 亿日元,支持期限均为 10 年。对项目实行中期评价和终结性评价,中期评价结果将影响后续经费的投入以及项目本身的质量提升。日本建立一流大学有其独特的特点,即以学术作为评价的标准,先学科后大学,公平竞争,分类资助,经费适当。

在世界一流大学建设的进程中,如何处理好借鉴发达国家世界一流大学的成功经验和坚持中国特色的问题上,南京师范大学吴康宁教授提出了自己独到的观点。他认为:建设世界一流大学的一个基本方针就是"放眼世界",因为建设世界一流大学的目的就是为了促使大学引领世界。尽管我国世界一流大学的建设也应该有中国特色,但是,在强调中国特色的同时我们需要注意一些问题:我们不能以"中国特色"拒绝办学常识,不能以中国特色为借口拒绝已经被世界一流大学发展史证明必须遵循的办学规律和办学常识,不能把已经被我们自己办学实践反复证明是荒谬的、不合理的、漏洞百出的东西硬要规定为我们大学的特色。在明确"中国特色"的问题后他从放眼世界角度出发,提出建设世界一流大学要面向世界,要把办学体系的基本要素向世界开放,要让我们的大学融入世界,让世界融入我们的大学。

同济大学樊秀娣教授从大学排名指标体系为出发点,提出了建设符合中国国情的大学指标体系以推进世界一流大学建设的建议。她认为引入竞争机制、实行绩效评估,动态调整支持力度是一流大学建设的基本方针,而对大学开展绩效评价可以将这项措施落到实处,因此建设有中国特色的大学指标体系对世界一流大学建设具有重要意义。她还强调,结合我国高等教育历史和现实的大学评价指标体系,对以高校自主问责为目的的教育质量保障机制的建构和完善也能起到切实可行的监管和推动作用。我国至今尚无系统且具有可操作性的大学评价指标体系。

在为期两天的"高等教育创新发展和世界一流大学建设"高峰论坛中,与会专家们基于各自的研究积累和探索精神,对如何加强高等教育改革创新,推进世界一流大学发展提出了一系列既富有理论深度又颇具实践理性的学术观点和建议。厦门大学刘海峰教授等称这次会议的确是一次高峰论坛,不仅讨论的问题具有紧迫性、前瞻性,而且研究的成果对我国高等教育创新发展和世界一流大学的建设具有指导意义。

(本文发表于《复旦教育论坛》2016 年第 4 期)

第 5 届论坛　创新高校内部治理体系的实现路径
——"高校内部治理体系创新的理论与实践"高峰论坛综述

何志伟　张　棻

2017 年 6 月 17—18 日,由浙江省重点高校建设学科·教育学一级学科、《探索与争鸣》杂志社主办,浙江师范大学田家炳教育科学研究院与丽水学院共同承办的"高校内部治理体系创新的理论与实践"高层论坛在浙江金华和丽水举办。来自全国30余所高校的200多名师生参加了研讨会。与会代表围绕论坛主题,就厘清治理改革中的主次矛盾、重构高教管理与评估体系、平衡大学权力配置与优化大学组织结构、加强文化建设与重视教师参与、借鉴古今中外成功经验等做了主题报告并展开了热烈讨论。

一、厘清治理改革中的主次矛盾,创新高校内部治理体系

高校本身及其活动的复杂性决定了其身处多种矛盾之中,而每种矛盾所处的地位以及对高校治理改革所起的作用也是不同的,有主次之分。一方面,主要矛盾处于支配地位,对高校治理改革起决定作用;另一方面,主次矛盾间相互影响且相互依赖,并在一定条件下相互转化。这就要求我们在集中力量解决主要矛盾的同时,善于发现新的主要矛盾。只有真正厘清高校治理改革中的主次矛盾,才能把脉问诊,创新高校内部治理体系。

国家民委原副部长级专职委员管培俊指出,一流大学需要一流的制度。教育现代化,首先是教育治理体系和能力的现代化。支持高等教育在量的扩张之后实现新的跨越,最为紧迫的还是制度供给。在国家实施创新驱动战略、全力推进教育现代化、实现"双一流"目标的背景下,大学治理的问题进一步凸现。完善大学内部治理结构的核心和关键,是建立一系列权力配置和利益平衡机制,更加需要辩证思维。从大学存在的本来意义和特定的时空概念,理性亦即辩证地认识和对待内部治理与外部关系、学校自主与政府监管、公共性与自主性、学术权力与行政权力、党委领导与校长负责、制度与人事、大学制度与组织文化、大学治理的普遍性与特殊性,是讨论大学内部治理结构的逻辑起点。

中国教育学会会长钟秉林将现代大学制度视为加强顶层设计、深化综合改革、坚持依法治校、优化治理体系、注重内涵发展和提高教育质量的保障,主张通过建设现代大学制度来推进高校内涵发展,建设的内涵与实质是厘清大学与政府、大学与社会的关系,重点与难点是改善政府宏观管理、完善大学领导体制、优化大学组织结构、保障大学民主管理、平衡学术与行政权力、深化管理体制改革、完善质量保障体系、营造优良校园文化。

北京师范大学王英杰教授指出,当前大学治理改革最紧迫的问题是处理社会需求与大学自身发展需求之间的间隙,处理管理意图和学术现实之间的间隙,处理大学中管理者和学术人员之间相互信任的缺失。这就要求我们在建设世界

一流大学的过程中,构建一种在学术共同体与大学行政之间保持平衡的制度,即所谓的"共同治理制度",以制度的形式保证学术共同体参与大学一切重大事务的决策,同时保证政府通过大学行政所提出的社会需求与期望能够在大学重大决策中得到体现。

北京师范大学周海涛教授从整体把握矛盾,认为高校综合改革面临内涵不完整、责任主体不明朗、高校动力不足、支撑性重点不突出的基本问题,主要原因是认识有困惑、管办评分离不彻底、改革协同合力不足、常态化气氛有压力。相关对策建议包括:凝聚高校综合改革的总体共识,强化高校综合改革的主体责任,激活高校综合改革的内在动力,突破高校综合改革的重点领域。

二、重构高教管理与评估体系,创新高校内部治理体系

随着经济发展的突飞猛进和社会发展的日新月异,停留于传统"管理"思维模式下的高等教育已不能满足新的发展需要,高等教育从"管理"向"治理"转变既是要求也是趋势。管理理念的革新,管理主体的多元化,管理方式的综合化、法制化,管理行为的自主化,都切实体现在高校内部治理体系的方方面面。正所谓外接才能内治。究竟政府与高校内部治理存在怎样的关系?处于何种位置?寻求何种转变?高校又将如何应对?评估体系作为高校内部治理体系的重要组成部分,如何做到以评促建、以评促管?增强评估的民主化和科学性,改进评估方式,建立科学高效的高等教育评估体系刻不容缓。

在管理体系重构方面,中国人民大学秦惠民教授根据《教育部等五部门关于深化高等教育领域简政放权放管结合优化服务改革的若干意见》的发布,认为进一步推进对高等学校的简政放权使高校进一步有了"依法自主管理"的更大权限。这次简政放权,对高校的自主发展、提高活力和效能将起到巨大的推动和激励作用。总之,从渐进放权走向教育法治,正在成为我国高等教育管理体制改革——政府简政放权、高等学校自主性提高的一个必然趋势和实践结果。同样,中国人民大学周光礼教授也是基于"五部委放权"的分析,提出了高校内部治理创新的政策框架:资源配置模式变革趋势是有为政府、有效市场;编制管理变革趋势是由政府编制走向院校编制;会计制度变革趋势是建立适合大学的现代会计制度;在处理党政关系问题上,完善法人治理结构,形成决策与行政分权制衡关系;在学术与行政的关系问题上,实行纵向分权,即学校高层与基层组织之间

的权力配置;在大学内部学术组织设置问题上,采取最低层次决策原则,实现知识生产模式转型。

在评估体系重构方面,北京工业大学王绽蕊研究员通过对我国高校治理改革现状的反思,构建了中国高校治理准则与治理评价指标体系,该体系包括党委领导、校长负责制、学术委员会治理、利益相关者参与治理、权力边界、信息公开、治理氛围7个一级指标。杭州电子科技大学贺武华教授提出了高校内部"第三方"评估的五R工作环,即战略规划(Strategy)、考核评价(Performance)、改革创新(Reform)、服务评估(Ranking)、政策研究(Research)。

三、平衡大学权力与优化大学组织结构,创新高校内部治理体系

创新高校内部治理体系,提升高校治理能力,离不开治理结构的健全,即平衡校内外各种相关利益主体,促进协调发展。因此,廓清大学权力配置构成,把握高校内部行政权力与学术权力的关系,探寻权力实相,成为与会学者十分关心的主题之一。另外,作为现代大学制度基本构成的大学组织结构,囿于治理结构的微小调整显然不能满足高校内部治理现代化的现实需要。大学作为学术组织,承担着人才培养、科学研究和社会服务的使命,其治理的逻辑起点、基础、重点与其他组织存在显著性差异。除宏观上的理论分析,微观探索与具体实践的尝试同样不容忽视。

关于大学权力配置的平衡,复旦大学熊庆年教授通过对全国200多所高校问卷调查数据的解读,发现受访者对党政权力、学术权力、民主权力、纵向权力的认知与诉求不匹配。这说明目前规制本身存在局限,外在反映为现存规章制度的权力边界不清晰,甚至有相当一部分存在制度短缺,内在反映为各组织的性质与定位不清楚,本质实为对一些权力尚未实现价值认同。这也说明我们现在治理的成熟度还不足,处在一个前制度化的阶段。北京大学施晓光教授更是一针见血地指出"行政权力"和"学术权力"是大学内部治理最棘手的问题,要想摆脱"两种权力"之争的藩篱,"并治"(parallel governance)模式或者"分治"(independence governance)模式必然是一种合理的选择。所谓"并治"或者"分治"模式就是充分认识行政权力与学术权力之不同,使之为两个相对独立存在、平行运行的系统,分别负责两个不同领域的事务,即"行政治校"和"学术治学"。浙江师范大学王占军副教授另辟蹊径,认为通过章程厘清学校办学使命定位,均

衡权力配置,发挥学术权力与行政权力双方共治精神,是兼顾效率与民主的务实做法。

关于大学组织结构的优化,浙江外国语学院宣勇教授指出基层组织是治理的逻辑起点,因为大学不仅是学术组织,还是一种"底部厚重""重在基础"的组织,它的各项活动的开展、职能的完成直接依靠处于操作层次的大学基层学术组织。作为大学的"基本操作单位",大学基层学术组织处于生产、传播、运用知识的最前沿,是大学目的性活动的承担者。大学基层学术组织的表现及工作质量直接影响到大学的生存与发展,大学发展的动力来自基层。浙江越秀外国语学院魏小琳教授认为,基层学术组织及治理是大学内部治理的基础和重心。

宁波大学叶飞帆教授认为,书院制为大学内部治理结构的完善提供了新的视角,采用书院制是大学内部治理结构的重大变革,涉及权力的分配与制衡、组织架构的重组、运行的机制等。依据高校以育人为中心的逻辑起点,由实施书院制形成的新的大学内部治理结构有可能解决大学及其教师对本科教学的投入不足问题,即借助书院制促进教学与科研工作协调发展。中南民族大学康翠萍教授则从教学与咨询出发,认为教学是教育治理现代化的重要指标,鉴于我国高校内部治理体系的不完善,特别是咨询体系在学校治理体系中的缺位,作为教学服务性的学术咨询组织并没有纳入到学校内部的治理体系当中,更没有得到很好的运行和体现,建议教学咨询应纳入高校内部治理体系。丽水学院陈光炬副教授在探索与思考新建地方本科院校的转型升级中指出,教学决定生存。

四、加强文化建设与重视教师参与,创新高校内部治理体系

高校内部治理离不开治理文化的创新,它贯穿高校内部治理过程的始终。将文化育人融入高校内部治理,既是推动高校发展的强大驱动力,又是创新高校内部治理体系的题中之义。依托高校内部治理理念的更新和治理结构的完善,探索符合教育发展规律的治理文化,持续推进高校内部治理过程的不断优化。在教师参与上,长久以来,以教师为代表的治理主体在高校内部治理结构中的地位存在高度虚化现象。从"教授治校"到"教授治学",提出的不仅是治理方式和内容的改变,更多是对现今高校内部治理主体单一化的审视和思考。从权力结构角度而言,重视教师参与治理,发挥以教师为代表的学术权力的作用,对行政

权力势必形成有效制衡。

在加强文化建设上,与会者从教育生态与伦理道德的视角出发,深刻剖析了如何通过文化建设促进治理体系的创新。首都师范大学孟繁华教授倡导以教育生态观引领高校内部治理体系改革。他指出,在我们面临"增长的极限"的危险状态下,教育标签化、教育行政化、教育工程化等各种思潮和行为一度甚嚣尘上,继续沿用原有的制度体系难以支持学校的进一步发展。教育需要克服承诺升级,需要创新,只有树立教育生态观,才能实现从单一增长到和谐共生。因此,去标签化、去行政化和去工程化是促进高校发展的必然选择。清华大学王孙禹教授结合国际国内背景指出,随着时代发展,工程的社会性日益凸显,人们逐渐意识到工程活动已超越"造物"的概念,其背后隐藏着伦理道德风险,并由此产生了旨在探讨和解决工程实践中道德课题的学科——工程伦理学。随之而来的,是工程伦理教育开始受到关注,其重要性得到学界共识。工程伦理教育的改革实践应该成为人才培养和大学治理的组成部分。要让包括工程院校中的教师、学生以及工程师在内的全体工程参与者提升工程伦理意识及素养,具备应对工程伦理问题的能力,从而通过努力和创新,使工程活动避免产生灾难后果,真正造福人类。

在重视教师参与方面,教育部教育发展研究中心马陆亭研究员通过分析高校治理中以学生为中心的利与弊和以教师为中心的利与弊,强调以教师为中心的育人与管理对高校内部治理的重要性。他认为,大学应为学校成员提供平行有效的学术生涯和管理生涯"双梯阶"发展道路,杜绝学术的"关系化",围绕院系探索共同体文化。华东师范大学阎光才教授通过分析高校教师参与治理的困惑和现实局限认为,高校教师参与治理不是参与管理,不意味着教师凡事都能够主导决策过程,不是凡事人人参与和具有平等的权利。教师参与治理可能会流于形式化,不过即便如此也聊胜于无。同时,教师参与治理存在狭义与广义之分,广义上的参与更具有现实性与可行性。因此,需理性、理智地理解与认识教师参与治理:教师参与治理即使无显效,但却必要;参与治理代表了民主,但不能理解为充分的民主;参与治理的利益相关方有个体、群体,更涉及共同体和社会的善,因此永远不存在理想意义上的利益共赢;大学治理需要理论,但理论可行性更需要经验观察。

五、借鉴古今中外成功经验，创新高校内部治理体系

高校内部治理体系的现代化是实现高等教育现代化的基础和关键。古今中外高校在内部治理方面进行了诸多有益的尝试，积累了很多成功经验，势必为创新高校内部治理体系提供借鉴。

关于国内大学治理经验的讨论，人民教育出版社刘立德教授通过对蔡元培主政时期北京大学延聘积学而热心的教员、设立教授治学研究所、施行"教授治校"、营造丰富多彩的校园文化、邀请学者名流来校演讲、实行男女同校等内部治理举措的概述，指出当前我们应该总结吸取蔡元培治理北大的经验和智慧，做到创新性发展、创造性转换，形成当代高等教育的中国气派、中国风格、中国特色。南京大学王运来教授以被誉为"学院之王"的金陵大学农科为样本，对其如何建设"一流"学科的制度进行了探索。具体包括：完善聘任制度，打造成绩卓著的教员队伍；统筹推行"主辅系"等制度，培养博雅精专之士；施行"三一制"，授人以"养鱼"之法。苏州大学周川教授以评议会、教授会制度为例，探索了中国近代大学的治理。他认为，"两会"作为一个基本的制度设计，始终是此间大学治理结构的一个基本特征。"两会"尽管存在效率、派系、人际的局限性，仍具有确立教授治校体制、民主、稳定校政、有利于大学自卫的意义，启发我们对于"治理结构"的授权与限权以及大学章程作用的思考。

在国外经验探索方面，南京师范大学胡建华教授以日本国立大学内部治理改革为例，指出国立大学法人化改革对于日本的国立大学来说，最大的变化之一就是形成了一个基于国立大学法人的新的大学内部治理结构。国立大学法人化改革后，理事会、经营协议会、教育与研究评议会的成立，尤其是校长权限和影响力的增大，对国立大学的内部治理产生了深刻的影响，决策权限由学部向学校上移，决策流程由长期形成的"自下而上"向"自上而下"转变。

此外，针对当前一些有关高校治理议题的研究成果存在的问题，《教育发展研究》编辑部主任林岚凭借多年的编辑经历，以近几年"中国知网"所发文章为例进行分析，从"强烈的实践关怀"和"深刻的理论品性"两个方面探索了好的教育研究成果的"有效表达"。

（本文发表于《复旦教育论坛》2017 年第 4 期）

第 6 届论坛　"一流大学内部治理结构创新研究"高峰论坛综述

毛智辉　李芳莹

2018 年 5 月 13 日,由浙江大学教育学院与《探索与争鸣》杂志社联合举办的"一流大学内部治理结构创新研究"高层论坛在杭州召开,来自北京大学、清华大学、浙江大学、南京大学、华中科技大学、厦门大学、大连理工大学、西北工业大学、中国人民大学、华东师范大学、南京师范大学、浙江外国语学院以及中国高等教育学会的 20 多名高等教育研究领域的专家学者参加了本次论坛,与会专家围绕本届论坛主题,就"大学内部治理结构创新方向""大学内部治理基本逻辑""中国特色现代大学制度建设""内部治理结构创新文化内涵""域外大学治理经验"等议题展开积极探讨与深入交流。

一、明确内部治理结构创新方向,加快一流大学建设步伐

大学内部治理结构创新是高等教育改革在大学的重要体现,对于推动高等教育发展具有重要意义。那么,如何把握住内部治理结构创新的方向? 教育部原副部长、中国高等教育学会原会长周远清强调,现阶段以习近平总书记提出的新时代中国特色社会主义思想为标志,中国高等教育改革正迈向新时代,中国高等教育改革发展的方向,要把握中国特色,走中国特色之路,建设高等教育强国。

浙江大学副校长任少波表示,一流大学建设,既需要国家宏观政策支持,更需要大学内部治理体系创新,这既是国家治理体系和治理能力现代化向大学组织的延伸,更是大学基于时代精神和自身组织特性的深刻认知而生成的制度自觉、文化自觉和理性自觉。那么,如何进行内部治理结构创新? 中国高等教育学会副会长张大良认为,要强化一流大学内部治理结构创新重大理论实践问题研究,重点做好五个方面:一要领会和把握党和国家的新政策、新要求、新方向;二要以问题为导向,研究"真"问题,提出"真"办法,努力破解发展难题;三要总结有效做法与成功经验,并与实践相结合;四要扎根中国大地办大学的同时,要积极借鉴世界一流大学的经验和做法;五要推进高校治理体制机制的创新与实践,实现内涵式发展。

中国高等教育学会副会长管培俊从多维度的视角对大学内部治理结构进行

了考察,他认为完善大学内部治理结构的核心和关键,是建立一系列基于大学使命的权力配置和利益平衡机制,尤其要把握好大学的公共性与自主性、行政权与学术权、政治导向与学术自由、集权与分权、民主与集中、公平与效率、竞争性与稳定性等问题的规律与特点。大连理工大学原党委书记张德祥教授则从关系视角审视大学内部治理,认为大学治理需要不断进行理论探讨,同时,也需要在实践中不断探索和回答,要着力处理好党委领导与校长负责、学术与行政、大学治理与大学管理、学校与院系、大学章程与学校制度、自主权与治理能力、制度建设与文化建设、外在推力与内生动力等八大关系,不断推动大学的治理与变革,努力实现大学治理体系与治理能力的现代化。

二、把握内部治理基本逻辑,提升一流大学有效治理能力

逻辑是对客观事物规律性的反映,有助于科学准确地认识事物,大学内部治理基本逻辑是对大学组织运行过程基本规律的反映,也是大学内部有效治理的客观前提。南京大学高等教育研究所原所长龚放教授认为,目前大学治理思维存在四大主要误区,即学术与行政"泾渭分明"且"泾清渭浊"、校长只是大学行政的代表、重大决策教授说了算、大学校长连任不得超过两届。只有廓清迷雾,走出误区,让思想冲破牢笼,我们才可能真正完善大学治理体系,才可能切实提高大学治理能力。华东师范大学高等教育研究所所长阎光才教授从卓越人才培养、高水平的学科建设与研究、高水平的师资、充实雄厚的资源以及高效的领导体制与治理结构等一流大学的共性特征出发,认为目前普遍流行的规划导向、绩效取向、指标关注所体现的是管理活动的逻辑,而未必符合学术组织运行的逻辑乃至学术活动的内在规律。一流大学所谓的善治,应该是管理逻辑服从学术活动规律。

浙江大学教育学院院长顾建民教授认为,大学有效治理就是"有效的"治理加"有效地"治理,是指能够协调大学利益相关者的关系,规范决策权力和权威的行使,持续获取并充分利用资源实现大学目标的结构和过程,其结构特征具体表现为共治性、首责性、动态性、制约性和开放性。不存在关于治理结构的最佳设计,而应根据环境和条件的变化在诸多关系中寻找各自的理想位置,谋求适当均衡,只要有利于最大限度地激发利益相关者的活力和创造力,提高治理的效果和效率,就可以证明大学具备了有效的治理结构和治理能力。

浙江外国语学院党委书记宣勇教授强调,良好的大学内部治理最终目标是让人民满意,产生最大的公共利益,而目标的实现基于高校教师一流的学术产出与一流的学术贡献,为此,要通过教师转型、理顺基层学术生产关系、构建清晰简明的大学内部治理结构以产生一流的学术产出与学术贡献,实现好的大学内部治理目标。

北京大学教育学院哈巍研究员经研究得出辅助人员整体对科研产出的影响呈现倒 U 型,边际效益递减,最佳人员配置结构应为 10 名专业技术人员配备 6 名工人和 1 名行政管理干部。

三、加强现代大学制度建设,推动一流大学内部治理结构创新

现代大学制度的构建是大学内部治理结构创新的重要保障及动力源泉,尤其是中国特色现代大学制度的构建对于建设中国特色的世界一流大学意义重大。华中科技大学教育科学研究院院长张应强教授认为,中国特色现代大学制度首先必须是现代大学制度,必须体现现代大学制度的共同特点和发展趋势;其次,中国特色现代大学制度必须有利于中国大学的健康发展和大学社会作用的充分发挥;最后,中国特色现代大学制度是主动适应中国社会政治经济文化特点和改革发展趋势的大学制度。要着力处理好政府与大学、大学与社会、大学与大学以及大学内部学术权力与行政权力之间的关系,加快建设中国特色现代大学制度步伐。

作为中国特色现代大学制度的有机组成部分,高校各项具体制度的改革与完善是推进大学内部治理结构创新的重要举措。清华大学副校长王希勤教授从多学科的视角剖析了高校人事制度改革的必要性与科学路径,并以清华大学为研究案例分别阐述了教师以及职工的人事制度体系,他认为,现代大学人事制度以契约精神、科学思想、市场机制为主要特征,而关系文化、威权传统、宏观调控则是中国特色人事制度的具体表现,要努力实现两者间的辩证统一,积极探索出适应中国环境的现代大学人事制度。

中国人民大学教育学院副院长李立国教授认为,大学组织作为现代社会组织的一种形态,其管理运行和治理同样离不开科层制,尽管其存在着与高等教育组织本质属性相冲突的地方,但仍是高等教育组织与管理中的重要制度设计与管理运行规则,有利于高等教育管理和治理的规范化、制度化与标准化,要在规

避其弊端的基础上加以应用。

南京师范大学教育科学学院原院长胡建华教授从大学自治的历史传统、现代实践、中国课题展开论述,认为我们不应该回避大学自治,而是要在宪法法律的框架和社会治理的背景下,进一步研究大学自治的内涵、范围、方式以及与党的领导的关系。

四、创新一流大学建设思路,重视内部治理结构创新文化内涵

北京大学教育学院党委书记阎凤桥教授认为,优秀大学与其他大学的区别主要不在于治理形式,而在于人及其文化特色,大学内部治理结构创新应回归大学本质,以自由、包容、多样、特色、超越功利的健康大学文化价值观进行引导。厦门大学副校长邬大光教授强调,大学文化是大学成员对价值的共识和共同的理想与信念,是对大学"软性""隐性"层面的要求,文化建设能够提升大学治理水平,而大学治理则彰显文化建设特色。要立足大学历史与传统,结合大学的现代性特征,对大学内在价值体系进行客观理性的梳理,提炼出特有的大学文化,为制度确立主方向和精神指引,并通过制度内化为大学成员自觉自主的行为,提升制度的执行力。

中国人民大学教育学院副院长周光礼教授指出,任何世界一流大学都蕴含着本土文明的底色,脱离文明底色的世界一流大学只是"指标"意义上的。因此文明本土化是扎根中国大地创办世界一流大学的方法论,中国特色的世界一流大学要坚持党的领导的制度特征,认识中国、服务中国的国情特征以及按国际可比指标达到一流的水平特征,也要具有植根本土文化、寻找本土文化基因的文化特征。

五、坚持中国特色大学道路自信,理性借鉴域外大学治理经验

西北工业大学党委书记张炜教授认为,不同国别的大学治理模式具有多样性和复杂性的特征,因此在学习与借鉴域外大学治理经验时,要坚持深入客观、精准扎实的原则,审慎对待其他国家的经验、模式与实践,采用批判性视角进行评价和借鉴,防止和杜绝盲目照抄照搬外来经验的做法,坚持走中国特色的社会主义大学治理之路。浙江大学社会科学学院院长徐小洲教授认为,当前中国经济社会发展为高等教育发展提供了有力支撑,而高等教育发展所创造的奇迹为

未来腾飞奠定了必要基础，在迈入新时代的重要关头，在吸纳世界一流大学先进经验的同时，我们要增强高等教育道路自信，避免亦步亦趋，以体制创新激发办学活力，强优势、补短板、破难题，努力走好中国特色、世界一流的发展之路。

世界一流大学的建设是一项系统工程，尤其是内部治理结构的创新还需长时间的探索和努力。与会的专家学者围绕"一流大学内部治理结构创新研究"的主题，在大学治理研究的方向性问题、大学专项治理的具体问题、大学治理的一般性问题、大学治理的现实操作问题、中国特色的大学治理创新问题以及世界一流大学治理经验和特点等方面，形成了不少对一流大学内部治理结构改革具有指导价值的真知灼见。

（本文发表于《探索与争鸣》2018 年第 7 期）

第 7 届论坛　大学在推动构建人类命运共同体中的使命与担当
——"基于人类命运共同体发展需要的大学治理使命"高峰论坛综述

杨　洋

习近平总书记明确提出了构建人类命运共同体的倡议后，得到了越来越多国家和人民的支持和赞同，这一倡议也正在从理念转化为行动。大学作为人类文明进步的产物，在人类文明发展的历史进程中发挥了比任何社会组织都无与伦比、更无法替代的巨大作用。大学与生俱来的人才培养和知识创新的组织属性，决定了大学必须以更开放、更博大、更负责的国际视野、世界胸怀面对未来社会。在构建"人类命运共同体"背景下，大学理应肩负起更大的引领和推进"人类命运共同体"的时代使命和历史责任。2019 年 4 月 26—28 日，由四川师范大学四川文化教育高等研究院、浙江大学高等教育研究所等单位共同主办的"'基于人类命运共同体发展需要的大学治理使命'高等教育高峰论坛"在四川师范大学学术报告厅举行，来自国内高等教育界 20 余位知名学者专家参加了研讨，会议主要围绕大学在推动构建人类命运共同体中的使命与担当、构建人类命运共同体视域中的大学治理等主题展开学术交流。

一、我国大学在构建"人类命运共同体"事业中的使命与担当

习近平关于人类命运共同体的思想提出后，其伴随着"一带一路"倡议等全

球合作理念与实践而不断丰富,逐渐为国际社会所认同,成为推动全球治理体系变革、构建新型国际关系和国际新秩序的共同价值规范,在国际社会产生了广泛的影响,彰显了中国理念对全球治理的重要贡献。中国大学理应肩负起引领和推进"人类命运共同体"构建的时代使命和历史责任。教育部原党组副书记、副部长、中国高等教育学会会长杜玉波在题为《大学在构建人类命运共同体中的使命担当》的主题报告中指出,我国的大学应该要有这种使命与担当,在推动构建人类命运共同体中大有作为。他指出,大学通过培养具有世界眼光和专业素质的时代新人,可以为构建人类命运共同体提供强有力的人才支撑;大学通过提供科学研究和创新技术支撑,可以为构建人类命运共同体创造强大驱动力;大学通过推进人类文明的传承与创新,可以为构建人类命运共同体筑牢思想根基;大学通过服务经济社会需求,可以为构建人类命运共同体增添新动力;大学通过国际间的交流合作,可以为构建人类命运共同体营造良好氛围。他同时指出,"中巴经济走廊大学联盟"交流机制等就是大学在构建人类命运共同体中发挥作用的有益探索,教育领域的交流合作在构建人类命运共同体中也发挥着不可替代的重要作用。

随着中国的不断崛起,在中华民族实现伟大复兴的"中国梦"和构建人类命运共同体的进程中,中国大学更应责无旁贷、自觉地肩负起构建人类命运共同体的历史使命。四川师范大学校长汪明义教授在题为《大学在构建人类命运共同体事业中的使命与担当》的主题报告中,对人类命运共同体的概念、构建的意义和价值以及构建途径进行了深度分析,指出"构建人类命运共同体"的理念体现了世界各国人民走向未来的最大公约数,应从建设持久和平、普遍安全、共同繁荣、开放包容、清洁美丽的世界的目标出发,构建政治共同体、安全共同体、经济共同体、文明共同体、生态共同体;他还从多个视角分析指出,大学发展的历程就是一部人类命运共同体的构建史,大学的知识属性和教育属性决定了大学是人类命运共同体价值观建设的重要工具和重要力量,中国大学应自觉肩负起新的使命,用大学的力量来推动人类命运共同体的构建;他同时指出,中国大学一方面应构建中国特色社会主义的大学之道,另一方面应该站在构建人类命运共同体的视角来履行人才培养、科学研究、社会服务、文化传承创新、国际交流合作的大学职责,从而使大学切实肩负起构建人类命运共同体的使命。

以"人类命运共同体"理念来建设和发展中国大学,需要大学既进一步发挥优良传统,又要以更加负责任的理性态度积极回应新时代赋予的历史使命,积极投身于共同构建人类命运共同体的伟大事业中。华东师范大学教育学部高等教育研究所阎光才教授和吴寒天博士在题为《大学与人类命运共同体的建构》的主题报告中指出,大学作为文明和知识的载体及传播者,作为未来文明的重要建构者和"共同体意识"的传播者,参与解决全人类共同面对的重大挑战,但大学需要在观念和立场上实现双重转变,才能通过传播知识与促进文明对话为全人类带来共同福祉;为此,我国大学要做到从借鉴和吸收西方先进经验,与域外文明平等对话,进而"反哺"人类共同体,成为传播创新和实现文明间对话的载体,而这一过程的实现需要大学对固有传统加以反思,以弘扬人类共同利益为己任,从而实现价值取向与发展愿景的自我革新。

知识与教育是大学与"人类命运共同体"的重要连接点。大学的根本使命在于教育未来人才适应时代变革,创造新知识来解决人类面临的难题和满足人类的精神需求。四川师范大学教育科学学院李松林教授在题为《以类主体教育构建人类教育共同体》的主题报告中指出,习近平关于人的全面发展思想,既是站在中华民族伟大复兴的战略高度来考察人的全面发展,又站在人类和平发展的战略高度,从人类命运共同体视角来诠释人的全面发展;他指出人的自由全面发展是人类命运共同体的核心价值,大学在构建人类命运共同体中的使命就是要共同探索与构建人的全面发展教育,而全面发展教育的终极目的是培养完整主体性的人,全面发展教育的价值选择是类主体教育,即既强调个体间的整体性但又不压抑个体的自主性与独特性,既强调个体的自主性与独特性,但又不追求对自然和他人的支配和占有,既强调群体性与共同性,但又追求多元与共生。

二、基于"人类命运共同体"发展需要的大学治理、创新与改革

《国家中长期教育改革和发展规划纲要(2010—2020 年)》第 40 条提出要"完善中国特色现代大学制度。完善治理结构",因此,高等教育现代化首先是高等教育治理体系和治理能力的现代化。

"人类命运共同体"理论要求大学治理既要推动国际化和国际高等教育接轨,又要从自身实际出发,强化大学内部治理。中国高等教育正处于即将迈入普及化时代,大学尽管办学层次、类别多样,但在"人类命运共同体"理念的指引下,应该从自身实际出发,既要满足本土多元需求,又主动承担服务国际社会发展的

时代责任,促进全球社会发展,为人类文明发展提供方案和实践路径。教育部教育发展研究中心马陆亭研究员在题为《大学的办学多样与价值相向》主题报告中指出,我国高等教育正迈向普及化,发展将更多样,高等学校虽然使命有不同,但却相向而行,共同为人类命运共同体、中华民族伟大复兴提供人力智力和文化理念支撑;他指出,我国高等教育是办学多样和价值一致的统一体,在大学发展、办学、管理中需要坚守以公益性、决定性、创新性以及开放性为鲜明特征的核心理念。华南师范大学教育科学学院卢晓中教授在题为《基于人类命运共同体发展需要的高等教育体系构建:新时代中国高等教育体系构建》的主题报告中指出,中国高等教育体系应超越单一的"民族国家利益",以更加开放、更加自信、更加主动的姿态融入全球教育共同体,寻求在进一步对外开放过程中创造性地为全球教育事业贡献中国智慧和中国方案,实现共同发展和合作共赢;为此,他指出基于人类命运共同体发展需要的高等教育体系的构建需要考虑三个方面的问题:一是基于普及化高等教育时代的多元逻辑,注重如何使不同层次和类别高校都能得到更均衡更充分发展;二是基于人类命运共同体发展的均衡化需要,应当更多兼顾均衡原则,需要将更多的资金投到相对处于较不利的地位的高职院校、西部高校中去,切实扩大办学自主权尤其是地方办学自主权;三是基于迈入普及化高等教育时代的中国高等教育体系的实践逻辑,即不仅只是考虑中国国内的内部体系,还要考虑到如何在一个全球性的体系中彰显中国高等教育的特有价值,兼顾本土性和世界性的共荣。

　　大学本身就是一个伦理共同体,大学治理既要构建在制度化、规范化的基础上,又要高于技术层面、蕴含价值取向和道德责任,最终走向重德趋善内涵发展之路。中国高等教育学会副会长管培俊在题为《中国大学校长的职业化》的主题报告中指出,大学的书记、校长是一所大学的灵魂、旗帜、标杆,大学校长职业化是完善大学内部治理结构、建设现代大学制度的题中应有之义;他提出实行以"年薪制"为主体的大学校长薪酬制度,促进校长职业化发展;他指出校长要志向高远,学校才会远离急功近利,才能在构建人类命运共同体中不负大学的使命担当。复旦大学高等教育研究所熊庆年研究员在题为《大学的理性之治与德性之治》主题报告中指出,促进人类命运共同体构建是大学的崇高使命,用"人类命运共同体"的理念来建设世界一流大学,既是中国大学理性的选择,更是中国大学的时代担当;他强调理性之治是中国大学担当使命的制度基石,而德性之治则是中国大学担当使命的精神梁柱,建设中国特色的现代大学制度,不只是理性的,更是德性的,德性之治的要求是尊重主体、激发主体性,在担当使命的实践中实现大学治理现代化,而建立和完善成熟而定型的大学学术制度是大学新使命担当的必要条件。

构建科学的高校内部治理体系和不断提升治理能力,是深化高等教育管理体制改革、实现高等教育内涵式发展的关键。北京师范大学国际与比较教育研究院王英杰教授在题为《国际化、价值观与大学治理制度改革》中指出,大学治理制度的构建要在国际化视域下,坚持"自由、平等、公正、法制"的价值观基础,把国际化渗透到大学治理方方面面,确保二者有机融融合并具有可持续性,从而为人类命运共同体发展提供战略性的服务;他还指出要从现代大学治理的传统出发,构建共同参与的大学治理制度,该制度成功的关键是在制度保障下的教师和行政广泛的、永无止境的交流与沟通。厦门大学教育研究院别敦荣教授在主题报告《论我国大学治理》中,从大学治理的性质、目的、模式、策略等方面分析了我国大学治理,指出战略规划是大学治理的重要基础,其有助于协调多元办学价值,形成发展的合力。北京大学教育学院蒋凯教授在《建设健康的大学学术文化》主题报告中指出,学术文化是学术界所认同、接受的价值观、态度和行为方式,大学治理需要从追求卓越、学术诚实、贤能主义、公平竞争、团结协作等路径来建立学术文化。南京师范大学高等教育研究所胡建华教授在《组织传统:大学内部治理模式的形成基础》主题报告中,从比较的视野分析了欧美大学内部治理的两种组织传统,指出我国大学治理的组织传统存在的问题,从"再造"的角度提出在大学治理中要协调好学术组织与管理组织、平衡学术权力与行政权力、实践大学章程与形成章程文化的观点。

三、构建全球化时代基于"人类命运共同体"的大学治理展望

构建人类命运共同体是高等教育的历史使命,全球化时代世界高等教育应确立人类命运共同体意识,用人类共同利益来进行价值引领和指导未来的发展。因此,《中国教育现代化2035》明确提出要"推进教育治理体系和治理能力现代化"。浙江大学高等教育研究所眭依凡教授在题为《基于人类命运共同体发展需要的大学治理体系现代化》主题报告中指出,人类利益高于一切,"地球村"概念的出现,打破了传统的时空观念,使人们与外界乃至整个世界的联系更为紧密,

也促进了世界经济一体化进程,而"罗马俱乐部"以全球视角来认识人类、社会和自然的相互关系的新观点、新思想和新方法,提出了全球性问题和开辟了全球问题研究领域,标志着国际社会已经开始运用各学科理论与方法研究和解决具有全球性的复杂问题,同时全球经济一体化使世界各国和地区之间的经济活动相互依存、相互关联,形成世界范围内的有机整体;在人类命运共同体背景下,大学作为高新知识的创造者,在很大程度上拥有了决定国家以及人类前途命运的知识权力并且担负着推进人类文明的重大责任,因此他提出要不断推进大学治理的现代化,并将大学治理现代化视为大学从以控制为手段的传统管理向以效率为目的现代治理变革和转型的过程,是按大学应有规律办学治校育人的,以人才培养及知识创新的高质量、高水平、高效率为目标追求的,富有竞争力的大学治理模式。华中科技大学教育科学研究院张应强教授在题为《构建人类命运共同体:全球化时代高等教育的使命》中对比了20世纪和21世纪高等教育的使命,指出全球化的实质是人类命运共同体意识下的人类利益的全球化关联,但高等教育全球化不能是国际化的自然延续,高等教育全球化所强调并不是在世界范围内建立超越国家、排除政治特别是文化差异的统一标准,而是高等教育利益的全球性关联;高等教育全球化需要把握高等教育全球化的目的指向——为了人类共同利益;高等教育并不只是具有工具价值,它还关涉人类价值观的革新和重建,事关人类共同利益的把握和实现;基于人类命运共同体的需要,全球化时代的高等教育肩负有功能性和教化性双重使命,既要承担引领人类应对全球性挑战的全球责任,又要确立造福人类与地球的高等教育价值观念,更要以"和平教育"来实现人类共同利益的教育。中国人民大学教育学院李立国教授在《构建全球化时代高等教育治理新图景》的主题报告中指出,随着21世纪中国的全面崛起和强国建设,要有自觉的意识从世界文明史的高度来看中国和世界,自觉地从世界历史的大视野来重新认识中国、重新认识世界,在中国再次无限接近世界舞台中心时,中国的高等教育理论建构还没有形成以中国视角来重新思考自身与世界的习惯;他提出了世界高等教育治理变革应坚持有利于知识的生产、创新与传播,有利于开放合作的共赢发展,有利于平衡工作的普惠合作以及有利于公正合理的机制创新的原则,从学术治理的持续与改进、治理主体的多元化、治理体系的开放与包容三个方面来构建全球化时代高等教育治理的新图景。

大学构建人类命运共同体的实践路径是世界性命题,不同国家、不同区域、不同类型层次的大学有不同的构建模型,并不适用统一的治理模式。中国人民大学教育学院周光礼教授在主题报告《世界一流大学建设的"东亚模式":政府行为及其局限性》中,从东西方比较的视角分析了高等教育发展的"东亚模式"的基本特征、局限性及突破,指出高等教育发展的"东亚模式"的核心特质是强调高等教育发展的政府行为,将高等教育发展的成就与政府主导结合在一起,大学的突破在于结合建构逻辑和演化逻辑,以建构逻辑创建指标意义上的世界一流大学,以演化逻辑培育哲学意义上的世界一流大学,这对我国高等教育加强一流大学建设具有启发和借鉴性意义。

总之,人类命运共同体思想为全球生态和谐、国际和平事业、变革全球治理体系、构建全球公平正义的新秩序贡献了中国智慧和中国方案,大学在构建人类命运共同体事业中肩着负重要使命并可大有作为。本次高等教育高峰论坛紧扣基于构建人类命运共同体需要的新时代大学治理主题,重点探讨了大学在构建人类命运共同体中的使命与担当的时代理论意义,并从基于构建人类命运共同体需要的大学治理实践的视角,探讨了高等教育事业发展的应然与必然,对当前我国加强新时代中国高等教育理论体系研究、推进"双一流"与和谐社会建设等改革实践都具有重要启示意义,并可为我国大学治理的改革与创新提供新的思路和新的经验。

(本文发表于《四川师范大学学报(社会科学版)》2019 年第 4 期)

第 8 届论坛 "高教治理体系现代化:
大学的使命责任与行动"高峰论坛成功举办

四川师范大学新闻中心

2020 年 11 月 14 日上午,由中国高等教育学会指导,欧美同学会留加拿大分会、中国教育发展战略学会、中国民办教育协会、高校毕业生就业协会、全国工商联民办教育出资者商会、四川师范大学主办,亚洲教育论坛培训中心、《中国远程教育》杂志社、中国高等教育学会高等教育管理分会、高校毕业生就业协会教育与产业合作分会承办的 2020 亚洲教育论坛年会在成都隆重开幕。中国高等教育学会会长、教育部原党组副书记、副部长杜玉波,中国民办教育协会会长、第十、十一、十二届全国人大常委王佐书,成都市人民政府副市长牛清报,四川省教育厅副厅长彭翊等领导和嘉宾,四川师范大学党委书记李向成,校长汪明义,校党委副书记、纪委书记刘鹏,校党委副书记黄钢威,副校长郭朝辉、张海东、王川、蔡光洁出席大会开幕式和主旨论坛。

上午9时,2020亚洲教育论坛年会开幕。由于疫情原因,大会采取现场会议与云端会议相结合的方式开展。英国牛津大学执行校长理查德·霍博思,剑桥大学助理校长、霍默顿学院院长杰弗里·沃德,2006年诺贝尔奖得主、美国加州大学伯克利分校教授乔治·斯穆特,世界创意产业之父约翰·霍金斯,美国国家教育学院院士、美国国家实验心理学院士、哥伦比亚大学教育学院的认知心理学儿童发展心理学教授罗伯特·席格勒等发来祝贺视频。

杜玉波为论坛开幕致辞,并作题为《时代变革中的高等教育发展大势》的主旨报告。他指出,全方位把握高等教育的未来走向,一是要充分认识高等教育的地位作用在变,从原来对经济社会发展起基础支撑作用向支撑引领并重发展;二是要充分认识高等教育的体量规模在变,从大众化阶段迈向普及化阶段;三是要充分认识高等教育的结构类型在变,从相对单一结构向多元多样化办学结构转变;四是要充分认识高等教育的教学模式在变,线上教育和线下教育实现深度融合;五是要充分认识高等教育的环境格局在变,形成富有活力和特色的高等教育中国模式。他强调,面向新未来,我国高等教育要适应新变化,以习近平新时代中国特色社会主义思想为指导,努力建设高等教育强国,为实现社会主义现代化和中华民族伟大复兴作出新的更大贡献!

世界自然保护联盟主席、教育部原副部长、联合国教科文组织执行局主席章新胜,中国工程院院士、华中科技大学原校长李培根,国家教育咨询委员会秘书长、国家督学、教育部教育发展研究中心原主任张力,太原理工大学党委书记郑强,上海纽约大学创校校长、华东师范大学原校长俞立中,西交利物浦大学执行校长、英国利物浦大学副校长席酉民,北京市二十一世纪国际学校党总支书记、执行校长范胜武分别作主旨演讲。

14日下午,由四川师范大学四川文化教育高等研究院、浙江大学高等教育研究所、《探索与争鸣》编辑部、中国高等教育学会高等教育管理分会共同举办的第八届高等教育高峰论坛在成都举行。该论坛也是2020亚洲教育论坛年会的重要的分论坛之一,包括三个平行分论坛。中国高等教育学会会长、教育部原党组副书记、副部长杜玉波出席论坛并作主旨演讲,来自牛津大学、剑桥大学、斯坦福大学、哥伦比亚大学、华盛顿大学、加州大学洛杉矶分校、哈萨克斯坦阿拉木图大学、澳门科技大学、上海纽约大学、西交利物浦大学、昆山杜克大学、清华大学、中国人民大学、浙江大学、北京师范大学、厦门大学、南京大学、太原理工大学、西北工业大学、华中科技大学、电子科技大学、北京外国语大学、苏州大学、南京师范大学、浙江师范大学、首都师范大学、四川师范大学、华南师范大学、山西师范大学、浙江外国语学院、南昌师范学院等国内外高校校长、书记及教育学院院长、知名专家学者,省内 18 所高校 70 多位校领导、学院部门负责人,四川师范大学全体校领导、中层干部及师生代表通过线上线下的方式参加三个平行分论坛。本届论坛以"高等教育治理体系现代化:大学的使命责任与行动"为主题,包括现场致辞、云端演讲和主旨演讲三个部分。四川师范大学党委书记李向成,校长汪明义,副校长张海东、王川分别在平行分论坛致辞并作主旨演讲。

(本文发表于《四川师范大学学报(社会科学版)》2021 年第 1 期)

主要参考文献

1. 本书编写组. 习近平总书记教育重要论述[M]. 北京：高等教育出版社,2020.

2. 中共中央编译局编译. 马克思恩格斯全集(第1卷)[M]. 北京：人民出版社,2002.

3. 中共中央编译局编译. 马克思恩格斯全集(第3卷)[M]. 北京：人民出版社,2002.

4. 何东昌. 中华人民共和国重要教育文献(1949—1975)[M]. 海口：海南出版社,1998.

5. 何东昌. 中华人民共和国重要教育文献(1976—1990)[M]. 海口：海南出版社,1998.

6. 俞可平. 论国家治理现代化[M]. 北京：社会科学文献出版社,2014.

7. 眭依凡. 论大学[M]. 北京：人民教育出版社,2017.

8. 眭依凡等. 大学文化思想及文化育人研究[M]. 杭州：浙江大学出版社,2016.

9. 刘圣中. 历史制度主义：制度变迁的比较历史研究[M]. 上海：上海人民出版社,2010.

10. 胡建华. 现代中国大学制度的原点：50年代初期的大学改革[M]. 南京：南京师范大学出版社,2001.

11. [美]布鲁克. 诺埃尔. 穆尔等. 思想的力量[M]. 李宏昀,等,译. 上海：上海社会科学院出版社,2009.

12. [美]W. 理查德. 斯格特. 组织理论[M]. 黄洋,等,译. 北京：华夏出版社,2002.

13. [美]迈克尔·汉南,约翰·弗里曼. 组织生态学[M]. 彭壁玉,等,译. 北京：科学出版社,2015.

14. [美]詹姆士·杜德斯塔特. 舵手的视界——在变革时代领导美国大学[M]. 郑旭东,译. 北京：教育科学出版社,2010.

15. [美]保罗·萨巴蒂尔. 政策过程理论[M]. 彭宗超,等,译. 北京：三联书店：2004.

16. [美]罗伯特·伯恩鲍姆. 大学运行模式——大学组织与领导的控制系统[M]. 别敦荣,译. 青岛：中国海洋大学出版社,2008.

17. [美]罗纳德. G. 埃伦伯格. 美国的大学治理[M]. 沈文钦,译. 北京：北京大学出版社,2010.

18. [美]迈克尔·夏托克. 成功大学的管理之道[M]. 范怡红,译. 北京：北京大学出版社,2008.

19. [美]道格拉斯·C·诺斯. 经济史上的结构和变革[M]. 厉以平,译. 北京：商务印书馆,1992.

20. [韩]河连燮.制度分析:理论与争议(第二版)[M].李秀峰,等,译.北京:中国人民大学出版社,2014.

21. Fairclough. N. Critical discourse analysis: The critical study of language [M]. New York: Longman, 1995.

22. Paul Pierson. Politics in Time: History, Institutions and Social Analysis [M]. New Jersey: Princeton University Press, 2004.

23. M. Shattock. (ed.) international trends in university governance: autonomy, self-government and the distribution of authority. London: Routledge.

24. Rowlands, J. 2017. Academic governance in the contemporary university: perspectives from the Anglophone nations. Singapore: Springer.

25. Gayle D. J. , Tewarie B. , White A. Q. Governance in the Twenty -first -century university : Approaches to Effective Leadership and Strategic Management [M]. San Francisco : Wiley Periodicals,2003.

26. Tierney, William, and Vicente Lechuga. Restructuring Shared Governance in Higher Education [M]. San Francisco: Jossey-Bass,2004.

27. Mills E. E. Culture and Leadership in a Public University Setting: Implications for Shared Governance and Change [D]. Fort Collins: Colorado State University, 2014.

索 引